尤玉祥　著

中国名帝选讲续集

線裝書局

图书在版编目（ＣＩＰ）数据

中国名帝选讲续集 / 尤玉祥著. -- 北京 : 线装书局, 2021.1

ISBN 978-7-5120-4140-0

Ⅰ.①中… Ⅱ.①尤… Ⅲ.①皇帝—人物研究—中国 Ⅳ.①K827=2

中国版本图书馆CIP数据核字(2020)第202845号

中国名帝选讲续集

著　　者：尤玉祥
责任编辑：于建平
出版发行：线装书局
　　　　　地　址：北京市丰台区方庄日月天地大厦B座17层（100078）
　　　　　电　话：010-58077126（发行部）010-58076938（总编室）
　　　　　网　址：www.zgxzsj.com
经　　销：新华书店
印　　制：河北盛世彩捷印刷有限公司
开　　本：710mm×1000mm1/16
印　　张：29
字　　数：426千字
版　　次：2021年1月第1版第1次印刷
印　　数：0001—1000册

线装书局官方微信

定　　价：78.00元

/ 目 / 录 /

宋仁宗赵祯

宋高宗赵构

明太祖朱元璋

明成祖朱棣

明崇祯皇帝朱由检

·前　言·

因为这两年多来我继续在县老年大学开设历史人物专题讲析课，所以又有了眼前这本根据自己讲稿整理的《中国名帝选讲续集》的初稿。这本《中国名帝选讲续集》同我之前出版的《中国名帝选讲》一样，也讲析了中国历史上的六位皇帝，他们分别是：宋太祖赵匡胤、宋仁宗赵祯、宋高宗赵构、明太祖朱元璋、明成祖朱棣、明崇祯皇帝朱由检。

选讲这六位皇帝，有的是因为他们的名声很大，确实是中国历史上的名帝，如宋太祖赵匡胤、明太祖朱元璋、明成祖朱棣；有的是因为他们所处的时代在中国历史上影响巨大，如宋高宗赵构、明崇祯皇帝朱由检；有的是因为我自己认为他在中国历代皇帝中很为独特，觉得他很值得研究，即宋仁宗赵祯。

之前我在《中国名帝选讲》的前言中就说过，我选讲中国皇帝并不是因为对皇帝们情有独钟，而是因为中国有文字记载以来的历史大部分就是皇权专制体制的历史，我们今天阅读中国史，基本上就是在阅读中国皇权专制史。因此，阅读中国历史让我们自会发现一个令人心情沉重的事实：皇权专制体制是中国历史上最顽固的、很难改变的体制。自从皇权在中国这块土地上诞生以来，中国经历了数不清的大变乱、大动荡，经历了数不清的以千万计人口死亡为代价的改朝换代，虽然王朝更替变换了许多，但万变不离其宗，皇权体制始终不变。我们的教科书上说，封建主义社会是代表地主阶级根本利益的统治阶级压迫、剥削广大劳动人民的社会，但是，即便是出身社会底层的人，如朱元璋，少年时给人当雇工放羊，青年时当云游和尚四处乞讨过活，可一旦夺权成功，他还是要当代表地主阶级利益的皇帝，而且他当了皇帝，那皇权的残酷统治比他前朝的皇帝更为厉害。他的皇权体制不变不说，更是杀虐成性，而且为了让他的朱家天下万代传承，还创建特务政治，推行文字狱来维持他的皇权统治，给近代中国特务政治横行、文字狱肆虐的历史开启了先河。

我们常说读史可以明智，那为什么皇权体制在中国诞生以来，两千多年只是朝代更替而体制丝毫不变呢？为什么社会底层的民众造反起义会更热衷于称王称帝呢？或许我们能从阅读中国历史，探究思索中国皇帝们的人生经历中得到一些答案。

爱好文学的人有一句口头禅：文学就是人学，实际上，史学何尝就不是人学呢？史学著作记载的是古人的生活言行，所以阅读史学，就是阅读古人，就是了解古人的社会活动和以此表现出的历史人物鲜明的个性特征，所以，阅读研究史学著作会和阅读研究文学作品一样，能拓展我们的人生视野和生活体验，从而对我们人生的意义及人性的本质特征有更深的理解。中国皇帝是人类历史长河中稀少而又特殊的历史人物，他们处在权力束缚管理社会的顶端，他们可以不受任何权力和法律的约束，甚至可以不顾忌社会道德伦理的规范约束，所以其性格、作为更能显示出人性的底色，这自然更有可能让我们认识到人性的本质特征。

人性是客观环境的产物，不同的人生经历自会产生不同的性格特征和不同的作为。这本《中国名帝选讲续集》中所选讲的六位皇帝也是这样，虽然他们都当过皇帝，但他们所处的人生环境以及各自的人生经历均有很大的不同，因此在其共有的人性本质之上，均有着极其鲜明的个性特征和由此产生的不同作为，当然，这有待于我们仔细地品读辨析。

宋太祖赵匡胤陈桥兵变的心机城府让人叹为观止，他扫除南方割据势力的雄才大略也实在令人佩服，然而他的杯酒释兵权历来被人鄙视为狡猾诡诈。但是，如果你从中国历来的开国皇帝残忍地屠杀功臣的传统背景来看，这样地剥夺其权力却留下其性命，不以一己私念妄夺他人性命的做法，不也让人感到有点尊重他人生命的人道情怀，因而不也是黑暗血腥的中国皇权专制史上一抹难得一见的人性亮光吗？

宋仁宗赵祯被自己的皇后打耳光，而且委屈地让大臣看自己脖子上的伤痕，历来被人讥笑为窝囊、懦弱。但是，他以己之心度人之心的平等待人的心态有一种超越他那个时代的为民谋快活的执政理念；特别是他容忍人们批评甚至是尖刻指责的宽容仁慈的胸怀；更难能可贵的是因他仁爱宽厚的性格所造成的他那个时代宽松清和的政治气氛，使得他那个时代成为杰出人物辈出的群星璀璨的时代。因此，在二十世纪九十年代，有人以"你愿意生活在中国历史上的哪个年代"为题进行社会调查时，许多人特别是知识阶层，都表示愿意生活在宋仁宗时代。

宋高宗赵构被许多史家称为"中兴之主"，认为他在"靖康之耻"北宋灭亡后，建立了南宋而功莫大焉。但是，他出于只要自己能苟且享乐的极端自私理念，一味乞求和议，为此他能在前线军民取得大捷、有望北渡黄河收复失地时下令撤兵，他能遵照敌酋"必杀飞始可和"的密信而诛杀民族英雄、抗金名将岳飞。为了给自己脸上贴金，他能将摇尾乞怜、极尽丑态献媚奉金才使得金国只放回自己的母亲，而尚有成百上千的包括自己哥嫂在内的皇室成员仍被囚禁的羞耻事，办成轰动全国的"迎母回銮"的大喜事。而且，就是这样一个苟且于半壁江山、只图自己淫乐之人，还一次又一次地发动全国性的对其歌功颂德的征文运动，将自己吹捧为"功超前代，德配尧舜"、亘古以来无人企及的圣君。这样的苟且小人，这样的无耻之徒，却能生前极尽淫乐，死后极尽尊荣。这样的"中兴之主"让人恶心，这样让人不知怎样说才好的历史现象，让人愤慨，让人痛心！

明太祖朱元璋是中国历史上真正苦大仇深的贫雇农出身的皇帝，按理他应该对皇权制度深恶痛绝，彻底打碎才对，然而他却对皇权深爱至极、迷恋至极。为了稳固自己的皇权，为了朱家皇权代代相传，他不惜发动一波又一波的屠杀功臣运动，其人性的自私凶残让人胆寒心惊。他痛杀贪官，体恤农耕的一面让人体会到他来自社会底层而具有的平民情怀，但他创建的锦衣卫特务组织的黑暗血腥，施行文字狱的荒谬绝伦，让人看到其暴虐残忍人性的同时，更感到他暴发户式的焦虑不安心态下的极端不自信。

明成祖朱棣是野心勃勃的一代枭雄。他敢于挑战自古以来的皇权伦理和其父朱元璋的《祖训》规范，发动"靖难之役"夺取其侄儿建文皇帝的帝位，又因大肆杀戮建文朝遗臣而被冠上大逆暴君的恶名。但是，他在登基之后勤于政务，励精图治，在建功立业上确实是有所作为的。他在文治上编纂《永乐大典》，流传后世；在武功上平定安南，亲征漠北，以至于死在征途之上。他这样不辞辛苦，劳顿一生就是想创建更大的功绩来洗刷他忤逆夺嫡的罪恶，来冲淡他心底时刻折磨他的羞耻感。他夺嫡成功之后大肆屠杀建文遗臣，特别是诛杀方孝孺十族的残暴行为，就是在人们鄙视他的恶行、不与其合作，并且步步紧逼地责问触及了他心中的耻痛时心理扭曲的极端行为。

　　一个人做了不合伦理道德的恶事后，心中有恶感和耻感，即心中还有羞耻之心存在，这个人还可称其为人，还不是一个最坏的人。而最坏的人就是那些没有羞耻之心的人，就是那些坏事做绝还以为自己一贯正确的人。例如，那些曾在政治运动中捏造罪名、告密陷害他人的人，那些下手狠毒、恣意暴虐他人的人，他们至今还是一副昂然自得的样子，这样的人就是曹禺先生所说的"坏到自己也不知道自己是坏人的人"。坏到不知道自己坏，就是没有了羞耻之心，没有羞耻之心，就是孟子所说的"无羞恶之心，非人也"，即没有羞恶之心的人就不是人，就不能称之为人。朱棣为自己心中的野心所驱使，夺取了建文帝的皇位，但他心中知道自己作了恶，他虽然极力掩盖自己的恶，而且以尽力创建功绩来掩盖自己的恶，这应该还是尚有羞耻之心的表现。所以，比起我们今天那些坏事做绝还自以为得计之徒，我感到朱棣还是一个不失其为人的人。

　　明崇祯皇帝朱由检无疑是个悲剧性很浓重的人物。他的悲剧不仅仅是北京城破之后他自缢煤山，为他的大明王朝殉葬的悲惨下场，更是他心存高远、大有作为的抱负同他在外忧内患风雨飘摇的国运洪流冲击下的无奈和绝望。他的好学博学使他自视甚高，一心效法尧舜，不屑与唐宗宋祖为伍；他冷落孤独的人生初年经历使他性格猜疑、刚愎而举措失当，祸己误国。即位之初时的初露锋芒、横扫奸雄的气魄和穷途末路时的孤独张皇、绝望凶残的凄惨，让人深感人生之路的变幻莫测，而手刃自己亲生女儿时"尔何生我家"的大声哀叹，让人体会到他痛彻心扉的悔悟之时，又让人们对名利之心产生反思和顿悟。

在这里对本书讲析的六位帝王的经历性格，以我自己的认识水平做了一个简单的介绍，自然有希望引起大家对本书产生阅读兴趣的意思。不过，我相信大家看过本书之后，对书中介绍的各个帝王自会有更为客观公正的、独特新颖的看法和评价。而且我作为一个初涉史学的人，在这里将自己的一些看法、想法说出来，不仅只有抛砖引玉的意图，更期望方家的批评指正。

之前的《中国名帝选讲》出版之后，得到了许多指正及建议意见。文县老年大学文史班的学员及亲朋纷纷指出，书中有些摘引的文言史料没有译为白话文，影响了本书的阅读面，所以在这本《中国名帝选讲续集》的编写中，将单独摘引的文言史料大都在其后给予了翻译。本书的编写出版同样得到了文县县委、县政府主要领导及组织部主管领导、老干局领导和职工的热情支持。借本书的出版，在这里对大家的指正建议及关心支持表示真诚的谢意！

龙玉祥

2020 年 4 月 9 日

宋太祖赵匡胤

一、黄袍加身开创大宋

1. 诡异的木简

公元 904 年，黄巢的叛将朱温（后改名为朱全忠）杀死唐昭宗李晔，三年后，又逼李晔十六岁的儿子唐幼主李柷让位，建立了后梁，唐朝灭亡。

唐朝灭亡后，中国进入了武人当政、军阀混战的五代十国时期。所谓的"五代"指北方中原地区后梁、后唐、后晋、后汉、后周五个相继的朝代；"十国"指在南方和山西地区先后建立，与北方五代并存的，包括吴、南唐、吴越、楚、荆南、闽、前蜀、后蜀、南汉、北汉十个王国。

五代十国不仅是我国历史上战乱频发的时期，更是各个王朝内部血腥政变不断的混乱时期。军阀混战、朝代更替频繁，生灵涂炭、百姓流离失所，处在水深火热中的人民大众极度渴望中华大地结束战乱，实现统一，过上和平安定的生活。

后周皇帝周世宗柴荣是位勤政爱民、很有作为的皇帝，被史学家称为"五代第一明君"。据《纲鉴易知录》记载，他刚即位时："淮南饥，世宗命以米贷之。或曰：'民贫，恐不能偿。'世宗曰：'民，吾子也，安有子倒悬而父不为之解哉！安在责其必偿也！'"

在淮南闹饥荒、周世宗下令开仓放粮将米借给灾民食用时，有人却提出贫穷的百姓无力偿还的疑虑。但柴荣却说百姓是我的子女，哪有子女倒悬梁上而父母亲不解救他们的道理？借米救自己的子女还需要考虑他们将来能不能偿还吗？

自古以来，我们中国人都称自己的地方长官为父母官，对此我们曾给以否定，认为这是封建官员凌驾于人民头上的说法。但是，从柴荣处理赈灾放粮时说的这番话来看，官员称自己是百姓的父母官自有他的道理，对此，曾国藩有过一番议论说得很是在理。他说当官的还是应当称自己是百姓的父母官，像父母对待自己的子女一样操心百姓的生计，不要口头上称自己是百姓的仆人。因为世上最尽心尽力关心子女的便是其父母，而世上的仆人大都不是处心积虑谋取主人的财产，便是想打主人妻妾的主意，哪有一直忠心耿耿为主人服务的仆人？柴荣哪有子女遇到急难父母不去解救的道理，哪有父母还要子女偿还债务的话，说出了他爱民如子的胸怀，值得我们深思。

正是周世宗柴荣这样睿智爱民及在统一国家的战争中表现出的魄力和才能，使得他执政时间不长国力便迅速增强，北伐南征取得了很大的成功，一度给当时急切盼望国家统一的民众带来了很大的希望。但是，像历史上许多杰出人物却得不到上天的更多眷顾一样，正是施展其才华的壮年时期的周世宗柴荣，却在北伐契丹途中突患重病，被迫班师退回开封京城，不久便病逝于滋德殿，享年仅三十九岁。更诡异的是，就在柴荣患病返回京城的途中，出现了一块三尺长的小木简，正是这块小小的木简散发出了无尽的魔力，搅乱了柴荣的思想，搅动了后周政坛的根基，使得后周王朝大厦一朝倾覆，迅速灭亡了。

据《宋史·宋太祖本纪》载："六年，世宗北征……世宗在道，阅四方文书，得韦囊，中有木三尺余，题云'点检作天子'，异之。时张永德为点检，世宗不豫，还京师，拜太祖检校太傅，殿前都点检，以代永德。恭帝即位，改归德军节度，检校太尉。"

周世宗柴荣北征契丹却突然患重病，不得已退兵回朝，途中的他依然带病处理国务，批阅各地送来的文书。这一天，在堆积如山的四方传来的公文中有一条皮口袋，口袋里装着一块三尺长的木板，当时称之为木简，柴荣拿出木简，只见上面写着五个字："点检作天子。"被称为天子的中国皇帝心中最敏感、最忌讳的便是有人替代自己，跟自己抢皇帝宝座，柴荣虽然算得上是一位睿智的皇帝，但在一心保全自己皇位上自然和其他皇帝是极其一致的。更何况他自己当上后周皇帝的缘由在历史上很是特别，所以非常在意他人特别是在朝中有资格、有可能的人来谋求自己的皇位。

原来柴荣并不是后周开国皇帝郭威的亲生儿子，他只是郭威的夫人柴皇后的一个内侄，因为郭威膝下无子，便认下了自小聪明伶俐的柴荣为养子，而且柴荣跟着郭威南征北战，很有才华，深得郭威的赏识和喜爱。但是，郭威虽然没有儿子，却有一个女儿，他亲自为女儿选定的女婿张永德军功卓著，任殿前都指挥使；郭威还有一个外甥李重进也深得郭威喜爱，任马步军都虞候。郭威做了四年后周皇帝便患了重病，去世前按照封建正统的传男不传女的观念，将皇位传给了养子柴荣。柴荣即位后对和自己有亲戚关系的两位将军非常看重，提拔张永德任殿前都点检，提拔李重进任马部军都指挥使。周世宗将后周内外兵权交给了他的这两位姻亲将军，形成了周世宗时期稳定的君臣铁三角关系的政治格局。

但是，眼前的这块小小的木简却一下子搅动了周世宗柴荣的思想，后周君臣铁三角架构的政治格局发生了剧烈的摇晃。看着这块小小的木简，柴荣心中疑虑不断："点检作天子"，那就是张永德做天子了？张永德是先皇的女婿，论血缘关系自然比自己更有资格做皇帝，但张永德不会自己想法送上这块木简来给自己栽赃吧？既然这木简不是张永德所为，会不会是李重进故意栽赃做点检的张永德，想除掉张永德自己来取而代之？思来想去，一夜未眠的周世宗柴荣也无法把这块木简的来历想明白，但有一点在他的心中确定了下来：自己的妹夫张永德，自己的表兄李重进均手握军权，即使他们一时不一定会谋取自己的皇位，但自己现在病势沉重，而他们二人正是势强力壮之时，一旦自己去世，自己年幼儿子的皇位定会岌岌可危了。现在必须在自己在位时进行一场政治大洗牌，确保自家的皇位不受到威胁。

主意打定之后，回到京城开封后周世宗便下旨解除了张永德的兵权，罢免张永德殿前都点检的职务，命其离开京城到澶州任职。不久，又罢免了李重进马部军都指挥使的要职，命其离开京城到扬州任职。

两位与先皇有血缘关系的将军被解除要职、赶出了京城，但京城的军队要人统领，禁军首领的职务不能空缺，病势沉重，急需安排后事，自己好放心西归的周世宗柴荣遍寻朝野，终于把目光落在虽然军功卓著但和先皇及朝中重臣都没有亲戚瓜葛的时任义成军节度使和殿前都指挥使的赵匡胤身上了。于是，周世宗在他弥留之际任命赵匡胤为检校太傅、殿前都点检。这个任命不仅改变了赵匡胤的命运，更是改变了中国的历史进程，赵匡胤一下子由一个此前名不见经传的中层军官掌握了全国最精锐的中央禁军部队的指挥权，从此便走入了中国历史舞台的聚光灯下，成为叱咤一时的历史风云人物。

一块小小的木简之所以能产生这样巨大的魔力，搅动了后周王朝的政局，改变了历史进程，就是因为它击中了作为皇帝的柴荣的命门，击中了人性的弱点，即作为不同的个人最关心、最敏感的心结。这块诡异的木简究竟是如何而来的，是什么样的高人设的局，我们将在后面的章节分析讨论。

赵匡胤在走进中国历史舞台中央之前有着怎样的经历，他是怎样引起周世宗柴荣的注意和赏识的，我们下节再讲。

2. 夹马营的香孩儿

赵匡胤是涿州（今河北涿州）人，其家可以说是个官宦世家。他的高祖赵朓在唐朝当过县令，曾祖赵珽官至御史中丞，祖父赵敬当过刺史。他的父亲赵弘殷自幼骁勇善战，跟着周世宗南征北战，功勋卓著，官至检校司徒、岳州防御使。对于赵匡胤的出生，《宋史·宋太祖本纪》载道："太祖生于洛阳夹马营，赤光绕室，异香经宿不散，体有金色，三日不变。既长，容貌雄伟，气度豁如，识者知其非常人。学骑射，辄出人上。"

史书记载赵匡胤出生时也像史上许多帝王一样有很多异象。其一说他出生时不仅满屋红光缭绕，而且奇异的香味一晚上都不散；其二则说他生下便全身金黄灿烂，三天三夜都不褪色。等他长大成人后，身材高大雄伟，器宇昂然，豁达大度，这让有眼光、有见识的人都知道他不是一般的人。他学习骑马射箭，都在常人之上。

赵匡胤长在军营，身躯高大雄伟，骑马射箭在常人之上都可以说没什么稀奇之处。至于"体有金色，三日不变"，从中国自古以来皇帝才能黄袍加身，黄色被赋予了一种至高无上的色泽来看，确实算是这个新生儿不同一般，但从现代医学的角度来看，这种现象不仅没什么稀奇，而且是一种常见的新生儿黄疸病症。而"赤光绕室，异香经宿不散"虽然让人无法解释，但从中国史书上多载帝王出生便有异象来看，也没有什么多可追究的必要，因为历史大都是已掌握政权的胜利者书写的，执掌大权的皇帝被称为天子，上天的儿子被派来做人间的皇帝，自当会有与凡人不同的异象征兆，这种异象征兆暗示出了上天的旨意，这便成了此人做皇帝执政的正当性、合理性。赵匡胤是宋朝的开国皇帝，他发动兵变，推翻了自己曾效命称臣的后周君王，自己坐上了皇位，另立了新朝，当然要找些显示上天旨意的异象来大造舆论，愚弄臣民，从而显示自己执政的合法性。

但是，要说赵匡胤本人没有一点特异也不尽然，我感到他这个人确有不同常人之处，这就是他青年时期毅然离开他的军人家庭到外地投军。按常理来说自己出生在军人家庭，父亲也算得上一位军中地位较高的指挥官，喜欢舞枪弄棒、打打杀杀的军旅生活自当投在父亲帐下，有任检校司徒、岳州防御使的父亲这样一个军分区司令罩着，在军中职务提升，飞黄腾达也是不错的选择。但是，年轻的赵匡胤却抛弃了父亲的荫泽，一个人漫游天下去寻找自己心中理想的人生之路去了。

《宋史·宋太祖本纪》载："汉初，漫游无所遇，舍襄阳僧寺，有老僧善术数，顾曰：'吾厚赆汝，北往则有遇矣。'会周祖以枢密使征李守真，应募居帐下。广顺初，补东西班行首，拜滑州副指挥。世宗尹京，转开封府马直军使。"

当然，如同史书中许多记载真命天子的人生经历一样，他们总会遇到一些高人指点迷津。赵匡胤在漫游天下毫无所遇、旅资全部耗尽时也遇到了一位能预知未来的高僧，这位高僧不仅给他指明了往北走的方向，还资助了他足够的路费。得到高僧指点和资助的赵匡胤这才终于在他的北行路上遇到了他人生中的贵人，这个贵人便是时任后汉枢密使、后来夺取了后汉天下、当了后周开国皇帝的周太祖郭威。不仅如此，赵匡胤由此还成了他人生中最大贵人柴荣的直接下属。

在我们中国，有一个颠扑不破的真理，就是一个人要想青云直上、飞黄腾达，其他任何因素都是次要的，最主要的只有一条，就是跟对了人，投靠对了团队。例如《西游记》中的猪八戒，他不仅能力平庸、好色贪婪，而且一遇到挫折困难就闹散伙分家，但他却最终和西天取经的唐僧团队的所有成员一样修成正果，这最重要的原因就是他跟对了唐僧这个领导，投靠对了西天取经这个团队。几十年来，我们最讲求路线，"亲不亲，路线分"就是讲究跟谁走的问题。你跟的人没有发展前途，你自然难有出头之日，你跟错了人，你自会跟着他身败名裂；你跟的人地位如日中天，你的起步发展便自然非同一般，你跟的人地位不高，你只能永远在矮屋檐下低头蜷缩。胸怀大志的赵匡胤，年轻时的悟性就如此不凡，他不愿在只是中级军官的父亲帐下慢慢熬出路，而是漫游天下寻找自己命运中的贵人，终于投靠了当时朝廷最高的军事长官，而且转而效命在了让他的人生命运发生陡转的柴荣门下。年轻的赵匡胤在他生命历程的关键时刻跟对了人，找对了路，投靠对了团队，命运便自然一步一步地将他推到了中国历史舞台的中央。

当然，话又说回来，宋太祖赵匡胤作为在我国历史上有较大名气的北宋开国皇帝，自己能力平庸也是不可能在那样的乱世得到周世宗柴荣的赏识重用的，首先是他为后周建立了卓越的军功。从下面《宋史·宋太祖本纪》中的记载，我们便可看出他非凡的魄力和军事才能：

世宗即位，复典禁兵。北汉来寇，世宗率师御之，战于高平。指挥樊爱能等先遁，军危，太祖麾同列驰马冲其锋，汉兵大溃。乘胜攻河东城，焚其门，左臂中流矢，世宗止之。还，拜殿前都虞候，领严州刺史。

三年春，从征淮南，首败万众于涡口，斩兵马都监何延锡等。南唐节度皇甫晖、姚凤众号十五万，塞清流关，击走之。追至城下，晖曰："人各为其主，愿成列以决胜负。"太祖笑而许之。晖整阵出，太祖拥马项直入，手刃晖中脑，并姚凤禽之。

太祖寻败齐王景达于六合东，斩首万余级。还，拜殿前都指挥使，寻拜定国军节度使。

　　四年春，从征寿春，拔连珠砦，遂下寿州。还，拜义成军节度使、检校太保，仍殿前都指挥使。冬从征濠、泗，为前锋。时南唐砦于十八里滩，世宗方议以橐驼济师，而太祖独跃马截流先渡，麾下骑随之，遂破其砦。因其战舰乘胜攻泗州，下之。南唐屯清口，太祖从世宗翼淮东下，夜追至山阳，俘唐节度使陈承昭以献，遂拔楚州。进破唐人于迎銮江口，直抵南岸，焚其营栅，又破之于瓜步，淮南平。

　　赵匡胤的不同常人不仅在于他的英勇和武功，更难能可贵的是他作为一个军人却非常喜爱读书。相传他出征打仗，稍有闲暇便手不释卷、博览群书，行军路上常常驮运着好几口大箱子。有人向周世宗柴荣打小报告，说赵匡胤贪得无厌，走到哪里都大包小包带着金银财宝，柴荣派人打开赵匡胤随身携带的箱子检查时，却发现里面都是书。

　　从前面我们介绍的情况来看，赵匡胤这个出生在夹马营的异香儿，不仅志向远大、抱负胸怀不同常人，而且眼光高远，人生道路第一步便走对了路，跟对了人，再加上自身不断努力所取得的学识和能力这些不同于一般人的"异香"，让他的人生不断地"吃香"而官运亨通，最终极其轻松地创建了一个延续了三百余年的大宋王朝，成为中国历史上声名显赫的宋太祖。

　　那么，成了后周殿前都点检的赵匡胤是如何灭掉后周、建立宋朝而改变了历史的，我们下节再讲。

3. 兵变陈桥驿

　　陈桥兵变是我国历史上一次重大的军事政变，对这次政变，《宋史·宋太祖本纪》有较详的记载："七年春，北汉结契丹入寇，命出师御之。次陈桥驿，军中知星者苗训引门吏楚昭辅视日下复有一日，黑光摩荡者久之。夜五鼓，军士集驿门，宣言策点检为天子，或止之，众不听。迟明，逼寝所，太宗入白，太祖起。诸校露刃列于庭，曰：'诸军无主，愿策太尉为天子。'未及对，有以黄衣加太祖身，众皆罗拜，呼万岁，即掖太祖乘马。太祖揽辔谓诸将曰：'我有号令，尔能从乎？'皆下马曰：'惟命。'太祖曰：'太后、主上，吾皆北面事之，汝辈不得惊犯；大臣皆我比肩，不得侵凌；朝廷府库、士庶之家，不得侵掠。用令有重赏，违即孥戮汝。'太祖进登明德门，召文武百僚，至晡，班定。翰林承旨陶谷出周恭帝禅位制书于袖中，宣徽使引太祖就庭，北面拜受已，及掖太祖升崇元殿，服衮冕，即皇帝位。建隆元年春正月乙巳，大赦，改元，定有天下之号曰宋。"

周世宗柴荣去世后，他只有七岁的儿子柴宗训继位，世称周恭帝，这时执掌禁军大权的赵匡胤又兼任了汴京（开封）守卫的归德军节度使。当时的形势是主少国疑，稍有点头脑的人都可以看出来身兼禁军司令和京城卫戍部队司令的赵匡胤对后周寡妇太后和孤儿小皇帝的严重威胁。

公元960年正月初一，正当朝野上下欢庆新春元旦时节，忽然传来北汉联合契丹大举入侵的消息。第二天，赵匡胤便奉命率大军出京城北门抗击入侵，但大军只行进到距京城二十里的陈桥驿便驻扎了下来。这天傍晚，军中一个自称知天文会观星象的小校尉苗训找到中军主帅的门吏楚昭辅说，他看见今天傍晚的太阳下面又出现了一个太阳，而且有一道黑光来回荡漾了好长时间。天有二日预示地有二君，这是上天预示人间将有新天子出现的征兆啊！苗训的预言一下子在军中传开了，到了五更时分，将士们纷纷聚集到了驿门前广场上，大家相互传言要策立点检大人做皇帝。到了天快亮的时候，将士们已拥入赵匡胤的寝室门外，他的弟弟赵匡义（后改名为赵光义）便敲门进入赵匡胤的寝室向他报告外面发生的事情。当然，他们兄弟二人在屋里说了些什么，我们也就不得而知了。

接到报告的赵匡胤显得一点也不惊慌，他慢慢地起床走出门外，手拿着明晃晃的刀枪剑戟的将士们一看到他们的主帅点检大人走出来，便一起大呼："现今军中无主，我们要立太傅大人当皇帝！"赵匡胤还没来得及开口讲话，便有人将一件皇帝才能穿的黄袍披在了他的身上，而且大家还把他拥上了马背，众人一齐围着他跪拜下地，并高呼万岁。这时，已黄袍加身、受过众将士山呼万岁跪拜的赵匡胤才终于发话了，他说我的号令你们能听从吗？将士们当然是一片唯命是从的高声回答。于是，赵匡胤便给他的将士们发出了军事政变前的约法三章：不得冒犯后周的太后和皇帝，不得侵凌朝中的众位大臣，不得侵掠朝廷府库和官员百姓的家庭。

赵匡胤获得了他手下大军的人心和拥戴后，便立即下令大军掉头回京，朝中的禁军和京城的守卫部队都是赵匡胤的部下，他自然很轻松地控制住了京城的局势和朝中的太后、幼主及文武百官。当时，只有朝中的侍卫亲军副都指挥使韩通急忙从朝廷返回自己的府衙，想召集手下人马抵抗，但很快被政变部队击溃追杀，韩通刚逃进家门，便被紧追而至的军校王彦升杀死，并杀害了韩通全家。

赵匡胤大军这天上午进入京城，到了黄昏时分便大局已定，朝中的文武百官按续排列，翰林承旨陶谷从自己袖中拿出早已拟就的周恭帝禅位于赵匡胤的诏书宣读了一番，朝中的宣徽使引导赵匡胤面北下拜接受了禅位。于是，赵匡胤登上了崇元殿，正式换上了皇帝的衣冠，登上了皇帝的宝座，接受了文武百官山呼万岁的朝拜。

新皇帝赵匡胤即位后，由于他任归德军节度使时的任所在宋州（今河南商丘）所以宣布了他的新王朝的国号为大宋，以汴京为都城，并改年号为大宋元年。

陈桥兵变从史书记载的文字来看，是一场将士们主动拥戴赵匡胤黄袍加身，致使赵匡胤无奈接受而改朝换代的军事政变，但是，我们即使只从史书记载的文字上来分析，也可看出这次政变是赵匡胤长期精心阴谋策划的夺权行为。

第一，赵匡胤能够调集全国大部分最精锐的部队归自己统领指挥，是因为据报是北汉联合契丹大规模入侵后周，如果没有这个情况，在朝廷没有下令的情况下，赵匡胤仅凭自己的职权，要调集军队是根本不可能的。但是，我们注意到，时隔不久就有报告说："未几，镇州报北汉兵还。"这真是荒唐可笑的掩耳盗铃之术啊！因为北汉和契丹不可能愚蠢到听说敌方发生了政变就即刻偃旗息鼓、撤兵而回了。按常理来说，敌方更应该趁对方内乱之际杀奔而来，但我们胜利者的史书就这样书写了。你发生了内乱，敌方就害怕了，或是同情你了，于是就撤兵了，这样的荒唐事当然是不可能发生的。这只能说明北汉联合契丹的入侵本身就是政变发动者制造的假情报，其目的就是要使赵匡胤能够获得朝廷的调兵权，从而有可能掌控军队，发动军事政变。

第二，外敌入侵，出征的部队应该刻不容缓，火速开往前线，但赵匡胤却让部队只开出京城二十里便停步不前，驻扎在陈桥驿，这只能是为了尽快掉头返回京城而做的精心安排。

第三，苗训传出天现二日的异象，预示上天要有新天子出现的话，是中国历史上造反起事、发动兵变者为蛊惑人心惯用的宣传舆论手段。他通过中军门吏之口迅速向全军散布，很快便聚拢了人心，使赵匡胤罩上了神圣的光环，成了全军人心所向的真命天子。

第四，赵匡胤的弟弟赵光义的出现，让我们看到了赵匡胤的铁杆弟兄和亲信们四下里煽风点火、撺掇将士们拥戴赵匡胤发动军事政变的幕后活动。

第五，赵匡胤刚刚起床走出门外，便有人将黄袍披在了他的身上。要知道黄袍是全天下只有皇帝才能穿的衣服，任何人拥有或是使用便是杀头之罪，如果不是事先准备要图谋造反，谁敢制作并随身带着这样的违禁之物？乱军之中有人能拿出黄袍披在赵匡胤的身上，只能是事先便做好准备的。

第六，旧皇帝写给新皇帝的传位诏书应该由小皇帝周恭帝住的后宫传出，况且拟写诏书也应该需要一定的时间，但在朝臣班列中站立的翰林承旨陶谷却从自己袖中拿出了周恭帝的禅位诏书，这样的诏书难道不是事先早已准备好的？

所以，从我们对既是政变发动者又是胜利者书写的历史记载的分析来看，陈桥兵变从制造假情报调集军队，到发动兵变的地点安排，宣传舆论的制造，人员的串联煽动，直到所需用的道具，这些细节都是事先精心筹划安排的。我们从这些周密的安排中真正领略到了赵匡胤心思的缜密和手段的老到。

陈桥兵变让赵匡胤当上了皇帝，建立了宋朝，此时如果我们回过头来想一想他的发迹过程，或许我们会突然明白那块搅动了后周政权根基、让赵匡胤取而代之当上点检从而具有发动兵变能力的诡异木简的来历。

诡异的木简从何而来，从现有的史料中找不到文字记载，但是，事物的发生发展总有它的因果逻辑关系，事物的发展有因就有果，反过来，有了怎样的果便有其能引起这种果的因。从整个事件的发生、发展过程来看，现在我们虽然还是不知道到底是谁制造了木简，但我们现在却知道了事件的结果，这就是这块木简扳倒了时任点检张永德，让赵匡胤做了点检，并最终发动兵变，当上了皇帝。木简的出现扳倒了张永德，谁最可能取而代之？当然是担任禁军指挥副职的殿前都指挥使赵匡胤了。木简的出现让谁得到了好处和实利呢？当然是获得了禁军指挥权便发动兵变夺得天下、当上了皇帝的赵匡胤。

据《纲鉴易知录》记载：在赵匡胤发动兵变取得成功当上皇帝后，他的母亲杜氏便说："吾儿素有大志，今果然矣！"知子莫如母，年轻时的赵匡胤就有出人头地的大志，已经是禁军副职的他当然知道乱世之中做了点检、掌握了禁军就有机会坐上皇位来实现他的大志了。所以，虽然没有是谁制造了木简的文字记载，但是如果稍稍推测一下，木简的制造者很有可能就是整个事件最大的受益者赵匡胤了。如果真是这样，那么，"素有大志"的宋太祖赵匡胤谋事的老到缜密真是让人心惊，中国自古以来的权谋文化真是让人叹为观止了！

二、黑暗史上的人性闪光

中国皇权专制史无不是一部血腥黑暗的杀戮史。历朝历代的开国皇帝为了抢江山、当皇帝，没有一个不是不惜亿万生灵涂炭而挑起战乱，在血流成河、千里荒冢的凄风苦雨中抢得皇位而君临天下的。为了使自己的家天下能得以传承，抢得天下的皇帝无不是将自己打翻在地的前朝统治者斩尽杀绝，其手段残忍、凶狠真是无所不用其极，即使是婴儿也不放过。而在皇位上的君王们又整日忌惮焦虑自己的儿子、弟兄、身边的权臣武将这些有可能谋取自己身家性命、夺取皇位的人篡位夺权，于是用尽各种卑鄙下流的手段制造事端，大肆杀伐，使没有战乱的年代依然满是血腥的杀戮。但是，我们阅读史籍中对赵匡胤的记载，却能够感受到这位武将出身的北宋开国皇帝的人性中有那么一抹闪光，让我们在阅读黑暗血腥的中国皇权专制史感受到的沉重压抑中生出一丝难得的欣慰。

1. 优待周室后裔

我们前面说了，赵匡胤的陈桥兵变并不是他一手导演的那样是受部下挟持簇拥而无奈黄袍加身的，而是他长期暗中密谋策划的一场改朝换代的军事政变。按照历史以来改朝换代的程序，抢夺皇位者无不宣布自己要推翻的对手的种种罪恶，称其为"匪"来反证自己取而代之的正义性、合法性，但是赵匡胤在政变伊始即约法三章，第一条便是"太后、主上，吾皆北面事之，汝辈不得惊犯"，明确宣布对后周的太后和年幼的皇帝自己要尽臣子之礼来侍奉他们，将士们均不得惊扰冒犯。他不仅这样说了，而且在指挥兵变部队进入京城前"遣客省使潘美见执政喻意"。在部队进京后，赵匡胤又下令将士们回到军营，不得惊扰宫廷，自己竟又回到自己的太尉官署。在见到后周执政的宰相范质、王溥时，他手下校尉按剑厉声逼范质等人交权让位说："我辈无主，今日必得天子。"但赵匡胤竟然流着眼泪说："吾受世宗厚恩，为六军所迫，一旦至此，惭负天地，将若之何！"这里虽然少不了有其表演的因素，但比起那些历史以来争夺帝位时将自己打扮成正义的化身、所谓代表人民来讨伐罪恶统治的人，不能不说是有其良心未泯、知耻坦诚的一面。

赵匡胤不仅在话语上表明了对后周王室的负罪感和礼待之情，而且落实在了具体的行动上。据载，宋太祖在即皇帝位后"奉周主为郑王，符太后为周太后，迁之西宫"。他不仅对后周皇室成员以礼相待，而且对后周先祖也不废祭祀，据《宋史·宋太祖本纪》记载："丁巳，命周宗正郭玘祀周陵庙，仍以时祭享。"

对后周王室礼待和不废后周宗庙陵墓祭祀的同时，赵匡胤在他即位称帝的第三年还秘制了一块碑石立于太庙，并留下诏书让以后宋朝新皇帝即位时诵读碑上的誓词。其誓词为："柴氏子孙，有罪不得加刑，纵犯谋逆，止于狱内赐尽，不得市曹刑戮，亦不得连坐支属；不得杀士大夫及上书言事人；子孙有渝此誓者，天必殛之。"

这则誓词不仅表明了赵匡胤对自己逼迫周幼帝让位的负罪感和礼待柴氏王室的仁义之心，也表明了他厚待文臣和容纳批评谏言的坦荡胸怀，更表明了赵匡胤对自己以及对自己建立的大宋天下真正的自信。

他不仅自己内心知耻而尽力善待周室，而且为后周柴氏子孙考虑，史载他曾发给柴氏子孙丹书铁券免其一般的死罪。《水浒传》中后周皇室子孙柴进因为持有祖先留下的丹书铁券，便敢于胆大妄为、招降纳叛，以至于暗通梁山的宋江，打死了人的武松都能躲在他的庄中，官府也不敢搜捕，这也算是宋朝确实优待后周柴氏子孙的一个例证吧。

同历史以来的开国皇帝大多视人命为草芥、以冷血嗜杀为能事，大多将前朝王室即使追杀至天涯海角也要斩草除根的做法相比，不由人不感到中国黑暗浓重的皇权专制史上还有这样一抹人性的闪光。

2. 杯酒释兵权

陈桥兵变、黄袍加身是宋太祖赵匡胤人生经历中流传最广的故事，同样，杯酒释兵权也是其人生中最为人所喜闻乐道的故事。对此，《纲鉴易知录》有较详的记载：

> 石守信、王审琦等皆宋祖故人，有功，典禁卫兵。普数以为言，宋主曰："彼等必不吾叛，卿何忧之深邪！"普曰："臣亦不忧其叛也。然数观数人者，皆非统御之才，恐不能制伏其下，则军伍间万一有作孽者，彼临时亦不能自由尔。"宋祖悟。
>
> 一日因晚朝与守信等饮，酒酣，屏左右曰："朕非卿等不及此，然天子亦大艰难，殊不若为节度使之乐，朕终夕未尝敢安枕卧也。"守信等请问其故，宋祖曰："是不难知，此位谁不欲为？"守信等顿首曰："陛下何为出此言？今天命已定，谁复有异心？"宋祖曰："卿等固然，其如麾下欲富贵何？一旦有以黄袍加汝身，汝虽欲不为，其可得乎？"守信等泣谢曰："臣等愚不及此，惟陛下哀矜，指示可生之途。"宋祖曰："人生如白驹过隙，所以好富贵者，不过欲多积金钱，厚自娱乐，使子孙无贫乏尔。卿等何不释去兵权，出守大藩，择便好田宅市之，为子孙立永远不可动之业。多置歌儿舞女，日夕饮酒相欢，以终天年。朕

且与卿等约为婚姻，君臣之间，两无猜疑，上下相安，不亦善乎？"守信等皆谢曰："陛下念臣等至此，所谓生死而肉骨也。"明日皆称疾，乞罢典兵。宋祖从之，以守信为天平节度使，高怀德为归德节度使，王审琦为忠正节度使，张令铎为镇宁节度使，皆罢宿卫就镇，赐赍甚厚，唯守信兼职如故，其实兵权不在也。

赵匡胤陈桥兵变，实现黄袍加身，靠的就是他手下的石守信、王审琦、高怀德等人，赵匡胤即位后便让他们执掌禁军的指挥权。宰相赵普多次劝谏宋太祖说，这些禁军大将兵权太重，应该将他们调离开禁军，削弱他们的兵权，但宋太祖却说他们是自己的亲信，绝不会背叛自己。赵普看到皇帝如此信任这些手握军权的将领，便直言不讳地说我看他们也不会有反心，但他们都缺乏驾驭自己部下的能力，如果他们的下属追求更大的富贵，拥戴他们造起反来，这些将官也就会身不由己地顺着其下属的心意谋取帝位了！这话一下子击中了宋太祖赵匡胤心底的要害之处，让他警觉起来，开始谋划着如何去除这些心中的大患。

过了几天，宋太祖赵匡胤在晚朝后将石守信等几位禁军大将留在宫中宴饮。酒过三巡后，宋太祖即示意在旁侍候的宫女、太监退出，他举起酒杯说："我要是没有你们几位，也就没有今天的地位，当不了这个皇帝。但是，你们哪里知道，做天子、当皇上实在太不容易了，哪有做一个节度使快乐自在啊！不瞒你们几位说，这当皇帝一年多来，我都没睡过一个安稳觉。"

石守信等人听了皇帝说出这样的话，个个目瞪口呆，十分惊奇，赶快问皇帝为什么会这样。宋太祖放下酒杯叹了口气说，这还不明白吗？皇帝这个位子，谁不眼红，谁不想自己来坐一坐啊！

石守信这几个大将即使再愚笨，这时也听出皇帝老儿话中的意思了。大家吓得急忙离开座席跪在皇帝面前，一边叩头一边说，陛下怎么说出这样的话来了，现在天下归心，局势安定，谁还敢对皇帝您有二心呢？但宋太祖却连连摇头说："我知道你们是不会对我有异心的，但只怕你们的部下将士中有人贪图富贵，他们一旦也把黄袍加在你们身上，你们即使不想反叛我来谋求皇位，但还能由你们自己做主吗？"

皇帝把话都说到这个分儿上了，感到大祸就要临头、死期就在眼前的这几个禁军大将被吓得连连叩头，泪水长流地说："我们都是些蠢笨的武夫啊，实在没有想到我们给皇上您造成了如此大的忧心，千万乞求皇上能可怜可怜我们对您的一片忠心，给我们指出一条活路来啊！"

看到自己的话已收到预期的效果，宋太祖这才把自己的主意慢慢端了出来。他说，人的一辈子是很短促的，不过就是那么几十年，而人们心中的富贵，不外乎就是多积累些钱财，使自己生活优裕享乐，并使自己的子孙能生来富贵，不受穷罢了。所以从现实来考虑，你们何不放弃手中的兵权，外出到大的州郡任职，到时在地方上挑选大宅良田买下来，为自己的子孙留下一份永远都花不完的产业。自己也多蓄养一些歌男舞女，每天都宴乐喝酒作乐，快快活活地享受一生。我再和你们诸位结成儿女亲家，这样使得我们君臣相互信任，互不猜疑，上上下下都安心过日子，这不是很好的吗？

听了皇帝的这番话，石守信等人立即叩头拜谢说："陛下为我们想得如此周到，这真是一份让死人复活、让白骨长肉的大恩大德啊！"

第二天，石守信等人便个个向朝廷递上了辞呈，都说自己生病了，不能再担任禁军重任了，请求皇帝收回自己掌管的兵权。宋太祖自然顺从了这些将官的请求，于是任命石守信为天平节度使、高怀德为归德节度使、王审琦为忠正节度使、张令铎为镇宁节度使。一律解除了这些人的禁军指挥权，让他们出京到各自任所就职，并给他们非常优厚的赏赐。只有石守信还保留原来的军中虚职，但却削去了实际的兵权。

处理了这几个重要的禁军首领后，过了一段时间，宋太祖又下旨让一些军事重镇的节度使进京朝见，并在御花园宴请这些将领。宴会上宋太祖又故技重演了一番，他说你们都是跟着我南征北战的老部下了，到现在还让你们干带兵打仗的苦差事，每天事务那么繁忙，我心里实在是过意不去啊！

心地乖巧的凤翔节度使王彦超一听皇帝说出了这样的话，又联系到被解除了禁军兵权的石守信等人的事，马上顺着皇帝的话说，我这个人跟着陛下也没什么大的功劳，现在留在节度使这个位置上也很不合适，希望陛下能允许我辞去官职，告老还乡吧。但也有几个不知趣的节度使却站起来把自己跟着赵匡胤的光荣历史絮絮叨叨表白了一番，并一一列举了自己建立的军功，但宋太祖听他们说完后只是皱着眉头说，这些都是陈年老账了，还提它干什么呢？

到京述职朝见的节度使自然不能带兵入朝，都是些光杆司令。第二天，宋太祖便下旨将这些节度使的兵权全部解除了，这便是历史上有名的"杯酒释兵权"的故事。

中国皇帝特别是中国历朝的开国皇帝，都对自己才能出众、功勋卓著的功臣十分忌惮，新朝建立后，往往是大开杀戒，把为自己打下江山的功臣斩尽杀绝，来确保自己的家天下能代代相传而不落入他人之手。从刘邦诛杀异姓王到朱元璋屠戮所有的功臣，一茬又一茬地上演着"飞鸟尽，良弓藏；狡兔死，走狗烹"的人间惨剧。

宋太祖赵匡胤是靠自己的部下发动兵变而黄袍加身、建立新朝的，这更是让他对手下的将领猜疑忌惮，他的"杯酒释兵权"实质上也是开国皇帝消除功臣对自己皇位有所威胁的举动，而且因为他在宴会上装模作样的表演，不仅让史家将其归入清除功臣的行列，还给他冠上了善于玩弄诡计的罪名。

我们不能不说赵匡胤的做法确有耍弄人的意味，而且有一种整了人还以好话糊弄人的奸诈，但是，同历朝开国皇帝为了一家之私而翻脸无情地将开国功臣斩尽杀绝，并将其扣上谋反的罪名株连其亲人、朋友及下属的恶行相比，我们却又不能不说赵匡胤的做法有其珍惜他人生命的人道主义因素。这种不滥杀无辜、尊重生命的做法同视他人生命为草芥的残暴行为两相对照，我们自然能看出赵匡胤为人仁慈的性格，从而感受到黑暗阴冷的中国皇权专制史上少有的一丝温暖的人性。

赵匡胤这种看重他人生命的仁义性格，从他捣毁白起塑像的行为更能体现出来。据《纲鉴易知录》载："宋主历观武成王庙两庑，指白起曰：'起杀已降，不武之甚，岂宜受享！'命去之。"

白起是战国时期秦国的著名将领，在长平之战中大胜赵军，坑杀了赵军俘虏四十多万人。宋太祖赵匡胤对白起这种滥杀无辜的残暴行为非常痛恨，所以看到武成王庙中有白起的塑像，便愤然指责白起滥杀已经投降的士卒，是毫无人性、极端有损武德的恶行，认为这样的恶人不应该享受人们的香火祭祀，于是下令捣毁了白起的塑像。

在皇权专制体制下的中国，皇帝个人的性格常常决定朝政的宽仁和严苛，宋太祖性格的仁厚自然使大宋王朝施行了较为宽松的政策。这不仅使得新建立的大宋经济迅速发展，国力快速增强，从而南征北战结束了唐末以来国家长期分裂、军阀混战的混乱局面，实现了国家统一。特别是宋太祖制定的"不得杀士大夫及上书言事人"祖训的实行，使得宋王朝成为我国历史上政治较为宽松、思想较为自由的朝代，这使得宋代成为我国历史上文学人才辈出，文化大发展的时期。虽然宋太祖因为过于吸取南北朝时期武人权力过重，易形成军阀割据局面的教训，采取了以文替武、抑制武将权力的体制，影响了军队的战斗力，而常常遭受外族的侵扰，最终为金人所灭，但大宋王朝依然延续了三百多年，成为我国历史上统治时间较长的朝代。

宋太祖赵匡胤在当上皇帝、创建大宋之后还有怎样的作为，我们下章再讲。

三、偃武倡文的新时代

1. 整治禁军

赵匡胤自己是以禁军首领殿前都点检的职务被其部属推上皇帝之位的，所以他更知禁军和禁军首领与自己皇帝之位的利害相关。禁军是皇帝须臾不能离开的保卫力量，却又是最能直接威胁皇帝之位的潜在对手，如何才能最大限度地化害为利，牢牢地将禁军抓在自己手中，使其忠诚不渝地受自己驱使，便成为即位称帝后的宋太祖赵匡胤首当其冲要解决的问题。赵匡胤即皇帝位第二年的年初，便下诏免去了慕容延昭的殿前都点检职务，改任山南东道节度使；免去了韩令坤侍卫指挥使的职务，改任成德节度使。从此以后，朝中不再设立殿前都点检这个禁军统帅的职位。禁军不再设最高统帅，禁军便由殿前都指挥使、侍卫马军都指挥使和侍卫步军都指挥使这三个部门的将官分别统领，而且他们之间互不隶属、互相牵制，直接由皇帝统辖，均听命于皇帝。另外，禁军所有将领全由皇帝直接任免，禁军将领提升时一律调离原来的部队，防止将领培植自己的亲信势力。防守外地和出征的禁军部队也由朝廷直接指挥，其将领由皇帝临时任命，且随时调任。这样，便形成了部队中"兵不识将，将不识兵"，使得任何将领都无法形成个人亲信圈子，从而无法发动只听命于皇帝的部队与朝廷抗衡。在此基础上，宋太祖又进一步削减军队将帅的实权，让枢密使负责军队的招募、训练、供给和调动等事务，但不能直接统率军队；各部队的将领统率军队，却无权调动军队。这样，枢密院与各部将领之间互相牵制，使皇帝对军队的控制力大大增强。

赵匡胤"杯酒释兵权"，将功勋卓著的元老重臣调离禁军后，选拔了一大批资历较浅的军官担任了禁军将领，这些人没有多大的功勋做资本，一下子获得皇帝的信任和提拔，自然很感激皇帝的恩宠，对皇帝唯命是从，尽心效力。赵匡胤也对这些将领恩威并施，使他们对皇帝绝对忠诚。

有一次，宋太祖在讲武池前检阅水军演习，他看着侍立在两旁的禁军将领说，你们常常说为了皇帝而万死不避，但真要一个人甘愿去死是最不容易的事了。他的话音刚落，身旁一位叫李进卿的禁军将领立即大声说道："只要陛下一声令下，我即刻去死！"说完便跃身跳进池中，等几十名水手在皇帝指挥下将其捞上岸时，人已经奄奄一息了。还有一次，宋太祖在众人的簇拥下观看地方送来的一只大老虎，为了让皇帝看得尽兴，饲养人员便投给老虎一只大羊腿，老虎一下子扑上去一口吞下了羊腿。正当围观的人群激动不已时，却发现老虎张开的嘴合不上了，原来是老虎吞咽过急，被羊骨头卡住了喉咙。宋太祖朝左右看了看问道："谁能将羊骨头取出来？"马上便有一个禁军内侍跳上前去，挽起衣袖伸手进虎口将羊骨头取了出来。

对于这样一支忠于自己的部队，宋太祖赵匡胤自然是格外青睐，当时的禁军不仅装备精良、战斗力强、俸给优厚，而且兵力也很强盛。据载，宋太祖即位十年后，宋朝的总兵员为三十七万八千人，而其中的禁军人数就达到了十九万三千人，超过全国军队的半数，使皇帝直接统辖的部队兵力超过了地方部队，形成了"强干弱枝"的局面。

对此，宋太祖赵匡胤还是不敢掉以轻心，进一步在禁军的驻防上周密安排来加强对其的控制和防范。赵匡胤将十万禁军驻扎于京城及周边地区，其余禁军部队则以屯驻、屯泊和就粮军的名义分守各地。在内地军事要塞驻防，叫作屯驻；在边境重镇戍守，叫屯泊；守护往京城地区运送粮食等物资的，就叫就粮军。各地的禁军部队定期轮换，但其家属一律留在京城，看起来是对禁军将士的一种优待，实际上其家属则成为受皇帝控制的人质了。

2. 以文替武

唐朝安史之乱后，节度使的势力日益增强，他们一个个既掌握着枪杆子，又占据着跨州连郡的土地，拥有其治下的民政权和财赋权，成为割据一方拥兵自重的封建军阀。政治家说枪杆子里面出政权，老百姓则说有枪就是草头王，这话确实道出了中国几千年历史的最大特色。从公元907年军阀朱温废去唐朝皇帝，自立为帝后，到公元960年宋太祖赵匡胤建立宋朝的五十四年间，军阀混战，走马灯式地争夺皇位，先后建立了二十多个立有国号的封建王国，致使国家长期分裂，人民陷入灾难深重的战乱之中。

宋朝刚刚建立，后周的昭义节度使李筠和淮南节度使李重进便相继联合北汉起兵造反，虽然在宋太祖亲率大军征讨下，这两次反叛均很快被平定了，但这两次反叛和南北朝时期藩镇割据的历史教训，不得不让宋太祖认真考虑解决节度使势力过大，威胁到朝廷安危的问题。

杯酒释兵权解除了石守信等重臣元老和几个重镇节度使的兵权，但宋朝初建时，沿袭五代时的体制，带有王爵和宰相称号的节度使就有好几十人。将他们一个个地免除职务，不但容易激发叛乱，而且地方的部队终究还是要有人统领，地方的政务还是要有人管理。如何从体制上削弱节度使的权力，从根本上消除军阀割据的隐患，成了宋太祖赵匡胤必须大力解决的问题。

赵匡胤首先采取的措施便是以文替武，用文臣任武职和削减节度使的数量。《纲鉴易知录》记载："宋主问赵普以文臣有武干者，普以左补阙辛仲甫对，宋主遂用之，因谓普曰：'五代方镇残虐，民受其祸。朕今用儒臣干事者百余人，分治大藩，纵皆贪浊，亦未及武臣一也。'"赵匡胤认为五代时藩镇割据，军阀将领残酷暴虐，老百姓深受其害，所以他现在要一百多名干练的文臣分别治理各地大的藩镇。他还认为即使这些文臣个个贪污腐败，也比不上一个武将的危害。于是他和宰相赵普相商决定朝廷实行文官制度，各级官吏和军队主要将领均由文官担任。废除节度使终身制及世袭制，节度使死亡或退休后其职均由文臣担任，又逐步将许多节度使调离或免职，只授给他们徒有荣誉称号的虚职。

公元 963 年，宋太祖又下诏将各节度使驻扎州以外所兼领的支郡都收回朝廷直属，州官由朝廷任免，直接向皇帝奏事，不再从属节度使管辖。各州设知州管理行政事务，并设通判一职，地位与知州均等。各州的行政文书必须知州和通判联名签署才能生效，使两个衙门相互牵制，而且这些官员全都由文官担任。这些措施大大削弱了节度使的权力，使地方行政大权归于中央，强化了君权。

在强化中央对地方行政管理权的同时，朝廷又剥夺了节度使对地方赋税、财权的管理权。公元 965 年，宋太祖下诏要求各州的赋税收入除按划定的比例留下必要的开支外，其余的全部调运到汴京。各地的关市，均有朝廷委派文臣管理，又委派京官在州以上设置了转运使，掌管一路的财政税收及水陆转运事务。这样，所有的地方官员，包括节度使都无权干预财税钱粮事务，这就断绝了节度使聚敛财力的源流，保障了国家财政的收入。

五代时期，节度使还控制了自己领地的司法权，他们任用手下将校担任属地的马步都虞候和判官，兼管刑法狱讼，称"马步院"，朝廷不能过问。对于这样的情况，宋太祖明确地表达了他的不满，他说："五代诸侯跋扈，有枉法杀人者，朝廷置而不问。人命至重，姑息藩镇，当如是邪！"赵匡胤认为五代时割据一方的节度使常常枉法杀人，朝廷对此也不管不问。人命是关天的大事，朝廷怎能对这些节度使姑息迁就到这种地步呢！于是他下诏："自今诸州决大辟，录案闻奏，付刑部详覆之。"诏令要求各地凡是审理的大辟（杀头）的案件，一律将案卷抄送刑部，由刑部复核审查后才能定案，以此来防止地方随意杀人。公元 973 年，宋太祖更是下诏罢免了所有的由地方节度使任命的马步都虞候和判官，改建马步院为司寇院，由朝廷选派新及第的进士、九经、五经及其他资格相当的文官去各州担任司寇参军，掌管各州的刑法。这样，节度使手中的司法权被取消，再也不能专横枉法、为所欲为了。

经过以上多种举措和体制改革，宋太祖赵匡胤终于大大地削弱和限制了节度使的权力，朝廷直接控制了州、县官员的任免，将地方的行政权、财税权和司法权全都收归朝廷，极大地强化了中央对地方的控制和管理，弱化了地方军阀势力的增长。这样就从根本上解决了唐朝末期及五代以来长期困扰中国社会的军阀割据、混战不断的问题，使新建立的大宋王朝得以巩固，并使社会得以安定，因而经济文化也得以迅速发展起来。

3. 倡导文化

我们前面说过，宋太祖赵匡胤这人确有他的过人之处，这表现在他年轻时便胸怀大志，不在他已是军队将领的父亲帐下效力，而要投靠更大的贵人，寻求更高的发展平台来求得自身的发展。同时，我认为武将出身的赵匡胤，虽然基本上是靠他非凡的魄力和武功建功立业、逐步显达的，但他却同其他武官有着极不同的兴趣，这便是喜爱读书、喜爱收集各种奇书。这也可以说是他的不同常人之处。

还在他跟着周世宗柴荣南征北战之时，有人向世宗皇帝打小报告，说赵匡胤十分贪财，行军打仗总是带着几口大箱子，全装着金银财宝。周世宗一听很是生气，心想我如此看重赵匡胤，让他做禁军将领，想不到此人竟是这样一个贪婪小人，于是便派人去查办，可打开赵匡胤带的箱子一看，原来全装着一本本的书。周世宗很是不解，质问赵匡胤说，你是个武将，应该将精力用在怎样使军备精良、兵卒勇猛上，读这些书有什么用？赵匡胤回答说，我没有奇谋和才能来辅助皇上，却受陛下如此厚爱担任要职，心中很是担心自己不能胜任，所以多读书来增加自己的见识和智谋啊！

宋太祖赵匡胤无论怎么说都应该算是中国历史上文韬武略很杰出的皇帝，他不是秦始皇那样靠武力夺取天下后依然用严苛的政治统治天下，靠残暴的手段奴役人民；更不是朱元璋那样武力夺取政权后依然靠武力维持政权，靠血腥的杀戮和遍布天下的特务组织禁锢民众思想，稳固自己的一家天下。青年时期便博览群书、喜好读书的习惯，增长了赵匡胤的见识和各方面的才能，使他不像其他在马背上夺取天下、靠武力抢得皇位的开国君主一样，只是一味地迷信武力。博览群书使他洞察治国理政的历史经验和教训，深深地明白马上夺取天下却不能马上治理天下的治国之道。他虽然是靠兵变夺取天下、创建大宋的，但在执政后特别注重儒学教育，倡导读书学文的社会风气，推行以文替武、文官治国的政治改革，开创了我国历史上一个偃武倡文的新时代，使北宋成为我国经济、教育、文化、科技迅速发展并取得辉煌成就的重要时期。

公元 960 年正月，宋太祖刚刚即位称帝，在分封了陈桥兵变的有功之臣和追封了自己的先祖之后，便举行了盛大的视学礼，并多次到学宫文宣王殿拜谒孔子等儒学先贤的牌位。《纲鉴易知录》载："诏增葺宗祠，塑绘先圣、先贤像，自为赞书于孔贤座端，令群臣分撰余赞，屡临幸焉。常谓侍臣曰：'朕欲尽令武臣读书，知为治之道。'于是臣庶始贵文学。"

赵匡胤不仅拜谒孔子等儒学先贤，亲自撰写赞语，还要求群臣尊儒崇学，而且发出号召让武臣读书学习，尽快掌握治国之道。皇帝带头尊儒崇学，大臣们遵从皇帝的要求读书悟道，整个天下读书求学的社会风气自然便兴盛起来。

为树立尊崇儒学的风气，宋太祖赵匡胤不仅下诏整修文宣王庙（孔庙），还重新塑制孔子及十位儒学哲人的塑像，在正殿两边廊庑绘制了七十二贤人的画像，不久又下诏在文宣王庙门前竖起了十六根大戟，以壮声威。公元 962 年，按照宋太祖旨令加紧扩建的国家最高学府——国子监工程竣工，朝廷立即任命崔颂为判国子监事，并聘请老师，招收学生。开学之日，赵匡胤非常高兴，派官员前去祝贺，并带着酒果赐给老师和学生。皇帝的这些具体行动自然带动了社会风气的转变，读书为荣的风气渐渐有所形成。

五代时期各国的统治者都是凭借枪杆子起家的武人，他们个个极端轻蔑文化和文化人，因此整个社会便形成了崇尚武力、轻视文化的风气。为纠正这种陋习，赵匡胤便以身作则，带头延师学习。即位不久，他便聘请了一位饱学之士郭无为到崇政殿给他讲授经书和史籍。这以后还形成了宋朝皇宫中的一项制度，北宋每个皇帝都有专门的侍讲官给自己讲学，称为崇政殿说书。从历史以来治国之道的学习和自身经验的总结中，宋太祖深深悟出了以文治国的道理，他不仅多次发出"宰相须用读书人"的感叹，而且大力推行以文替武、文官治国的制度，并大力选拔文人学者，授予官职，让他们发挥自己的才能，治国理政。

为不断充实治国理政的文官队伍，赵匡胤特别注重用科举考试的方法选拔优秀的人才。为了防止徇私舞弊和滥竽充数现象的发生，除了皇帝亲自主持殿试外，宋太祖赵匡胤还亲自对考选者的情况加以审查。《纲鉴易知录》记载公元968年3月："知贡举王裕上进士合格者十八人，陶谷子邴名在第六。宋主谓左右曰：'闻谷不能训子，邴安得登第？'因诏：'自今举人，凡关食禄之家，悉委中书复试。'"

翰林学士、南郊礼仪使陶谷曾在陈桥兵变时提前写好禅位诏书，为赵匡胤顺利即位立下功劳，但宋太祖赵匡胤看到陶谷的儿子陶邴名列录取进士第六时，依然不放过疑点，发问说听说陶谷不能管教儿子，他的儿子为什么能够录取为进士呢？并下诏让中书省复试。虽然结果证明陶邴的录取是合格的，没有问题，但宋太祖仍然下诏书规定：从今以后，凡是官员家庭子弟考试合格者，全都要由中书省复试，复试合格后才能录取及第。

公元972年，主持科举考试的翰林学士李昉徇私舞弊，录取了几个不合格的人员，宋太祖在殿试时发现了这些人能力低劣，结果这些人不仅被当场取消录取资格，李昉也受到了处罚。不仅如此，赵匡胤担心李昉这样凭人情关系决定取舍，其落第未录取者一定有优秀的人才，于是便从落第者中挑选出了一百九十五人，当场发给考卷进行复试，结果二十六人被录取为进士，一百零一人被赐予及第。考试结果公布后，宋太祖还设宴款待这些新录取者，赐给他们钱财，并感叹说以前科举大多被官员和富贵人家垄断，我现在亲自在讲武堂考试，才革除了这一弊病啊！

为了广泛地笼络天下人才，赵匡胤还下诏以皇帝特恩的名义录取人才。公元970年，他下诏礼部查阅各州推举并参加过十五次以上科举考试的举人名单，共查出有一百零六人，于是皇帝下旨将他们全部予以录取。

更为难能可贵的是宋太祖赵匡胤制定的"建言者，无论何人，不因言获罪。不杀文人"的祖训，以此说他在中国几千年的历史上独树一帜也不为过。几千年来，中国统治者对民众进行严酷的思想禁锢，严格地限制言论自由和文化封杀，以宁可错杀一千，也不放过一人的手段大肆制造文字狱冤案。从秦始皇的焚书坑儒到清朝时期的文字狱遍地，直至民国时期全国各地茶坊酒肆"莫谈国事"的醒目警示，都可以看出中国民众受思想控制和言论束缚的严酷，以及在高压统治下民众噤若寒蝉的恐惧状况。但是，唯独是北宋时期，唯独是宋太祖赵匡胤，他能告诫自己和自己的子孙"不因言获罪，不杀文人"，这不仅在中国历史上空前绝后，而且使我们深深感到他的这种思想大大地超越了他的时代，使今天的我们耳目一新。正因为有宋太祖赵匡胤这样的祖训，在他开创的偃武倡文的北宋时代，虽然受历史因素的影响，北宋还不能算是实现了真正意义上的统一王朝，但在经济、教育、科技、文化上的迅速发展却是历朝都无法比拟的，北宋时期许多优秀成果即使在今天也是让我们引以自豪的：《清明上河图》是宋代经济大发展、社会大繁荣的真实写照；《资治通鉴》是宋代史学成为我国史学发展高峰的醒目旗帜；宋词的繁荣成为我国文学史上又一座不可逾越的高峰；标志着我国古代科学技术发展高峰的宋代的《梦溪笔谈》，是"中国科学史上的坐标"。

4. 重用赵普

同中国历史上开国皇帝都有一位多谋善断的谋臣一样，大宋的开国皇帝赵匡胤也有一位重要的谋臣，这便是赵普。

赵普，字则平，幽州蓟县（今天津蓟州区）人。赵普作为身处乱世的一介文人，为养家糊口，曾当过私塾老师，也曾给有钱人家当过账房先生，但年轻时便有平天下大志的赵普不甘平庸的生活，毅然别妻离子出去闯荡江湖，希望能干出一番事业。后经人推荐，赵普担任了赵匡胤父亲赵弘毅的军事判官。赵弘毅驻军滁州时有了病，赵普日夜端汤送药，小心伺候，让赵弘毅很是感动，便认他为同宗。赵匡胤来探视父亲，与赵普交谈，深感其见识不凡，后来便将赵普调至自己帐下担任推官。赵匡胤升任殿前都点检、归德军节度使后，更是视赵普为自己的智囊和心腹，任赵普为掌书记，人称"赵书记"。

赵普是陈桥兵变拥立赵匡胤称帝的关键谋划人物，大宋建立后，便被封为右谏议大夫、充枢密直学士，公元962年又被任命为掌管全国军事的枢密使、检校太保。次年又升任门下侍郎、同中书门下平章事、集贤殿大学士，即宰相。赵匡胤视赵普为自己的左右手，大小事务都向其征求意见才做出决策。对此，《纲鉴易知录》有如下的记载：

> 普既相，以天下为己任，宋主依任之，事无大小，悉咨决焉。宋主数微行，过功臣家。普每退朝，不敢去衣冠。一日大雪，向夜，普意宋主不出，久之，闻叩门声，普亟出，宋主立风雪中。普皇恐迎拜。宋主曰："已约光义矣。"已而光义至，设重茵地坐，堂中炽炭烧肉，普妻行酒至，宋主以嫂呼之。因与普计下太原。普曰："当西北二面，太原既下，则我独当之，不如姑俟削平诸国，则弹丸黑子之地，将安逃乎？"宋主曰："吾意正如此，特试卿耳。"
>
> 宋主又尝以幽燕地图示普，问进取之策。普曰："图必出曹翰。"宋主曰："然。"因曰："翰可取否？"普曰："翰可取，熟可守？"宋主曰："以翰守之。"普曰："翰死，孰可代？"宋主默然，良久曰："卿可谓深虑矣。"

宋太祖多次微服私访，临幸赵普等功臣家中，所以赵普每次退朝都不敢立即脱去官帽朝服。有一天下大雪，天已经快黑了，赵普以为宋太祖不会再来自己家中了，但过了好长时间却又听到了叩门声。急忙赶出的赵普发现宋太祖已站在门外的风雪之中，他极为惶恐地迎拜宋太祖，宋太祖却说自己还约了赵光义。不一会儿赵光义也来了，于是赵普安排君臣几人坐在铺上数层毯子的地上，在堂中燃起炭火烤肉，赵普的妻子端着酒呈上，宋太祖对她以嫂子相称。

在君臣欢洽相聚的气氛中，宋太祖便和赵普商讨如何夺取太原、统一天下的大计来。赵普说太原的西北部两面均是我们的强敌，我们如果攻下太原，那么西北部的外敌就得靠我们独自抵挡了。不如姑且等到削平了南方其他诸国，那么太原、北汉这一弹丸之地，就很难逃脱我们的手中了。宋太祖听了赵普的这番高论非常高兴，于是说我的想法也和你一样，只是想试一试你啊！

宋太祖还曾拿出幽州、燕州一带的地图给赵普看，询问夺取幽燕的策略。赵普一看地图，便说这地图一定是曹翰所绘。宋太祖说是的，接着便问曹翰能夺取幽州和燕州吗？赵普说曹翰是可以夺取幽燕之地的，但谁可以守卫这些地方呢？宋太祖回答说就让曹翰去守。赵普说曹翰要是死了，谁可以代替他呢？宋太祖被问住了，过了好一会儿才说你这个人真是称得上深谋远虑啊！

赵普不仅是赵匡胤陈桥兵变的主要策划者，而且更是大宋建立后赵匡胤的主要谋臣。无论是"杯酒释兵权"巧夺功臣军权的奇谋，还是推行以文替武、偃武倡文的文官制度，赵普都是主要的建言者和参与者。赵匡胤喜欢读书，积极提倡文武大臣读书，赵普便潜心研读《论语》，他曾对宋太祖赵匡胤说："为臣有《论语》一部，用半部佐助陛下定天下，用半部佐助陛下治理天下。"这句话为赵普留下了"半部《论语》治天下"的历史美谈。

宋太祖赵匡胤依重赵普，很信任赵普，而赵普也敢于在皇帝面前坚持自己的意见。《纲鉴易知录》曾有下面的记载：

> 普尝荐某人为某官，宋主不许。明日复奏，亦不许，明日又奏，宋主大怒，裂碎奏牍掷地，普颜色不变，跪而拾之以归。他日补缀旧牍，复奏如初，宋主乃悟，卒用其人。又有群臣当迁官，宋主素恶其人，不与。普坚以为请，宋主怒曰："朕固不与迁，卿若之何？"普曰："刑赏天下之刑赏，陛下岂得以喜怒专之？"宋主怒甚，起，普亦随。宋主入宫，普立宫门，久之不去，竟得俞允。其刚毅果断类如此。

赵普曾推荐某个人担任某个官职，宋太祖不同意。第二天，赵普又奏请此事，宋太祖还是不批准。又过了一天，赵普继续奏请，宋太祖大怒，撕碎了奏章扔在地上，但赵普脸色一点都没有改变，跪着捡起撕碎的奏章回去了。又一天，他粘补好了奏章，继续向皇帝奏请，宋太祖这才醒悟过来，最终任用了这个人。

有几个大臣应当升迁官职，宋太祖平素就很讨厌这几个人，便不同意。赵普却坚决替他们奏请，宋太祖生气地说："我就是坚决不同意，你又能怎样呢？"赵普回答说："刑赏规则是普天之下都应该执行的，陛下你怎能凭自己的喜怒来执行呢？"宋太祖一听更加生气，站起来拂袖而去，但赵普还是跟在皇帝后面。宋太祖走进了后宫，赵普便一直站在宫门口，久久不肯离开，最后终于得到了皇帝的批准。赵普刚毅果敢的性格大抵如此啊！

赵普能在皇帝面前如此固执大胆地坚持己见，一则反映出他性格的刚直，二则也可看出宋太祖对赵普的信任和宽容。但是，赵普却又为人尖刻的一面，说话多不忌讳，"屡以微时所不足者为言"，即常常拿宋太祖还未显达时的一些不足之处来说话，这难免令皇帝产生对其的不满和忌恨。《纲鉴易知录》载："宋主欲使彦卿典兵，赵普屡谏，不听。宣已出，复怀入，从容言之。宋主曰：'朕待彦卿厚，岂忍相负邪？'普曰：'陛下何以能负周世宗？'宋主默然，事遂寝。"

宋太祖想起用符彦卿掌管兵权，赵普认为不妥当，便多次劝谏，可宋太祖不听他的劝谏。任用符彦卿的诏令都发出了，赵普又将诏令揣在自己的怀中，返回了宫中，耐心地劝阻宋太祖收回成命。宋太祖说："我待符彦卿非常仁厚，他怎么能忍心辜负我呢？"赵普回答说："陛下您又为什么辜负了周世宗呢？"宋太祖一听此话，顿时哑口无言了，重用符彦卿的事也就搁置下来了。

我们从宋太祖赵匡胤一生的经历来看，无论是他青年时决然放弃一般人看来很不错的在他父亲帐下效力的发展道路，还是投靠周世宗后的浴血奋战，以及创建偃武倡文的大宋新朝，还是先南后北，逐步统一天下，都可以说是令他十分光彩、十分自豪的人生光辉经历。但是，却有一件令他十分心亏的事，这便是陈桥兵变，以见不得人的手段逼迫待他恩重如山的周世宗柴荣幼小的儿子给他让位。对于一个心中毫无羞耻感的小人来说，他还可以将自己的阴谋手段当作自己的本事能耐，毫无廉耻地自夸为阳谋和策略，但对一个知道羞耻的人来说，为了追求自己人生的名利，要弄诡计整人，特别是做了对不起有恩于己之人的事，便会觉得心中有愧，良心深处时时自责不已。对于赵匡胤来说，他谋得皇位后能善待周室柴氏子孙，立下祖训不杀谏言之人，褫夺功高震主武将的兵权却给以优裕的待遇，都说明他是中国皇帝特别是中国开国皇帝中极其难得的心地仁厚且有良知、知羞耻的人。在自己可以毫不费力便可夺取皇位这个人世上最大的诱惑之下，他受人性之恶欲的驱使谋得了恩人的天下，这成了他心底最不愿人提说，并常受自己心中良知自责的亏心事。

常言道："打人不打脸，说人不揭短。"但是，为人刻薄的赵普却专检宋太祖赵匡胤的短处说，一句"陛下何以能负周世宗"击中了皇帝的命门，让"宋主默然"。然而，出言无忌的赵普应该明白，他现在和宋太祖赵匡胤的关系不再是以前知无不言的朋友关系，而是君臣关系，他为了使自己理占上风，一时痛快的一句话深深刺痛了皇帝心底最不愿示人的伤疤。宋太祖在这句话的重击下哑口无言了，他的"默然"有心底羞愧的痛楚，更有压抑在心底的由羞生恨的怒火。

赵普的一句话深深刺痛了皇帝，时隔不久发生的一件事更让宋太祖对自己的宰相产生了猜疑和去除之心。对此，《纲鉴易知录》载道："宋主尝幸其第，会吴越遣使致书于普，及海物十瓶，置于庑下，未及发而宋主至，仓猝不暇屏。宋主顾问：'何物？'普以实对。宋主曰：'海物必佳。'即命启之，皆瓜子金也。普惶恐谢曰：'臣未发书，实不知。'宋主曰：'第受之。彼谓国家事，皆由汝书生尔。'"

宋太祖到赵普家中去，恰恰碰见南方吴越国送给宰相的书信和十瓶海产，可打开瓶子后却发现所谓的海产是金灿灿的瓜子金。敌国贿赂自己的宰相，而且他们之间还有书信往来，这怎能不让宋太祖疑心顿起？所以，尽管赵普诚惶诚恐地解释，可皇帝还是撂下一句话：你尽管把金子收下吧，他们以为国家大事，都是由你这位书生决定的。

不久，宋太祖赵匡胤就用实际行动表明这个国家的大事是由谁来决定的了。先是赵普违反"官禁私贩秦陇大木"的禁令，大量运送木材给自己建造府第，纵容自己的亲信以他的名义在京城贩卖木材被人告发。宋太祖一听非常生气，就想罢免赵普的宰相职务，但在其他大臣的极力求情下才终止了罢免动议。后来赵普又指使人诬告自己的政敌雷德骧，致使雷德骧被流放到灵武。雷德骧的儿子雷有邻击鼓鸣冤，宋太祖下令御史台审清案由后，下旨任雷有邻为秘书省正字，招还雷德骧为秘书丞，还下令让吕余庆、薛居正与赵普轮流负责宰相府中的印押值班事务，以分割赵普的宰相职权。在这样的情况下，赵普看出了皇帝对自己的不满和戒备，只好上书请求罢免自己的宰相职务，于是宋太祖下诏罢免了赵普的宰相职务，令其出京任河阳三城节度使。

由于宋太祖赵匡胤自身的性格仁厚，虽然赵普出言刻薄，得罪过皇帝，而且纵容亲信违禁贩运木材，专横不法陷害朝臣，但感念旧情的宋太祖赵匡胤没有像历史上诸多的开国皇帝一样总是记恨功臣而将他们斩尽杀绝，而是让赵普出任地方大员，这为赵普以后咸鱼翻身、继续出任宋太宗赵光义的宰相留下了后路。至于赵普是如何获得宋太宗赵光义的宠信又登上相位的，我们在以后的章节中将详细讲解。

四、定策略先南后北统天下

宋朝建国之时，北方有实力强大的辽国，太原有北汗，南方更有南唐、吴越、后蜀、南汉、荆南（南平）等许多小朝廷。公元 963 年，赵匡胤登基称帝的第四年，就开始了统一全国的征战。

面对如此众多的敌国，应该有怎样一个符合实际的全局性的战争策略？史书记载赵匡胤曾带着他的弟弟赵光义在大雪纷飞的夜晚到宰相赵普府第，君臣三人喝酒烤肉，围炉夜话，制定出了先南后北逐个平定的统一天下的战略。周世宗柴荣当年制定的是先北后南的策略，首先征讨太原的北汉。对此，宰相赵普侃侃而谈说："北面有辽国和北汉，如果我们先用兵北汉，取得北汉之后，我们就要独挡辽国的兵锋，不如先让北汉做我们北面的屏障，让它替我们抵挡辽国的兵势。我们先攻取南方各国，待我们攻取南方之后，土地广大，兵强粮多，像北汉这样的弹丸之地，便可一鼓而下。而且南方富庶，敌国都不强大，各个君主都是昏庸之人，以陛下的雄才大略，定能扫平江南。"赵普的策略非常符合宋太祖赵匡胤的心意，于是先攻取南方诸国，再征讨北汉而统一天下的大计便确定了下来。

这一策略是极其明智的，当时契丹的辽国，实力强大，生机勃勃，如果先北后南，攻占北汉之后便直接与辽国对峙，两虎相斗，其后果便很难预料。而南方各国，实力相对弱小，各个击破之后，宋朝便实力大增，这样先弱后强、避实就虚的战争策略，为大宋南征北战统一天下奠定了基础。

1. 平定荆南

宋太祖定下先南后北统一天下的战略后，南下用兵的第一个目标便是相对弱小的荆南。武平节度使周行逢是自成一体的地方割据军阀，占据着今天的湖南全省及湖北、广西的部分地区。荆南特别是荆州战略位置十分重要，它"南迤长沙，东距健康，西迫巴蜀，北奉朝廷"，是向南用兵，征服南方诸国的战略要道，因此宋太祖将南下用兵的第一个目标便选定为荆南。

常言道，机会总是留给有准备的人的。公元962年，周行逢病死，其子周保权继位，部将张文表欲夺其位而发动叛乱，周保权根据其父病重时的遗嘱向宋朝请求援助，这给早有准备的宋太祖赵匡胤提供了出师湖南、借道荆州的绝佳机会。对此，《纲鉴易知录》有如下记载：

> 初，周行逢病，亟召将校嘱其子保权曰："吾部内凶狠者诛之略尽，惟张文表在耳。我若死，文表必乱，诸君善佑吾儿，无失土宇。必不得已，当举族归朝，无令陷入虎口。"及保权嗣位，文表闻之，怒曰："我与行逢俱起微贱，立功名，今日安能北面事小儿乎！"会保权遣兵代永州戍，道出衡阳，文表遂驱之以袭潭州。知留侯廖简素易文表，不设备。文表径入府中，简方燕客醉，被杀，文表遂据潭州。又将取朗陵，以灭周氏。保权遣杨师璠击之，且求援于宋。

周保权求援的使者到达京城，宋太祖心中大喜，他说："江陵是一个四分五裂的国家，现在出兵湖南，借道荆州，顺便平定荆州，攻取长沙，这真是万无一失的计策啊！"于是在这一年（公元963年）春天，宋太祖下令让慕容延钊和李处耘率领十州兵马，借道荆南的高继冲，声讨张文表。

大军还未到潭州（今长沙市），周保权的部将杨师璠已打败了张文表的叛军，并将其活捉后割肉而食，枭首示众。此时宋军已到达襄州（今湖北襄樊市），并派使者向荆南的高继冲晓谕宋太祖平定江南的旨意。在宋朝大军压境的情势下，有人向高继冲建议说："中原在周世宗时已有统一天下的雄心，现今的宋主更是志向远大，不如我们早日归顺朝廷，不但可以免除战祸，主公你也不会失去富贵。"于是，高继冲便派遣他的叔父高保寅以奉送酒肉犒军的名义到宋营，想先打探一下宋军的虚实再做决定。当晚，慕容延钊一边在军营宴请高保寅，一边却让李处耘带领轻骑人马夜袭江陵。结果，宋军在荆南军队毫无防备的情况下兵临江陵城下，高继冲只得献上荆南所辖三州十七县的地图、户籍投降。宋太祖接受了高继冲的降表，任命高继冲仍任荆南节度使，并将其部属依然任命为各级官吏。

荆南平定后，宋军按既定策略挥师南下，很快攻克了潭州。周保权的将领张从富驻守朗陵而拒不投降，李处耘便将作战时俘获的张从富士兵中的肥胖者选出十几人，让部下煮其肉而食，并让其他俘虏观看了煮肉而食的场面，将他们脸上刺字后放回。这些被放回朗陵的士兵到处讲说宋军杀人食肉的情形，使朗陵守军人人恐惧，争相扔下武器逃亡，结果宋军长驱直入，攻占了朗陵，杀死了张从富。朗陵被破，年幼的周保权被大将汪端劫持过澧江，藏在寺庙中，结果宋军很快渡江杀死了汪端，俘虏了周保权。荆南、潭州全部平定，宋朝得到了湖南、湖北等地的十四州六十六县，任命户部侍郎吕余庆暂任潭州知州。周保权被押送到京城后，宋太祖赦免了他，任命他为右千牛卫上将军。

潭州平定后，宋太祖选择任命了瑶族人秦再雄为辰州刺史，让其向边远的少数民族各部宣传朝廷的安抚政策，使各地各部相继归顺了朝廷，从此荆湘边境的忧患得到平定。

在平定荆南这场南征首战中，宋太祖赵匡胤大兵压境、逼迫投降、歼灭顽敌的策略，减少了大规模的激战和人员伤亡，特别是对投降的高继冲、被俘的周保权或任原职或另委新任，对此后逐个平定南方各国起到了树立榜样、减少阻力的作用。

2. 征伐后蜀

五代时期，王建占据东西二川，在成都称帝，建国号为蜀。公元925年，孟知祥灭了前蜀，自称皇帝，国号仍称蜀，史称后蜀，以成都为都城，据有今天四川全境。蜀地素称"天府之国"，物产丰富，人口众多，但是，时为后蜀君主孟知祥的儿子孟昶是个既昏庸无能，又骄奢淫逸之徒，而且任用了王昭远等一批无能之辈掌管军国大事。宋太祖安排的凤州（今陕西凤翔）团练使张晖将探知的后蜀国情及地形险易及时上报朝廷。宋太祖闻报后心中十分高兴，认为征讨后蜀的时机已经成熟，只是一时还难以找出讨伐后蜀的借口。然而，后蜀君主孟昶极为信任的王昭远却因建功心切，给宋太祖送上来一个绝好的机会，使得宋军讨伐后蜀师出有名了。《纲鉴易知录》对此有详细的记载：

> 初宋主欲谋伐蜀，以张晖为凤州团练使，晖尽得蜀虚实险易以闻，宋主大悦。已而蜀山南节度使判官张廷伟说知枢密院事王昭远曰："公素无勋业，一旦位至枢近，不自建立大功，何以塞时论？莫若通好并州，令发兵南下，我自黄花、子午谷出兵应之，使中原表里受敌，则关右之地可抚而有。"昭远然其言，劝蜀主遣赵彦韬等以蜡书间行，约北汉济河同举兵。至汴，彦韬潜取其书以献宋主。宋主得书笑曰："西讨有名矣。"乃命王全斌为西川行营都部署，刘光义、崔彦进副之，王仁瞻、曹彬为都监，将步骑六万分道伐蜀。且谓全斌曰："凡克城寨，止籍其器甲刍粮，悉以财帛分给将士，吾所欲得者其土地耳。"

王昭远颟顸无能，却还自视甚高，自己才不配位，却还想着建立奇功，让别人高看自己。他竟然听信别人讨好他的主意，劝说蜀主孟昶勾结北汉联合夹击宋朝，结果书信却落在了早就想一举灭掉后蜀的宋太祖手中。这绝好的机会和口实送上前来，所以宋太祖赵匡胤不由笑道："向西讨伐后蜀，终于可以师出有名了！"

乾德二年（公元964年）十一月，宋军分北路和西路两路大军进攻后蜀。北路由王全斌、崔彦进率领由陕西凤州向南进军；西路由刘光义、曹彬率领由湖北归州向东溯长江而上。宋朝两路大军压境，腐败的后蜀在自命不凡的王昭远带领下自然是不堪一击。从宋军发兵到兵临成都城下，蜀主孟昶在城头竖起降旗，发出降表请降，仅仅六十六天，后蜀所辖四十五州一百九十八县全部归于宋朝版图。

在大功告成、宋军即将班师回朝之际，由于伐蜀大军的统帅王全斌、崔彦进及王仁瞻等人骄奢淫逸，放纵部下大肆劫掠及后来又大肆杀害降卒，激起了已投降、准备离川接受朝廷整编的后蜀降军的反叛。受尽王全斌部下抢掠之苦的后蜀军民纷纷起兵响应，邛州、蜀州等十六州及成都属县都起兵响应，他们推举全师雄为"兴蜀大王"，形势一度急转直下，不可收拾。接到急报的宋太祖急派丁德裕、康延泽率大军增援。宋朝入川的三路大军合力镇压蜀地的反叛，耗时八个月，才终于平定四川全境的反叛。

战乱平定后，王全斌等人被召还京城给了降职处理，对廉洁自律、严格管束部队的刘光义、曹彬等将领加官晋爵，并给了优厚的赏赐。蜀地投降后又发生严重的战乱，直接的责任当然是王全斌等将领自以为建立了大功便忘乎所以，纵容部下烧杀抢掠所致，但我认为宋太祖赵匡胤也有更大的不可推卸的责任。在伐蜀大军出发时，赵匡胤竟然给统帅王全斌说："凡克城寨，止籍其器甲刍粮，悉以财帛分给将士，吾所欲得者其土地耳。"从表面来看，这句话不仅是宋太祖赵匡胤以重赏之下必有勇夫的心意激励将士奋勇杀敌，而且有意表明自己只是为国家开拓疆土，扩大版图，显示自己不贪图钱财，有意让部下得利的胸怀，但实际上纵容部下大肆抢劫便是从他的这句话开始的。军队攻城掠地获得战利品后只要求登记上交武器粮草，其他财物都为将士私有，这自然激起将士抢掠财物的恶欲。军队攻城拔寨之后烧杀抢掠，这和土匪暴徒有何区别？而且这样危害更大，怎能不激起民众变乱而拼死抗争？所以作为一国之主、全军的最高统帅赵匡胤的一言不慎，便引发了历时八月有余、成千上万人丧命的战乱，权高位重者千万不能只图一时痛快而出言不慎啊！

第二年六月，投降归顺的后蜀君主孟昶全家与其官员到达汴京，他们个个穿着白衣来见宋太祖。宋太祖在崇元殿依礼接见，并给其优厚的赏赐，当场任孟昶为检校太师兼中书令，并封为秦国公。孟昶的儿子孟玄哲被任命为泰宁军节度使，而且后蜀投降的官员都被授予不同的官职。不久，孟昶得病而死，为此宋太祖罢朝五日，以示悼念，还追封其为楚王。

宋太祖如此厚待孟昶，并不是他看中孟昶其人。史载："宋主尝见昶宝装溺器，命撞碎之，曰：'以七宝饰此，当以何器贮食！所为如是，不亡何待！'"对于孟昶以七宝装饰尿壶的奢侈行为，宋太祖不仅给以谴责，而且砸碎其器，表达自己的愤怒之情。所以，他厚待孟昶，一是出于他较为仁义的性格；二是给其他尚未平定的各国君主做出样子，为以后平定剩余诸国的安抚招降创造条件。

在宋军兵临成都时，孟昶不顾臣子的劝谏，贪生怕死高竖降旗，而且下令让大臣李昊起草降表。由于前蜀灭亡时，也是由李昊写的降表，所以便有人晚上在李昊家门上写上了"世修降表李家"的文字。同这些软弱无能、毫无气节的君臣相比，后蜀宫中的两位女性却以她们的言行显示出了刚强的气节，因而史上留名。这两位女性一位是孟昶的母亲李太后，一位是孟昶的贵妃花蕊夫人。

孟昶的母亲李太后，本是后唐庄宗赐给孟昶父亲孟知祥的一名宫女。她随孟昶的投降队伍到了汴京后，宋太祖对她非常尊重，下令抬轿将其接入宫中，并安慰她说："国母你要珍视自己的身体，不要过于怀念故乡，过些天我便送你回成都。"李太后说："妾本是太原人，倘若能老死在太原，就是我最后的心愿了。"早就想征服太原北汉、统一天下的宋太祖一听此话，自然很是高兴，答应她一定让她实现这个愿望。但是在孟昶死后，李太后却以她的绝食而亡显示了她甘愿以死殉国的气节。《纲鉴易知录》对此有以下记载：

> 昶寻卒，昶母李氏不肯哭，以酒酹地曰："汝不死社稷，贪生以致今日。吾所以忍死者，以汝在尔。今汝既死，吾何用生焉！"不食数日而死。宋主闻而伤之。

儿子孟昶死了，母亲李太后却不肯哭泣，她洒酒于地祭奠说："你不为国家社稷而死，贪生怕死以至于落到今天下场。我之所以忍着没有死，是因为你这个儿子还在世上。现在你死了，我还活着干什么！"最终李太后以绝食的方式结束了自己的生命。儿子为活命投降，她为了陪伴儿子忍辱偷生；儿子死了，她便毅然以死殉国。

花蕊夫人是孟昶十分宠爱的贵妃，她因为美貌名倾天下，所以孟昶死后，宋太祖赵匡胤便将她纳入了自己的后宫。作为一个国破家亡之后的弱女子，在强势的大宋皇帝赵匡胤面前，她无法抵抗，不得不从，但她却留下了一首传于至今的名诗。在这首诗中，花蕊夫人严厉谴责了后蜀君臣毫无节操、贪生乞降的可耻行为，抒发了自己一介女子的无奈与愤慨。花蕊夫人的这首诗写道："君王城上竖降旗，妾在深宫哪得知？十四万人齐解甲，更无一个是男儿。"读此诗不由得令人想到南宋女诗人李清照的"生当作人杰，死亦为鬼雄。至今思项羽，不肯过江东"。花蕊夫人、李清照这样有骨气的诗作，读来真让自古以来层出不穷乞降偷生的软骨男人无颜以对。

3. 横扫南汉

公元905年，刘龚在广州称帝，建国号为越，后又改为汉，史称南汉，是五代十国中的地方割据政权之一，具有今天广东省及广西南部地区。南汉君主刘鋹是一个只知穷奢极欲享乐的昏庸无能之人，为了他自己整日游玩宴乐，他把国家大事全都交给宦官，宫中宦官超过七千人。为了维持庞大的官僚队伍和自己的奢侈生活，南汉赋税和徭役非常沉重，刑法极其残酷。《纲鉴易知录》载："宋潘美、尹崇珂帅兵攻南汉郴州，克之，获其内侍韩延业。宋主访其国政，延业具言其主作烧煮、剥剔、刀山、剑树之刑，或令人斗虎、抵象，又赋敛繁重，邕民入城者人输一钱。宋主惊骇曰：'吾当救此一方民！'时方谋下蜀，未遑也。"宋朝的大将潘美和尹崇珂曾带兵攻下过南汉的郴州，活捉了南汉的内侍韩延业。宋太祖向他询问南汉的情况，韩延业向宋太祖详细讲述了南汉君主刘鋹所用的烧人、煮人、剥人皮、剔人骨、架刀山、上剑树的刑法，以及让罪人与老虎、大象搏斗的残忍行为。又讲述了南汉的赋税极为繁重，就连老百姓进一次城都要交一文钱的情况。宋太祖听了韩延业的讲述，不由得十分惊骇地说："我应该拯救这一方的老百姓啊！"但是，当时正准备攻打蜀国，一时之间还不能同时去攻打南汉。

人们说老天要让谁灭亡，必让其先疯狂。公元 970 年 9 月，一心想解救南汉百姓、平定南汉的宋太祖在灭掉后蜀之后还没有发兵攻取南汉之时，没想到刘鋹竟然发兵入侵已归入大宋版图的道州（今湖南道县），于是宋太祖即刻任命潘美为桂州道行营都部署，尹崇珂为副，率大军讨伐南汉。极其腐败的南汉政权，军队毫无战斗能力，不到五个月的时间，宋军便从湖南南部直下两广，一路拔州攻县，直逼广州城下。刘鋹眼见宋朝大军兵临城下，便装了十多艘船的金银珠宝和妃嫔美女，准备逃亡到海上，却不料，自己还未上船，他手下的宦官和卫兵却盗船逃跑了。无奈的刘鋹只好派人给宋军送上降表，准备投降，但是，他又受人挑唆，认为宋军只是为了抢夺南汉的珍宝而来，如果将广州城全部焚毁，宋军便会退兵而去。于是他又下令将广州城的宫室府库一夜之间烧了个精光。但是宋军依然攻城不止，刘鋹只得出城投降，南汉六十州二百四十余县全部归于宋朝的版图。

宋太祖闻报大喜，加官潘美为山南东道节度使。潘美非常痛恨刘鋹宫中作恶多端的宦官，将跟随刘鋹出城投降的一百多位衣着华丽的宦官全部都杀了，将刘鋹等人押送到汴京。

宋太祖派人责问刘鋹反复无常、焚烧宫室府库的罪过，刘鋹说自己从十六岁即位，便一直听从先君的故人龚澄枢、李托办事，在南汉国他们才是国主，我只不过是个臣子。于是，宋太祖下令将龚澄枢、李托斩首在千秋门外，赦免了刘鋹，还赐给他衣冠、器币、鞍马等物，并封其为检校太保、右千牛卫大将军、恩赦侯。

刘鋹归降大宋后，极力讨好宋太祖以求保全性命，史书对此多有记载："鋹体质丰硕，眉目俱竦，有口辩，性绝巧。营以珠结鞍勒为戏龙之状，极其精妙，以献。宋祖谓左右曰：'鋹好工巧，习以成性，倘能移以治国，岂至灭亡哉！'"

刘鋹长得人高马大，非常肥胖，眉骨、眼睛高耸，很有口才，善于巧辩，生性智巧聪明。他曾经亲手做成一副由珍珠结成戏龙之状的马鞍献给宋太祖。宋太祖看着这副精美的马鞍对左右的人说："刘鋹如此爱好工巧，积习成性，倘若他把这些聪明才智用到国家治理上，哪至于亡国啊！"

刘鋹为了苟活于世,不仅以自己的工巧献媚,而且常以巧言讨好宋太祖,其丑态可以说是无耻至极。据《宋史纪事本末》记载:"太祖将征伐北汉,在宫禁中宴请近臣,刘鋹向前说道:'朝廷威灵照远方,四方超越本分的伪君,今日全在座中。早晚平定中原,北汉的刘继元又要到来。那时,臣首先前来朝见,愿手持木棒充当各国降王的长官。'太祖听罢大笑。"

看着这个表面上长得高大威猛的刘鋹此时这种阿谀献媚的丑恶嘴脸,宋太祖从内心里发出了极其轻蔑的讥笑。

《宋史纪事本末》还记载了刘鋹另一件事:"刘鋹在南国时,常用毒酒杀害臣下。有一天,他随从太祖临幸讲武池,跟随的官员还未到齐,刘鋹先至,太祖向他赐酒。刘鋹怀疑酒中有毒,哭泣着说:'臣继承祖先的基业,违命抗拒朝廷,劳动王师前去讨伐,按罪理应当杀。陛下既然宽待臣下不死,臣愿当一名京城的布衣百姓,观赏太平盛世,不敢饮这杯酒。'太祖笑着说:'朕与你推心置腹,怎会有此等事?'随即命人取过赐给刘鋹的酒,自己一饮而尽,又另斟酒赐给刘鋹。刘鋹十分惭愧,拜谢太祖。"

宋太祖赵匡胤虽然从心底里极端鄙视刘鋹的为人,但仍然像对待被平定的其他降主一样,不但没有杀掉他,而且给予很高的官职空衔,把他养起来。这不仅是为了以他们做样子,给其他尚未灭掉的割据政权的君主看,便于以后招降,而且他经常向左右臣下讲述这些亡国之君昔日奢侈腐化,导致亡国的教训,留下这些亡国之君现身说法,做反面教员。所以说,宋太祖的这种做法,比起历史上许多君王大都将政敌斩尽杀绝的行为,不仅显得仁义,而且更为高明。

4. 逼降李煜

南唐以金陵(今江苏南京)为都城,具有今天的江苏、安徽、江西及福建西部,地域广大,物产丰富,是南方实力较强的割据政权。所以,宋太祖在先南后北的统一战略中,将它确定为较后征讨的目标,待宋王朝版图增大、实力增强时再来收拾这个强敌。另外,宋朝刚一建立,宋太祖刚即位称帝时,当时的南唐君主李璟便派使者向宋朝奉表称臣,并进贡大批珍宝。公元961年,李璟病故,他的儿子李煜继位,成为中国历史特别是文学史上很有些名声的南唐后主。李煜天性文弱，比他的父亲更知道凭南唐的力量无法抵抗强大的宋朝，于是对宋朝的恭顺更是超过他的父亲，不管是听到大宋出师胜利及喜庆的消息，还是每逢节庆吉日，都要派使臣到朝廷上表祝贺，并进贡各种珍奇物品。听到南汉被宋朝灭亡后，李煜更加恐惧，他上书宋太祖，请求去掉自己"唐"的国号，把"唐国主"改称为"江南国主"，并请求宋太祖在下诏书时对他这个国主直呼其名。李煜这种极其卑微的归顺态度，使一心想发兵进攻南唐的宋太祖，一直苦于找不到借口。

尽管这样，一时师出无名的宋太祖却一直暗暗做着发兵灭除南唐的积极准备。

时任江都留守的林仁肇是南唐很有威名的大将，不仅武略出众，而且对南唐君主一片忠心。《纲鉴易知录》有如下记载："初，仁肇密陈：'淮南戍兵少，宋前以灭蜀，今又取岭南，道远师疲。愿假臣兵数万，自寿春径渡，复江北旧境。彼纵来援，臣据淮御之，势不能敌。兵起日，请以臣叛闻于北朝。事成，国享其利；败则族臣家，明陛下无二心。'江南主不听。"

从这则史料中我们可以看出，林仁肇是一位极有战略远见和超人勇气的战将。南唐君臣眼中只看到北宋一路势如破竹灭亡了后蜀，扫平了南汉，兵势十分强大，但林仁肇却看到北宋连年用兵、长途征战、将士疲惫的弱点。特别是他敏锐地看出宋朝大军劳师远袭，后方兵力空虚的软肋，自告奋勇地愿领兵数万先发制人，袭击北宋淮南一带，夺取江北失地，进而威逼中原。更让人感叹不已的是他忠于南唐的赤诚之心：为了南唐的生存，他不仅不顾自己的生命，敢于孤军深入挑战北宋腹地，而且为确保南唐在自己失败后还能生存，他一是抛弃中国士大夫历来最看重的名声，让国君公开宣布自己发兵进攻淮南是个人的反叛行为；二是甘愿牺牲自己整个家族的性命来保全南唐君臣。然而，这样有勇有谋、忠心耿耿的林仁肇遇到的却是懦弱无能的昏主李煜，他先发制人的奇谋便只能是弃之不用了。

但是，南唐有林仁肇这样的将才，便是一心想吞灭南唐的宋太祖的心腹大患，于是同样具有战略眼光的宋太祖便在出兵南唐之前设计除掉了林仁肇。对此，史书有如下的记载："宋忌仁肇威名，赂其侍者，窃取仁肇画像悬别室，引江南使者观之。问：'何人？'使者曰：'林仁肇也。'曰：'仁肇将来降，先持此为信。'又指空馆曰：'将以此赐仁肇。'使者归白江南主，江南主不知其间，鸩杀仁肇。"

中国历史多有亡国之君冤杀名将、自毁长城的悲剧，如其后的宋高宗风波亭诛杀岳飞、明崇祯皇帝凌迟袁崇焕。这些悲剧的一再上演，并不是对手的反间计有多么高明，而是皇权专制制度造成皇帝们一个个被只顾自身皇位稳固而过分猜忌身边能臣的极端和私虑所蒙蔽。以维护自身家天下为最高准则的皇帝们，需要林仁肇、岳飞和袁崇焕这样的能臣将才治理国家、抵御外敌，但更害怕他们以超群的能力来抢夺自己的皇位，所以一旦听到一丁点儿风声，便会毫不留情痛下杀手。

林仁肇被李煜毒死了，宋太祖对出兵南唐没有了担忧，便抓紧了对进攻南唐的筹划。常言道："欲加之罪，何患无辞。"虽然南唐君主李煜一直小心翼翼地侍奉讨好宋廷，使宋太祖一时找不到借口来出师南唐，但等到南汉平定，林仁肇被除，讨伐南唐的条件成熟后，宋太祖便想出了一个办法来制造借口。《宋史纪事本末》有下面的记载：

> 太祖想要征伐江南但出师无名，派遣知制诰李穆告知江南主入朝汴京。江南主将要随同使者前往，他的门下侍郎陈乔说："臣与陛下同受元宗（李璟的庙号）的临终遗命，今日前往，必定被扣留，如何对得起社稷国家？臣纵使一死也无颜见元宗与于泉之下！"内史舍人张洎也劝江南主不要入朝。当时陈乔与张洎掌管机密，江南主听信他们的话，便声称身体有病而辞谢不行，并且说："恭谨侍奉大国，是希望得到救助，今日逼我前往，只有一死而已。"李穆说："入朝与否，国主可自行决定。然而朝廷甲兵精锐，物力富足，恐怕是难以抵挡。应当深思熟虑，不要留下悔恨。"江南主不从，派遣使者请求加封的册命，太祖不予允许，命梁迥再度出使，讽谏李煜入朝，李煜不予回答。

宋太祖派使者传旨要李煜到汴京朝见，但是，这以前李煜曾派其弟李从善到京朝贡，却被宋太祖一直扣留未还。现在李煜入京朝见，很可能便是羊入虎口，一去不还，所以在南唐大臣劝阻下，李煜自然不敢入京朝见。李煜不肯入京，这当然给了宋太祖一个李煜违抗朝廷之命的借口。于是，公元974年9月，宋太祖赵匡胤任命曹彬为西南路行营都部署，潘美为都监，发兵十万进攻南唐。

大军临行之前，宋太祖曾对曹彬等人有下面的一番告诫："江南之事，一以委卿。切勿暴掠生民，务广威信，使自归顺，不烦急击也。"又当着众将对曹彬说："城陷之日，慎无杀戮。设若困斗，则李煜一门不可加害。"并且拿出自己的佩剑授给曹彬说："副将而下，不用命者斩之。"宋太祖的这番话让旁边的潘美等人都大惊失色。

宋军在攻伐后蜀时，曾滥杀降卒和百姓，这成为宋太祖心中很恼悔的一件事，所以这次伐南唐，宋太祖专门告诫各位带兵将领不得暴掠百姓、滥杀无辜，这也是其为人较为仁义的表现。因为曹彬在伐蜀时能约束自己部下，没有抢掠和滥杀，所以特别授给他先斩后奏之权来约束其他将领，从而保证这次攻伐不再出现伐蜀时的乱象。

南唐的军队不像南汉的军队一样毫无战斗力，许多将领率领部队与宋军进行了浴血奋战，如江南统军使李雄在溧水大战中与自己的七个儿子均战死军中。但是，毕竟宋军的实力要强大得多，宋朝公元974年9月发兵，一路攻关斩将，到第二年2月，曹彬便率领大军在秦淮大败南唐的军队，进军包围了金陵（今南京）。

在金陵城头看到城外宋军旌旗遍野的李煜大惊失色，他一边急调各地部队增援守城，一边派遣学士徐铉两次赶到汴京朝见宋太祖，想说服宋太祖让宋军撤军。《纲鉴易知录》对此有下面的记载：

> 江南主危迫，遣学士承旨徐铉求缓师。铉至，言于宋主曰："李煜无罪，陛下师出无名。煜以小事大，如子事父，未有过失，奈何见伐？"宋主曰："尔谓父子为两家可乎？"徐铉不能对而还。逾月，江南主复遣铉乞缓师，以全一邦之命。铉见宋主，论辩不已，宋主按剑怒曰："不须多言！江南亦有何罪，但天下一家，卧榻之侧，岂容他人鼾睡邪？"铉惶恐辞归。

徐铉两次面见宋太祖，请求宋军缓师退军，宋太祖的回答都很有意思。

第一次宋太祖抓住徐铉"煜以小事大，如子事父"的话，直接反问"尔谓父子为两家可乎？"这一句"那你说父亲和儿子可以是两家人吗"的反问，真正使徐铉无言以对了。这句话表面的意思是说，既然你说李煜以南唐小国来侍奉我北宋大国，就像是儿子来侍奉父亲，那么儿子和父亲就应该是一家人，就只能是一个家，而不能分裂成两个家。话语的实际意思则是天下就只能有一个国家，不能分裂成多个国家。赵匡胤在这里抓住对方话柄，顺势反击，一下子便令辩士徐铉哑口无言了。

第二次对话，宋太祖却一反常态，不再和徐铉讲道理，他抛开师出有名的伪装，直接赤裸裸地说："不要再讲什么道理了，江南国主李煜并没有什么罪过，但天下只能是一家，我的床榻旁怎能容别人酣睡！"面对宋太祖这样蛮横不讲理的架势，徐铉还能讲什么道理呢，只得惶恐而回了。这次对话固然表现出了宋太祖胜券在握、强势在身的霸道和蛮横，也真实地反映出国与国之间的对抗是实力较量的真相，所谓的强权政治、弱国无外交的实质在这里可以说是表现得淋漓尽致。李煜在大军压境、兵临城下之时，还想着用乞求和讲理的方式保全家国性命，真正是愚不可及的腐儒梦想罢了。

宋太祖拒绝了李煜缓兵的请求，宋军更是加紧了对金陵城的攻打，李煜急调驻守湖口的神卫军都虞候朱令赟率十五万大军顺江而上援救金陵，结果被宋军大败于江上，全军覆没。援军被歼，宋军的攻势昼夜不停，金陵城内弹尽粮绝、饿殍遍地，但李煜仍然拒绝了曹彬的劝降，他对手下人说，如果真的城破我就全家自焚，决不当宋国的鬼。赵匡胤听到此话，轻蔑地说这小子不过是说说大话罢了，他哪有这样的意志？他要真能如此，孙皓、陈叔宝都不会当俘虏了！结果当年 11 月 27 日，金陵城破，李煜果然没有以身殉国，而是带着他手下大臣光着上身投降了宋军，南唐十九州三军府一百八十余县全部归于宋朝。

捷报传至汴京，群臣入朝称贺，没想到宋太祖却哭泣着说："宇县分割，民受其祸，攻城之际，必有横罹锋刃者，实可哀也。"并且下令运送十万石米到江南，赈济受到战乱危害的百姓。

第二年正月，李煜及他手下投降的众多臣子被押解到汴京城。宋太祖当面斥责南唐大臣张洎说你一再劝说李煜不降，才致使今日如此，并拿出张洎书写的召集朱令赟援救金陵的书信。张洎谢罪说："书信确实是臣书写的，然而犬吠非其主，这不过是臣下为主人效劳的一件事，其他的事还有很多。今日求得一死，是尽臣的本分！"宋太祖听了张洎这番话，认为他为人很不寻常，立即任命张洎为太子中允。

像对待其他被俘的君主一样，宋太祖不仅没有责问李煜兵临城下仍然不降的罪过，还赐给他冠带、器币、鞍马等物，并授李煜为检校太傅、右千牛卫将军，封违命侯。随降的官员一律赐官录用，而且下诏大赦天下，以示庆贺。

李煜是中国历史上一位极有文才的皇帝，史书载他"聪悟好学，善属文，工书画，明音律"，特别是其文学创作成就甚高，是我国文学史上名气极高的诗词大家。正因为如此，许多学者认为他是一位"错当了皇帝的文学家"，这句话的主要意思是说李煜没有能力当皇帝，他的能力在文学创作上，言下之意也有他当了皇帝便误入歧途，使他的文学才能没有发挥到极致的意思。然而，我认为正是李煜当了皇帝，而且有了国破家亡自己沦为阶下之囚，成为任人摆布的待宰羔羊的经历，才使他的诗词创作达到了他文学创作的顶峰，才使我国文学史上有了他这样一位独一无二的、抒发痛彻心扉的亡国之恨的诗词大家。

宋太祖让李煜活命，一是给招降其他尚未征服的国君做样子；二是以此彰显自己宽厚仁义的气度。宋太祖赵匡胤在世时，李煜还可以苟活，但时日不久，宋太祖猝死，宋太宗赵光义即位，李煜的死期便在眼前了。赵光义当上皇帝后，李煜等亡国之君便成为太宗皇帝任意奚落羞辱、炫耀自身武力的玩物了，更何况李煜最为宠爱的小周后隔三岔五地被赵光义传至宫中侍寝。美貌良善的小周后为了自身和丈夫活命，每每在宫中强作欢颜侍寝宋太宗赵光义，回家后自然痛哭流涕，责骂丈夫窝囊无能，让妻子受辱，使祖宗蒙羞。昔日高高在上的一国君主，今日被人如此羞辱作贱，李煜心中的亡国之恨、家破之痛和受人百般羞辱之怨愤在胸中扭结翻腾。虽然自己极力隐忍压抑，但心中翻腾的痛楚仍如山石缝中汩汩渗出的泉水一样，不由自主地流淌出来，这便形成了代表着他诗词创作中最高成就、最能激起人们心底共鸣的词作。所以，如果李煜没有国破家亡，做任人羞辱阶下之囚的经历，即使再有文才，也只能创作出他前期吟花弄月、缠绵悱恻的儿女情爱的作品罢了。

这里我们选录几首千百年来被人们吟咏不已的李煜词作，来体会一下李煜昔日心中的痛楚。

相见欢

无言独上西楼，月如钩。寂寞梧桐深院锁清秋。剪不断，理还乱，是离愁。别是一般滋味在心头！

浪淘沙

帘外雨潺潺，春意阑珊，罗衾不耐五更寒。梦里不知身是客，一晌贪欢。独自莫凭栏，无限江山，别时容易见时难。流水落花春去也，天上人间！

虞美人

春花秋月何时了，往事知多少？小楼昨夜又东风，故国不堪回首月明中。雕栏玉砌应犹在，只是朱颜改。问君能有几多愁，恰是一江春水向东流！

但是，正是这些诗人痛彻心扉而从心底自然流出、读来令人心碎的词作，给李煜招来了杀身大祸。词作中李煜对自身遭遇悲愤的倾诉，对永远无法再见的家国江山的思念，激起了宋太宗赵光义的忌恨。公元978年7月7日乞巧节，正是李煜四十二岁的生日，宋太宗赵光义派人来到李煜的住处"赐酒祝寿"，不敢违命的李煜当着皇帝使者的面喝下了被下了"牵机药"的毒酒，立即毒性发作，全身痉挛，五脏俱痛而死。

李煜虽然被害死了，但这些抒发了常人难以经历的大痛大恨、大悲大悔的词作，却犹如经历了火山爆发、地层重压才成就出熠熠生辉的宝石一样，成为传诵古今的名篇，成就了李煜在中国文学史上独领风骚的词宗形象。曾为南唐平庸误国皇帝的李煜早已化为了灰土，但作为才华超群的诗词大家的李煜却永远活在中国文学史的长河之中。

5. 招抚吴越

南唐平定之后，当时的南方就只剩下浙江的吴越和福建漳州、泉州一带的陈洪进了。

从赵匡胤即位，大宋建立，吴越王钱俶就开始对宋太祖称臣纳贡，表现得十分恭顺。公元 974 年，宋军发兵伐南唐，宋太祖便派使臣任命钱俶为升州东南行营招抚制使，并要求钱俶出兵协同宋军从东南方进攻南唐。当时就有人劝说钱俶南唐是吴越的北方屏障，南唐和吴越两国的关系就像是皮肤和毛发一样，作为皮肤的南唐不存在了，那么作为毛发的吴越将何以自存？同时，在宋军大兵压境、金陵岌岌可危时，李煜也写信给钱俶请求救援，他在信中说，今天没了我，明天就不会再有你。一旦天子换个地方让他的将领们立功，你也就会成为汴梁城里的一介布衣。但是，钱俶思虑再三后，不仅没有出兵救援李煜，还将李煜的求救信交给了赵匡胤。在得到了赵匡胤的嘉奖诏书后，钱俶还亲自率领五万军马配合宋军攻下了南唐的常州。南唐平定后，宋太祖招钱俶进京朝见，《纲鉴易知录》对此有下面的记载：

> 帝谓吴越使者曰："元帅克毗陵，有大功，俟平江南，可暂来与朕一相见，以慰延想，即当复还。朕执圭币以见上帝，岂食言乎！"至是，俶与妻孙氏、子惟睿入朝。帝赐礼贤宅以居，亲幸宴之，赏赉甚厚。留两月遣还，赐以一黄袱，封识甚固，戒俶曰："途中宜密观。"及启之，则皆群臣乞留俶章疏也，俶益感惧。

灭掉南唐后，宋太祖赵匡胤即刻派遣使者招吴越王钱俶进京朝见。他说钱俶元帅攻克了毗陵（今江苏常州），立下了大功，江南平定后，请来汴京与我见上一面，以宽慰我长久思念的心情。见面后我一定让你即刻返回，我身为天子，对上天发誓，绝不可能自食其言！钱俶带着自己的妻子孙氏和儿子钱惟睿来到汴京朝见宋太祖，宋太祖赐给他礼贤宅让他们居住，亲自宴请他们并给了很优厚的赏赐。钱俶在京城住了两个月后，宋太祖便打发他们回去，临行时还给他一个黄色的包袱，包袱密封得非常牢固，还告诫钱俶，让他在半路上方可秘密观看。等到钱俶打开包袱，发现里面全是朝中大臣请求宋太祖扣留钱俶的奏章，这让钱俶既感动又害怕。

宋太祖对钱俶软硬兼施的手法，使得钱俶对宋朝更加恭顺。公元978年，钱俶主动将吴越国十三州八十六县全部献归宋朝，被封为邓王。

陈洪进本是驻守泉州的清源节度使手下的一名牙将，公元963年，他以武力夺取了兵权，自称节度使，并上表宋太祖称臣纳贡。南唐被平，吴越王钱俶进京朝见，陈洪进感到自己离危机不远了，心中十分害怕，便主动上表请求进京朝见宋太祖。但在北上途中，陈洪进得知了宋太祖赵匡胤逝世的消息，便又返回了泉州。公元978年，陈洪进审时度势，自感无力支撑，便再度请求入朝谨见时任皇帝宋太宗赵光义，献上自己所领的两州十四县。宋太宗即任命他为武宁军节度、同平章事的虚衔，留其在汴京为官。

至此，宋太祖赵匡胤先南后北统一天下的战略获得了巨大成功，整个南方诸国均被平定。公元976年正月，在江南战事大功告成之时，朝中大臣一片欢腾，纷纷上书上表，请求给皇帝赵匡胤加"一统太平"的尊号。但是，赵匡胤坚决反对给他上此尊号，他反问群臣说，北方的燕晋尚未收复，这能说是"一统太平"吗？这一年7月，宋太祖赵匡胤便下诏任命党进为河东道行营马步军都部署，潘美为都监，带领北宋大军发兵讨伐北汉。然而，这年的10月20日清晨，宋太祖赵匡胤却突然去世，一代雄主统一天下的愿望没有在他手中得以实现。

宋太祖究竟是怎样离世的？他突然死亡的千古疑案有着怎样的真相？我们下章再讲。

五、"烛影斧声"的历史悬案

开宝九年（公元976年），宋太祖赵匡胤在平定江南后，两次拒绝其弟赵光义率领群臣要求给皇帝上"一统太平"尊号的请求，明确指出北汉占据的晋地和契丹占据的燕云十六州没有收复，便不能称统一了天下。这表明了宋太祖赵匡胤一心想在自己有生之年收复北方，一统天下的决心。但是谁也想不到，这一年的七月他下令党进率大军征伐北汉，且在太原城北大败北汉军的十月二十日凌晨，宋太祖赵匡胤却突然逝世了。

对于赵匡胤的突然离世，许多正统史书的记载都极为简单。《宋史·宋太祖本纪》载道："癸丑夕，帝崩于万岁殿，年五十，殡于殿西阶，谥曰英武圣文神德皇帝，庙号太祖。"《纲鉴易知录》载："癸丑，帝崩，甲寅，晋王即位，号宋后为开宝皇后，迁之西宫。"也有比这类史书多一点细节的记录，如《宋史纪事本末》载道："冬十月，太祖患病。壬午日（十九日）夜晚，天降大雪，太祖召晋王赵光义，嘱托后事。左右其他人都在室外而不闻其言，只是遥望见烛光影下，晋王时而离开坐席，似乎有退避的样子。不久，太祖用柱斧戳地，大声对晋王说：'好为之！'顷刻间，太祖驾崩，当时正是漏下四鼓。宋皇后面见晋王时很惊讶，畏惧地呼喊：'我母子的性命全托付与官家了！'晋王泣曰：'共保富贵，不要有什么忧虑。'"

《宋史·宋太祖本纪》直接记载赵匡胤死亡的只有"癸丑夕，帝崩于万岁殿"，除了死亡的时间和地点外，再没有其他的内容。而《纲鉴易知录》更为简单，只有四个字"癸丑，帝崩"，除了时间，再无其他的内容。《宋史纪事本末》的记载虽然也没有明确点出宋太祖的具体死因，但因为记载的具体细节多出了许多，我们便可以从中看出一点端倪。下面我们从其记载的具体内容中梳理、推测一下宋太祖赵匡胤死亡的真相。

"冬十月，太祖患病。壬午日（十九日）夜晚，天降大雪，太祖召晋王赵光义，嘱托后事。"这段文字是能说明赵匡胤是死于病患的最有力的记载，因为它明确地说出了这年的十月赵匡胤生了病，所以在十月十九日的夜晚，宋太祖可能自感不久于人世了，便召赵光义入宫，向他嘱托后事。而帝王的身后事最要紧的便是传位给谁，让谁来继承皇位的问题，但文中没有赵匡胤要传位给其弟赵光义的内容，只是有"嘱托后事"几个字在，我们自然可以理解成宋太祖是嘱托传位的事了。以这个思路，我们再往下看"左右其他人都在室外而不闻其言"，这个细节的出现显然让人感到与前面"嘱托后事"有所矛盾而让人不可理解，因而产生怀疑了。赵匡胤有自己长大成人的儿子在，却要传位给自己的弟弟，这是极其违背体制的。更何况即使是正常传位给儿子，在之前没有明确立下太子的情况下，老皇帝临死时指定传位之人，都要在继承人和证人，而且一般都要有多个证人，即所谓的顾命大臣同时在场的情况下，由老皇帝口述，顾命大臣笔录拟成诏书才能成立。宋太祖召见其弟，而且以后还能以柱斧戳地，并有大声说话的能力，可见他当时头脑意识是非常清楚的，怎能让赵光义既当继承人又当证人？在没有顾命大臣和宗室王公为证的情况下，对这个按常规并没有资格继承皇位的弟弟"嘱托后事"，让其自己在老皇帝死后宣布自己是老皇帝临终时指定的接班人？这样没有证人的自说自话，这样荒唐的"嘱托后事"谁能相信？

有了对前面内容的怀疑，我们接着往下看，便觉得疑点更大了。"只是遥望见烛光影下，晋王时而离开坐席，似乎有退避的样子。不久，太祖用柱斧戳地，大声对晋王说：'好为之！'顷刻间，太祖驾崩，当时正是漏下四鼓。"这段内容不仅是赵匡胤临终前的具体情景，而且是宫中许多人耳闻目睹的真实场景，所以是宋太祖赵匡胤究竟因何而亡的最关键的事实细节。又因为宫中多人亲眼看见了晋王在烛光下避席揖让的人影，听见了宋太祖以柱斧戳地且大声呼喊的话语，所以历史以来，人们便称宋太祖赵匡胤之死的疑案为"烛影斧声"悬案。

烛光中晋王赵光义离席揖让的人影，按宋太祖赵匡胤嘱托后事传位给赵广义来推测，应当是晋王赵光义听到皇帝哥哥要将皇位传给自己，便离开自己的座位，向对面的宋太祖打拱作揖表示推让或者是感激道谢。但是，从后面宋太祖以柱斧戳地的情形来看，又似乎根本不是宋太祖在向晋王传位，而应该是宋太祖对晋王发脾气。因为给自己的弟弟传授皇位是自己的选择，应该是郑重而又充满对接班人喜爱的态度，但用斧把子戳地明显是人极端生气的行为，是人极端生气时的下意识动作，这个动作不仅表现出人的愤怒，而且有威胁对方的作用。特别是结合宋太祖以柱斧戳地时说的话来看，宋太祖赵匡胤此时极端生气，以柱斧戳地发泄自己的愤怒，且威胁斥责赵光义的解释就更能为人所接受了。

宋太祖赵匡胤一边用柱斧戳地，一边大声说："好为之！"按传位说法来解释，这句话可以理解为"你好好地干吧"。但人们的肢体语言，即说话时的动作应该是和语言意义一致的，"你好好地干"这样充满期望的嘱托之语，怎能用以柱斧戳地这样生气愤怒的肢体动作来表现呢？"好为之"这句话，如果我们不考虑上下文义而单独来看，当然可以理解为"你好好地干"，但要准确地理解它的含义，就应该结合具体的语言环境来理解。从上下文以及宋太祖说此话时的肢体动作来看，这句话的意思应该是"你干的好事！"而"你干的好事"应该是人们斥责对方干了不该干的坏事的，这样的解释自然和上文宋太祖以柱斧戳地的生气动作贴切一致了。那么，晋王离席揖让便是因害怕宋太祖惩治而作揖讨饶了。不仅这样，这样的解释又和下文"顷刻间，太祖驾崩"的结果有了合理的联系，因为宋太祖生气地斥责晋王，便有可能是他这个病人一时怒火攻心而死亡，也有可能是晋王做了坏事，害怕宋太祖，便索性一不做、二不休，一时性起杀死了自己的皇帝哥哥。这样，宋太祖便可能是被晋王赵光义气死或者杀死的了。而且，如果宋太祖之死的真相真是我们此时推测的这样，那下文宋皇后看见晋王时"很惊讶""畏惧地呼喊"，并且称赵光义为"官家"（宋时对皇帝的称呼）便更是不难理解了。因为宋皇后在宋太祖刚死时就看到晋王，便明白了宋太祖是被晋王害死的，此时的她一是为晋王这样凶残的手段震惊而畏惧；二是看出了晋王已控制了局势而为自己及儿女性命担忧，便只能是无奈地称赵光义为"官家"了。

其实，我们根据史料的分析推测并不新鲜，历史上对宋太祖之死多有和我们的分析同样的看法。有人还推测这段"烛影斧声"迷案的真相应该是这样的：当年的十月十九日晚上，宋太祖赵匡胤召自己的亲弟弟赵光义到自己的寝殿谈话，两弟兄谈兴很浓，一直喝酒闲聊到第二天的凌晨四更。因为说的多是弟兄之间的私密话，宋太祖左右的宫人多被打发出去在外值守，寝宫只留下了宋太祖最宠爱的花蕊夫人陪侍兄弟二人。由于这几天宋太祖身体稍有不适，说话时间长了，不知不觉在座位上打起了瞌睡。花蕊夫人是当时天下有名的美人，晋王赵光义平时对她就很有意，这时见哥哥睡着了，便乘着酒兴对花蕊夫人动起了手脚。不料，宋太祖却突然醒来了，看到这番情景，不禁勃然大怒，拿起身边架上的柱斧便来击打晋王。晋王赵光义十分害怕，一边躲过斧子，一边不断地给哥哥宋太祖作揖求饶。病中的宋太祖气得跌坐在椅子上，一边用柱斧戳地，一边大声斥骂赵光义"你小子干的好事！"此时的赵光义料定自己做了这样大逆不道的事，宋太祖一定不会善罢甘休，便索性一不做、二不休，夺过斧子，砍死了自己的亲哥哥，夺取了皇位。

但是，这样绘声绘色的场景再现式的叙述，只有当事人说出才可以作为真实的史料，三个当事人中，宋太祖死了便无法说了，晋王赵光义不可能说，唯一可以说出实情的花蕊夫人自然也不能说。所以，我们前面的分析以及有些史家的推测虽然很符合情理，但也很难把它作为历史定论的。

但是，宋太祖赵匡胤猝死确实过于离奇了，而且无论从常规还是从人心情理来看，宋太祖将皇位不传给自己两个已经成人的儿子赵德昭和赵德芳，却传给弟弟赵光义，是很难让人思议的事情，特别是在既没有宋太祖传位遗诏也没有顾命大臣做证的情况下，赵光义自传老皇帝遗言当了皇帝。所以，赵光义虽然顺利地即位称帝了，而且在其位上还干得很有成绩：平定了北汉，实现了宋太祖统一天下的愿望，并在其治下创造了经济发展、文化昌盛、吏治清廉的"宋太宗之治"，但朝野上下对他称帝正当性的议论从来就没有停止过。

我们常说历史是胜利者书写的，因为宋太宗赵光义已经顺利即位称帝，执政权在他手中，引导天下的主流话语权便自然在他的手中，于是在宋太宗即位六年之后，一则能证明当今皇帝即位执政合法性的重大发现便传遍了天下。下面便是《纲鉴易知录》对此事的记载："普奉朝请累年，卢多逊益毁之，谓普初无立上意；普郁郁不得志。会晋邸旧僚柴禹锡、赵镕、杨守一告秦王骄恣，将有阴谋窃发。帝疑，以问普，普因言：'原备枢轴，以察奸变。'且自陈曰：'臣忝旧臣，为权幸疽。'遂备道预闻昭宪太后顾命，及前朝上表自诉等事。帝发金匮，得誓书，及览普前表，因召见，谓曰：'人谁无过，朕不待五十，已知四十九年非矣。'乃拜普司徒，兼侍中，封梁国公。"

赵普在宋太祖时已被罢相，在地方任职，宋太宗即位后又做了闲散无权的奉朝请多年，而且时任宰相卢多逊还经常说他的坏话，说赵普当初就没有拥立宋太宗赵光义的心意，所以多年来赵普一直郁郁不得志。当时原晋王府中的几个旧臣告发秦王赵廷美骄恣不法，有发动政变的阴谋。宋太宗有了疑心，就问赵普这事如何处置，赵普趁机毛遂自荐地说："我愿前往枢密院重地，协助查办奸人的逆变阴谋。"他又对赵光义说："我赵普愧为朝廷旧臣，一直被权幸之臣压制。"于是又把昭宪皇太后临终时嘱托的要宋太祖传位给晋王赵光义的事，以及自己上表的事完全讲给了宋太宗。宋太宗按赵普的指点打开了金匮，看到了太后临终时的誓书及赵普的自陈表。于是宋太宗召见赵普说："人的一生谁无过错，我不到五十岁，已经有四十九年的过错了。"于是宋太宗便任命赵普为司徒，兼侍中，封为梁国公。

宋太宗都已经当了六年的皇帝，却一直为找不到能说明自己继承皇位正当性的理由和证据而发愁，现在赵普给自己送上了这份大礼，证明了自己执政的合法性，这自然让他十分高兴，所以赵普也就如愿以偿，重新当上了宰相。从此以后，我们的正史中便出现了下面这样的一段记载：

> 后疾，宋主侍药饵不离左右。疾革，召普入受遗命，且问宋主曰："汝知所以得天下乎？"宋主曰："皆祖考及太后之余庆也。"后曰："不然。正由柴氏使幼儿主天下尔。若周有长君，汝安得至此！汝百岁后，当传位光义，光义传光美，光美传德昭。夫四海至广，能立长君，社稷之福也。"宋主泣曰："敢不如教。"后顾谓普曰："尔同记吾言，不可违也。"普即榻前为誓书，于纸尾署曰："臣普记"，藏之金匮，命谨密宫人掌之。遂卒。

这则史料从他出笼时的构思来看，还是费了不少心机的，我们不能不说这确实出自高人之手。首先他将宋太祖传位不传于儿却传于弟的安排推到了赵匡胤兄弟的母亲昭宪皇太后身上，这不仅让这样一种违背常规的传位具有权威性，使得宋太祖表态"敢不如教"，而且有了一点符合人心情理的味道，因为做母亲的为自己的儿子赵光义、赵光美考虑，让自己的几个儿子都能当当皇帝，自然是让人感到可信的，觉得是符合情理的。而且，还让皇太后从总结后周被北宋所灭的历史教训出发，指出了非长君即位，会让大宋王朝陷于危险这样的政治认识，表明了传位给兄弟是从国家社稷安危的高度来考虑的政治选择，这更会让人不敢非议。

但是，我认为虽然假货可以乱真，但却不可以成真，既然是作假，那它必定有漏洞。这个昭宪皇太后临终嘱托宋太祖传位于其弟的说法，猛然一看似乎说得过去，但稍微想一想，便会觉得它无法自圆其说，疑点颇多。

首先，皇太后临终安排皇帝传位的军国大事，怎能不让接受皇位的继承人赵光义参加呢？这样重大的事情，主要的当事人、主要的受益者赵光义却不在现场，这样的临终嘱托有何意义？

其次，如果说赵光义当时在皇太后临终嘱托的现场，为什么他在宋太祖离世、自己即位时不宣布这份最能证明他即位合法性的誓书？为何六年多来一直懵懂不知、要靠赵普给他讲述后才知道有这回事？

最后，皇太后要宋太祖等人听从她的安排，并让赵普记为誓书存之金匮，其目的自然是要在赵光义即位时拿出来证明自己继承皇位的合法性。赵光义即位时没有遗诏，其继承皇位的合法性大打折扣，即使是赵光义因临终嘱托时不在场不知情，但那位"谨密宫人"便应该站出来，拿出誓书来证明赵光义即位的合法性，却为何六年多来一直不言？难道他是个木头人？

另外，既然史书记载宋太祖临终之时召赵光义进宫"嘱托后事"，为何却把如此重要的金匮誓书的事不做交代？这又进一步说明了所谓宋太祖临终之夜召晋王赵光义"嘱托后事"，也是谎言罢了。

但是，谁执政谁就有了话语权，尽管这种皇太后临终嘱托的说法因其疑点重重且自相矛盾，很难自圆其说，因而又成了同"烛影斧声"一样的"金匮之谜"，但却堂堂正正地书写在我们的正史中了。这为宋太宗解开了一直找不到证明自己执政合法性的难题，也使多年一直担任奉朝请虚职而郁郁不得志的赵普重新任职宰相了。

按照所谓的"金匮誓书"中皇太后的安排，宋太祖传位给其弟赵光义后，赵光义再传位给其弟赵廷美，再由赵廷美传位给宋太祖赵匡胤的儿子赵德昭，再让赵德昭传位给他的弟弟赵德芳。但是，不久宋太祖的儿子赵德昭就自杀而死了。《纲鉴易知录》记载了这个事件的始末：

> 初，德昭从帝征幽州，军中尝夜惊，不知帝所在。有谋立德昭者，帝闻不悦。及还，以征北不利，久不行太原之赏，德昭以为言。帝大怒，曰："待汝自为之，赏未晚也。"德昭退而自刭。帝闻之惊悔，往抱其尸哭曰："痴儿，何至此邪！"追封魏王，谥曰："懿。"

在宋太宗遇袭而失去联系后，便有大臣提出拥立赵德昭为帝，这当然有国不可一日无君的考虑，但也可以看出朝中许多人仍有以赵德昭为正宗皇位继承人的动向，所以，这种情况让宋太宗极为警觉和不满。他借机怒斥赵德昭，而且直接说出了"等你自己做了皇帝"的话语，这自然让赵德昭感到压力的沉重，深感自己以后日子的凶险，只得以自杀结束了自己的生命。

赵德昭自杀身亡四年后，其弟赵德芳也去世了，具有正宗皇位继承资格的宋太祖的两个儿子相继而亡，史书记载"廷美始不自安"，于是便有宋太宗原晋王府中的旧臣告发宋太宗赵光义的弟弟赵廷美谋反。宋太宗因金匮誓书中有自己首先要传位给赵廷美的内容，便征求宰相赵普的意见。赵普回答说："太祖已误，陛下岂容再误！"于是便罢免了其弟赵廷美的官职，将其软禁在家中，后来又将其囚禁在边远的房州。不久，赵廷美便忧愤而死了。

赵普明知自己编造的皇太后安排宋太祖传位给其弟的金匮誓书不仅是虚假的，而且是极端错误的，现在却为了讨好皇帝而以此告诫宋太宗不可传位于其弟，这让我们看到了赵普为了个人富贵，善于变化投机、毫无操守的无耻嘴脸。

所谓的"金匮誓书"安排给宋太宗其后的三位继位人都先后而亡了，宋太宗赵光义便自然将皇位传给了他的儿子。但是，世事的发展并不完全是由人力决定的，过了一百五十多年后，金国灭亡了北宋，皇族中宋太宗的后代不是被掳，就是被杀，他的第七代子孙赵构南逃到了杭州，被臣民拥立为皇帝，建立了南宋，为宋高宗。但是，宋高宗赵构因淫乐过度，后半生失去了生育能力，在他唯一的儿子病死后，只得选认比自己晚一辈的宋太祖赵匡胤的后裔赵伯琮为养子。赵伯琮后改名赵昚，立为皇太子。绍兴三十二年（公元1162年）六月，宋高宗赵构退位，称太上皇，皇太子赵昚改名赵昚即皇帝位，为宋孝宗。南宋虽然只是一个半壁江山，但是时移世易，人世轮回，宋代的皇位又回到创立了大宋王朝的宋太祖赵匡胤这支后裔的屁股下面来了。

宋仁宗赵祯

宋仁宗赵祯是北宋第四位皇帝，在位四十二年，是中国历史上在位时间较长的皇帝之一。宋仁宗在位时间很长，却没有建立什么开疆拓域的武功，也没有在他执政期间出现被史家所赞的所谓盛世，当然，作为北宋王朝中期的帝王，更没有什么创立新朝的壮举。但是，令人奇怪的是，他在位时因"守法度，事无大小，悉付外廷议"而被人说成是"百事不会，只会做官家（皇帝）"，但在他去世后，却被时人及后世许多史家称为"圣君"。为什么会出现这样的情况呢？我想我们从下面史料的介绍和分析中可以得到不一定是标准答案的启发思考吧。

一、身世哀伤的少年天子

1. 令人哀叹的身世

提起中国皇帝宋仁宗赵祯，很多人都觉得陌生，觉得他没有秦始皇、汉武帝那样的煊赫，也没有唐太宗、宋太祖那样的声名，但是我却要说，其实我们大多数的中国人都知道他，因为我们都听过他身世传奇的故事，这就是在中国几乎家喻户晓的"狸猫换太子"的传奇故事。

宋仁宗赵祯的身世确实过于离奇，所以自元明以来就被民间说书艺人不断夸张加工，后经过小说家的艺术演绎成为"狸猫换太子"的传奇故事。清朝末年成书的《三侠五义》中的开篇便是"设阴谋临产换太子，奋侠义替死救皇娘"。故事讲：宋朝真宗皇帝时有两个娘娘，一个是刘娘娘，一个是李娘娘，她们两个同时有了身孕。为了争当正宫娘娘，工于心计的刘娘娘串通太监郭槐，将李娘娘生的儿子换成了一只剥了皮的狸猫，奏称李娘娘生下了一个妖怪，并让人将李娘娘生的儿子杀死。但是，宦官陈琳等人可怜李娘娘的遭遇，不忍心害死这个皇子，便冒死将这个皇子送出宫中给八贤王抚养。真宗皇帝听到李娘娘生下一个妖孽，心中大怒，便下旨将李娘娘打入了冷宫，同时将生下了皇子的刘娘娘封为正宫娘娘。

后来刘娘娘生下的儿子死了，八贤王便将自己偷偷收养的皇子带入了宫中。膝下无子的宋真宗看到这个孩子形貌很像自己，于是便将其收在宫中，立为太子，并由刘娘娘抚养。后来，刘娘娘听说太子见到打入冷宫的李娘娘后不由自主地伤心落泪，便起了疑心，于是下令将李娘娘处死，结果又是陈琳设法和忠心替死的寇宫人将李娘娘救出了宫门。

多年后，刘娘娘收养的皇太子继位成了宋仁宗，他手下铁面无私的包公微服私访，在陈州天齐庙外的破窑中巧遇到了已双目失明的李娘娘，得知了当今皇上身世的真相。忠心侠胆的包公将李娘娘接到了开封府，将查访的真相禀告给了宋仁宗。年已成人的宋仁宗如梦方醒，一面接李娘娘回宫母子相见，一面下令追查当年参与迫害李娘娘的刘娘娘等人。当年的刘娘娘已成为太后，闻知事发，只得在宫中自缢而死，郭槐等人也受到了惩罚。

"狸猫换太子"的故事流传很广，影响很大，但是很多情节却是经不起推敲的。如宋仁宗和其母李宸妃生前并未相认，这个生前相认的情节，只能是表明了中国传说故事中大都有的大团圆的美好愿望；再如将李妃身份的确认归功到包公身上，其实包公进入开封府时，刘妃、李妃已经死了多年。但是，这个传奇故事也并不是毫无来历的，宋仁宗赵祯的身份确实有其曲折离奇、令人哀叹的一面。下面我们便来看看《纲鉴易知录》中的历史记载：

> 李氏，杭州人，实生帝。太后既取帝为己子，与杨太妃保护之。李氏默然处先朝嫔御中，未尝自异。人畏太后，亦无敢言者，以是帝虽春秋长，不自知为李氏出也。至是疾革，乃自顺容进位宸妃。薨，太后欲

以宫人礼治丧于外，吕夷简奏："礼宜从厚。"太后遽引帝起，有顷，复
独立帘下，召夷简问曰："一宫人死，相公云云何也？"夷简对曰："臣
待罪宰相，事无内外，皆当预也。"后怒曰："相公欲离间吾母子邪！"
夷简对曰："陛下不以刘氏为念，臣不敢言。尚念刘氏，则丧礼宜从
厚。"后悟，乃以一品礼殡于洪福院。夷简又谓入内都知罗崇勋曰："宸
妃当以后服殓，用水银实棺，异时勿谓夷简不道及也。"崇勋惧，驰告
太后，乃许之。

李氏，即临死时才被封为宸妃的李妃，只是宋真宗的皇后刘娥的一位贴
身宫女。刘娥入宫后直到被封为皇后都一直没有生育，于是，刘皇后便设法
找机会让李氏陪侍皇上。李氏有了身孕后，刘娥便安置李氏另住别处，自己
装作怀了孩子。李氏生下一个儿子后，刘娥便软硬兼施让李氏隐忍不言，自
己坐起了月子，做了李氏孩子的母亲。宫廷内外只有为数极少的几名知情
者，但他们都畏惧于刘皇后的权势，为她一直保守秘密。

李氏生下的儿子即是后来被封为太子的赵祯，因为刘皇后热衷于协助宋
真宗处理政务，赵祯从小便托杨妃照料长大成人。宋真宗去世后，太子赵祯
继承皇位，即宋仁宗，李氏却一直和先皇的许多嫔妃一样，在后宫默默地生
活，直到病重将亡之时才被封为先皇的宸妃。

李宸妃去世后，皇太后刘娥想以一个普通宫人的礼仪安葬，宰相吕夷
简进言说李宸妃应该用厚礼安葬。刘太后一听此话，便立刻拉起身边的宋仁
宗走进了内宫，过了好一会儿，她才独自走出来指责吕夷简说，不过是死了
一个先皇的宫人，宰相你为何要这样说话？吕夷简回答说我处在宰相这个位
置上，朝廷不分内外的事都是我应该过问的。刘太后一听更加生气，训斥吕
夷简说，吕宰相你这是想挑拨离间我们母子的关系吗？没想到吕夷简上前一
步说，太后你如果不打算为你们刘氏家族着想，我也就不再说什么了。如果
你还顾及自己刘氏家族的话，那么李宸妃的丧礼一定要办得隆重优厚。吕夷
简的这番话一下子让刘太后回过了神，悟出了其中的道理，于是下旨李宸妃
的丧礼按一品礼仪在洪福院举办。不仅如此，吕夷简又对入内都知监罗崇勋
说，李宸妃应当穿着皇后的服饰入殓，还要用水银灌注棺椁，还特别叮嘱说

你要注意，以后不要怪我没有提醒过你。罗崇勋闻言非常害怕，飞快地跑去禀报给了刘太后，刘太后也批准了罗崇勋的要求。

刘太后在宫中一手遮天，将宋仁宗的身世真相隐瞒了二十多年，宋仁宗从小到大，直到即位当了十年的皇帝，一直到李宸妃死，始终都不知道先皇的宫人李氏就是自己的亲生母亲。老实厚道的李宸妃一直到死都隐忍不言，看着自己的亲生儿子在宫中一天天地长大，看着他长大成人当了皇帝，最终独自把常人难以忍受的人生痛苦带进了坟墓。而宫廷内外的知情人个个都慑于刘太后的淫威，没人敢泄露这一机密。

李宸妃死后的第二年，刘太后也终于病故离世了。性格仁厚的宋仁宗在刘太后病重时日夜侍候，刘太后死后他更是悲号哭泣，痛不欲生，这时才有人将他的身世真相这个可怕的隐情告诉给了宋仁宗。对此，史料有如下的记载：

> 左右有为帝言"陛下乃李宸妃所生，妃死以非命"者。帝号恸累日，下诏自责，追尊为皇太后，谥"庄懿"，幸洪福寺祭告，易梓棺，亲启视之，妃以水银故，玉色如生，冠服如皇后。帝叹曰："人言其可信哉！"待刘氏加厚。

听到自己被蒙骗了二十多年的身世真相后，宋仁宗赵祯自然是相当震惊，同时更为自己的亲生母亲受到的不公待遇而忍受的痛苦感到悲痛，特别是对"妃死以非命"感到极其愤怒，于是赶到洪福寺祭奠母亲亡灵后，下令打开棺木来瞻视母亲的遗容。但是当棺木打开后，虽然李宸妃已死去一年多了，但由于水银灌注棺木，李宸妃肤色容貌依然栩栩如生，而且冠服用的是皇后规格，这让宋仁宗顿时打消了对其母死因的怀疑，认为刘太后厚待了他的生母。于是宋仁宗感叹道："人的传言岂可以相信啊！"这以后他对待刘太后的家族更加优厚了。同时，对于已逝去的生母，宋仁宗也只能以死后的荣耀来表达他的悲伤愧疚之情了。于是他下诏追封李宸妃为皇太后，谥号为"庄懿"，改葬于永定陵，并建奉慈庙供奉李氏牌位。在改葬前，宋仁宗三次亲临洪福寺祭奠哀悼。

2. "二人圣"时期的太后

宋仁宗原名赵受益，他的父亲便是宋朝的第三个皇帝宋真宗赵恒。真宗皇帝前后有过六个儿子，但前面五个儿子都先后夭折了，所以皇六子赵受益便自然被立为皇太子。公元 1022 年宋真宗病死，刚刚十三岁、改名为赵祯的皇太子便继位登基为皇帝。

由于新皇帝还未成年，所以先皇宋真宗的遗诏便有了"皇太后权同处分军国事"的安排，这个"权"字虽然是代理的意思，但朝野上下都明白，国家大事的裁决权已完全掌控在了具有非凡的政治才干和强烈权力欲望的皇太后刘娥手中了。

宋真宗有过三个皇后，前两个皇后均是名门闺秀，一个是宋初名将潘美的女儿潘皇后，一个是宣威南院使郭守文的女儿郭皇后，但潘皇后在二十二岁时便去世了，后立的郭皇后也在三十二岁时染病身亡。郭皇后去世后，宋真宗不顾众多大臣的反对，将曾是播鼓女乐的刘娥立为了皇后。《纲鉴易知录》有如下记载：

> 后父通为虎捷都指挥使，从征太原，道卒，后在襁褓而孤，鞠于外氏，善播鼓。蜀人龚美者，以锻银为业，携之至京师，年十五入襄邸。帝即位，自美人进位德妃，专宠后宫。郭氏崩，帝欲立之，翰林学士李迪言："妃起于寒微，不可以母天下。"帝不从，欲得杨亿草制，使丁谓谕旨。亿难之，谓曰："勉为之，不忧不富贵。"亿曰："如此富贵，亦非所愿也。"乃命他学士焉。后既立，以无宗族，更以美为兄，改其姓为刘。闻李迪之谏，大恨之。后性警敏，晓史书，闻朝廷事，能记其本末。帝退朝，阅天下封奏，多至中夜，后皆预闻。宫闱事有闻，辄援引故实以对。帝深重之，由是渐干外政。

刘娥的父亲虽曾是朝中武官，但去世得早，刘娥很小便成了孤儿，由外婆抚养。她家原在太原，后迁至蜀地居住，因为家贫，学会了表演播鼓（一种摇拨浪鼓的舞蹈），她的入宫显贵是因为她认识的一位叫龚美的四川银匠引荐的结果。据传宋真宗赵恒还是太子时，听说蜀地的女子聪明有才，便一直想找个蜀姬。银匠龚美到汴京谋生后，因手艺高超，常被请入王室官宦府邸打造银器饰品，听到现任太子有此念头，便将他从小认识并带到汴京、刚十五岁的刘娥悄悄送入东宫。太子刘恒一见刘娥便钟爱无比，从此便宠幸专房，到了无法割舍的地步。有一天，宋太宗看到太子比前削瘦了许多，便问太子的乳母是何缘由，很不喜欢刘娥的乳母便举报了刘娥，说是刘娥整天媚惑太子的结果。宋太宗非常生气，下令赶走刘娥，太子只好暗中将刘娥送出东宫，安置在别处居住。时隔不久，宋太宗去世了，太子赵恒当了皇帝，成了宋真宗，于是刘娥便被招还宫中选为美人，五年不到便升修仪，进而升为德妃。郭皇后去世后，刘德妃为了自己能立为皇后，便将自己身边的宫人李氏生的儿子据为己有，终因母以子贵而戴上了皇后凤冠。

宋真宗提出立刘娥为皇后时，朝中许多大臣都表示反对。翰林学士李迪便公开说刘娥是出身低微的女乐，不能够母仪天下；起草皇帝诏书的杨亿也坚决拒绝为刘娥草拟立后诏书。但是，刘娥被宋真宗强行立为皇后之后，她的政治才干却得到了极大的发挥。她性格机灵、反应敏捷，而且通晓历史，记忆及分析能力也很强。她常常帮助宋真宗批阅公文奏章，每当宋真宗向她征求意见，她都能引经据典给以回答，这使得宋真宗对她更加器重，于是她渐渐地干预起朝政来了。

宋真宗晚年一直多病，犯起病来常常神志不清，这更让一些担心刘皇后干政的大臣内心不安，他们担心唐朝武则天操纵唐高宗的故事重演，于是宰相寇准便联络了杨亿、周怀政等一批官员，提出"传以神器，择方正大臣为羽翼"，请求立太子为监国，打算以大臣协助太子监国的格局，来遏制皇后刘娥逐渐控制朝政的势头。经过寇准一番苦口婆心的劝告，真宗皇帝竟然答应了寇准等人的请求，在皇帝还没有征求刘娥意见之时，寇准便秘令翰林学士杨亿起草诏书，立太子监国。但是听到风声的刘娥却抢先一步，将寇准免去了宰相，任为太子太傅。

不久，与寇准关系密切的内侍省都知周怀政眼见寇准被免相，竟然采取了较为激烈的行动，他趁着自己前往后苑面见宋真宗的机会，强烈要求真宗皇帝退位为太上皇，并要求"罢皇后预政"，重新任用寇准为相。为了表示自己提出这些要求完全是出于对皇上、对社稷的一片忠心，周怀政竟然当着真宗皇帝的面掏出怀中的一把小刀，将自己的胸脯划得鲜血淋漓。宋真宗本来常犯疯病，看到如此的场面，一下子便被吓得旧病复发了。刘皇后闻讯立即传令抓捕了周怀政，还从宫中搜出了寇准以前请立太子监国的奏疏。于是以寇准和周怀政等人谋废皇上的罪名，将周怀政处死，将寇准及前宰相李迪等人贬出了京城。

宋真宗死后，继位的宋仁宗刚刚十三岁，有着精明的政治手段和过人的政治欲望的皇太后刘娥便自然垂帘听政，执掌了朝中大权。女人执掌朝政，总会让一些大臣不以为然，这便是以时任宰相丁谓为首的文官集团。

丁谓早年是靠寇准的推荐入朝参政的，所以他对寇准总是一副毕恭毕敬的姿态，但在二人同任正、副宰相时，一件小事却让丁谓心中嫉恨起寇准来了，而且这件事还给我们留下了"溜须"这个词语。据载："谓因准称誉得致通显，虽同列，而事之甚谨。尝会食中书，羹污准须，谓徐起拂之。准笑曰：'参政国之大臣，乃为官长拂须邪！'谓大惭恨，遂成雠隙。"

朝中大臣一起在中书府吃饭，汤汁沾污了宰相寇准的胡须，身为副相参知政事的丁谓竟慢慢站起身来，为寇准擦拭胡须上的污渍。于是宰相寇准便笑着说，你是身为参知政事的朝廷重臣，怎么能做出为长官擦胡须的事？丁谓溜须拍马，巴结讨好长官，却被长官寇准一顿斥责嘲笑，于是便怀恨在心了。因此在寇准、周怀政等人请立太子监国、预防皇后刘娥干政失败后，丁谓便与刘皇后结成一伙，多次暗中使坏，将寇准一贬再贬，直到贬至荒蛮的雷州。

名相寇准竟然识人有误，推荐了为人不端的丁谓，史料却记载早有人对寇准错荐丁谓的结果有所预料。《纲鉴易知录》载："丁谓与寇准善，准屡荐其才与沆，沆不用。准问之，沆曰：'顾其为人，可使之在人上乎？'准曰：'如谓者，相公终能抑之使在人下乎？'沆笑曰：'他日当思吾言。'"

丁谓和寇准关系很好，寇准多次向李沆推荐丁谓的才干，李沆却一直不提拔丁谓。寇准便问李沆为何不用丁谓，李沆却反问寇准说："看他的为人，能够让他在人之上吗？"寇准听了李沆的回答便不服气地说："像丁谓这样的人，您老先生能一直压着他，让他永远都居人之下吗？"李沆听了笑着说："您以后一定会想到我的话的。"

想不到李沆的预言很快便得到了验证，对一点小事便记恨在心的丁谓不仅按刘太后的旨意将寇准定罪，而且据《宋史·寇准传》记载：在贬斥寇准的制书中亲自添上了"当丑徒干纪之际，属先皇违豫之初，罹此震惊，遂此沉剧"这句狠毒的话，直接将宋真宗病重身亡的罪名扣在了寇准等人的头上，于是寇准最终被贬斥到了荒蛮的雷州半岛上。

但是，世事的轮回报应很快便到来了。时隔不久，在刘太后执政后，看起来红得发紫、因而目空一切、将谁都不放在眼里的丁谓竟被贬斥到更为边远荒蛮的崖州了。

新皇帝登基，刘太后垂帘听政，精于阿谀奉承的翰林学士为了迎合小皇帝和刘太后，运用拆字法拟出了新的年号："天圣"。天圣即是二人圣，新的年号标志着刘太后和少年皇帝赵祯二位圣人同朝执政的开始。但是，当时以丁谓为首的文官集团虽然是依靠刘太后的支持上台的，但心底却不能容忍女人执掌朝政，于是提出种种动议，想多方限制刘太后。他们开始提出"请太后御别殿"，被刘太后坚决否决了，又提出"五日一御殿"，得到太后同意后，竟又提出"太后禁中阅章奏，遇大事则召对辅臣"的方案。这最终惹恼了手段强硬的刘太后，以"交通宦官""语涉妖诞"的罪名，撤免了十多位大臣，丁谓直接被贬到了崖州。

当初，丁谓为出心中对寇准的一口恶气，将寇准贬到了雷州，汴京城中人人忿忿不平，城中盛传"欲得天下宁，当拔眼中丁；欲得天下好，莫如召寇老"。结果不到半年，丁谓就被贬到更远的崖州了，于是人们都说老天有眼，这么快恶人就遭到报应了。

丁谓到崖州自然要经过雷州，寇准的仆人们个个都很气愤，想找丁谓报仇，但寇准却关上宅门，不放一个人出去，直到丁谓远离了才开门。丁谓听到了很是羞惭，带话说很想见一见寇准，但被寇准拒绝了，却派人送给丁谓一只蒸羊，为他送行。

刘太后垂帘听政时间不长便处治了以丁谓为首的文官集团，整个朝廷为之震撼，但精明的刘太后却不像女皇武则天那样靠杀戮、制造恐怖政治来维持统治。在处置丁谓等人时，她只是将丁谓勾结的大宦官雷允恭处以极刑，在将丁谓等人贬黜的同时，下诏宣布"中外臣僚有与丁谓往来者，一切不问"。丁谓作为首相，朝廷内外想巴结讨好、送礼贿赂者大有人在，但刘太后不仅没有过多追查，还授意负责查抄丁谓府第的侍御史方谨言，将从丁谓府中搜出的众多士大夫书信全部烧毁了。这样恩威并施的手段，让朝中大臣个个对刘太后是又敬又怕，更加竭力为之效命。

刘太后不仅做事果断强硬，而且深谙用人之道。宋真宗丧事结束，她便对两府宰执们说，国家多灾多难，全靠诸位尽心协力。现在你们可将每个人的子孙及内外亲族的姓名写来，朝廷会例外推恩照顾。两府大臣见太后想得如此周到，非常高兴，便纷纷将自己能沾得上的亲戚姓名呈上。谁知刘太后却将之制成图表贴了在墙上，每当有拟官奏章时，一定要按图核查对照，确定不是两府大臣的亲戚，才给以批准。刘太后善于用人，她选用的大臣很少有阿谀谄媚之辈，大都是有才且刚正之人。这些人不仅为政严谨，而且对太后的失误也敢于劝谏批评，所以刘太后垂帘听政十一年，内政、外交井井有条。司马光对刘太后执政有很公允的评价，他说："章献明肃皇太后保护圣躬，纲纪四方，进贤退奸，镇抚中外，于赵氏实有大功。"

更难能可贵的是，刘太后的政治才能虽然不在女皇武则天之下，但她却没有走武则天废唐立周、自己称帝的老路。有人在她执政时期上书请求"依武氏故事，立刘氏七庙"，知制诰程琳还特意给她献上了一份《武后临朝图》，示意她效法武则天，自立称帝。虽然她本人有较高的权欲，宋仁宗赵祯已经长大成人，她还迟迟不撤帘归政于皇帝，但她犹豫过一段时间后便毅然决定不做武则天那样的事，她将"请立刘氏庙"表和《武后临朝图》抛于地上说："吾不做此负祖宗事。"

刘太后虽然出身低微，入宫及立后时均为皇室及朝廷重臣所坚决抵制，但最终她却以她的为人和才干使时任众臣不得不服。虽然她也有为追求权势而不择手段，夺她人之子为己有的冷酷自私的缺德行为，但最终却能接受他人的建议，厚葬李太后。这不仅显示了她人性未泯的一面，而且给自己确实留了后路，使自己及自己的家族避免了被清算的灾祸，让我们看到了"凡事不要做绝"的警示意义。

3. 初涉政事的仁君

在刘太后垂帘听政的天圣年间的宋仁宗赵祯每逢单日随太后上朝，不上朝时就到崇政殿学习。虽然他当时因年少没有实际主政，军国大事有刘太后决断，但每天大臣奏事，刘太后处理事务就发生在他的眼前，这使他逐渐熟悉了治国理政的基本方法，而且也在参与处理一些事务中显示了他宽厚仁慈的性格。

安葬宋真宗时，灵车和仪仗器物都非常大，有司便请求将出行路上的城门、民舍拆掉，以便送葬车舆通行。侍御史知杂事谢涛劝谏说："先帝东封西祀，仪物大备，犹不闻有所毁撤，且遗诏各从俭薄。今有司治明器侈大，以劳州县，非先帝意，愿下少府裁损之。"刘太后听到谢涛竟然要裁减仪仗明器，很不高兴，但坐在他旁边的刚十三岁的仁宗皇帝却突然发话说："城门矮小的可拆毁，但民居不当毁坏"，刘太后没想到小皇帝竟有如此的爱民之心，便同意照此办理。

宋仁宗这种顾惜百姓的仁爱之心，不仅表现在对本朝民众身上，即使是对境外民众也是一视同仁。《纲鉴易知录》载："契丹饥，流民至境上，帝曰：'皆吾赤子也。'诏给以唐、邓州闲田，仍令所过给食。"

天圣七年（公元1029年），契丹国发生大饥荒，许多灾民逃亡到边境地区。仁宗皇帝接到报告后说，这些都是我的黎民百姓啊！他下诏将唐州、邓州闲置的田地分给这些灾民，让他们开垦种植，还要求逃难灾民经过的地方要给他们提供食物。

少年皇帝宋仁宗不仅从心底里顾惜民众，而且在十六岁时就有了刑法宽厚的想法，一再叮嘱不能滥施刑罚。天圣三年（公元1025年）四月，中书请求颁诏恤刑。宋仁宗便问宰相王钦若说，过去多次下文约束地方不得滥施刑罚，各地州县官员能够体会到朝廷的宽恤之意吗？王钦若回答说："州县不能尽得人，然狱事至重，诸路使者职在按察，其稽违者自当劾奏。"宋仁宗听了才有所放心地说："如卿言，甚善，宜更以此意丁宁申戒之。"听了宰相说的朝廷各路使者定会严格督查各州县官员不得滥施刑罚，宋仁宗才有所放心，但依然一再要求向各地官员严厉告诫，反复叮咛要宽刑待民，不得滥用刑法。

但是，心存仁义的宋仁宗又亲自下令恢复了特别严酷的凌迟之刑，因为他听说南方边远地区有将活人杀死祭祀鬼神的做法，这让他十分愤怒，于是下令一旦发现这种行为，便凌迟处死犯罪者。这更反映出了宋仁宗对处在社会最底层人的生命的尊重，他对残害普通人生命的犯罪行为严厉惩罚，更是他良善性格的自然流露。

年少的宋仁宗仁厚爱人的性格不仅体现在对待民众上，对待朝廷官员也很是宽仁。按照宋制，吏部选拔考核官员，对犯有私罪者，即并没有违犯朝廷律法，但有一定的行为过错的，都不得改授其他官职。有一天，宋仁宗问宰相王钦若说，犯私罪的人多吗？王钦若回答说："私罪固多，但其中轻重不一，有时因为衔谢不及，或上朝坠笏失仪。事虽至轻，以不缘公事，皆为私罪。"宋仁宗听后不禁叹气说，有司应当仔细了解情况来区别对待，不要让这样的小事情误了一个人的一生啊！不久，他还专门下诏，要求吏部对有这样"私罪"的官员从宽处理，允许改任官职。

对寒窗苦熬的读书人，少年时的宋仁宗也很是顾惜。他在位时的第一次贡举是天圣二年（公元1024年）举行的，考试之前，刚刚十四岁的少帝宋仁宗就对宰相王钦若安排说："久罢贡举，恐天下俊贤多有遗漏，将来放进士特增至两百人，诸科三百五人。"在天圣年间举行的三次贡举中，录取进士近三千人，这些人在宋仁宗亲政后基本上构成了朝廷和地方官员的中坚力量，许多进士，如叶清臣、郑戬、曾公亮、余靖、尹洙、胡宿、宋祁、韩琦、赵概、吴育、文彦博、包拯、王陶、欧阳修、石介、蔡襄等后来都成为朝中叱咤风云的人物。

天圣年间，少年皇帝宋仁宗仁义厚道的性格，还表现在对垂帘听政的刘太后的忍让和宽容上。

刘太后垂帘之初，曾信誓旦旦地说："候皇帝春秋长，即当还政。"但她执掌朝政后，那一人定于一尊、众人唯命是从的尊荣，便让她对权力的眷恋日渐加深，久久不愿放权而还政于宋仁宗。不仅如此，刘太后还曾有许多的逾礼之举。

宋真宗刚刚去世，刘太后就定自己的生日正月初八为长宁节，庆贺的仪制与皇帝的生日乾元节几乎一样。同时，她又安排礼仪院特制了自己出行乘坐的行辇，名为"大安辇"，其仪卫等规格也和皇帝的一致。

刘太后还不断地加封自己的亲人。追封她的父亲刘通为彭城郡王，追封她的母亲庞氏为越国太夫人。当年介绍她入宫的银匠龚美也被赐姓为刘，成了她的哥哥刘美。刘美此时已不在世，也被追封为中书令，其妻钱氏被追封为郓国太夫人。刘美有两个儿子，刘从德和刘从广，也被封了官，刘太后还将宋仁宗年轻时便看上的一位大商户的女儿，硬是婚配给了刘从德。刘太后还将刘美的女婿马季良趁正直的宰相王曾生病告假之机，连升三级提拔为龙图阁待制。

对于刘太后的非分逾礼之举，朝中恪守礼仪、维护大宋赵氏王朝的大臣们始终高度警惕，多次明确表示反对立场。

参知政事鲁宗道为人刚直，人称"鱼头宰相"，是刘太后亲自提拔进入内阁执政的，但他仍然秉承儒家礼仪和正统体制做事。有一次，有心效法武则天的刘太后想试探一下大臣们的态度，便问鲁宗道说："唐武后如何主？"没想到鲁宗道立即正色回答道："武后乃唐之罪人，几危社稷。"听了此话，刘太后只好收住话头，默无一言了。又有人为了讨好刘太后，提出应按天子规格为刘氏立七庙，刘太后便在朝堂上提出来征求大臣们的意见。在其他人不敢表态之时，又是鲁宗道大声反对说："立刘氏七庙，如嗣君何？"这件事又只好不了了之。还有一次，刘太后和宋仁宗一起到慈孝寺进香，刘太后打算自己乘大安辇走在仁宗的皇辇前面，想不到又是鲁宗道根据朝廷礼仪极力劝谏，提出应以小皇帝为尊，无奈的刘太后只好跟在了皇帝的后面。

刘太后临终前最后一次参加籍田和拜谒太庙典礼，直接提出自己要穿上皇帝的冠冕，参知政事晏殊便拿出《周礼》中王后之服的定制表示反对，遭到了刘太后非常生气的斥责。但是，权三司使薛奎又站出来大声质问："陛下大谒之日，还做汉儿拜耶？女儿拜耶？"最终刘太后只得同意穿经改制过的皇太后服。

虽然朝中耿直的大臣对刘太后的非分之举极力反对，可年轻的皇帝宋仁宗却从未对其母后有过不满的态度，无论是朝廷举行元旦大朝会，还是冬至日举行祭祀天地大典，宋仁宗都要亲自先为刘太后贺寿，然后自己才接受众臣的朝拜。

对此，新任秘阁校理范仲淹特地上奏表示反对意见说："天子有事亲之道，无为臣之礼；有南面之位，无北面之仪。若奉亲于内，行家人礼可也，今顾与百官同列，亏君体，损主威，不可为后世法。"范仲淹认为皇帝只有在内宫对自己的母亲行家礼，但在朝堂之上与百官一起朝拜太后，就有损帝王的尊严，是不合帝王之礼的做法。

耿直的大臣对刘太后的逾礼举动一再遏止、抵抗，使得刘太后不得不有所顾忌。有一次，她悄悄地询问驸马李遵勖朝臣对她有何议论，李遵勖迟疑了好长时间才说："臣无他言，但人言天子即冠，太后宜以时还政。"刘太后此时深感朝野内外很难容忍她像武则天一样代帝自立，略通经史的她也不想在她身后留下不好的名声而掩盖了她十几年垂帘听政的功绩。最终，她将《武后临朝图》和立刘氏七庙的奏书扔在地上说："吾不做此负祖宗事。"这样，晚年的刘太后选择了悬崖勒马，明智地将朝政归还给了已成人的宋仁宗。

刘太后虽然最终还政于皇帝了，想不到她去世时还留下了"尊杨太妃为皇太后，皇帝听政如祖宗旧规，军国大事与太后内中裁处"的遗诏，而且刘太后死后仁宗皇帝也知道了自己生母是李宸妃的真相。但是，仁厚孝道的宋仁宗不仅没有清算追究刘太后的种种罪过，而且给其上了"庄献明肃"的谥号，还下诏朝廷内外不再议论刘太后往日的不当言行。《纲鉴易知录》对此有下面的记载：

> 后称制十一年，至是后崩，谥曰："庄献明肃"。旧制后皆二谥，称制加四谥，自此始。遵太后遗诰，尊太妃为皇太后。帝始亲政，罢创修寺观，裁抑侥幸。召宋绶、范仲淹而黜内侍罗崇勋等，中外大悦。刘太后爱帝如己出，帝亦尽孝，故始终无毫发间隙。及帝亲庶务，言者多追抵太后时事，仲淹言于帝曰："太后受遗先帝，调护陛下十余年，今宜掩其小故，以全大德。"帝曰："此亦朕所不忍闻也。"遂下诏戒饬中外，毋得辄言皇太后垂帘日事。

刘太后把持国政十一年，去世后给她上了"庄献明肃"的谥号。按以前的礼制，皇太后死后只能是两个字的谥号，宋仁宗给刘太后开了这个头，于是，给垂帘听政的太后加四个字的谥号，便从这个时候开始了。不仅如此，宋仁宗还遵照刘太后的遗诏，尊奉杨太妃为皇太妃。

宋仁宗亲政后，停止了兴修寺观，抑制权幸势力，召回了宋绶、范仲淹，降免了罗崇勋等人，朝廷内外人心大快。

刘太后对待仁宗皇帝就如同自己亲生一样，仁宗皇帝也对太后非常孝敬，所以他们之间没有一点隔阂。到了宋仁宗亲理国政后，许多人要求追究刘太后垂帘听政时的一些罪过，范仲淹对宋仁宗说："太后受先帝的委托，抚养调教陛下十多年，现在我们应该掩盖她的小过错，来成全她的大节和名声。"宋仁宗听后说："追究太后的过失，也是我不忍听到的事情。"于是下诏，朝廷内外不得议论皇太后垂帘听政时的事情。

刘太后垂帘听政的时代结束了，历史进入了宋仁宗时代，那么，终于可以亲理朝政的宋仁宗会有怎样的作为？他的作为会有怎样的结果？我们下节再讲。

二、难以有所作为的优柔皇帝

1. 皇后废黜的风波

宋仁宗对刘太后迟迟不还政于自己的宽容忍让，主要是出于他宽厚仁义的性格，已经二十多岁的年轻帝王宋仁宗在天圣年间的后期，心里非常企盼摆脱刘太后的羁绊而亲理朝政，有所作为一番，这从他两次修改年号就可以看得出来。刘太后病重之时，对"二人圣"现状很是不满的宋仁宗便下令修改年号，朝廷的学士们绞尽脑汁拟出了"明道"的年号。虽然"明道"年号所寓意的"日月同朝"之意比起"两位圣人同朝"的"二人圣"让宋仁宗勉强接受了，但还是让他感到十分憋屈，所以刘太后去世后他又下令修改年号。朝中的文人学士终于明白了皇帝的心意，投其所好拟出了"景祐"的年号，这寓意着年轻的皇帝如日当空、唯我独尊的年号，自然让宋仁宗十分开心，于是摆脱了束缚而亲理朝政的宋仁宗决心有所作为、大干一番。

但是，不当家不知柴米贵，掌握了实权的宋仁宗逐渐感到自己接过的担子的沉重。实际上，建朝已七十余年的宋王朝早已面临十分严峻的形势，从他父亲宋真宗时期开始，宋朝就面临着"兵籍益广，吏员益众，佛老、夷狄耗蠹中国，县官之费数倍于昔时"的状况。在外辽国和西夏侵扰不断，而且每年为其"赐银纳帛"；在内要耗费巨大的财力养活军队，养活一天天不断增加的冗官冗员。而且，宋真宗和刘太后都热衷于大修宫观庙宇、无度赏赐，这更使国家陷入了财政困窘、民力日穷的境地。

面对这样的困难状况，亲政之后的宋仁宗下令停止修造过多的宫观庙宇，裁减宫内各种开支，并拿出皇家储藏的钱绢补充国用。他曾对宰相说："朕日膳不欲珍美，衣服多以缣缯为之，至屡经浣涤，而宫人或以为笑。"宋仁宗说："我每天都不吃精美的食物，衣服大都是粗劣的绢帛做的，甚至多次洗涤，使得宫女们都讥笑我。"年轻的宋仁宗决心亲力亲为，带头节俭来减轻国家财政困难的状况。

不仅如此，景祐元年（公元1034年）正月，仁宗皇帝还下发了征询国策的诏书，提出："天下承平久矣，四夷和附，兵革不试。执政大臣其议更制，兵农可以利天下为后世法者，条陈以闻。"决心广泛征求革新意见，去除弊端，重振朝政。同时，为拨乱反正，宋仁宗还下诏为寇准等人平反，恢复了寇准的莱国公封号，追赠周怀政为安国节度使，追赠杨亿为礼部尚书。他还罢免了刘太后时期宰相班子中的七名成员，调任力主改革的范仲淹、宋绶等人入京，决心除旧布新、推行新政。

亲政之初的宋仁宗还下诏改变了自宋真宗晚年得病时实行的隔日视朝的做法，恢复了每日上朝的制度，他不仅每日上朝问政，而且对臣子们的奏章都要亲自批览。宰相吕夷简劝说道："若小事皆关圣鉴，恐非所以养圣神。"但宋仁宗却回答说："朕承先帝之托，况以万几之重，敢自泰乎？"宋仁宗亲政之初的言行均给人一种决心施展抱负、将要大有作为的形象。

但是，让人没想到的是，只是一年多的时间，宋仁宗积极进取的勤政热情便消退了。引起这种变化的主要原因是他废黜皇后受到了朝臣们的过激批评，朝臣们的批评指责使得他情绪低落、怠于理政。

郭皇后是宋仁宗已结发十年的妻子，但是宋仁宗刚刚亲政九个月郭皇后便被废黜了。宋仁宗废黜郭皇后表面上的理由是皇后没有生育，自觉福薄，所以自己愿意入道，但实际上主要是仁宗皇帝对刘太后长期压抑自己的不满情绪的发泄。

郭皇后是天圣二年（公元1035年）九月刘太后违背十五岁的仁宗皇帝的心意强配给宋仁宗的。我们前面就说过，少年时期的仁宗皇帝非常喜欢王商户的女儿，但刘太后却硬是将其配给了自己的侄儿刘从德，这已给少年皇帝的心中留下了一道阴影。到宫中为宋仁宗完婚时，几个皇后候选人中有中书令郭崇的孙女郭氏，有上将军张美的曾孙女张氏，年轻的仁宗皇帝一眼便看中了张氏。按定例，皇帝选中了谁，谁就可以被立为皇后，没想到做事一贯强势的刘太后却认为郭氏比张氏好，便自作主张册封郭氏为皇后，立张氏为才人。刘太后的霸道做法深深刺痛了十五岁的宋仁宗，不仅使他长期冷落皇后，而且最终也导致了亲政后的宋仁宗因一件后宫争端而废黜了郭皇后，因为这次争端让宋仁宗挨了郭皇后一巴掌。《纲鉴易知录》对其有较详的记载：

> 时尚美人、杨美人俱得幸，数与皇后忿争。一日，尚氏于帝前有侵后语，后不胜忿，批其颊，帝自起救之，误批帝颈。帝大怒，内侍阎文应因与帝谋废后，且劝以爪痕示执政。帝以示吕夷简，告之故。夷简有憾于后，遂主废黜之议。帝犹疑之，夷简曰："光武，汉之明主也，郭后止以怨怼坐废，况伤陛下颈乎！"帝意遂决。

当时宋仁宗宠爱尚美人和杨美人，使得这两个美人与郭皇后之间经常发生争吵。一天，尚美人当着仁宗皇帝的面顶撞郭皇后，这让郭皇后非常愤怒，打了尚美人几耳光。一旁的仁宗皇帝急了，赶忙起身去拉架，结果被气急了的郭皇后一巴掌打在了脖子上。位尊人极的皇上挨了巴掌，这让仁宗皇帝很是生气，于是便和内侍阎文应商量要废掉郭皇后，阎文应建议皇帝把脖子上的手掌印给宰相们看，以取得宰相们的同情与支持。于是仁宗皇帝就让宰相吕夷简看了自己脖子上被郭皇后打的手掌印，并给吕夷简讲了事情的经过和自己的想法。吕夷简本来就对郭皇后怀恨在心，便坚决支持皇帝废黜郭皇后。可仁宗皇帝还有点犹豫不决，吕夷简便说："汉光武帝是东汉的英明君主，他的郭皇后仅仅因为有怨言就被废黜了，何况如今的皇后打伤了皇上的脖子呢？"吕夷简的这番话终于让仁宗皇帝下了废黜郭皇后的决心。

吕夷简为什么这样嫉恨郭皇后呢？《纲鉴易知录》记载了个中缘由："帝与吕夷简谋，以张耆等皆附太后，欲悉罢之，夷简以为然。帝退，以语皇后，后曰：'夷简独不附太后邪？但多机巧，善应变耳。'由是夷简亦罢。制下，夷简方押班，闻唱名，大骇，不知其故。因令素所厚内侍阎文应洞之，乃知事由郭后也，于是深憾后，思有以倾之。"

老谋深算的吕夷简凭他的机巧善变赢得了刘太后的重用，在刘太后老去即将归政于仁宗皇帝之时，又以他的善于筹谋提出厚葬李宸妃给刘太后留下了后路，但这样的心机却被郭皇后识破，被罢免了宰相。虽然时间不长他又恢复了相位，但心胸狭窄的他却记下了对郭皇后的仇恨，于是便抓住机会怂恿仁宗皇帝废黜了郭皇后。

宋仁宗废黜了郭皇后，为自己挨了一巴掌挽回了面子，也长出了一口受刘太后压抑而不能立意中人为皇后的愤懑之气。但让他意想不到的是，他一时的痛快却给他带来了极大的麻烦，他的废黜皇后之举遭到了朝臣们极其激烈的批评指责。

老道的吕夷简深知废除皇后定会引起朝臣们的强烈反对，于是采取了两条措施予以防范：一是在废除皇后诏书中称皇后以无子自愿入道，特封净妃、玉京冲妙仙师，赐名净悟，别居长宁宫。二是安排有司一律不接受朝臣们的劝谏奏疏。但是，这样做的结果却引发了前所未有的朝臣们集体撞叩宫门进谏的风波。《纲鉴易知录》对此有如下的记载：

> 夷简先敕有司毋得受台谏章奏，乃诏称皇后愿入道，封净妃、玉京冲妙仙师，居长宁宫。台谏章疏果不得入。于是中丞孔道辅率谏官范仲淹、孙祖德、宋庠、刘涣，御史蒋堂、郭劝、杨偕、马绛、段少连十人，诣垂拱殿伏奏："皇后，天下之母，不当轻废。愿赐对，尽所言。"殿门阖，不为通。道辅扣镮大呼曰："皇后被废，奈何不听台臣言！"

寻有诏，令夷简谕以皇后当废状。道辅等至中书语夷简曰："大臣之于帝后，犹子事父母也。父母不和，可以谏止，奈何顺父出母乎！"夷简曰："废后有汉、唐故事。"道辅曰："人臣当道君以尧、舜，岂得引汉、唐失德为法邪？"夷简不能答。即奏言"伏阁请对，非太平美事"，遂黜道辅知泰州，仲淹知睦州，祖德等罚金。道辅鲠挺特达，遇事弹劾无所避，天下皆以直道许之。签书河阳判官富弼言："朝廷一举而两失，纵不能复后，宜还仲淹等。"不听。

虽然朝廷的诏书以冠冕堂皇的理由废除了郭皇后，但还是遭到了朝臣们的强烈反对，他们的劝阻奏章被吕夷简拦截送不到宫内，于是中丞孔道辅便率领范仲淹等十多个谏官、御史拥进宫中，跪在垂拱殿前请愿。他们提出要求说："皇后是天下之母，不应当轻易废黜。请求皇上赐给面奏的机会，以便我们尽其所言。"但是通往内宫的大门紧紧关闭着，没有人为他们通报。孔道辅用力叩着门环大声呼喊道："皇后被废除了，为什么不听听台谏官员的意见啊！"终于宫中传下诏令，让吕夷简给大家说明皇后被废的原因。孔道辅等人来到中书省对吕夷简说："大臣对于皇上和皇后，就像儿女侍奉父亲和母亲。父母不和，儿女可以劝解制止，怎么能够完全顺从父亲一时的心意而休掉母亲呢？"吕夷简回答说："废黜皇后，汉朝、唐朝都有先例。"孔道辅说："做臣子的应该引导君王学习尧、舜，怎么能以汉唐时期失德的事情做榜样呢？"

吕夷简无法回答，就上奏皇上说："在殿堂之上跪在地上请求与皇上当面奏事，这可不是太平时期应该发生的事情。"于是便贬黜孔道辅为泰州知州，范仲淹为睦州知州，孙祖德等人处以罚金。

孔道辅为人耿直磊落、通达不俗，遇事弹劾无所避忌，天下人都称赞他正直有道。签书河阳判官富弼上奏说："朝廷一项举措就有两个大失误，纵然不能恢复郭皇后的身份，也应该召回范仲淹等人。"可朝廷并没有采纳他的意见。

虽然仁宗皇帝拒绝大臣们的劝谏，但仍有大臣不断上书。御史孙沔上书说："自孔道辅、范仲淹被黜，凡在缙绅，尽怀缄默。乞少霁天威，用存国体。"孙沔说自从孔道辅、范仲淹等人被罢免之后，朝野上下士大夫们都缄默不言了。我请求皇上稍稍收敛一下天威，顾念国家的体制安定。结果孙沔被贬黜为衡山县知县，但孙沔还是上书批评皇帝说："深宫之中，侍左右者，刀锯之余；悦耳目者，艳冶之色。宸禁昼严，乘舆天远，未见款召名臣，清问外事，询祖宗之纪纲，质朝廷之得失，徒修简易之名，未益承平之化。"孙沔直接指责皇帝说，皇帝整日居住在深宫，周围都是些受过宫刑的太监和妖艳的女人。宫廷禁卫森严，皇上离大家那么遥远，从不见皇上召见名臣清心询问宫廷外面的事情，征询祖宗的纲纪规则，过问朝廷治国的得失。只是表面上说是简化烦琐的朝政，却并没有增强承平盛世的教化。结果孙沔再次被贬为监永州酒务。

但是，宋仁宗虽然不听朝臣的劝谏，坚持废黜了郭皇后，但时间一长，心地仁厚的他却又怀念起了郭皇后，特地派人安慰被黜的郭皇后，想不到他的这一举动却给郭皇后带来了无妄之灾。对此，《纲鉴易知录》有下面的记载：

> 后居瑶华，帝颇念之，遣使存问，赐以乐府。后和答之，辞意凄婉，帝亦悔焉。尝密遣人召之，后辞曰："若再见召，须百官立班受册方可。"文应以尝谮后，惧其复立。属后小疾，帝遣文应挟医诊视，数日，言后暴崩。中外疑文应进毒，而不得其实。帝深悼之，追复后号，以礼敛葬，而停谥册祔庙之礼。知开封府范仲淹劾奏文应之罪，窜之岭南，死于道。

宋仁宗虽然不听朝臣劝谏废黜了郭皇后，但他自小和郭皇后成婚，在一起生活了十多年，再加上他优柔善良的性格，所以过了一段时间便时常想念起了郭皇后。他写了一首表达自己思念之情的乐府词派人送给了郭皇后，郭皇后回送了一首和诗，词句很是哀婉凄切，仁宗皇帝读后非常感动，于是悄悄派人接郭皇后入宫会面。谁想性格要强的郭皇后却说，如再召见，必须在百官立班自己受册封之后才可以，也就是说要正式恢复她的皇后身份才和皇帝见面。在仁宗皇帝还不知道怎么办时，有一个人却发了慌，这个人便是宦官阎文应。因为他曾和皇帝谋划废黜郭皇后，现在他看到皇帝和郭皇后旧情复燃，怕郭氏恢复皇后身份后自己没有好果子吃，于是便起了杀心。

不久，郭氏生了小病，宋仁宗派遣阎文应带着御医给郭氏诊视疾病，可几天之后郭氏便暴亡了。郭氏死后，宋仁宗又追封她为皇后，但没有让她的牌位进入太庙。许多人都怀疑郭皇后的死是阎文应下了毒，但却查无实据，但他后来被担任了开封府尹的范仲淹弹劾，死在了流放岭南的路上。

郭皇后被废之后，年轻而多情的仁宗皇帝更加宠幸尚美人和杨美人，二位美人"每夕侍上寝"，弄得宋仁宗精神不振，突然患病不起。大臣们忧心忡忡，批评指责之声接连不断，杨太后也亲自规劝，最终尚、杨二位美人被赶出了宫门。尚美人出为道士，杨美人被别宅安置。

景祐元年（公元 1034 年）九月，宋仁宗又选立了新皇后。新皇后姓曹，是宋初名将曹彬的孙女。曹氏的入选，也经历了一点风波。这之前宋仁宗看中了一位姓陈的女子，这位陈氏是茶商之女，她的父亲靠纳捐谋得一个子城使的小官，所以大臣们包括宰相吕夷简都纷纷劝说宋仁宗，反对立出身低微的陈姓女子为皇后。因为宋仁宗当年废黜郭皇后的诏书中有"当求德门，以正内治"的话语，意思是今后选立皇后要选德高望重的贵族家的女子，于是撰写过废黜郭皇后诏书的宋绶便劝说宋仁宗："陛下若以贱者正位中宫，即与前日诏书所言背道而驰。"仁宗的内侍太监阎士良更是直截了当地对他说，陈氏的父亲子城使官职不过是大臣家奴仆官的名号，陛下若是立奴仆之女为后，这让朝野内外都脸上发烧啊！在众人强烈的反对声中，无奈的宋仁宗只得放弃陈氏，选立曹氏为皇后了。

曹皇后谦和大度，对后宫嫔妃的争宠熟视无睹，就连后来宋仁宗特别宠幸另一个张美人，不顾包拯等大臣的激烈反对要给张美人的大伯张尧佐加官晋爵，朝中闹得汹汹一片，曹皇后也毫不在意，没有一点反应。这自然让仁宗皇帝很是满意，所以曹皇后虽然没有生育，但却一直稳稳地坐在她的皇后位上。

2. 未能持久的新政

年轻而意气用事的宋仁宗在废黜郭皇后的风波中受到激烈批评，一度心灰意冷、怠于理政，重病之后，在建议之下又恢复了双日临朝的旧制。但是，因长期受刘太后压抑而不能施展自身能力，亲理朝政后很想有所作为的志向却依然在心，时间不长因反对废黜郭皇后的范仲淹等人又被召回京城，这无疑表明了宋仁宗还想任用有作为的臣子而积极进取一番。然而事与愿违，疾恶如仇的范仲淹做事过于激烈，又因和宰相吕夷简发生了冲突被贬出了京城。《纲鉴易知录》对此事有如下记载：

> 仲淹以吕夷简执政，进用多出其门，上《百官图》，指其次第曰："如此为序迁，如此为不次，如此则公，如此则私，况进退近臣凡超格者，不宜全委之宰相。"夷简不悦。他日论建都之事，仲淹进曰："洛阳险固，而汴为四战之地，太平宜居汴，即有事必居洛阳。当渐广储蓄，缮宫室。"帝以问夷简，夷简对曰："仲淹迂阔，务名无实。"仲淹闻之，乃为四论以献，大抵讥切时弊，且曰："汉成帝信张禹不疑舅家，故有新莽之祸。臣恐今日亦有张禹坏陛下家法。"夷简诉仲淹越职言事，离间君臣，引用朋党。仲淹对益切，由是落职，知饶州。

开封府知府范仲淹非常痛恨宰相吕夷简选拔用人多出自他的门下，于是给仁宗皇帝上了一幅《百官图》，指出了宰相吕夷简在用人上的种种不公行为，并要求凡是罢免近臣和越级提拔的，不应该全由宰相来定夺。吕夷简听到后很不高兴。后来朝廷讨论建都的事情，范仲淹说洛阳城险要坚固，而汴梁是四面受敌之地，和平时期应该定都在汴梁，而战争时期必须定都在洛阳。现在就应该逐渐在洛阳增加储备，并修缮好那里的宫室。宋仁宗以此来征求吕夷简的看法，吕夷简回答说，范仲淹非常迂腐，只是一个追求虚名的无能之辈。范仲淹听到吕夷简这样说他，便给宋仁宗上了四论之文的奏章，几乎全是抨击时弊的内容，还说汉成帝信任张禹而不怀疑自己的舅舅家族，所以才有了王莽改朝换代的祸患。我很是担心今天也有像张禹那样败坏陛下家法的人。吕夷简知道后更加生气，于是状告范仲淹犯了越职言事的戒令，而且离间君臣关系，结交朋党。范仲淹的答辩更加痛切激烈，因而被撤职，贬为饶州知州。

范仲淹做事过于急切，凭一己之力直接挑战深为皇帝信任且老奸巨猾的吕夷简，结果又一次被贬出了京城。但是，朝中许多大臣不畏吕夷简的权势，纷纷为范仲淹鸣不平。

集贤校理余靖上言："仲淹以讥刺大臣，重加谴谪。倘其言未合圣虑，在陛下听与不听尔，安可以为罪乎！陛下自亲政以来，屡逐言事者，恐钳天下口。请改前命。"疏入，坐落职，监筠州酒税。

集贤校理余靖上书说，范仲淹因为讥刺了大臣，而被重加谴责和贬黜。倘若他的言论不符合陛下的心意，那也有陛下决定听与不听而已，怎么能够以此治罪呢？陛下自从亲政以来，多次驱逐谏言之人，我担心这恐怕会封住了天下人的口吧。请求能更改前面的诏令。余靖的上书送入宫中后，他也被撤了职，贬黜到筠州监管酒税去了。

馆阁校勘尹洙上疏曰："仲淹忠亮有素，臣与之义兼师友，则是仲淹之党也。臣不可苟免。"夷简怒，斥监郢州酒税。

馆阁校勘尹洙上疏说，范仲淹一贯忠诚、光明磊落，我和他在道义上既是师生又是朋友，那么也就是他的同党了，所以我也不可以免罪了。吕夷简非常恼怒，将尹洙贬为监管郢州酒税。

馆阁校勘欧阳修贻书责司谏高若讷曰："仲淹以非辜逐，君不能辨，犹以面目见士大夫，出入朝中，是不复知人间有羞耻事！"若讷怒，上其书，修坐贬夷陵令。

馆阁校勘欧阳修给司谏高若讷写信说，范仲淹无故被贬逐，你却不能为此去分辨，还腆着脸皮与士大夫见面，在朝廷进进出出，这真是不知道人间还有羞耻事！高若讷很恼怒，把此信上交给朝廷，欧阳修获罪被贬为夷陵县令。

时朝士畏宰相，无敢送仲淹者，独龙图直学士李紘、集贤校理王质出郊饮饯之。或以诮质，质曰："希文贤者，得为朋党，幸矣。"馆阁校勘蔡襄作《四贤一不肖》诗以誉仲淹、靖、洙、修而讥若讷，都人相传写，鬻书者市之得厚利。御史韩缜希夷简旨，请以仲淹朋党榜朝堂，戒百官越职言事者，从之。

当时朝廷的人士都畏惧宰相吕夷简，没有人敢去为范仲淹送行，唯独龙图阁直学士李紘、集贤校理王质到郊外为范仲淹饯行。有人因此讥讽王质，可王质却说，范仲淹是个贤良之臣，能成为他的朋党，那是我的幸运。馆阁校勘蔡襄写了《四贤一不肖》的诗来赞扬范仲淹、余靖、尹洙和欧阳修而讥讽高若讷，京城的人们争相传抄，誊写贩卖这首诗的人都获得了厚利。

御史韩缜顺从吕夷简的心意，上奏请求将范仲淹等人的朋党名单在朝堂张榜公布，用以惩戒百官越职言事，宋仁宗也同意了。

范仲淹做事急切，在宋仁宗倚重、信任吕夷简时挑战吕夷简，特别是他的上书中"汉成帝信张禹不疑舅家，故有新莽之祸"的说法，直接指责了皇帝信任奸邪、任用内戚，所以又一次被逐出了京城，而且还波及许多正直的大臣被贬出京城。

范仲淹虽然被贬到地方任职，但他在朝中有很大的影响，当时西夏连年用兵，宋军损兵折将，多次失利。翰林学士王尧佐从前线督察归来，上书给宋仁宗报告西北边防形势时说"韩琦、范仲淹皆忠义智勇，不当置之散地"，建议重用韩琦、范仲淹，任用他们防守西北。在西夏李元昊带兵攻破渭州，镇戎军副总管葛怀敏战死的情况下，宋仁宗又任命韩琦、范仲淹、庞籍为陕西安抚经略招讨使，带兵镇守西北。结果韩琦和范仲淹等人治军有方，稳定了边境局势。《纲鉴易知录》有如下记载：

> 琦与仲淹在兵间久，名重一时，人心归之，朝廷倚以为重。二人号令严明，爱抚士卒，诸羌来者推诚抚接，咸感恩畏威，不敢辄犯边境。边人为之谣曰："军中有一韩，西贼闻之心胆寒。军中有一范，西贼闻之惊破胆。"

韩琦和范仲淹在部队时间很长，名重一时，人心归附，朝廷非常倚重他们。他们二人号令严明，爱惜士卒，羌人来投奔的都以诚相待，好好地安抚，使得他们都感恩敬畏，不敢随便冒犯边境。边境人们的歌谣唱道："军中有一韩，西贼闻之心胆寒；军中有一范，西贼闻之惊破胆。"

当时还有一位名臣富弼，在契丹威胁举兵南侵的重压之下，只身出使契丹，与契丹君主耶律宗真斗智斗勇，不辱使命，稳住了北方边境的安宁。《纲鉴易知录》对此事有下面的记载：

> 弼始受命使契丹，闻一女卒；再往，闻一男生，皆不顾。得家书未

尝发，辄焚之，曰："徒乱人意。"于是帝复申枢密直学士之命，弼辞。

又除翰林学士，弼恳辞曰："增岁币，非臣本意，特以方讨元昊，未暇与角，故不敢以死争，安敢受赏乎？"

富弼开始接受使命去契丹时，听到自己的一个女儿去世了；再次出使时，又听说生了一个儿子，都没有顾上回家看一看。收到家中书信从没有拆开过，收到就立即烧掉了，他说这只会扰乱我的心思啊！仁宗皇帝任命他为枢密直学士，富弼推辞了。又任命他为翰林学士，他还是恳切地推辞说，增加岁币，这不是我的本来愿望，只不过是国家正全力讨伐李元昊，没有时间与契丹较量，所以我不能与契丹王以死相争。如今哪敢再接受赏赐啊！

富弼出使契丹，与契丹王据理力争，遏止了契丹南侵的势头，为国家建了大功。他不但自己敢于置身险地，而且不顾家庭吉凶，一心为国，有大功而不受封赏，这种精神实在是令人敬仰！

在边境情势稳定之后，宋仁宗重新振作，开始为革除弊政、推行新政做准备。他派人前往陕西宣喻范仲淹、韩琦，让他们推举可代替抚边的人选，以便随时进京任职。同时，从庆历三年（公元 1043 年）三月至九月，宋仁宗对内阁连续三次改组，到最后，范仲淹、韩琦和富弼三个能力超群而又主张革新的大臣均进入了内阁班子。特别是把持相位十多年的吕夷简和前朝老臣夏竦均退出内阁，为除弊革新清除了障碍。对此，新任谏官蔡襄对仁宗皇帝说的一番话很能说明此次内阁改组的影响和作用：

陛下罢竦而用琦、仲淹，士大夫贺于朝，庶民歌于路，至饮酒叫号以为欢。且退一邪进一贤，岂能关天下轻重哉？盖一邪退则其类退，一贤进则其类进，众邪并退，众贤并进，海内有不泰乎！虽然，臣窃忧之。天下之势，譬犹病者，陛下既得良医矣，信任不疑，非徒愈病而又寿民；医虽良，术不得尽用，则病且日深，虽有和、扁，难责效矣。

蔡襄对仁宗皇帝说，陛下罢免夏竦而起用韩琦、范仲淹，士大夫在朝廷庆贺，老百姓在路上歌唱，甚至人们为此事举杯喝酒欢呼。仅仅斥退一个奸人进用一个贤臣，对天下的轻重有何影响呢？这在于斥退一个奸臣意味着其他同类都被斥退，重用一个贤臣意味着其他同类得到进用，所有的奸邪都被斥退了，所有的贤臣都被进用了，这样国家还愁不太平吗！虽然如此，我的内心还有忧虑，因为国家的情势就像一个病人，陛下得到良医后，如果对他深信不疑，就不仅能治好他的病而且能使人长寿；但即使是良医，他的医术如果不能得到发挥，那病情就会日益加深，即使医和、扁鹊再世，也很难有医疗效果了。

蔡襄的这番话可以说对任何时期的执政者都有警示意义：一是阐明了选人、用人对国家的重大影响和作用；二是提出了用人的一个重要原则，即疑人不用，用人不疑。选对了人，就要对其充分信任，使其能发挥自己的聪明才智。但是，中国历代的专制独裁统治者，出于维护自身家天下的狭隘用心，对任何人特别是对能力超群的人，总是处处设防、疑心重重，因而自古以来接连不断地上演主疑臣危的悲剧，使我国历史以来多次给国家带来希望的改革断送于兹。不幸的是，蔡襄这番语重心长的叮嘱并没有起到他所盼望的作用，反而是预示了宋仁宗这次推行的改革将会断送在君主的疑心之中。

宋仁宗在完成了对他的内阁班子的三次改组后，于这年的9月3日率领他的内阁大臣到天章阁拜谒太祖、太宗遗像，然后郑重地向他们询问治国方略，这便是所谓的"天章阁问策"。《纲鉴易知录》有如下的记载：

> 帝方锐意太平，数问仲淹以当世事，又为之开天章阁，召辅臣条对。仲淹退而上十事，曰："明黜陟，抑侥幸，精贡举，择长官，均公田，厚农桑，修武备，推恩信，重命令，减徭役。"悉采用之。

> 帝以平治责成辅相，命弼主北事，仲淹主西事。弼上当世之务及安边十三策，大略以进贤、退不肖，止侥幸，去宿弊，欲渐易监司之不才者，使澄汰所部吏。于是小人始不悦矣。

宋仁宗当时一心励精图治开创太平盛世，所以在天章阁手诏新任内阁大臣，征询治国之道，于是范仲淹写下了著名的《答手诏条陈十事》上呈仁宗皇帝。在《答手诏条陈十事》中，范仲淹首先指出：大宋王朝平定了五代以来的战乱，统一天下已经八十余年。但是现在纲纪朝政日渐削弱，冗官泛滥，民生凋敝；在外夷狄入侵，在内盗贼横行，已经到了非改革不可的地步了。为此，他提出了包括十个方面的改革方案。

第一，"明黜陟"，即明确官员升迁贬黜的规则制度；第二，"抑侥幸"，即制止跑官要官，废除恩荫任子制度；第三，"精贡举"，即改革学校教育及贡举取士制度，为国家培养和选拔有真才实学的治国之士；第四，"择长官"，即改革各级官员的选拔任用制度；第五，"均公田"，建立均匀合理的官员职田俸薪制度；第六，"厚农桑"，注重农桑经济发展；第七，"修武备"，注重国防，做好战备建设；第八，"减徭役"，减轻百姓徭役，范仲淹特地指出"但少徭役，人自耕作，可期富庶"；第九，"覃恩信"，即朝廷政令要有信用，不说假话，不朝令夕改；第十，"重命令"，范仲淹主张增强朝廷权威，一定要做到令行禁止，令出则行。

宋仁宗当时非常倚重范仲淹和富弼，让他们独当一面处理国政，富弼也向仁宗皇帝提出了十三条策略。他的策略包括选拔重用人才，革除旧弊，斥退不肖之徒，压制跑官要官之风，精简机构，裁减冗官冗员等许多内容。

在此之前，谏官欧阳修也提出了设置按察使来考核任用官员的建议。"知谏院欧阳修言：'天下官员既多，朝廷无由遍知其贤愚善恶，乞立按察之法。于内外朝官三丞郎官中，选强干廉明者为之，使至州县遍见官吏，其公廉无状皆以朱书于名下，其中材之人以墨书之，岁具以闻。'诏从之。富弼、范仲淹复请诏中书、枢密通选逐路转运按察使，即委使自择知州，知州择知县，不任事者皆罢之。"

欧阳修建议说，天下的官员已经非常之多，朝廷没有办法了解所有官员的贤愚善恶，请求建立按察制度。在内外朝三部门中，选拔一批精明强干廉洁奉公的人担任按察使，派往各个州县考察所有的官员。把那些公正廉明、没有过失的官员的情况都用红色字记录在他的名下，把那些才德中庸的人的情况用黑色字书写，每年一律上交朝廷考核了解。宋仁宗下诏同意了欧阳修的请求。同时，富弼和范仲淹再次请求诏令中书省与枢密院考察选用各路的转运按察使，允许他们自己选择所属的知州，知州自己挑选知县，做不好的就撤职罢免。

宋仁宗同意了范仲淹、富弼、欧阳修等人的建议，下诏在全国推行新政，实行改革。由于这次改革是在庆历年间施行，所以史称"庆历新政"。

庆历新政在全国风风火火地推行起来了，但是朝政弊病已累积多年，特别是裁减冗官冗员，抑制跑官要官和取消恩荫官员子侄的制度，直接冲击了几十年形成的既得利益阶层和权贵阶层的切身利益，引起了朝野内外一浪高过一浪的反对声浪。

冗官冗员算起来可说是我们中国的最大特色，千百年来，历朝历代的问题积累太严重了，国家财政无法支撑了，才想起解决但都无法解决。

但是一千年前的范仲淹却要下决心解决这样的问题，而且工作作风极其激烈和坚决。据《纲鉴易知录》载："仲淹之选监司也，取班簿视不才者一笔勾之。弼曰：'一笔勾之甚易，焉知一家哭矣。'仲淹曰：'一家哭，何如一路哭邪！'遂悉罢之。"

范仲淹考核选拔各监司官员时，拿出登记官员考核情况的表册看到那些无才干的人便一笔勾掉。富弼在一旁说，一笔勾掉非常容易，可谁知道他们一家人会哭成什么样子。范仲淹回答说，一家人痛哭，怎能比得上一路人痛苦！于是将他们全部罢免了。

范仲淹大刀阔斧的改革勇气确实可嘉，但是他没有看到权贵们这些既得利益阶层力量的强大。时间不长，反对新政的奏书便纷纷涌向朝廷，人们先是指责范仲淹这伙人是朋党，说他们拉帮结派威胁朝廷。

中国自古以来对"朋党"二字是极其忌讳的，特别是统治者对手下大臣们拉帮结派、结成团伙是严加防范、严厉禁止的，所以有"君子不党"之说。权贵保守派攻击范仲淹改革派是"朋党"自然会引起仁宗皇帝的疑心和防范，这对范仲淹等人是极其不利的。对此，敢为人先的欧阳修写了一篇《朋党论》，公开挑战传统观念，为厉行新政的范仲淹等人辩护。《纲鉴易知录》对此有如下记载：

> 初，范仲淹之贬饶州，修及尹洙、余靖皆以直仲淹见退，群邪目之曰"党人"，于是朋党之论起。修乃进《朋党论》，以为："君子以同道为朋，小人以同利为朋，皆自然之理也。然小人无朋，惟君子则有之。盖小人所好者利禄，所贪者财货，当其同利之时，暂相党引以为朋者，

伪也；及其见利而争先，或利尽而反相贼害，虽兄弟亲戚不能相保。君子则不然，所守者道义，所行者忠信，所惜者名节，以之修身则同道而相益，以之事国则同心而共济，终始如一。故为君者但当退小人之伪朋，用君子之真朋，则天下治矣。"修论事切直，人视之如仇，帝独奖其敢言，顾侍臣曰："如欧阳修者，何处得来？"

在范仲淹被贬到饶州，欧阳修、尹洙及余靖等人因为支持范仲淹也被连带贬职，那些权贵奸邪之徒便称他们是"党人"，于是一直给他们扣上"朋党"的罪名，来攻击他们。对此，欧阳修大胆地写了一篇《朋党论》进行反击。他说君子人以志同道合为朋，小人则以共同逐利为朋，这都是自然之理。但小人却没有真正的朋友，只有君子才有真正的朋友。这是因为小人真正喜好的是利禄，所贪图的是财物，当他们所追求的利益一致的时候，便暂时勾结起来结为朋党，但这种朋党是假的；等到他们看到利益而相互争抢时，或者是看到无利可图时，就互相残害起来了，即使他们的兄弟、亲戚也不放过。而君子就不是这样，君子人所坚守的是道义，所奉行的是忠信，所爱惜的是名誉节操，用这些来修养自身的品德，则因彼此道义相同而能够互相助益，用这些来治理国家，则能够和衷共济、始终如一。所以作为君王，只要斥退小人的假朋党，而任用君子的真朋党，那么国家就会实现大治。

欧阳修的这篇文章敢于挑战自古以来对"朋党"之说的定论，义正词严、磊落光明，所以宋仁宗看后也不禁夸赞说，像欧阳修这样的人，从哪里再能够得到！但是，自古以来皇帝最忌惮臣子们拉帮结派，朝臣们形成集团自然便会威胁皇权，所以虽然他对欧阳修这篇文章中所表现出来的才华不得不赞叹，但朋党之说在他心中投下的阴影使他不得不有所怀疑，有所防备。

但是，像范仲淹这样有使命感、有责任感、有担当的人一心想的是推行新政，只会谋事，不去谋人，正直良善之人往往也只是看到大好形势而喜气洋洋。如国子监直讲石介看到皇帝组成了新的改革内阁，罢免了主持朝政多年的吕夷简、夏竦等人，便心花怒放，写了《庆历圣德诗》来歌颂大好形势。《纲鉴易知录》载道：

国子监直讲石介，笃学尚志，乐善嫉恶，喜声名，遇事奋然敢为。

会吕夷简罢相，章得象、晏殊、贾昌期、韩琦、范仲淹、富弼同时执政，而欧阳修、蔡襄、王泰、余靖并为谏官，夏竦既拜，复夺之，以衍代，因大喜曰："此盛事也！歌颂，吾职，其可已乎？"作《庆历圣德诗》有曰："众贤之进，如茅斯拔。大奸之去，如距斯脱。"其言大奸，盖斥竦也。诗且出，孙复闻之曰："介祸始于此矣！"范仲淹亦谓韩琦曰："为此鬼怪辈坏事也。"

国子监直讲石介，笃学有大志，好善嫉恶，喜欢扬名，遇事敢作敢为。看到吕夷简被罢了相，而章得象、晏殊、贾昌期、韩琦、范仲淹、富弼等贤相同时执政，还有欧阳修、蔡襄、王泰、余靖做了谏官，特别是夏竦虽然被拜了相，旋即又被罢免，用杜衍代替了他，于是便心花怒放地说，这真是盛世啊！写诗歌颂，这是我的本职，怎么能不写诗呢？于是他便写了一首《庆历圣德诗》，诗中有大贤的任用，如同拔起了草带出了无数条根一样，一个一个地被委以重任；大奸的斥退，如同被解开了钩带一样，再也起不了作用。他说的大奸指的是夏竦。他的诗歌传出以后，有一个叫孙复的人就说，石介的灾难就要开始了。范仲淹看了这首诗后也对韩琦说，事情就被这种鬼怪家伙搞坏了。

石介看到形势大好高兴了一下不要紧，但他这一高兴却更加惹恼了一个人，这个人就是夏竦。夏竦在改革派的激烈打击下被罢了相，心中早已恼恨不已，现在又被石介一顿讥讽，更是气恨难平，于是便定下毒计，一举除掉石介以及被他视为仇敌的范仲淹一伙。

夏竦是宋真宗和宋仁宗两朝老臣，又做过宋仁宗的老师，政治手段极为老到，他知道怎样才能使皇帝忌怕范仲淹一伙，使他们在朝中无法容身。《纲鉴易知录》记载了夏竦暗中整治富弼、范仲淹等人的手法：

初，仲淹以忤吕夷简放逐者数年，及陕西用兵，帝以其士望所属，拔用护边。及夷简罢，召还，倚以为治。中外想望其功业，仲淹亦以天下为己任，与富弼日夜谋虑，兴致太平；然更张无渐，规模阔大，论者藉藉，由是谤毁稍行。先是石介奏记于弼，责以行伊、周之事。夏竦怨介，又欲因以倾弼等，乃使女奴阴习介书，久之习成，遂改"伊、周"

曰"伊、霍"，且伪作介为弼撰废立诏书，飞语上闻。帝虽不信，而弼
与仲淹恐惧不自安，适闻契丹伐夏，遂请行边。

当初，范仲淹因为触犯了吕夷简而被放逐了好几年，到了陕西边境地区
发生了和西夏的战争，仁宗皇帝考虑到范仲淹在将士中的威望，就又提拔他
去守卫边防。吕夷简被罢相之后，仁宗皇帝又召回了范仲淹，依靠他作为治
国的重臣。此时朝廷内外都对他寄予建功立业的期望，范仲淹也以天下为己
任，与富弼一起日夜谋划国事，希望创建太平盛世。但是，变法过于急切，
没有逐步推进，加上涉及的领域过于广泛，导致朝野内外议论纷纷，攻击诽
谤者渐渐多了起来。在此之前，石介向富弼上书希望他能做伊尹、周公那样
的事。夏竦非常怨恨石介，又想借此来打击、排挤富弼等人，就指使自己的
女仆偷偷地临摹石介的书法，学成之后就把石介文章中的"伊、周"改成了
"伊、霍"（"霍"指的是霍光，是汉昭帝的顾命大臣，汉昭帝死后他曾立帝
又废帝）。夏竦还让他的女仆伪造了石介替富弼撰写的废立皇帝的诏书草稿，
并到处散布流言蜚语让仁宗皇帝知道。宋仁宗虽然不相信，但是范仲淹和富
弼却因恐惧而感到不安，适逢契丹和西夏打起仗来，于是他们就请求外调到
边防任职。

夏竦的手法果然厉害，一字之改便让富弼、范仲淹等人有了图谋废立皇
帝的嫌疑，更何况还伪造了石介笔迹草拟了废立皇帝的诏书。为求自安，范
仲淹、富弼和石介等人只得自求贬退，宋仁宗也就顺水推舟将他们贬出了京
城。史料记载说宋仁宗不相信夏竦等人散布的谣言，这只能是为皇帝讳言的
假话，如果仁宗皇帝真不相信这些谣言，就不会将他所倚重的改革大臣赶出
京城了。改革创新的主将被罢了相位，赶出了朝廷，"庆历新政"也就半途
而废、偃旗息鼓了。

3. 耳软心慈的君王

宋仁宗亲政以来一心想有所作为，多次振作精神，谋求革新，但其性格
的优柔寡断，一遇挫折和阻力便萎靡不振、退缩不前，致使其在位执政时间
虽然很长，但按所谓政绩来说并无多大建树。然而，又正是因为他心地仁善
而获得了良好口碑，以至后世史家称其为"仁君"。那么他的心地仁善究竟

表现在哪里呢？我认为可从下面两方面来看。

首先在于他对官员仁慈，不杀士大夫，对他认为犯了错误甚至是极其严重罪过的朝臣也只是罢黜了事。对"庆历新政"中受到诬陷攻击而具有"谋废皇帝"极大罪名的范仲淹等人的处理便是明显的例子。对此，《纲鉴易知录》有以下记载：

> 会谏官钱明逸论"仲淹、弼更张纲纪，纷扰国经，凡所推荐，多挟朋党。"陈执中复谮衍庇二人。帝不悦，遂并黜之。衍罢知兖州，仲淹知邠州，弼知郓州。衍清介有大节，其去也君子惜之。

> 范仲淹、富弼罢去，琦不能独居，上疏辨析，且言"近日臣僚多务攻击忠良，取快私忿"，不报。琦乃请外，遂出知扬州。河东转运使欧阳修上疏曰："杜衍、范仲淹、韩琦、富弼，天下皆知其有可用之贤，而不闻其有可罢之罪。夫正士在朝，群邪所忌；谋臣不用，敌国之福也。窃为陛下惜之。"群邪益忌修，因傅致修罪，左迁知滁州。

谏官钱明逸弹劾范仲淹、富弼更改纲纪，扰乱国法，说他们所举荐的人都是他们的朋党。陈执中又控告杜衍包庇他们二人。宋仁宗不高兴了，便将三人一概罢免了。杜衍罢去了相位任兖州知州，范仲淹为邠州知州，富弼为郓州知州。杜衍为人清廉、正直、有大节，他被贬黜，正直之士都感到很可惜。

范仲淹、富弼被罢黜之后，韩琦感到自己一个人无法留在朝中，就上书分析时局说，现在许多臣僚都以攻击忠良为要务，以泄私愤为满足。奏疏送上后却没有任何回音。韩琦请求外任，于是便被调任扬州知州。河东转运使欧阳修上书说，杜衍、范仲淹、富弼、韩琦，天下人都知道他们是可以重用的贤臣，而没有听说他们犯有可以被罢免的罪过。正直的贤士在朝，当然会被奸邪的群小所嫉恨；这么好的辅弼大臣不用，是敌国的福气啊！我私下里真替陛下感到可惜。于是权贵群小更加仇恨欧阳修，又捏造欧阳修的罪过，导致欧阳修被降职为滁州知州。

要知道，范仲淹等人被夏竦扣上的是"谋废皇帝"的谋反之罪，杜衍和韩琦同情与包庇他们也是同罪，欧阳修更是被泼上了丑恶的乱论之罪的赃水，这些罪过要是处在中国历史上任何一个朝代，即使今天，也是十恶不赦的弥天大罪。但是，宋仁宗只是把他们降职处理，仍然让他们担任地方大员，这是一种怎样的仁慈和宽容！这又是一种怎样的大度和自信！我想自古以来可能没有第二个人。比起历史以来对谋反之罪宁可错杀一千，也不放过一个的历代君王，比起几十年来我们总是担心身边睡着赫鲁晓夫式的人物，时时横扫一切牛鬼蛇神，处处清理阶级队伍的冷酷和惊恐，中国能有宋仁宗这样一位宽容大度的皇帝，真正是难能可贵！所以，范仲淹由衷地说道："祖宗以来，未尝轻杀一臣下，此盛德之事。"

宋仁宗不仅对有过错的臣子处理轻微，而且不计前嫌重新提拔重用。范仲淹以后又入朝被封为资政殿学士、汝南公。他死后据《纲鉴易知录》载："赠兵部尚书，谥'文正'。仲淹为政忠厚，所至有恩，邠、庆二州之民与属羌皆画像立生祠，其卒也哀号如父。"富弼因为救灾有功，宋仁宗多次提拔他都一再推辞，最终被提拔为宰相，富弼进京为相时，宋仁宗还下令臣民出城迎接。韩琦最终也被授予宰相之位，富弼、韩琦均成为仁宗时期著名的贤相。

宋仁宗这种宽厚仁慈的性格和大度自信的作风使朝廷形成了宽松的政治氛围，使朝臣们不仅能直言面谏，而且敢于对皇帝进行激烈的批评。

在宋仁宗废黜郭皇后之后，不仅孔道辅、范仲淹率领众臣上殿叩门请愿，许多的大臣也纷纷上书批评皇帝。当时年轻的富弼就上书说："自太祖、太宗、真宗三后，抚国凡七十年，未尝有此。陛下为人子孙，不能守祖宗之训，而有废皇后之事，治家尚不以道，奈天下何！陛下纵私忿，不顾公议，取笑四方，臣甚为陛下不取也。"

富弼竟然批评仁宗皇帝说，自从太祖、太宗和真宗三代皇后，建朝七十多年来都没有出过这种事（废除皇后），陛下你治家都不以道，怎么能够治理国家？你不顾公众的议论，发泄自己的私愤，让天下人都看你的笑话，我深为陛下感到可惜啊！时任南京留守推官的石介更是给朝廷元老枢密使王曾写信说："正月以来，闻既废郭皇后，宠幸尚美人，宫廷传言，道路流布。或说圣人好近女色，渐有失德。自七月八月来，所闻又甚，或言倡优日戏于上前，妇人朋淫宫内，饮酒无时节，钟鼓连日夜。近又有说圣体因是尝有不豫。"

石介在这里更是把仁宗皇帝说成了一个喜好酒色的淫荡之徒，更是胡乱猜疑说皇帝的病便是其酒色过度所致。更为直言不讳的是左司谏滕宗谅竟然给皇帝上书说："日居深宫，流连荒宴，临朝则多羸形倦色，决事如不挂圣怀。"

这个滕宗谅即是以后修了岳阳楼的滕子京，他直接批评仁宗皇帝是个只知深宫淫乐而不理朝政的昏君。对滕宗谅这样几乎完全是痛骂诽谤的劝谏，仁宗皇帝也只是将其贬出京城为官去了。

仁宗皇帝这样仁慈心软，也就应了"马善被人骑，人软被人欺"的老话，甚至在朝堂之上臣子们也忘了他还是一个皇帝。有一次，京城开宝寺的灵宝塔被雷击烧毁，谏官们纷纷在朝会上批评朝廷失政，忤逆了天意。当时正是农历六月十五日，暑热难耐的朝堂上，谏官余靖步步紧逼告诫仁宗皇帝要勤俭修德，喋喋不休地说了半天。仁宗皇帝强忍着余靖满嘴乱喷的唾沫星子，回宫后才大发牢骚说，被一汗臭汉熏杀！唾沫都喷到我脸上了。同样，包拯为了制止宋仁宗提拔宠爱的张美人的大伯张尧佐，言辞激烈地和皇帝争辩，弄得宋仁宗一直不断地擦拭喷在脸上的唾沫，可包拯仍然不予理会，直到皇帝答应他的要求为止。

臣下敢于这样当面批评、指责皇帝，这使得仁宗皇帝心中都有些害怕谏官了。一个曾到宫中参加过道场法事活动的和尚回忆说，有一天，仁宗皇帝也来观看法事活动，看得非常投入，时间待得很长。临走时显得很是高兴的皇帝下旨说："赐每个僧人紫罗一匹。"众僧非常高兴，纷纷致谢，但仁宗皇帝却走近大家说："来日出东华门，将紫罗放在怀中，别让人瞧见，否则台谏官又要有文字论列了。"堂堂一个大宋皇帝，给人赏赐一点东西，都担心遭到谏官的批评，叮嘱和尚们将紫罗藏在怀中。猛地一看实在是让人感到可笑，但仔细一想，却让人感受到几千年来中国封建专制统治者绝无仅有的作风，不由得让人想到"把权力关进笼子"的话题。

宋仁宗心地仁慈还表现在他体谅普通人，关心民生疾苦。《东轩笔录》记有下面一件事情：有一年春天，仁宗皇帝和宫中嫔妃在后苑散步，一路上皇帝都在时不时地回头观望，好像在找什么，可他却一直不开口，这样大家也就不好多问。回宫后，仁宗皇帝却急急地呼唤宫女取水，说道："走了这一路，真是渴死了！"嫔妃们奇怪地问："官家何不在外传唤喝水，弄得渴成这样？"没想到仁宗皇帝却说："我好几次回头，都没有看见随侍奉水的人，若是要水，管事的岂不要怪罪奉水的下人？所以只好忍渴而归。"一个皇帝能够为端水的小太监着想，担心他人受到责罚而自己忍耐饥渴，这样体谅下人的仁义情怀真是可贵。

我们前面说过少年时的宋仁宗就关心民众，不拆民居，救济逃难的契丹灾民。到了他亲理朝政后，这样的事例就更多了。

皇祐六年（公元 1054 年），汴京城出现了大瘟疫，太医说可以用犀牛角和药治病，宋仁宗立即下令将宫中的犀牛角全部用来和药救治病人。其中的一个犀牛角太医已经将它制成了名贵的"通天犀"，所以内侍特地请求将它留下来以备皇帝服用。宋仁宗一听便生气地说："吾岂贵异物而贱百姓哉！"说完立即让内侍当场砸碎了这个通天犀。

我怎么能把异物看得很贵重却轻视我的老百姓呢？这反映出宋仁宗关爱民众，看重民生的理念。还是在庆历年间，那一年的五月久旱无雨，宋仁宗多次到相国寺和会灵观祈雨。他对宰相章得象说："自春夏不雨，岁时失望，盖朕不德所致，但日于禁中蔬食精祷，引咎而已。"意思是说，自春天到夏天一直没有下雨，庄家收成无望，这都是因我德行不够造成的，我只有在宫中天天吃素食祈祷上天给自己降错而已啊！他又叮咛说："朝廷细故，朕与卿等未尝不留意。惟民间疾苦尤须省察，有以利天下者，在必行之。卿等其务公心咨访，以答天意。"宋仁宗说，朝廷的大小事务我们都很是留意，但对于民间疾苦更需要我们特别注意，对天下民生有利的事我们一定要尽力而行。诸位切记一定要出于公心，尽力查访了解民间疾苦，以符合上天的意愿。

终于有一天，宫外传来雷声，宋仁宗急急跑到庭院，跪拜于地。不一会儿，大雨如注而下，宋仁宗和陪他一起站在庭院中的嫔妃都被淋湿，仍不肯离去，直到雨停才移步回房。

像这样希望老天下雨、百姓有个好收成的关心民生的做法，宋仁宗并不是作秀而已，他在宫内宝岐殿的后苑种上了麦子，每年麦熟季节都要亲自观看割麦子。他说："朕作此殿，不欲植花卉而岁以种麦，庶知稼穑之不易也。"他说我修这个殿，不种花卉而每年都种麦子，这样才能知道种庄稼的不容易。

心地仁慈的人总是具有体谅、同情他人的悲悯情怀。在宋仁宗亲政之前，寒窗苦读的儒生在赴京参加贡举通过礼部考试后，仍有在殿试中落第的。许多在殿试中落第的贫寒之士，因无资费不能回家，只得流落汴京街头，甚至有人自杀而亡。仁慈的仁宗皇帝听到这种情况后，心情非常沉重，于是他决定"自此殿试不黜落，虽杂犯亦收之末名，为定制"。从此以后，仁宗时期赴京赶考的士子们再也不用担心没能通过殿试而流落街头了。

具有悲悯情怀而能体谅同情他人的人，总是会苛求自己。宋仁宗在遇到灾荒时，常常拿出宫中钱物赈济灾民，而自己在生活用度上处处节俭自律。有一次宫廷内宴，上了一盘新蟹，有二十八枚。宋仁宗问每枚值几钱，内侍回答值一千钱。宋仁宗一听就发火了，他说我多次警告你们不要太侈靡，你们还上这样的东西，一动筷子就是二十八千钱，我怎么吃得下去？

对他人宽怀体谅，对自己苛求自律，宋仁宗去世后被谥为"仁"，在历史上留下"仁君"的美名，绝不是虚得其名。但是我们常说好人磨难多，好人难有好报。心地仁慈的仁宗皇帝在位期间，国家战乱灾害频发，忧心的事情一件接着一件；自身常犯莫名的疾病，终老受着无法为人诉说的心痛折磨，对此我们在后面章节再讲。

三、外患内忧频仍的艰难国运

1. 西夏契丹的袭扰勒索

西夏是西北地区的党项人政权。党项人是古代羌族的一支，居住在西北高原，以游牧为生。唐代末年，党项人首领拓拔思恭率兵助唐剿灭黄巢，被封为定难军节度使，赐姓李。五代后周时，加封为西平王。

北宋建立后，党项人继续臣服中原王朝，但从宋太宗时开始，边境便时常发生冲突。到宋真宗与南侵的契丹达成"澶渊之盟"后，为推广这种金钱换和平的方式，北宋朝廷也和西夏首领李德明达成合约：宋廷封李德明为西平王，袭定难军节度使，每年赐金、帛、缗钱各四万，茶二万斤。此后二三十年边境局势趋于和缓。

但是在李德明去世、他的儿子元昊继位后，西夏和北宋的关系便骤然紧张起来。对于元昊，《纲鉴易知录》有下面的记载："元昊小字嵬理，性雄毅，多大略，善绘画，能创制物始。圆面高准，晓浮图学，通蕃、汉文字。德明虽臣事中国及契丹，然于本国则称帝，至是以元昊袭破回纥，夺甘州，遂立为皇太子。"

元昊的小名叫嵬理，他的性格豪雄刚毅，做事很有谋略。善于绘画，能创制许多的新鲜器物。他圆脸高鼻，通晓佛学，精通蕃文和汉文。德明虽然臣服宋朝和契丹，但在本国则称帝，因为元昊带兵击败了回纥，夺取了甘州，就立他做了皇太子。

做了皇太子的元昊一直对他的父亲屈从于北宋十分不满，他的父亲临终嘱咐他说："吾族三十年衣锦绮，此宋恩也，不可负。"但他一即位便抛弃了宋朝赐予的赵姓，称嵬名氏，名曩霄；接着又放弃了宋朝赐予他的封号，自称"兀卒"，意为"青天子"，称北宋皇帝为"黄天子"。公元 1039 年正月，元昊还派使臣到开封给宋仁宗送上了自己称帝的表章。

据《宋史·夏国传》记载，元昊的这篇名为表章实为国书的口气非常傲慢。他告诉宋仁宗：自己的祖先是创建了后魏基业的拓拔思恭，"祖宗本出帝胄"，只是到了自己父亲德明时期才"勉从朝命"。现在我大夏国"衣冠既就，文字既行，礼乐既张，器用既备，吐蕃、塔塔、张掖、交河，莫不从伏。称王则不喜，朝帝则是从，辐辏屡期，山呼齐举，伏愿一垓之土地，建万乘之邦家"。现在我们已建国号为大夏，定年号为天授礼法延祚。为使两国"常敦欢好，鱼来雁往"，特遣使通报。

元昊这道公开宣告脱离中原王朝、自立为帝的表章，让仁宗皇帝非常愤怒，也让朝中大臣们个个义愤填膺，有人甚至主张立即杀了西夏使臣，然后发兵讨伐。当时朝廷上下谁都没有把这个自封为大夏天子的元昊放在眼里，认为这只是他自不量力的狂妄举动。但是时间不长，元昊便以多次大败宋军显示了他的实力。

宝元三年（公元1040年）正月，元昊集结大军一举攻下了西北重镇金明寨（今陕西延安西北），鄜延环庆副都部署刘平和鄜延副都部署石元孙奉命带兵救援延州，结果宋军一万多步骑兵在三川口被西夏军打得大败，刘平、石元孙被俘。

就在北宋君臣还在讨论是战是和、举棋不定之时，庆历元年（公元1041年）二月，元昊又在六盘山好水川歼灭了宋军万余人。《纲鉴易知录》对此战有详细的记载：

> 韩琦行边至高平，元昊果遣众寇渭州，薄怀远城，琦乃趋镇戎军，尽出其兵，又募勇士万八千人，命环庆副总管任福将之。以耿傅参军事，泾原都监桑怿为先锋，朱观、武英、王珪各以所部从福。将行，琦令福并兵自怀远趋德胜砦，至羊牧隆城，出敌之后，诸砦相距才四十里，道近，粮饷便；度势未可战，即据险置伏，要其归路。戒之再三，且曰："苟违节制，有功亦斩！"

> 福引轻骑数千趋怀远捺龙川，遇镇戎西路巡检常鼎、刘肃与敌战于张家堡南，斩首数百，敌弃马羊橐驼佯北，桑怿引骑趋之，福踵其后。谍传敌兵少，福等颇易之。薄暮，与怿合军屯好水川，观、英屯笼给川，相距五里，约翌日会兵川口，必使夏人匹骑不还，然不知已陷其伏中矣。路既远，刍饷不继，士马乏食者三日。

> 时元昊自将精兵十万营于川口。候者言"夏人有砦不多"。诘旦，福与怿循好水川西行，出六盘山下，距羊牧隆城五里与夏军遇。诸将方知坠敌计，势不可留，遂前格战。怿于道旁得数银泥合，封袭谨密，中有动跃声，疑莫敢发。福至，发之，乃悉哨家鸽百余，自中起盘飞军上，于是夏兵四合。怿驰犯其锋，福阵未成列，贼纵铁骑突之。自辰至午，阵动，众欲据胜地，忽夏人阵中树鲍老旗，怿等莫测。既而旗左

麾，左伏起；右麾，右伏起。自山背下击，士卒多坠崖堑相覆压，怿、肃战死。敌分兵数千断官军后，福力战，身被十余矢。有小校刘进劝福自免，福曰："吾为大将，兵败，以死报国尔。"挥四刃铁简，挺身决斗，枪中左颊，绝其喉而死。子怀亮亦死之。英、珪、傅皆死，士卒死者万三百人。惟观以兵千余保民垣，会暮，敌引去，得还。关右大震。

　　奏至，帝震悼，为之旰食。夏竦使人收散兵，得琦檄于福衣带间，言罪不在琦。琦亦上章自劾，徙知秦州。

　　好水川之战是元昊精心筹划的一场诱敌深入的歼灭战，他带兵攻占渭州，进逼怀远城迫使韩琦调兵救援。虽然战前韩琦一再警告统兵大将任福等人不要主动进攻，要占据有利地形设置埋伏，截击敌兵的归路，并告诫任福如果违反了他的军令，即使有战功也要按律斩首。然而，当时的宋军虽然已有了三川口之战的教训，但从上到下都认为自己是大国之军，充满了轻敌情绪，所以在元昊精心安排的西夏兵与宋军一战便丢弃马、羊、骆驼佯装失败而逃的情况下，任福等人便率部轻进陷入了敌军的包围圈。

　　诡计多端的元昊还不断制造假象，以不多的营寨和败兵诱使宋军进入好水川包围圈的同时，还设置鸽群显示宋军的方位，以中军大旗指挥各路伏兵围歼宋军。虽然任福等人拼死力战，但终究寡不敌众，诸将相继战死，上万士卒败亡，任福和他的儿子任怀亮均为国捐躯。

　　好水川大败震动了朝野，宋仁宗伤心得连饭也吃不下去。这场战役进一步证实了宋朝军事实力的虚弱，同时也加重了宋仁宗的忧虑，使他不仅没有从失败中总结教训、反省自己的优柔寡断对前线作战造成的不利影响，反而在战与和之间犹豫不决起来。

　　就在宋朝君臣是战是和争论不休、犹豫不决之时，元昊又在放出求和烟幕之时，突然率兵入侵。《纲鉴易知录》载道："元昊寇镇戎军，副总管葛怀敏会兵御之，败死。元昊遂大掠渭州。"这一战，宋军自葛怀敏以下十四名将军战死，死伤九千四百名将士。消息传入京城，宰相吕夷简惊呼："一战不如一战，可骇也！"前线接连失利，主战派的锐气自然减弱，主和派的呼声占据了上风，这更使得仁宗皇帝坚定了求和的愿望。

同时，元昊虽然与宋军作战接连取胜，但因其国力有限，连年用兵实力大减，致使吐蕃趁机袭扰其西南后方，内部野利族叛乱，再加上天旱鼠患，特别是宋和西夏互市不通，经济萎靡，使得元昊也产生了求和的愿望。防守延州的经略安抚招讨使庞籍上奏说："诸路皆传元昊为西蕃所败，野利族叛，黄鼠食稼，天旱，赐遗互市久不通，饮无茶，衣帛贵，国内疲困，思纳款。"急于求和的仁宗皇帝闻奏自然是求之不得，立即给庞籍下密诏令其招抚元昊。庞籍奉诏将扣押在军中的西夏教练使李文贵放还，并对他说："汝归语汝主，若诚能悔过从善，称臣归款，以息彼此之民，朝廷所以待汝主者，礼数必优于前。"李文贵说："此固西人日夜之愿也！"李文贵带来的宋仁宗求和愿望与元昊此时的想法很是一致，于是奉元昊之命到宋廷求和的使者来到了开封。

但是，宋朝和西夏这次的和谈断断续续、来来往往谈了整整一年多也没有个结果，其中的症结便是中国皇帝、中国历来的统治者最为看重的"名分""面子"问题。中国的君王臣子们历来对割地赔款是不放在心上的，因为他们认为中国地大物博、物产丰富，所受损失只要转嫁在逆来顺受的百姓身上，于己便可毫无害处，但自己独处一尊的地位、名分却是万万不能降低、动摇的，这也是我们的民族劣根性——死爱面子的根由之所在。元昊在其给仁宗皇帝的国书中宁愿自称"男"，即自称为儿，称仁宗皇帝为父，也不愿放弃自己已是青天子，即"兀卒"的称号。在宋朝君臣一再坚持下，元昊虽然放弃了青天子之意的"兀卒"称号，但又玩弄诡计改称"吾祖"，这更让看重名分的宋朝君臣气愤难平。谏官蔡襄对宋仁宗说："元昊始以'兀卒'之号为请，及邵良佐还，乃欲更号'吾祖'，足见羌贼慢之意也。'吾祖'犹言我翁也。今纵使元昊称臣，而上书于朝廷自称曰'吾祖'，朝廷赐之诏书亦曰'吾祖'，是何等语耶？"就这样，宋朝皇帝情愿送钱送物但要以天子自居，要元昊称臣，而元昊不但不放弃自己青天子称号，而且更是玩弄文字花招欲占宋仁宗的便宜，议和之事拖了将近一年也没有个结果。如果没有后来西夏、契丹与辽国的交恶，这样的名分扯皮还会一直进行下去。

在宋、辽和西夏并立时期，任何两国之间的关系都要影响到与另一个国家的关系，在西夏和宋发生战争时期，辽国就趁机将北宋敲诈了一番，我们在后面将要讲到。就在宋和西夏为名分扯皮之时，辽国和西夏又发生了纷争。公元1044年4月，辽山西五部节度使屈烈率部叛逃西夏，这之前就有元昊冷落自己身为契丹公主的妻子，致使其暴亡的事，契丹国主辽兴宗非常生气，于是决定发兵进攻西夏，并遣使通报宋朝。狡猾的元昊害怕宋辽联手，急忙派遣使臣送上称臣的誓表，不仅向仁宗皇帝称臣，而且发誓"盖余世世遵守，永以为好"。这样，宋朝和西夏终于达成了合约，主要内容是：宋朝册封元昊为西夏主；每年赐给西夏绢十三万匹，银五万两，茶两万斤，岁时赐银两万两，银器两千两，绢两万匹，细衣着一千匹，杂帛两千匹，茶一万斤；双方重新设置榷场，恢复互市贸易。这个合约让元昊获得了实利，也让仁宗皇帝得到了招纳元昊为臣的虚荣。

就在宋和西夏边打边谈、弄得仁宗皇帝精疲力竭之时，北部又传来了令他心烦的消息：北面的契丹辽国又趁火打劫，不仅屯兵疆界，还派出使节要求归还当年被周世宗夺取占领的瓦桥关以南的十个县。

公元936年，后唐河东节度使石敬瑭为了自己当皇帝，请契丹出兵援助其叛乱，并甘受契丹册封自己为儿皇帝，将幽云十六州献给了契丹，所以自此以后夺回幽云十六州一直成为中原王朝的心愿。后周世宗兴兵北伐，夺回了瓦桥关以南十县，所以索要瓦桥关以南十县，又成了契丹骚扰宋朝边境的借口。公元1004年，契丹辽圣宗领军南侵，宋真宗在宰相寇准极力坚持下率兵亲征，最后在澶州（今河南濮阳）订立城下之盟，两国互称兄弟，仍以白沟为界。宋朝每年向契丹输送钱、绢各三十万。自盟约订立后，宋辽休兵四十余年。

现在，宋军在和西夏的战争中连吃败仗，契丹辽国又以武力勒索，真正让宋仁宗是寝食难安、焦头烂额。朝中的大臣们也是个个提心吊胆，生怕自己被选派出使那个凶恶的契丹辽国，不仅担心难以交差，更担心自己丢了性命，在这样的情势下，宰相吕夷简举荐了年轻的富弼出使辽国。吕夷简举荐富弼是因为他和富弼政见不合，没想到在国难当头之时，年轻的富弼毅然挺身而出，以他的大智大勇完成了使命，显示了他北宋名臣的风格和才能。

《纲鉴易知录》有下面详细的记载：

> 契丹主有南侵意，会元昊反，欲趁衅取瓦桥关以南十县地，乃遣南院宣徽使萧特末、翰林学士刘六符来致书取故地。帝惟许增岁币，或以宗室女嫁其子，且令吕夷简择报聘者。夷简不悦弼，因荐之。弼得命，即入对，叩头曰："主忧臣辱，臣不敢爱其死。"帝为动色。进弼枢密直学士，弼辞曰："国家有急，义不惮劳，奈何逆以官爵赂之！"遂往。

> 弼至契丹，见契丹主宗真言曰："两朝人主，父子继好垂四十年，一旦求割地，何也？"契丹主曰："南朝违约，塞雁门，增塘水，治城隍，籍民兵，将以何为？群臣请举兵而南，吾谓不若遣使求地；求而不获，举兵未晚。"弼曰："北朝忘章圣皇帝之大德乎？澶渊之役，苟从诸将言，北兵无得脱者。且北朝与中国通好，则人主专其利，而臣下无所获；若用兵，则利归臣下，而人主任其祸。故劝用兵者，皆为身谋尔。"契丹主惊曰："何谓也？"弼曰："晋高祖欺天叛君，末帝昏乱，土宇狭小，上下离叛，故契丹全师独克。然虏获金币充牣诸臣之家，而壮士健马，物故大半。今中国提封万里，精兵百万，法令修明，上下一心，北朝欲用兵，能保其必胜乎？就使其胜，所亡士马，群臣当之欤，抑人主当之欤？若通好不绝，岁币尽归人主，群臣何利焉。"契丹主大悟，首肯者久之。弼又曰："塞雁门者，备元昊也。塘水始于何承矩，事在通好前。城隍皆修旧；民兵亦补阙，非违约也。"契丹主曰："微卿言，吾不知其详。虽然，吾祖宗故地当见还也。"弼曰："晋以卢龙略契丹，周世宗复取关南地，皆异代事；若各求地，岂北朝之利哉。"

> 既退，刘六符曰："吾主耻受金币，坚欲十县何如？"弼曰："本朝皇帝尝言：'为祖宗守国，岂敢妄以土地与人！北朝所欲，不过租赋尔，朕不忍多杀两朝赤子，故屈己增币以代之；若必欲得地，是志在败盟，假此为辞尔。"澶渊之盟"，天地、鬼神实临之。北朝首发兵端，过不在我，天地、鬼神其可欺乎！'"六符谓其介："南朝皇帝存心如此，大善，当共奏使两主意通。"

> 明日，契丹主召弼同猎，引弼马自近，谓曰："得地则欢好可久。"

弼反复陈其不可状，且言："北朝既以得地为荣，南朝必以失地为辱，兄弟之国，岂可使一荣一辱哉！"猎罢，六符曰："吾主闻公荣辱之言，意甚感悟。今惟有结婚可议尔。"弼曰："结婚易生嫌隙，本朝长公主出降，赍送不过十万缗，岂若岁币无穷之利哉？"契丹主喻弼使还曰："俟卿再至，当择一事受之，卿其遂以誓书来。"弼还，具以白帝。

弼至，契丹不复议昏，专欲增币，且曰："南朝既增我岁币，其遗我之辞当曰'献'。"弼曰："南朝为兄，岂有兄献于弟乎！"契丹主曰："然则为'纳'字。"弼曰："亦不可。"契丹主曰："南朝既以厚币遗我，是惧我矣，于一字何有？若我拥兵而南，得无悔乎！"弼曰："本朝兼爱南北之民，故屈己增币，何名为惧？或不得已而用兵，则当以曲直为胜负，非使臣之所知也。"契丹主曰："卿勿固执，古有之矣。"弼曰："自古惟唐高祖借兵突厥，当时赠遗或称献纳，然后颉利为太宗所擒，岂复有此礼哉！"声色俱厉。契丹主知不可夺，乃曰："吾当自遣人议之。"乃留增币誓书，而使其北院枢密副使耶律仁先及刘六符，持誓书与弼偕来，且议"献纳"二字。弼至，入对曰："二字臣以死拒之，虏气可折矣，可勿许之。"帝用晏殊议，竟以'纳'字许之。于是岁增银、绢各十万匹、两，送至白沟，自是通好如故。

吕夷简不喜欢富弼，于是向仁宗皇帝推荐了富弼出使契丹，欲置富弼于死地。没想到富弼受命后立即入宫辞行，他向宋仁宗叩头说，君主忧愁这是臣下的耻辱，我不敢怜惜自己的性命。仁宗皇帝大为感动，立即要提升富弼为枢密直学士。富弼却推辞说，国家有了危难，作为臣子的我有责任不辞劳苦，为什么却要用高官厚禄来诱惑我！于是便义无反顾地出使契丹去了。

富弼到了辽国，在会见契丹君主耶律宗真时说，大宋和辽两国君主，父子两代相继友好相处有四十余年，现在你们却突然提出要割让土地，这是为什么呢？耶律宗真回答说，你们宋国违背条约，堵塞了雁门关，增加了池塘水，还修筑城墙、征扩民兵，你们打算要干什么？我的群臣都请求举兵南下，只是我想先派遣使者要求割让土地，如果你们不答应，那么我们再举兵南下也不晚。面对耶律宗真的无理指责和蛮横威胁，富弼毫无惧色，他先以当年澶渊之战的实例表明宋国不好战但却不怕战的态度，指责契丹现在的行为违背了"澶渊之盟"，忘记了当年大宋皇帝的恩德。接着他又以用兵与和好对契丹君主的利弊得失的分析，劝说耶律宗真放弃武力继续和宋国和好。他说契丹与宋国和好，君主您就会独获其利；而如果对宋用兵，获利的只是您的臣下，君主您却要承担祸害。

富弼所言让耶律宗真很是吃惊，于是富弼又以历史实例进一步为其讲明道理。他说当年后唐末帝李从珂昏乱，又遇上石敬瑭欺天叛君，所以才让契丹大获全胜。但是契丹获胜之后，战利品装满了您臣下的家，而君王您却损失了大半的士卒和健马。如今的中原再也不是当年的后唐，现在我们中原疆域万里，精兵百万，法令严明，上下一心，你们想举兵一战，但要想一想能有几分胜算！就算是能打赢这一仗，那损失的士卒、战马是由您的臣下们承担，还是由您来承担呢？但是，如果我们辽宋两国继续和好下去，我国送给您的岁币就会一直归君王您所有。

富弼的一番说辞让耶律宗真大为心动，不断地频频点头。接着富弼又点明了宋国"塞雁门，增塘水，治城隍，籍民兵"等非但不是针对契丹的举动，而且也没有违背双方所定的盟约。富弼入情入理的分析让耶律宗真一时感到理屈词穷，不得不心悦诚服地说，没有你的一番话，我还真不知道其中的详情。但他还是对要求割地抓住不放，摆出一副无赖的姿态说即然如此，我的祖宗故地还是应该归还给我们。对此，富弼义正词严地指出，关南之地本来就是中原的土地，后晋的石敬瑭为了贿赂契丹才将之送给了你们，而且周世宗又重新收复了关南之地。富弼以历史事实说话，自然让契丹君臣无言以对，但会见结束后，契丹使者刘六符仍然缠住富弼，说他的君主不同意只接受岁币，坚决要求割让关南十县。富弼一听立即用宋仁宗的原话表明了毫不退让的态度，他说我朝的皇帝曾经说过，我们为自己的祖宗守卫国土，岂敢随便把祖宗的领土送给他人！北朝所要的不过是财赋而已，我不忍心让两国的百姓无辜地流血死亡，所以委曲求全地增加岁币来换取和平。如果对方坚持要割让土地，那他就是要撕毁两国的友好盟约，只不过以此为托词而已。当年的"澶渊之盟"，天地鬼神都可以做证。如果北朝先挑起战端，过错不在我方，天地、鬼神会看着我们（知道我们到底是谁在作恶）。刘六符闻听此言只好对翻译说南朝皇帝有这样的本心，那就太好了，我们应该共同让自己的君主进一步地沟通。

但是契丹君主耶律宗真依然不死心，第二天召见富弼打猎时，他打马靠近富弼马前说我们得到土地，两国的友好关系就可以保持长久。富弼立即再次拒绝了契丹君主的要求，他反复对耶律宗真说，你们以获得土地为荣，我们就会以丧失土地为耻，两个兄弟关系的国家，怎能让一个荣耀，一个羞耻呢？

打猎结束后，刘六符对富弼说，我们的君主听了先生所讲的荣辱之论，感悟很深，看来现在只有缔结婚姻一项可以讨论了。富弼回答说，结姻亲容易产生矛盾，况且我朝的长公主出嫁时，陪嫁不过十万缗，哪里比得上岁币的无穷利益呢？耶律宗真看到富弼态度如此坚决，只好先让富弼回宋朝汇报后再议。

富弼再次出使契丹，耶律宗真不再提缔结婚姻的事了，但在增加岁币问题上又给富弼出了个难题，这又是关乎大宋面子的名分问题。耶律宗真说你们南朝既然给我们增加岁币，协议上的用词就应该写为"献"。富弼回答说，我们南朝为兄长，难道有哥哥献于弟弟的事吗？耶律宗真说那就改为"纳"，富弼依然不同意。耶律宗真又以他惯用的武力威胁口气说，你们南朝既然把丰厚的钱财送给我们，就是害怕我们了，还在乎这样一个字眼吗？如果我率大军南下，你们后悔可就来不及了！对此富弼回答说，我朝的皇帝是因为兼爱两国的人民，所以才委屈自己增加岁币，这怎能叫作害怕？要是万不得已两国打起仗来，那双方的是非对错自会决定胜负，这就不是我做使臣的所能预料的了。眼见富弼态度如此坚决，耶律宗真说先生你不要太固执了，这种献纳的说法自古就已经有了。富弼回答说，自古以来虽然有唐高祖因为向突厥借兵，将送给北朝的财物叫作献纳，可是后来连突厥的颉利可汗都被唐太宗擒获了，现在难道还要有这样的礼仪吗？

富弼声色俱厉的回答让耶律宗真没有办法，只好又派遣北院枢密副使耶律仁先和刘六符同富弼一起到宋朝来继续讨论"献纳"二字。

虽然回到朝廷的富弼极力劝谏仁宗皇帝不要接受"献纳"的说法，但急于求和的宋仁宗在宰相晏殊的劝说下，同意了契丹用"纳"字的要求。于是宋朝缴纳给辽国的岁币增加了银子十万两、绢十万匹，每年奉送到白沟，两国的关系也就和好如故了。

2. 兵变、宫变和侬智高叛乱

自宋仁宗时期对西夏用兵以来，朝廷大量地招募兵卒，据《宋史·兵志》卷记载，庆历年间总兵力曾达到一百二十五万人。这当然是出于抵御外敌的需要，但是这也使得"天下犷悍失职之徒皆为良民之卫"，军中陡然增加了许多流氓无赖之徒。这也就难免产生不良作用，即兵变暴乱的频繁发生，其中最大的一起，就是发生于庆历七年（公元 1047 年）十一月二十八日冬至这一天的贝州（今河北清河与山东临清一带）王则兵变。王则是河北涿州（今河北涿州）人，因家乡发生饥荒，流亡到贝州给人放羊，后来从军成为宣毅军内一名小校。据《宋史纪事本末》记载，贝、冀（今河北冀县）一带的风俗崇尚妖幻，相互交习《五龙》《滴泪》等经书及各种图谶书籍，纷纷传言"释迦佛衰谢，弥勒佛当主持当世"。因为王则离家与母亲诀别时，曾在背上刺一"福"字为记号，所以他便以此标榜自己为异人，让自己的同伙到处传言，众人争相信奉王则是神灵下凡。

王则与贝州的小吏张峦、卜吉密谋在下年的正月初一造反作乱，因其党徒中有人向北京留守贾昌朝告密，只得在冬至日仓促作乱造反。这一天，贝州知州王得一正与其属下官员在天庆观进行冬至祭拜，被蜂拥而入的王则党徒一举擒获，乱兵们杀死了通判董元亨和兵器库司理王奖，打退了仓促赶来巷战的兵马都监田斌部属，占据了贝州城。

占据了贝州城的王则立即自称"东平王"，建国曰"安阳"，定年号为"德胜"，所用旗帜号令都以佛语为称呼。同时，他还大封官员，他将贝州城中的每座楼房都命名为一个州，并写上不同的州名，将他的党徒分别任命为知州，城池四面各任命一名大总管。尽管王则用大量封官的方法笼络人心，但城中夜间从城墙上下缒出逃的人还是接连不断，于是王则下令，城中每五人为一保，每保中若有一人出逃，其余的人全部斩首。

王则兵变的消息传到朝廷，宋仁宗立即诏令开封府知府明镐为巡察安抚使前往平叛。明镐带兵攻打贝州，城内汪文庆等人以箭羽上的书信射入明镐军帐中，约定做官军内应。他们在夜间从城上垂下绳索接引官军入城，几百名官军士兵进城后与叛兵交战，官军依然寡不敌众，只得与汪文庆等人缒城而回。明镐眼见贝州城池险固，不可强攻，只得在北城每天佯攻，在南城暗挖地道。

到了庆历八年（公元 1048 年）春天的正月，宋仁宗见一直未能攻下贝州城，又任命文彦博为河北宣抚使、明镐为副使，统军攻打贝州。文彦博到达贝州时，明镐的地道已经挖成，于是便选派壮士在半夜由地道潜入贝州城中。王则见官军拥入城中，放出事先准备好的火牛阵冲击官军，不料官军士兵用长枪刺中了头牛的鼻子，受伤的头牛转身回奔，跟着头牛冲来的火牛群冲击了叛兵军阵，叛军大溃，王则只得打开东门逃跑，最终被官军活捉。

王则作乱，贝州城被占据六十六天终被收复后改名恩州，王则被用木囚车押送至汴京车裂处死，平叛有功的文彦博官升同平章事，明镐加官为端明殿学士。

王则兵变被平定，宋仁宗自然很是欣慰，这年恰逢农历润正月，为庆贺平定贝州兵变，仁宗皇帝准备再搞一次十五赏灯，两过元宵节，在贤德的曹皇后的一再谏止下才作罢。没想到，七天后宫中竟然发生了禁军卫士作乱的事件。

那是一个让胆小的仁宗皇帝极端惊恐的夜晚。那天夜半时分，亲从官颜秀等四名卫士突然作乱，他们翻越屋顶，直入皇帝的寝宫院中，击伤了值宿的宫人。宋仁宗听见外面一片嘈杂，还打算出殿察看，可敏锐的曹皇后一听就觉得大事不好，她紧紧地拥住皇帝，命人关上阁门，并大声呼叫宫中侍卫护驾。当时作乱士兵已闯到殿阶之下，砍伤了几个宫女，寝殿内清楚地听到窗外的博击声和呼叫声，但有太监却跑来奏是乳母在殴打小女。曹皇后厉声斥责说乱贼就在殿外杀人，你还敢在此胡言乱语！曹皇后估计乱兵会放火烧殿，暗中让人打水防备，不一会儿，后宫帷帘被乱兵点燃，结果被早有准备的宫人一下子扑灭。为鼓励宫中近侍拼死抵抗护卫皇帝，曹皇后又为他们一一剪发，悄悄告诉他们说"明日行赏，以此为证"。因此宫中卫士、太监及宫女均拼死抵抗。终于禁军值宿卫士赶到，颜秀等四名作乱士兵被当场杀死。一名叫作王胜的作乱士兵逃到宫中北楼藏了起来，后被搜查活捉，可不知为什么也被人砍死了，所以这四名卫士为何作乱，是否有人指使，也就成为永远的谜了。

在这次宫变事件中，曹皇后显示了她临危不乱、遇事有谋的勇气和才智，朝中大臣们都十分佩服曹皇后的大智大勇。但是不知什么原因，仁宗皇帝却说此次护驾，第一大功是值宿禁军来到后才赶来陪驾的张美人。朝中大臣们为此很是愤愤不平，但宋仁宗仍然不顾朝论，将张美人升为贵妃。

遇事柔弱、一心想平安无事的宋仁宗却总是逃不掉烦心事，刚刚平定王则兵变的第二年，即宋仁宗皇祐元年（公元 1049 年），又发生了广源州（今越南高干省广渊）侬智高反叛事件。

宋代的广西地区居住着壮族的祖先，当时称为西原蛮。蛮人以黄氏、韦氏、周氏和侬氏四姓势力最大，虽然宋代沿袭唐代制度以邕州（今广西南宁）为首府设有四羁縻州实行宽松管理，但各部族首领均割据一方，朝廷一直难以实行有效的管理。

侬智高的母亲原是侬氏部族首领侬全福的妻子，后来交趾发兵将侬全福掠走，她只好改嫁给一个商人，生下了侬智高。长大成人后的侬智高知道了这些事后，大为恼怒，他杀死了自己的继父，带着母亲回到了侬全福曾担任过知州的傥犹州，自建了一个大历国。后来有两个广州进士黄玮、黄师宓前来投靠，他们给侬智高出主意，乘此地山高皇帝远、宋朝布防薄弱之际，在西南地区建国为王。侬智高闻言大喜，一天深夜，他先一把火将自己的老巢烧得一干二净，然后召集部属说："我们平生的积蓄今为天火所毁，无以为生，现在没有别的办法，大家只能齐心协力，拔邕州，据广州，自立国家，否则只有死路一条！"

皇祐四年（公元 1052 年）五月，侬智高率众攻占了邕州后即自立为帝，建立了"大南国"，改年号为"启历"，并大封各级官员。随后发兵攻打各州，十天中连破横、贵、龚、浔、藤、梧、封、康、端九州。所破九州中，除康州知州赵师旦、监押马贵城破被杀外，其余地方官皆弃城而逃。5月23日，侬智高叛军攻到了广州城下。

侬智高围攻广州五十七天，未能破城，此时宋军的援兵陆续赶到，侬智高只得带着掠夺的财物和妇女撤兵西上。经过贺州时，与前来堵截的官军交战，结果官军大败，广东都监张忠及十几名军官被杀。侬智高一路上又连破昭州和宾州，十月回到邕州，继续当他的"大南国"皇帝。

半年多来，侬智高叛军在两广攻城略地，如入无人之境，大宋文臣武将或是弃城逃跑，或是被擒，或是被杀，这让宋仁宗感到极度失望和担忧。此时驰名西北的勇将、时任枢密副使的狄青自告奋勇愿率兵讨伐侬智高。

狄青做过大内卫士，在随真宗皇帝征伐契丹和抗拒西夏的作战中均以勇猛善战著名。《纲鉴易知录》对其有下面的记载：

> 青初以善骑射为骑御散直，从西征，战安远诸砦，皆克捷。临敌，披发带铜面具，出入贼中，皆披靡，莫敢当。至是元昊寇保安军，钤辖卢守懃使青击走之，以功加秦州刺史。
>
> 出，尹洙与青谈兵，善之，荐于韩琦、范仲淹曰："此良将材也。"二人待之甚厚。仲淹授以《左氏春秋》，且曰："将不知古今，匹夫勇耳。"青由是折节读书，悉通秦、汉以来将帅兵法，累进马军副都指挥使。青起行伍，十余年而显贵，面涅犹存。帝尝敕青傅药除之，青指其面曰："陛下以功擢臣，不问门地。臣所以有今日，由此涅耳，臣愿留以劝军中，不敢奉诏。"帝益重之。至是，自知延州召拜副使，台谏王举正等谏其不可，帝不听。

狄青最初因为善于骑射担任骑御散直，曾跟随宋真宗西征，在安远等寨的战役中获得胜利。他作战时往往披散着头发，戴着铜面具在敌阵中杀出杀进，所向披靡，无人能挡。在元昊进攻保安军时，他的上司卢守懃命令狄青击退了敌军，因功提升为秦州刺史。

当初，尹洙与狄青谈论军事，对狄青非常赏识，他向韩琦和范仲淹举荐说这是做良将的材料，韩琦和范仲淹也很看重狄青。范仲淹还让狄青读《左氏春秋》，并对狄青说做将领的不了解古今之事，仅仅有匹夫之勇罢了。于是狄青放下身段发愤读书，通读了秦汉以来历代将帅的兵书，一步步地提升为马军副都指挥使。

狄青出身行伍，十多年后才开始显贵，但脸上的刺字还在。宋仁宗曾经批准狄青用药将它除掉，狄青指着自己的脸说陛下以战功提拔了我，没有看我的门第出身。我能够有今天，正是因为有了这个刺字，臣希望留下它来教育、鼓励我手下的将士，所以不敢遵从陛下的诏令。这让仁宗皇帝越发看中狄青，于是从延州知州任上召回朝廷，任命狄青为枢密副使。御史台的谏官王举正等人认为不妥，可宋仁宗坚持了自己的任命。

狄青毛遂自荐担当扫平侬智高的重任，这让仁宗皇帝很是欣慰。皇祐四年（公元1052年）十月初八，宋仁宗任命狄青为荆湖宣抚使，帅诸军讨伐侬智高，并亲设酒宴为其饯行。对于狄青扫平侬智高的经过，《纲鉴易知录》有较详的记载：

> 会狄青上表请行，遂以为宣抚使、提举广南经制盗贼事。谏官韩绛言青武人，不宜专任。帝以问庞籍，籍力赞青可用，且言："号令不专，不如不遣。"乃诏令岭南诸军皆受青节度。
>
> 青行军立行伍，明约束，野宿皆成营栅。至广南，合孙沔、余靖之兵进次宾州，戒诸将无得妄与贼斗，听吾所为。广西铃辖陈曙乘青未至，辄以步兵八千击贼，溃于昆仑关，殿直袁用等皆遁。青曰："令之不齐，兵所以败。"晨会诸将堂上，揖曙起，并召用等三十二人，按以败亡状，驱出军门斩之。沔、靖相顾愕眙，诸将股栗，莫敢仰视。
>
> 青既诛陈曙，因按兵止营，令军休十日，众莫测。贼觇者还言军未即进。青明日即整兵，自将前军，孙沔将次军，余靖为殿，夕次昆仑关。黎明，整大将旗鼓，诸将环立帐前，待令乃发，而青已微服与先锋度关，趣诸将会食关外。贼方觉，悉出逆战。青执白旗麾蕃落骑兵，从左右翼击之，纵横开合，部伍不乱。贼不知所为，大败，走，追奔五十里，斩首数千级，生擒贼五百余，死者万计。智高夜纵火遁去，由合江口入大理。迟明，青按兵入城，殪尸筑京观于城北隅，时贼尸有衣金龙衣者，众谓智高已死，欲以上闻。青曰："安知其非诈邪？宁失智高，不敢诬朝廷以贪功也。"广南悉平，捷至，帝喜曰："青破贼，庞籍之力也。"诏余靖经制广西，追捕智高，而诏青、沔还朝。后二年，靖募死士使大理求智高，会智高已死于大理，函首至京师。

夏五月，高若讷罢，以狄青为枢密使，孙沔为副使。

侬智高在两广横行，官军连吃败仗之时，狄青主动上表请战，宋仁宗便封狄青为荆湖宣抚使，总领讨伐侬智高的军事行动。但是宋朝历来有不让武将独领兵权的旧制，于是谏官韩绛认为狄青是武将，不宜独掌兵权。宋仁宗就此征求庞籍的意见，庞籍极力赞扬狄青是可用之才，还说如果号令不一致，还不如不派兵。庞籍的话让仁宗皇帝下了决心，于是下令岭南地区所有的兵马统归狄青指挥。

狄青统军有方，纪律严明，野外驻扎都要建立军帐和栅栏。到达广南后，与孙沔和余靖的部队会合进驻宾州。他警告诸位将领不能擅自与叛军作战，一律听从主帅的指挥。但是广西的将官陈曙乘狄青还没有到达之际，就带领属下八千人出击，结果在昆仑关吃了大败仗，殿直袁用等人临阵脱逃。狄青说不听军令，才导致兵败。这天清晨，他召集所有将领在堂上集合，让陈曙站起来，并召来袁用等三十二人，一一宣布了他们的罪状，喝令将他们全部推出军门斩首。这让孙沔和余靖惊愕相对，说不出话来，其他诸位将领更是两腿发战，不敢仰视狄青。

狄青斩杀了陈曙等人后，便按兵不动，下令全军休整十日。叛军的侦察兵回去报告说朝廷的部队一直没有行动。然而狄青第二天就整军出发，他亲自带领先头部队，让孙沔为接应部队，余靖为殿后部队，晚上便到了昆仑关。黎明时分，宋军营帐中摆出了大将的旗帜和战鼓，众位将领齐集军帐前待令出发。谁知狄青已穿着便服带领先头部队越过了昆仑关，并下令诸将领军赶来在关外会师，一起吃饭。此时，叛军才发现官军已到眼前，急忙出兵迎战。

狄青手执白旗指挥番邦部落的骑兵从左右两翼冲击叛军，宋军按指挥纵横开阖，军阵始终不乱。仓皇应战的叛军不知所措，大败而逃，狄青率军追击五十余里，斩首叛军几千人，活捉五百余人，打死叛军上万人。侬智高连夜纵火烧城逃跑，从合江口逃往大理。天亮以后，狄青率军进入邕州城，在城北将叛军死尸堆积起来，当时在尸体中发现一具穿着金龙衣服的尸体，大家以为侬智高已死，打算报告给朝廷。狄青却说不知是否有诈呢，我们宁可在战绩报告中说没有抓住侬智高，也不能欺骗朝廷来贪功。

广南地区平定叛乱的捷报送到朝廷后，仁宗皇帝高兴地说狄青能够消灭贼寇，是庞籍的功劳啊！他诏令余靖管理广西，追捕侬智高，让狄青和孙沔返回朝廷。两年以后，余靖招募勇士到大理捉拿侬智高，但此时侬智高已死，于是就把他的首级装到木盒里，送到了京城。

皇祐五年（公元1053年）夏五月，罢免了高若讷，任命得胜回朝的狄青为枢密使、孙沔为副使。

3. 黄河决口，水患难治

宋仁宗时期不仅外患内忧严重，而且自然灾害频发。史书记载，仁宗在位时期多次发生地震，而且是京师地区发生地震。如《纲鉴易知录》载，景祐四年（公元1037年）冬十二月，"京师及并、代、忻州皆震，而并、代、忻尤甚，坏民庐舍，压死者二万二千余人，伤者五千六百人"。同时，蝗灾、旱灾也不时发生。灾害发生时，朝廷不仅设法救济灾民，仁宗皇帝还要下诏大赦天下和求直言，让臣民批评指出自己为政的不足，以使自己改正后求得上天的宽恕而不再降灾。下面我们摘录几条《纲鉴易知录》中有关的记载：

> 河北、京东大水，民流就食青州，富弼劝所部民出粟益以官廪，得公私庐舍十余万区，散处其人，以便薪水。官吏自前资待缺寄居者，皆给其禄，使即民所聚，选老弱病瘠者廪之。仍书其劳，约他日为奏请受赏，率五日辄遣人持酒肉饭糗慰藉，出于至诚，人人为尽力。山林陂泽之利，可资以生者，听民擅取。死者为大冢葬之，曰"丛冢"。及麦大熟，民各以远近受粮而归。凡活五十万余人，募为兵者万计。前此救灾者皆聚民城郭中，为粥食之，蒸为疾疫，及相蹈藉，或待哺数日不得粥而仆，名为救之，而实杀之。自弼立法，简便周尽，天下传以为式。帝闻，遣使褒劳，加拜礼部侍郎。弼曰："救灾，守臣职也。"固辞不受。

皇祐元年（公元1049年），河北及京东地区大水灾，灾民流亡到青州地区讨饭。富弼动员当地民众捐出米粟并加上公粮，腾出公家和私人的房屋十多万间，分散安置灾民，让他们自己生火做饭。富弼还让有了资格却还在候补的官员们拿出自己的俸禄，派他们到灾民聚集的地方，挑选老弱病残者给以救济。富弼还让人一一记下他们的功劳，许诺以后为他们向朝廷表奏请赏。官府每过五天就派人带上酒肉饭菜前往慰劳。因为出自至诚之心，所以人人愿意竭尽全力。

境内山林湖泽的出产，只要是可以帮助灾民度过饥荒的，听任他们自行收取。死亡的灾民，做一个大坟埋葬，叫作"丛冢"。到了麦熟季节，按路途的远近分给灾民让他们回家。这一年，青州救活了灾民五十万多人，还招募了兵员一万多人。

在此之前，救灾的办法是把灾民集中起来，煮粥给他们吃。这很容易暴发瘟疫，密集的灾民互相传染，互相践踏而纷纷倒毙，有的等待好几天得不到粥吃而饿死。这样，名义上是在救灾，实际上等同在杀人。自从富弼用了这种就灾办法后，既简单方便又考虑周到，天下各地就以此为榜样了。仁宗皇帝知道后，特地派遣使者慰问富弼的劳苦，提升他为礼部侍郎。富弼却说，救灾是我做臣子的职守，坚决推辞不接受。

七年，春二月，大旱，诏求直言。

帝出祷雨于太乙宫，日方炎赫，帝却盖不御，及还而雨大决。

庆历七年（公元1047年）春二月，大旱，宋仁宗下诏征求天下臣民对朝政得失的批评。（这年的五月）仁宗皇帝来到太乙宫祈祷下雨，当时烈日当空，异常炎热，他却不用伞盖，等他回宫时，就下起了大雨。

地震、大旱接连发生，但几十年来，更让仁宗皇帝烦恼不安的自然灾害是黄河泛滥的大水灾。当时的黄河经常决口，泛滥成灾，京城汴梁处在黄河边上，也不能幸免。就在仁宗皇帝继位不久的天圣四年（公元1026年）夏六月，大水横流，京城被淹，连皇宫也未能幸免。《纲鉴易知录》载："京师大雨，平地水数尺，坏民舍，压死数百人。京东、西及河北、江、淮以南皆大水。帝避殿，减膳，肆赦，蠲民租，抚流民。方水之作也，宰执晨朝，未入，有旨放朝。王曾附中使奏曰：'天变甚异，乃臣等燮理无状，岂可退安私室？'亟请入见，陈所以备御之道。同列有先归者，皆愧服焉。"

京师大雨，平地水深数尺，毁坏民宅，压死了数百人。京师东部、西部及河北、江、淮以南都是大水灾。宋仁宗躲避出正殿，撤减了膳食，大赦犯人，免除了民租，安抚流民。水灾刚发生时，宰相上早朝，还没有进宫，传来圣旨说放假不上朝了。宰相王曾让内侍转奏说，天象发生异常灾变，是我们做臣子的没有治理好国家，我们怎能安心图舒服回家？他急切要求入宫朝见皇帝，陈述防备灾害的办法。同僚中有先回家的，均感到惭愧而敬服王曾。

景祐元年（公元 1034 年）七月，仁宗皇帝刚刚亲政，黄河便在横陇决堤，大水漫过大名府界，转向北流，虽然朝廷尽力抢修堤坝，但无法堵塞汹涌的洪流，只好任其改道。自此以后，黄河水患频生，几十年内中原地区都不得安宁。

庆历八年（公元 1048 年）六月六日，黄河又在澶州商胡（今河南濮阳东北）决堤，滚滚而来的洪流从宽约一里的决口涌出，横漫中原北部。黄河又一次改道，河水向北，由河南内黄之东、河北大名之西，横贯河北平原，汇入御河（今南运河），再经界河（今海河）入海。

黄河频繁为患，宋仁宗非常忧虑，但是他的大臣们却长时间在朝堂上争论不休。大臣们有的主张疏，有的主张导；有的主张任其改道北流，有的主张引其复归东流。就这样，有关治河的讨论持续了很长时间。但是，老天不等人，灾害不饶人，皇祐三年（公元 1051 年），黄河再一次在大名府馆陶县郭固决口，造成大批灾民流离失所。频繁的河决使仁宗皇帝觉得必须尽早拿出一个治河方案，于是诏三司河渠司与两制、台谏官紧急商议治河方案。丁度建议先堵郭固，商胡因工程浩大，等以后再说。宋仁宗同意了他的建议，下令河北转运使李柬之、吕公弼按此方案治河。次年的正月郭固决口被堵住，但是由于河道已被淤沙抬高，水流通行不畅，随时有再次决口的危险。

至和二年（公元 1055 年），富弼出任宰相，决定采用河渠司李仲昌的建议，堵塞商胡决口，开六塔河接纳黄河水，引黄入横陇故道，但这一方案遭到翰林学士欧阳修的强烈反对。欧阳修认为，无论是"欲复故道"，还是"请开六塔"，都不能解除黄河水患。他建议选派熟悉水利的大臣考察黄河下游，另"求入海之路而浚之"。

看到欧阳修一下子把讨论几年的两种方案都否决了，仁宗皇帝也不知如何是好。对此，《纲鉴易知录》有下面的记载：

> 时河决大名、馆陶，殿中丞李仲昌请自澶州商胡河穿六塔渠入横陇

故道，以披其势。富弼是其策。诏发三十万丁修六塔河以回河道，以仲昌提举河渠。翰林学士欧阳修三上疏，力谏其不可行，帝不听。

虽然皇帝还在犹豫，但新上任的宰相富弼决心已定，他是半年前刚刚被召回京师担任宰相的，治河是他新官上任的三把火之一。于是中书上奏，称开六塔河费用及准备工作均已完成，于是也想急于求成的仁宗皇帝批准了这一方案。然而，老天还是难以如人之所愿，仅仅是第二年的农历四月，"河决六塔，流殿中丞李仲昌于英州"。

商胡决口刚刚堵住，便在当年的第一波洪水到来时再次决口，原因很简单，六塔河太窄小，容纳不下浩荡的黄河水，汹涌的洪水只好再走老路，返回北流。治河失利，提出开六塔河的李仲昌成了替罪羊，被流放英州。

这次治河的失利动摇了仁宗皇帝和他的大臣们根治河患的信心，已开展数年的修治河患的工作懈怠了下来。嘉祐五年（公元 1060 年），黄河又一次在大名附近决口，向东分出一条二股河，下接界首河，在冀、鲁之间入海。从此黄河中下游分为北流和东流两支，黄河水患依然连年不绝。

四、上天不怜的仁义天子

1. 久虚的东宫

宋仁宗在位的四十二年，北宋的臣民遇上了一个心慈仁厚的皇帝，使得这一时期成为中国历史上难得一见的、谁也无法否认的幸福指数最高的时期。中国人有一句常吊在嘴边的古话，就是好人有好报。然而像宋仁宗这样中国历史上很难见到的仁君，其在位期间却是内忧外患频生，自然灾害不断。更让人感叹的是上天不怜这样的仁义之君！因为上天不给他一个能长大成人的儿子，却给了他一个莫名其妙就犯病的身子。

按理，作为皇帝的宋仁宗是不愁儿女成群的，因为他的后宫有大批的妃嫔侍寝。但是，仁宗皇帝一生只得了三个儿子，而且没有一个活过三岁。

他的第一个儿子生于景祐四年（公元 1037 年）但出生当天就死了。几年后，宋仁宗很是思念这个来到人间一天就夭折的皇儿，为其赐名赵昉，并追封为褒王。

第二个儿子生于宝元二年（公元 1039 年），取名赵昕。但这位皇子只活了半年也病逝了，被追封为豫王。

第三个儿子生于庆历元年（公元 1041 年），寿命最长，但也只活了两岁多，取名赵曦，受封鄂王。宋仁宗曾打算立其为太子，可惜这位皇子身体太弱，于庆历三年（公元 1043 年）正月初一病逝。

鄂王病逝时，宋仁宗三十四岁。当时无论是朝野士民，还是仁宗皇帝本人，都信心满满地认为皇子出生是迟早的事。但是一直到了仁宗皇帝过了四十大寿，尽管陆续添了几个公主，却仍然没有一个皇子出生。

过了中年的皇帝没有一个儿子，不仅是东宫长期虚位，成为朝政不稳的隐患，也让朝野上下无端猜测甚至引发一些让人哭笑不得的荒唐事。皇祐二年（公元 1050 年），京城就出现了一个假皇子，虽然被及时识破，但让仁宗皇帝心中很是不快。

原来开封城有个叫冷绪的医生，他的夫人曾在皇宫干过杂役，后来遣散出来嫁给了冷绪，生了个儿子叫冷青。这个人名叫冷青，却是个爱整热闹事的种。他长大后不务正业，漂泊到庐山一带，听到民间到处议论当今皇帝无儿的事情，认为有机可乘，好运将至，于是便称自己是当今皇帝的儿子。有一个和尚听到了这件事情，认为当今皇上正愁没有儿子，这可是一个能让自己大富大贵的好机会，于是便带着冷青来到京城开封认亲。他们无法入宫认亲，于是便在京城街头到处宣讲，称冷青的母亲在宫中时曾有幸于皇上，有了身孕后才被遣出宫，所以冷青是当今皇上的"龙子"。

开封府钱逸明闻报，感到事关当今皇上，急忙遣人将他们捉来审问。谁知这个冷青架子极大，一到公堂便厉声斥责钱逸明"见我为何不起身！"钱逸明一下子被吓住了，不由自主地站了起来。这样的事情自然传到了宫中，仁宗皇帝命包拯追查，经过调查审理，包拯终于弄清了事情的来龙去脉。原来冷青的生母确曾供役于宫中，出宫后嫁于冷绪，先生了一个女儿，再生了冷青。冷青游手好闲，与家人不和，于是便跑上庐山胡说八道起来。

冷青冒充皇亲，自然被问罪斩首，可是开封府钱逸明被假皇子吓得起身站立的事成了盛传于京城街头巷尾的笑话。不久，钱逸明也被降职于蔡州。

皇帝在位必立东宫太子，这不仅是皇家旧制，也是从国家稳定考虑预防不测的必要安排。宋仁宗膝下无子，东宫太子之位久虚，自然让朝中重臣们担忧。终于，有一位叫张述的太常博士最早向仁宗皇帝呈上了收养宗室子弟的建议。他在上书中说："陛下承三圣之业，传之于千万年，斯为孝矣。而春秋四十四，宗庙社稷之继，未有托焉。此臣所以夙夜彷徨而忧也。"接下来他恳请仁宗皇帝祈祷天地岳渎，分宠六宫，以期早日诞育皇子。如果还不见灵验，"则遴择宗亲才而贤者，异其礼秩，试以职务，俾内外知圣心有所属，则天下大幸"。这以后他又七次上书，强调"嗣不早定，则有一日之忧，而贻万世之患！"

自古以来，做臣子的为皇上谋划立子之事是最犯大忌的，仁厚的宋仁宗虽然没有接受张述的建议，却也没有责怪他。张述的建议虽然被置之一旁了，但其他的大臣也纷纷按捺不住了。《纲鉴易知录》对此有下面的记载：

> 帝性宽仁，言事者竞为激讦，镇独务引大体，非关朝廷安危，生民利疾，则未尝言。及帝暴疾，文彦博因请帝建储，帝许之，会疾廖而止。至是，镇奋然曰："天下事尚有大于此者乎！"即上疏曰："置谏官者，为宗庙、社稷也。谏官而不以宗庙、社稷计事陛下，是爱死嗜利之人，臣不为也。方陛下不豫，海内皇皇，莫知所为。陛下独以祖宗后裔为念，是为宗庙、社稷之虑，至深且明也。昔太祖舍其子而立太宗，天下之大功也；真宗以周王薨养宗子于宫中，天下之大虑也。愿以太祖之心，行真宗故事，拔近属贤者，优以礼秩而试以政事，俟有圣嗣，复遣还邸。"章累上，不报。执政论之曰："奈何效希名干进之人！"镇贻书曰："比天象见变，当有急兵。镇义当死职，不可死乱兵之下。此乃镇择死之时，尚何顾希名干进之嫌哉！"因复上疏，言之愈切。除兼侍御史知杂事，镇以言不从固辞。凡见帝面陈者三，因泣下，帝亦泣谓曰："朕知卿忠，当更俟二、三年。"镇前后章凡十九上，待命百余日，须发

皆白，朝廷知不可夺，乃罢知谏院，改纠察在京刑狱。时并州通判司马光亦言建储事，且劝镇以死争之。翰林学士欧阳修、殿中侍御史包拯、吕景初、赵抃、知制诰吴奎、刘敞等皆上书力请。于是文彦博、富弼、王尧臣等相继劝帝早定大计，皆不见听。

宋仁宗宽厚仁爱，大臣们上书言事一个比一个激烈。只有范镇识大体，如果不是事关朝廷安危、生民利益的大事，他一般都不说话。在仁宗皇帝突然身患重病的时候，文彦博请求仁宗选立太子，仁宗同意了。但是，仁宗皇帝病情好转之后，就将选立太子的事搁置下来了。这时，范镇愤然说道："天下的事还有比这个大的吗？"他随即上书给皇帝说："朝廷设置谏官，是为了宗庙社稷着想的，做谏官的不为国家的大事着想，就是怕死贪利的小人，我不屑于做这样的人。陛下生病之后，天下人心惶惶，不知道该怎么办。陛下要为祖宗后代着想，这是为国家长治久安考虑的非常明显而又深刻的道理。从前太祖放弃自己的儿子而立了太宗皇帝，是出于为天下考虑的大公；真宗皇帝也是为此在周王去世后将他的孩子养育在宫中。陛下现在就应该以太祖的心胸，效仿真宗皇帝的做法，在较近的皇亲中选拔贤明之人，提高他的礼遇规格并用政事考察他的执政能力。如果有了皇子，还可以让他返回自己的府邸。"但他的奏章上了多次，却一直得不到回复。

这时，有一些大臣便讽刺他说："你又何必去学那些爱出风头而图谋晋升的人呢？"范镇写信回击他们说："我发现天象异常，预计会有紧急兵情发生。我范镇义当死于尽职尽责，不应死于乱兵之中。现在是我选择如何去死的时候，还顾得上出风头图高升吗？"于是范镇继续就此不断上书，而且言辞越来越激烈。仁宗皇帝见此情形，便提升范镇兼任侍御史知杂事，范镇却以自己的奏书不被采用而拒绝接受任命。

范镇还多次面见皇上陈述自己的理由，以至于热泪长流。仁宗皇帝也哭着对他说："朕知道爱卿你的忠诚，但还是再等两三年吧。"可怜的仁宗皇帝心里其实比谁都为东宫久虚而着急，但从他心底一心想将皇位传给亲生儿子的愿望出发，还对年近五十的自己生个儿子抱有一丝希望。他的"再等两三年"的哭求，不能不让人感到他痛彻心扉的心理煎熬。

可是为了所谓国家的稳定大局而考虑的大臣们却只看到皇帝不理睬他们的建议，不顾他们的仁君心底的痛楚。范镇前后上了一十九道奏折，眼巴巴地等待皇上回复一百多天，以致头发，胡子都白了。仁宗皇帝知道他的犟劲，就罢免了他知谏院的职务，让他离开朝廷，纠察京师地区的刑狱去了。

当时请求仁宗皇帝选立宗室子弟为太子的大臣还有很多。并州通判司马光也上言请求册立储君，还劝范镇以死相争。翰林学士欧阳修，殿中侍御史包拯、吕景初、赵抃，知制诰吴奎、刘敞等人都上书极力请求择立太子，于是宰相文彦博、富弼、王尧臣等也相继奉劝皇帝早点确立太子，宋仁宗均没有听取他们的意见。

但是，随着时间的推移，大家对已年近五十的宋仁宗能够生育一个儿子几乎不抱任何希望了。嘉祐三年（公元 1058 年）六月，威震京师的开封知府包拯被任命为权御史中丞。上任伊始，这位刚毅敢言的包拯就当面向皇帝提出选立太子的问题。《纲鉴易知录》载道："拯言：'东宫虚位日久，天下以为忧。夫万物皆有根本，而太子者天下之根本也，根本不立，祸孰大焉。'帝曰：'卿欲谁立？'拯曰：'臣非才备位，所以乞豫建太子者，为宗庙万世计尔。陛下问臣欲谁立，是疑臣也。臣年七十且无子，非邀后福者。'帝喜曰：'徐当议之。'"

包拯说长时期东宫没有立太子，天下人都很担忧。世上万物都有根本，太子便是天下的根本，现在根本未立，那么还有比这更大的事吗？没想到听完包拯的话后，仁宗皇帝反问你想立谁？大臣想拥立谁做太子，这可是最犯忌讳的弥天大罪。所以包拯正色回答说，才不配位的我之所以建议立太子，是为国家长治久安来考虑的。陛下却问我想立谁为太子，这是怀疑我啊！我已经是快七十岁的人了，而且没有儿子，我不是一个借此来图求后福的人。看到包拯如此表白，仁宗皇帝才转怒为喜说，那容我们以后慢慢讨论吧。

在并州做通判的司马光刚被任命为知谏院，也当面劝谏宋仁宗选立太子。《纲鉴易知录》载道："光入对，首言：'臣昔通判并州，所言三章，愿陛下果断力行。'帝沉思久之，曰：'得非欲选宗室为继嗣者乎？此忠臣之言，但人不敢及耳。'光对曰：'臣言此，自谓必死，不意陛下开纳。'帝曰：'此何害！古今皆有之。'"

司马光入宫面见皇帝，首先就说我以前在并州通判任上给朝廷上了三道奏章，希望陛下果断实行。宋仁宗沉思良久后说，该不是在宗室中选择继位者的事吗？这是忠臣说的话，但一般人是不敢说的。司马光回答说我说这个事情，自以为必死无疑，没想到陛下您却接受了。仁宗皇帝回答说，这有什么妨害呢？从古至今都有的事情嘛。

看到仁宗皇帝已经逐渐地面对现实，能和臣子们平静地讨论选立太子的事情，朝中大臣们更是加快了选立太子之事的进程。对此，《纲鉴易知录》有下面的记载：

> 群臣以储位未建为忧，言者虽切，而帝未之允。司马光上疏曰："向者臣进豫建太子之说，意谓即行。今寂无所闻，此必有小人言'陛下春秋鼎盛，何遽为此不祥之事！'小人无远虑，特欲仓促之际，援立其所厚善者耳。'定策国老，门生天子'之祸，可胜言哉！"帝大感动曰："送中书。"光见韩琦等曰："诸公不及今定议，异日禁中夜半出寸纸，以某人为嗣，则天下莫敢违。"琦等拱手曰："敢不尽力！"时江州吕诲亦上疏言之。及琦入对，以光、诲二疏进读，帝遽曰："朕有意久矣，谁可者？"琦惶恐对曰："此非臣辈所可议，当出自圣择。"帝曰："宫中尝养二子，小者甚纯，近不慧；大者可也。"琦请其名，帝曰："宗实。"琦等遂力赞之，议乃定。

群臣都以太子未定而忧愁，上疏的言辞益发急切，但仁宗皇帝就是一直不松口。司马光又上书说，以前我曾经进献选立太子的奏章，陛下有意开始考虑。但是一直悄无下文，这一定有小人进谗言说什么"陛下正是年富力强之时，何必搞这些不祥的事情！"小人们眼光短浅，只是想在事发仓促之际，拥立与他们关系好的人罢了。"定策国老，门生天子"（自古以来由掌权的宦官策立谁来即位，而把他们所拥立的天子称为门生）的惨祸可是数不胜数啊！

司马光的上疏击中了要害，他以古论今，指出如果不早立太子，就会给朝中的权奸可乘之机，一旦陛下您圣体仓促发生危险，他们就有了拥立自己关系好的人的机会。终于，宋仁宗开口说道，将此书送交中书省讨论。

司马光建议选立太子的上疏送交中书省，意味着启动了选立太子工作的程序，所以司马光立即面见宰相韩琦说，诸位宰相如果不在今天定下决议，就会有一天半夜宫中拿出一寸宽的纸片，让某人作为继承人，天下人也就只得顺从而行了。宰相韩琦等人皆拱手答谢说，我们怎敢不竭尽全力！当时，江州知州吕诲也给皇上上疏谈论此事。

韩琦等人入宫朝见皇上，就拿着司马光和吕诲的奏疏读给皇上听。仁宗皇帝突然说，朕早有此意了，你们认为谁可以？韩琦惶恐地回答说，这不是我们做臣子的敢拿主意的事情，应该由皇上自己选择。于是宋仁宗说宫中曾今养育过两个孩子，小的很单纯，好像不大聪慧，大的那个还可以。韩琦请问大孩子的姓名，仁宗皇帝说叫赵宗实。韩琦等人于是极力赞同，决议就这样定下来了。

宋仁宗在自己已是四十九岁时终于看到天命难违，松动了选立宗室子弟做太子的态度，朝中大臣们乘机极力劝谏，终于督促皇帝确定了太子人选。但是，让人没想到的是赵宗实竟然推辞不就，选立太子之事又出现了波折。对此，《纲鉴易知录》记载如下：

> 宗实天性笃孝，好读书，不为燕嬉亵慢，服御俭素如儒者。时居濮王丧，乃起复知宗正寺。琦曰："事若行，不可中止。陛下断自不疑，乞内中批出。"帝意不欲宫人知，曰："只中书行足矣。"命下，宗实固辞，乞终丧。帝复以问琦，琦对曰："陛下既知其贤而选之，今不敢遽当，盖器识远大，所以为贤也。愿固起之。"帝曰："然。"

> 宗实既终丧，韩琦言："宗正之命初出，外人皆知必为皇子，不若遂正其名。"帝从之。琦至中书，召翰林学士王珪草诏，珪曰："此大事也，非面受旨不可。"明日请对，曰："海内望此举久矣，果出自圣意乎？"帝曰："朕意决矣。"珪再拜贺，始退而草诏。诏下，宗实复称疾固辞，章十余上。记室周孟阳请其故，宗实曰："非敢徼福，以避祸也。"孟阳曰："今已有此迹，设固辞不受，中人别有所奉，遂得燕然无患乎！"宗实始悟。

司马光言于帝曰："皇子辞不赀之富，至于旬日，其贤于人远矣。然'父召无诺，君命召不俟驾'，愿以臣子大义责之，宜必人。"帝从之，宗实遂受命。

将入宫，戒其舍人曰："谨守吾舍，上有适嗣，吾归矣。"因肩舆赴召，良贱不满三十人，行李萧然，唯书数厨而已。中外相贺。

赵宗实天性诚实孝顺，喜欢读书，从来不做宴乐嬉闹轻薄之事，服装简单朴素，如同一位儒士。此时他正为父亲濮王守丧，被诏令起用为知宗正寺。韩琦说事情要是开了头，就不应该停止。陛下的决心若没有疑议，就应该发出诏书。可仁宗皇帝的意思是不想让后宫的人知道，就说只要你们中书省办理就行了。诏命下达后，赵宗实却坚决推辞，请求让他守完丧期。对此，仁宗皇帝又询问韩琦，韩琦回答说，陛下因了解了他的贤良而选择了他，现在他不敢立即接受，说明他更为贤良。希望陛下坚持选用他。仁宗皇帝同意了韩琦的要求。

赵宗实守丧完毕后，韩琦即刻对宋仁宗说，任命赵宗室为知宗正寺的诏命刚发出，外人就知道他肯定会当皇子，不如正式宣布为好。宋仁宗同意了韩琦的建议，韩琦立即赶到中书省，召来翰林学士王珪草拟诏书。王珪说这可是重大的事情，非得当面让皇上给我口受圣旨不可。第二天王珪面见皇帝说，海内之人盼望这样一天已经很久了，这是真的出自皇上的心意吗？仁宗皇帝说我的心意已经定了。王珪再次叩拜道贺，这才退出草拟诏书。

诏书下达后，赵宗实再次推辞不接受，推辞的奏章前后上了十几次。他的记室周孟阳问他为什么要这样，赵宗实回答说自己不敢求福分，只是为了避祸。周孟阳说现在人们都已看到您有当太子的迹象了，您还坚决推辞不接受，要是宫中有人推举了另外一个人做太子，您能够安然无恙吗？听了此话宗实才有所醒悟。

司马光对仁宗皇帝说，已经过了十多天，宗实皇子还在推辞无量的富贵，这说明他可不是一般的贤明。常言道，父亲召唤可以不答应，但君王召唤不等驾车就赶来了。希望陛下用君臣的大义指责他，那他一定会入宫的。仁宗皇帝接受了建议，宗实终于接受了封命。

赵宗实进宫之前嘱咐自己的看门人说，看好我的房子，皇上一旦有了自己的亲生儿子，我就会回来的。他坐着一顶轿子进宫，连内眷和仆役还不到三十人，行李也很简单，只有几柜子书籍而已。朝廷内外都争相庆贺选对了继承人。

自古以来，中国最高统治者更替，除了老皇帝指定的法定接班人，便是所谓的打江山，枪杆子里面出政权，以及宫廷密谋的血腥政变的抢班夺权。皇帝定于一尊的至高权势和据有天下的无量富贵，让多少人馋涎欲滴，日思夜想着"大丈夫当若是"。然而，距今近千年前的赵宗实却能看出皇位下潜藏的危险，明白"高处不胜寒"的道理，实在是难能可贵。他离家时的一番话，明面上是对看门人的叮嘱，实则是对仁宗皇帝的自我表白，这更是他保护自己的极端聪明之处。

嘉祐七年（公元 1062 年）秋八月，赵宗实被宋仁宗立为皇子，赐名为赵曙，并进封为巨鹿郡公。第二年春三月，仁宗皇帝便病故了。其将亡之前接受臣子们的建议，立赵曙为太子，避免了他突然亡故后无指定接班人而有可能出现的变乱，也算是一个明智之举。

2. 莫名的不豫

中国的皇帝既贵为天子，其生老病死也不能用普通人用的词，而要用其他的一些字眼来表示。如以"诞育"表示出生，以"驾崩"表示逝世，其中表示重病的词很奇特，称为"不豫"。

我们说上天不怜仁宗皇帝，不仅是前面讲的他到老没有亲生儿子继承皇位，还有他一生当中屡发"不豫"之症，而且每次犯病不是长期昏迷不醒，就是陷入莫名其妙的疯癫状态之中。

从年轻时候起，宋仁宗便经常犯病。亲政第二年的夏天，宋仁宗便有很长的一段时间昏睡不醒，卧病在床，御医们用什么药都不见效。后来，仁宗皇帝的姑姑魏长公主着了急，推荐翰林学士许希冒险针刺仁宗皇帝"心下包络之间"，方才苏醒。

至和年间，仁宗皇帝又一次不豫，"昏不知人者三日"。好在这次不豫时间不长，昏迷三天后人就醒了。但是，虽然病好了，可仁宗皇帝却在好长一段时间不说话了。他行走吃睡照常，但就是不开口说话。上殿临朝，仁宗皇帝端坐龙椅之上，无论朝臣说什么，他始终不答话，犹如一具木偶。大臣向他奏事，同意的就点头，不同意的就摇头，让人们怀疑他成了哑巴。

仁宗皇帝最严重的一次不豫，发生在嘉祐元年（公元 1056 年）正月。

这年的正月初一，京城大雪。文武百官按部就班徐徐步入大庆殿，参加一年一度的元旦大朝会。然而，当百官就列，左右内侍卷起皇帝面前的帷帘，准备接受群臣的新年朝贺时，只见头戴冠冕、身穿龙袍的仁宗皇帝突然身子一歪，倒在一旁。内侍们已习惯了皇帝的不豫，连忙放下帷帘，捏人中、刮痧忙作一团。过了一会儿，仁宗皇帝苏醒过来，于是又卷起帷帘，接受百官依次拜贺。

正月初五，皇上在紫宸殿设宴，款待百官和前来祝贺新年的契丹使臣。宴会刚开始，宰相文彦博手捧酒杯登上高阶为皇上祝寿，没想到，皇帝望着宰相大声说道："不高兴吗？"大家见皇上这副模样，知道他的病尚未痊愈，只好默默地进行完宴会。

第二天，契丹使臣入宫辞行，皇帝在紫宸殿设宴践行。使臣刚刚走到庭院中，仁宗皇帝突然喊道："速召使臣上殿，朕几乎不相见！"左右内侍见皇上又胡言乱语起来，只好将其急急扶入宫中。宰相文彦博急忙派人对契丹使臣说："昨晚皇上饮酒过多，今日不能亲临宴席，传旨由大臣在驿馆设宴，代授国书。"

看到皇上病症一直不见好转，文彦博等两府大臣很不放心，于是便留宿殿中，但一直得不到皇上的消息。文彦博等大臣便叫来内侍都知史志聪等人询问皇上的病情，史志聪却说禁中之事，不敢泄露。文彦博大怒，斥责史志聪说："皇上得病关系到社稷安危，岂可不令宰相知天子起居？"史志聪见状，只得连说岂敢，岂敢。这样，皇上的病情宰相们才能随时掌握。

初七日，两府大臣到内东门小殿问安，突然见皇上从宫中奔出，口中大喊着："皇后与张茂则谋大逆！"仁宗皇帝不仅语言错乱，而且神志颠倒迷离。皇帝身边的宫人们哭着央求宰相们说："赶快颁赦天下，为天子消灾吧！"两府大臣退下后急急商议了一番，决定颁令，大赦天下。

自古以来，皇帝的话就是圣旨，就是臣民们所要遵循的最高指示，即使皇帝胡言乱语的昏话，人们理解的要执行，不理解的也要执行。宋仁宗在癫狂中喊出了"皇后与张茂则谋大逆"，虽然大家都知道这是皇帝病重时的昏话，但内侍张茂则却吓坏了。"谋大逆"在中国的历朝历代都是必死无疑的死罪，觉得自己必死无疑的张茂则只得自我解脱，悬梁自尽，多亏被人发现解救了下来。宰相文彦博让人叫他来训斥道："天子有病，说的不过是病中妄语，你何必如此！你死了，将使中宫皇后何所自容？"

宰相文彦博所说正是他心中最为担心的，一个张茂则死了不要紧，可你让曹皇后怎么办？因为病中的仁宗皇帝口中乱喊的是"皇后与张茂则谋大逆"，朝廷内外谁都知道曹皇后是很贤德的皇后，张茂则听了皇帝的话死了，那让曹皇后何以在宫中容身？

两府大臣和宫中的内侍对仁宗皇帝的昏话并不在意，可曹皇后自己却有了心病，她不好在宫禁中独自主持服侍医治皇帝的事务了。文彦博和富弼商量，一是决定在大庆殿设醮，日夜焚香祷告，为皇帝祈福；二是决定两府留宿禁中，设帷幄于大殿西厢。内侍都知史志聪不乐意地说："从来没有两府留宿宫中的先例。"文彦博反驳道："现在情形若此，还找什么先例？"

正月初八日，宋仁宗的神志稍稍安定下来了，到崇政殿面见众臣，安定人心。初九日，两府大臣请求到寝殿面见皇上，史志聪刚要阻拦，富弼大声喝道："宰相安可一日不见天子？"内侍太监只得退在一旁。于是两府大臣进入福宁殿，来到仁宗皇帝卧榻旁奏事。

正月十四以后，宋仁宗的神志才逐渐清醒过来，但不能说话，群臣奏事，他只是点头而已。直到二月二十一日，仁宗皇帝的身体才完全恢复，到延和殿上朝。

考察历史资料，宋仁宗常常发作的这种"昏不知人"的不豫之症，有家族遗传的因素，是一种人称"疯癫"的精神病。司马光的《涑水纪闻》记载宋真宗晚年就曾不豫，病中竟糊里糊涂地对宰相发火。宋真宗的哥哥/宋太宗的长子赵元佐也曾突然发疯，自己烧了自己的府宅，因而失去了太子的位子。宋仁宗的这种怪病，他的父亲有，他的大伯有，所以不能不说是一种家族遗传的病症。

但是，对于宋仁宗的爷爷宋太宗，史书上却没有犯过这种病的记载。然而我们却能从历史资料中找出他"烛影斧声"害死其哥宋太祖，夺取其位的蛛丝马迹。这样，如果我们从中国人"善恶有报"的观念看，这种恶报最终体现在他的儿孙身上了。前人栽树，后人乘凉；前人作恶，后人遭殃，这是无奈的中国人常常念念有词，指望有此天运的理念。但是，这样的恶报落在心地仁慈、为人厚道的仁宗皇帝身上，却不由人不发出上天为何不怜仁义之君的感叹！

五、活在世人心中的仁君

嘉祐七年（公元 1062 年）秋天，宋仁宗在众臣的劝说下立了赵曙为太子，这不仅让因皇帝经常龙体不豫而担忧国家长治久安的大臣们悬着的心放了下来，也着实让仁宗皇帝心里轻松不少。这年的年底，皇帝亲自带着太子和群臣开龙图阁与天章阁，观看祖宗留下的御书和瑞物。仁宗皇帝还亲作《观书诗》，并让宰相们唱和，他举起酒杯说："天下久无事，今日之乐，与卿等共之，宜尽醉勿辞。"

嘉祐八年（公元 1063 年）正月初一，新的一年开始了，然而朝堂之上却没有举行每年一度的元旦大朝会。到了二月，终于有消息透露出来，仁宗皇帝又一次不豫，而且这次病得很重。

三月二十九日，宋仁宗如平日一样起来，白天的饮食起居都很正常，半夜时分，他忽然从床上探起身来，话语不连贯地说要医要药，又说要见皇后。曹皇后赶来时，仁宗皇帝已说不出话来了，他费力地抬起手臂，指着自己的心口，脸色极其难看。医官紧急抢救，灌药针灸，始终不见效果。第二日凌晨时分，时年五十四岁的仁宗皇帝终于在福宁殿合上了双眼。

皇帝驾崩，朝廷自然免不了长时间的祭奠、大规模的送葬，但是宋仁宗死后，我们从史料中发现有和其他中国皇帝死时不同的记载。一位当时居住在洛阳的人在他的《闻见录》中说："尚记城中军民以至妇人孺子，朝夕东向号泣，纸烟蔽空，天日无光。"

他的一个舅舅后来从京城开封来，告诉他说："京师罢市巷哭，数日不绝。虽乞丐与小儿皆焚纸钱，哭于大内之前。"

《闻见录》中还记载了契丹国主对宋仁宗的印象。这个契丹国主年幼做太子时，对中原文化十分好奇，曾混在出使宋朝的契丹使团随员中来到开封。宋仁宗通过边境的密报已知详情，接见使团时特意将其领入宫中参观，并和皇后一起款待了他。临别时，仁宗皇帝拉着他的手说："宋与契丹既结为兄弟之国，就是一家人，愿将来唯盟好是念，唯生灵是爱！"这位太子即位后曾感慨地说道："寡人年少时，事大国之或未至，蒙仁宗加意优容，念无以为报。自仁宗升遐，本朝奉其御容如祖宗。"

老皇帝死了，朝廷的文人学士们要绞尽脑汁为他上各种各样的头衔和名号，后来的史家们要为其立传，记载歌颂他的"丰功伟绩"，新皇帝要为其举办盛大的葬礼，以显其哀荣和自己的孝心及继位的正当合法性，但很少有和老皇帝同时代的普通百姓为其逝世而哀痛悼念的记载。仁宗皇帝死了，不仅京城各个街道的人们都罢市痛哭，几天几夜不停，乞丐和小孩子也焚烧纸钱，在大内之前流泪悼念。就连远在洛阳城的军民和妇女、孩子也每天向东哭泣悼念，以致洛阳城"纸烟蔽空，天日无光"。当然我们也可以就此想象当时全国各地人们悼念的情况。甚至，曾以大宋为敌、两国兵戎相向的契丹，在宋仁宗升天之后，也将其遗像如自己祖宗般敬奉。

然而，被他同时代的人民如此痛悼的宋仁宗，在我们一般人心中并没有多大印象，在我们今天的历史教科书中，他也只是一个"比较注重休养生息"的一般君王，即使是稍知一些历史知识的人说起他，大多认为他是一个很有人情味的老好人，甚至觉得他还有点儿傻。

为什么会出现这种情况呢？我认为这一是我们国人自古以来的枭雄崇拜心理作祟；二是因其第一点而使我们的历史观即审视历史的眼光产生了偏差。

"胜者王侯败者贼"是我们做惯无奈顺民的国人的生存理念。自古以来，我们崇拜强势，崇拜强权，我们从猿到人的血液中存在的丛林法则就使得我们一直如此。不要说我们心中最为崇拜的那些在亿万生民白骨上建立强权的秦皇汉武、唐宗宋主和成吉思汗，就连那别人给点吃的、喝的，就挥舞拳头的武二郎，因其拳头硬，也被国人叹为好汉英雄。正因为这样，我们不管他让当时的人民血流成河，只要他创建了强权，我们便为之欢呼；我们也不管他让当时的生民在沉重的赋税徭役中苦累而死，只要他让今人觉得留下了"丰功伟绩"，我们便为之赞叹；我们也不管他不顾国计民生、驱使成千上万的生灵殒命疆场，只要他是开疆拓土的强人，我们便为他大唱赞歌。仿佛正是这样的所谓的伟人、强人给我们带来了千般富贵、万世太平。

然而，如果我们把审视历史的眼光稍稍改变一下，把我们的眼光从别人垒起的巍峨高山移向我们脚下的平原大川，即真正哺育了国计民生的厚土，真正推动历史向前发展的大河，以文明和经济发展最主要的几项因素来审视一下宋仁宗执政的四十二年，那我们就会发现这个缺乏大事件的宋仁宗时代是多么的辉煌！

现代国际上通用的判断一个社会是否进步繁荣有三项最重要的软实力，即人文、金融和科技。我们以此来审视一下宋仁宗时代：第一，中国文化史上举足轻重的唐宋八大家有六家出现在宋仁宗时代，这是谁也否认不了的文明进步；第二，世界上第一张纸币诞生在宋仁宗时代，这是谁也否认不了的世界金融史上的里程碑；第三，中华民族为世界科技做出的最伟大的四大发明，有三项或出现或开始应用于宋仁宗时代，这是谁也否认不了的科技辉煌。

从以上的历史事实来看，我们可以说中国历史上，想要找出一个比宋仁宗时代更辉煌的时期，实属不易！中国历史上想找出一个超越宋仁宗的皇帝，亦属不易！

宋仁宗时代是一个被我们有偏见的历史眼光选择性埋没的辉煌时代。在造就这个辉煌时代中功莫大焉的宋仁宗，应该是我们今天下大气力研究的重要历史人物。对他不带偏见、客观实际的研究会对我们今天的治国理政有极其宝贵的借鉴作用。

那么，宋仁宗身上究竟有哪些不同于中国其他皇帝的地方？这些为何就成就了他，使他成为宋仁宗？这可以说得很多，但我认为最重要的只有两条：一是他善良仁厚、宽容大度的性格；二是他超越那个时代的执政理念。

（一）善良仁厚、宽容大度的性格

宋仁宗善良仁厚的性格有来自其生身母亲遗传的因素。他的生身母亲李宸妃自己的儿子一生下来，便被刘皇后占有。为了成全刘皇后，也为了自己儿子的安危和前途，二十多年来，她眼睁睁地看着自己的亲生儿子一天天长大，自己默默地忍受着常人难以忍受的与亲生儿子不能相认的痛苦。如果说以前有迫于刘皇后淫威的因素，那么，自己的儿子立为太子，自己的儿子当了皇帝后，她依然默无一言，独自一人承受痛苦。这样的善良柔顺，这样的厚道仁义实属难见。当然，宋仁宗这样的性格也有从小寄人篱下并长期受刘太后挟制的外因。

他的这种善良仁厚的性格在执政上就表现为爱人如己、处处为他人着想，更表现在宽容大度、豁达自信上。

"二人圣"时期的少年皇帝宋仁宗在其父宋真宗送葬器物过大，需要拆除建筑物时，就明确提出城楼可拆，民居不可拆的要求，表现出关爱百姓的仁心。

赴京参加贡举考试的儒生在通过礼部考试后，仍有在殿试中落第的，许多远方寒士殿试落第，贫不能归，流落京城街头甚至有人投河自尽。宋仁宗了解到这样的情况后，做出了"自此殿试不黜落"的定制，表现出他为时运不济的读书人着想的善念。

即使对于侍候自己的下人，他也是宁愿自己受亏，也不给他人添麻烦。一次他在宫苑行走，屡屡回头看却不说话，回宫后却急急要喝水。宫人们说宫中有侍水的内侍，您为何不传水来喝？宋仁宗回答说我多次回头观看，都不见其跟上来，我那时要水喝，他岂不是要受管事人的指责？

还有一次，大臣们发现仁宗皇帝早朝时萎靡不振，便认为是昨晚贪图美色所致，就劝说皇上要克制自己，要以自己身体为重。没想到宋仁宗哈哈一笑说，我是昨晚上饿的，本想吃口烧羊肉，但没现成的，只得忍了一宿。

宋仁宗宽容大度、豁达自信的执政风格更是表现得让今天的我们都难以置信！他在废立郭皇后、提拔张尧佐、选立皇太子时，孔道辅、范仲淹、包拯、唐介、范镇等大臣反对的言辞和行为极其激烈与出格，这些人的做法放在中国任何朝代、任何皇帝时期，都会掉脑袋，可宽容大度的宋仁宗不但没有处置他们，而且将其个个提拔重用。仁宗皇帝这样的宽容大度已是有史以来任何一位皇帝都难以做到的了，我们前面已提过，这里不再细说。下面我要说的几个事例所表现出来的仁宗皇帝的宽容胸怀，不要说中国历史上最高统治者的皇帝，即便是今天我们普普通通的现代人也无法做到！

嘉祐三年（公元 1058）九月，因为张尧佐刚刚去世，宋仁宗言谈中说到了当年张尧佐屡屡遭到台谏的弹劾说："昔日言官的话就有些过头，总认为朕用了张尧佐，就同唐明皇用了杨国忠那样，会导致播迁之祸。难道用了张尧佐做宰相，朕就与唐明皇一样了吗？"宋仁宗说这些话，只不过是提到了张尧左就随便说说而已。想不到站在一旁的唐介立即说道："用了张尧佐，未必导致播迁，但陛下一旦有播迁之祸，则不如唐明皇。因为唐明皇尚有其儿唐肃宗兴复社稷，而陛下依靠谁呢？"宋仁宗听了此话脸色很是难看，但过了一会儿却慢慢地说："立太子的事，朕与韩琦已商量很久了。"

我们知道晚年的宋仁宗最痛苦的事便是没有儿子，没有一个亲生的儿子来继承他的皇位。当面说他没有儿子，说他没有儿子可以依靠，无疑是往他的伤口上撒盐、在他滴血的心头捅刀子！唐介的话无疑是戳到了仁宗皇帝的最心痛处。但是，我们这位与任何有史以来的皇帝不一样的皇帝不仅脸色难看、默无一言地忍住了，而且告诉唐介自己正在与韩琦商量立太子的事情。这是一种怎样的忍让？这是一种怎样的宽容？这又是一种怎样的大度？

如果说仁宗皇帝这样忍让唐介尚有他为人软弱的成分的话，那么我们再来看看下面的事例。

嘉祐六年（公元 1061），苏辙参加制举科殿试，他在试卷里竟然写道："我听人说，当今皇上宫中美女数以千计，每天只是饮酒作乐，既不关心天下百姓疾苦，也不与大臣们商量治国大计。"这样的事情自然被作为"恶毒攻击"事件汇报给皇帝了。想不到宋仁宗看过试卷却发话道："朕设立科举，就是选用敢言之士。苏辙一介小吏，却如此敢言，应特予功名。"

最终，苏辙与其兄苏轼同登制举科。宋仁宗还欣喜地说他们兄弟俩"又为子孙得太平宰相两人！"

宋仁宗再软弱，也不可能作为一国君王而害怕一介书生吧？他能忍受对自己的诽谤攻击，是为国家选用敢于直言的人才。真正是做到了"大肚能容，容天下难容之事"了。

如果说这只是作为位高权重的皇帝，没有必要在意几句无端的流言罢了，那下面的事例只能是让我们感叹宋仁宗让人难以想象的泱泱大度了。

当时四川有一个老儒生，特地献诗给成都太守说："把断剑门烧栈阁，成都别是一乾坤。"他给成都太守出主意说，只要派兵把住剑门关，烧掉剑阁栈道，那么，蜀地就可自成一体，建立国家。这样明目张胆地煽动造反，吓坏了成都太守，立即将这个老儒生押送到京城让朝廷问罪处斩。这个老儒生的言行在任何朝代都是"谋逆"大罪，自己掉脑袋不说，往往还要诛灭九族。但是仁宗皇帝却说："这个老秀才急于想做官，却一直当不上，于是写写诗泄愤而已，怎能治他的罪呢？不如干脆给他个官做，说不定他因为感激，还会做个好官的。"于是就授其为司户参军。

自古以来，中国历朝统治者都把维护自己的统治作为最大的大事，为此，他们血腥镇压任何威胁到自己统治的言行，不要说这位老秀才公开煽动造反，即使是稍有点对本朝不敬或本朝忌讳的言辞，也会被视为忤逆谋反之罪而屠戮净尽。为此，因为明朝的开国皇帝朱元璋年轻时当过和尚，所以明朝人说"光"、说"秃"，就会掉脑袋；因为清朝是灭亡了明朝建立的朝代，所以清朝人将"日""月"二字不敢连在一起写，连在一起就有了怀念明朝的嫌疑而被杀头。可以毫不夸张地说，中国的皇权史就是一部文字狱连绵不断的血腥历史。

但是，这位老秀才却有幸生在了宋朝，有幸生活在宋仁宗时代。仁宗皇帝能容忍这种直接威胁自己统治的言行，是他宽容大度的胸怀，更是他豁达自信的气度！而正是作为大宋皇帝的宋仁宗的这种自信和宽容，给他那个时代带来了我们中国任何时期都没有过的政治宽松、思想自由的社会氛围。宋仁宗四十二年的执政时期，是中国几千年封建历史上唯一的因最高统治者本身的自信、宽容而出现政治宽松、思想自由的时期。

一个社会政治宽松，它最大的机能便是让人思想自由、敢于思考；思想自由、敢于思考、敢于说话，才能创新思维，从而大师辈出；而思想创新、大师辈出，这个社会自然会文明高度进步、经济迅速发展。宋仁宗时期，之所以成为文化繁荣、科技创新、经济迅速发展的时期，正是源于其中国历史上极其少有的宽松政治和思想自由的社会氛围！

中国封建皇权统治对中华民族最大的戕害就在于禁锢人的思想、束缚人们思维的自由，使社会处于"万马齐喑"、人们有话不敢言而"道路以目"的状态，而政治宽松、思想自由的社会最明显的特点就在于思想活跃、百家争鸣、百花齐放，从而大师辈出。宋仁宗时期政治宽松、思想自由的状态，使这个时期成为我国少有的人才辈出、群星闪耀的时代。他那个时代的范仲淹、司马光、王安石、包拯、狄青、韩琦、文彦博、富弼、欧阳修、苏洵、苏轼、苏辙、曾巩、柳永这些光耀千秋的名字至今人们仍耳熟能详，以至现在有的史家抱怨说，这些大师巨擘的光辉掩盖了宋仁宗在中国历史上应有的光彩，人们在研究宋仁宗时期的历史时，往往被这些璀璨群星的光辉所吸引。但是，我们应该清楚地认识到，没有宋仁宗，没有他的宽容良善，没有他的政治宽松、思想自由的社会氛围，这些大师巨擘便很难产生！宋仁宗以他治下的政治宽松、思想自由的社会氛围孕育出了一个群星闪耀、大师辈出的时代。

应当说中国历史上人才荟萃、大师辈出的时期还有两个：一个是春秋战国时期，另一个是民国时期。但那两个时期的文化发展、大师辈出并不是统治者良善宽容、政治宽松，而是他们忙于打仗，无暇顾及，这使得那时我们中华民族的思想文化在他们的疏忽镇压中有了发展缝隙。所以，宋仁宗时代是我国历史上唯一一个因政治宽松、思想自由而使社会高度发展的时期，这对我们今天的治国理政有极大的借鉴作用，值得我们花大力气研究。

（二）超越那个时代的执政理念

如果说宋仁宗时代是因为有了一个和中国历史上同其他皇帝另类的、性格良善仁厚的仁宗皇帝，才使得他那个时期呈现政治宽松、思想自由的社会氛围，从而将其治理下的四十二年的社会繁荣发展仅仅归结为他性格良善仁厚的结果，那我认为这也是有失偏颇的，这对于研究宋仁宗来说也是有失全面的。这里，我想用下面一则事例来探讨一下这个问题。

有一天夜晚，宋仁宗在宫中听到有丝竹之声，便问何处在作乐，宫人回答说，这是宫外民间酒楼上传来的宴乐之声。宋仁宗听了，"哦"了一声便不再过问。宫人却忍不住接着说道："庶民都如此快活，可咱这皇宫却如此冷落，这哪能成啊！"这时，宋仁宗说了一句值得我们仔细探讨的话："正因为咱这里冷落，他们那里才有了这种快活；我要是想那么快活，冷落的就是他们了！"

仁宗皇帝的这句话看似平淡，实则精彩；看似漫不经心，实为深思熟虑；听时平淡无奇，一晃而过，细思则如春雷一声，振聋发聩！

我们执政者、统治者冷落，民间百姓才有了快活；我们执政者、统治者要是快活了，冷落的就会是民间老百姓了！那么，我们作为执政者、统治者，为什么要"冷落"自己呢？怎样才能"冷落"自己呢？宋仁宗看似漫不经心实则很是理性的话语，给了我们很清楚的回答：执政者冷落了，百姓才能够快活，这回答了"执政者是为谁执政、为什么执政"的问题。我们执政是为了百姓快活，那么，这里很清楚地表明了我们执政是为了百姓，用今天的话来说就是"执政为民"，而为了百姓们快活，用今天的话来说就是"满足广大人民群众对幸福美满生活的向往和追求"。我们执政者快活了，百姓就会冷落，这违背了"执政为民"的初衷，所以我们就要让自己"冷落"。在这里，宋仁宗"冷落"的意思很清楚，即不张扬、不享乐、不放纵、不奢华、不恣意妄为，一句话，就是执政者要克制自己，不滥用权力，不以权谋私，将权力关进自我克制的牢笼。

从历史资料来看，宋仁宗没有留下阐发他什么主义、思想、理论的作品，但是，他以他平平淡淡的话语，以他毫不作秀的行为说出了今天的人们才有的执政理念：他的执政是为了天下的百姓，他执政的目的是为了天下百姓生活得美满幸福，而为了此目的，他就要"冷落"自己，克制自己，克制自己手中至高无上的权力，将其关进自我克制的牢笼！

当然，我们说宋仁宗作为封建王朝的皇帝，他承继皇位执政少不了为巩固他的赵家天下，使其传至千秋万代的打算，但是，我们从仁宗皇帝这句谈论让谁"快活"的话语中可以看出，他清楚自己的职责是要为民做主、为民执政，要让天下百姓过上"快活"的日子。这种执政理念不能不说超越了他的时代，不能不让今天的我们发出由衷的赞叹！

说一个封建王朝皇帝的执政理念是"执政为民"，肯定会让今天的我们感到有点不太合适，但是，我们不仅从他让谁"快活"的话语中看出了他的这种理念，而且从他的具体行动中能得出同样的结论。

首先是他爱民救民，遇到灾荒，仁宗时期的朝廷总是放粮救灾，流传下来的许多小说和戏剧中"包拯陈州放粮"便是对此一定的反映。宋仁宗更是更进一步，不仅救济本朝灾民，甚至对逃难过来的契丹灾民也同样救济。京城及周边地区发生瘟疫，听说犀牛角能治病，仁宗皇帝即下令拿出宫中所有的犀牛角给百姓治病。其中有一根犀牛角御医已制成了名贵的"通天犀"，内侍要求留下给皇帝服用，可仁宗皇帝却说："吾岂贵异物而贱百姓哉！"每当天旱，他能在烈日之下不打伞盖祈求下雨，有时祈祷成功，天降大雨，他竟能在大雨中和皇后、妃子不顾淋湿，久久站立。为了亲身体验稼穑的艰难，他竟在宫苑中躬耕种麦，试问古往今来，哪一个最高统治者能做到这点？

对于知识分子，年轻时的宋仁宗便能体谅十年寒窗的不易，下令增加科举录取人数。听到殿试落第后有人流落街头，有人投河自尽，仁者爱人的宋仁宗即刻做出了殿试不再落第的定制。

为了奉水的侍者不受指责，他宁愿自己忍受饥渴；为了不给宫中御膳房的人增添麻烦，他宁愿挨饿到天明。这样的克己为人，让我们实实在在感受到了宋仁宗仁者爱人的情怀。正是他内心深处这样一种爱人的情怀，使他这个最高执政者愿意自己"冷落"，而为他人谋"快活"。

基于这样一种认识，我们再来看看宋仁宗历来受人们诟病的"岁币纳绢"问题，或许会有不同的看法。

长期以来，受历史教科书影响，人们认为北宋是个对外极其软弱的王朝，在位四十二年的宋仁宗更是个软弱的皇帝。这主要是因当时的北宋在对西夏和契丹的战争中总是妥协退让，以金钱换和平，给西夏和契丹交纳岁币与绢帛。

那么，宋仁宗为什么要这样做呢？我们在前面有关章节中已谈了许多客观原因，在这里我们主要来分析一下宋仁宗自己的主观原因。我认为我们前面说过的，仁宗皇帝对契丹王子说的一句话最能表明他的心迹，这句话就是："愿将来唯盟好是念，唯生灵是爱。"为什么要将两国的结盟友好作为首选呢？因为我们要把爱人、爱人的生命作为首选，所以宋仁宗认为战争应该"将以利物，不以害物；将以救之，非以危之"。他认为战争是应该拯救生灵，而不应该危害生灵。他还常常说："好战者亡，忘战者危，不好不忘，天下之王。"他认为好战的人最终会走向灭亡，而不做战争准备又是极其危险的，不轻易发动战争而又做好战争准备的人才是真正的天下之王。所以，他从热爱人民、怜惜生命的本心出发，只要能消弭战争，只要能让敌对双方的百姓子弟不在战场上做无辜的炮灰而流血殒命，只要天下和平，百姓安宁，自己宁愿忍受屈辱而捐币纳绢。

然而，从古至今，我们在枭雄崇拜心理的驱使下，总是匍匐在不惜亿万生灵流血殒命而挑起战乱的战争狂人脚下，赞美他们的横扫天下，讴歌他们的铁腕武功，却全然无视疆场殒命的累累白骨和孤儿寡母的悲伤泣号！

我们今天常常高调提倡"以人为本"。以世上生灵为念、爱人爱民、珍惜生命为初心的宋仁宗，宁愿忍受屈辱也要践行他的理念，这与历史上在亿万生灵白骨上建立所谓卓著武功的帝王相比，哪个更值得我们肯定呢？如果我们理性地想一想，或许能得出不同以往的答案。

说到这里，我想又回到前面我多次提到的话题，即对历史人物特别是对有权左右当时历史的人物，我们究竟以什么准则来评价的问题。我们现在最流行的准则便是"有何历史意义"，而在具体的分析评论中，这种"有何历史意义"实则又成了"对今天有何影响、有何作用"了。所以，让成千上万的生灵死于非命而留下了长城和兵马俑的秦始皇成了伟大的"千古一帝"；

只顾自己荒淫享受、史上留名而横征暴敛，征伐高句丽的隋炀帝，也因其留下了大运河而大受今人赞美。但是，他们给当时的人民带来了什么呢？我们虽然已看不到他们的血泪，听不到他们的哭号，但史书上血泪斑斑的记载还在！我们怎能不顾当时人们（我们自己的祖先）所经受的苦难而为其暴君大唱赞歌呢？我们的历史研究难道能一点儿都不顾及当时民众的苦难和感受吗？

宋仁宗去世后，当时的百姓"罢市巷哭，数日不绝"，"军民以至妇人孺子，朝夕东向号泣，纸烟蔽空，天日无光"，让我们深切地感受到了当时民众的痛悼。这就是有自己亲身感受的人民大众痛失仁君的悲伤，这就是最有资格评价他们时任君王的北宋民众的真情流露，而这种真情悲悼就是对仁宗皇帝最准确和最高的评价！

生前造福于百姓，死后让民众痛心的宋仁宗难道真能只算是一个"比较注重休养生息"的平庸皇帝吗？答案显然是否定的！他的仁爱为怀，造福人民的执政理念超越了他的时代，这不仅让民众生活得和平幸福，更重要的是让他们活得有尊严，让知识分子有话敢说，敢说真话，因而使社会文明进步、经济发展、文化繁荣，而这些，直到今天仍然是我们所向往和追求的。所以，我们说宋仁宗时代是我国历史上最好的时期，宋仁宗是中国历史上其他任何一个君王都无法相比的伟大人物！

这样的历史人物不仅值得我们肯定赞扬，更值得我们认真研究，努力借鉴！

宋高宗赵构

宋高宗赵构是中国皇帝当中本质和表象都极其复杂的历史人物。一是因为他特别注重自我形象的装扮和南宋史官刻意矫饰，使得有些后世史家称其为"恭俭仁厚的中兴之主"；二是其把持朝政时，腐朽的南宋王朝对外软弱退让、献媚乞降，对内却制造"莫须有"冤案、残杀抗金将领；三是在江山半壁、国家危亡、人民在战乱频仍的祸乱中痛苦挣扎之时，他却偏安一隅，一味迷恋荒淫无耻地享乐。从自己内心来说，我实在不愿将赵构这个历史人物作为"中国名帝"在这里讲析，但是，我又不忍心回避他所处的那个时代。宋高宗赵构所处的时代是中华民族历史悲剧开启大幕的时代，是一个各方面矛盾冲突十分剧烈的大动荡时代，这个时代上演了一幕幕既让后人可歌可泣，又更让人可悲可叹的历史大剧，这让我们不能回避它，必须正视它、思索它。

我们常说时势造英雄，英雄造时势，但是我们又常常无奈地看到时势又不断地抬出一些跳梁小丑来主宰我们的国运，使得时势制造小丑，小丑来把握时势，使历史不断上演丑剧、闹剧和悲剧。在近千年前，中华民族历史悲剧拉开大幕之时，时势究竟制造出了怎样的一个主宰我们国运的人物，这个人物又是怎样将我们民族的命运拖入悲剧深渊的，我们自会从对宋高宗赵构的历史资料的阅读分析中找出答案。

一、国破家亡厄运中的幸运儿

1. 风流皇帝惹祸端

我们说宋高宗所处的时代是中华民族历史悲剧开启大幕的时代，而拉开这场悲剧序幕的便是宋高宗赵构的父亲——促使北宋走向灭亡的宋徽宗赵佶。宋徽宗赵佶是一个在音乐、绘画、书法、诗词、棋艺、踢球等方面上很有才华，却在治国理政上极端昏庸无道、荒淫奢侈的皇帝，正是他在位期间的行为放荡、追求享乐、任用奸佞和处事的荒唐、昏庸引来了祸端，促使北宋走向了灭亡。

宋徽宗赵佶极端好女色，他的后宫养着数以万计的宫女，史书记载，这个纵欲无度的皇帝"五、七日必御一处女，得御一次，即畀位号，续幸一次，进一阶"。庞大的后宫开支，也是宋徽宗时期搜刮民脂民膏、竭泽而渔，致使国库空虚的重要原因。即使这样，宫廷的美女仍然满足不了赵佶的淫心，在其宠信的奸臣群小的怂恿下经常微服私出，在京城街巷眠花宿柳。后来，他结识了京城名妓李师师，又觉得微服私出不便了，于是干脆将李师师接入宫中，封为"夫人"，整日和李师师厮混在一起，将朝政交给蔡京、王黼等奸相处理。

宋徽宗不仅好色，更是好玩，宫内放荡淫乐的生活还不能让他满足，于是他便突发奇想下令在皇宫中盖起了草棚，建起集市村镇，让宫中的宦官、宫女装扮成各种各样的市井人物住在里边。这些宦官、宫女长期在宫中受到束缚，此时装扮成各色人等在集市游荡，便甚觉自由，就索性假戏真做，痛快玩乐。因此，这里整日熙熙攘攘、热闹非凡，宋徽宗也装扮成各种人物到这里游玩。他有时装扮成官员、商人，有时装扮成和尚、乞丐或泼皮无赖，当然这些装扮成市井之人的宦官、宫女也知道他是当今皇帝，自然尽力伺候。但是，这些人有时热情得过了头，不符合应该对待皇帝所装扮的角色的态度，又会惹得徽宗皇帝翻脸治罪，让这些宫中演员吃尽了苦头，所以这些演员有时也就装作没认出皇帝来，抓住机会出出气。

有一次，宋徽宗穿了一身破烂衣服，戴了一顶烂头巾，装扮成一个疯疯癫癫的乞丐，向一个女店主讨酒喝。这个装扮成女店主的宫女，以前曾无端受到宋徽宗的打骂，现在看见皇帝装扮成这个样子，便有意想借机出出气，于是她假装没认出皇帝，操起一把扫帚便往外赶。装扮成乞丐的宋徽宗一看她真赶自己，便大声喊道："我是当今皇帝，你敢如此无礼吗！"没想到这个宫女不仅当头便打，而且大声骂道："你这个穷叫花子竟敢冒充皇帝，老娘今天就要打你这个假皇帝！"装成乞丐的宋徽宗挨了打，只好落荒而逃。事后宋徽宗要将其治罪，那宫女却道："当时我真当是乞丐呢。"闻听此言的宋徽宗即刻转怒为喜说："朕装得真像乞丐吗？"宫女回答说："像极了，我一点都没看出是陛下。"昏庸的宋徽宗一听非常高兴，不仅没有治罪，还大大地赏赐了这个宫女。

上有所好，下必逢迎。宋徽宗喜欢写字作画，奸相蔡京便到处搜罗书画献给皇上。大宦官童贯、朱勔便专门在杭州、苏州设局为皇帝制造珍奇玩物。特别是朱勔，为讨好宋徽宗，满足皇帝喜好珍玩的欲望，在东南各地到处收集奇花异石，不管是象牙犀角、金银玉器、书画古董，还是花石禽鸟等，都无所不征。这些东西搜集到一定数量，朱勔便组织船队运送，运送时，规定十只船编为一纲，称为"花石纲"。史载为了运送一块"广高数丈"的太湖石，朱勔亲自督运，"载以大舟，挽以千夫，数月乃至东京"。

宋徽宗不仅是一个喜欢玩乐的浪荡天子，还是一个极端迷信的道教徒。他能从一个皇家宗室的端王当上皇帝，就是因为前任皇帝宋哲宗死时无子，所以他很是担心自己无子，将来皇位也被别人抢去。深知其心理的道士刘混康便给他出主意说："京城东北角地势低洼，若垫高，当有多子之福。"宋徽宗当即下令征集民夫，不仅垫高了这个地方，还筑起了高高的土岗。想不到从此以后宋徽宗竟接二连三地生了三十多个儿子，这让宋徽宗更加相信道教，大力推崇道教。他不仅率先在皇宫中建起了一座金碧辉煌的玉清和阳宫，还在全国各地大修道教宫观，供奉道家诸仙，并下诏在全国各地广泛征集各种道教仙经。有个温州道士林灵素为阿谀皇帝，信口开河地说宋徽宗是长生大帝下凡，蔡京是左元仙伯转世，王黼是文华使转世，宋徽宗一听便乐不可支，即刻召林灵素在朝堂上向文武百官宣布。从此以后，宋徽宗便自封"教主道君皇帝"，让人们称他为"道君"或"道君皇帝"。他不仅打扮得人不像人、仙不像仙，到处设坛祭天，还下令给每个道观划田千顷，每个道士领取国家补贴。这更加重了国家财政和天下百姓的负担。

宋徽宗的放荡玩乐、恣意挥霍和胡乱折腾弄得国库空虚、民生凋敝，全国各地民怨沸腾，造反起义此起彼伏，北方的宋江、南方的方腊就是典型的代表。然而谁能想到，就在这国力空虚、烽烟四起、朝廷上下无力招架、大宋江山摇摇欲坠之时，荒唐昏庸的宋徽宗竟又拿出昏招，派出使者到刚刚兴起的金国，约定和金国南北夹攻，共同灭掉与大宋长期对峙的辽国。这样，国力已被昏君宋徽宗挥霍殆尽的大宋王朝又惹火烧身，以前门拒狼、后门引虎的愚蠢行动给自己招来了灭顶之灾。那么，宋徽宗是如何动起这个念头来的呢？《纲鉴易知录》有下面的记载：

> 燕人马植本辽大族，仕至光禄卿，行污而内乱，不齿于人。童贯使辽，道卢沟，植夜见其侍史，自言有灭燕之策，因得见贯。贯与语，大奇之，载与俱归，易姓名曰李良嗣，荐诸朝。植即献策曰："女真恨辽人切骨，而天祚荒淫失道，本朝若自登、莱涉海，结好女真，与之相约攻辽，其国可图也。"议者谓："祖宗以来，虽有此道，以其地接诸蕃，禁商贾舟船不得行，百有余年矣；一旦启之，惧非中国之利。"不听。帝召问之，植对曰："辽国必亡。陛下念旧民遭涂炭之苦，复中国往昔之疆，代天谴责，以治伐乱，王师一出，必壶浆来迎。万一女真得志，事不侔矣。"帝嘉纳之，赐姓赵氏，以为秘书丞。图燕之议自此始。

燕地人马植本是辽郡的大族出身，官至光禄卿。他为人低劣淫乱，是个人人瞧不起的小人。童贯出使辽国经过卢沟桥，马植连夜与童贯的侍从见面，称自己有灭燕的良策因而得以见到了童贯。童贯与他一交谈，认为马植有奇才，就带着他一同回朝，给他改名为李良嗣，并向朝廷推荐了他。

马植给朝廷献策说："女真人对辽国恨之入骨，而且现今辽国的天祚皇帝荒淫无道，大宋朝如果从登州、莱州渡海，结好女真，和他们相约南北夹攻辽国，那辽国便完全可以被灭掉。"当时朝廷有大臣说："太祖、太宗以来，虽然有这条路，但因为这个通道与外藩直接相通，所以朝廷严禁舟船相通和商贾往来，已经有一百多年了。一旦打开这条通道，恐怕对我们中原不利。"但徽宗皇帝却拒绝了这个意见。

宋徽宗特地召见马植，询问他的策略。马植向宋徽宗进言说："辽国必然灭亡。陛下念及以前汉民百姓遭受的涂炭之苦，恢复中国往日的疆土，替上天谴责无道，用大治之国讨伐大乱之国，这样一旦王师出动，百姓一定会箪食壶浆前来迎接。若万一让女真人提前得手了，那事情就不妙了。"徽宗皇帝非常赞赏他的策略，采纳了他的建议，并且赐给马植赵姓，任命他为秘书丞。宋朝和女真人相约攻打辽国来图谋燕地的谋划便就此开始了。

北宋建立以来，长期和契丹人的辽国对峙。辽国占据着北宋的燕云十六州，国力衰弱的宋朝不仅无力收回，还要每年给辽国献币纳帛，以换得暂时的和平。现在马植一番天花乱坠的建议，一下子让宋徽宗头脑发昏、忘乎所以起来。他一是不顾国家已被自己折腾得国库空虚、民力疲惫，毫无攻打契丹辽国和应对女真金国的能力；二是他一点都不了解刚刚兴起的女真人的金国是个怎样的国家，其即位称帝的完颜阿骨打又有着怎样凶狠贪婪的性格。在这样既不知己又不知彼的情况下，糊里糊涂地贸然发动战争，国家怎能不被他拖入灭顶的深渊？那么女真人的金国是如何兴起的？它的皇帝完颜阿骨打有着怎样的性格？《纲鉴易知录》有着下面的记载：

> 初辽主如春州，幸混同江钓鱼，生女真酋长在千里内者，以故事皆来朝。适遇鱼头宴，辽主命诸酋次第起舞，至阿骨打，辞不能，但端立直视。辽主喻之再二，终不从。他日，辽主密谕北院枢密使萧奉先曰："阿骨打雄豪不常，可托以边事诛之，否则必贻后患。"奉先曰："彼鹿人，不知礼义，且无大过而杀之，恐伤向化心。设有异志，蕞尔小国，亦何能为？"辽主乃止。
>
> 阿骨打归，疑辽主知其异志，且以辽主淫酗，不恤国政，遂称兵先并旁近族。至是，节度使乌雅东死，阿骨打袭位为都勃极烈。都勃极烈者，官长也。辽使阿息保往谓之曰："何故不告丧？"阿骨打曰："有丧

不能吊，而乃以为罪乎？"

甲午，四年，冬十月，女真阿骨打叛辽，取宁江州。辽主闻宁江州陷，乃以司空萧嗣先为东北路都统，萧达不也副之，帅兵屯出店河。阿骨打帅众来御，未至混同江，会夜，阿骨打方就枕，若有扶其首者三，寤而起曰："神明警我也。"即鸣鼓举燧而行，黎明，至混同江，与辽兵遇。会大风起，尘埃蔽天，阿骨打乘风奋击，辽兵溃，将士多死，其获免者十有七人。辽人尝言女真兵满万则不可敌，至是始满万云。

阿骨打既屡胜辽，其弟吴乞买率将佐劝其称帝，阿骨打遂于正月朔即皇帝位。且曰："辽以宾铁为号，取其坚也。宾铁虽坚，终以变坏，惟金不变不坏。金之色白，完颜色尚白，况所居按出虎水之上。"于是国号大金，改元收国，更名旻。

当初，辽国的君主巡察春州，在混同江钓鱼，按规矩，在一千里范围内的女真人的各位酋长都必须前来朝见。在鱼头宴会上，辽国君主命令各位酋长轮流跳舞取乐，轮到完颜阿骨打时，他推却说自己不会跳舞，他直直地立在大厅中央，眼睛直勾勾地望着辽国君主。辽国君主再一次命他跳舞，他还是不服从。后来，辽国君主暗中对北院枢密使萧奉先说："阿骨打桀骜不驯，非同常人，应当以边防之事为借口杀掉他，否则必然留下后患。"萧奉先说："他只是一个粗人，不知道礼仪，何况又没有犯什么大错，杀了他恐怕会伤了女真人的归顺臣服之心。就算他真有异心，他那巴掌大的小国，又能干成什么事呢？"于是辽国君主便打消了杀掉完颜阿骨打的念头。

阿骨打回去后，担心辽国君主怀疑自己有异心，又因为辽国君主荒淫无道，不体恤国政，于是发兵兼并了周围的部落。此时节度使乌雅东去世，阿骨打就夺取了节度使的职位，自称"都勃极烈"，都勃极烈是长官的意思。辽国使者阿息保奉命指责他说："为何不告知丧事？"阿骨打说："有丧事不能吊唁，这也算是有罪吗？"

甲午年，政和四年十月，女真部族首领完颜阿骨打公开背叛辽国，发兵攻占了宁江州。辽国君主得悉宁江陷落，就任命司空萧嗣先为东北路都统，萧达不也为副都统，率领部队驻扎在出店河。完颜阿骨打领兵前来抵御，还未到混同江，时至深夜，完颜阿骨打刚就枕入睡，便感觉有什么东西多次地扶他的脑袋，他从梦中惊醒后说："这是神明在提醒我。"于是他带领部队敲起战鼓，举着火把继续前行，黎明时分到达混同江，与辽兵相遇。这时大风骤起，尘埃蔽天，完颜阿骨打乘着大风奋力出击，辽兵溃败，许多将士战死，没有战死的只剩下十分之七。辽国人曾经说过女真人只要兵满一万人就势不可当，这时女真的兵力刚满一万人。

阿骨打接二连三打败辽国，他的弟弟吴乞买就率领众位将佐劝他称帝，于是阿骨打就在正月初一即位称帝。他说："辽国人以宾铁为象征，取其坚硬之意。但宾铁虽然坚硬，终究也会生锈变坏，只有金子是不会变坏的。金子的颜色是白的，我们完颜民族也崇尚白色，何况又居住在按出虎水之上。"于是他确定国号为大金，改年号为收国，自己改名为完颜旻。

完颜阿骨打从一个小小的部落酋长迅速崛起的过程，充分显示了他桀骜凶狠、好斗善战的性格，昏庸的宋徽宗一意孤行地和这只即将吞灭辽国恶狼的猛虎结盟，无疑是国力衰弱的北宋王朝噩梦的开始。

宣和二年（公元1120年），北宋派出使臣从海上出使金国，其后，宋、金订立盟约，双方约定共同夹击辽国，金国军队进攻辽国中京大定府（今内蒙古宁城境内），宋军进攻辽国南京西津府（今北京）和西京大同府（今山西大同）。灭辽之后，燕云之地归宋，宋将原来送与辽的岁币转送金国。

宣和四年（公元1122年），金国军队迅速攻占了中京和西京，但由童贯、蔡攸率领的宋军接连两次攻打辽国南京，都被辽军打得大败。这年的十二月，金军由居庸关进军，一举攻下辽南京。金国要求将燕京每年的租税一百万贯给予金朝，并将燕京城内财物和青壮年男女劫掠一空而去，宋朝接收的只不过是一座残破不堪的空城。

在宋、金联合攻辽及其后的交涉燕京归属的过程中，宋朝政治军事的腐败无能暴露无遗，这更激发了完颜阿骨打死后继承了金国皇位的吴乞买吞并宋朝江山的野心。宣和七年（公元1125年），金军在俘虏了辽国天祚皇帝、灭掉辽国之后，乘胜由两路大军进攻宋朝。西路由完颜宗翰（粘罕）率领，从云中府进取太原府；东路由完颜宗望（斡离不）率领，由平州（今河北卢龙）进取燕山府。西路军在太原遭到王禀领导下的宋朝军民的顽强抵抗，长期未能攻下。东路军到达燕山府后，北宋守将郭药师投降，金军即以降将引导，长驱南下，渡过黄河，直达东京城下，北宋王朝到了行将灭亡之时。

2. 山河破碎靖康耻

金军兵临汴京城下，宋朝君臣即刻陷入极度的恐慌之中。当时只有李纲等少数几个大臣深明大义，能以国家和民族利益为重，坚决主张抗金，保卫都城汴京，但大多数只顾个人利益的求和派官员，如白时中、李邦彦、张邦昌等人均主张朝廷放弃京城南逃，并派使者向金军屈膝求和。宋徽宗更是被吓破了胆，他一面向金军遣使求和，一面将皇位让给了太子赵桓（宋钦宗），自己做了太上皇，并带着宠臣蔡京、童贯等连夜南逃亳州，后又逃到了镇江。

匆匆即位的宋钦宗眼见老皇帝给他甩下一个烂摊子南逃，自己在众多求和派大臣的督促下也想赶快南逃，但在主战的李纲等人的极力劝说下，只得勉强留下来，坚守京城。《纲鉴易知录》有下面的记载：

> 宰执议请帝出幸襄、邓以避敌锋。行营参谋官李纲曰："道君皇帝挈宗社以授陛下，委而去之，可乎？"帝默然。白时中谓都城不可守，纲曰："天下城池岂有如都城者？且宗庙、社稷、百官、万民所在，舍此欲何之？今日之计，当整饬军马，固结人心，相与坚守，以待勤王之师。"帝问："谁可将者？"纲曰："白时中、李邦彦等虽未必知兵，然借其位号，抚将士以抗敌锋，乃其职也。"时中勃然曰："李纲莫能将兵出战否？"纲曰："陛下不以臣庸懦，傥使治兵，愿以死报。"乃以纲为尚书右丞、东京留守。

> 纲为帝力陈不可去之意，且言："明皇闻潼关失守即时幸蜀，宗庙、朝廷毁于贼手。今四方之兵不日云集，奈何轻举以蹈明皇之覆辙乎？"会内侍奏中宫已行，帝色变，仓促降御榻曰："朕不能留矣。"纲泣拜，以死邀之，帝顾纲曰："朕今为卿留，治兵御敌之事，专责之卿，勿致疏虞！"纲皇恐受命。宰执犹请出幸不已，帝从之。纲趋朝，则禁卫擐甲，乘御已驾矣。纲急呼禁卫曰："尔等愿守宗社乎？愿从幸乎？"皆

曰："愿死守！"纲入见曰："陛下已许臣留，复戒行，何也？今六军父子妻孥皆在都城，愿以死守，万一中道散归，陛下孰与为卫？敌兵已逼，知乘舆未远，以健马疾追，何以御之？"帝感悟而止，禁卫六军闻之无不悦者，皆拜伏呼万岁。乃命纲兼行营使，以便宜从事。纲治守战之具，不数日而毕。

金军兵临汴京城下，朝中执政大臣纷纷劝说宋钦宗出宫到襄州、邓州躲避敌军锋芒。行营参谋李纲却极力劝说皇帝留下来坚守都城，他说："道君皇帝将宗庙社稷全部授予陛下，可陛下却全部丢弃而逃跑，这可以吗？"宋钦宗听了默无一言，白时中却在一旁说都城绝对守不住。李纲说："天下的城池有哪个比得上都城坚固的？况且宗庙、社稷、百官、万民都在这里，舍弃了这些，我们打算要跑到哪里去？当今之计，朝廷应当整顿兵马，团结人心，齐心协力坚守城池来等待勤王之师的到来。"这时宋钦宗发话道："谁可以带兵呢？"李纲说："白时中、李邦彦等人虽然未必精通军事，但倚仗他们的地位和官职，是可以安抚将士来抵抗敌军的，这也是他们的职责所在。"白时中一听立即生气地吼道："李纲难道不能带兵打仗吗！"李纲立即大声表态说："陛下如果不嫌臣平庸懦弱，让臣带兵的话，臣愿意以死报国！"于是钦宗下诏任命李纲为尚书右丞、东京留守。

此后李纲又极力给宋钦宗陈述不可逃离京城的意义，他说："当年唐明皇听说潼关失守就立即西逃蜀地，以致宗庙、朝廷都毁于贼寇之手。如今四方勤王之兵不日就会云集都城，我们怎能重蹈当年唐明皇的覆辙呢？"想不到这时内侍来报告说后宫人员都已启程了，宋钦宗一听顿时脸色大变，急匆匆地从御座上走下来说："朕不能留下了。"李纲一下子跪倒在地，流着眼泪死死地请求钦宗皇帝留下来。钦宗无奈，只好盯着李纲说："朕今天为你留下，那领兵御敌的事就完全交给爱卿你了，可千万不要疏忽大意，出什么漏子啊！"李纲诚惶诚恐地接受了命令。但是那些执政大臣还是不停地劝说皇帝逃离京城，宋钦宗又一次准备出宫南逃了。李纲闻讯急急地赶到宫中，只见禁军卫士们已经穿戴盔甲，宋钦宗的车马就要起驾了。李纲急忙向禁军卫士们大声呼喊道："你们是愿意守卫宗庙社稷呢？还是愿意跟随皇上出走南逃呢？"禁军卫士们齐声大呼道："愿意死守京城！"于是李纲进宫对钦宗皇帝说："陛下已经答应臣留下来，现在却又要悄悄地出走，这是为什么呢？今天禁卫六军的父母、妻儿都在都城，他们都愿意以死守城，现在陛下却要带他们弃城而逃，万一半路上他们逃散而回，陛下指望谁来护卫您呢？况且敌兵已经逼近，知道圣上车驾还未走远，他们轻骑急追，陛下拿什么来抵挡他们呢？"

李纲的一番话让宋钦宗一下子醒悟过来，于是下令停止出宫。禁军将士们接到传令后无不喜悦，个个伏地叩拜，山呼万岁。宋钦宗还任命李纲兼任行营使，并授予他可以根据具体情况决定军事的权力。李纲于是下令京城守军积极准备防守战斗的器具，不到几天就做好了京城防守的准备。

虽然，中国历史上有在国家危难之时像李纲这样的民族精英，但更多的却是只顾自己性命和享乐因而畏敌如虎的昏庸帝王和奸佞大臣，更可悲的是能决定国家、民族命运的权柄还掌握在这些昏君和佞臣手中，所以我们只能无奈地看到我们的历史悲剧不断地重复上演。

李纲率领全城军民坚守京城，使金军的强力进攻无法越雷池一步，无论金军是从水路采用火攻战术，还是从陆路在弓弩炮石的掩护下用云梯爬城，都是一败涂地，狼狈而逃，在汴京城下留下遍地的尸体。到后来，西北的种师道、姚平仲等将领率领不下二十万人的勤王劲旅赶到，对金军形成了内外夹攻之势，而长驱南下的金军只有六万人，他们前有坚城，后有强敌，完全陷入了腹背受敌的不利局面。然而，在形势如此有利于宋朝的境况下，对内如饿虎、对外如驯猫的独裁昏君宋钦宗却一而再、再而三地派使臣到金营求和，并且接受了以下苛刻的求和条件：宋朝割让太原、中山（河北定县）、河间（河北河间）三镇给金朝；每年给金朝献纳五百万两黄金、五千万两白银、一百万匹绢帛、一万头牛马；宋朝派遣亲王和宰相做人质，护送金军安全渡河北撤。

李纲对这种屈辱求和的做法极端愤慨，他向宋钦宗疾呼：金人所要金帛，竭尽了全国财力；三镇是国家的北方屏障，割让了三镇，国家何以自保？想不到李纲的话激怒了昏君、奸臣，公元1126年2月，朝廷罢免了李纲的职务，以求和派蔡懋接替了李纲的职位。蔡懋接任后立即下令，守城军民不得随意向金人放一箭、投一石。

朝廷昏庸的倒行逆施激起了京城百姓的极端愤怒，汴京军民数万人响应以太学生陈东为首的一批青年知识分子的号召，他们走上街头，集结请愿，要求朝廷罢免李邦彦、白时中、张邦昌、蔡懋等求和奸臣，起用李纲等正直主战的大臣。宋钦宗害怕事情闹大，多次派遣官员安抚弹压，但有二十多名官员被愤怒的群众打死、打伤。宋钦宗无奈，只得罢免了许多求和派官员，重新起用了李纲。

这次以太学生陈东为首的反求和、反内奸的请愿活动，是我国历史上青年知识分子爱国斗争的光辉一页，它显示了人民的力量，壮大了抵抗派的声势，大大打击了求和派的嚣张气焰。李纲复职后，重新部署了京城的防务，在多次打退金军猛烈的进攻后，还主动采取两座城门同时主动出击的战术夹击金军。汴京保卫战进行了将近一个月，在李纲的指挥下，宋军越战越勇，各地的勤王援军也不断赶来，孤军深入的金军担心时间一长，自己的后路会被宋军切断，只得弃城撤围向北退兵。

金军撤兵时，许多宋军将领要求追击敌军，并在其北渡黄河时聚而歼之，但在朝廷强力阻拦下没有实行，使得放虎归山，留下了后患。一位有远见的大臣吕好问提出警告说，女真人如此藐视我朝，一定不会就此罢兵。到了秋天天高气爽，草肥马壮，女真人的铁蹄又会卷土重来，应当趁早做好准备。但宋钦宗却认为这是"危言耸听"，认为从此以后便是"天下太平"，他不但没有做一定的防务部署，还下令各地的援军全部撤回原地。逃到南方的太上皇宋徽宗也兴高采烈地回到汴京，继续过他醉生梦死、荒淫奢侈的宫廷生活。

李纲非常担心这种忘乎所以、粉饰太平的局面，多次向朝廷提出防御金军的方略部署，但都被当时把持朝政的耿南仲等人压住不报，并将李纲调任他职，排除在朝廷之外。

经过半年的养精蓄锐，公元1126年8月，金军又兵分两路向南杀奔而来。东路军在完颜宗望的率领下，从保州（河北保定）直攻真定（河北正定）。真定知府李邈先后给北宋朝廷上书告急三十多次，都得不到回应。孤立无援的真定很快陷落，李邈被俘后不屈而死。于是金兵又攻陷庆源府，经恩州（河北清河）攻下大名府，在李固渡过了黄河。西路金军在完颜宗翰的率领下，攻破了被围二百五十天的太原城，宋朝守将王禀力战而死。金军迅速抵达黄河北岸的河阳（河南孟县）。此时黄河南岸有宋朝十二万守军，竟被对岸金军虚张声势的战鼓声所吓倒而连夜逃跑，致使金军很快渡过黄河，进占了西京（河南洛阳）、郑州，直扑汴京而来。

公元 1126 年 11 月，金军两路大军会师汴京城下，北宋都城再次被围。当时汴京守城部队有七万人，河东、河北大部分地区仍在宋军手中，而且陕西方面的援军特别是爱国将领宗泽的部队正在向京城靠拢。局势虽然危急，但只要宋军组织好力量，坚持抗战，形势也有向宋朝有利方向发展的可能。但是，只图苟安、极端怕战的宋钦宗君臣一心求和。他们把金军第二次包围汴京的责任归罪于李纲，借此打击主战派的同时，积极派出耿南仲和聂昌分别到宗望和宗翰军中议和，答应宋金两国以黄河为界，将黄河以北的土地和人民奉送给金朝。广大的人民群众非常痛恨这种不顾百姓死活的卖国行径，当议和的聂昌到达绛州（山西新绛）时，愤怒的群众一呼百应，将聂昌挖掉了眼睛，砍成了肉泥。

由于朝廷疏于防御准备，被围一个月有余的汴京城内弹尽粮绝，围城中的军民饥寒交迫，树皮、树叶及河中的水藻都被吃光，军民成批成批地冻饿而死，城中战力大减。这一年的润十一月初，金军趁大雪破城，无路可逃的宋钦宗只得到金营投降，北宋王朝灭亡。

公元 1127 年 4 月，金兵将宋徽宗、宋钦宗父子二人连同北宋的皇后妃子、太子、亲王等俘虏北去，皇宫及汴京城中的金银、绢帛、文物、图籍、宝器被劫掠一空。因为这一年的年号为"靖康"，所以这个历史事件被称为"靖康之难"或"靖康之耻"。对此，《纲鉴易知录》有下面的记载：

> 吴乞买得帝降表，遂废帝及太上皇帝为庶人。知枢密院事刘彦宗请复立赵氏，不许。丁卯，金人令翰林承旨吴幵、吏部尚书莫俦入城，令推立异姓堪为人主者，且邀上皇出城。孙傅曰："吾惟知吾君可帝中国

尔。若立异姓，吾当死之。"京城巡检范琼逼上皇与太后御犊车出宫。郓王楷及诸妃、公主、驸马及六宫有位号者皆行，独元祐皇后孟氏以废居私第获免。

初，金人檄开封尹徐秉哲，尽取诸王、皇孙、妃、主，凡得三千余人，秉哲悉令衣袂相联属而往。

金人逼帝及上皇易服。若水抱帝而哭，诋金人为狗辈。金人曳若水出，击之，败面，气结仆地。金人又逼上皇召皇后、太子；孙傅留太子不遣。吴幷、莫俦督胁甚急，范琼恐变生，以危言慑卫士，遂拥皇后、太子共车而出。傅曰："吾为太子傅，当同死生。"遂以留守事付王时雍，从太子出；百官军吏奔随太子号哭，太子亦呼云"百姓救我！"哭声震天。至南熏门，范琼力止傅，金守门者曰："所欲得太子，留守何预？"傅曰："我宋之大臣，且太子傅也，当死从。"遂宿门下以待命。

若水在金营旬日，粘没喝召问立异姓状，若水因骂之为剧贼。粘没喝令拥之去，若水反顾，骂益甚，谓其仆曰："我为国死，职尔，奈并累若属何！"又骂不绝口，监军挝破其唇，嗫血骂愈切，至以刃裂颈断舌而死。金人相与言曰："辽国之亡，死义者十数，南朝惟李侍郎一人。"

吴幷、莫俦复召百官议立异姓，众莫敢出声。王时雍问于幷、俦，二人得言敌意在张邦昌，时雍未以为然。适尚书员外郎宋齐愈至自金营，众问金人意所主，齐愈取片纸书"张邦昌"三字示之。时雍乃决，遂以邦昌姓名入议状。张叔夜不肯署状，金人执叔夜及孙傅置军中。粘没喝召叔夜绐之曰："孙傅不立异姓，已杀之；公年老大家，岂可与傅同死！"叔夜曰："世受国恩，义当与之存亡。今日之事，有死而已！"金人皆义之。

太常寺簿张浚、开封士曹赵鼎、司门员外郎胡寅皆逃入太学，不书名。唐恪书名，饮药而死。已而时雍复集百官诣秘书省，俾范琼谕众以立邦昌意，众唯唯。时雍先署状以率百官，御史马伸独奋曰："吾曹职为争臣，岂容坐视！"乃与御史吴给约中丞秦桧共为议状，愿复嗣君以安四方，且论邦昌当上皇时蠹国乱政，以致社稷顷危。金人怒，执桧去。

金人奉册宝至，邦昌北向拜舞，受册即，号大楚。阁门宣赞舍人吴革，耻屈节异姓，率内亲事官数百人，皆先杀其妻孥，焚所居，举义金水门外。范琼诈与合谋，令悉弃兵仗，乃从后袭之，杀百余人，捕革，并其子杀之。是日风霾，日晕无光。百官惨沮，邦昌亦变色，唯王时雍、吴幵、莫俦、范琼等欣然以为有佐命功。邦昌心不安，拜官皆加"权"字。

斡离不胁上皇、太后与亲王、皇孙、驸马、公主、妃嫔及康王母韦贤妃、康王夫人邢氏等由滑州去；粘没喝以帝、后、太子、妃嫔、宗室及何㮚、孙傅、张叔夜、陈过庭、司马朴、秦桧等由郑州而去，而归冯澥、曹辅、孙觌、汪藻、郭仲荀等于张邦昌。邦昌率百官遥辞二帝于南熏门，众恸哭，有仆绝者。京师为之一空。

金国皇帝吴乞买收到了宋钦宗的降表，便下旨废宋钦宗及太上皇为庶人。知枢密院事刘彦宗请求重新扶立赵姓宗室为皇帝，金人不同意。初四丁卯日，金国命令翰林承旨吴幵、吏部尚书莫俦进入京城，推立一位可做皇帝的异姓做皇帝，并且要求太上皇出城。孙傅说："我只知道只有皇上可以在中原称帝，如果另立异姓，那我就去死。"京城巡检范琼逼迫太上皇与太后乘坐牛车离开皇宫。郓王赵楷和诸位妃子、公主、驸马以及六宫中有名号的宫女全部押走，唯独元祐皇后孟氏因为被废黜住在私人府邸而幸免。

当初，金国人发出檄文命令开封府尹徐秉哲，让他搜查所有的亲王、皇孙、妃子、公主，共抓住三千多人，徐秉哲把他们的衣服拴在一起，排成长队押往金军兵营。

金国人逼迫宋钦宗和太上皇更换汉族服装，李若水抱着钦宗皇帝痛哭，并大声咒骂金人猪狗不如。金人将李若水拖出用力击打，打破了他的脸，致使他昏倒在地。金人又逼迫太上皇召集皇后、太子，孙傅将太子留住不让走。吴幵、莫俦急急地威胁督促，范琼担心生变，极力恐吓卫士，于是押送皇后、太子同乘一辆车出宫。孙傅说："我是太子的师傅，应该与他同生共死。"便把留守皇宫的事务交付给王时雍，跟随太子出宫。百官和军队将士跟在太子的车后号啕大哭，太子也喊道："百姓救救我！"哭声震天。到了南熏门，范琼极力拦住孙傅，金军守门人说："我们要的是太子，你这个留守参与什么？"孙傅说："我是宋朝的大臣，又是太子的师傅，定当誓死跟从太子！"于是留宿在军营门外等待消息。

李若水留在金军兵营已有十天，粘没喝召来他问立异姓皇帝的进展情况，李若水就痛骂他们是恶贼。粘没喝喝令把他押下去。李若水回过头来，骂得更厉害，还对他的仆人说："我为国家而死，是我的本职而已，可为何却还连累了你们呢？"说着又对着金兵骂不绝口。金国的监军击破了他的嘴唇，李若水口吐鲜血，骂声更响，最终被金军用刀割裂脖子，割断了舌头而死。金军士兵相互说道："辽国灭亡时，为国就义的有十几个人，可宋朝就只有李侍郎一个人。"

吴幵、莫俦再次召集百官商议另立异姓皇帝，群臣都不敢出声。王时雍向他们二人打听金国人的意向，他们二人暗示金国的意中人是张邦昌，王时雍不以为然。适逢尚书员外郎宋齐愈从金军兵营回来，群臣便向他打听金国人到底想立谁为皇帝，宋齐愈拿过一张小纸片写了"张邦昌"三字。于是王时雍打定了主意，将张邦昌的名字写进了决议表中。张叔夜不肯在决议表上签名，金人将他和孙傅押往军营中。粘没喝哄骗张叔夜说："孙傅不同意立异姓皇帝，已被杀头了。张大人你年龄一大把了，儿孙一大家，怎么能跟孙傅一块儿送死呢？"张叔夜说："我世代蒙受国恩，义当与国家共存亡。今天之事，我只有一死而已！"金人都认为他有大义。

太常寺主簿张浚、开封士曹赵鼎、司门员外郎胡寅都逃进太学，不肯签名。唐恪签名后，服药而死。王时雍再次召集百官前往秘书省，让范琼给众臣传达了拥立张邦昌的意思，众臣都唯唯诺诺，于是王时雍带头签了名。但是，御史马伸挺身而出，说道："我们的本职就是做净谏之臣，岂容坐视不管！"于是他联合御史吴给、御史中丞秦桧共同拟了一份意向书，希望重新拥立太子来安定四方。金人大怒，将秦桧抓走。

金人带来立皇帝的表册和御宝，张邦昌面向北方叩拜并山呼万岁，接受了表册御宝即皇帝位，国号大楚。阁门宣赞舍人吴革耻于向异姓皇帝屈服易节，就率领宫中亲事官数百人，都先杀掉自己的妻子儿女，焚毁家中的居室，在金水门外起义。范琼诈称与他们合谋，让他们一律扔掉武器，然后从背后袭击他们，杀死了一百多人，抓住了吴革父子，将他们一起杀掉。这一天大风骤起，阴霾满天，太阳昏沉无光。百官凄楚流泪，张邦昌也为之变色，只有王时雍、吴幷、莫俦、范琼等认为自己建立了辅佐皇命的大功而欣然得意。张邦昌内心不安，任命官员时都特意加上"权"字。

斡离不胁迫太上皇、太后与亲王、皇孙、驸马、公主、嫔妃以及康王的母亲韦贤妃、康王的夫人邢氏等从滑州启程而去。粘没喝带着钦宗、皇后、太子、嫔妃、宗室以及何㮚、孙傅、张叔夜、陈过庭、司马朴、秦桧等一行人从郑州北去，把冯澥、曹辅、孙觌、汪藻、郭仲荀等人送还给张邦昌。张邦昌率领百官在南熏门向徽宗、钦宗二帝遥拜作别，众官失声痛哭，以致有哭倒气绝者。京城的人口和财物被劫掠一空。

宋徽宗、宋钦宗被押到金国后，金国皇帝下令将他们带到远离南方的五国城（今黑龙江省依兰县），关押到地窖之中。此时，国破家亡、妻离子散，儿子宗室成为奴仆，妻女嫔妃任人欺凌的昏君宋徽宗终于尝到了自己亲手酿成的恶果，痛楚地写下了这首诗：

> 彻夜西风撼破扉，
> 萧条孤馆一灯微。
> 家山回首三千里，
> 目断天南无雁飞。

3. 幸运皇子登帝位

公元1127年4月，金军俘虏了宋徽宗、宋钦宗以及宫廷中的后妃、宗室、贵戚等三千余人撤出汴京，还军北方。虽然皇帝被俘，北宋被宣布灭亡了，但黄河以南和陕西广大地区，仍然在宋朝军民的坚守之下。就是河东、河北地区，金军也只是打通了一条通往汴京的道路，河东只是失去了太原等几个州，河北也仅失去真定几个州。北方军民仍在坚守阵地，抗击金军。面对眼前这种境况，金国君主明白金军一时很难在中原站稳脚跟。于是在退出汴京前一手扶植了一个"大楚"傀儡政权，册立了曾任过北宋宰相的张邦昌做金国人的儿皇帝，并指定这个所谓的"大楚国"建都金陵，妄图利用这个傀儡政权统治黄河以南地区，为金朝下一步进军统治南方做过渡准备。

北宋被金人所灭时已立国一百六十余年，赵姓皇室正统的观念可以说是深植于人心，所以金军对此防患于未然，汴京被攻破时即刻发檄文严令搜查所有皇室宗亲，将他们抓起来送往金国关押。但是，是天意认为宋不当灭而有意安排吧，宋徽宗的第九个儿子、宋钦宗的弟弟康王赵构因为出使金营议和而留在了北方宋朝军民坚守的地区。对此，金人甚为担心，采取了多种方法想将康王赵构骗回或抓回。《纲鉴易知录》有下面的记载：

> 王有众八万，分屯济、濮诸州。金人遣甲士及中书舍人张徽赍蜡诏自汴京至，命王以兵付副帅而还京。王闻计于左右，后军统制张俊曰："此金人诈谋尔。今大王居外，此天授，岂可徒往！"因请进兵，王遂如济州。既而金人谋以五千骑取康王，吕好问闻之，遣人以书白王曰："大王之兵，度能击则邀击之；不然，即宜远避。"

康王赵构拥兵有八万之众，分别驻扎在济州、濮州一带。金人派遣甲士和中书舍人张徽带着封蜡诏书从汴京赶来，命令康王将兵权交给副元帅而回京。康王向左右询问对策，后军统制张俊说："这是金人的诡诈之计罢了。现在大王身处汴京之外，这是上天授予大王的绝好机会，怎么能够前往京城白白送死！"于是请求进兵，康王便到达了济州。接着金人又想用五千人马来劫取康王，吕好问听到了消息，就派人给康王送信说："大王的兵力估计能抗击他们，就阻击他们；不行的话，就应远远躲避。"

康王赵构是宋徽宗的第九个儿子，为徽宗妃子韦氏所生。史书记载他从小便"博学强记，读书日诵千余言"，而且能"以两囊各贮斛米，两臂举之，行数百步，人皆骇服"。赵构在宋徽宗众多的儿子中排行第九，他的大哥赵桓已被立为太子，所以自小便养尊处优、声色犬马的赵构根本没想到自己有朝一日会成为人们拥戴为帝的唯一人选。然而，在金军兵临城下之时，康王赵构因出使金营议和，得到了能登基称帝的天赐良机。

早在金军第一次围攻汴京之时，赵构就主张南逃，他向宋钦宗建议说："京师甲士虽不少，然皆游惰羸弱，未尝简练。敌人若来，不败即溃耳，陛下宜少避其锋，以保万全。"在准备南逃受到李纲极力劝阻后，宋钦宗一再地派人到金营求和，金人提出议和要以亲王和宰相作为人质时，想不到畏敌如虎的赵构却自愿和张邦昌前往金营为质。更让人想不到的是，二十多天后，金人竟提出不再让康王赵构做人质，要让其他的亲王来替换他，于是宋徽宗让肃王赵枢"质于金国军前"。结果肃王赵枢最终被"挟以北去"，康王赵构却安然返回汴京。究竟是何原因金人要换赵构让他回去，这就像许多历史疑点一样，让人无法解释而只能理解为天意要留下赵构其人吧。更让人们觉得幸运的是，金军第二次围攻汴京之时，康王赵构又一次奉命出使金营，却因为途中出现波折而未到达金营，再一次摆脱了被金人扣押俘虏的命运。《纲鉴易知录》有如下的记载：

> 云固请康王往使，诏云以资政殿学士副王使斡离不军，许割三镇。王由滑、濬至磁州，守臣宗泽迎谒曰："肃王一去不返，今敌又诡辞以致大王。其兵已迫，复去何益？愿勿行！"先是，王云奉使过磁、相，劝两郡撤近城民舍，运粟于堡，为清野之计，民怨之。及是次磁，会康王出谒嘉应神祠，云在后，民遮道谏王勿北去，厉声指云曰："真奸贼也！"执云杀之。

> 时斡离不军济河，游奕日至磁城下踪迹王所在。知相州汪伯彦以帛书请王如相，服橐鞬，部兵以迎河上。王遂行，至相，劳伯彦曰："他日见上，当首以京兆荐公。"由是受知。议者以为是役云不死，王必至金，无复还理。

王云一再坚持请求让康王赵构出使金营，于是宋钦宗下诏让王云以资政殿学士的身份作为康王的副手出使斡离不军营，同意割让三镇。康王从滑州、濬州到达磁州，磁州守臣宗泽在迎接拜见康王时说："肃王出使金营一去不返，现在敌军又使出诡计骗取大王你前往。他们的军队已逼近眼前，再去又有什么用？请大王不要再往前走了！"在此之前，王云曾奉使到磁州、相州，他动员这两州军民撤掉城附近的民舍将米粟运入城堡，做好坚壁清野的准备，这让老百姓怨声载道。这次行进到磁州，在康王出城拜谒嘉应神祠的时候，王云跟在后面，老百姓拦住道路劝谏康王不要去金营，人们看见了王云，便厉声呵斥道："你真是个大奸贼！"于是将王云捉住杀掉了。

当时斡离不的军队已过了黄河，其侦察人员每天都来到磁州城下打探康王的下落。相州知州汪伯彦急忙发出帛书请求康王去相州，并身着革甲戎服，率领本部军马在黄河岸上迎候康王。康王赵构到达相州后对汪伯彦说："他日我晋见皇上时，一定把京兆尹的职务推荐给你。"从此汪伯彦受到了朝廷的恩遇。议论者认为这次如果王云不死，康王赵构必然会去金营，绝对没有生还的可能了。

王云在磁州被民众打死，使得康王赵构再次成为幸运儿，逃脱了被扣押的命运，但是却让他对宗泽有了成见。他离开磁州，远离了忠君爱国、有勇有谋的老将宗泽，和善于投机、奸诈平庸的汪伯彦搅合在了一起，使得历史走向又一次远离了人们的良好愿望，中华民族的苦难悲剧不可避免地继续上演下去了。

康王赵构逃脱了被扣押金营的命运，留在了抗金的前线，一下子成为中原地区坚持抗战军民的领导核心，这也使他成为被围困在京城的宋钦宗君臣赖以救援的希望。于是朝廷下诏拜赵构为天下兵马大元帅，令他带兵极速救援汴京。《纲鉴易知录》对此有下面的记载：

> 殿中侍御史胡唐老进言道："康王奉使至磁，为士民所留，乃天意也。乞就拜为大元帅，俾率天下兵入援。"何㮚以为然，密草诏稿上之。帝令募死士，得秦仔、刘定等四人，遣持蜡诏入相州，拜王为兵马大元帅，陈遘为元帅，汪伯彦、宗泽为副元帅，使尽起河北兵速入卫。仔至相州，于顶发中出诏，王读之呜咽，军民感动。

殿中侍御史胡唐老进言说："康王奉使到达磁州，被当地官员挽留，这是上天之意。请求就地拜他为兵马大元帅，让他率领天下部队入京救援。"何㮚也表示同意，秘密草拟了诏书上呈给了皇上。宋钦宗命令招募敢死之士，招到秦仔、刘定等四人，派他们手持封蜡诏书前往相州，拜康王为天下兵马大元帅，陈遘为元帅，汪伯彦、宗泽为副元帅，命令他们急速调动部队入京勤王。秦仔到达相州，从头顶的发髻中掏出诏书，康王读后不禁呜咽，全体军民感动不已。

但是，我们的这位兵马大元帅赵构不仅同其父兄一样，是个畏敌如虎之辈，而且极度相信汪伯彦的奸言。于是历史的发展又出现了《纲鉴易知录》所记载的下面一幕：

> 康王开大元帅府与相州，有兵万人，分为五军而进。既渡河，次于大名。宗泽以二千人与金人力战，破其三十余砦，履冰渡河见王曰："京城受围日久，入援不可缓。王纳之。"既而知信德府梁扬祖以三千人至，张俊、苗傅、杨沂中、田师中等皆在麾下，兵威稍振。会帝遣曹辅赍蜡诏至，云："金人登城不下，方议和好，可屯兵近甸毋动。"汪伯彦等皆信之，宗泽独曰："金人狡谲，是欲款我师尔。君父之望入援，何啻饥渴，宜急引军直趋澶渊，次第进垒，以解京城之围。万一敌有异谋，则吾兵已在城下。"伯彦难之，劝王遣泽先行。王乃命泽趋澶渊，自是泽不得预帅府事矣。耿南仲及伯彦请移军东平，从之。

康王赵构在相州成立了大元帅府，拥有兵力一万人，分五路进军，渡过黄河后，驻扎在大名府。宗泽率两千人马与金军奋战，一路上攻破敌军三十余寨，踏冰渡河来见康王说："京城被围很长时间了，进兵援救不能缓慢！"康王同意他的意见。接着信德府知府梁扬祖率三千人到达，张俊、苗傅、杨沂中、田师中等部都在他的指挥之下，军队势气为之一振。这时曹辅带着钦宗皇帝的封蜡诏书到来，说是"金人攻城不下，正在商议和好，可以屯兵在京郊附近，但不得擅自行动"。汪伯彦等人都相信了这封诏书，只有宗泽说道："金人诡计多端，只是缓兵之计而已。皇父盼望救兵，不只是如饥似渴了，我们应该迅速率兵直奔澶渊，一路上步步为营，逐渐推进，以解京城之围。万一敌军有别的打算，那我们的部队已到城下了。"闻听此言的汪伯彦便有意刁难宗泽，他劝康王派遣宗泽先行一步。康王就命令宗泽赶往澶渊，从此宗泽就再也不能参与元帅府的事务了。宗泽走后，耿南仲和汪伯彦请求康王移师东平，康王同意了。

宋钦宗在危城急盼救兵到来，可赵构却畏缩不前，只有老将宗泽率领他的几千人马前往救援。虽然史书记载"泽自大名至开德，与金人十三战，皆捷"，但他毕竟是孤军深入，势单力薄。于是他给康王送信要求大元帅府发出檄文让各路兵马会师京城，而且他又写信给北道、河东、北路三处将领，要求他们合兵援助，但"三人皆以泽狂，不答"。宗泽无奈，只好孤军挺进，在敌军生力军不断赶来的重兵围困下，手下勇将王孝忠战死，虽然士卒们以一当十，杀敌数千，突出了重围，但却无力救援京城了。后来京城被破，金军俘虏二帝北还之时，宗泽又率军急赴滑州，经过黎阳，赶到大名，想渡过黄河堵住金军的归路，救回二帝，但宋朝的其他各路守军没有一个赶来，力量单薄的宗泽劫取二帝的计划也没有成功。

金国虽然俘虏了二帝，灭亡了北宋，并扶持了一个以张邦昌为儿皇帝的"大楚"朝廷，但是金军撤走之后，张邦昌便成了真正的孤家寡人。他不仅被坚持抗战的北宋军民视为乱臣贼子，就连其傀儡朝廷中的许多北宋旧臣也劝他还位于赵构。《纲鉴易知录》有下面的记载：

> 吕好问谓邦昌曰："相公欲真立邪，抑姑塞敌意而徐为之图也？"邦昌曰："是何言也？"好问曰："相公知中国人情所向乎？特畏女真兵威尔。女真既去，能保如今日乎？大元帅在外，元祐皇后在内，此殆天意。盍亟还政，可转祸为福。且省中非人臣所处，宜寓直殿庐。车驾未还，下文书不当称圣旨。为今计者，当迎元祐皇后，请康王早正大位，庶获保全。"监察御史马伸具书，请邦昌速奉迎康王，极陈逆顺利害。邦昌读其书，气沮。乃尊元祐皇后为宋太后，迎居延福宫，而遣人至济州访康王。

吕好问对张邦昌说："相公是真的打算做皇帝呢？还是姑且搪塞敌人的心意而慢慢地另有所图呢？"张邦昌说："你这是什么话？"吕好问说："相公知道中国人的人心所向吗？他们只是害怕女真人的兵威而已。现在女真人走了，你还能保证以后像今天这个样子吗？大元帅在外，元祐皇后在城内，这都是天意啊！不如马上归还朝政，还可以转祸为福。宫禁之中不是做臣子的应该住的地方，你应该借住在外面的殿堂。天子的车驾还没有回来，所以下文时就不应该称圣旨。为今之计，你应该接回元祐皇后，并请求康王早些登上皇帝宝座，只有这样你才会获得保全。"监察御史马伸呈上书信，请张邦昌迅速迎接康王，向他非常深切地陈述了违背天意人心的利害关系。张邦昌读了他的信以后，气焰全消。于是他尊元祐皇后为宋太后，将她迎接到延福宫住下，又派人到济州去寻找康王。

康王赵构不顾他的父亲太上皇和哥哥宋钦宗的呼救，迟迟不敢援救京城，逃到了东平（今山东东平），后又逃到了济州（今山东巨野）。张邦昌寻访到了他的下落，便多次派人来迎请康王。《纲鉴易知录》有详细的记载：

吕好问谓邦昌曰："天命人心皆归康王，相公先遣人推戴，则功无在相公右者。若抚机不发，他人声罪致讨，悔可追邪？"邦昌乃复遣谢克家往奉迎，王时雍曰："骑虎者势不得下，所宜熟虑。他日噬脐，悔无及矣！"邦昌不听。克家至济州劝进，王不许，张俊曰："大王，皇帝亲弟，人心所归，当早正大位。"既而邦昌又遣蒋思愈等持书诣济州，自陈："所以勉循金人推戴者，欲权宜一时，以纾国难尔，非敢有他也。"王复书与之，而谕宗泽等，以为"邦昌受伪命之人，义当诛讨；然虑事出权宜，未可轻动，合移师近都，按甲观变"。泽复书谓："邦昌篡乱，踪迹已无可疑。今二圣、诸王悉渡河而北，惟大王在济，天意可知，宜亟行天讨，兴复社稷，不可不断。"好问亦遣人来言："大王不自立，恐有不当立而立者。"

邦昌又遣谢克家及王舅忠州防御使韦渊，奉大宋受命宝诣济州。复以手书号太后曰"元祐皇后"，入居禁中，垂帘听政，以俟复辟。克家等至济州，王恸哭受之，命克家还京办仪物。

皇后命太常少卿汪藻草手书告中外，俾王嗣统，其略曰："历年二百，人不知兵，传序九君，世无失德。虽举族有北辕之衅，而敷天同左袒之心。乃眷贤王，越居近服。汉家之厄十世，宜光武之中兴；献公之子九人，惟重耳之尚在。兹乃天意，夫岂人谋！"济州父老诣军门，言"州四旁望见城中火光属天，请即皇帝位"。会宗泽及权应天府朱胜非来言："南京，艺祖兴王之地，取四方中，漕运尤易。"王遂决意趋应天府。

既发济州，鄜延副总管刘光世自陕州来会，王以光世为五军都提举。西道都总管王襄、宣抚司统制韩世忠皆以师来会。

王至应天，邦昌来见，伏地恸哭请死，王抚慰之。王时雍等奉乘舆服御至，群臣劝进者益众。王命筑坛于府门之左，五月庚寅朔，王登坛受命。毕，恸哭，遥谢二帝，遂即位于府门治。改元建炎，大赦。是日元祐皇后在东京撤帘。

吕好问对张邦昌说："天命和人心都向着康王，相公率先派人推立拥戴，那功劳就无人能超过你。可如果有机会却不表现，等别人来谴责、讨伐你，那就会追悔莫及啊！"于是张邦昌再次派谢克家前去迎接康王。王时雍劝说张邦昌说："骑上老虎背的人按情势已经不能下来了，你应当深思熟虑啊！等以后你像自己不可能咬到自己肚脐一样后悔起来，那就来不及了！"张邦昌却不听他的。谢克家前往济州劝康王即位，康王不同意。张俊劝道："大王是皇帝的亲兄弟，人心所向，应该早些登上皇位。"张邦昌又派遣蒋思愈等人拿着自己的亲笔信来到济州，向康王表白说："臣之所以勉强顺从金人的推戴，只是一时的权宜之计，为的是暂时舒缓国难而已，不敢有其他的意图。"康王又给他回了信，并指示宗泽等人说："张邦昌是受敌人任命的汉奸，理当讨伐诛杀，但考虑到当时处于被动和权宜，便不可轻动他。我们应该移师靠近京城，按兵观察他的变化。"宗泽回信给康王说："张邦昌篡位叛乱，其汉奸的行为已不容置疑地表现出来。现在两位圣上和诸位亲王全部被迫渡河北去，只有大王在济州，这实在是天意，应该立即按天意实行讨伐，复兴社稷，不可不断！"吕好问也派人带话："大王自己再不即位，恐怕就会有不该即位的人要即位了。"

张邦昌又派谢克家以及康王的舅舅忠州防御使韦渊，带上大宋受命宝印前往济州，又亲手书写了称太后为"元祐皇后"的文书，让太后进入后宫居住，垂帘听政，来等待康王复位。谢克家等人来到济州，康王恸哭着接受了大宋宝印，命令谢克家回京准备登基的仪式和设备。

元祐皇后命令太常少卿汪藻草拟手书公告中外，等待康王继承宋国大统。公告中说："大宋国已经历近二百年，人民不知战争的和平年代已传承了九代帝王，他们每一代都是很有德行的君主。现在虽然所有皇族都蒙受被迫北迁的灾难，但普天之下都有拥护赵姓皇朝之心。我们现在都特别期盼贤明的亲王，超越他的身份担当起皇族宗主的重任。汉王朝经历了十代帝王而遭遇灾难，就有了光武中兴的出现；晋献公有九个儿子都相继死去，唯有重耳在世可以继承王位。这是上天的旨意，岂是人力能够阻挡得了的！"济州的父老乡亲来到大元帅府前说："州城的四方能看到城中有火光冲天，请大王即皇帝位！"此时，宗泽和代理应天府知府的朱胜非前来进言说："南京大名府是太祖皇帝的兴国之地，居全国四面八方的中心，漕运尤其方便。"康王便下定决心到达了应天府。

从济州出发后，鄜延副总管刘光世从陕州前来会合，康王任命他为五军都提举。西道都总管王襄、宣抚司统制官韩世忠都率领部队前来会合。

康王到达应天府，张邦昌前来拜见，趴在地上痛哭请死，康王对他慰劳了一番。王时雍等人带着皇帝的车马、服饰等御用品来到，群臣劝康王登基的人越来越多。康王命令在府门的左侧修筑登基坛，五月初一，康王登坛接受皇帝的称号。登基仪式完毕后，康王大哭一场，并向北方的二帝遥致谢罪之意，之后在应天府衙正式即位，改年号为"建炎"，并宣布大赦天下。这一天，元祐皇后在东京撤去了听政的垂帘。

康王赵构，这个在靖康之难中幸运留下的皇子终于登基称帝了。这个史称宋高宗的南宋第一个皇帝成为当时山河破碎下的南宋军民衷心拥戴的"中兴之主"，人们盼着他重整山河，人们盼着他洗清靖康之耻，人们盼着他能重建一个和平繁盛的大宋王朝。但是，这个生下来就带着龙子龙孙光环的"皇官二代"能给当时的人们带来什么？能给中华民族的历史带来什么呢？我们下章再讲。

二、无心抗敌的"中兴之主"

1. 作秀难掩南逃意

宋高宗赵构即位之后，为表示自己继位合法，即下诏为虏至远方的靖康皇帝奉上"孝慈渊圣皇帝"的尊号，尊奉宋哲宗尚在世的废后孟氏为"元祐太后"，并尊奉被虏至北方的母亲韦氏为"宣和皇后"，将被虏至北方的妻子邢氏立为皇后。同时，为了显示自己作为"中兴之主"抗敌复仇的决心和顺应天下抗敌复兴的民意，宋高宗下诏任命被贬到宁江的主战派大臣李纲为尚书右仆射、兼中书侍郎，并任命抗金名将宗泽知襄阳府，后又升为京城留守、开封府尹。但是，他这种故作姿态却难掩他求和苟安的本心，在任用主战派大臣的同时，他又任用了主张弃城逃跑的黄潜善为中书侍郎，汪伯彦为同知枢密院事，而且还不顾众人的反对，任用曾投敌称君的张邦昌为太保，封同安郡王，让其五天一次前来政事堂参议决定军国大事。

面对这样的情况，奉诏面见皇帝的李纲极力推辞宰相之位，在宋高宗极力挽留下，李纲当面向皇帝陈述了十条建议，并表示在皇帝能做到这十条建议时，自己才能受命为相。《纲鉴易知录》有下面的记载：

> 纲至，入见，涕泗交集，帝为动容。纲力辞相位，帝曰："朕知卿忠义、智略久矣，其勿辞！"纲顿首泣谢，且言："昔唐明皇欲相姚崇，崇以十事要说，皆中一时之病。今臣亦以十事仰干天听，陛下度其可行者赐之施行，臣乃敢受命。一曰议国事，谓中国之御四夷，能守而后可战，能战而后可和，而靖康之末皆失之。今莫若先自治，专以守为策，俟吾政事修，士气振，然后可议大举。二曰议巡幸，谓车驾不可不一日至京师，见宗庙以慰都人之心，度未可居则为巡幸之计。天下形势，长安为上，襄阳次之，建康又次之，皆当诏有司预为之备。三曰议赦令，谓祖宗登极，赦令皆有常式。前日赦书，乃以张邦昌伪赦为法。如赦恶逆及罪废官尽复官职，皆不可行，宜悉改正。四曰议僭逆，谓张邦昌为国大臣，不能临难死节，而挟金人之势易姓改号，宜正典刑，垂戒万世。五曰议伪命，谓国家更大变，鲜有仗节死义之士，而受伪官者不可胜数。昔肃宗平贼，污伪命者以六等定罪，宜仿之以厉士风。六曰议战，谓军政久废，士气怯惰，宜一新纪律，信赏必罚，以作其气。七曰议守，谓敌情狡狯，势必复来，宜于沿河、江、淮，措置控御，以扼其冲。八曰议本政，谓政出多门，纪纲紊乱，宜一归之中书，则朝廷尊。九曰议久任，谓靖康间进退大臣太速，功效蔑著，宜慎择而久任之，以

责成功。十日宜修德，谓上始膺天命，宜益修孝悌恭俭，以副四海之望而至中兴。"翌日，班纲议于朝，惟僭逆、伪命二事留中不出。

李纲一见到皇帝便泪水长流，宋高宗也为之动容。李纲极力推辞相位，宋高宗劝勉李纲说："我早就知道您的忠义之心和智慧谋略，您千万不要再推辞了！李纲只得叩首领命。"他向高宗皇帝进言说："昔日唐明皇想任用姚崇为相，姚崇提出了切中时弊的十大要求。现在我也要提出十项建议，陛下如果能交给我办理实行，我才能够接受宰相的任命。"李纲提出的第一项建议是国家的长远方略。他认为中原要防御外敌，首先要能防守，然后才能与之作战，能与之作战，才能有和谈的可能，但在靖康末年这一切都未能做到。现在的当务之急首先是治理好国家，坚持以防守为国策，等到我们政事修明、士气大振，才能大举反攻。第二项建议是眼前面临的皇帝巡幸之地问题。李纲认为眼前皇帝不能一次都不到京城开封去，皇帝应该到京城开封拜谒宗庙，以此来安慰京城及天下百姓的人心。如果京城实在是无法居住了，再做巡幸到其他地方的打算也不迟。按现在天下的形式，巡幸之地以长安为上，襄阳次之，建康又次之。以上三地现在就应该诏令有关部门预先做好准备。第三项建议是有关颁发赦令的问题。李纲认为本朝皇帝登基，大赦的法令都有祖宗固定的形式。但前几天所发的赦令，却是按照张邦昌伪朝的赦令来发布，许多内容都是不可行的，如赦免十恶、大逆以及因罪免官的又全部恢复官职等内容。这些都应该立即改正过来。第四项建议是关于僭越叛逆问题。李纲认为张邦昌作为国家大臣，不在国难临头时死于民族大节，而是依仗金人的势力更改国号易姓称帝，应当将他典刑正法，作为千秋万代的警戒。第五项建议是关于接受伪朝廷官职的问题。李纲认为在国家遭受空前国难之时，为国守节、为义而死之士极少，而接受伪朝廷官职的人却不可胜数。昔日唐肃宗平定安史之乱之时，将接受伪朝官职的人按六等定罪惩治，现在就应该仿效这种做法来激励朝中的正气。第六项建议是关于战争的问题。李纲认为国家军备长久废弛，以致军队士气低落、军纪松弛，应该整顿军纪，严明赏罚来振作士气。第七项建议是关于布防问题。李纲认为金人阴险狡猾，势必再次入侵。应该在黄河、长江、淮河等地布防军队，做好防守准备。第八项建议是关于政令问题。李纲认为朝中政令出自几个部门，致使纲纪紊乱，应将政令统归中书，才能体现朝廷的尊严。第九项建议是关于官员任职时间问题。李纲认为靖康年间提拔和撤免官员速度太快，导致官员任职绩效不显著。应当慎重选用官员并让其任职长久，责成他们在任期完成一定的政绩。第十项建议是关于君王修德的问题。李纲认为皇帝刚刚接受天命，应该发扬孝悌恭俭之德，不负天下万民的期望，努力实现国家的中兴。

宋高宗不但接受了李纲的建议，而且第二天便将其建议在朝中颁布，但却将处理张邦昌僭越和官员接受伪朝官职的两条建议没有颁发。刚直的李纲见皇帝将其建议中的两条留中不发，便再次向宋高宗进言。《纲鉴易知录》有下面的记载：

> 李纲以僭逆、伪命二事留中，言于帝曰："二事，乃今日刑政之大者。邦昌当道君朝，在政府者十年，渊圣即位，首擢为相，方国家祸难，金人为易姓之谋，邦昌如能以死守节，推明天下戴宋之义，以感动其心，敌人未必不悔祸而存赵氏。而邦昌方以为得计，偃然正位号，处宫禁，擅降伪诏，以止四方勤王之师。及知天下之不与，乃不得已，请元祐太后垂帘听政，而议奉迎。邦昌僭逆始末如此，而议者不同，臣请以《春秋》之法断之。夫《春秋》之法，人臣无将，将而必诛。赵盾不讨贼则书以'弑君'。今邦昌已僭位号，故退而止勤王之师，非特将与不讨贼而已。刘盆子以汉宗室为赤眉所立，其后以十万众降，光武但待之以不死。邦昌以臣易君，罪大于盆子，不得已而自归，朝廷既不正其罪，又尊崇之，此何理也！陛下欲建中兴之业，而尊崇僭逆之臣以示四方，其谁不解体！又伪命臣僚，一切置而不问，何以励天下士大夫之节！"时执政中有议不同者，帝召黄潜善等语之，潜善主邦昌甚力。帝顾吕好问曰："卿昨在围城中知其故，以为何如？"好问附潜善，持两端。纲言："邦昌僭逆，岂可留之朝廷，使道路指目曰'此亦一天子'哉！"因泣拜曰："陛下必欲用邦昌，第罢臣。"帝颇感动。汪伯彦乃曰："李纲气直，臣等所不及。"帝乃出纲奏，责受邦昌昭化军节度副使，潭州安置。并安置王时雍、徐秉哲、吴幵、莫俦、李擢、孙觌于

高、梅、永、全、柳、归州，而颜博文、王绍以下论罪有差。

李纲向宋高宗说他的建议中的僭逆、伪命两条是有关当今政治和法律的大事。张邦昌在道君皇帝时代就已为官十年，渊圣皇帝即位后，第一个就将他提为宰相。在国家遭遇大祸、金人实施改姓立帝阴谋时，张邦昌如果能为国死节，言明天下万民拥戴赵宋的大义，来打动其心，敌人也许会改变主意而保存赵宋。但张邦昌却以为得计，自己不仅安然地即位称帝，身居皇宫，还擅自发布伪诏，制止四方前来勤王的军队。后来看到天下人不买他的账，才迫不得已请求元祐太后垂帘听政，并打主意来奉迎陛下。张邦昌的僭逆之罪是清清楚楚的，现在却又出现了不同的看法。我请求按照《春秋》大义来判断，《春秋》的大义就是人臣不能称君，称君必遭诛杀。赵盾因为不讨伐贼寇，被史书记载为"弑君"。今天张邦昌已经有了僭位篡逆的事实和敌军撤退而停止勤王之师的举动，这都不仅只是想称君和不讨贼的事了。刘盆子因为是汉朝的宗室，被赤眉军拥立，后来他率十万人投降了，汉光武帝也只是赐他不死而已。张邦昌以他臣子的身份取代君王，罪恶大于刘盆子，现在因为不得已而归顺，朝廷不追究他的罪行，还尊崇抬高他，这是什么道理？陛下想建立中兴大业，却这样推崇僭逆之臣让天下人看，国家哪有不崩溃解体的？另外，对接受伪朝官职的臣僚，全部不予追究，怎么能激励天下士大夫的节操！但是，当时的朝中对李纲的意见有不同的看法，宋高宗便召见黄潜善等人来讨论。黄潜善极力为张邦昌解脱，宋高宗又问吕好问说，吕爱卿前些时就在被围的京城，知道事情的原委，你以为如何？依附黄潜善的吕好问也回答得模棱两可。在此情况下，李纲依然大声进言说，张邦昌作为僭逆之臣，怎能留在朝廷？他留在朝廷就会使得路人眼看手指地说"这也是一个天子"啊！接着李纲叩拜于地，泪水长流地请求说，陛下如果一定要用张邦昌，那就把我罢免了吧！李纲的话让宋高宗大为感动，但汪伯彦却在一旁阴阳怪气地说，李刚的脾气直率，我们哪能比得上他啊。在李纲据理力争的情况下，宋高宗也只是将张邦昌降为昭化军节度副使，送往潭州安置；将接受伪职的王时雍、徐秉哲、吴幵、莫俦、李擢、孙觌分别送往高州、梅州、永州、全州、柳州、归州安置；将颜博文、王绍等人按不同的罪行加以惩处了事。

自古以来，中国皇帝最忌惮的、最痛恨的莫过于有人和他争夺帝位，另立中央，不要说异姓之人胆敢南面称帝，即使是父子兄弟胆敢称孤道寡，也会毫不留情痛下杀手，诛灭全家。然而，宋高宗却对在金人的扶持下公然身居皇宫、登基称帝的张邦昌不仅不治罪，还优待有加，这实在是有点让人匪夷所思。是他不忌惮、不在意有人另立中央吗？这肯定不是，之前曾有过自立为帝念头的宋太祖赵匡胤后裔赵子崧，后虽极力拥戴康王为帝，仍遭宋高宗极力防范，不断贬谪流放；即使是他的父兄，被金国囚禁的徽、钦二帝，也成为他的心病而最忌讳朝中"迎回二帝"的呼声。是他心地仁厚，有慈悲之心吗？这也肯定不是，其后他不仅杀害敢于直言的学生领袖陈东、欧阳澈，更是对抗金名将岳飞痛下杀手。那么，是什么原因让宋高宗对僭逆之臣张邦昌如此优待，且在李纲极力要求惩处张邦昌时都犹豫宽容呢？我们在其后探讨岳飞被害的原因时将一并分析。

同宋高宗虽然任用了李纲，却不采纳他惩治汉奸逆臣、备战谋求复兴的建议一样，宋高宗虽然任用了抗战名将宗泽，却对他回返京城开封，收复北方失地的呼声充耳不闻。《纲鉴易知录》有下面的记载：

> 泽在襄阳，闻黄潜善复倡议和，上书曰："自金人再至，朝廷未尝命一将，出一师，但闻奸邪之臣朝进一言以告和，暮入一说以乞盟，终至二圣北迁，宗社蒙耻。臣意陛下赫然震怒，大明黜陟，以再造王室。今即位四十日矣，未闻有大号令，但见刑部指挥云：'不得膳播赦文于河之东西，陕之蒲、解。'是褫天下忠义之气，而自绝其民也。臣虽驽怯，当躬冒矢石，为诸将先，得捐躯报国恩，足矣！"帝览其言而壮之。及开封尹阙，李纲言："绥复旧都，非泽不可。"乃以为东京留守、知开封府。时敌骑留屯河上，金鼓之声日夕相闻，而京城楼橹尽废，兵民杂居，盗贼纵横，人情汹汹。泽威望素著，既至，首捕诛舍贼者数人，下令曰："为盗者，赃无轻重，悉从军法。"由是盗贼屏息。因抚循军民，修治楼橹，屡出师以挫敌，上疏请帝还京师。时真定、怀、卫间敌兵甚盛，方密修战具，为入攻之计，泽以为忧。乃渡河约诸将，共议事宜，以图收复，而于京城四壁，各置使以领召集之兵。造战车千二百

乘，又据形势立坚壁二十四所于城外，沿河鳞次为连珠砦，连接河东、河北山水砦忠义民兵。于是陕西、京东、西诸路人马咸愿听泽节制。泽又开五丈河以通西北商旅。守御之具既备，累表请帝还京，而帝用黄潜善计，决意幸东南，不报。

宗泽在驻守襄阳时听到黄潜善在朝中鼓吹议和，便上书朝廷说，自从金人再次入侵以来，朝廷就没有派出过一位将领、出动过一支部队来抗击敌人，只是听到奸邪之臣早上说求和，晚上讲乞盟，最终导致二圣被俘北迁，宗庙社稷蒙受耻辱。我以为陛下一定会赫然震怒，大力提拔抗战将领，贬黜求和佞臣，以求再造大宋王朝。但是陛下已经即位四十多天了，却没有听到发布一道重大的抗敌号令，只听到刑部指挥传话说，不得把大赦的条文抄写传播到河东、河西地区和陕西的蒲州、解州。这是一种挫伤天下忠义之气、自绝于民的做法。我虽然驽钝怯懦，却愿意冒着枪林弹雨，做抗金将领的先锋，若能捐躯沙场报答国恩，我就心满意足了！宋高宗读到宗泽的上疏，认为宗泽之言非常豪壮。当时开封府尹一职空缺，李纲极力推荐宗泽，说恢复安定以前的首都，非宗泽不可。于是朝廷任命宗泽为东京留守、开封府知府。当时，敌人的骑兵就驻扎在黄河的北岸，开封城内敌军的鼓号之声日夜相闻，然而城里的城楼和瞭望塔等军事设施全部被毁坏殆尽，而且军队和老百姓杂处而居，盗贼猖獗，人心惶惶。但是，宗泽在当时的军民之中有崇高的威望，他到任之后，首先就抓捕并杀掉了几名盗贼，并传下号令说，偷盗者，无论赃物多少，一律军法从事。从此开封地区的盗贼得以平息。接着他抚慰民众，整顿军队，修复城中军事设施，屡次出兵大败敌军，还多次上书请求高宗返回京城。但是，在真定、怀州、卫州一带的敌军还非常强盛，正在暗中做大举入侵的准备。对此宗泽深感忧虑，于是他渡过黄河，与坚持抗战的诸位将领商议与金人作战事宜，相约共同收复丧失的山河。为稳固防守京城，他在京城四面城墙各置专使招募军队防守，建造了战车一千二百多辆。他又根据地理形势，在城外修筑了二十四座坚固的壁垒，沿着黄河形成了鳞次栉比的连珠军寨。他派人多处联络河东、河北沦陷区的忠义民兵，于是陕西、京东、京西诸路人马都愿意听从宗泽的指挥。同时，宗泽还开凿了五丈河，打通了西北的商旅通道。抵抗防守的各种措施和物资准备都做好后，宗泽便多次上表请求宋高宗返回京城开封，但是宋高宗却采纳了黄潜善的主意，一心想躲避东南地区，对宗泽的请求不做答复。

当时，全国百姓和抗战军民都把宋高宗看成坚守中原、恢复大宋的希望，被囚禁在金国的徽、钦二帝更是急切地盼望宋高宗来解救他们。《纲鉴易知录》载道：

> 上皇在燕山，谓阁门宣赞舍人曹勋曰："我梦四日并出，此中原争立之象，不知中原之民尚肯推戴康王否？"因出御衣绢半臂，亲书其领中曰："便可即真，来救父母。"又谕勋曰："如见康王，第言有清中原之策，悉举行之，毋以我为念。"康王夫人邢氏闻勋南还，亦脱所御金环，使内侍持付勋曰："幸为我白大王，愿如此环，得早相见也。"勋遂间行至南京，以御衣进。帝泣以示辅臣。勋因建议募死士入海，至金东境，奉上皇由海道归。执政难之，出勋于外。

被囚禁在燕山的太上皇对被遣往金国看望钦、徽二帝的曹勋说："我梦见四个太阳一起出来，这是中原地区争当皇帝的征兆，不知道中原的人民是不是愿意推戴康王？"他还从自己的衣服上扯下半臂长的布条，亲笔在上面书写道："如果康王你真能即位，快快来救父母！"他又嘱咐曹勋说："如果你见到康王，便对他说只要有收复中原的策略，都可以放心全部实施，不要以我为牵挂。"康王的夫人邢氏听说曹勋要回到南方去，脱下自己佩戴的金环，让内侍拿去交给曹勋说："请替我告诉大王，我希望像这只金环一样能够早早回南方相见。"

曹勋抄小路到了南京应天府，给宋高宗献上太上皇的御衣诏书，宋高宗哭着给执政大臣们看。曹勋便建议招募敢死之士入海，绕道进入金国的东部边境，将太上皇从海路救回来。可曹勋的建议遭到了执政大臣们的刁难，并把曹勋调到外地任职去了。

看到自己父亲呼救的密诏，宋高宗也装模作样地痛哭了一通，但却把建议从海路救回宋徽宗的曹勋贬黜到了外地。所以即位之初的宋高宗虽然任用了主张抗战的李纲、宗泽等人，还派人到旧都开封祭拜皇室宗庙，装出一副要积极备战、恢复大宋的样子，但这些只不过是他的政治作秀罢了。全国军民的抗战呼吁，李纲、宗泽等人的恳切规劝，自己父亲的急切呼救，对畏敌如虎、只图苟安享乐的宋高宗赵构来说都丝毫不起任何作用。为了掩人耳目，狡猾的宋高宗此时还装作听从李纲的建议下诏要返回旧都开封，暗中却加紧准备逃往东南以躲避敌军。对此，《纲鉴易知录》有下面的记载：

> 李纲尝言："车驾巡幸之所，关中为上，襄阳次之，建康为下。陛下纵未能为上策，犹当且适襄、邓，示不忘故都，以系天下之心。不然，中原非复我有，车驾还阙无期矣。"帝乃谕两京以还都之意，读者感泣。

> 既而有诏欲幸东南避敌，纲极言其不可，且曰："自古中兴之主起于西北，则足以据中原而有东南；起于东南，则不能复中原而有西北。盖天下精兵健马皆在西北，若委中原而弃之，岂惟金人将趁间以扰内地，盗贼亦将蜂起为乱，跨州连邑。陛下虽欲还阙，不可得矣，况欲治兵胜敌，以归二圣哉！夫南阳光武之所兴，有高山峻岭可以控扼，有宽城平野可以屯兵，西邻关、陕，可以召将士，东达江、淮，可以运谷粟，南通荆、湖、巴、蜀，可以取财货，北据三都，可以遣救援。暂议驻跸，乃还汴都，策无出于此者。进乘舟顺流而适东南，固甚安便，第恐一失中原则东南不能必其无事，虽欲退保一隅不可得也！况尝降诏许留中原，人心悦服，奈何诏墨未干，遽失大信？"帝乃许幸南阳，以范致虚知邓州，修城池，缮宫室，输钱谷以实之。而汪伯彦、黄潜善阴主扬州之议。或谓纲曰："外论汹汹，咸谓东幸已决。"纲曰："国之存亡于是焉分，吾当以去就争之。"

李纲曾经规劝过宋高宗说："陛下现在要前往的地方，最好是关中，其次是襄阳，下策是建康。陛下即使不能挑选上策，那也应该前往襄州、邓州，以此来表示陛下不忘旧都，用来维系天下的人心。如果不这样，中原地区就不再为我们所有，陛下回京也就遥遥无期了。"宋高宗于是向两京地区下达了准备返回首都的诏书，朝廷内外看到诏书的人们无不被感动得泪水长流。

但是，宋高宗又暗中下达了准备行幸东南来躲避敌军的诏书，对此李纲强烈表示反对。他说："自古以来中国的中兴之主都是起于西北，这就足以占据中原而拥有东南；如果是起于东南，就不能收复中原而拥有西北。这其中的原因是天下的健马精兵都在西北。如果放弃中原，不仅金兵会侵扰内地，就连盗贼也会蜂起作乱，而且会愈演愈烈，势力达到跨州连郡的地步。那时陛下再想返回京都，可就没有任何办法了，更谈不上整顿兵马，战胜金国，迎回被北虏的钦、徽二帝了！以前南阳的光武帝之所以兴起，是因为他拥有高山峻岭可以掌控扼守，又有宽大的城池和广阔的平原可以屯驻兵马。他占据的地方向西毗邻关、陕，可以招徕将士；向东直达江、淮，可以运送粮草；向南沟通荆、湖、巴、蜀，可以获取财富；向北接近三都，可以及时传兵救援。我们暂时驻跸这里，然后返回京都，现在没有比这更好的方案了。如果我们此时乘舟顺流而去东南，虽然看起来安稳方便，只怕一旦丧失中原，到时候东南也就不会高枕无忧了，即使我们只是想退保江南、偏安一隅，也是不可能的了。更何况朝廷曾经下诏要留在中原，使得人心欢欣鼓舞，为何现在诏书的墨迹未干，我们这么快就丧失信用呢？"李纲义正词严的规劝使得宋高宗不得不有所收敛，他又故技重演下诏任命范致虚为邓州知州，还让其修筑城池，营造宫室，运送钱粮来充实该地，但是汪伯彦、黄潜善暗中仍然不断和宋高宗密谋定都扬州。有人劝李纲说："外面都议论纷纷，都说皇帝行幸东南的主意已定下来了。"李纲回答说："国家已经到了生死存亡的关头，我一定要再去据理力争！"但是正直为人、一心为国的李纲哪里想得到，一心偏安一隅的宋高宗早就打定了逃跑东南的主意，他的极力规劝只能再一次给他带来贬黜的命运。

2. 一路狂逃到杭州

正当李纲准备以死相谏之时，宋高宗却突然下诏行幸扬州，他诏令副都指挥使郭仲荀护送元祐太后先行扬州，并让六宫及卫士家属全部跟随，还派遣使者前往汴京迎奉回了太庙中的历代祖宗神位，准备随时南逃扬州。

皇帝的主意打定了，自然就会有顺应其心意而为皇帝扫除障碍的人为其效劳，侍御史张浚这时便站出来弹劾李纲以个人的私怨杀死了投敌的宋齐愈，而且其组建招抚、经制二司，招兵买马、组织义军抗金是大罪。虽然这个宋齐愈正是金军打入汴京扶立张邦昌时，第一个站出来首推张邦昌为傀儡皇帝的人，应该是个十恶不赦的汉奸；组建招抚、经制二司，下诏诸路募兵买马准备抗金是朝廷接受李纲建议实施的大政方针，但是宰相李纲还是被免了职。抗金名相李纲在相位只有短短的七十七天。《纲鉴易知录》记载了李纲罢相后的情况：

> 纲罢，而招抚、经制司废，车驾遂东幸，两河郡县相继沦陷。凡纲所规画军民之政，一切罢废。金兵益炽，关辅残毁，而中原盗贼蜂起矣。

李纲被罢相之后，招抚司、经制司随即被撤销，皇帝开始向东南逃跑，两河地区的众多郡县相继沦陷。凡是由李纲规划创制的军政、民政大政方针全部被废除。金国的军队更加猖獗，关辅地区遭受到了严重的摧残和毁灭，中原地区处处盗贼蜂起。

在国家风雨飘摇、昏君奸臣当道之时，中国历史以来总少不了以死抗争的民族脊梁。靖康年间带领太学生和数万民众掀起反求和、反内奸爱国学生运动的学生领袖陈东和士人欧阳澈以及尚书右丞许翰纷纷挺身而出，斥责朝廷的倒行逆施，为李纲鸣冤叫屈。《纲鉴易知录》有下面的记载：

> 东自丹阳召至，未得对，会李纲罢，乃上书乞留纲而罢黄潜善、汪伯彦，不报。又上疏请帝亲征以还二圣，治诸将不进兵之罪以作士气，车驾宜还京师勿幸金陵，又不报。

> 会抚州布衣欧阳澈徒步诣行在，伏阙上书，极诋用事大臣。潜善遽以语激怒帝，言"若不亟诛，将复鼓众伏阙"。书独下潜善所，府尹孟庾召东议事。东请食而行，手书区处家事，字书如平时。已，乃授其从者曰："我死，尔归，致此于吾亲。"食已，如厕，吏有难色，东笑曰："我陈东也，畏死即不敢言，已言肯逃死乎！"吏曰："吾亦知公，安敢相迫。"顷之，东具冠带出，别同邸，乃与澈同斩于市。四明李猷赎尸瘗之。东初未识纲，特以国故，为之死，识与不识皆为流涕。

> 李纲罢，翰言："纲忠义英发，舍之无以佐中兴。今罢纲，臣留无

益。"力求去，帝不许。及陈东见杀，翰谓所亲曰："吾与东皆争李纲者，东戮于市，吾在朝堂可乎？"乃为东、澈著哀辞，而八上章求罢，遂以资政殿大学士提举洞霄宫。

陈东曾领导过几万人的爱国学生运动，有很高的名望。宋高宗即位后，他奉召来到应天府，还未被皇帝召见便听到了李纲罢相的消息。他虽然从未结识李纲，但却立即上书请求留任李纲，并要求罢免黄潜善、汪伯彦，可没有得到皇帝的回复。陈东又上书请求高宗亲征金军，接回二圣，严惩诸将不进兵之罪，并极力请求皇上回归京师，不要南幸金陵，宋高宗还是不予答复。

适逢抚州的平民欧阳澈徒步来到了宋高宗的驻地，伏跪在朝门前请愿上书，激烈抨击当权的大臣谄君误国。黄潜善马上用言辞激怒宋高宗说："如果不立即诛杀，就会鼓动更多的人来朝门跪奏闹事了。"于是杀戮陈东和欧阳澈的诏书发到了黄潜善的手中。应天府尹孟庾召请陈东来府议事，陈东请求吃完饭后再去。他坐下来书写家书，就像平时写信一样镇定，写完后，陈东将信交给自己的随从说："我死之后，你就回去，把这封信交给我的父母。"陈东吃完饭，要上厕所，押解他的衙吏面有难色，陈东笑着说："我是陈东，怕死就不敢上奏，既然敢上奏，我怎么会怕死逃跑呢？"衙吏说："我也知道先生的为人，我怎么敢逼迫您呢？"过了一会儿，陈东穿好了衣服，戴好了帽子走了出来，他告别了同宿舍的学友，和欧阳澈一起在菜市场被斩首了。四明县的李猷花钱赎回了尸体，将他们安葬了。陈东起初并不认识李纲，他只是为了国家的利益，愿意为李纲而死。陈东死后，认识不认识他的人全都感动得泪水长流。

李纲罢官后，为人正直的尚书右丞许翰极力劝谏高宗说："李纲为人正直忠诚、英武奋发，舍弃了他就没有人辅佐陛下的中兴大业了。今天罢免了李纲，我留下来也就没有用了。"他坚持要求辞官离去，可宋高宗没有允许。陈东被杀害后，许翰对亲近的人说："我与陈东都是为了李纲据理力争的人，陈东被杀于菜市场，我还能留在朝堂上吗？"于是他为陈东和欧阳澈撰写了哀悼的文章，连续八次上奏请求辞官，最后被贬为资政殿大学士提举洞霄宫。

主张抗金、反对南幸的李纲被罢免，为李纲叫屈的许翰被贬黜，敢于直言上书痛斥时弊的陈东、欧阳澈被杀害，朝廷内外自然很少有人敢于妄议中央、批评时政了，于是一心南逃的宋高宗便可毫无顾忌地登舟南幸了。于是，《纲鉴易知录》便有了下面的记载：

先是黄潜善、汪伯彦力主幸东南，许景衡亦言："建康天险可据。"帝从之，诏淮、浙沿海诸州，增修城壁，招训民兵，以备海道。又命扬州守臣吕颐浩缮修城池。

宗泽上疏谏曰："京师，天下腹心，不可弃也。昔景德间契丹寇澶渊，王钦若江南人，劝幸金陵；陈尧叟阆中人，劝幸成都；惟寇准毅然请亲征，卒用成功。"因条上五事，其一言黄潜善、汪伯彦赞南幸之非。泽前后建议，辄为汪、黄所抑，二人每见泽奏至，皆笑以为狂。于是帝决意幸扬州。十月朔，帝登舟。

时两河虽多陷于金，而其民怀朝廷恩，所在结为红巾，出攻城邑，皆用建炎年号，金人稍稍引去。及闻帝南幸，无不解体。

十二月，金人分道入寇，遂陷西京。留守孙昭远走死，河东经制使王燮引兵遁蜀。

在此之前，黄潜善、汪伯彦极力唆使宋高宗行幸东南，许景衡也进言说："健康城有天险可守。"于是宋高宗诏令淮河、浙江地区的沿海诸州增修城堡和营垒，招募训练民兵，用来准备海上通道。又下令扬州守臣吕颐浩修缮城池。

眼看皇帝决意南幸，焦急万分的宗泽上书劝谏说："京师是天下的心腹，千万不能放弃。以前景德年间契丹入侵澶渊，王钦若作为江南人，劝真宗皇帝行幸金陵；陈尧叟是四川阆中人，劝真宗皇帝行幸成都；只有寇准毅然请求真宗皇帝亲征，最终获得成功。"他还献上陈述国事的五条意见，其一便是斥责黄潜善、汪伯彦主张南幸的错误。宗泽前后多次的建议，都被汪、黄压住，他们二人只要看到宗泽的奏章，都嘲笑说是狂妄之言。于是宋高宗打定了主意行幸扬州。十月初一，宋高宗登船南逃扬州。

当时的两河地区尽管大多被金兵攻陷，但当地的人民依然心怀朝廷，他们结为红巾军，出兵攻打城镇，都采用建炎年号，金军的攻势受到很大的遏制。但是听到高宗南幸的消息后，红巾军便纷纷解体了。

到了十二月，金军分路进攻，攻陷了西京。西京留守孙昭远逃走时被杀，河东经制使王燮带领部队逃到了四川。

到了第二年的正月，汴京城西面各个州郡全部沦陷于敌手。但是，抗金名将宗泽却击败了进攻汴京的金军，并一再上书朝廷要求宋高宗返回东京以安定人心。《纲鉴易知录》载道：

> 金兀术自郑抵白沙，去汴京密迩，都人震恐。僚属入问计，宗泽乃对客围棋，笑曰："何事张皇！刘衍等在外，必能御敌。"乃选精锐数千，使绕出敌后，伏其归路。金人方与衍战，伏兵起，前后夹击之，金人果败。

> 粘没喝据西京，与泽相持。泽遣部将阎中立、郭俊民、李景良等帅兵趋郑，遇敌大战，兵败，中立死之，俊民降，景良遁去。泽捕景良，斩之。既而俊民与金将史姓者持书来招泽，泽皆斩之。刘衍还，金人复入滑，泽部将张撝往救之。撝之滑，众寡不敌，或请少避之，撝曰："避而偷生，何面目见宗公！"力战而死。泽闻撝急，遣王宣往援，已不及，因与金人大战，破走之。泽以宣知滑州，金自是不复犯东京。

> 泽得金将辽臣王策于河上，解其缚，问金之虚实，得其详，遂决大举之计。召诸将谓曰："汝等有忠义心，当协谋剿敌，期还二圣，以立大功。"言讫泣下，诸将皆听命。金人屡战不利，悉引去。宗泽复上疏请帝还京，曰："臣为陛下保护京城，自去年秋至今春，又三月矣。陛下不早回，则天下之民何依戴？"不报。泽威声日著，敌闻其名，常尊惮之。对南人言，必曰"宗爷爷"。

金兀术率军从郑州到达了白沙，离汴京很近了，汴京城的人都非常恐慌。下属官员急忙入衙询问对策，正和客人下围棋的宗泽却笑着说："为什么恐慌呢？有刘衍等人在城外，必能抵御敌人。"说完宗泽挑选了几千精锐士兵，让他们绕到敌军背后，埋伏在敌军回归的路上。金军正与刘衍作战，背后的伏兵冲了出来，前后夹击，金军果然战败了。

金军将领粘没喝占领西京后，与东京的宗泽对峙。宗泽派遣部将阎中立、郭俊民、李景良等人率兵奔赴郑州，遇上敌军展开了大战。结果作战失败，阎中立战死，郭俊民投降，李景良逃跑。宗泽非常生气，抓住了李景良，斩杀了他。不久，郭俊民与金国一个姓史的军官带着信来招降宗泽，宗泽把他们全都斩首了。刘衍返回后，金军又进入滑州，宗泽部将张撝前往救援。张撝到达滑州后，寡不敌众，部下有人请求稍微退避一下，张撝说："退避而偷生，有何脸面去见宗公！"最终力战而死。宗泽听说张撝危急，派王宣前往救援，已来不及，于是与金兵大战，打败了金兵。宗泽任命王宣为滑州知州，从此金军不再侵犯东京。

宗泽在黄河边上俘获了金军将领原辽国大臣王策，他解开捆绑王策的绳索，询问金人的虚实，了解到了金国的详细情况，于是定下了大举进攻的计划。他召来手下将领对他们说："你们都有忠义之心，应当协助我剿灭敌人，迎回二圣，建立大功。"宗泽说罢老泪纵横，众位将领都慷慨表示愿意效命。金军多次南侵都作战不利，只得退兵。于是宗泽又上奏疏请求高宗皇帝返回东京，他在奏疏中说："臣为陛下保护京城，从去年秋天到今年春天，又有三个月了。陛下不早早返回汴京，那让天下的百姓拥戴谁呢？"像以前宗泽多次的奏疏一样，高宗皇帝都不予回答。宗泽长期防守汴京，多次击退敌军的进攻，声威日益高涨，金国人听到他的名字既尊敬又害怕，和南方人说话称宗泽为"宗爷爷"。

宗泽多次上书，都是泥牛入海，得不到朝廷的回应，但有一次却得到了宋高宗的回应。《纲鉴易知录》有下面的记载：

> 时宗泽招抚群盗聚城下，又募兵储粮，召诸将约日渡河，诸将皆掩泣听命。泽乃上疏，大略言："祖宗基业可惜，陛下父母兄弟蒙尘沙漠，日望救兵。西京陵寝为贼所占，今年寒食节未有祭享之地，而两河、二京、陕右、淮甸，百万生灵，陷于涂炭。乃欲南幸河外，盖奸邪之臣一为贼房方便之计，二为奸邪亲属皆已津置在南故也。今京城已增固，兵械已足备，人气已勇锐，望陛下毋沮万民敌忾之气，而循东晋既覆之

辙。"奏至，或言信王榛有渡河入汴之谋，帝乃降诏择日还京。

当时宗泽招抚各地盗匪齐聚城下，又招募士兵储备粮食，并召集众将约定时日准备渡过黄河，众位将领都掩面哭泣听从命令。于是宗泽再次上书，大意是说："祖宗的基业遭到破坏非常可惜，陛下的父母兄弟都在北方沙漠受辱，他们日夜盼望救兵的到来。西京的帝王陵墓被贼兵侵占，致使今年的寒食节没有祭祀祖先的地方，而两河、二京、陕右、淮甸地区的百万百姓，陷于水深火热之中。可如今陛下却想南幸河外，这是因为奸邪之臣一来为躲避贼寇的方便考虑，二来奸邪之臣的亲属已经全部安置在南方的缘故。现在京城已经增修坚固，士兵器械也已准备充足，士气也已勇猛强盛。希望陛下不要败坏万民同仇敌忾的士气，而重蹈东晋亡国的覆辙。"奏书传到朝廷时，正碰上有人说信王赵榛有渡过黄河进入汴京的计划，于是宋高宗下诏选择日期准备返回京城。

畏敌如虎的宋高宗下诏回复宗泽准备择日返京，只是担心赵匡胤的后裔信王赵榛先入为主争夺他的帝位。然而时隔不久，信王赵榛被金兵所败，宋高宗没有了有人要和他争夺帝位的担忧，自然又对宗泽请求他回返京城的要求置之不理了。

一片赤诚的宗泽对皇帝的冷漠忧心如焚，他不仅在汴京积极备战，而且联络聚兵太行山的义军首领王彦，与义军相约大举渡河反击，并再次上书皇帝说他的部队渡过黄河后，河北、山西的山寨军众相继响应的会有上百万人。我迫切希望陛下早日返回京城，到时我一定会冒着敌人的箭石，冲在诸位将领的前面。国家中兴的大业一定能马上实现。

但是，抗金名将宗泽这份最后的上书，如同他以前二十多次请求皇帝返回京都的奏疏一样，仍然没有得到宋高宗的回复。而且，由于宗泽多次极力上书，言辞激烈，朝廷担心宗泽生变，就下诏任命郭仲荀为东京副留守来监视宗泽。眼见渡河反击、收复失地的大好机会就这样白白消失，宗泽忧愤成疾，终于一病不起。《纲鉴易知录》有下面的记载：

> 泽忧愤成疾，疽发于背，诸将入问疾，泽矍然曰："吾以二帝蒙尘，愤愤至此，汝等能歼敌，则我死无恨。"众皆流涕曰："敢不尽力！"诸

将出，泽叹曰："出师未捷身先死，长使英雄泪满襟！"无一语及家事，
但连呼"过河"者三而卒。年七十。都人号恸。讣闻，赠观文殿学士，
谥忠简。

宗泽忧愤成疾，背上的毒疮发作，诸位将领进入留守府看望他的病情，
宗泽急切地对大家说："我因二帝被俘受辱，愤恨到了这个地步，你们能歼
灭敌人，我就死而无憾了！"众位将领都说："我们敢不尽死力吗！"众位
将领离开后，宗泽感叹说："出师未捷身先死，长使英雄泪满襟！"一直到
死，宗泽没有一句话提到自己的家事，只是连声大呼"过河"而去世，享年
七十岁。整个汴京城的人听到宗泽的死讯，全都悲号恸哭。讣告传到朝廷，
高宗皇帝赠其观文殿学士的称号，谥号为"忠简"。

对于宗泽的死，宋高宗虽然又是追封官衔，又是谥号表彰，但却全部
否定了宗泽的做法。宗泽的儿子宗颖一直在留守府中效力，既有能力，又很
得人心，京城的人们极力请求让宗颖继任其父的职务，但是宋高宗却不顾人
们的请求，任命杜充接替了宗泽的职务。杜充为人严酷而毫无谋略，到了汴
京，完全改变了宗泽以往的做法，于是军中将士和各地豪杰人心涣散，特别
是以前接受了宗泽的招抚、投降了朝廷而会集到京城的各地盗匪，又都叛变
离去而抢掠百姓去了。

宗泽死后，南宋小朝廷一时再无支撑危局的人物。金军乘机攻占了河
北和河东的最后一批州县，坚持抗战的义军山寨也被攻破，北方民众的抗金
活动遭到镇压，信王赵榛兵败后也下落不明。宋高宗得知此讯后心中喜不自
胜，原先装模作样要回京城开封的诏令，也就成为一纸空文。

继任东京留守的杜充是个色厉内荏的草包，面对金军发动的攻势，他唯一
的对策就是掘开黄河河堤，想来个水淹金军，但是横流的洪水并不能阻止金军
的攻势，只是苦了黄河改道入淮受灾的成千上万的百姓。金军的步步紧逼使扬
州的安全成了问题，有人建议及早采取措施，而黄潜善和汪伯彦却笑而不言，
他们既不准备战守，也不准备逃跑，两个人天天到庙中听克勤和尚说法，以示
从容娴雅的宰相风度，而且还下令"禁止街市不得扇摇边事，亦不许士庶般挈
出城"。不仅禁止人们议论边境战事，还不准人们结伙逃跑出城。

逃到扬州的宋高宗自以为到了安稳之地，表面上装作清心寡欲的样子，实际上却极其荒淫奢侈。他说："潜善做左相，伯彦做右相，朕何患国事不济！"为了自己能一门心思在宫中行欢作乐，他将军国大事完全托付给黄、汪两人。殿中侍御史马伸上奏弹劾黄潜善和汪伯彦，说他们"自大任以来，措置天下，未能惬当物情，遂使夷虏日强，盗贼日炽，国步日蹙，威权日消"。宋高宗下诏说马伸"言事不实，趋向不正"，将他"责监濮州酒务"。结果马伸死在了谪官途中。

虽然南宋小朝廷把持朝政的君臣是如此的荒淫奢侈、昏庸无能，但当时无论是前线作战的将士，还是敌后坚持抗战的军民仍然把他们作为自己正统的统治者，将他们看作收复失地、中兴大宋天下的希望。为了擒贼先擒王，达到摧毁抗战军民意志的目的，公元1129年（建炎三年）年初，金军左副元帅完颜粘罕派遣完颜拔离速等将领领轻骑奔袭扬州。只图苟且偷安的宋高宗哪有什么防备，直到金军攻占了近在咫尺的天长军（今安徽天长），他还正在宫中淫乐。接到内侍急报，宋高宗"遂病痿腐"，得了阳痿病，丧失了生育能力，使其最终只得将皇位传给了北宋开国皇帝赵匡胤后裔手中。被吓得面无人色的宋高宗从此踏上了水陆两栖辗转逃跑的行程。《纲鉴易知录》有下面的记载：

> 内侍邝询报金兵至，帝即被甲乘骑，驰至瓜洲镇，得小舟渡江，惟护圣军卒数人及王渊、张俊、内侍康履等从行。日暮至镇江。时汪伯彦、黄潜善方率同列听浮屠克勤说法罢，会食，堂吏大呼："驾已行矣！"二人相顾仓皇，乃戎服策马南驰。居民争门而出，死者相枕藉，无不怨愤。司农卿黄锷至江上，军士以为黄潜善，骂之曰："误国误民，皆汝之罪！"锷方辩其非是，而首已断矣。是日，金将马五帅五百骑先驰至扬州城下，闻帝已南行，乃追至杨子桥。时事起仓卒，朝廷仪物皆委弃。太常少卿季陵亟取九庙神主以行，出城未数里，回望城中烟焰烛天。陵为金人所追，亡太祖神主于道。

内侍邝询报告金兵来了，宋高宗急急忙忙穿上铠甲，乘马狂奔到了瓜洲渡口，在混乱中找到了一只小船渡过了长江，跟随他的只有几名护卫军士和王渊、张俊、内侍康履几个人。当时汪伯彦、黄潜善与同列的官员听罢了克勤和尚的说法，正准备聚餐，只听堂上官吏大声呼喊说："皇上已经逃跑了！"汪、黄二人面面相觑，急忙穿上甲胄，策马向南奔逃。城中军民眼见皇上和宰相们都逃跑了，于是争先恐后挤出城门向外逃命，门小人多，人们相互踩踏，死者堆积起来，无法计算，没有人不是满腔怨愤的。司农卿黄锷跑到了江边，有人叫他黄大人，逃跑的军士以为他是黄潜善，便骂他说："误国误民，都是你的罪过！"还没等黄锷分辩自己不是黄潜善，脑袋已被砍掉。奔袭扬州的金军只有五六千骑，当天率先冲到扬州城下的只有金军将领马五率领的五百骑兵，而扬州城中宋高宗的御林军就有好几万人，但是皇帝、宰相率先逃跑，人心慌动，局面自然就无法收拾了。为了抓住宋高宗，冲进扬州的金军听说皇帝已经南逃，一直追到了杨子桥。为了逃命，穷凶极恶的宋高宗还亲手杀死了一个口出怨言的卫兵。扬州事变发生突然，朝廷的礼仪器物全都抛弃了。太常少卿季陵却还没忘记赶紧收拾祖庙中的九代皇帝牌位逃跑，他逃出城没多远，回头看城中已是火光冲天，结果季陵被金兵追赶得急迫，把宋太祖的牌位也丢失在路上了。

宋高宗一行逃到了镇江，当晚"无寝具"，这个皇帝只得"以一貂皮自随，卧覆各半"。大家商议逃向何方，王渊说长江天堑也不能保证安全，不如去有"重江之险"的杭州，内侍们纷纷赞同，一心苟安偷生的宋高宗更是连连点头。于是这群逃难者经常州、平江府（江苏苏州），马不停蹄逃到了杭州。一路上皇帝的威仪也无法体现，"仪仗皆阙，惟一兵执黄扇而已"。到了杭州之后，宋高宗才脱下一路上一直不敢卸掉的甲胄，穿上了黄袍，把州知衙门作为皇帝的行宫。生活也暂时无法摆大排场了，宋高宗只能"御白木床"，将每日"百品"的"御膳"减为"日一羊，煎肉炊饼而已"。

自古以来，中国的皇帝享有九五之尊，从来都是非常伟大、一贯正确的，但发生了扬州惊变这么大的祸乱，以"中兴之主"自我标榜的宋高宗不得不下"罪己诏"，装模作样自责一番。同时，下诏求直言，允许人们谏言朝政的得失。为表达自己的善意，祈求上天的宽恕，还大赦除死罪以外的人犯，并放回被流放在外的士大夫，但是却特别提出"惟责授单州团练副使李纲不以赦徙"，其理由是赦免了李纲，会得罪金朝。从这我们自会看出宋高宗赵构之前罢免李纲的缘由，也自会看出他对金国的忌怕之深。

当然，每当统治集团出现重大失误后，自会玩弄老一套的政治把戏，即推出替罪羊来掩盖最高统治者的昏庸罪行，于是汪伯彦、黄潜善也被罢免了宰相，革职外放。

然而，惊魂未定的宋高宗刚刚在杭州安定下来，宫廷内又发生了一次逼其退位的兵变，这便是史称"苗刘之变"的宫廷变乱。对此，《纲鉴易知录》有下面的记载：

> 苗傅自负世将，以王渊骤迁显职，心不平之，而刘正彦亦以招降剧盗，功大赏薄怨上，二人因相结。时内侍康履等恃恩用事，妄作威福，凌忽诸将，诸将嫉之。中大夫王世修亦嫉内侍恣横，言于正彦。正彦曰："会当共除之。"及王渊入枢府，傅等疑其由内侍以进，遂与世修谋先斩渊然后杀宦官。
>
> 议既定，时以刘光世为殿前都指挥使，百官入听宣制，傅、正彦令世修伏兵城北桥下，俟渊退朝，即捽下马，诬以结宦官谋反，正彦手斩渊，即与傅拥兵至行宫，执康履等斩之。帝谕傅等归营，傅等逼帝传位皇太子，请隆祐太后同听政。太后出，见傅等谕之曰："今强敌在前，吾以一妇人抱三岁儿决事，何以令天下？敌国闻之，岂不转加轻侮！"傅等不从。后顾朱胜非曰："今日政须大臣果决，相公可无一言？"胜非白帝曰："傅等腹心有王钧甫者，适语臣曰：'二将忠有余而学不足。'此语可为后图之绪。"帝乃即坐上作诏，禅位于皇子，而请太后同听政。宣诏毕，傅等麾其军退，于是皇子旉即位，太后垂帘决事。尊帝为睿圣仁孝皇帝，以显宁寺为睿圣宫，是夕徙帝居之。大赦，改元"明受"。

扈从统制苗傅认为自己是将领世家，因为王渊提拔到显耀官职而内心不平，而刘正彦也因为自己曾招降过大盗，功劳大而奖赏少，怨恨皇上，二人于是相互勾结。当时内侍康履等人仗恃着皇上的宠恩而把持朝政，妄自施威赏赐，欺凌诸位将领，军中将领都记恨他。中大夫王世修也记恨内侍恣意横行，把自己的想法告诉给了刘正彦。刘正彦说："我们应当一起来除掉他们。"等到王渊进入枢密院执掌大权，苗傅等人怀疑他是依靠内侍而升官的，于是与王世修计划先杀王渊，然后杀宦官。

计划既已确定，当时任命刘世光为殿前都指挥使，百官入宫听取诏命颁布，苗傅、刘正彦命令王世修在城北的桥下率士兵埋伏，等到王渊退朝，立即拉他下马，诬告他勾结宦官谋反，刘正彦亲手斩杀王渊后，就和苗傅拥兵来到行宫，抓住了康履等人并将其斩杀。宋高宗传命让苗傅等人回宫，苗傅等人却逼高宗皇帝传位给皇太子，并要求隆祐太后临朝听政。隆祐太后没有办法，只好走出内宫对苗傅等人说："现在强敌在前，我作为一个妇人抱着才三岁的小孩子来决定国家大事，靠什么号令天下？敌国听说了这种情况，岂不是更加轻侮我们？"苗傅等人不听，太后转头对朱胜非说："今天的事必须有大臣果断处理，相公怎能没有一句话？"朱胜非悄悄对皇帝说："苗傅有一个叫王钧甫的心腹，刚才对我说：'两位将领忠诚有余而学识不足。'这句话可启发我们以后再来收拾他们。"于是高宗皇帝就在御座上写好了诏书，传位给太子，并请太后一同听政。诏书宣布完毕，苗傅等人指挥他们的部下撤军，于是皇太子赵旉即位，太后垂帘裁决国事。尊称高宗皇帝为睿圣仁孝皇帝，把显宁寺改名睿圣宫，当晚就让宋高宗迁徙到宫中居住。同时宣布大赦天下，改年号为"明受"。

苗刘之变震动朝野，当时同签书枢密院事吕颐浩在江宁府部署江防，礼部侍郎张浚督兵于平江府，他们立即联络武将韩世忠、刘光世和张俊发兵勤王。朝中宰相朱胜非在朝中利用韩世忠等军紧逼杭州的压力，迫使苗傅、刘正彦同意太上皇赵构复辟，说是隆裕太后和高宗皇帝将共同颁发誓书和铁券，可保苗、刘二人性命无忧。结果宋高宗成功复辟，韩世忠军攻进杭州城，出城逃命的苗、刘二人被抓住后，处以磔刑。吕颐浩、张浚和韩世忠进宫慰问高宗皇帝，宋高宗走出宫门拉住勤王有功的韩世忠的手，大声恸哭。历时一月的宫廷政变宣告结束。

逃到杭州的宋高宗赵构将杭州改为临安府，一心在此苟且偷安。按理，此时的赵构是个二十三岁的青年人，正是血气方刚之时，但他却被接连发生的变故吓破了胆，听说金国又要大举南侵，于是再一次派人到金国哀求乞怜，以极其卑微的言辞乞求金国皇帝放过自己。《纲鉴易知录》记载他的乞降书中写道："古之有国家而迫于危亡者，不过守与奔而已。今以守则无人，以奔则无地，此所以愳愳然，惟冀阁下之见哀而赦已。故前者连奉书，愿削去旧号，是天地之间皆大金之国，而尊无二上，亦何必劳师远涉而后为快哉！"

宋高宗赵构哀求说："自古以来国家面临危亡时，不过有防守和逃奔两条路可走。可现在我要防守却无人可守，要逃奔也无地方可以逃奔，这就是让我畏惧害怕的原因，唯一希望的就只能是祈求阁下可怜我而赦免我了。所以我以前接连上书，愿意削去我原来的国号，这样天地之间就都是大金之国了，再也没有两个皇上让人尊奉了，又何必劳烦您的大军远远跋涉征讨我才感到痛快呢！"

这样一位一听敌情就望风而逃、在敌国皇帝面前摇尾乞怜的皇帝，让广大臣民非常失望和气愤。起居郎胡寅奋起上书，直斥高宗皇帝的种种罪行，提出抗金强国的七项建议。《纲鉴易知录》载道：

胡寅上疏说："陛下以亲王介弟，受渊圣皇帝之命，出师河北。二帝既迁，则当纠合义师，北向迎请，而乃亟居尊位，建立太子，不复归觐宫阙、展省陵寝，偷安岁月，略无扞御。及虏敌乘虚，匹马南渡，一向畏缩，惟务远逃。军民怨咨，恐非自全之计也。"因进七策：一、罢和议而修战略；二、置行台以区别缓急之务；三、务实效，去虚文；四、大起天下之兵以自强；五、都荆、襄以定根本；六、选宗室之贤才，封建任使之；七、存纪纲以立国体。书凡数千言。吕颐浩恶其切直，罢之于外。

胡寅上疏说："陛下以亲王和皇帝弟弟的身份接受渊圣皇帝的任命，出师河北。徽、钦二帝被掳到北方，你就应当集合义军，向北进军救回二帝。可是你却很快登上了帝位，立了太子，不再返回汴京觐见二帝的皇宫，也不祭祀先祖的陵墓，一年年地偷安，一点都没有卫国抵抗的行动。等到敌军骑兵乘虚而入，你一马当先逃过长江，至今一直畏缩不前，只求远逃南方。对此全国军民都在怨愤悲叹，这样恐怕不是自我保全的办法吧。"同时胡寅还提出了他的七条治国方案：一是停止与金人的和议而积极筹备作战；二是在全国各地设立代表朝廷的行台机构区别办理轻重缓急的事务；三是追求实效，去除表面的形式和文章；四是大规模发动天下的兵力以求自强；五是建都荆州、襄阳以稳定国家的根本；六是挑选宗室中的贤才，封为诸侯而加以任用；七是保存国家的制度以建立国家的体制。这道上疏有几千字。结果是吕颐浩厌恶胡寅言辞的痛切直率，把胡寅罢了官赶到外地。

胡寅的直言痛斥自然让赵构极端难受，罢免胡寅当然是吕颐浩按照赵构的旨意做的。

宋高宗赵构的哀求乞怜丝毫不能改变金国皇帝吞灭南宋之心，建炎三年（公元 1129 年）秋高气爽、草盛马肥之时，金军又开始大举南侵。面对金军的攻势，宋高宗最为倚重的东京留守杜充竟然率主力南撤，将汴京留给其他副将带少数部队防守。建炎四年（公元 1130 年）二月，汴京陷落，中原地区完全落入金军控制之下。昏庸的赵构此时不仅没有治罪杜充，反而将他看成支撑半壁江山的擎天柱，称颂杜充为"徇国忘家，得烈丈夫之勇；临机料敌，有名古将之风"。还拜其为右相，兼江、淮宣抚使，统兵十万余人，镇守建康。谁知这个杜充在金军进攻建康时，竟然逃到江北，投降了金朝。宋高宗赵构闻讯，"不食之累日"，极端沮丧地说："朕待充自庶官拜相，可谓厚矣，何故至是？"

金军统帅完颜兀术率大军占领建康后，又直扑临安，急于捉拿宋高宗。面对如此急迫的情势，南宋君臣真是上天无路、入地无门，经过紧急商议，吕颐浩提出了海上逃生的策略。《纲鉴易知录》对此载道：

> 帝闻杜充败，谓吕颐浩曰："事迫矣，若何？"颐浩遂进航海之策，其言曰："敌兵多骑，必不能乘舟袭我，江、浙地热，必不能久留，俟其退去，复还二浙。彼出我入，彼入我出，此兵家之奇也。"帝然之，遂如明州。

宋高宗听说了杜充败降的消息，对吕颐浩说："事情紧急了，怎么办呢？"吕颐浩于是提出了航海的方案。他说："敌军多是骑兵，必定不能乘船袭击我们；江浙天气炎热，敌兵必定不能长期停留。等他们退兵之后，我们再返回浙东、浙西。敌军走了，我们就回来；敌军来了，我们就到海上，这是兵家的奇计。"宋高宗非常同意他的意见，于是逃到了明州（今浙江宁波）。

当年的十二月，金军追到了杭州，宋高宗便从海路逃到了明州。次年正月，金军追到了明州，并派出海船追击三百余里，遇到宋军船队的阻击才被迫回师。金兀术见未能达到活捉宋高宗的目的，担心自己孤军深入，最终决定撤兵北还。这样，南宋小朝廷的君臣们在海上整日提心吊胆，在金军利刃和大海波涛之间犯死求生，在海上漂泊逃亡了整整四个月，当年的四月才结束了海上流亡生活，经明州回到了越州（今浙江绍兴）。

金军撤出了江南，宋高宗君臣还归越州，标志着南宋偏安局面开始稳定。

3. 军民抗金稳南宋

面对外敌的入侵，中国自古以来虽多有最高统治者的退让妥协，但也不乏铁血抵抗的民族脊梁。金军多次南侵，所到之处烧杀抢掠，并强行胡服剃发，推行奴隶制统治，激起了当地军民强烈反抗。

河东沦陷区人民以红巾裹头为标志组织忠义民军，称为"红巾军"，他们曾猛攻金军大寨，金军左副元帅完颜宗翰几乎为其所俘。河北庆源五马山上（今河北赞皇），官员赵邦杰和马扩领导一支抗金队伍，他们拥立自称信王的赵榛做号召，使得各地许多抗金武装纷纷归附，人数有十万人以上。河北西路招抚使都统制王彦所部面上均刻着"赤心报国，誓杀金贼"八个字，被称为"八字军"，两河忠义民兵纷纷投奔其麾下，队伍扩大至十万人以上，多次重创敌军。

南宋各路抗金将领也率军抵抗强敌，多次与金军展开大战，遏止了金军的攻势，挽救了南宋的危局。南宋初期几次著名的大战主要有镇江之战、富平之战、和尚原与仙人关之战、收复襄阳六郡之战和郾城、颍昌之战。

建炎四年（公元1130年）初，金军完颜兀术率军追赶宋高宗未果后北还，宋军著名将领韩世忠率八千人马移师镇江，与金军展开镇江之战。《纲鉴易知录》对此战有详细的记载：

> 金师至江上，世忠先以八千人屯焦山寺。兀术欲济江，乃遣使通问，且约战期。世忠许之，因谓诸将曰："是间形势无如金山龙王庙者，敌必登之以觇我虚实。"乃遣苏德将百人伏庙中，百人伏庙下岸侧，戒之曰："闻江中鼓声则岸兵先入，庙兵继出，以合击之。"及敌至，果有五骑趋庙。庙兵先鼓而出，获两骑，其三骑则振策以驰。驰者一人红袍玉带，既坠，复跳而免，诘诸获者则兀术也。既而接战江中，凡数十合，世忠妻梁氏亲执桴鼓，敌终不得济。俘获甚众，虏兀术之婿龙虎大王。
>
> 兀术惧，请尽归所掠以假道，世忠不许。复益以名马，又不许。遂自镇江溯流西上，兀术循南岸，世忠循北岸，且战且行。世忠艨艟大舰出金师前后数里，击柝之声达旦。将至黄天荡，兀术窘甚，或曰："老鹳河故道今虽湮塞，若凿之可通秦淮。"兀术从之，一夕渠成，凡三十里，遂趋建康。岳飞以骑三百，步兵三千，邀击于新城，大破之。兀术乃复自龙湾出江中，趋淮西。
>
> 会挞懒自潍州遣宇董太一引兵来援，兀术乃复引还，欲北渡，世忠与之相持于黄天荡。太一军江北，兀术军江南。世忠以海舰进泊金山下，豫以铁绠贯大钩授健者。明日，敌舟噪而前，世忠分海舟为两道出其背，每绾一绠则曳一舟沉之。兀术穷蹙，求会语，祈请甚哀。世忠曰："还我两宫，复还疆土，则可以相全。"兀术语塞。又数日，求再会，而言不逊，世忠引弓欲射之，兀术急驰去。见海舟乘风使篷，往来如飞，谓其下曰："南军使船如使马，奈何！"乃募人献破海舟之策。于是闽人王姓者教其舟中载土，以平板铺之，穴船板以棹桨，俟风息则出，海舟无风不可动也，且以火箭射其篷篷，则不攻自破矣。兀术然之。及天霁风止，兀术以小舟出江，世忠绝流击之。海舟无风不能动，兀术令善射者乘轻舟以火箭射之，烟焰蔽天，师遂大溃，焚溺死者不可胜数，世忠仅以身免，奔还镇江。兀术遂济江，屯于六合县。
>
> 世忠以八千人拒兀术十万之众，凡四十八日而败，然金人自是亦不敢渡江矣。

三月中旬，满载着在南方抢掠来的财帛的金军到达镇江，韩世忠率领八千人马屯驻在焦山寺，拦截住了金军的去路。金兀术想渡过长江，就派遣使者到宋营，约定日期两军在长江上会战。韩世忠同意了金军约期会战的要求，并对部下将领们说："此处最好的地势就是金山龙王庙，敌军将领一定会在战前登山侦察我军虚实。"于是他派遣苏德率领一百人埋伏在庙中，另一百人埋伏在庙下的岸边。他告诫苏德等人说："听到江中的鼓声，岸边的伏兵就先冲上来，庙里的伏兵再跟着冲出来，内外夹攻敌人。"等敌军到了，果然有五个敌军骑兵向龙王庙走来。庙里的伏兵立功心切，首先击鼓冲了出来，结果俘虏了两个骑兵，另外三个骑兵则挥鞭奔逃，其中一个红袍玉带的人从马上坠落下来，又跳上马逃跑了，事后审问被俘的人，才知道那人就是金兀术。接着双方按期在江中展开会战，大战进行了数十个来回。韩世忠的妻子梁氏亲自击鼓进军，金军最终没有突破宋军防线渡过长江。这一仗宋军俘获很多，还俘虏了金兀术的女婿龙虎大王。

金兀术害怕了，提出归还抢掠来的财帛而借路北还，韩世忠不答应。金兀术又提出增加名马，韩世忠还是不答应。无奈之下，金兀术只得从镇江溯流西上，金军沿着南岸走，宋军沿着北岸追，一路之上两军且走且战。韩世忠的大型战舰距离金军船队只有数里远，两军船桨划船的声音一直响到了天亮。到了距离建康八十里地的黄天荡，荡阔三十余里，但只有一口通长江。金兀术不知黄天荡是个死水湖，率军进入了黄天荡，结果韩世忠率军堵住了水口，金军被堵在湖中，无法出来了。

远在山东的金军元帅挞懒闻讯，派太一孛堇引兵来援，驻扎在长江北岸，但被宋军阻击无法与金兀术会师。金兀术被围黄天荡二十八天后，只得又冲向荡口，冒死突围。早有准备的韩世忠将装上大钩的铁链交给强健的士兵，准备对付敌船。第二天一早，敌军船队鼓噪而来，韩世忠的船队立即分成两路插到敌军后面，士兵们纷纷将铁链抛向敌船，敌军船小，一个个被宋军大船勾住拖沉于江中。金兀术没有办法了，只得要求与韩世忠会面谈判，悲切地哀求韩世忠能放他北还。韩世忠回答说："把我朝徽、钦二帝送回来，再恢复我朝的疆土，你的性命就可以保全。"金兀术无言以对。过了几天，金兀术又要求会面，可言语又不谦和，韩世忠举弓就要射他，金兀术赶紧逃跑了。

眼看金兀术被围在黄天荡中，成为瓮中之鳖，但金军却收买了当地的一个奸细，知道了黄天荡中有通往长江的老鹳河故道，稍加疏浚即可通往大江。于是金军当晚奋力挖通了故道，悄悄逃往了建康。次日天亮，韩世忠才发觉金军逃跑了，即刻率军紧紧追赶，驻军建康北面江上，堵住了金军北上的渡口。

金兀术看到对面宋军海船乘风使帆，往来如飞，对他的部下说："南方的军队用船如同我们用马，怎么办呢？"有人又建议悬赏当地人献上能打败宋军海船的办法。结果有一个姓王的福建人教兀术在船中装上土，再铺上木板，使船在水中平稳行走；在船舷上挖洞戳出船桨摇桨划船，并且等风停了再出船进攻，因为宋军的海船没有风就无法走动。他还教兀术用火箭射宋军海船的篷帆，这样海船着火，宋军就不攻自破了。金兀术一听非常高兴，等到天晴风止，金军的小船出江进攻，韩世忠堵在大江之上断绝了金军的去路，但是大海船无风不能动，金兀术令军中善射者出动轻舟用火箭射大海船，结果江上烟焰蔽天，宋军船队被烧得大溃败，烧死淹死的人不可胜数，仅仅韩世忠一人逃脱，奔逃到了镇江。金兀术于是渡过了长江，屯驻在六合县。

在这次宋金初期的镇江之战中，韩世忠以八千人马围堵金兀术的十万之众整整四十八天，虽然最终失败了，但此战让金军尝到了宋军的威力，至此之后，金军再也不敢渡过长江了。

在这次宋金镇江之战中，有一个现象不得不引起我们的注意，这就是自古以来普通百姓中常出汉奸来协助外敌。这之前投降金军，给金国当儿皇帝的张邦昌、刘豫都是宋朝的官员，而这次给金兀术出谋划策、助其解脱危局的都是当地的百姓。这就如同英法联军火烧圆明园时，当地百姓不仅赶上驴车趁火打劫抢财物，而且为侵略军搭梯子、抱柴火，助其放火；抗日战争时期，协助日军侵华的汉奸伪军竟然达到了二百万人。按道理国家安危匹夫有责，但我们却为什么一直少不了乐意为侵略者效劳的普通百姓呢？这个问题应该引起我们深思。

我想这个问题自会有人说这是因为自古以来我国百姓就愚昧无知，没有民族和公民意识，笃信"张来张百姓，李来李百姓"，谁坐天下就给谁叩头纳粮的小民意识。但是如果我们再往深层次想一想，就会清楚这种愚昧的小民意识是几千年来统治者愚民政策、思想禁锢的结果，更是几千年来统治者残民害民、作威作福、官民严重对立的结果。几千年来，封建王朝虽然换来换去，但天下是抢来的天下，朝廷是帝王的私产，无论谁上台执政，百姓只有纳粮叩头、任人宰割的命运，除了被官府盘剥和奴役之外，丝毫感受不到朝廷官府对自己有什么好处，更毫无参与国家治理的权力，因此他们也就毫无国家意识、公民意识和民族意识。这样自然就造成了谁强大就给谁当百姓，谁给了好处就给谁奔走效力的情况。这样的情况在我国历史上一出再出，既让人感到羞惭无奈，更值得我们深思。

在平定苗刘兵变中立了功的张浚被宋高宗任命为知枢密院事。有人曾向他建议说："天下者，常山蛇势也，秦、蜀为首，东南为尾，中原为脊。今以东南为首，安能起天下之脊哉？将图恢复，必在川、陕。"这句话的意思是说，天下的形势如同常山蛇的样子，秦、蜀是蛇的头部，东南是蛇的尾部，中原则是蛇的脊梁。现在却以东南为头部，怎能使天下的脊梁挺起呢？要想恢复天下，关键一定在川、陕。张浚认为这话很有道理，于是他对宋高宗说："中兴当自关、陕始，虑金人或先入陕、蜀，则东南不可保。"并自告奋勇地请求镇守川、陕，宋高宗便任命张浚为川、陕、京、湖宣抚处置使，还授其可根据具体情况自行升降官员的权力。

张浚到任时间不长，建炎四年（公元1130年）七月，宋军为巩固陕西抗金基地，发动了对金将娄室所部的进攻。娄室抵挡不住宋军的进攻，请求援兵，金太宗认为关陕重地，不能有失，即令金兀术统兵救援。当年九月，宋金两军展开了一场南宋初期规模最大的战役，即富平之战。《纲鉴易知录》对这场战役有下面的记载：

> 兀术引兵趋陕西，浚闻其将至，檄召熙河刘锡、秦凤孙偓、泾原刘锜、环庆赵哲四经略及吴玠之兵，合四十万人，马七万匹，以锡为

统帅，迎敌决战。王彦谏曰："陕西五路兵将，上下之情未通，若不利，则五路俱矢，不若屯利、阆、兴、洋，以固根本。敌入境，则檄五路之兵来援，万一不捷，未大失也。"浚不从。刘子羽亦力言未可，浚曰："吾宁不知此，顾东南事方急，不得不为是耳。"吴玠、郭浩皆曰："敌锋方锐，宜各守要害，须其弊而乘之。"亦不从。遂行，次于富平县。刘锡会诸将议战，玠曰："兵以利动，今地势不利，未见其可，宜择高阜据之，使不可胜。"诸军皆曰："我众彼寡，又前阻苇泽，敌有骑不得施，何用他徙？"已而娄室引兵骤至，舆柴囊土，藉淖平行，进薄诸营。锡等与之力战，刘锜身率将士薄敌阵，杀获颇多，胜负未分，而敌铁骑直击赵哲军，他将不及援，哲因离所部，其将校望见尘起，遂惊遁，诸将皆溃。敌乘胜而进，关陕大震。浚时驻邠州督战，既败，退保秦州，召赵哲斩之，而安置刘锡于合州，令诸将各还本路，上书待罪。帝手诏慰勉之。自是关陕不可复，论者咎浚之轻师失律焉。

金兀术率军急奔陕西，张浚得知金兀术将要到达，立即发布檄令召集熙河刘锡、秦风孙偓、泾原刘锜、环庆赵哲四位经略使以及吴玠的部队，合计四十万人，马七万匹。任命刘锡为统帅，准备与敌进行决战。王彦劝谏说："陕西的五路兵马，上上下下的情况还未能沟通，如果战而不利，则五路全都丧失，不如屯守利州、阆州、兴州、洋州，以固根本。敌人进入境内，就传令各路兵马前来救援，万一不胜，也没有大的损失。"可张浚不接受他的建议。刘子羽也极力主张不可与敌决战，张浚说："我难道不知道这些？只是东南的情况正处在危急之中，我们不能不这样做罢了。"吴玠、郭浩都说："敌军锋芒正盛，我们最好各自防守要害之处，等敌军出现弊病时再乘机出战。"可张浚还是不听从。于是宋军出兵，驻扎在富平县。刘锡召集诸将商议战事，吴玠说："用兵要占据有利地势才能作战，现在地势对我们不利，不可以行动，我们应该选择高处占据高地，使敌人无法战胜我们。"但其他将领却说："我们人多而敌人兵少，前方又有沼泽地挡着，敌军虽有骑兵也无法施展开来，为什么要转移阵地呢？"可不久之后娄室便引兵突然赶来了，他们用车子拉着柴，用口袋装着土，铺在沼泽地上，使其可以像平地一样行走，从而迅速进逼到宋军营地。刘锡率众与敌军奋力作战，刘锜一马当先率领将士冲入敌阵，杀伤俘获都很多，双方胜负不分。但是，敌军骑兵冲进了赵哲的阵地，其他各路军马来不及救援，赵哲自己离开部队逃跑了，部下的将士们看到自己的军营一下子烟尘升起，于是便惊慌地四散逃跑，这样军心大动，各路人马全都溃败了。敌军乘胜前进，关陕之地大为震动。张浚当时在邠州督战，战败之后只得退守秦州。他召来逃将赵哲将其斩首，把刘锡安置在合州，命令诸将各自返回自己的驻地，上书等待朝廷治罪。宋高宗却亲笔下诏安慰、鼓励了一番。富平大战失败了之后，关陕之地便不可收复了，议论的人纷纷责怪张浚不合时宜地轻率用兵。

富平之战的失败使得关陕之地纷纷沦陷，宋朝西北抗金防线陷入危机。这让金军看到了打通川、陕通道，从西北迂回进攻南宋的希望，于是金国改变了全面进攻南宋的战略部署，将全面进攻改为东守西攻，企图集中力量进攻川陕，从而进一步控制长江上游，为从西北迂回包围南宋创造条件。因此金军在陕西发动了多次大规模的进攻，宋军在西北战场陷入困难境地。在极其险恶的情势下，抗金名将吴玠、吴璘兄弟与金军展开了和尚原、仙人关大战。对此，《纲鉴易知录》有下面的记载：

> 玠自富平之败收散卒保和尚原，积粟缮兵，列栅为死守计。或谓玠宜退屯汉中，扼蜀口以安人心。玠曰："我保此，敌决不敢越我而进，是所以保蜀也。"玠在原上，凤翔民感其遗惠，相与夜输刍粟助之，玠偿以银帛，民益喜，输者益多。金人怒，伏兵渭河邀杀之，且令保伍连坐，民冒禁如故。

> 金将没立自凤翔，乌鲁折合自阶、成出散关，约日会和尚原。乌鲁折合先期至，阵北山，索战。玠命诸将坚阵待之，更战迭休，金人大败遁去。没立方攻箭筈关，玠复遣将击破之。两军终不得合。金人自起海角，狃于常胜，及与玠战辄败，愤甚，谋必取玠。于是，兀术会诸帅兵十余万，造浮梁跨渭，自宝鸡结连珠营，垒石为城，夹涧与官军相拒，进薄和尚原。玠与弟璘选劲弩，命诸将分番迭射，号"驻队矢"，连发不绝，繁如雨注。敌稍却，则以奇兵旁击，绝其粮道，度其困且走，设

伏于神垒以待之。敌至伏发，遂大乱。玠因纵兵夜击，大败之。兀术中二流矢，仅以身免，亟剃其须髯而遁。

自从富平作战失败，吴玠召集跑散的士卒退守在和尚原，他积聚粮草、修缮兵器，在营地栽起木栅栏，做好了死守的准备。有人对吴玠说应该撤退到汉中，扼住进入蜀地的入口来安定人心。吴玠说："我守在此处，敌人绝不敢越过我而进，这就是为了保卫蜀地。"吴玠驻军在和尚原上，凤翔的百姓为了感激他的恩惠，相互结伴在夜里运送粮食来帮助他，吴玠付给百姓银钱和绢帛，百姓更加高兴，送粮的人更加增多了。金军非常生气，在渭河岸边埋伏士兵截杀百姓，并且命令按保伍连坐法惩处，可百姓仍然冒着禁令运送粮食给吴玠军。

金军将领没立从凤翔出兵，乌鲁折合从阶州（今武都东南）、成州（今成县）由大散关出兵，约定日期在和尚原会合。乌鲁折和先期到达，在北山列阵，向吴玠挑战。吴玠命令诸将严阵以待，与金军不断接战又不断停战，金军大败而逃。没立带军攻打箭筈关，吴玠又派遣将领打败了他，使得金军两支部队最终不能会合。金军自从海角起兵，已习惯于常战常胜，可现在与吴玠作战却总是失败，这让他们感到非常气恼，发誓要拿下吴玠。于是，金兀术调集各路人马十万余人，造浮桥跨过渭河，从宝鸡一路结成连珠营寨，垒石为城，夹着山涧与宋军相对抗，进逼至和尚原。吴玠和弟弟吴璘选用强劲的弓弩，命令诸将分班轮换射箭，称作"驻队矢"，连发不断，箭矢多得就像下雨一样。等到敌人有所退却，吴玠又派奇兵从旁攻击，断绝敌人的粮道。估计敌军无计可施将要退兵时，吴玠便在神垒设下伏兵等着金军。敌军进了埋伏圈，宋军发起攻击，敌军顿时大乱。吴玠纵兵连夜攻击，金兵大败，金兀术被两支流箭射中，在宋军的追赶中，急忙剃掉引人注目的大胡子，独自逃身。

当初吴玠退守和尚原时，手下只有几千散兵，而且内无粮草，外与朝廷的联系隔绝。有人感到灰心丧气，图谋劫持吴玠兄弟北降金军。吴玠知道了这种情况，召集诸将歃血为盟，以忠于国家的大义勉励大家，将士们都被感动了，个个表示愿以死为国家效力。作战中，面对强敌，吴玠采取游击战术，敌进我退，敌退我进，声东击西，以少胜多，在运动中灵活机动打击敌人，取得了和尚原大战的胜利。

绍兴二年（公元1132年）冬，已经担任川陕宣抚使都统制的吴玠，考虑到和尚原距后方路途遥远，且远隔秦岭，担心粮运不继，难以久守，于是便让他的弟弟吴璘驻守和尚原，自己率主力退守仙人关（在今甘肃徽县南部）。他在仙人关右侧依山据险筑起关垒，称之为"杀金坪"，与仙人关互为依托，扼守入蜀隘口。第二年冬天，金军元帅左都监完颜宗弼（金兀术）率军攻占了和尚原，吴璘引军退守阶州（今甘肃武都东南）。为保四川万无一失，实施纵深防御，吴玠又在"杀金坪"后险峻之处设置了第二道防线。

绍兴四年（公元1134年）二月，金兀术调集金陕西经略使撒离喝、刘豫伪齐四川招抚使刘夔，在凤翔、宝鸡等地集结步骑十万余人，大举进攻仙人关，决心破关入蜀。吴玠兄弟等将领又与金军展开了险恶的仙人关大战。《纲鉴易知录》有下面的记载：

> 至是，兀术、撒离喝、刘夔帅步骑十万破和尚原，进攻仙人关，自铁山凿崖开道，循岭东下。玠以万人守沙金坪，以当其冲。璘自武阶路入援，冒围转战七昼夜，始得与玠会于仙人关。
>
> 敌首攻玠营，玠击走之。又以云梯攻垒壁，杨政以撞竿碎其梯，以长矛刺之。金军分为二，兀术阵于东，韩常阵于西，璘率锐卒介其间，左绕右萦，随机而后战。
>
> 数日，玠大出兵，统领王善、王武率锐士分紫、白旗入金营，金阵乱，奋击，射韩常中左目，金人始宵遁。玠遣统制官张彦劫横山砦，王俊伏河池，扼其归路，又败之。
>
> 是役也，兀术以下皆携妻孥来。刘夔乃刘豫腹心，本谓蜀可图，既不得逞，度玠终不可犯，乃还据凤翔，授甲士田，为久留计，自是不妄动矣。

此时，金兀术、撒离喝和刘夔率步、骑兵十万余人攻破了和尚原，遂即马不停蹄进攻仙人关。他们凿山开道，沿着山岭直扑仙人关。吴玠率领一万人马防守"杀金坪"，以抵挡金军的正面冲击。吴璘从武阶路前来增援，他们一路冲破敌军的包围，转战七昼夜，才与吴玠在仙人关会合。

敌人的首次进攻被吴玠打退后，金军又架起云梯进攻壁垒。杨政率军用撞竿击打金兵的云梯，用长矛刺杀敌人。金军受挫后兵分两部，金兀术在东面布阵，韩常在西面布阵。面对这种形势，吴璘率领手下精锐的士兵在敌军两阵之间左绕右突，寻机袭击敌人。

几天之后，吴玠突然向金军发起进攻，他统领王善、王武两位将军率领精锐士兵分成紫旗、白旗两部冲进金营，金军顿时大乱。宋军奋力进攻，混战中射中了韩常的左眼，溃败的金军连夜逃跑。吴玠又派统制官张彦偷袭横山金兀术主帅大寨，派王俊埋伏在河池（今甘肃徽县），截住金军的归路，又大败金军。

这一场大战，兀术以下的将领都是带着自己妻子和家奴们来的，心想能攻下仙人关，夺取四川后，从西北后方进攻南宋而长期作战的。刘夔是伪齐皇帝刘豫的心腹，本以为此举能攻下四川，好做他的伪齐四川招抚使。结果他们的如意算盘全被吴玠兄弟彻底打破了，这使他们感到吴玠的防线难以攻破。于是他们退回凤翔后，给士兵们授田开垦，做起了长期屯兵的打算，从此之后再也不敢妄自出兵攻蜀了。

仙人关大战的胜利打破了金军西线重点进攻的策略，使得金军在较长一段时间内不敢轻易进攻南宋，从而使宋金防守态势发生了大的转化，宋军从靖康时期一直是被动防守，现在开始有了主动的局部反击。襄阳六郡的收复之战便是宋军成功的反击之战，而指挥这次反击战的宋军统帅便是南宋当时著名的抗金将领岳飞。

绍兴四年（公元1134年）春，荆南制置使岳飞上书朝廷，提出出兵收复被伪齐占领的襄阳六郡，即襄阳府、唐州、邓州、随州、郢州和信阳军。他在上书中指出："襄阳等六郡为恢复中原基本，今当先取六郡，以除心膂之病。"宋高宗与朝中大臣进行了详细的讨论，采纳了岳飞的建议，任命岳飞为此战的前线统帅，率军出师收复对南宋朝廷西线上游构成严重威胁的该地区，还命令韩世忠以万人屯兵泗上，刘世光出兵陈、蔡，以做声援。

当年四月十九日，岳飞率所部三万五千余人由江州出兵，兴师北伐，渡江时岳飞大声对诸将说:"飞不擒贼,不涉此江!"

五月初五,岳家军兵临郢州(今湖北钟祥县)城下。岳飞策马绕城一周,了解了城中防守情况后,派人向新近被提拔为伪齐郢州知府的荆超劝降。荆超拒不投降,还让他的长寿县知县刘楫登城大骂。岳飞大怒,下令攻城。敌军凭借高大的城墙负隅顽抗,岳家军则"累肩而升",搭起人梯攻上城头,斩杀敌军七千余人,敌人的尸体堆积如山,郢州城被宋军攻占。荆超见大势已去,投崖自杀,刘楫则被生擒后斩杀。

攻克郢州后,岳家军兵分两路,一路由张宪、徐庆率领东取随州(今湖北随县);一路由岳飞亲率直奔襄阳(今湖北襄樊市)。襄阳府是伪齐进攻南宋的大本营,由伪齐主将李成亲自驻守,但一是因为他曾多次被岳飞击败,二是这次岳家军一举攻克了号称"万人敌"的悍将荆超防守的郢州,这让他丧失了迎战岳家军的勇气,于是他弃城逃跑了。五月十七日,岳家军兵不血刃占据了襄阳重镇。

张宪、徐庆率军攻打随州城,伪齐知州王嵩据险固守,岳家军连攻数日不克。岳飞部将牛皋自告奋勇请求带兵增援。出发时他只带了三天的口粮,以示其短期内必克随州的决心。五月十八日,牛皋的援军和原攻城部队合力攻城,岳飞长子岳云一马当先登上城头,大军蜂拥而上,歼敌五千余人,活捉了王嵩,攻克了随州城。

襄阳三郡收复后,宋高宗却来信提出收复之地难以固守,担心"前功遂废",绝口不提宋军之前作战计划中还要攻取的唐州、邓州和信阳军,明显表达了他让岳飞就此收手的态度。岳飞立即上奏,他一方面提出了襄阳等地的防守方案,另一方面则一再重申攻克唐州、邓州和信阳军的决心。

面对岳家军的凌厉攻势,刘豫伪齐急忙向金朝求援,金朝遂派大将刘合孛堇率军救援。在刘合孛堇统领下,金、齐联军数万人马屯驻邓州(今河南邓县)西北,联营三十多处,妄图与岳家军决一死战。

经过一个多月的充分准备,岳飞派遣王贵取道光化,张宪取道横林,两军分路进发夹击敌军。这一年的七月十五日,岳家军在距邓州城外三十里的地方与数万敌军展开激战。王万、董先两员战将率军突入敌阵,金、齐联军阵脚大乱，全线溃败，刘合孛堇只身逃窜。岳家军乘胜追击，斩杀俘获无数。伪齐将领高仲率残部退回邓州城，企图据险固守。七月十七日，岳家军发起攻城，又是岳云冲锋在前，战士们冒着如雨般的矢石"蚁附而上"，一举攻克了邓州城，生擒了守将高仲。

邓州决战的胜利，更加激发了岳家军必胜的信心，七月二十三日，王贵和张宪的部队在唐州（今河南唐河县）城北击败金、齐援军，即日，岳家军便攻占了唐州城。不久，岳家军又乘胜攻克了信阳军（今河南信阳市）。至此，岳家军仅仅用了不到四个月的时间便收复了襄阳六郡，这是南宋立国八年来进行局部反击的一次重大胜利。

这一时期，随着金军在战场上接连失败，宋金双方力量对比发生了明显的变化，金军战斗力大大削弱，南宋主战派将领的军队在抗金战争中不断强大，特别是逐渐形成了岳飞、韩世忠、吴玠、刘锜等抗金名将统率的几支战斗力极强的部队，宋金战争形势开始向着有利于南宋的方向发展。但是，此时的宋高宗赵构却将眼前反攻中原、收复失地的大好机会弃之不顾，仍然一心求和投降，不断向金朝遣使献媚，哀求乞和。绍兴九年（公元1139年）正月，宋金双方终于达成了协议：南宋向金国称臣纳贡，每年向金国纳银二十五万两，纳绢二十五万匹；金国赐还南宋河南、陕西的部分土地，并放宋徽宗的尸骨和宋钦宗、宋高宗的生母韦氏回南宋。

在宋高宗办理向金称臣的手续时，金熙宗给他下了诏书。诏书中说："天其意者，不忍遽泯宋氏社稷，犹留康邸在江之南。""今自河之南，复以赐宋氏。尔等处尔旧土，还尔世主，我国家之恩，亦已洪矣。""无忘我上国之大恩。""其官吏等已有誓约，不许辄行废置，各守厥官。"这个诏书不仅以君王的口气告诫臣下赵构要铭记我大金的恩德，而且特别强调原河南之地伪齐刘豫的官员不许宋朝"废置"。这还不算，金国使者还要求宋高宗赵构在朝堂跪接金朝皇帝的诏书。这自然让在臣民面前还要有块遮羞布的皇帝宋高宗难以接受，但他又不敢违背金朝皇帝的淫威，最后说来说去，总算金国使者给了面子，让时任宰相秦桧代皇帝跪接了诏书。

就这样卑躬屈膝换来的屈辱议和还来不及完全执行之时，金国就撕毁了协议，并向南宋大举进攻。

绍兴九年（公元 1139 年）七月，宋金和议刚谈成半年，金国内部发生了动乱，金太祖的第四子完颜宗弼（金兀术）发动政变，杀掉了主张和南宋议和的鸽派实权人物挞懒，掌握了兵权。第二年的五月，金军便以金兀术为统帅，分兵四路向陕西、河南、山东等地发起进攻，不到一个月，金国刚刚归还给南宋的大片土地又全部被金军夺去。无奈的宋高宗只得下诏，命令各路抗金将领进行抵抗。

绍兴十年（公元 1140 年）金军十万人马渡过了颍河，包围了顺昌（今安徽阜阳），在这里，金兀术尝到了自己改变以往都是利用秋高气爽时节出兵，而这次却是在炎热夏天出兵的苦头。新任东京副留守的抗金名将刘锜驻军顺昌，他利用金军不耐热的弱点，以逸待劳乘机反击，以自己五千人马大破十万金军，取得了顺昌大战的胜利。

顺昌之战失败后，金兀术只得退守东京（今河南开封），时任湖北、京西宣抚使的岳飞亲率大军从鄂州（今湖北武昌）出发准备乘胜收复中原。岳飞命令王贵、牛皋、董先、杨再兴诸将进攻河南诸州，又命梁兴、董荣等将潜渡黄河，联络河北、河东抗金义军，进攻西河诸郡。结果岳家军一路告捷，先后收复了颍昌、陈州、郑州、洛阳等重镇，切断了金军东西两路的联系，对东京的金军形成了威胁之势。

为了扭转危局，金兀术亲率昭武大将军韩常、龙虎大王突合速、盖天大王赛里等部一万五千精骑，奔袭岳飞宣抚使驻地郾城（今河南郾城市），企图利用岳家军孤军深入之机，一举摧毁岳家军的统帅机构，从而打破岳飞的反攻计划。

当时的情况十分严峻，岳家军的主力部队在外作战，奔袭而来的却是金兀术亲率的金军最为精锐的部队，但是岳飞毫不畏惧，与金军在郾城北面二十里处展开了激战。岳飞的儿子岳云率领岳飞亲军背嵬（西夏语，意为亲随、骁勇。韩世忠首创背嵬军，后成为南宋诸多抗金将领亲军的名称）马军与金军骑兵激战。骁将杨再兴为生擒金兀术，单枪匹马冲进敌阵中心，击杀金军近百人，多处受伤仍拼死力战。正当两军杀得难解难分之时，岳飞亲率四十骑突入阵中，射死金军多人，岳家军顿时士气倍增，个个以一当十，奋勇杀敌。金兀术见状，使出了他的绝招——出动了他的头戴铁盔、身披重甲的"铁浮图"和号称"拐子马"的精骑投入战斗。"铁浮图"一字排开，从正面推进，"拐子马"则从两翼迂回包抄，对岳家军形成了很大的威胁。岳飞灵机应变，下令步兵提刀拿斧入阵，专砍马足。岳家军步兵与骑兵相互配合，灵活机动忽而攻其前，忽而攻其侧，与金军鏖战数十回合，从午后直杀到天黑，金军伤亡惨重，金兀术只得率部仓皇而逃。

郾城之战失败后，为扭转危局，金兀术又率军攻取郾城与颍昌之间的临颍（今河南临颍），企图切断岳飞与部将王贵的联系，各个击破。岳飞即命岳云率部驰援颍昌，命张宪率军挺进临颍。七月十三日，岳飞部将杨再兴率三百余骑到临颍以南的小商桥侦查敌情，突遭敌军，杨再兴率部击杀敌军二千余人，终因寡不敌众全部战死。十四日，张宪率部收复临颍县城。金兀术不甘失败，调集骑兵三万人，步兵十万人，连阵十余里，进攻颍昌。

当时守卫颍昌的是王贵等率领的岳家军主力部队三万人。面对强敌，王贵毫不畏惧，他安排部将董先、胡清守城，自己率领中军，岳云率领背嵬军出城迎战敌军。宋金两军十五六万军马在颍昌城外展开了极为凶猛的大战。

宋军以岳云的八百骑兵居中，正面冲击金军步兵；王贵统领的步兵为左右翼，冲击金军两翼骑兵。岳云一马当先，冲入敌阵十余次，裹伤奋战。双方从早晨战到中午，血战几十回合，胜负难分。守城的董先、胡清见状，即刻打开城门率军增援。董先、胡清与王贵、岳云合兵奋击，宋军士气大振，个个以一当十，奋勇杀敌，人多势众的金军被打得大败而逃。这一仗，岳家军杀死金兀术的女婿统军上将夏金吾和副统军粘罕索孛堇，杀死金军千户五人，大小首领七十八人，歼灭金军五千余人，俘获两千余人，抓获战马三千余匹。金兀术率军溃逃，岳飞率军乘胜一路追击，一直追到了距离东京城仅仅四十五里的朱仙镇。

颍昌大战之后，退守东京的金兀术急急调集十万金兵与岳飞对阵。岳飞一面与金兀术对阵，一面派兵向黄河渡口进逼，一场以岳家军为先锋的北伐中原的大战眼看就要拉开大幕了。但是，谁又能料到，就在这北个伐中原、中兴大宋的曙光已在眼前的时刻，历史的发展却突然急转直下，南宋皇帝宋高宗赵构和当朝宰相秦桧狼狈为奸，制造了中国历史上最为悲壮的冤案，历史又一次朝着人们最不愿看到的一幕发生了逆转。对此，我们下一章再讲。

三、自毁长城制造"莫须有"冤案

1. 铁血丹心岳家军

在南宋初期涌现出的众多抗金队伍中，岳飞率领的岳家军最为著名。《纲鉴易知录》对岳飞有下面的简略介绍：

> 相州汤阴人岳飞，少负气节，家贫力学，尤好《左氏春秋》《孙吴兵法》。有神力，能挽弓三百斤，弩八石。刘韐宣抚真定，募敢战士，飞与焉，屡擒剧贼。

相州汤阴（今河南汤阴）人岳飞，年少时就很有气节，家中贫穷但学习刻苦努力，特别喜好阅读《左氏春秋》和《孙吴兵法》。他具有很神奇的力量，能拉开三百斤的弓，能发动八石重的弩机。刘韐在真定任宣抚使时，招募敢死的战士，岳飞毅然报名参军，屡次生擒金兵强敌。有一次，岳飞所部一百多名骑兵碰上大队金兵，他对大家说，敌兵虽多，但不知我方虚实，我们应该趁对方摸不清情况时迎头痛击。岳飞机智勇敢地带头冲进敌阵，结果大败敌军。

后来岳飞所部归抗金名将宗泽指挥，在岳飞因违犯军法将要受刑时被宗泽发现，深受宗泽的器重。《纲鉴易知录》对此载道：

> 秉义郎岳飞犯法将刑，泽一见奇之，曰："将才也！"会金人攻汜水，以五百骑授飞，使立功赎罪。飞大败金人而还，升飞为统制而谓之曰："尔智勇材艺，古良将不能过，然好野战，非万全计。"因授飞阵图。飞曰："阵而后战，兵法之常，运用之妙，在乎一心。"泽是其言，飞由此知名。

秉义郎岳飞因为违犯军法即将被判刑，宗泽一看见他，便认为他是一个奇才，说"这是个做大将的人才！"这时候正碰上金军攻打汜水，宗泽就交给岳飞五百骑兵，让他立功赎罪。岳飞大败金兵而回，宗泽提升岳飞做了统制，并对他说："你的大智大勇和军事才能，即使是古代的良将也超不过你，但你偏好野战，这还不是万全之策。"于是授予岳飞布阵图。岳飞说："布好了阵再战，是常用的兵法，但运用的妙处在于一心。"宗泽非常认同他的话，从此岳飞便出了名。

但是时间不长，岳飞因为不满宋高宗听信黄潜善、汪伯彦而求和南逃，上书要求宋高宗率军北上，收复失地，竟被认为是"妄论天下事"而受到革职处分。《纲鉴易知录》有下面的记载：

> 时岳飞上书言："勤王之师日集，宜乘敌怠而击之。黄潜善、汪伯彦辈不能承圣意恢复，奉车驾日益南，恐不足系中原之望。愿陛下乘敌穴未固，亲率六军北渡，则将士作气，中原可复。"坐越职言事夺官。归诣所，所以飞为中军统领，问之曰："尔能敌几何？"飞曰："勇不足恃，用兵在先定谋。栾枝曳柴以败荆，莫敖采樵以致绞，皆谋定也。"所矍然曰："君殆非行伍中人。"飞因说所曰："国家都汴，恃河北以为固，苟冯据要冲，峙列重镇，一城受围，则诸城或挠或救，金人不能窥河南，而京师根本之地固矣。招抚诚能提兵压境，飞惟命是从。"所大喜，借补飞武经郎。

岳飞上书进言说："勤王之师一天天汇集起来了，现在应该乘敌人懈怠之机出兵攻打他们。黄潜善、汪伯彦之流不能够秉承圣上恢复国土的意图办事，反而劝圣上不断向南退却，恐怕这很难维系中原百姓之心。盼望陛下乘敌人巢穴未稳，亲率六军渡河北上。这样将士们就会士气大振，中原就能得以收复。"结果岳飞却被宋高宗以越职言事的罪名削夺了官职。被免了官职的岳飞本来打算回家，后由于朋友赵九龄的介绍，又投到了河北招抚使张所的帐下，被张所任命为中军统领。张所问他说："你能抵抗多少敌人？"岳飞回答说："打仗仅凭勇猛是不可靠的，用兵贵在要有谋略。晋国栾枝摇曳柴火能够打败荆楚，楚国莫敖通过打柴之人打败了绞国，这都是由智谋决定的。"张所闻言吃惊地说："你简直不像是个当兵出身的人。"意思是说岳飞学识渊博，才能很不一般。岳飞于是劝张所说："国家定都汴梁靠的是河北作为屏障，在河北只要占据了要冲之地，把守住了军事重镇，某一城受到了攻击，其他诸城要么阻击要么救援，金兵就不能窥视河南，那么京师之地也就根基稳固了。招抚大人如果真能领军兴师进攻敌国边境，我岳飞一定唯命是从。"张所大喜，立即调借补任岳飞为武经郎。

建炎二年（公元 1128 年）秋季，岳飞率自己所部跟着王彦渡过黄河进行了一次小规模的北伐。这次北伐，英勇无畏的岳飞带着自己的部队孤军作战，不仅收复了新乡，而且生擒和刺杀敌军多员大将，打出了岳家军的威名。《纲鉴易知录》记载如下：

> 彦率岳飞等十一将，部七千人渡江，至新乡。金兵盛，彦不敢进。飞独引所部鏖战，夺其纛而舞，诸军争奋，遂复新乡。明日，战于侯兆川，飞身被十余创，士皆死战，又败之。会食尽，诣彦壁乞粮，彦不许。飞乃引兵益北，与金人战于太行山，擒其将拓跋耶乌。居数日，又与敌遇，飞单骑持丈八铁枪，刺杀其将黑风大王，金人败走。飞知彦不悦己，遂率所部复归宗泽，泽复以为统制。

王彦率领岳飞等十一位将领，统领七千人马渡过长江，到达了新乡。但是，因为金军人数众多，王彦不敢再进军了。于是岳飞独自带着他的部队与金军作战，岳飞夺过敌军的大旗挥舞，诸军奋勇争先，一鼓作气收复了新乡。第二天，在侯兆川与金军展开大战，岳飞身受十多处创伤，将士们殊死作战，又打败了金军。这时候岳家军的军粮耗尽了，派人到王彦的军营请求拨给军粮，但王彦却不给。在这样的情势下，岳飞毅然率部继续北进，与金军大战于太行山，活捉了金军将领拓跋耶乌。过了几天，又与敌军遭遇，岳飞一马当先，手持丈八铁抢，刺杀了金兵大将黑风大王，金军一下子溃败而逃。

这次战役之后，岳飞知道王彦不喜欢自己，于是又率部投奔了宗泽，宗泽再次任命岳飞为统制。

宗泽死后，岳飞所部归继任的东京留守杜充指挥。汴京一带是抗金的最前线，但怯懦无能的杜充不做积极防御，而是不顾百姓死活，消极地掘开黄河大堤企图阻挡金军。决堤的黄河水淹没了人民的生命和财产，却阻挡不了金军的铁骑。杜充便带着主力一路狂逃到了建康（今江苏南京）。退守建康的杜充依然不予备战，作为其部属的岳飞多次规劝也毫无结果，直到金军打过了长江，慌乱的杜充才派陈淬、岳飞等十七名将领带着两万人前去堵截。《纲鉴易知录》对此战有下面的记载：

> 时江浙倚重于充，而充日事诛杀，且无制敌之方。及兀术与李成合兵攻乌江，充闭门不出，统制岳飞泣谏请视师，充不从。兀术遂乘充无备，进兵取和州、无为军，王善迎降，遂由马家渡渡江陷太平州，充始遣都统制陈淬及飞帅师迎战。王燮以军先遁，淬败死，诸将皆溃，充兵亦散。兀术至建康，守臣陈邦光、户部尚书李棁迎降。

> 充渡江保真州，兀术遣人说之曰："若降，当封以中原，如张邦昌故事。"充遂还建康，与棁、邦光率官属迎金师，拜兀术于马首。通判杨邦乂独不肯屈膝，以血大书衣裾曰："宁作赵氏鬼，不为他邦臣！"兀术使人诱以官，终不屈，大骂求死，遂杀之。充至金，粘没喝薄其为人，久之乃得仕。

当时，朝廷把江浙的事务都寄托在杜充身上，但是杜充却每天都在胡乱杀人，没有任何与敌军作战的方略。等到金兀术与李成合兵攻打乌江，杜充依然闭门不出兵。统制岳飞流着眼泪请求杜充视察部队，准备作战方略，杜充却毫不听从。金兀术于是趁着杜充没有防备，进兵攻取和州和无为军，守臣王善投降了金军。于是金军从马家渡渡过长江攻陷了太平州，杜充这才派遣都统制陈淬和岳飞率军迎战。结果王燮抢先率军逃跑，陈淬战死，将领们全都溃败了，杜充的部队也逃散了。金兀术到达建康，守城的大臣陈邦光和户部尚书李棁开城投降。

杜充渡过长江守真州，金兀术派人游说他说："如果你投降，便把中原封给你，就像当年封张邦昌当皇帝一样。"于是杜充返回建康，与李棁、陈邦光率领下属官员迎接金军，在金兀术的马头前下跪磕头。当时只有通判杨邦乂不肯屈膝下跪，他用血在衣裾上写道："宁作赵氏鬼，不为他邦臣！"

金兀术派人用官职引诱他，他始终不屈服，破口大骂只求速死，最后被杀了头。杜充到了金国，粘没喝看不起他的为人，很久之后才让他任职。

建康失守之后，岳飞带着他的部队转移到了广德（今安徽广德）。在金军进攻临安（杭州）经过广德时，岳飞带领部下突然出击，把金军拦腰截断，打了一场漂亮的伏击战。此后，岳家军与金军连战六次，都获得了很好的战绩。

这时的岳家军与南逃海上的朝廷已失去了联系，成为一支孤军，装备给养的补充十分困难。岳飞同自己的士兵过着一样的艰苦生活，要求部下"冻死不拆屋，饿死不掳掠"。岳家军军纪严明，深得老百姓的拥戴，因此在血与火的战斗中不断成长壮大。

黄天荡大战后，金兀术侥幸逃脱，岳飞又在牛头山下伏击金军，杀得金兀术大败而逃。随后，岳飞带军乘胜收复了建康。

后来，岳家军又在楚州（今江苏淮安）、承州（今江苏高邮）多次打败金军，又在江西、湖南一带先后平定了以李成、曹成为首的两股叛乱武装，还平定了势力极为强盛的洞庭湖农民起义军。岳家军强盛的战斗力打出了岳家军的威名，并使自己在战斗中成长为一支人马超过四万人的抗金劲旅，当时只有三十岁的岳飞已经成为独当一面的抗金大将。宋高宗从海上回到越州（今浙江绍兴），又从越州回到临安（杭州）后，为了奖励岳飞的功劳，赐给岳飞一面军旗，上面绣着宋高宗亲手书写的四个大字："精忠岳飞"。从此，"精忠岳飞"大旗所指，敌军望风披靡，金军一听岳家军的威名便个个胆寒，金军将领们也不由哀叹道："撼山易，撼岳家军难。"

经过岳飞率军收复襄阳六郡大战和郾城、颖昌恶战之后，岳家军更是威震天下。特别是郾城、颖昌之战中，岳家军大破金兀术"拐子马"军阵，让骁勇善战的金军统帅兀术也发出了绝望的哀叹。这里让我们再来看看《纲鉴易知录》中的痛快记载：

> 飞遣子云领骑兵直贯其阵，戒之曰："不胜先斩汝！"云与金人战数十合，金尸布野。兀术以拐子马万五千来，飞戒步卒以麻扎刀入阵，勿仰视，第斫马足。拐子马相连，一马仆，二马不能行，飞军奋击，遂

大破之。兀术大恸曰："自海上起兵，皆以此胜，今已矣！"因复益兵而前，飞自以四十骑突战败之。兀术夜遁，追奔十五里。中原大震。

岳飞派儿子岳云率领骑兵直接贯穿敌阵，并告诫岳云说："不取胜就先斩了你！"岳云与金军大战数十回合，金兵的尸体遍布田野。金兀术用"拐子马"一万五千匹横冲过来，岳飞命令步兵拿麻扎刀冲入敌阵，告诫他们说不要抬头看，只管低头砍马腿。拐子马相互连着，一匹马倒了，其他的马就不能动，岳家军奋勇攻杀，金军大败。金兀术极为悲痛地哀叹说："自从海上起兵，都靠"拐子马"取胜，今天全完了啊！"于是又增兵进攻，岳飞亲自率领四十骑冲进敌阵，击败了金军。金兀术连夜逃跑，岳家军追奔了十五里。中原大震。

郾城、颍昌之战，打败了金军主力最精锐的部队，岳家军进军到距离汴京仅几十里的朱仙镇，全国上下一片振奋，黄河对岸坚持抗金的义军纷纷打起岳家军的旗号，准备迎接宋军渡河。面对群情振奋的大好形势，岳飞更为激动，他满怀信心地对部下说："直抵黄龙（今吉林农安），与诸君痛饮！"黄龙府是金国的老巢，岳飞决心一鼓作气，率领岳家军打到黄龙府，灭掉金国，恢复大宋江山。

2. 壮志难酬空悲切

中华民族历史以来总是多灾多难，悲剧不断，虽然每当面临危难时总有让人感动的民族英雄作为民族的脊梁，力挺将倾的民族大厦，但也总少不了民族的败类、奸佞的小人从中作梗。更可悲的是，虽说他们是些"小人"，却往往手握生杀大权，其能力足以开启历史的倒车，制造中华民族的历史大悲剧。

在岳飞驻军朱仙镇、厉兵秣马、准备趁胜剑指黄河对岸、北伐金国老巢、恢复大宋江山之时，一场血腥的历史悲剧却悄然上演了。这场悲剧中的一个重要角色便是时任宰相秦桧。

对于秦桧，我们在讲靖康之难时曾有提及，在钦、徽二帝被虏至北方时，时任太学学正、御史中丞的秦桧也在被虏之列。那么，被虏至金国的人很多，其他的人都没有放回来，而秦桧却回到了南宋，而且当上了宋高宗的宰相，这是怎么一回事呢？《纲鉴易知录》有下面的记载：

> 桧从二帝至燕，金主以桧赐挞懒，为其所用。挞懒信之。及南侵，以为参谋军事，又以为随军转运使。挞懒攻楚州，桧与妻王氏自军中趋涟水军，自言杀金人监己者夺舟而来，欲赴行在，遂航海至越州。帝命先见宰执，桧首言："如欲天下无事，须是南自南，北自北。"朝士多疑其与何㮚、孙傅等同被拘执，而桧独还，又自燕至楚二千八百里，逾河越海，岂无讥诃之者？安得杀监而南？就令从军挞懒，金人纵之，必质妻属，安得与王氏偕？惟范宗尹及李回二人素与桧善，尽破群疑，力荐其忠。桧入对，首奏所草与挞懒求和书。帝谓辅臣曰："桧朴忠过人，朕得之喜而不寐。既闻二帝、母后消息，又得一佳士也。"遂拜礼部尚书。先是，朝廷虽数遣使于金，但且守且和，而专意与敌解仇息兵，则自桧始。盖桧首倡和议，故挞懒阴纵之使还也。

秦桧随徽、钦二帝被虏到燕地，金国皇帝把他赏赐给了挞懒，受到了挞懒的任用。挞懒非常相信秦桧，在金兵南侵时，让他参谋军事，又任命他做了随军转运使。挞懒攻打楚州的时候，秦桧和他的妻子王氏从军中逃奔到涟水军，自称是杀死了监视自己的金兵，夺得舟船逃回来的，想到皇帝所在地，所以航海到了越州。高宗皇帝让他先见宰相们，秦桧开口便说："如果想要当今天下太平无事，须是南方自为南国，北方自为北国。"朝廷大臣们大多怀疑他和何㮚、孙傅等人一同被俘，而只有他一人回来；而且从燕地到楚州二千八百里，还要渡过黄河越过大海，这一路上难道就没有碰到盘查审问他的人？况且他怎能杀死监视他的人而逃回南方？就算是他跟随挞懒从军，金人放他回来，也一定要留下他的妻子儿女做人质，他怎能与王氏一同回来？但是，只有范宗尹与李回两人与秦桧一向友善，他们尽力消除众人的疑虑，力保秦桧的忠诚。秦桧入宫拜见高宗皇帝，首先献上他起草的与挞懒的求和书。宋高宗对辅佐他的大臣们说："秦桧朴实、忠诚过人，朕得到他高兴得睡不着觉。他的回来，让朕既听到了徽、钦二帝与母后的消息，又得到了一位优秀的人才。"于是即刻拜秦桧为礼部尚书。

在秦桧未回来之前，朝廷虽然多次派遣使臣到金国求和，但却是一边防守一边讲和；而一心与敌人化解仇恨、停止战争，则是从秦桧回来开始的。这是因为秦桧首次提出和议，所以挞懒暗中放他回来的。

这则材料有两点特别值得我们仔细斟酌：一是秦桧是怎么回来的？二是宋高宗为什么一见秦桧就高兴得睡不着觉？

对于秦桧回到南宋，朝中大臣们有三点怀疑：一是秦桧作为一个文人怎能杀死监视他的金国卫兵？二是从金国逃到宋地，路途遥远不说，还要渡过黄河、越过大海，一路上金军无数，哨卡重重，怎能不碰上盘查审问的人？三是被虏的宋国君臣，上自皇帝，下至大臣，其妻女均被打入洗衣院充作奴仆军妓，即使秦桧能一人逃出，但其妻子也会被金人扣为人质，他怎能与妻子王氏双双而回？所以综合上述三点，史料最后得出了"挞懒阴纵之使还也"的结论，即秦桧是挞懒暗中放回宋国来做间谍的。

那么，宋高宗为什么与秦桧刚见过一面就高兴得"喜而不寐"呢？用文中宋高宗自己的话来说，就是他见到了秦桧就高兴得睡不着觉的原因有两点：一是听到了自己父亲宋徽宗、哥哥宋钦宗和母后韦氏的消息；二是觉得得到了秦桧这样一位优秀的人才。

首先，秦桧归来并不是宋高宗第一次听到他父母的消息，他曾多次派遣求和使臣看望过被囚的父母，甚至还得到过父亲宋徽宗写给他的血书，这在前面我们也讲到过，那时他得到父母的消息并不是"喜而不寐"，而是悲痛欲绝的。得知自己父母在金国受难的消息，作为人子的宋高宗悲痛欲绝才是真实感情的自然流露，无论如何他是不能"喜而不寐"的。所以，因为秦桧的回来使他听到了父母的消息就高兴的话，自然是站不住脚的。

其次，果真如宋高宗所言，他的高兴是自己为国家发现了一位难得的优秀人才吗？这也只是他为自己脸上涂脂抹粉的无耻谎言罢了。且不说秦桧为相也不是一帆风顺，也曾被宋高宗罢免过，即使是李纲、宗泽和岳飞这样南宋初期难得的忠心耿耿的人才，一个个不是被他罢免，就是被他气死甚至被诬残杀，所以像他这样的昏君哪有一点点为国惜才之心？

那么，宋高宗一见秦桧就"喜而不寐"的原因究竟为何呢？我认为这则史料中"桧入对，首奏所草与挞懒求和书"才是他"喜而不寐"的真正原因。

我们无论是从宋高宗在这以前的所作所为，还是从我们将要讲到的史料来看，被金军吓破了胆，从而畏敌如虎的宋高宗都是个只图自己苟安享乐的小人，所以他的心中一直认为议和才是能保他苟安享乐的万全之策。但是，之前他多次卑躬屈膝，哀求乞和都被金国拒绝，这次竟然见到了秦桧给金军统帅挞懒起草的议和书，这无疑让他看到了议和成功的曙光，这样的喜从天降才是他"喜而不寐"的真正原因。

秦桧带着金军统帅挞懒让宋国屈膝称臣的议和使命来做内奸，碰上了只图苟安享乐、一心议和的宋高宗，两人自然是臭味相投，一拍即合。于是，宋高宗不仅龙颜大悦，喜而不寐，而且立即任命秦桧为礼部尚书，不久便拜他做了右相兼枢密院事，将朝中军政大权都交给了秦桧。这样，一场昏君奸臣同流合污，为苟且议和而除掉抗金主将的历史悲剧便开始上演了。

岳家军收复襄阳六郡之后，岳飞被封为武昌开国侯。面对当时大好的抗金形势，岳飞主张全国大举北伐。他上书宋高宗，呼吁北渡黄河，"直捣中原，恢复故疆"。一心议和的宋高宗不仅不同意岳飞"提兵北伐"，反而命令已经驻军襄阳的岳飞退守鄂州（今湖北武昌）。眼看北伐的大好机会白白丢失，退守鄂州的岳飞写下了著名的《满江红》词：

满江红·写怀

怒发冲冠，凭阑处，潇潇雨歇。抬望眼，仰天长啸，壮怀激烈。三十功名尘与土，八千里路云和月。

莫等闲，白了少年头，空悲切。

靖康耻，犹未雪。臣子恨，何时灭。驾长车踏破，贺兰山缺。壮志饥餐胡虏肉，笑谈渴饮匈奴血。

待从头，收拾旧山河，朝天阙。

当时，挞懒是金军统帅，他和秦桧商议好的议和书送到了不顾廉耻、一心议和的宋高宗手中，宋金自然很快达成了和议。与金国讲和成功，宋高宗和秦桧大喜过望，不仅大赦天下，还大封群臣以示庆贺。大赦令传到鄂州，岳飞立即上书说："金人不可信，和好不可恃。相臣谋国不臧，恐贻后世讥。"直截了当地指出议和是作为宰相的秦桧祸国误民的罪行，这让秦桧从此恨死了岳飞。

议和成功后，岳飞也受到封赏，可他以推辞不受表达了自己反对议和的态度。《纲鉴易知录》有下面的记载：

> 和议成，例加爵赏，飞加开府仪同三司，力辞，言："今日之事，可危而不可安，可忧而不可贺，可训兵饬士谨备不虞，而不可论功行赏取笑敌人。"三诏不受，帝温言奖誉之，飞乃受命。

和议谈成以后，照例对群臣加官封爵进行奖赏，岳飞被加爵为开府仪同三司，他极力推辞说："今天讲和的事，可以当作危险而不能当作安全，可以为之担忧而不可以认为可贺，可以加强战备训练，教导大家谨防敌人侵犯，而不能论功行赏让敌人笑话我们。"朝廷三次下诏书，岳飞都不接受。最后宋高宗温言细语地夸赞他，岳飞这才接受了任命。

宋金第一次和议还没有得到完全执行，金兀术便发动政变，杀死了主张议和的挞懒，废除了宋金的议和协议，并亲率重兵向宋国大举进攻，无奈的宋高宗这才手忙脚乱地组织抵抗。等到岳家军取得郾城、颍昌大战的胜利，岳飞率领大军兵临黄河，围困金兀术残兵与汴京之时，北伐的形势更是空前的大好。《纲鉴易知录》对当时的情况有详细的记载：

> 两河豪杰李通等率众归飞，由是金人动息，山川险要，飞皆得其实。中原尽磁、相、泽、潞、晋、绛、汾、隰之境，皆期日兴兵与官军会。其所揭旗，以岳为号。父老百姓争挽车牵牛，载糇粮以馈义军，顶盆焚香迎候者充满道路。自燕以南，金人号令不行。兀术欲金军以抗飞，河北无一人应者，乃叹曰："自我起北方以来，未有今日之挫衄。"金将乌陵思谋，素骁勇桀黠，亦不能制其下，但谕之曰："毋轻动，待岳家军来即降。"金将王镇、崔庆、李觊、崔虎、华旺等皆率所部降飞。龙虎大王之将乞查等亦密受飞旗榜，自其国来降。韩常亦欲以众五万内附。飞大喜，语其下曰："直抵黄龙府，与诸君痛饮耳！"

此时，两河的义军豪杰李通等人率领部下投奔岳飞，于是金人的行动信息、敌占区的山川险要之处，岳飞全都了解到了真实情况。中原地区的磁州、相州、泽州、潞州、晋州、绛州、汾州、隰州全境的百姓义军，都约定日期起兵与官军会合。他们都打出了岳飞的旗号，父老百姓都争相拉车牵牛，载着粮食、干粮来供给义军，头顶香盆焚香等着迎接岳家军的人挤满了道路。从燕地向南，再没有人执行金人的号令。金兀术想调集军队来抵抗岳飞，可河北地区没有一个人响应，于是他感叹说："自我从北方用兵以来，没有哪天像今天这样挫伤过。"金军的将领乌陵思谋一向骁勇狡黠，这时也不能控制他的部下了，只是告谕他们说："不要轻动，等岳家军来了就投降。"金人的将领王镇、崔庆、李觊、崔虎、华旺等都率部投降了岳飞。龙虎大王的部将乞查等也秘密接受了岳飞的旗号，从他们的国家前来投降。韩常也想率领他的部下五万人投降宋朝。岳飞大喜，对他的部下们说："我们将要直捣黄龙府，到那里我与诸位一起痛饮！"

岳家军势不可当，所向披靡；中原百姓纷纷揭竿而起，迎接宋军；连金军将领也纷纷投降，归附岳飞。此时北伐中原、收复疆土的大好形势可以说是空前绝后、机会千载难逢。所以连向来谨慎行事、低调平实的岳飞也高兴地与诸将相约北伐成功，直捣黄龙后，与大家痛饮庆功。然而此时壮志满怀、豪情万丈的岳飞哪里想得到，翘首盼望收复失地的中原百姓哪里想得到，被囚禁在金国日思夜盼宋高宗来解救自己的宋钦宗、皇太后和皇后哪里想得到，极端自私昏庸的宋高宗赵构和奸相秦桧正在密谋将创造了这大好形势的岳飞置于死地呢。于是，今天的我们不得不看到近一千一百年前的中国，发生了下面让人无比惊愕又无比痛心的一幕。对此，《纲鉴易知录》有下面的记载：

> 方指日渡河，而秦桧欲画淮以北与金和，讽台臣请班师。飞奏："金人锐气沮丧，尽弃辎重，疾走渡河，而我豪杰向风，士卒用命。时不再来，机难轻失！"桧知飞志锐不可回，乃先请张俊、杨沂中等归，而后上言："飞孤军不可久留，乞连诏还。"飞一日奉十二金字牌，乃愤惋泣下，东面再拜曰："十年之力，废于一旦！"乃自郾城引兵还。民遮马痛哭，诉曰："我等迎官军，金人皆知之，相公去，我辈无噍类矣！"飞亦悲泣，取诏示之曰："我不得擅留！"哭声振野。飞留五日

以待民徙。从而南者如市，飞函奏以汉上六郡闲田处之。

初，兀术败于朱仙，欲弃汴而去，有书生叩马曰："太子毋走，岳少保且退。"兀术曰："岳少保以五百骑破吾十万，京城日夜望其来，何谓可守？"生曰："自古未有权臣在内，而大将能立功于外者。岳少保且不免，况欲成功乎？"兀术悟，遂留不去。

及飞还，兀术遣兵追之，不及，而河南新复府、州皆复为金有。飞至鄂，力请解兵柄，不许。已而入觐，帝问之，飞拜谢而已。

在岳家军指日渡河之时，秦桧却想划定淮河以北给金人来讲和，于是他指使宰相府的大臣们纷纷请求皇帝让岳飞收兵撤退。面对这样的情况，岳飞立即给皇帝上奏说："金军锐气已经大为沮丧，他们丢弃了大部的辎重，争着渡过黄河逃命，而我们的义军与各路豪杰都纷纷响应，将士们都在引颈期盼着朝廷北伐中原的号令。时不再来，大好的机会决不能轻易放过！"秦桧知道岳飞的志向坚定而不可改变，就先让张俊、杨沂中等部撤退，而后向皇帝上言说："岳飞孤军深入，不能久留，请连续下诏书命他撤兵。"岳飞一天之内接到十二道皇帝向他发来的让他撤兵的金字牌，他悲愤地流着眼泪，面朝东方一再下拜叩头说："十年的努力毁于一旦啊！"于是他无奈地下令从郾城收兵撤退。民众拦住他的马头哭诉说："我们迎接官军，金人全都知道，相公丢下我们走了，我们就只能家破人亡，断子绝孙了！"岳飞也悲伤地大哭，他拿出皇帝的诏书给百姓们说："我不能擅自留下啊！"将士和百姓都放声大哭，哭声震动了田野。岳飞等待了五天让百姓迁徙，跟着岳飞南迁的民众如同集市上的人流一般。岳飞紧急上奏请求朝廷用汉水之滨六郡的闲田来安置这些南迁的百姓。

当初，金兀术在朱仙镇战败，想放弃汴京而逃跑，有一个书生拉住他的马头说："太子不要走，岳少保就要撤退了。"金兀术说："岳少保用五百骑兵打败了我十万兵马，京城早晚都是他的，我怎么能守得住？"这位书生说："自古以来，没有权臣在内而大将能在外立功的。岳少保自身已经逃不过灾祸了，他还能建立什么大功呢？"金兀术一下子醒悟了，于是就没有退兵。

等到岳飞撤兵回返，金兀术便派兵追赶，却没有追上，但是河南刚刚收复的府、州、县又全都被金人占有了。岳飞回到了鄂州，上书朝廷极力请求解除自己的兵权，可朝廷不让他辞职。过了一段时间，无奈的岳飞只得奉旨朝见皇帝，宋高宗向他问话，他只是拜谢叩头，一句话也说不出来。

宋高宗用一天之内十二道金牌的极端方式，调回了准备乘胜北伐的岳家军，使满怀壮志、一心北伐、出生入死、十年鏖战才迎来胜利曙光的岳飞功亏一篑不说，还将抗金将士浴血收复的大片疆土白白丢弃，将当地的百姓置于金军的屠刀之下，更让全国军民收复失地、光复大宋的期盼付诸东流。史书虽有奸相秦桧上蹿下跳的记载，但根子在能发出金字牌诏令的赵构。中国自古以来百姓只知天子圣明，谁知那高高在上主宰国家和民族命运的人，竟是这样一个只考虑自己个人享乐的、无耻的昏君！这是英雄的悲哀，更是国家和民族的悲哀！

岳飞被迫班师，英雄壮志难酬，此时的他只能以辞职表达他心中难以压抑的愤懑，在朝廷不准的情况下，他将部队交给副将张宪代管，自己回家为母亲守孝。但是宋高宗却下旨让他回朝待命，不能抗旨的岳飞只得来到临安面见皇帝。悲愤至极的岳飞面对君王的淫威只能是无言地跪拜谢恩，心中以为自己既然已经无以报国，朝廷或许还能让他回家尽孝，为母守墓。但是，善良的人们哪里能想得到，邪恶之人到底能邪恶到何种程度！此时远离了自己的部队，只身来到临安的岳飞即将大祸临头，南宋小朝廷的昏君奸相正在想方设法给他罗织罪名，一张充满阴谋和血腥的大网已高悬在民族英雄岳飞的头上，要将他和他忠心耿耿的部将以及骁勇善战的儿子们一网打尽。

3. 英雄惨死风波亭

对于岳飞这样一位名震天下的抗金名将，赵构和秦桧这对奸佞君臣深知只有步步罗织罪名，才能置其于死地，于是他们首先指使人状告岳飞抗旨，罢免他的官职。《纲鉴易知录》有下面的记载：

> 飞以恢复为己任，不肯附和议。尝读桧奏，至"德无常师，主善为师"之语，恚曰："君臣大伦，根于天性，大臣而忍面欺其主邪！"兀术遗桧书曰："汝朝夕以和请，岳飞方为河北图，必杀飞始可和。"桧

亦以飞不死，终梗和议，己必及祸，故力谋杀之。遂讽中丞何铸、侍御史罗汝楫、谏议大夫万俟禼交章论飞："奉旨援淮西，暂之舒、蕲而不进，比与张俊按兵淮上，欲弃山阳而不守。"乃罢为万寿观使，奉朝请。

岳飞一直以收复中原失地为己任，不赞成和议的政策。他曾读秦桧的奏章，读到"道德上没有固定的老师，主张善的就成为老师"这句话时，非常气愤地说道："君臣关系是最大的伦理，根源于人的天性，可作为大臣却忍心当面欺骗他的君主！"金兀术送信给秦桧说："你天天请求议和，可岳飞却正在计划收复河北，一定要杀了岳飞，才能讲和。"秦桧也认为岳飞不死，就一直会阻挠议和的政策，自己也会遭受灾祸，所以极力谋杀岳飞。于是，他指使中丞何铸、侍御史罗汝楫、谏议大夫万俟禼连续地上疏弹劾岳飞，指责岳飞："奉圣旨去救援淮西，却只是走到舒、蕲就不再前进；近来与张俊在淮河按兵不动，想放弃山阳不守。"于是宋高宗赵构立即准奏，将岳飞罢官为万寿观使，只有春秋二季奉朝请的资格。

岳飞被罢了官，失去了统兵打仗的权力，就连上朝请奏的资格也被剥夺了。按理，此时的岳飞既不能带兵收复中原、干扰赵构君臣一心议和的计划，也不能上疏请奏阻挠他们的议和政策了，赵构也会念及前功，放岳飞一条生路吧？但是，善良的人们哪里想得到，只图自己苟安享乐、一心议和的赵构和甘为其主子效力的奸细秦桧，是再也不会让岳飞活在这个世界上了，因为岳飞的存在就会让金国君臣食不香、睡不安，赵构和秦桧这样的龌龊小人定会秉承金兀术的旨意除掉岳飞的。时间不长，秦桧就多方罗织罪名，制造了震惊中国历史的"莫须有"冤案。对此，《纲鉴易知录》有详细的记载：

　　秦桧必欲杀飞，乃与张俊谋，密诱飞部曲能告飞事者，优于重赏，卒无应者。俊闻飞尝欲斩统制王贵，又尝杖之，乃诱贵告飞，贵不肯。俊因劫以私事，贵惧而从之。桧又闻飞统制王俊善告讦，号"雕儿"，以奸贪屡为张宪所抑，使人谕之，王俊许诺。于是桧谋以张宪、王贵、王俊，皆飞部将，使其徒自相攻发，因以及飞父子，庶帝不疑。

　　俊时在镇江，乃自为状付王俊，妄言"副都统制张宪谋据襄阳，还飞兵柄"。令告王贵，使贵执宪赴镇江行枢密府。宪未至，俊预为狱以待之。俊亲行鞫炼，使宪自诬，谓得飞子云手书，命宪营还兵计。宪被掠无完肤，竟不伏。俊手自具狱成，告桧，械宪至临安，下大理寺狱。

桧奏召飞父子证宪事，帝曰："刑所以止乱，勿妄追证，动摇人心。"桧矫诏召飞父子，使者至飞第，飞笑曰："皇天后土，可表此心！"遂与云就狱。桧命中丞何铸、大理寺周三畏鞫之。铸引飞至庭，诘其反状。飞裂裳以背示铸，有旧涅"尽忠报国"四大字，深入肤理。既而阅实俱无验，铸察其冤，白桧。桧曰："此上意也。"铸曰："铸岂区区为岳飞者。强敌未灭，无故戮一大将，失士卒心，非社稷之长计。"桧语塞，乃改命谏议大夫万俟㫧。㫧素与飞有怨，遂诬飞令于鹏、孙革致书张宪、王贵，令虚申探报，以动朝廷。云与宪书，令措置使飞还军，且云其书已焚。飞坐系两月，无可证者，或教㫧以台章所指淮西逗留事为言。㫧喜白桧，㫧又使鹏、革等证飞受诏逗留，命评事元龟年取行军时日杂定之，傅会其狱。大理卿薛仁辅、寺丞李若朴、何彦猷皆言飞无辜。判宗正寺士㒟请以百口保飞无他，且曰："中原未靖，祸及忠义，是忘二圣，不欲复中原也。"皆不听。韩世忠心不平，诣桧诘其实。桧曰："飞子云与张宪书虽不明，其事莫须有。"世忠曰："'莫须有'三字，何以服天下也！"

岁已暮，而飞狱不成。一日，桧手书小纸付狱，即报飞死矣。年三十九。云与张宪皆弃市，于鹏等从坐者六人。籍飞家赀，徙之岭南。于是薛仁辅、李若朴、何彦猷皆被黜。布衣刘允升上书讼飞冤，下大理狱死。凡傅成其狱者皆进秩。

秦桧一心要杀死岳飞，就和张俊密谋策划，暗中引诱岳飞部下能告发岳飞的人。虽然他们许愿给予优厚的赏赐，可一直没有人响应。最终，张俊听说以前岳飞曾想斩杀统制王贵，还曾杖责王贵，就引诱王贵告发岳飞。但是，王贵不肯从命，张俊就用私事威胁他，王贵害怕了，就答应了张俊。秦桧又听说岳飞的部下统制王俊擅长诬告，号称"雕儿"，曾因为作奸犯科被张宪多次责罚，秦桧就暗中让人劝他诬告岳飞，王俊也答应了。因为张宪、王贵、王俊这几个人都是岳飞的部下，秦桧就暗中策划让他们几个相互攻击揭发，借此牵连出岳飞父子，以使皇帝不对他们的阴谋产生怀疑。

张俊当时在镇江，他自己写了状纸交给王俊，谎称"副都统制张宪阴谋率军占据襄阳，逼迫朝廷还兵权于岳飞"，让他转告王贵将张宪抓起来押到镇江的行枢密府。张宪还未押到，王俊就预先准备好了监狱等着他。张俊亲自审讯，让张宪承认自己接到岳飞的儿子岳云的亲笔信，策划率军逼迫朝廷归还岳飞兵权。但是，张宪被打得体无完肤，却始终不肯承认。于是张俊自己编造书写了供词，给张宪定了罪，上报给秦桧，并用枷锁押解张宪到临安，关进了大理寺监狱。

秦桧上奏要求抓岳飞父子来对证张宪的口供，高宗皇帝说："刑罚是用来制止叛乱的，不要随便抓人对证，以免扰乱人心。"秦桧假借皇帝的诏令去召岳飞父子，使者到了岳飞的住处，岳飞笑着说："皇天后土可以表明我的心！"坦然地和儿子岳云到了大理寺。秦桧命令中丞何铸、大理寺周三畏审问岳飞父子。何铸将岳飞传至公堂，询问他谋反的情况，岳飞撕开衣服让他看自己的背，只见岳飞的后背上刺着"尽忠报国"四个大字，字字深入肌肤。之后的审问都没有任何事实根据，何铸感到了岳飞的冤情，便告诉了秦桧。秦桧说："这是皇上的意思。"何铸说："我何铸哪里只是为了岳飞，强敌没有消灭，却无故杀戮大将，会伤害将士们的心，这不是国家的长远之计啊！"秦桧无法回答，就改任谏议大夫万俟卨来审讯岳飞的案件。万俟卨一向就和岳飞有仇，于是诬告岳飞命令于鹏、孙革送信给张宪、王贵，让他们谎报军情欺骗朝廷。又诬告岳云写信给张宪，让他率军进驻襄阳，逼迫朝廷还军权于岳飞，并且说岳云的信件已经烧毁。岳飞被按此罪名关押了两个多月，可一直没有证据可以证明其有罪，有人就教万俟卨用以前别人弹劾岳飞时所说的在向淮西进军时，岳飞违抗圣旨故意逗留的事情来做罪状。万俟卨高兴地报告给了秦桧，又让于鹏、孙革等人做证说岳飞接到诏书时逗留不进，还让评事元龟年找来当年的行军记录作为证据，以认定岳飞故意逗留不进，最终牵强附会定了罪状。大理卿薛仁辅、大理寺丞李若朴、何彦猷都说岳飞无罪。判宗正寺赵士㒟愿用一百个人来担保岳飞没有任何野心，他还说："中原还没有安定，祸难却加到了忠义之士的头上，这是完全忘记了前任的两位皇帝，不想收复中原的做法。"可秦桧一慨不听这些理由。韩世忠心中很是不平，当面责问秦桧，秦桧回答说："岳云和张宪的信虽然还没有查到，但这个事情莫须有（也许有）。"韩世忠一听气愤地说："'莫须有'三字怎能服天下的人心！"

年终到了，岳飞的案子还没有审定。一天，秦桧亲手写了一张小字条，送到监狱，便上报说岳飞已经死了，暗中将岳飞杀死在了风波亭，岳飞当年只有三十九岁。岳云和张宪被绑赴街头斩首示众，同时被连坐的还有岳飞的部下于鹏等六个人。朝廷还抄没了岳飞的家产，将岳飞的家族全部流放到了岭南。同时还下旨罢免了认为岳飞有冤的薛仁辅、李若朴、何彦猷的官职。有一个平民百姓刘允升上书为岳飞鸣冤，结果被关在大理寺监狱害死了。与此相反的是，凡是在岳飞冤案中出了力的人都升了官。

中国自古以来，忠良遭到残害，冤狱接连不断，而民族英雄岳飞被害更是典型的案例。千百年来，人们在痛悼英雄的同时，更是极端憎恶和诅咒残害英雄的凶手，西子湖畔，岳飞墓前跪伏在地的秦桧夫妇及万俟卨铁像，便是中国良善的百姓极端痛恨奸邪之臣的见证。然而，到底谁才是残害民族英雄岳飞的真正罪魁元凶呢？千百年来人们一直争论不休。

中国良善的老百姓们从来就有一个亘古不变的理念，这个理念就是自古至今都是奸臣害忠臣，皇帝受蒙蔽。在中国百姓的心中，那个坐在龙椅上的皇帝是无比神圣的、极端英明的，之所以出现忠臣被害的事情，都是因为奸臣弄权，假传圣旨所致。岳飞墓前出现了被反捆双手跪伏在地的秦桧夫妇及万俟卨铁像就是这样一种理念的体现。千百年来，从古至今的人们对这几个铁像吐口水、怒目相向、脚踢拳打，却很少有人冷静地想一想残害岳飞的罪魁祸首到底是谁。

接受金国前军事统帅挞懒的派遣、来南宋鼓动议和以及接到现金国军事统帅兀术"必杀飞始可和"的秦桧，为报私怨极力罗织罪名、无中生有地制造"莫须有"冤案的万俟卨，他们二人是不是残害岳飞的凶手呢？答案当然是肯定的。但是，他们是不是真正的罪魁祸首和幕后元凶呢？答案却是否定的，因为他们虽然都有杀死岳飞之心，却都没有杀死岳飞的能力。在当时的南宋朝廷，有能力将岳飞置于死地的只有一个人，这个人就是南宋皇帝赵构。

首先，能够一天之内连发十二道金牌圣旨，将身处朱仙镇前线的岳飞调回，并让其只身一人到京城谨见皇帝从而使岳飞离开岳家军的人，只能是皇帝宋高宗。试想一下，秦桧作为一个宰相，能够一天之内连传十二道假圣旨吗？所谓圣旨只能是由皇帝发出，一天之内连传十二道圣旨，如果是秦桧假传，岂能不被人发现？要知道假传圣旨那可是死罪无疑。而且，当时同被召回朝廷的是岳飞、韩世忠和张俊三大主帅。不久，同样的抗金名将刘锜也被召回朝廷剥夺了军权。这样一些前线大军区司令同时被召回朝中，作为宰相的政府长官的秦桧是根本无法做到的，作为国家最高领导人皇帝的赵构才有这个能力。只身一人来到临安的岳飞离开了他的岳家军，没有了实际的军权，只能是任人摆弄了。

其次，将岳飞这样手握一军指挥权的将领罢免职务、剥夺军权也不是宰相一人能够做到的，没有皇帝的首肯，秦桧是没有这个职权的，特别是将岳飞召进大理寺下狱，没有皇帝的旨意，秦桧是无法专行的。虽然史籍记载当秦桧请求将岳飞、岳云父子召大理寺对证时，宋高宗有"勿妄追证，动摇人心"的话语，但那是因为岳飞的忠勇天下所知，赵构不得不在朝堂之上装模作样一番，暗中却指使秦桧抓捕岳飞父子罢了。在何铸审理岳飞案，了解到岳飞的冤情后，秦桧却明确地告诉何铸，制造岳飞冤案是"此上意也"，这明白无误地点明了秦桧受宋高宗指使制造岳飞冤案的内幕。

最后，即使是秦桧到了年终急不可耐地悄悄杀死了岳飞，但将岳云、张宪当街斩首示众，抄没岳飞家产，并将其族人全部流放岭南，而且罢免大理寺中认为岳飞无罪的所有官员，这都是要朝廷下旨公开处理的。作为朝堂之上定于一尊的皇帝赵构岂有不知之理？

特别是当秦桧死后，朝廷为秦桧制造的政治冤案平反，许多大臣上书认为应当平反的第一大冤案便是岳飞。张孝祥上奏说："岳飞忠勇，天下共闻，当急复其爵，厚恤其家，表其忠义，播告中外。"但宋高宗最后竟然下诏："诏蔡京、童贯、岳飞、张宪子孙家属令见拘管州军并放令逐便。"将民族英雄岳飞、张宪与北宋末期的著名奸臣蔡京、童贯并列处置，足见其用心的可恶！

所以，综上所述，民族英雄岳飞被害冤案，秦桧和万俟卨是台前积极制造冤案的实施者，而宋高宗赵构才是幕后的罪魁祸首，是惨杀岳飞的真正元凶！

说宋高宗才是杀害岳飞的真正元凶，总觉得有一点让人难以理解，即宋高宗为什么要杀害岳飞？因为我们中国历代的封建王朝都是私家天下，岳飞的"尽忠报国"有卫护人民、收复国土的一面，但他的"尽忠"不可否认地有竭尽忠心为赵姓皇帝效命的内涵，他的"报国"有回报浩荡皇恩的内容。这一点宋高宗的内心也是十分清楚的。宋高宗十分了解岳飞对自己的耿耿忠心，不仅给岳飞亲手书写"精忠岳飞"的大旗进行表彰，还在朝堂之上公开表扬岳飞说"有臣如此，朕复何忧！"当面嘱托岳飞说"中兴之事，一以委卿"。在山河飘摇、国难当头之时，像岳飞这样忠心耿耿又能力超群的将才应该是宋高宗最为倚重的人才，他又怎能有杀掉岳飞的念头呢？

有人说是岳飞经常把"直捣黄龙，迎回二圣"挂在口上，这犯了宋高宗的忌讳，使宋高宗担心岳飞迎回二圣后自己的皇位不保，从而要除掉岳飞。这样的分析不能不说是有一定的道理，因为此时虽然宋高宗的父亲太上皇宋徽宗已死，可他的哥哥皇帝宋钦宗还在世上，而他却是在自己的哥哥皇帝宋钦宗尚在世时，没有皇帝的禅位诏书的情况下自立为帝的，这显然不符合正统的传位程序，一旦宋钦宗回到朝中，自己的皇位能否稳固确实是宋高宗的一大心病。但是我认为岳飞的"迎回二圣"有让宋高宗忌惮的因素，却不是其决心除掉岳飞的主要因素，因为"迎回二圣"是非常符合当时正统观念的口号，不仅岳飞这样说，朝中大臣都这样说，即使是宋高宗自己也经常把它挂在口上。岳飞有能力迎回二圣，这让宋高宗有所忌惮，但岳飞又忠心为自己浴血奋战，所以其"迎回二圣"的口号不应该是促使宋高宗杀害岳飞的主要因素。

那么，让宋高宗决心除掉岳飞的主要因素是什么呢？我认为其主要因素是金兀术给秦桧信中的"必杀飞始可和"。

　　宋高宗赵构是一个极端自私、寡廉鲜耻、把个人享乐作为人生唯一追求的极端利己主义者。即位之初，宋高宗虽然装模作样地提出了收复失地、恢复大宋的口号，而且任用了抗金名臣李纲为相，但是时间不长他即露出了真面目，不仅罢免了李纲，还一而再、再而三地弃宗泽还归旧都的呼吁于不顾，而且一路狂奔逃到南方。他不仅在金军追击下一路乞怜求和，而且在抗金军民取得节节胜利、形势有利于南宋时也遣使求和。为了求和，他向金国君主称儿称臣，摇尾乞怜；为了求和，他向金国割地让城，纳帛赔款。甚至为了不触怒金军，讨好金国，在自己登基称帝之后，竟然不顾李纲等人的极力劝谏，不敢处理投敌卖国、充当金国扶持下的"大楚"国儿皇帝的张邦昌，担心处理了张邦昌会招来金军的兴师问罪。同样，自己在大赦天下时，赦免了所有被黜免的官员，唯独下诏不赦免抗金名臣李纲，深怕赦免了李纲会激怒金国，影响了他的议和大计。这一次，他又故态复萌，在岳飞取得郾城大捷、进军朱仙镇、准备渡河北伐之际，他竟然连发十二道金牌，命岳飞撤军，而且将前线三大抗金主帅调回京城临安。这一切的一切，都是为了讨好金国，从而实现和议成功。

　　这时的民族英雄岳飞成了南宋军民抗金的一面旗帜，成了全国上下收复失地、复兴大宋的希望，自然就成了金国君臣的眼中钉、肉中刺，成了金兀术必欲除之的心腹大患，所以他给内奸秦桧发出了"必杀飞始可和"的密令。

　　得到了秦桧杀死岳飞就可以议和的报告，极端自私、残忍的宋高宗便将除掉岳飞作为自己实现议和成功的首要目标。因为他可以不顾国耻家仇，只要自己能偏安江左、苟且享乐，便不顾自己父母、兄弟及妻子在金国被囚受苦，自然也就不会顾及对自己忠心耿耿、战功煊赫的岳飞死活。所以忍心杀掉岳飞，换取议和成功，使自己能在江南称孤道寡、偏安享乐，便成了宋高宗赵构这个无耻残忍的极端利己主义者的选择了。

　　岳飞死了，除了赵构、秦桧君臣暗自庆幸，希冀议和能借此成功外，最高兴的自然是金国君臣了。史载："金人所畏服者惟飞，至以父呼之。及闻其死，诸酋酌酒相贺。"

岳飞死了，自然大大地挫伤了抗金将士之心。史载："世忠自是杜门谢客，绝口不言兵，时跨驴携酒，从一二童奴，纵游西湖以自乐，澹然若未尝有权位者。平时将佐，罕得见其面。"

岳飞之死是中华民族历史上极其令人悲伤的一幕，古往今来，人们提起岳飞之死无不义愤填膺、哀伤感叹。《纲鉴易知录》作者在记载岳飞之死的史料后，不由得追记了岳飞许多感人的事迹：

飞事亲孝，家无姬侍。吴玠素服飞，愿与交驩，饰以名姝遗之。飞曰："主上宵旰，岂大将安乐时邪！"却不受，玠益敬服。帝欲为飞营第，飞辞曰："金虏未灭，何以家为！"或谓天下何时太平？飞曰："文臣不爱钱，武臣不惜死，天下太平矣。"

卒有取民麻一缕束刍者，立斩以徇。卒夜宿，民开门愿纳，无敢入者。军号："冻死不拆屋，饿死不掳掠。"卒有疾，飞躬为调药。诸将远戍，飞遣妻慰劳其家。死事者哭之而育其孤，或以子婚其女。凡是颁犒，均给军吏，秋毫不私。

善以少击众，尝以八百人破群盗王善等五十万众于南熏门，以八千人破曹成十万众于桂岭。其战兀术于颖昌，则以背嵬八百，于朱仙镇则以五百，皆破其众十余万。凡有所举，尽召诸统制与谋，谋定而后战，故有胜无败。猝遇敌不动，故敌为之语曰："撼山易，撼岳家军难！"张俊尝问运兵之术，飞曰："仁、信、智、勇、严，阙一不可。"

飞好贤礼士，览经史，《雅》歌、投壶，恂恂如书生。每辞官，必曰："将士效力，飞何功之有！"然忠愤激烈，议论持正，不挫于人，卒以此得祸。

岳飞对父母非常孝顺，家中没有歌姬侍女。吴玠一直佩服岳飞，希望与他交为好友，便把一个著名的美女打扮好了送给岳飞。岳飞说："我们的皇上白天接着夜晚地忙着国事，哪里是我们做大将的讲求享乐的时候呢？"并将美女退了回去，没有接受。这让吴玠更加佩服和敬重岳飞的为人了。高宗皇帝想为岳飞建造一座府第，岳飞推辞说："金贼还没有消灭，还安什么家呢？"有人问岳飞什么时候天下才能太平呢？岳飞回答说："文臣不爱钱，武臣不怕死，天下就太平了。"

部下有人拿了百姓的一缕麻用来捆草，岳飞便立即将其斩首示众。岳家军夜里住宿街头，老百姓打开门愿意让士兵进屋休息，却没有一个人敢进去。岳家军的口号是："冻死不拆屋，饿死不掳掠。"士兵们生了病，岳飞亲自为他们调药。将领们远离家庭去戍边，岳飞便派自己的妻子去将领家中慰问。将士作战牺牲，岳飞为他们痛哭并抚恤他们的孤儿，或让儿子与他们的女儿通婚。凡是朝廷有奖赏，岳飞便平分给将士们，自己一点都不私贪。

岳飞作战善于以少击多。曾在汴京的南熏门用八百人攻破盗匪王善等人的五十万人；在桂岭用八千人攻破曹成的十万人；在颖昌与金兀术作战，用背嵬军八百人，在朱仙镇则用五百人，都打败了金军的十万余人。凡是有所行动，岳飞便将各位统制都召集起来进行谋划，确定好了作战方案才开始行动，所以他总是战必胜、攻必克，很少打败仗。突然遭到敌军，他的部队一点也不慌乱，所以连敌军也称赞他说："撼山易，撼岳家军难！"张俊曾问岳飞用兵的方法，岳飞说："仁爱、诚信、智慧、勇敢、严格，缺一不可。"

岳飞喜好贤士而以礼相待。他阅览了大量的经书、史书，会吟咏诗词和投壶之礼，谦虚谨慎、举止有度，就像一位儒雅的书生。岳飞常常推辞皇上提升他的官职，他说："作战胜利都是将士们拼死效力的结果，我哪有什么功劳？"但是，他为人忠诚、正直而正气凛然，议论国事能秉持正义，不屈服别人的意见，最终因此而遭受祸害。

史书作者以岳飞生平一个个真实的细节给我们展现出了一个忠于国家、孝顺父母、宅心仁厚、爱兵如子而又严格治军的岳飞。他不仅善于作战，常常以少胜多、以弱克强，而且清正廉明，不居功自傲，不贪图享乐，处处以国事为重，以收复失地为己任。他宽以待人、严以律己，博览群书、谦虚谨慎，既是一位攻必克、战必胜的名震天下的将军，又是一个饱读诗书、具有文学之才，吟诗填词俱佳的儒雅文人。但是，作者最后指出岳飞为人忠诚正直，常常为了国事秉持正义、坚持真理，不肯趋炎附势，不愿阿谀顺从，这自然和当时浑浊的政治无法同流，最终被奸邪所害。应当说《纲鉴易知录》

的作者指出的这点岳飞被害的因素也是很有道理的。清廉刚正之士很难被奸邪恶浊的政治恶流所容，自古以来确实都是这个样子。

四、乞降成功，且把杭州作汴州

1. 卑躬屈膝乞和议

杀害抗金名将岳飞和派遣使者降金乞和是双管齐下、同时进行的。宋高宗常常说："朕观三代以后，唯汉文帝待匈奴最为得体。彼书辞倨傲，则受而勿较；彼军旅侵犯，则御而勿逐。"这其实就是一而再、再而三地给自己的议和寻找根据，鼓吹议和有理罢了。

解除抗金将领们的兵权，是宋高宗和秦桧为与金国议和而扫除障碍的重要步骤。绍兴十一年（公元1141年）召回岳飞、韩世忠和张俊三大将，授张俊和韩世忠为枢密使，岳飞为枢密副使，实际上便是夺取了三大将的兵权。不久，抗金名将刘锜也被解除了兵权，岳飞被下狱。这年的十一月，宋高宗任命魏良臣为出使金国的禀议使，到金国乞降议和。宋高宗亲笔给金国君主写信说："愚识浅虑，处事乖错，自贻罪戾，虽悔何及！""惟上令下从，乃分之常。""专令良臣等听取钧诲，顾力可遵禀者，敢不罄竭，以答再造。"

宋高宗在信中对金国君主说："我极其蠢笨，见识短浅，经常做出错事，给自己带来祸患，现在后悔也无法补救了！""我接受无比尊敬的您给我的命令，这是上天给我的本分。""现在我特地派遣魏良臣等人来听取您的重要教诲，我一定要遵照您的指示去做，一定要用尽我的心力，来报答您对我的再造之恩。"

宋高宗不仅竭尽卑辱乖巧之词极力献媚讨好金国君主，甚至在送给金国君主的礼物上也费尽了心力。他说："军前礼物不必用上等，上等物留以待其国主。""恐左藏库无佳帛，朕处有之。向张浚在川陕每岁进奉樗蒲、绫帛等皆在，朕未尝用一匹。"宋高宗话音一落，秦桧即刻说："陛下恭俭如此，中兴可必也！"

宋高宗说："给金国军中送的礼物不必选特别上等的礼物，特别上等的礼物要留给金国君主。恐怕国库中没有最好的绸缎，我那里有最好的绸缎，是以前张浚在四川时给我贡奉的名贵绫罗，我一直放着，一匹也没有用。"听完皇帝的安排，秦桧马上献媚说："我们的皇帝是如此的勤俭，我们的大宋复兴就在眼前了！"昏君在敌国君主面前是如此的卑劣，奸相在皇帝面前是如此的阿谀，这对昏君奸相的丑态是如此地让人恶心！

这一年年底，也正是岳飞刚刚被害之后，宋高宗又派何铸为大金报谢使、曹勋为副使，出使金国议和。这次宋高宗更是让何铸带上了他亲笔写给金国皇帝金熙宗的誓表，他在此表中以"臣构"的名义，信誓旦旦地说："既蒙恩造，许备藩方，世世子孙，谨守臣节。""有渝此盟，明神是殛，坠命亡氏，踏其国家。"

宋高宗赵构以臣子赵构的身份向金熙宗赌咒发誓说："您给了我再造之恩，允许我能以藩臣的身份存活在世，我们子子孙孙都要做您忠诚的臣子。""我如果违背了誓言，就让神明惩罚我，让我断子绝孙，让我的国家灭亡。"在此表中，宋高宗赵构不仅赌咒发誓永做金国藩臣，而且保证一定割地岁贡，还保证"沿边州城，不得屯军戍守"，不得接纳金方叛亡者，并保证"每年（金国）皇帝生辰并正旦，遣使称贺不绝"。最后，赵构在誓表中乞求说："臣今既进誓表，伏望上国蚤降誓诏，庶使敝邑永有凭也。"宋高宗在誓表中说："我今天已经给您上了誓表，衷心地盼望着上国皇帝早早地给我降下册封诏书，这样才能使我们小国的存在有永远的凭据。"

宋高宗君臣如此哀求乞降，再加上害死了岳飞表达了对金国的诚心，实际上最主要的是南宋军民强力地抗金，使金军知道了南宋人心的难以征服，于是用金兀术的话说，是因为"来使再三叩头，哀求甚切，于情可怜，遂以淮水为界"。绍兴十二年（公元 1142 年）初，宋金两国最终签订了和约，史称"绍兴和议"。绍兴和议的内容是：① 宋向金称臣，金国皇帝金熙宗册封赵构为南宋皇帝。② 确定宋金疆界。东以淮河中流为界，西以大散关为界，以南属宋，以北归金，并割唐、邓二州及商、秦二州大半土地给金国。③宋每年向金国贡纳银二十五万两，贡纳绢二十五万匹。

绍兴和议不仅让南宋丧权辱国，向金国伏地称臣，而且每年向金国交纳大量的金帛，更将南宋军民多年来浴血奋战夺取的大片失地送给了金国。就是这样一个丧权辱国的和议，却让宋高宗高兴得大喜若狂。《纲鉴易知录》载："举行大赦，为秦桧加官太师，封魏国公。""进封秦桧为秦、魏两国公，辞不受。"他不仅大赦天下，还下诏对和议有功的秦桧加太师称号，封魏国公。对和议建立首功的秦桧这样加封，宋高宗还觉得不够，又要加封他为秦、魏两国公，弄得秦桧自己都觉得有所过分了，极力推辞，宋高宗这才作罢。这之前还将杀害岳飞有功的万俟卨提拔为参知政事。

仅仅大半年的时间，宋高宗赵构这个独夫民贼一环扣一环地办完了夺取抗金大将兵权、杀害民族英雄岳飞、向杀父灭国的仇敌金国乞降议和的大事，终于实现了他梦寐以求的议和成功，能够偏安江左、苟且享乐了。于是，他如释重负、称心满意地对秦桧说："朕今三十五岁，而发大半白，盖劳心之所致也。"秦桧又即刻拍马献媚说："陛下圣明天纵，而又审思如此，必无过举矣。"主仆二人一唱一和，不以丧权辱国、屈膝乞降为耻，反以为自己劳苦功高、聪明盖世，真是无耻至极！

2. 迎母回銮遮羞布

宋金之间这次签订的绍兴和议与三年前的和议相比，最大的差别就是金国不放宋钦宗等皇族归国。三年前的和议，金国还答应归还宋徽宗的灵柩及放宋钦宗、皇太后、皇后回宋国，但这次金国却决定扣押宋钦宗等皇族做人质，准备如果宋国违背盟约，或者宋高宗制止不了南宋将领抗击金军的行为，便在汴京立宋钦宗为皇帝，从而废除宋高宗的帝位。

为了给自己挽回一点遮羞的面子，宋高宗一再叮咛使臣央求金国放回自己的母亲皇太后韦氏。他说："朕北望庭闱，逾十五年，几于无泪可挥，无肠可断。所以频遣使指，又屈己奉币者，皆以此也。""汝见金主，当以朕意与之言，为人之子，每岁时节物，未尝不北首流涕。若大国念之，使父兄子母如初，则此恩当子孙千万年不忘也。且慈亲之在上国，一寻常老人尔，在本国则所系甚重。”宋使到金国后，“反复恳请”，“伏地者再”，但最终金熙宗只放宋徽宗灵柩和宋高宗的生母韦氏归宋。

金国答应放自己的生母归宋，这多少给了宋高宗一点脸面，宋高宗也就有了宣称绍兴和议取得重大胜利的借口，于是他积极筹备，准备大张旗鼓地迎接宋徽宗灵柩和皇太后韦氏回京。首先，宋高宗特命外戚孟忠厚为迎护梓棺礼仪使，参知政事王次翁为奉迎两宫礼仪使。金国也派遣完颜赛里和刘祹“送天水郡王丧柩”（金国当年将已死的宋徽宗由昏德公改封天水郡王），高居安送韦氏归宋。

在洗衣院受尽凌辱的韦氏，这时也随其他被俘皇族人员被金廷发落到了五国城。听说韦氏将要回到宋国，许多此时已经嫁给女真贵族的赵姓皇室女子、妃子及已经做了金熙宗妃子的张贵妃，纷纷拿钱给韦氏做盘缠。而那些被囚聚居在五国城的赵氏宗族，看到只有韦氏一人回国，觉得自己再也无望回乡，个个都陷入了生离死别的悲痛之中。

韦氏离开五国城之日，乔贵妃拿出自己积攒的五十两黄金送给高居安说：“且与中尉路中买果子，此不足为礼也。愿中尉照管，善抵江南。”她又举杯与韦氏饯别说：“姐姐此归，见儿郎，为皇太后矣。宜善自保重。妹妹永无还期，当死于此矣！”说完，两人抱头大哭。乔贵妃又哽咽着说：“姐姐到快活处，莫忘了此中的不快活。”韦氏也哭着说：“不敢忘今日。”两人喝完酒，又抱在一起大哭不止。

自知归国无望的宋钦宗更是死死地抓住韦氏的车轮说：“蹛之，第与吾南归，但得太一宫主足矣，无他望于九哥也！”韦氏无可奈何，只得发誓说：“吾先归，苟不迎若，有瞽吾目！”

眼看韦氏将要回国，而自己归国无望的宋钦宗死死地抓住韦氏所坐车子的车轮大声呼喊说：“停一停，停一停！求您带上我一起回南方去吧，我只求做一个太一宫主就行了，再不指望我的九弟为我做什么了！”眼看这般场景，急于南行而又无可奈何的韦氏只得发誓说：“我先回去，如果不迎你回南宋，就让我的眼瞎了！”听到韦氏发下这样的毒誓，宋钦宗这才放开了双手，眼巴巴地看着韦氏的车子向南而去。

　　韦氏回到临安，一场喜迎"皇太后回銮"的闹剧便在南宋小朝廷演开来。首先，宋高宗不敢怠慢金国皇帝对自己的隆恩，立即派遣已提升为参知政事的万俟卨为大金报谢使，赶往金国感谢金熙宗的大恩。然后自己率领百官亲至临平镇，以隆重的皇家仪仗迎接韦氏。不料，宋高宗与韦氏母子见面"喜极而泣"毕，秦桧等众多大臣正准备上前拜迎皇太后时，韦氏却撇开众人，急急地发问："孰是韩世忠？虏中皆知其名。"皇太后韦氏就想见金国人人皆知的韩世忠，而此时的韩世忠却早已被罢官为民，不问朝政了，这多少让宋高宗、秦桧等人感到有些难堪了。

　　宋高宗深知用皇太后回朝的伟大胜利才能掩盖自己丧权辱国、割地赔款的丑恶嘴脸，于是他在韦氏回国后极力扮演一个孝子的角色，皇太后母亲"或一食稍减"，儿子宋高宗便"辄不胜忧惧"。

　　皇帝会演戏，臣子们会阿谀，一时之间，歌颂皇帝"圣孝"的大合唱便轰然响起。秦桧率百官上表说："万里回銮，庆母仪之正位；九重视膳，知子道之攸行。"极力赞扬皇太后万里回归，举国上下欢庆太后回到母仪天下的正位，贵为九五之尊的皇帝亲视母亲膳食，深知儿子的行孝之道。秦桧的儿子秦熺著文说："孝悌绝人，前古帝王所不能及。"盛赞赵构孝悌超过古往今来所有人，自古以来的所有帝王都跟不上。万俟卨作序文称颂宋高宗："大谋长算，讲信修睦，断以不疑，不惮谦辞厚币之劳，以冀承颜问膳之乐。"讴歌宋高宗做事有深谋远虑，讲求信用，注重和睦相处，用人不疑，处理政务果断有力。不怕用谦卑的言辞和优厚的礼币去讨好金国，只希望能看到母亲的欢颜和探问母亲膳食的天伦之乐。

　　宋高宗被吹捧得很是舒服，满心欢喜地下大赦令说："上穹悔祸，副生灵愿治之心；大国行仁，遂子道事亲之孝。可谓非常之盛事，感忘莫报之深恩。"他喜滋滋地说："上天也后悔降下的祸患了，做出了符合天下人心希望大治的事情；我的大国金朝，也圆满了我奉养母亲的孝心。这可以说是非常盛大的事情，我从内心里不敢忘记金国皇帝对我的大恩！"对亡国灭家的仇人如此地吹捧夸赞，真让人难以相信人间还有如此卑鄙无耻之人！

　　宋高宗在迎归母亲之事上是大肆张扬、极力铺张的，但在重新安葬宋徽宗的事上却是减少程序，"不复改殓"。所谓"不复改殓"即不再重新装殓。既然是重新安葬，就得重新装殓，换上宋朝皇帝的衣冠装殓安葬，但宋高宗却下旨决定"梓宫入境，即承之以椁"，"不复改殓"。宋高宗为什么在安葬他的父亲宋徽宗上却这样草草行事呢？因为他是担心金人在其父亲棺材中做了手脚，一旦改殓，便会露出马脚，让自己大失脸面不说，还会得罪了金国。

宋徽宗的棺木一入中原，便有士大夫提出因为女真人流行"火葬，不尚棺椁"，所以棺木之中是否有尸身，应该开棺查验一下。但是宋高宗却不敢这样做，他担心一旦开棺查验，棺木中没有宋徽宗的尸身，自己的绍兴和议伟大胜利就会化为乌有，自己的脸面就会全无，而且会得罪自己的上国皇帝金熙宗。所以，他只得下旨"不复改殓"，只是在旧棺木上加椁，在椁内塞进一些礼服，就这样装模作样、自欺欺人地将宋徽宗草草安葬了。事实上，金国确实在宋徽宗棺木中做了手脚。后来，元朝僧人杨琏真加盗挖南宋诸陵，结果发现"徽陵有朽木一段"而已。

宋高宗对绍兴和议中称臣乞降、割地赔款的主要内容均不敢在国内提说，唯独对宋徽宗灵柩和皇太后归国大肆宣扬，借此宣布大宋在对金国的外交上取得了伟大胜利。但是，他即位以来口口声声说的"迎回二圣"却只是迎回了宋徽宗的一副棺木，宋钦宗等一大批皇室宗亲还被囚禁在金国却是无法掩盖的事实，这不能不让他受到人们的指责议论，使他背负辜负皇兄、悌道有亏的恶名。皇太后韦氏在离开五国城时，曾对宋钦宗发下"苟不迎若，有瞽吾目"的咒誓，不料，时间不长，南归后的韦氏便得了白内障，致使其双目失明。按照当时人们的普遍认识，这正是韦氏没有督促儿子宋高宗迎回宋钦宗，受到了神灵的惩罚，得到了报应。被逼无奈的宋高宗先后两次派遣何铸、巫汲出使金国，极力向金国君主"祈请"送宋钦宗等人回国，都无功而返。

绍兴二十六年（公元1156年），被俘三十六年的宋钦宗在金国饮恨而亡。靖康当年被金军俘虏至北方的皇室宗亲男女及大臣七千余人，在饱受凌虐中大量死亡，仅剩一百余人，后又在金国皇帝海陵王撕毁绍兴和议、准备进攻南宋时全部被害。

3. 城狐社鼠恶欲流

绍兴和议的签订可以说丢尽了南宋的脸面，宋高宗多次派遣使臣拿着自己亲笔写的以"臣构"的名义乞降不说，和议签订后还要金国派遣使臣到临安来册封赵构做皇帝。金国使臣出使南宋时，竟然在他们乘坐的船上插着写有"江南抚谕"的大旗，这让镇江知府刘子羽非常生气，派人在夜晚将其给换掉了。刘子羽的做法吓坏了陪同金国使臣的魏良臣，赶快向刘子羽追索"江南抚谕"的旗子，刘子羽虽然拗不过魏良臣，但直到金国使臣的船过了镇江界，才将旗子还给魏良臣。虽然南宋稍有血性的臣民对此丧权辱国的做法都非常气愤，但在绍兴十二年（公元1142年）四月，宋高宗却高高兴兴地穿上了金国使臣给他带来的金熙宗赐给他的皇帝衣冠，三跪九拜地接受了金朝对他的册封。

绍兴和议不仅将北方大量土地送给了金国，将北方广大地区的人民置于金人部族残酷统治之下，更因要每年给金国纳绢贡银，增加了南方百姓的赋税负担。但是，对于赵构、秦桧这群寡廉鲜耻、只图自己淫乐享受的统治者来说，这却使他们有了二十余年的稳固统治时期，使他们有了穷奢极欲、为所欲为的大好时光。

宋高宗赵构是个极会装扮自己的人物，绍兴和议后，他常常表白自己"休兵讲好"是为了"爱养生灵"，说自己的一举一动都是"正以为民耳"。可是，虽然二十年没有兵革，南宋百姓的赋税不但没减反而骤升。史载当时赋税："州县凡遇科催，急于星火"，官员则"巧计百出，必为额外多放聚敛，较利之锱铢，割民之脂膏"。更有秦桧"密谕诸路，暗增民税七、八"，致使"民力重困，饿死者众"。即使许多州县大水，"士民溺死数万"，秦桧"隐而不奏，有闻言者，必罪之"。面对朝廷一再宣扬的绍兴和议伟大胜利以来的大好形势，百姓感叹说："自秦太师讲和，民间一日不如一日。"

统治者把追求权力看得高于一切，是因为权力能让他过上为所欲为、穷奢极欲的生活。绍兴和议后，宋高宗便大兴土木，不仅"郊庙、宫、省始备焉"，而且在宫中修筑了"大龙池、万岁山、拟西湖冷泉、飞来峰。若亭榭之盛，御舟之华，则非外间可拟"。在金国守节不屈十多年而归的洪皓一针见血地指出："钱塘暂居，而景灵宫、太庙皆极土木之华，岂非示无中原意乎！"但是，面对人们的指责，宋高宗仍然无耻地说自己是"追述祖宗之俭德"。

宋高宗不仅大兴土木、追求豪华，更是极力追求女色。在经历扬州逃难和海上漂泊致使宫女大量散失后，能在临安偏安江左、苟且享乐的宋高宗终于搜罗了大批民女供自己淫乐。其中两个刘姓女子最受其宠爱，分别被封为贵妃和婉仪。刘贵妃原为赵氏宗室之妻，但宋高宗却"见图悦之，命召入，遂有宠"。据说这个刘贵妃"姿质艳美，绝色倾国"的声名远播，以致杀了金国皇帝自立为帝的金海陵王为之垂涎三尺。他后来撕毁宋金和议，准备进攻宋国时，"命县君高师姑儿贮衾褥之新洁者，俟得刘贵妃用之"。尽管当时的南宋财力十分困难，但宋高宗宫中的宫女仍超过千人。后来宋金战争又起，宋高宗才无奈地"出宫人三百十九人"，又"放仙韶院女乐二百余人出宫"。这却让他的近臣担心宫闱丑闻外传，有损于皇帝的"圣德"，劝他说："主上不消放出宫女，岂不漏泄禁中事？"

绍兴和议的成功更将秦桧抬上了无以复加的地位。不仅宋高宗认为秦桧功高至伟，在宰相官职之上再无更高的官职可加的情况下，便一再给他加封称号，而且金国在绍兴和议附加条件中提出不得随意撤换秦桧的宰相职务，这让秦桧肆无忌惮地走上了独揽朝政的道路。只是几年的时间，秦桧公开地、大规模地、不避忌讳地任用亲故，使当时从中央到地方形成了秦桧的亲故关系网，以致宋高宗也对此无可奈何。朱熹曾评说："高宗所恶之人，秦引而用之，高宗亦无如之何。高宗所欲用之人，秦皆摈去之。举朝无非秦之人，高宗更动不得。"

宋高宗厌恶的人，秦桧却将他提拔重用，宋高宗也没有办法。即使是宋高宗想任用的人，秦桧却将他剔除出朝廷，宋高宗更是动用不得。这种情况甚至发展到连秦桧自己都要有所顾忌时，皇帝宋高宗还要为之推波助澜。《纲鉴易知录》载道：

> 秦桧无子，取妻兄王焕孽子熺养之。南省擢为第一，桧以为嫌。进士陈诚之策，专主和议，乃以为首，熺次之。

　　秦桧没有儿子，把妻子哥哥的儿子改名秦熺收养为儿子。礼部考试时被推举为第一，即状元，秦桧认为这会给人以作弊的嫌疑。当时进士陈诚之的策论专门主张和议，就把陈诚之排成了第一，秦熺排成了第二，即榜眼。对这连秦桧都以为作弊过于显眼的做法，宋高宗却对秦桧说："熺出朕亲除，可谓士人之荣也。"宋高宗给秦桧打掩护说："秦熺是我亲自钦点的，可以说是读书人的荣耀了。"于是秦熺凭借父势，官运亨通，很快出任知枢密院事，最后官至少傅，提举秘书省。当年录取者还有秦桧的侄儿秦昌时和秦昌龄，所以有一个唱戏的伶人在戏场演了一个讽刺小品，说考官是汉朝的韩信，为什么是韩信呢？伶人唱道："若不是韩信，如何取他三秦？"当然，唱词中的"三秦"便指秦熺、秦昌时、秦昌龄。

　　绍兴二十四年（公元1154年），秦桧的长孙秦埙在省试和殿试中均为第一名。其实在省试中，爱国诗人陆游本来名列第一，秦埙居第二。秦桧闻言大怒，没想到竟有人敢将自己的孙子录为第二，立即"至罪有司"，并以陆游"喜论恢复"，将其在省试中"显黜"。当时人称秦桧为"太平翁翁"，所以陆游有诗说："太平翁翁十九年，父子气焰可熏天。"

　　宋高宗在自己大兴土木、穷奢极欲享乐之时，也不忘与建立和议首功的秦桧共同享乐。史载，宋高宗特地为秦桧在望仙桥"别筑大第，穷土木之丽"。秦桧迁居时，宋高宗又命宦官"押教坊乐导之"，特赐"银、绢、缗钱各一万，绫千匹，金银器皿、锦绮帐褥六百八事，花千四百枝"，并将因修建秦桧府邸有功的临安知府张澄等人升职。宋高宗还为秦桧亲书"一德格天之阁"，常常"赐珍玩、酒食无虚日"。皇帝主子对自己宠爱无比，秦桧也极力讨好主子，"日进珍宝、珠玉、书画、奇玩、羡余钱，专徇帝嗜好"。

　　这对昏君奸臣不仅只是满足自己的穷奢享乐，还特别想在史上留下自己的光辉业绩和英名。《纲鉴易知录》载："桧自知不为士论所与，乃以熺领国史。自桧再相，凡诏书章疏稍及桧者，率更易焚弃。因以太后北还为己功，自领其事，使著作郎王杨英、周执羔上之。"

　　秦桧知道自己得不到士人舆论的认同，就让秦熺领修国史。自从秦桧再次任相以来，凡是诏书奏章中稍微涉及秦桧的，全都改动或焚毁。他还把太后回国作为自己的功劳，自己主管这些事务，让著作郎王杨英、周执羔按自己的意图撰写编年体的日历。这样做的结果自然是官史中"凡所记录，莫非其党奸谀谄佞之词"。宋高宗对此极为满意，特别将秦熺、王杨英、周执羔升官，以资嘉奖。

为了不让公正客观的历史书籍流传于世，避免自己的恶行为后人所知，秦桧等人多次"奏乞禁野史"，说民间记载的史书是"有异意之人"，"作为私史，以售其邪谋伪说"。他们说民间编写历史书，是和朝廷意见不一致的人私自写史，是用来散布他们的歪理邪说的。宋高宗一听立即下旨说："此事不应有，宜行禁止。许人陈告，仍令州县觉察，监司按劾，御史台弹奏，并取旨优加赏罚。"宋高宗不仅下旨禁止民间写史，还鼓励人们告状揭发，并令州县和司法主管部门严加查处。

不仅如此，为使天下舆论和朝廷主旋律保持一致，宋高宗还下旨禁止民间写书印书。为限制言论自由，禁绝不同的意见，秦桧的门徒上奏说："饰诈趋利之徒，尚狃于乖谲悖伪之习，窥摇国论，诖误后生"；"民间书坊收拾诡僻之说，不经裁定，辄自刊行"，"乞行禁止"。宋高宗不仅批准了他们的上奏，还说："如福建、四川多印私书，俱合禁止。"并且规定私人刊印书籍，必须送国子监"看详"。在当时严厉的文禁政策下，"不合开板文字，尽行毁弃"。"名公文集，尽行毁板，不问是非，玉石俱焚"。

秦桧的同伙们说："狡诈逐利的人崇尚乖张违背正统的习俗，他们妄图动摇国家的主旋律，以谬误的邪说来误导后人"；"民间的书坊现在专门收集怪癖的学说，不经国家审定，就自行印书发行。请求禁止这些行为"。宋高宗不仅批准了这样的请求，还说："像福建、四川这些地方，都滥印私书，都要全部禁止。"他还规定民间刊印书籍，都要送国子监详细审查。这样，在如此严厉的文禁之下，民间不符合开板的书籍文字全部被毁弃了。许多著名的文集也被毁灭了版本，达到不问青红皂白、玉石俱焚的地步。

禁止言论自由、推行舆论一律的同时，便是对敢于持不同意见的臣民打击镇压。

前执政王庶因敢于和秦桧当庭争论和议的利弊，结果被以"讥讪朝廷"

即讥讽批评朝廷的罪名流放，最后死在流放地。

被金国拘留十多年、最后九死一生才归国的洪皓，时人均赞其为当代的苏武，却因其指责宋高宗大修宫室是没有恢复中原意愿的表现，结果被贬职不用。内侍右武大夫白锷替他鸣不平说："洪皓名闻华、夷，顾不用！"白锷的宾客张伯麟对宋高宗与金国和议、乞降称臣不满，在太学墙上题字说："夫差，而忘越王之杀而父乎！"结果"秦桧怒之，俱坐诽谤。刺配锷于万安军，伯麟于吉阳军"。

宋高宗和秦桧镇压持不同意见的人，不仅只是打击反对议和的人，只要你提说恢复中原，便成为打击的对象。《纲鉴易知录》载："显忠熟知西边山川险易，因上《恢复策》。秦桧恶之，降官奉祠，台州居住。"浙东副总管李显忠熟知西边的山川险要和地形的平坦，于是给朝廷上了一篇《恢复策》，秦桧厌恶他，降了他的官职，让他去管寺庙，居住在台州。

宋高宗还推行文字狱，借以钳制舆论。《纲鉴易知录》有载："光在琼，尝作私史，其仲子孟坚为所亲陆升之言之，升之讦其事。秦桧命两浙转运副使曹泳究实，泳言：'孟坚省记父光所作小史，语涉讥谤。'送大理寺，狱成，诏光遇赦永不检举，孟坚除名，编管峡州。于是胡寅、程瑀、潘良贵、宗颖、张焘、许忻、贺允中、吴元许八人皆缘坐，责降有差。有太常主簿吴元美作《夏二子传》，指蚊、蝇也。其乡人告之，以为讥毁大臣。且言：'元美与李光交，故其亭号潜光。'桧大怒，窜之容州。"李光被发配到琼州，曾私自撰写史书，他的二儿子李孟坚将此事告诉了他所亲近的人陆升之，陆升之便告发了这件事。秦桧命两浙转运副使曹泳追究查实。曹泳说："李孟坚清楚地记得他父亲李光所做的小史，其中有涉及诽谤讥讽朝廷的言语。"于是将李孟坚抓进大理寺审问，最终定了罪。朝廷下诏李光即使遇大赦也永不录用，将李孟坚除去任官的名籍，发配到峡州做受管制的编户民。最终胡寅、程瑀、潘良贵、宗颖、张焘、许忻、贺允中、吴元许八人被连坐，责罪降职不等。太常主簿吴元美戏作了一篇《夏二子传》，是说蚊子和苍蝇的。他的同乡却告发他，说他是讥讽诋毁朝廷大臣。并且说吴元美与李光有交往，所以他家中的亭子号为"潜光"。秦桧大怒，下令将吴元美流放到了容州。

后世人们及史书多将此类捕风捉影的文字狱构成归于秦桧，实际上起主要作用的依然是宋高宗。吴元美被人告发后，宋高宗即一言定性地说："元美撰造谤讪，至引伊尹相商伐桀事，其悖逆不道甚矣！"大理寺闻言即判吴元美"法当死"，最后又是宋高宗做了个人情，皇帝"特宥之"，改判为流放，死在了流放之地。进士袁敏求也被人告发"坐撰语言"，宋高宗即说："小人妄生是非，既得其罪，当行遣，以为惑众者之戒。"结果袁敏求被判"杖脊，送海外州军编管"。

这类文字狱，大多都是被告发检举者随意解析、胡乱上纲上线的。如官员范彦辉的《夏日久阴》诗中有"何当日月明，痛洗苍生病"。结果被"除名，勒停，永不收叙，送荆门军编管"。卢傅霖一首咏雪的诗中有"寒乡只愿春来早，暖日暄风尽荡摩"，也被以"怨望"罪名罢了官。

文字狱公行，可以说是中国封建专制社会的一大特色。但是，由于文字狱始祖秦始皇焚书坑儒恶名昭著，其后各个朝代文字狱只是偶有发生，特别是宋太祖赵匡胤"不因言获罪，不杀文人"的誓诫，可以说使宋代一直以来都政治宽松、言论自由。如宋仁宗对公然煽动造反的文人不仅不治罪，反而授予官职。然而，到了南宋的宋高宗，却极力推行文字狱，因而厉行特务政治。史载，当时逻卒"布满京城"，民众街谈巷议"小涉讥议，即捕治，中以深文"。这样大兴文字狱、厉行特务政治的结果，是造就了一大批专事揭发检举的无耻之徒，使整个社会告密成风。这些无耻之徒"持告讦为进取之计"，"虽朋旧骨肉，亦相顷陷。收尺牍于往来之间，录戏语于醉饱之后"，"发亲戚箱箧私书，讼于朝廷，遂兴大狱，因得美官"。"一言语之过差，一文词之可议，必起大狱。"

这些专事揭发检举、以告密为能事的无耻之徒，把告发检举别人作为自己的升官之道，即使是自己的亲朋故友也要攻击陷害。他们在人们往来的书信中，在大家酒醉饭饱后的玩笑戏语中，寻找他们感兴趣的话语。他们翻箱倒柜找出亲朋好友私自书写的文字，作为把柄向朝廷告发，构成文字狱案件，自己便会获得官职，获得提升。这样做的结果，使得人们一句话说错、一个词用错，便会身陷囹圄。

在残酷镇压不同意见者、大力推行特务政治和文字狱的同时，宋高宗和秦桧这对城狐社鼠最喜欢的便是给自己的脸上贴金，鼓动一帮御用文人对自己歌功颂德。这帮以文字吹捧其君相而求得宠爱的无耻文人便纷纷搜肠刮肚，作诗献赋，掀起了一阵又一阵大唱颂歌的高潮。

绍兴十一年（公元1141年），通判程敦厚上书颂扬皇帝说："今陛下除骄抗之害，而疆场肃；致安靖之福，而朝廷尊。制兵之命在我，而悉收其用；欲和之利在敌，而决保其成。则大功立矣！"他还写信颂扬秦桧说："见几似颜子，任重似伊尹。"结果立即升了官。

绍兴十二年（公元1142年）的进士殿试，陈诚之在其策论中盛赞皇帝"休兵息民为上策"并且劝"陛下任贤不贰"，即劝宋高宗专一依靠秦桧，结果被取为状元。杨邦弼在其策论中写道："今日休兵息民之计，诚为得策"，"又得贤相，相与图治，中兴之功，日月可冀"，结果被取为第三名。自此以后，欲得金榜题名，学子们就非得高赞降金议和政策，歌颂君圣相贤不可了。

程克俊写骈文称颂秦桧说："心潜于圣，有孟轲命世之才；道致其君，负伊尹觉民之任。""庙算无遗，固众人之所不识；征车远狩，惟君子以为必归。"秦桧见之大喜，便推荐程克俊为执政。

宋高宗还掀起了一场以"皇太后回銮，天子圣孝，感通神明"为主题的征文活动。皇帝发出了号召，欲以文求高升的文化乞丐们便纷纷响应，一时"献赋颂者千余人，而文理可采者仅四百人"，宋高宗命有司阅卷评比，并下诏获奖者"有官人进一官，进士免文解一次"。获第一名的是大理寺正吴禀，他的颂词说："辅臣稽首，对扬圣志，惟断乃成，愿破群异。"极力赞颂辅臣秦桧和圣君赵构的决断见识超凡脱群。

这次大规模的歌功颂德活动极大地激发了文化乞丐们以歌功颂德为升官之道的欲望，于是全国上下蜂拥而上，献诗作文，大唱颂歌。被贬官在家的熊彦诗祝贺秦桧加太师称号说："大风动地，不移存赵之心；白刃在前，独奋安刘之略。"吹得秦桧心花怒放，熊彦诗即被授以知州。曾惇向秦桧献诗说："吾君见事若通神，兵柄收还号令新。裴度只今真圣相，勒碑十丈可无人。""淮上州州尽灭烽，今年方喜得和戎。问谁整顿乾坤了，学语儿童道相公。"秦桧高兴地将此诗读与宋高宗，结果曾惇得以升官。

受朝廷奉养的官员们个个争先地唱颂歌，许多无名布衣受此蛊惑也加入歌颂赵构和秦桧的大合唱中。这些无名氏的诗句有："交欢邻国独推诚，南北通和自古无。""尧舜垂衣明日月，皋夔论道际风云。""亿万生灵俱再造，群生无路答升平。"

宋高宗这样大力鼓动为自己歌功颂德的运动，再加上官史的作假粉饰和严禁民间写史，使得后世流传下来许多为其歌功颂德的诗词文章，这为他博得了好的名声，致使后世许多史家称赞宋高宗为"恭俭仁厚""中兴之主"。但是，谎言掩盖不了事实，历史不容其作假。许多正直的史学家不顾个人安危，冒着危险秉笔直书，将他们杀害忠良、乞降辱国的恶行如实地记载了下来，使我们今天能够看清赵构、秦桧之流真实的丑恶面目。所以，真实的历史不容掩盖抹杀，一切企图掩盖真实历史的行为都是徒劳的。当时有一首流传甚广的诗："山外青山楼外楼，西湖歌舞几时休？暖风熏得游人醉，直把杭州作汴州。"便直言不讳地将当时的人们对宋高宗、秦桧之流苟安享乐的丑恶行径极端的憎恶和指斥表露了出来。

五、享乐禅帝位，德寿宫中养天年

1. 立储于太祖后裔

宋高宗在乱世之中连自己也没有料到会做皇帝。但是，不知是上天对其恶行的惩罚，还是人生不可能是完全幸运的，我们前面说过，宋高宗早在扬州惊变中便被吓得得了阳痿病，这自然使得他再也无法生子了。更让他伤心欲绝的是，苗刘兵变后他唯一的儿子赵旉也病死了。

赵旉是赵构做王子时他的潘贤妃所生，赵旉出生时正值金军攻破汴京城，母子受了惊吓，东躲西藏，使得赵旉一直体弱多病。建炎三年（公元

1129 年）七月，赵旉病重，突然一个宫女绊倒了一只鼎，"仆地有声，太子即惊搐不止"，宋高宗大怒，立即下令将此宫女斩首。闯祸的宫女被斩首了，但太子赵旉还是停止了呼吸。

宋高宗赵构只有这样一个儿子，他对自己这个唯一的儿子寄予重望，很早便立其为太子。现在太子死了，宋高宗既苦于无生育能力，又失去了唯一的子嗣，这不仅让宋高宗苦恼伤心不已，更让家天下的赵姓皇室面临严重的潜在危机。

太子赵旉死去时间不长，被派遣到金国看望二圣的使臣带来宋徽宗派来带口信的宦官和宫女。宋高宗流泪对他的辅臣们说："闻上皇遣内臣、宫女各二人来，朕闻之，一则以喜，一则以悲。朕违远二圣，以及三年，忽得安信，岂得不喜？上皇当承平之久，以天下之养奉一人，彼中居处服食，凡百粗陋，而朕居深宫广殿，极不遑安。且朕父母、兄弟及妻皆在异域，唯有一子，近又薨逝，孑然一身，当此艰难，所以悲也！"

宋高宗说："我听到太上皇派内臣和宫女各二人来，一是感到喜，一是感到悲。我远离皇父和皇兄已经三年了，现在突然得到他们平安健在的消息，怎能不高兴呢？可是太上皇做了很长时间的太平皇帝，过着让天下人奉养他一个人的日子，现在他在异域，吃的、穿的都极其粗陋，而我住在深宫广殿，这让我感到极其不安啊！更何况我的父母、兄弟和妻子都在异域，只有一个儿子在身旁，现在却突然死去了，使得我孑然一身。在这艰难的时刻，我怎能不号哭流泪啊！"这段话无论怎样说都是他发自内心的哀叹，这让我们看到幼子的死亡对宋高宗赵构是很沉重的精神打击。

太子赵旉死了，按照皇权宗法制度，设立新的皇储太子就成为摆在南宋小朝廷面前一道绕不开的议题。赵旉死去才几日，便有不明人情事理、死磕宗法体制的进士李时雨上书，建议另立皇储，这让尚沉浸在丧子之痛中的宋高宗极为生气，立即下旨，将他"押出国门"。

但是，时间长了，这个问题不得不让宋高宗有所考虑。绍兴二年（公元1132 年）五月，宋高宗在臣子们的劝说下，将宋太祖赵匡胤的两个后裔赵伯琮和赵伯玖养育在宫中。《纲鉴易知录》有下面的记载：

元懿太子卒，帝未有后，范宗尹尝造膝请建太子。帝曰："太祖以神武定天下，子孙不得享之，遭时多艰，零落可悯。朕若不法仁宗，为天下计，何以慰在天之灵？"于是诏知内外宗正事，令广选太祖后，将育宫中。会上虞县丞娄寅亮上书曰："先正有言：'太祖舍其子而立弟，此天下之大公。周王薨，章圣取宫室育之宫中，此天下之大虑。'仁宗感悟其说，召英宗入继大统。文子文孙，宜君宜王，遭罹变故，不断如带。今有天下者，独陛下一人而已，属者椒寝未繁，前星不耀，孤立无助，有失寒心。天其或者深戒陛下，追念祖宗公心，长虑之所及乎！崇宁以来，谏臣进说，独推濮王子孙，以为近属，余皆谓之同姓，遂使昌陵之后寂寥无闻，仅同民庶。艺祖在上，莫肯顾歆，此金人所以未悔祸也。望陛下于伯字行内，选太祖诸孙有贤德者，视秩亲王，俾牧九州，以待皇嗣之生，退处藩服。庶几上慰在天之灵，下系人心之望。"书奏，帝读之大感叹，至是，选秦王德芳后朝奉大夫子偁之子伯琮入宫，命张婕妤鞠之，生六年矣。其后吴才人亦请于帝，乃复取秉义郎子彦之子伯玖，命才人鞠之。皆太祖后也。寻以伯琮为和州防御使，赐名"瑗"

元懿太子赵旉死后，高宗皇帝没有儿子了。范宗尹曾与宋高宗促膝密谈，请求设立皇储，立太子。宋高宗说："神明英武的太祖皇帝平定了天下，他的子孙后代却不能享用天下，致使他们在时事艰难时期，飘零流落，非常可怜。我如果不以仁宗皇帝为榜样，为天下考虑，怎么能安慰祖宗的在天之灵呢？"于是下诏给管理内外宗正事务的官员，让他们广泛地挑选太祖皇帝的后代，将他们领养在宫中。这时上虞县丞娄寅亮正好上书说："先代学者曾说过：'太祖舍弃他的儿子而立弟弟为帝，这是天下最大的公心。周王去世，章圣真宗皇帝找来宗室在宫中养育，这是天下最大的思虑。'仁宗皇帝对这种说法有所感悟，将英宗找来继承了皇帝大位。文王的儿子，文王的孙子，都可以做君，都可以做王，虽遭遇各种变故，皇位继承也如绳带一样没有断绝。现在掌管天下的人只有陛下一人，近来后妃没有生子，太子之星不亮，皇帝孤立无助，有识之士为之寒心。上天或许是为了深深地警戒陛下，是不是出于追念祖宗的公心和远虑而使这种情况出现吗？徽宗崇宁年间，阿谀之臣献上错误的主意，只推选濮王的子孙，以为这才是最近的亲属，其余的都说只是同姓，结果就使太祖昌陵的后代寂寥而无人所知，仅仅与庶民一样。太祖英灵在上，不肯照顾福佑，这就是金人没有悔过的原因啊！希望陛下在伯字行内挑选太祖有贤德的后代，给他们亲王的等级，让他们管理九州，等到皇子出生了，再让他们退下来做藩王。这样才可能对上安慰太祖的在天之灵，对下凝聚天下民心的希望。"娄寅亮的奏疏传到朝廷后，高宗皇帝读后大为感叹。于是选拔了秦王赵德芳的后代朝奉大夫赵子偁的儿子赵伯琮进宫，命张婕好养育他，此时赵伯琮已经六岁了。其后，吴才人也向皇帝请求养育义子，就又选了秉义郎赵子彦的儿子赵伯玖，让吴才人养育。他们两个都是太祖的后代。不久，就任赵伯琮为和州防御使，赐名为"瑗"。

宋高宗接受了宰相范宗尹的建议准备领养宗室子弟于宫中，而且特别提到了要领养宋太祖"遭时多艰，零落可悯"的后裔，这以后，他果真接受了只有县丞身份的娄寅亮的建议，特地选定了两个宋太祖后代中的男孩领养在宫中。要知道，宋代是宋太祖赵匡胤发动陈桥兵变建立的王朝，但继承其皇位的却是宋太祖的弟弟赵光义，自此之后，宋朝的皇位便一直在宋太宗赵光义这一支中传承。现在，作为赵光义后代的宋高宗赵构却要特地选择宋太祖的后裔领养宫中，准备将帝位传给虽是赵氏宗室却为不同族系的后裔手中，这种做法猛地一看确实有点让人感到唐突和不解。

其实，宋高宗有这样的想法早已不是一天两天的事了。自从创建了宋朝的宋太祖赵匡胤在"烛影斧声"中不明不白地死去后，民间便一直流传着"太祖之后，当再有天下的传言"，靖康之难，北宋亡国后，这样的传言不仅越来越厉害，而且更有了宋太祖的后裔一直不能继承皇位，于是上天以北宋灭亡来示惩戒的传言。因为，即使按照赵光义即位后拿出的所谓太后留下的"金匮之盟"，也是赵匡胤将皇位传给弟弟赵光义，再由赵光义的弟弟将皇位传给赵匡胤的儿子的。赵光义临死前却将皇位传给了自己的儿子，没有传给自己的弟弟，这自然使得北宋皇位一直在赵光义后代中传承了。这样违背"金匮之盟"誓言的做法，自然使得当时的人们有了"艺祖在上，莫肯顾歆，此金人所以未悔祸也"的想法了。

古人是非常迷信、相信因果报应之说的，金军攻破汴京城，国破家亡的报应是宋高宗亲身经历的，所以民间的传言不能不让他有所忌惮。更让他不得不有所考虑的是，现在自己得病不能生育，唯一的儿子又早夭而亡，这是不是上天在警示他不能再将皇位传给自己本族后裔呢？不仅宋高宗赵构有此疑惑，在立储问题上，隆祐皇太后也受民间传言的影响"尝感异梦"。据说，她将自己的"异梦"诉说给宋高宗后，宋高宗"大寤"。于是在自己没有儿子的现实面前，宋高宗有了领养宋太祖后裔在宫中的举动。但是，宋高宗已经领养了宋太祖后裔在宫中，是否便表明他已经心甘情愿地准备立其为皇储呢？答案却是否定的。

中国的皇权体制是天下不可一日无君，而且皇帝在位后便要立储，以备不测。太子赵旉已死了多年，现在皇帝又领养了宗室子弟在宫中，于是大臣们纷纷上奏，提出"昭告艺祖在天之灵，正建国储君之号"。岳飞在朝见皇帝时，曾到资善堂见过赵瑗，还给宋高宗上密奏，提议尽早立储，以破金人谋立宋钦宗之子的阴谋。但宋高宗却当面斥责他说："卿虽忠，然握重兵于外，此事非卿所当与也！"意思是说，你即使很忠诚，但却是手握重兵在外的武将，议立太子这样的大事，不是你应该参与的！但是，执着的岳飞在绍兴十年（公元 1140 年）大举北伐前又再次提议立储，这不能不说使宋高宗加深了对他的猜忌，因为在外带兵的武将与宫中的皇储有联系，这是皇帝最为忌讳的。

其实，此时的宋高宗虽然有了领养宋太祖后裔、准备立其为太子的举动，但心底仍然不甘心将皇位让给他人的后代，依然想方设法医治自己的病情，以便生个儿子来继承自己的皇位，此时的他极端宠幸医官王继先便是明证。

世代为医的王继先深受宋高宗宠幸，宋高宗海上逃难归来便将他升为武官，最终使王继先官至承宣使，着节度使。当这种不顾体例的做法遭到大臣的质疑时，宋高宗辩解说："顷冒海气，继先诊视，实有奇效。"但是，王继先给宋高宗诊视的并不是什么"冒海气"，而是提供壮阳药，这早已是公开的秘密，连宋高宗自己有一次也在大臣面前失言说："桧，国之司命；继先，朕之司命。"宋高宗离不开王继先一是为了女色，一是为了尽快生个儿子，所以将王继先宠幸到无以复加的程度，致使王继先"富与贵冠绝人臣"，"诸大帅率相与父事"，以至于秦桧的妻子王氏也与王继先认了干亲，"往来甚密"。当时宋高宗还十分宠幸宦官张去为，所以史称宋高宗"以国事委之桧，以家事委之去为，以一身委之继先"。

将宫中领养的宋太祖后裔立为太子，不仅宋高宗心底极不甘心，而且也遭到了秦桧的多次阻挠。

宋高宗为了达到与金国议和的目的重用了秦桧，然而秦桧却利用宋高宗的宠幸在朝廷内外大肆扩充自己的势力，这样不断发展的结果，形成了秦桧权高震主态势。这样的情势连宋高宗自己也有所察觉，在与秦桧单独见面时，宋高宗常在自己的靴筒中插把匕首，以备不测。在皇权正统观念浓重的时代，人们更是容不得奸臣弄权的情势，秦桧党羽满天下的情势虽然使得他能一手遮天，但却激起了朝廷内外"怨毒遍海宇"，"天下之童儿妇女不谋同辞，皆以为国之贼"。绍兴二十年（公元 1150 年），发生了殿前司武官施全刺杀秦桧的事件便是人们极其憎恨秦桧的例证。《纲鉴易知录》对此事有下面的记载：

> 桧趋朝，殿前司后军使臣施全挟刃于道，遮桧肩舆刺之，不中，捕送大理。桧亲鞫之，对曰："举天下皆欲杀虏人，汝独不肯，故我欲杀汝也。"诏磔于市。自是桧每出，列五十兵持长梃以自卫。

有一天秦桧上朝，殿前司后军使臣施全在道上拿着刀，拦住秦桧的轿子刺杀秦桧，没有刺中，被抓到了大理寺。秦桧亲自审问他，施全回答说："全天下的人都想杀虏人，只有你一个人不肯，所以我想杀了你。"朝廷下诏将施全在街上磔体而死。从此以后，每当秦桧外出，都要前呼后拥五十名士兵拿着长棍来护卫自己。

人们都想追求权位，可权位高了就最怕失去权位。施全的刺杀事件，不仅让秦桧惊吓得大病一场，而且也让他感到天下人对他的憎恨，让他感到自己须臾离不了宰相大权，担心自己一旦没有了权力，自己的下场就会很悲惨。于是他更加极力揣测皇帝的心理，顺着宋高宗的心意讨好皇帝，并让自己的党羽推荐自己的养子秦熺继承自己的相位。秦桧从宋高宗迟迟不立太子并宠幸王继先治疗他的阳痿病，看出了宋高宗还想有儿子来继承皇位的心意，于是他极力阻挠其他大臣早立太子的建议，并借此打击反对自己的势力。

前宰相赵鼎多次建议宋高宗早立太子，秦桧却在皇帝面前攻击赵鼎说："赵鼎欲立皇子，是谓陛下终无子也。宜待亲子，乃立。"秦桧说赵鼎想立皇子，是认为陛下最终也会没有儿子。陛下应该等待自己的亲生儿子出生，有了自己的亲生儿子，再立太子也不迟。秦桧的话可谓是一箭双雕，既顺从了皇帝的心意，又攻击了自己的政敌，终使宋高宗认为赵鼎"邪谋密计，深不可测"而不再任用，使赵鼎绝望而死。

绍兴二十五年（公元 1155 年），任相十九年的秦桧终于死了。秦桧死后，"天下酌酒相庆，不约而同，下至田夫野老，莫不以手加额"，连宋高宗也喜不自胜地对他的内臣说："朕今日始免得这膝裤中带匕首。"于是，许多被秦桧压制的朝政提到了桌面上，然而有两件事却被宋高宗否定了，第一便是许多人上书要求为岳飞平反；第二是许多大臣以为议和是秦桧的主张所致，所以要求改变对金政策的呼声极其强烈。这让秦桧的余党沈该、万俟卨和汤思退十分害怕，便向宋高宗面奏说："向者讲和息民，悉出宸断。远方未必究知，谓本大臣之议，惧复用兵。"万俟卨等人说："以前与金人讲和，让人民休息，都是出自皇帝的旨意。处地边远的人不知内情，说是议和政策只是大臣的主张，担心这样又会发生战争。"宋高宗不仅立即接受了这个上书，还恶狠狠地下诏说："朕惟偃兵息民，帝王之盛德，讲信修睦，古今之大利，是以断自朕志，决讲和之策。故相秦桧但能赞助而已，岂以其存亡，而有渝定议耶！近者无知之辈，乃鼓唱浮言，以惑众听。如敢妄议，当重置典刑！"

宋高宗对人们希望改变与金国只是议和的要求，不仅不予体察，还恶狠狠地下诏制止说："我认为停止战争，让民众休息，是帝王的大德；讲究信用，搞好睦邻关系，是古往今来都追求的大利。于是我亲自决断，推行议和政策。已故的宰相秦桧只是从旁赞助而已，难道能以他的死亡来改变朝廷制定的议和政策吗！现在有些人竟然鼓吹谣言，来迷惑大家的视听。如果再敢妄议朝政，定将严刑处置！"

从宋高宗的言辞不难看出，杀死岳飞、推行议和政策，完全是出自他的旨意，而且是他极力推行、始终不变的主张，是他能维持苟安享乐的前提，所以他一定要坚持不变。而定立太子，一是王朝延续的需要；二是众大臣纷纷上书要求，特别是随着自己年龄的增大，宋高宗自己也感到生子无望，只得顺应天命立宋太祖的后裔为太子了。于是，宋高宗终于在他年过五十之后，开始了立太子的准备工作。

当年领养在宫中的太祖后裔有两个，选哪个立为太子呢？史载宋高宗曾以女色对两个王子进行了试探。他分别赐两个王子宫女十名，用以试探哪个王子不好女色来判断他是不是贤德之人。荒淫好色的宋高宗竟然用这样的方法来判断谁更贤德，让人感到的确有些滑稽可笑，但最终宋高宗依然用此法选出了他认为贤德的赵瑗。其实，赵瑗的胜出完全要归功于他的老师史浩。史浩从宋高宗赐宫女的举动中看出了他的用意，便劝赵瑗不要亲近这些宫女。结果在宋高宗将这些宫女收回检查身体后，自然是听取了老师教导的赵瑗被选中了。

绍兴三十年（公元1160年），"二月，以普安郡王瑗为皇子，更名玮，进封建王"。对此，《纲鉴易知录》有下面详细的记载：

> 初，帝知瑗之贤，欲立为嗣，恐太后意所不欲，迟回久之。及后崩，帝问吏部尚书张焘以方今大计，对曰："储嗣者，国之本也。天下大计，无逾于此。今两邸名分宜早定。"帝喜曰："朕怀此久矣，开春当议典礼。"焘顿首谢。至是，利州提点刑狱范如圭，掇至和、嘉祐间名臣奏章，凡二十六篇，合为一书，囊封以献，请断以至公勿疑。帝感悟，即日下诏以普安郡王为皇子，加恩平郡王璩开府仪同三司，判大宗正寺，称皇侄。

当初，高宗皇帝了解赵瑗贤德，想立他为皇子却怕太后不同意，犹豫了很长时间。等到太后去世了，高宗皇帝向吏部尚书张焘询问当今天下的大计，张焘回答说："太子储君，是国家的根本，天下的大计没有超过这件事的。现在两位王子的名分应该早早确定下来。"高宗皇帝一听，非常高兴地说："我有此意已经很久了，开春就商议册立皇子的典礼。"张焘立即叩头感谢。此时，利州提点刑狱范如圭收集到至和、嘉祐年间的名臣奏章共二十六篇，合成一部书，用布袋子装了献给皇上，请求皇上以至公之心加以裁断而不要疑虑。高宗皇帝深受感悟，当天下诏书册立普安郡王为皇子，而对恩平郡王赵璩加衔开府仪同三司、判大宗正寺，称其为皇侄。

拖延了几十年的立储问题，终于在宋高宗五十四岁时有了进展。六岁进宫的赵瑗，在宫中度过了近三十年提心吊胆的苦熬日子后，终于被正式认定为皇子，并改名为赵玮，而此时的赵玮已经三十四岁了。

赵玮从被领养宫中到认定为皇子经历了二十八年，而从认定为皇子到立为太子只是两年的时间，更从立为太子到正式即皇帝位仅仅一月的时间，而且他即皇帝位，并不是因宋高宗逝世，而是宋高宗禅位于他的。是什么原因造成事态发生了这样的急剧变化？这期间发生了什么事情让一直极为迷恋皇位的宋高宗要禅位于自己刚刚新立的太子？我们下节再讲。

2. 德寿宫中享安乐

绍兴和议让宋高宗当了二十年的太平皇帝，这让他非常惬意，心底里希望这样平安享乐的日子一直过下去。但是天不遂其愿，绍兴三十一年（公元1161年）九月，金军又大举南侵，宋金之间爆发了大规模的战争，这让过惯了安乐生活的宋高宗又经历了一番颠簸。

事情的起因还要从十二年前金国发生的一次政变说起。公元1149年12月，金太祖的孙子海陵王完颜亮发动政变，杀死了金熙宗，自立为帝。生性暴虐的完颜亮即位后一心想灭南宋，经过多年的准备，于绍兴三十一年（公元1161年）九月大举攻宋。完颜亮雄心勃勃，兵分四路，水陆并进：一路从海上直趋临安；一路从宿州（今安徽宿县）、亳州（今安徽亳县）攻取淮泗；一路从唐州（今河南唐河）、邓州（今河南邓县）夺取荆襄；一路出凤翔进攻四川。

绍兴和议后对金俯首称臣、当了二十年太平皇帝的宋高宗面对完颜亮抓紧备战的情势，依然是"讳兵不言"，不做任何的防备。甚至有人将探到的金军即将进攻南宋的消息上报给朝廷时，还被贬黜罢官。对此，何宋英上书尖锐地批评宋高宗说："结胡虏之好，罢天下之兵，诛大将而挫忠臣之锐，窜元戎而销壮士之心。""自旷古以来，未有受辱如朝廷也！未有忍辱如陛下也！""陛下曾念父母兄弟之情乎？"面对朝臣的大声疾呼，宋高宗赵构仍然充耳不闻，安之若素。直到当年十月，完颜亮率军进攻寿春（今安徽寿县），逼近淮河，宋高宗才无奈地起用老将刘锜领军抵御。刘锜当时身患重病，副将王权怯懦畏敌，结果由于王权的不战自退，致使完颜亮大军如入无人之境，不到半个月时间，便夺取了真、庐、扬、和等州，直逼长江北岸。前线败报传到朝中，宋高宗慌了手脚，又故技重演，准备逃往海上。《纲鉴易知录》对此有下面的记载：

> 帝闻王权败，召杨存中至内殿议御敌之策，因命存中就陈康伯议欲航海避敌。康伯延之入，解衣置酒。帝闻之，已自宽。明日，康伯入奏曰："闻有劝陛下幸越趋闽者，审尔，大事去矣。盍静以待之。"一日，帝忽降手诏曰："如敌未退，散百官。"康伯焚诏而后奏曰："百官散，主势孤矣。"帝意既坚，康伯乃请下诏亲征，帝从之。

高宗皇帝听说了王权战败的消息，召杨存中到内殿商议御敌之策，他让杨存中到陈康伯的府上商议到海上避敌的办法。陈康伯将杨存中请入家中后，解开衣服，安置酒席，招待他一起喝酒。皇帝接到报告，心里有所宽解。第二天，陈康伯进宫面奏皇帝说："听说有人劝陛下前往越地再到闽地，真是这样的话，大事就全完了。为什么不静一静等待事情的变化呢？"有一天，高宗皇帝忽然降下亲笔诏书说："如果敌人还未退兵，就遣散百官。"陈康伯急忙焚烧了诏书面见皇帝说："遣散了百官，陛下您的势力就孤单了。"宋高宗的意志终于坚定了下来，于是陈康伯便请求皇帝下诏亲征，宋高宗听从了他的意见。

面对金军的攻势，宋高宗一会儿打算"幸蜀"，逃往四川；一会儿又准备逃到海上，在宰相陈康伯的刻意宽勉下，宋高宗慌乱的心才稍稍安静下来。但是，时间不长他又下诏遣散百官，准备自己赶快逃走，在陈康伯的极力劝导下，他才下定决心，同意了亲征。

在宋高宗被吓得惶惶不可终日之时，宋军却在被任命为参赞军事的中书舍人虞允文的指挥下，在采石大败金军，而且逃到扬州的完颜亮不久又被其部下杀死。这是因为在完颜亮率军南侵之后，金国贵族完颜雍又发动政变，杀了完颜亮的皇后和太子，自立为帝了。

宋金之间的这场大战总算是过去了，但这却让宋高宗一直惊魂难定。像上次扬州惊变一样，金军这次水陆并进，齐头南下，目的就是形成钳形攻势，直捣临安，活捉宋高宗，灭掉南宋。这让宋高宗明白，自己这个南宋皇帝总是金军斩首行动的首选目标，这让他深深地感到了做皇帝的危险性。于是他的心中渐渐形成了禅让帝位、自己做个清闲享乐的太上皇的念头。于是，绍兴三十二年（公元1162年）五月，被认作皇子的赵玮终于被立为太子。《纲鉴易知录》对此有下面的记载：

> 初，金亮南侵，两淮失守，朝臣多劝帝退避。建王玮不胜其愤，及帝下诏亲征，玮请率师为前驱。直讲史浩闻之，入言于玮曰："皇子不宜将兵。"因为草奏请扈跸以供子职。帝亦欲玮遍识诸将，遂命从幸金陵。及还临安，帝欲逊位，陈康伯密赞大议，乞先正名，俾天下咸知圣意。遂草立太子诏以进，帝从之。玮既立，更名眘。

当初，金国国主完颜亮侵犯南方，两淮失守，朝臣大多劝皇帝躲避。建王赵玮非常愤怒，等皇帝下诏亲征时，赵玮请求率兵作为前部先锋。直讲史浩听说了此事，面见赵玮说："皇子是不应该率兵离开皇帝的。"于是，史浩替皇子赵玮草拟了奏章，请求随从皇帝车驾前行，以便随时尽皇子的职责。高宗皇帝也想让赵玮认识所有的将领，就命令赵玮跟随自己一同前往金陵。等回到临安，高宗皇帝便想让位于皇子，陈康伯暗中赞同皇帝的这一想法，请求先将赵玮正名为皇太子，使天下人都知道皇上想要让位的心意。陈康伯起草了册立太子的诏书，进献给了皇上，高宗皇帝同意了这种做法。赵玮被立为太子后，改名赵眘。

看来时年三十六岁的赵玮也很有点血性，面对金军的大举南侵，自己愤而要求带兵作为前部先锋，抵御敌人。但是，他的这种做法却犯了大忌，自古以来成年皇子带兵在外，都是会威胁到皇位的稳固的，所以皇子要求带兵在外是深为皇帝所忌讳的。赵玮的老师史浩以前就帮助赵玮以不亲近宋高宗所赐宫女而胜出为皇子，这次又极力劝谏赵玮，他以唐肃宗离开唐玄宗自立为帝的事例为典故，劝说赵玮"危难之时，父子安可跬步相违"。赵玮不仅接受了史浩的劝告，还让史浩草拟了皇子请求跟着宋高宗以尽皇子职责的奏书，这自然遂了皇帝的心愿，使宋高宗从金陵回临安后立即立赵玮做了太子。

这次，宋高宗不仅一心禅位，而且节奏很快。五月刚立赵昚为太子，六月即"帝传位于太子，自称太上皇帝，皇后称太上皇后"。按例太子赵昚也半推半就地推让了一番，最终"太子即位，大赦"。

宋高宗赵构为什么此时急于禅位于赵昚呢？

首先，宋高宗赵构禅位于宋孝宗赵昚时，他的年龄是五十六岁，按理他再当个十年二十年也不成问题。但是，他从二十一岁时自立为帝，到现在已当了三十五年的皇帝，三十五年来两次面对惊吓，惶恐逃命，让他深受刺激，而绍兴和议后二十年的太平让他享尽了欢乐。所以，撇开当皇帝少不了的国事的繁杂，从而尽享人世间的欢乐，成了此时的宋高宗最大的心愿。

其次，宋高宗在自己无子传位的情况下，完全可以选择与自己血缘亲近的同房兄弟后裔做太子，而他却选择了宋太祖的后裔，自己的远房后代做了太子，这是因为他相信"太祖之后，当再有天下"的传言；相信靖康之难和金兵的一再入侵，是太祖的在天之灵不予护佑的原因。所以只有自己尽快地将天下交给太祖的后裔手中，上天的旨意才能实现，上天和太祖之灵才能护佑南宋太平无忧。于是，皇权虽然是其心中难以割舍的，但以上两点原因让他最终做出了禅位的选择。

三十六岁即位的宋孝宗赵昚对禅位于他的宋高宗是极为孝顺的，这在他追复岳飞，即给岳飞平反时的举动就可以看出来。即位之初的宋孝宗是颇想有番作为的，所以即位不久便为岳飞平反，但在追复词中他却极力强调追复岳飞是"太上皇帝念之不忘"，所以自己才"仰承圣意"而为之。正因为有了这样极为孝顺的宋孝宗在位，逊位后的太上皇赵构能在德寿宫颐养天年，度过了二十五年清静、逍遥的神仙日子。

在德寿宫养老的太上皇赵构"雅爱湖山之胜",所以他在宫中开掘大池,引来西湖水为大龙池,其旁叠石为假山,名万岁山。宫中殿堂亭阁无数,各有特色,各有景致。如香远堂是梅堂,清深堂是竹堂,冷泉堂是避暑所在,堂前"假山、修竹、古松,不见日色,并无暑气"。载祈堂则是御宴大厅。大龙池上的万岁桥均为四川运来的石料砌成,桥下是碧绿无边的千叶白莲。宫中的御榻、御几以及瓶、炉酒器等都是由水晶雕琢而成。所以时人有诗说:"聚远楼高面面风,冷泉亭下水溶溶。人间炎热何由到,真是瑶台第一重。""飞来峰下水泉清,台沼经营不日成。胜境自超尘世外,何须方士觅蓬瀛。"

住在这样人间仙境中的太上皇赵构,不仅享受着朝廷"月进十万贯"的俸禄,还有仅供太上皇一人每年四十八万贯的零用钱,还有每年节庆生辰时节宋孝宗及大小官员数不清的进献。即使这样,太上皇还要经商,与民争利,他让德寿宫的宦官私开酒库,在街市上建房出租,甚至收取银钱让商贾贩运车船插上德寿宫旗帜来避交赋税,以至于当时连运粪的船也插上德寿宫的旗帜而往来自如。

在美女如云的德寿宫逍遥自在的太上皇还不停地收罗年轻的美女充入宫中,以致吴太后为宫中这些其实论年龄是自己的孙子或曾孙的女子"常感怆"不已。

在每日轻歌曼舞和美酒玉馔中度日的太上皇觉得宫中生活乏味了,便泛舟西湖,随从的各色人等"各乘大舫,无虑数百"。

中国民众长挂在嘴上,用来自我安慰的一句话便是"善有善报,恶有恶报",但是,像宋高宗赵构这样一个极端自私、恶欲横流、凶残无耻、祸国殃民的独夫民贼不仅老来日子过得如此逍遥自在,而且颐养天年,得以长寿,直到其八十一岁时,才在德寿宫寿终正寝。而与他同时代,被他害死的李纲、宗泽及岳飞等民族英雄却个个不得善终,这实在让我们善良的中国民众难以理解,难以接受啊!

更让人嗟叹不已的是福寿荣归后的宋高宗死后的荣宠。皇家隆重的国葬自不待言,官员文人歌功颂德的诗词歌赋及挽联哀悼更是盛况空前。人们赞扬宋高宗是"天开圣哲君"，称颂他"帝学穷渊奥"。歌颂他的功勋"洗甲乾坤净，投戈日月辉"，说他的德行"兼爱无南北，全能冠古今"，怀念他"忧勤三纪外，揖逊一言中"，颂扬他"何止超前代，功隆道更尊"。

当然，爱憎分明的民众在颂扬帝王的同时也忘不了痛恨杀害民族英雄、祸国殃民的奸臣，他们浇铸秦桧、万俟卨的铁像，让他们跪在西湖边岳飞墓前，接受世世代代人们的唾骂踢打。然而，有谁能想得到，这些所谓的奸臣只是受其主子——皇帝赵构指使而残害忠良、祸国殃民的帮凶，真正的残杀忠良、祸国殃民的元凶正是人们极力颂扬的所谓圣君的宋高宗。

但是我们的历史正是这样光怪陆离地上演着，帮凶走卒被人们唾骂而遗臭万年，而元凶国贼却被捧上云天，接受世人的讴歌颂扬！而这正是我们自古以来就固有的为至尊者讳，对最高统治者的罪行不予清算而极力掩饰的传统。

历史的教训是应该深刻汲取的，但是南宋王朝却不能做到这一点。南宋王朝在宋高宗死后按照中国历来固有的传统，为至尊者讳，极力掩饰最高统治者的错误，不仅一味地为其歌功颂德，而且更是极力掩饰宋高宗畏敌如虎、一味乞降求和的误国殃民的罪行，更不要说清算宋徽宗引狼入室、联金攻辽，致使北宋灭亡的历史教训了。

当然，不汲取历史教训，只能是重蹈覆辙，沿着错误的道路往下走，最终走向灭亡。宋高宗死后，南宋面对北方强敌依然不从提高自身实力、积极备战入手，依然是一味求和，前后与金国签订了"隆兴和议""嘉定和议"而苟且偷安。这样的结果自然是不断助长敌国的气焰，削弱自己的实力。更为荒唐的是，不汲取历史教训的南宋王朝又效法当年宋徽宗联金攻辽的覆辙，与蒙古元军联合起来灭金，自然又是引狼入室，最终使得自身被蒙古元朝灭亡。

这样的历史教训我们应该深刻汲取！

明太祖朱元璋

一、牧童和尚出身的平民皇帝

1. 黑暗统治天下反

公元 1279 年，蒙古大汗忽必烈率大军灭掉了建国三百二十年的宋王朝，建立了横跨欧亚大陆，面积约三千万平方公里版图的元朝帝国。

元朝帝国是在铁蹄践踏、武力征服的基础上建立起来的，它的统治极其黑暗残暴。元朝帝国公开将人分成不同的阶层等级来区别对待，进行统治。首先他将人按不同的民族和区域分成四等：第一等人是蒙古人，自命为天之骄子，只有他们才能担任各级政府首要长官，执掌兵权和任职机要部门。元朝的蒙古人享有特权，他们可以杀人越货，抢夺土地，为所欲为。他们将掠夺的人口称作"驱口"，驱口所生的子孙也永世为奴。元朝的上都（今内蒙古自治区多伦县）、大都（今北京）除了牲畜市场外，都设有人市，人和牲畜同样上市买卖。为防止驱口逃亡，奴隶主或将其饮以哑药，或烙以印记。蒙古人打死汉人，只判处其当兵出征或罚安葬钱了事。元朝除路、府、州、县各级行政机构外，县下还辖甲，每二十户编为一甲，当权的蒙古族甲主对甲内的编户有绝对的权威。"衣服饮食惟所欲，童男少女惟所命"，甲主可随意掠夺编户的财物，可随意糟蹋编户的妻女。第二等人是中亚西亚人，也叫色目人。色目人较早归顺元朝统治，所以得到蒙古主子的信任，他们可担任次要的官职，也可做宫廷卫队。科举考试可与一等人同为一榜，且只考两场，而三、四等的汉人和南人只能另作一榜，而且要考三场，考试内容也要从难从严。第三等人是原属金国的"汉人"，第四等人是原属宋国的"南人"。"汉人"和"南人"是元朝受歧视的阶层，他们不得有武器，家中的菜刀、铁尺和马匹都要上交官府，家中私藏武器的一律处死。同时还明令汉人和南人不得习武，不得打猎，不得集众到神庙祈祷，不得集众买卖，而且不准学习蒙古人和色目人的文字。

为了进一步加强对不同阶层人的区别对待和统治需要，元朝还将人按不同职业分为十级：一官（政府官员），二吏（吏佐，即不是官员的政府雇员），三僧（佛教僧侣），四道（道教道士），五医（医生），六工（高级技工），七匠（低级技工），八娼（娼妓），九儒（知识分子），十丐（乞丐）。

元朝最为歧视知识分子，所以当时的读书人大都混迹于歌坊妓院之中，为歌伎、剧院填写词曲，编写剧本，所以使得元曲和元剧得以发展。20世纪70年代初知识分子被称为"臭老九"，就是源于元朝将知识分子列于八娼之后，位列第九而来的。

元朝野蛮黑暗的统治使老百姓陷入无法生存的境地，从而逼迫广大的人民群众走上死里求生、铤而走险的反抗道路。当时流传的一首小令《醉太平》就是元末民怨沸腾、官逼民反的真实写照："堂堂大元，奸佞当权，开河变钞祸根源，惹红巾万千。官法滥，刑法重，黎民怨。人吃人，钞买钞，何曾见？贼做官，官做贼，混贤愚，哀哉可怜。"

据《明史·本纪第一》载："至正四年，旱蝗，大饥疫"，"当是时，元政不纲，盗贼四起。刘福通奉韩山童假宋后起颍，徐寿辉僭帝号起蕲，李二、彭大、赵均用起徐，众各数万，并置将帅，杀吏，侵略郡县，而方国珍已先起海上。他盗拥兵据地，寇掠甚众。天下大乱"。

元顺帝至正四年（公元1344年），旱灾、蝗灾并起，天下饥荒瘟疫蔓延。当时，元朝政治昏乱，盗贼四起。刘福通奉韩山童之命假称宋朝皇室后裔在颍州起兵，徐寿辉在蕲州称帝，李二、彭大、赵均用在徐州起兵。他们各自拥兵数万，设置将帅，杀死官吏，攻占州县，而方国珍早已在海上起兵。其他的盗贼也纷纷拥兵据地，攻打抢掠了很多地方。元朝的天下整个大乱起来。

在元末初起的义军当中，红巾军的势力最大。公元 1344 年 6 月，黄河决堤，曹州、濮州、济州、兖州被淹，元朝下令征发民工十五万、戍军两万人治理黄河，将黄河改回旧道。广平府永年县（今河北永年）人，白莲教教主韩山童得到消息，暗中叫人凿了一个只有一只眼睛的石人，偷偷埋在将要挖掘的黄陵岗河道。然后编了一首儿歌说："石人一只眼，挑动黄河天下反。"白莲教信徒们到处传唱这首儿歌，很快这首儿歌在江淮一带到处传唱，使得天下人心浮动起来。

不久，修改河道的民工们挖出了这个只有一只眼的石人，人们被吓得目瞪口呆，纷纷议论，引来几万人围观，大家都认为天下大乱、改朝换代的日子就要到来了。

韩山童见时机成熟了，便聚集信徒三千多人，宰白马、杀乌牛祭告天地，称自己是宋徽宗第八代孙，就要主宰天下了。还说他的副手刘福通是宋朝大将刘光世的后代，是辅佐他光复大宋天下的人。还暗中约定以头裹红巾为号，克日起兵。不料消息泄露，元廷捕杀了韩山童，其妻杨氏带着儿子韩林儿逃入武安山中。接到报告的刘福通只得仓促发动起义，迅速攻占了颍州、罗山、上蔡、正阳和霍山。受到儿歌蛊惑的黄河民工听到刘福通起兵的消息，一声呐喊，杀了监工，头裹红巾投奔刘福通而来。不到十天时间，红巾军发展到几十万人，中原大地上迅速燃遍了红巾军起义的烈火。红巾军高唱着"天遣魔军杀不平，不平人杀不平人，不平人杀不平者，杀尽不平方太平"的战歌，敲响了元朝黑暗统治的丧钟。

大明王朝的开国皇帝朱元璋就生活在这个风云激荡的年代。

2. 平民皇帝身世艰

《明史·本纪第一》对朱元璋的出生有着与其他皇帝同样的神奇记载："太祖开天行道肇纪立极大圣至神仁文义武俊德成功高皇帝，讳元璋，字国瑞，姓朱氏。先世家沛，徙句容，再徙泗州。父世珍，始徙濠州之钟离。生四子，太祖其季也。母陈氏，方娠，梦神授药一丸，置掌中有光，吞之寤，口余香气。及产，红光满室。自是，夜数有光起，邻里望见，惊以为火，辄奔救，至则无有。比长，姿貌雄杰，奇骨贯顶。志意廓然，人莫能测。"

开天行道肇纪立极大圣至神仁文义武俊德成功高皇帝，讳元璋，字国瑞，姓朱。他的祖先本来是沛地人，后来迁徙到江东句容朱家巷，宋朝末年其祖父又迁徙到泗州安家。后来他的父亲朱世珍又迁徙到濠州钟离县太平乡。他的父亲有四个儿子，太祖朱元璋是老三。他的母亲陈氏在刚怀他的时候，梦见有一个神仙授给她一丸药，药丸放在手中闪闪发光，她吞下去时心有所感，满口留有余香。临产之时，整个屋子满是红光。从此，每到夜晚就有红光升起，左邻右舍望见以为发生了火灾，他们奔跑着前来救火，可走近之后却什么也没有。等他长大之后，他的身躯相貌雄伟杰出，奇异的骨头直贯头顶。他的志向非常远大，没有人能测透得了他。

虽然史书对他的出生有着如此神奇的记载，但是他的身世却异常的艰辛，从小过着艰苦卓绝、颠沛流离的生活。《纲鉴易知录》对其有下面的记载：

> 太祖生于元天历戊辰之九月丁丑，其夕赤光烛天，里中人竞呼"朱家火"！及至，无有。三日洗儿，父出汲，有红罗浮至，遂取衣之，故所居名红罗障。少时常苦病，父欲度为僧。岁甲申，泗大疫，父母兄及幼弟俱死，贫不能殓，蒿葬之。仲与太祖舁至山麓，绠绝，仲还取绠，留太祖守之。忽雷雨大作，太祖避村寺中。比晓往视，土坟起，成高垄。地故属乡人刘继祖，继祖异之，归焉。

> 寻仲又死，太祖年十七，九月入皇觉寺为僧。逾月，僧乏食，太祖乃游江、淮，崎岖三载，仍还皇觉寺。

太祖生于元天历戊辰年的九月丁丑（十八）日，那天晚上红光照亮了天空，里巷的人竞相呼喊着"朱家起火了"！可等他们赶到一看，却没有什么火灾。出生三天洗新生儿，父亲出去打水，看见河中有一条红罗带漂来，就取来做成衣服给新生儿穿，所以住的地方就叫红罗障了。他小时候经常生病，父亲常想把他度为僧人。甲申年（元顺帝至正四年），泗州发生瘟疫，他的父母、大哥及幼弟都死了，家中贫穷无法收殓他们，便用蒿草卷起准备掩埋。太祖和二哥把尸体抬至山麓，忽然绳子断了，二哥回去取绳子，留下太祖守着尸体。忽然雷雨大作，太祖到村中的寺庙避雨。等到天亮了再去看，土坟已经堆起来了，成了很高的土堆。这块坟地原来是属于同乡人刘继祖的，刘继祖觉得这事很奇怪，就把坟地送给了太祖。

不久他的二哥又死了，太祖当时十七岁，便在这年的九月进入皇觉寺当了和尚。可过了一个月，庙里的和尚们没有粮食了，太祖只得在江淮地区流浪，崎岖奔波了三年后仍然回到了皇觉寺。

朱元璋出身贫苦，自幼就历尽艰辛，但是他从小就有着不同常人的胆识和志趣。朱元璋的小名叫朱重八，从小长相就很奇特。据记载他长着大鼻子、粗眉毛、圆眼睛，最奇特的是脑门骨向前突出一大块，大下巴比常人长出一寸多，形成黑黑的瓦刀脸，让同龄的孩子们望而生畏。于是，少年的朱重八成了孩子王。

朱重八在村里的私塾读过几天书，但因家境困难，很小就辍学回家给人放牛。放牛娃朱重八在山上结识了很多和他一样苦出身的小朋友，有徐达、汤和、周德兴等人，后来都成了他手下的开国元勋。

传说儿时的朱重八和放牛、放猪的小伙伴最爱玩的游戏便是朝拜皇帝。有点小聪明的朱重八虽然衣不蔽体，但却爱装皇帝，他把棕榈叶子撕成细丝粘在嘴上做胡须，找快破木板顶在头上算作皇帝的平天冠，坐在高高的土堆上，让小伙伴们一排排地站在土堆下，毕恭毕敬、整整齐齐地三跪九拜，高喊万岁。

传说最广的是朱重八鼓动小伙伴们偷吃小牛的故事。有一天，朱重八和小伙伴们玩了大半天，个个饿得肚子咕咕直响，可太阳还挂在半天上，还没到赶牛回家吃饭的时候。饥饿难耐的朱重八便出主意说，将一头小牛杀了，大家烤着吃。同样饥肠难耐的小伙伴们个个齐声叫好。大家一起动手杀牛剥皮、拾柴生火，将一只刚刚出生不久的小牛犊吃了个精光。吃饱了肚子，大家才想到回去如何向主人交代，纷纷相互埋怨起来。没想到小小的朱重八拍拍胸膛大声说道主意是我出的，由我回家向主人交代。他让小伙伴们把小牛犊的皮骨埋了，拿土把血迹盖起来，把小牛尾巴插在石头缝里，回家告诉主人刘德说小牛钻到山石缝里去了，怎么拉也拉不出来。小朱重八自然是挨了一顿暴打，还被赶回了家，但是因为他的敢作敢为、敢于担当，小伙伴们更加信服他了。

自小敢作敢为的性格，少年时期艰辛苦难的生活，青年时期作为游方和尚名为四处化缘、实为沿街讨饭的艰苦磨砺，造就了朱元璋坚强的意志和不同常人的胆识，激发了他穷则思变、大胆作为的念头，使得身处那样风云激荡时代的朱元璋加入了造反队伍。

3. 投奔义军露头角

对于朱元璋初投义军的情况，《纲鉴易知录》有下面的记载：

> 时汝、颍兵起，骚动濠州。定远人郭子兴据濠州，元将彻里不花惮不敢进，日掠良民邀赏。太祖诣伽蓝卜问：避乱，不吉；即守故，又不吉；因祝曰："岂欲予倡义邪？"大吉。意遂决。以润三月朔入濠州见郭子兴，子兴奇其状貌，与语，大悦之，取为亲兵，凡有攻伐，命之往，辄胜。子兴故抚宿州马公女为己女，遂妻焉，即高后也。

当时汝州、颍州义军已经起兵，濠州也动荡起来。定远人郭子兴占据了濠州，元朝将领彻里不花害怕而不敢攻打义军，每天劫掠良民百姓邀功请赏。朱元璋眼看天下形势大乱，便到佛像前占卜。他先问自己是不是应该到外地躲避这场战乱，结果是不吉；又问自己是不是就守在故乡不动，结果又是不吉；于是他祷告说："难道上天的意思是让我倡议起兵吗？"结果是大吉。于是便下定了起义的决心。

在元顺帝至正十二年（公元 1352 年）润三月初一这一天，朱元璋来到了濠州投见郭子兴。郭子兴觉得朱元璋相貌很是奇特，与他交谈，大为喜悦，立即让朱元璋当了自己的亲兵，只要有作战任务，就命他前往，结果总能取胜。郭子兴以前抚养了宿州马公的女儿作为自己的女儿，于是就把这个女儿嫁给了朱元璋，这就是后来的马皇后。

朱元璋投奔义军前占卜问卦之事说明了朱元璋不是一个只凭一时激情用事的人，对于这样冒着杀头风险造反的事情，他前思后想，分析形势，做了认真仔细的斟酌考虑。这样缜密细致的处事风格，善于谋定而后动的习性，是他以一介贫苦孤儿步步走向成功的重要保证。

初投义军的朱元璋凭着自己的见识、谈吐获得了郭子兴的赏识，被任命为郭子兴亲兵的九夫长，又凭自己的善于作战赢得了郭子兴的厚爱，将自己的义女嫁给他为妻。贫苦孤儿朱重八一下子成为濠州城义军中有身份、有地位的人，成了人称朱公子的元帅女婿，于是他认为朱重八这个名字不符合自己的身份，便请人仔细斟酌给自己起了官名，即姓朱，名元璋，字国瑞。

更让郭子兴看重朱元璋的是，朱元璋投奔他不久就救了他一命。当时的各路义军，虽都打着红巾军的旗号，但都各自拥军占地，称王称帅，甚至相互兼并、相互倾轧。而濠州城中除了郭子兴郭元帅外，还有孙德崖和姓俞、姓鲁、姓潘的另外四个元帅，五元帅之间名为一体，实则相互猜疑、相互戒备，暗中争斗不已。当年的十月，元军攻破了李二、彭大、赵均用等红巾军将领占据的徐州，李二逃出城死在乱军之中，彭大、赵均用则带军逃到了濠州。濠州城中原来就有五个元帅，现在又来了两个，于是群雄倾轧争斗，发生了一场使郭子兴险遭不测的事变。在这场事变中，郭子兴全靠朱元璋的大智大勇才死里逃生。《明史·太祖本纪》对此有如下的记载：

> 秋九月，元兵复徐州，李二走死，彭大、赵均用奔濠，德崖等纳之。子兴礼大而易均用，均用怨之。德崖遂兴谋，伺子兴出，执而械诸孙氏，将杀之。太祖方在淮北，闻难驰至，诉于彭大。大怒，呼兵以行，太祖亦甲而拥盾，发屋出子兴，破械，使人负以归，遂免。

这年的农历九月，元军攻破了徐州城，李二出逃死在了乱军之中，彭大、赵均用率部逃到了濠州城中。彭大、赵均用虽然兵败，但仍然人多势众，濠州五帅实力都不及他们，只得屈己事人。彭大为人敢作敢为，与郭子兴气味相投。孙德崖一直和郭子兴有矛盾，这时见彭、赵来到濠州，觉得有机可乘，便想了一个借刀杀人的办法。他挑拨赵均用，说郭子兴只认彭大，却瞧不起您赵将军。赵均用一听即怒，立即指派孙德崖带领人马将出门在外的郭子兴抓了起来，弄到孙家毒打一顿，准备将其杀害。这时朱元璋正出差在淮北，闻讯即返回濠洲。他料想郭子兴平素厚彭薄赵，祸乱的后台必定是赵均用，单凭自己的力量肯定是无法对付的，要救出郭子兴，非彭大出面不可。于是他带着郭子兴的两个儿子一起到彭大处求救，彭大一听此事，即刻勃然大怒，立即命令左右点兵攻打孙德崖府。朱元璋也全身披挂，带兵围住孙德崖府，亲自上房，揭开屋瓦进入囚房，打开器械，让人背出了遍体鳞伤的郭子兴。赵均用见彭大出头救郭子兴，怕伤了和气，只得就此打住，再加上元军在攻破徐州后又来围攻濠州，这些红巾军的头目只得放下他们之间的争斗，合力守城。

濠州城被元军围攻了七个多月，幸而元军主将贾鲁暴死，濠州才得以解围。困守濠州的红巾军人马死伤众多，濠州解围后朱元璋又奉郭子兴之命回家乡募兵。朱元璋少年时的伙伴徐达、周德兴和郭英等人听说他当了红巾军的头目，纷纷前来投效，不几天朱元璋就招到了七百人的队伍。郭子兴很是高兴，提升朱元璋做了镇抚。

心有远志的朱元璋虽然做了红巾军的军官，但他看到濠州城中的这些元帅个个目光短浅，部队横暴顽劣、军纪涣散，自己跟着他们很难成就大事，于是他仅挑选了徐达、汤和等二十四个心腹将领，离开了濠州城，自谋发展。他听说张家堡驴牌寨有民兵三千孤军无援，处境困难，于是亲自前往，软硬兼施招安了这支队伍，接着他又招降了占山为王的秦把头的八百人的队伍。带着这几千人的队伍，朱元璋攻击定远横涧山，打败了元朝的监军张知院，俘获了大量人马，迅速扩大至有两万人的精壮队伍。朱元璋带兵军纪严明，注重军事素养训练，很快赢得许多有志之士前来投奔。定远人冯国用、冯国胜兄弟俩博学多才，深有谋略，他们建议朱元璋向据有"虎踞龙盘"之地的金陵（今南京）发展，以此为根据地，扩大自己的地盘和势力。朱元璋大喜，任用他们为幕府参谋。定远著名学士李善长也慕名来投，与朱元璋谈论起兵谋略甚得其心，朱元璋即任命李善长为幕府掌书记。

至正十四年（公元1354年）七月，朱元璋率兵攻占滁州。这时彭大已死，赵均用、孙德崖势力大增，处于劣势的郭子兴时时具有被赵、孙谋害而死的危险，只是碍于朱元璋在滁州兵强势众，赵均用、孙德崖才未敢贸然动手而已。不忘旧恩的朱元璋花钱买通赵均用的手下，说服了赵均用放郭子兴与其人马到了滁州。郭子兴一到滁州，朱元璋即刻交出兵权，这让郭子兴非常高兴。

几万大军驻扎滁州，军粮日渐紧张，朱元璋又建议郭子兴攻打和州（今安徽和县），分兵就食。至正十五年（公元1355年）二月，朱元璋率军攻下和州，捷报传到滁州，郭子兴即任命朱元璋为总兵官镇守和州。

朱元璋投军时间不长便崭露头角，地位迅速攀升，这让许多人心生嫉恨，郭子兴的两个儿子眼见朱元璋大有替代他们的势头，便设置了毒酒，想害死朱元璋。不料有人密报给了朱元璋，在相约赴宴的路上，朱元璋突然勒马而起抬头仰望天空，然后便大声责骂郭子兴的儿子们说："我怎么亏待你们了？刚才天上的神明告诉我说你俩想用毒酒谋害我！"郭子兴的两个儿子被吓得汗流浃背，立刻滚下马来叩头告饶，从此以后再也不敢有害死朱元璋的念头了。

到了这年的四月，缺粮吃的孙德崖也率部到和州就食，和孙德崖积怨很深的郭子兴闻报，即刻带兵到和州，想杀了孙德崖出气。朱元璋为避免两军冲突，便急急赶往孙军，送他们出城，并让孙德崖断后。谁知郭子兴赶来和孙德崖打了起来，并活捉了孙德崖，孙德崖的手下接报便扣留了随军同行的朱元璋。郭子兴见自己的义女婿被扣，只得和孙军谈判，放回了孙德崖，换回了朱元璋。

郭子兴抓住了孙德崖，本想杀了他出气，没想到为了换回朱元璋，只好放了他。多年的恶气未出，心中便闷闷不乐，终于心气郁结，一病而亡。郭子兴死后，被红巾军首领刘福通扶持的小明王韩林儿下诏令授郭子兴的儿子郭天叙为都元帅，张天祐（郭子兴的妻弟）为右副元帅，朱元璋为左副元帅。时间不长，郭、张两位元帅带兵攻打集庆路（今南京），结果红巾军大败，郭、张两位元帅阵亡。郭、张两位元帅死后，朱元璋就成了郭子兴部的最高统帅。

朱元璋成了郭子兴部的最高统帅，郭子兴的另一个儿子郭天爵很是不服，暗中和郭子兴的部分老部下密谋，想除掉朱元璋，自己取而代之，结果被朱元璋抓住处死。从此之后，朱元璋虽然打着红巾军小明王的"龙凤"旗号，但实际上已成为拥军一方、自立门户的割据势力了。

二、缓称王东扩南进壮实力

1. 扩大实力缓称王

公元 1356 年春季，张士诚部在长江中下游地区向元军发动了猛烈的攻势，江南的元军兵力吃紧，首尾难顾，朱元璋乘机率军攻占了集庆。朱元璋进城之后，改集庆路为应天府，设立天兴建康翼统军大元帅府。小明王接报后，任朱元璋为枢密院同金，不久又升为江南等处行中书平章，任李善长为左右司郎中，手下诸多将领也被授以元帅。

朱元璋攻下应天后，虽然占有的地盘尚小，但整个形势却极其有利于他的发展。这时，他的北面是小明王、刘福通领导的红巾军主力，他们拖住了元朝的主要军事力量。他的东面是张士诚，西面是徐寿辉，他们中间还夹杂着一些小的地方割据势力，还有一些被切断了与本朝联系而孤立无援的元军据点。张士诚、徐寿辉名义上是朱元璋共同抗元的盟军，但在此时的南方实力最强，对朱元璋今后的发展威胁最大，所以朱元璋占据应天后的首要任务便是稳定以应天为中心的根据地。镇江是应天的东大门，宁国（今安徽宣城）是向南发展的必经之路，所以朱元璋刚占据应天就立即派徐达攻占了镇江，自己亲自督师拿下了宁国。随后一年的时间内，朱元璋先后占领了广德、长兴、江阴、常熟、池州（今安徽贵池）、徽州（今安徽歙县）和扬州等地，完全占据了应天周围的战略据点。

头脑清晰的朱元璋不仅迅速抢占战略据点，稳固根据地，而且特别注重招徕人才。朱元璋一进应天府便告诫当地官吏父老说："元政渎扰，干戈蜂起，我来为民除乱耳，其各安堵如故。贤士吾礼用之，旧政不便者除之，吏毋贪暴殃吾民。"当时许多所谓的"义军"，到处攻城略地后便是烧杀抢劫，朱元璋这样的约法三章自然深得人心，更引得当时许多的贤士高人前来投奔，此时投在朱元璋帐下的便有时称"浙东四先生"的刘基、宋濂、叶琛和章溢。

刘基以谋略见长，他为朱元璋运筹帷幄、出谋划策屡立奇功，成为中国历史上能与诸葛亮相媲美的智慧高人；宋濂是元末明初的大儒，以文章过人著名，他的典章檄文为朱元璋征服天下制造舆论，征服人心；叶琛、章溢则是效力疆场，为大明王朝的建立献出了身家性命。更能表现此时的朱元璋礼贤下士的便是他亲自拜访休宁老儒朱升的事。

朱元璋亲自登门拜访朱升，和朱升谈论天下形势，讨教眼下他的发展策略。朱升以三句话九个字相告，还说这三句话九个字便可使朱元璋立于不败之地，进而大业可成。这三句话九个字便是"高筑墙，广积粮，缓称王"。朱元璋一听顿时心领神会，在其后的发展中他以这九字方针为自己的行动纲领：一是步步为营，稳扎稳打，建立稳固的根据地；二是发展生产，积蓄粮草，壮大实力；三是不像各路反元部队头目那样急于称帝称王，不做出头鸟，暗中发展实力，待群雄相争实力耗尽时，再乘机而起，完成大业。

当时的形势是北方元军的主力尚存，而各地起兵反元的头领纷纷称王称帝，这样与元朝分庭抗礼、自立门户当然成为元军讨伐的首选目标。朱升提出的不做出头鸟缓称王而暗中壮大实力的谋略，不仅深为朱元璋赞赏，而且起事当初的朱元璋正是这样做的。

早在郭子兴、朱元璋占据滁州之时，元军在高邮城外大败张士诚的部队，又派兵围攻六合（今江苏六合），六合守军急急地遣使向滁州求援。郭子兴与六合守将有仇，不愿发兵救援。朱元璋劝郭子兴说，六合是滁州南边的屏障，六合城破，滁州便不能保存，怎么能以个人小小的恩怨破坏了大事呢？一番话使郭子兴醒悟过来，于是朱元璋亲自率军救援六合。当时的元军号称百万，气势强盛，攻势很猛，于是朱元璋佯装败退，在半路上设下埋伏攻击元军，缴获了元军大量马匹。伏击战取胜后，朱元璋不仅即刻派人给元军统帅丞相脱脱送还了缴获的马匹，还派父老百姓送上牛羊酒肉犒劳元军，让父老告诉元朝丞相脱脱说，这里的武装力量全是朝廷的良民，他们在这混乱时期武装团结，不过是为了防备盗贼，请朝廷的大军饶了这一方百姓，转而去打高邮的张士诚。元军吃了败仗，却找到了顺势而下的台阶，便撤军攻打高邮去了，六合、滁州得以保全。所以，朱元璋起事当初便心有远志，想成大业，但工于心计的他却极会避实就虚地壮大自己的实力。郭子兴死后，小明王任命他为左副元帅，他气愤地说："大丈夫宁能受制于人？"而不想受命，但不做出头鸟免遭枪打的想法却让他接受了任命，虽然其军中文告都用"龙凤"年号，但军事上却是我行我素，稳扎稳打地抢地盘、扩实力，壮大自己的力量。

朱元璋占据了应天府及周边地区这块稳固的根据地后，下一步他会向哪个方向发展呢？既然他不敢与实力尚强的北方元朝主力为敌，那扩大自己的地盘、增强自己的实力就只能是向同为反元盟军的地盘发展了。

2. 鄱阳湖灭陈友谅

朱元璋稳固现有根据地、逐步扩大地盘、壮大自身实力的大战略确定之后，第一个进攻目标就选定了陈友谅。

选定陈友谅作为第一个进攻目标，首先是因为陈友谅是对应天府根据地威胁最大、最危险的敌人。当时朱元璋的应天府根据地东北面是张士诚，西面是陈友谅，东南邻方国珍，南邻陈友定。方国珍、陈友定胸无大志，只求自保，没有远大企图；张士诚占据江、浙沿海富饶之地，处于长江下游，战略上对应天威胁不大，而且张士诚一直对反元徘徊不定，没有多大雄心。实力最强的陈友谅雄踞长江上游，直接威胁应天，而且陈友谅野心勃勃，是最危险的对手。

其次是因为陈友谅生性残暴，变化多端，多次杀主袭位，大失人心。陈友谅是渔民出身，曾当过县衙捕吏，反元风暴初起时投徐寿辉部大将倪文俊手下。后来他却杀死了倪文俊取而代之，并且实力做大后挟制了徐寿辉，再后来更是杀了徐寿辉自称皇帝，国号汉，改元大义。

最后是因为陈友谅攻占太平城，杀了朱元璋的养子朱文逊，特别是杀了朱元璋的骁将花云。花云是朱元璋手下最为凶猛的战将，《纲鉴易知录》对花云之死有下面的记载：

> 夏五月，陈友谅攻太平，城陷，守将花云被俘。贼缚云急，云怒骂曰："贼奴！尔缚吾，吾生必灭尔！"遂奋跃大呼起，缚尽绝，夺守者刀，连杀五六人。贼怒，缚云丛射之，比死，骂贼不绝口。

这年的五月，陈友谅攻打太平城，城池被攻陷，守将花云被俘。敌兵紧紧地捆绑花云，花云怒骂说："贼奴！你这样捆绑老子，老子要是活着一定会杀了你！"说完奋力一跃大呼而起，捆绑的绳索全都挣断了，他夺过守卫的刀，一连杀了五六个人。敌兵大怒，把花云捆住众人一起用箭射他，花云一直到死都骂不绝口。

花云死后，有人冒死将花云三岁的儿子救了出来，辗转送给了朱元璋。朱元璋大哭着将孩子放在自己的膝头上说："这是我大将的后代啊！"所以，朱元璋对抢占他的地盘、杀死他的将领的陈友谅愤恨到了极点。

刘基到应天投奔朱元璋后，朱元璋便征求他对当前军事战略的意见。刘基认为当前最危险的对手莫过陈友谅。他说陈友谅势力最强，又据我上游，对我们威胁巨大，因此必须先集中力量消灭他。陈友谅现在看起来势力强大，但他杀君胁众，部众离心，民众怨恨，所以不难战胜。灭除了陈友谅，剩下的张士诚势孤，便可一举而定。然后北伐中原，帝业可成。朱元璋非常赞赏刘基的分析论证，讨伐陈友谅的战略就此决定了下来。

为了出其不意地围歼陈友谅的主力，朱元璋采取了诱敌深入的办法来引陈友谅上钩。朱元璋的部将康茂才曾和陈友谅是老朋友，康茂才的仆人也曾侍候过陈友谅。于是朱元璋让康茂才给陈友谅修书一封，让他的仆人送信给陈友谅，说康茂才愿做内应帮陈友谅攻打应天。信中说康茂才防守的是江东桥，到时他会将木桥吊起来，让陈友谅的舰船直达应天城下而攻城。

朱元璋得到陈友谅愿意和康茂才里应外合进攻应天的回信后，即刻设下埋伏，并连夜拆掉了江东木桥，改建成了石桥。一切准备停当，只等陈友谅上钩。

公元 1360 年 6 月 23 日，陈友谅率领他的舰队如约赶到了江东桥，发现桥是石头的，知道上了当，于是返航长江，在龙湾弃舟登陆，安营扎寨，整编队形。此时在狮子山观察形势的朱元璋眼看时机已到，立即大旗一挥，顿时伏兵四起，杀声震天，陈友谅的汉军即刻被杀得七零八落，向江边奔溃。到了江边，却发现江水退潮，舰船被搁浅在沙滩上无法行走。结果这一仗，陈友谅的汉军被杀两万多人，七千多人被俘，几百艘船舰也白白送给了朱元璋。之后，朱元璋又乘胜收复了太平，夺取了安庆等城。

正当朱元璋与陈友谅激战之时，中原的形势却发生了极大变化。元军围困住了红巾军在山东的据点益都，刘福通前往救援遭到失败，被降元的张士诚的大将吕珍围堵在了安丰。刘福通向朱元璋发出了告急文书，朱元璋只得分兵救援安丰。朱元璋赶到安丰时，吕珍已攻破城池杀了刘福通，最后朱元璋只是救出了小明王韩林儿，将他安置在了滁州。

当朱元璋出兵救援安丰时，陈友谅便乘虚大举进攻，但谋略欠缺的陈友谅这次却没有直捣应天，而是率大军进攻洪都（今南昌）。接到急报的朱元璋不敢怠慢，立即亲率水路大军二十万人自应天救援洪都。

朱元璋到达湖口后，立即布置部队扼住鄱阳湖通往长江的水道，断绝陈友谅的退路。陈友谅在得知朱元璋援军到达的消息后，立即撤回了围攻洪都的军队，进入鄱阳湖迎战，两军在鄱阳湖展开了一场决定自身生死存亡的大战。《纲鉴易知录》对这场大战有较详的记载：

> 二十三年，秋七月，陈友谅作大舰攻洪都，空国而来，以兵围城。守将朱文正遣使赴建康告急，太祖亲帅舟师二十万进次湖口；友谅闻之，即解围东出，与太祖兵遇鄱阳湖之康郎山。友谅联舟纵战，望之如山，太祖军舟小，怯于仰攻，往往退缩。郭兴曰："彼舟如此，大小不敌，非火攻不可。"太祖然之。明日，东北风起，令诸将乘风纵火，焚其水寨舟百艘，友谅弟友仁、友贵及其平章陈普略皆焚死。明日，复联舟大战，敌兵大败。友谅敛舟自守，不敢战，相持者三日。

> 友谅计穷，冒死突出，将奔还武昌，太祖麾诸将邀击之，友谅中流矢，贯睛及颅而死。其将张定边乘夜以小舟载友谅尸及其子理径趋武昌，复立理为帝。

> 初，鄱阳湖之战，太祖亦屡濒于危。一日被围莫解，指挥韩成请服太祖冠袍，对贼众投水中，围乃解。又一日，太祖方与友谅鏖战，刘基忽跃起大呼曰："难星过，速更舟！"太祖急更之，旧舟已为敌炮碎矣。

至正二十三年（公元 1363 年），秋七月，陈友谅建造了大型战舰进攻洪都，出动了全部兵马包围了洪都城。守将朱文正派人赶赴建康报告危急情况，明太祖朱元璋亲自率领二十万水军进驻湖口。陈友谅接到报告后，立即解除了对洪都的包围向东出兵，与明太祖朱元璋的军队在鄱阳湖康郎山对峙。陈友谅把他的船舰连接起来纵兵作战，望过去如同大山一样。朱元璋军队的船小，害怕从下往上进攻，总是向后退缩。郭兴说："陈友谅的舰船这样大，我们的小船和大船不能相互对战，非用火攻不可。"朱元璋同意了他的建议。第二天刚好刮起了东北风，朱元璋命令诸将乘着风势放火，烧毁了陈友谅大小舰船上百艘，陈友谅的弟弟陈友仁、陈友贵以及他的平章陈普略全都被烧死。第二天，两军又摆开阵势展开大战，结果敌军大败。陈友谅收回船舰进行防守，不敢再战，双方相持了三天。

最终，陈友谅在弹尽粮绝之时只得冒死突围，想逃回武昌。朱元璋指挥诸将对陈友谅拦腰截击，结果陈友谅在混战中被流箭射中，箭矢穿透了他的眼睛和头颅而死。他的部将张定边趁夜用小船载着陈友谅的尸体和他的儿子陈理，径直逃回了武昌，又立陈理做了皇帝。

在这场鄱阳湖大战中，明太祖朱元璋也多次濒临危险。有一天，朱元璋被围困无法脱身，指挥韩成请求自己戴上朱元璋的帽子，穿上朱元璋的袍子，装成朱元璋当着敌兵的面跳进了湖中，朱元璋才得以逃脱。还有一天，朱元璋正在战船上指挥作战，刘基忽然跳起来大声呼喊说："难星从天上飞过了，快换船！"朱元璋赶快换船，回头一看，刚刚乘坐的船已被敌军的炮火击碎了。

这场大战之后，朱元璋与刘基谈论此战的胜负之理时说："我真不该带兵前去救援安丰啊！假如这次陈友谅趁我远行直捣应天，我便进无所成，退无所守了。幸亏他不去直接进攻应天，反而去围困洪都，在那里被拖了三个月，给了我充分的时间来调兵遣将。陈友谅出此下策，不亡何待！不过，这一仗虽然是打赢了，却也是够危险的啊！"

正如朱元璋所说，陈友谅在朱元璋率兵北上时，不趁其后方空虚攻占应天，断其后路，却围困红都，给朱元璋以回兵救援的时间，确实犯了战略上的错误。但是，在鄱阳湖大战中，陈友谅依然船大兵多，占据优势，使得朱元璋多次处于险境。然而，陈友谅作恶多端，天怒人怨，终于使得天降东北风，朱元璋乘风纵火，取得了胜利。所以许多的事确有人为的努力，但天意人心也是不可或缺的。

鄱阳湖大战之后，朱元璋自然是乘胜进攻武昌，不久就逼迫陈理投降，灭了陈友谅的汉国。《纲鉴易知录》对此有下面的记载：

> 陈理既还武昌，太祖复进兵围之，久不下。乃亲往视师，遣其降将罗复仁入城谕理使降，理遂率其太尉张定边等诣军门降。凡府库储蓄令理自取。城中饥困，命给粟赈之。于是湖广、江西悉平。江西行省以陈友谅镂金床进，太祖观之，曰："此于孟昶七宝溺器何异？陈氏穷奢极侈，安得不亡！"即命毁之。

陈理回到武昌后朱元璋又进兵包围武昌，却很长时间攻不下来。朱元璋亲自前往督察部队，他派陈友谅的降将罗复仁进城劝说陈理投降，陈理于是率领他的太尉张定边等人来到朱元璋的营门投降。朱元璋厚待陈理，凡是武昌城仓库中的财物让陈理自己取用，并将其封为归德侯，后将其安置在高丽。城中百姓饥饿困乏，朱元璋下令发放粮食赈救他们。于是湖广、江西全都得以平定。江西行省把陈友谅的镂金床进献给朱元璋，朱元璋看了看这张床后说："这与后蜀孟昶七宝溺器有什么不同呢？陈氏的奢侈达到了极点，怎么能够不灭亡啊！"当即下令毁掉了镂金床。

灭除了陈友谅，李善长、徐达等人认为朱元璋功德极高了，多次进表劝其登基称帝，朱元璋都没有答应，只是在至正二十四年（公元1364年）正月自称吴王，并建百官司属。仍奉小明王韩林儿为皇帝，用龙凤纪年，发布的命令称"皇帝圣旨，吴王令旨"，史称"西吴政权"。

3. 东进灭除张士诚

朱元璋灭掉了陈友谅，下一个目标自然是张士诚了。

张士诚，小名叫作九四，泰州白驹场（今属江苏大丰）人，私盐贩子出身。元朝末年集聚盐徒起事，占据高邮后即称王，国号大周，建元天佑。后建都平江，七八年间，南据江浙，占了杭州、绍兴；北逾江淮，势力到达济宁（属山东）；西进汝州、颍州、濠州、泗州；东面直到大海。地方千里，物产富饶，一时之间，成为雄霸东南实力最强的军事集团。

张士诚为人宽厚，生性迟钝，不善言辞，做事少有主见。他的属下多是其贩盐同伙兄弟，所以他以有福同享的江湖义气对待他们，打了胜仗，便大碗喝酒，打了败仗，也不忍责备，因此其军队赏罚不明，纪律涣散。他有两个弟弟：张士德，小名张九六；张士信，小名张九七。张士德有勇有谋，礼贤下士，张士诚起事初期开疆拓土、决定国策，全靠作为丞相的张世德筹划安排。张士德在常熟作战中被杀，弟弟张士信接替丞相，但他贪渎无能，只知日夜歌舞享乐。志得意满的张士诚也懒得管事，朝政任由张士信极端信任的姓黄、姓蔡和姓叶的三个人舞弊弄权。当时有首民谣唱道："丞相做事业，专任黄菜叶，一朝西凤起，干瘪！"

张士诚做事只图眼前享乐，胸无大志，之前见元朝实力强大，便归顺元朝，给元朝输粮纳贡，后来眼见元朝陷于军阀割据局面，便不再给其输粮纳贡，转而自称吴王，史称其为"东吴"。

对于眼前这个貌似强大，实则空虚的东吴，灭除了陈友谅的朱元璋自然是乘胜攻伐。《纲鉴易知录》对这场战役有较详细的记载：

> 太祖议讨张士诚，李善长以为未可。徐达进曰："张氏骄横，暴殄奢侈，此天亡之时也。其所任骄将如李伯升、吕珍之徒，皆龌龊不足数，黄、蔡、叶三参军迂阔书生，不知大计。臣奉主上威德，声罪致讨，三吴可计日而定。"太祖大喜曰："汝合吾意，事必济矣。"秋八月，命徐达为大将军，常遇春为副将军，帅师二十万伐张士诚，集诸将佐谕之曰："卿等宜戒伤士卒，毋肆掳掠，毋妄杀戮，毋发丘垄，毋毁庐舍！闻士诚母葬姑苏城外，慎勿侵毁其墓。"诸将皆再拜受命出。太祖复召达、遇春曰："尔等此行，用师孰先？"遇春曰："逐枭者必覆其巢，去鼠者必熏其穴。此行当直捣平江，平江既破，其余诸郡可不劳而下。"太祖曰："不然，士诚起盐贩，与张天琪、潘原明辈皆相为手足。士诚穷蹙，天琪辈惧俱毙，必并力救之。今不先分其势，而遽攻姑苏，若天琪出湖州，原明出杭州，援兵四合，何以取胜？莫若先攻湖州，使其疲于奔命。羽翼既披，然后移兵姑苏，取之必矣。"

> 冬十月，徐达师至湖州，士诚发兵来援，大败之，而守将李伯升及

张天琪遂举城降。朱文忠师下杭州，守将潘原明籍土地钱谷出降。文忠入宿城上，秋毫无犯。一卒强入民家，磔以徇。

徐达既下湖州，会诸将进攻平江，士诚诸将多降。康茂才至尹山桥，遇士诚兵，击败之，遂进兵围其城。达、遇春等四面筑长围困之，城中震恐。

夏六月，士诚被围既久，欲突围出，将奔常遇春营，遇春觉其至，严阵待之。遇春抚王弼背曰："军中称尔为猛将，能为我取此乎？"弼应声驰铁骑挥双刀往击之，敌小却。遇春率众乘之，遂大败其军，溺于沙盆之潭。士诚固有勇胜军，号"十条龙"，常银铠锦衣出入阵中，是日皆溺死。士诚马惊，堕水，几不救，肩舆入城。

逾三日，士信方在城楼上督战，忽飞炮碎其首而死。

秋九月，达、遇春率众进薄城下，士诚军大溃。诸将蚁附登城，城破，士诚收余兵二三万，亲率之战于万寿寺东街，复败。士诚仓皇归，从者仅数骑。

初，士诚见兵败，谓其妻刘氏曰："我败且死，若曹何为？"刘氏曰："君勿忧，妾必不负君！"乃予乳媪金，抱二幼子出，积薪齐云楼下，驱其群妾、侍女登楼，令养子辰保纵火焚之，刘氏自缢死。日暮，士诚距户刭，旧将李伯升决户抱解之。徐达令人慰谕之，反复数四，士诚瞑目不言，乃以旧盾舁至舟中，送建康。士诚卧舟中不食，至龙江，坚卧不肯起。舁至中书省，李善长问之不语。已而士诚言不逊，善长怒骂之，士诚竟自缢死。改平江曰苏州府，浙西、吴会皆平。

明太祖朱元璋和大臣们商议征讨张士诚，李善长认为时机未到。徐达却说："张士诚骄狂横行，暴殄天物，荒淫奢侈，现在正是上天灭亡他的时候。他任用的狂傲将领像李伯升、吕珍这样的人，都龌龊低能不值一提。黄敬夫、蔡彦夫、叶德新三个参军都是迂腐的书生，没有远大的谋略。我凭靠主上的威名和大德，声讨张士诚的罪行而加以攻伐，三吴可以在不长的期限内平定。"听了徐达的话，朱元璋非常高兴地说："你的话非常符合我的心意，征伐张士诚的事必定能够成功。"这一年的秋八月，朱元璋任命徐达为大将军，常遇春为副将军，率领部队二十万人讨伐张士诚。大军临行前，朱元璋召集诸位将领告诫他们说："你们要告诫约束士卒，不要随意抢掠，不要妄自杀戮，不要挖掘坟墓，不要烧毁房屋。听说张士诚的母亲葬在姑苏城外，一定要小心不要侵犯毁坏她的坟墓。"各位将领再拜受命，领军出发。朱元璋又召来徐达、常遇春说："你们这次出兵，先在何处用兵？"常遇春回答说："追逐恶枭的人，一定要捣毁它的老巢；灭除老鼠的人，一定要烟熏它的洞穴。此次出征应当首先进攻平江，平江被攻克，其余各郡都可以不战而拿下了。"朱元璋闻言说道："你的看法不正确。张士诚是盐贩出身，与张天琪、潘原明等人相互间都视为弟兄。张士诚在平江被逼得走投无路，张天琪等人害怕与张士诚一起被消灭，一定会合兵来救他。现在如果不先对他们各个击破而首先进攻姑苏，如果张天琪从湖州出兵，潘原明从杭州出兵，援兵从四方而来，我们怎能取胜？不如先进攻湖州，让他们疲于奔命，等张士诚的羽翼全折断了，然后再转而进攻姑苏，就一定能攻下姑苏了。"

冬十月，徐达的部队到达湖州，张士诚派兵前来救援，被打得大败，湖州守将李伯升和张天琪只得率湖州全城军民投降。朱文忠率军进攻杭州，守将潘原明也造册登记了全州的土地钱粮而出城投降了。朱文忠率军驻扎在城墙上，军队秋毫无犯。有一个士卒强行进入民居，朱文忠将他处以磔刑并向全城示众。

徐达攻下湖州后，会合诸将进攻平江，张士诚的许多将领都投降了。康茂才率军到达尹山桥，遇到张士诚的军队，迅速击败了他们，于是进兵包围了平江城。徐达、常遇春指挥部队筑起长长的围墙围困平江城，城中人人震恐。

到了第二年的夏六月，张士城被围困了很长时间，想突围出去，准备集中兵力冲向常遇春的军营。常遇春发觉了他的行动，严密部署好阵势等着他们冲来。等到两军相遇，常遇春拍着大将王弼的背说："全军都称赞你是军中猛将，能替我捉到那个人吗？"王弼应声飞驰铁甲坐骑，挥舞着双刀径直冲向张士诚，张士诚的部队被冲击得退却起来。常遇春乘机率军展开攻击，张士诚的部队被打得大败而逃，很多人被淹死在沙盆洼地的水潭里。张士诚以前有一支勇胜军，号称"十条龙"，这天也全都淹死了。张士诚在逃跑中马受了惊，落到了水中，几乎也被淹死，幸而被亲兵们救了出来，用轿子抬进了城中。

过了三天，张士信正在城楼上督战，忽然被飞弹击碎了头而死去。

这一年的秋七月，徐达、常遇春指挥将士们进攻到城下，张士诚的部队大溃退。朱元璋的将士们像蚂蚁一样攀登上城墙，平江城被攻破。张士诚收集余兵两三万人，亲自率领他们在万寿寺东街巷战，结果又败了下来。张士诚仓皇逃进宫中，跟着他的只有几个人。

当初，张士诚见军队溃败，对他的妻子刘氏说："我失败了，将要死了，你们怎么办呢？"刘氏回答说："您不要担忧，我一定不辜负您！"于是她给了孩子们的乳娘一些钱，让她抱着两个幼子出逃。张士诚在齐云楼下堆积起木柴，把他的姬妾、侍女们全赶上楼，让他的养子张辰保放火烧楼，刘氏也上吊而死了。黄昏时分，张士诚关上了门悬梁自尽，他原来的旧将李伯升撞开了门抱着他将他解救了下来。徐达让人多次劝说安慰他，张士诚都闭着眼睛不说话，于是就用旧盾将他抬到船上，押送到了建康。张士诚躺在船中不吃东西，到了龙江，也一直躺着不肯起来。抬到了中书省，李善长问他，他也不回答。这之后张士诚对李善长出言不逊，气得李善长大声怒骂他，最终张士诚还是自缢而死了。这以后，朱元璋将平江改成苏州府，不久，浙西、吴会等地都被平定了。

朱元璋灭除东吴张士诚的战争持续了一年有余，战争打得相当残酷。朱元璋的部队除了筑长墙围困平江城外，又架木塔三层，俯瞰城中，每层都设弓弩大铳，不停地射杀。又设襄阳炮日夜轰击。平江城的军民顽强地死守，箭射尽了，就拆屋揭瓦为弹；吃完了粮，就吃老鼠，煮枯草树皮。最终在弹尽粮绝后城破被俘。

从这场战争的胜负来看，朱元璋在这场大战中不仅战略战术得当，而且一改历来起兵造反农民军一路烧杀抢掠的恶习，军纪严明，秋毫无犯，赢得了民心。朱元璋在征战前对他的将领们的叮咛告诫，让我们看到了这个农民军领袖不一般的心胸和谋略。但这可说是他的谋略，也可以说是他善于伪装的心计。苦难的少年生活和浪迹天下的青年社会经历，激励了他穷则思变、拼做人上人的心胸，也磨炼出了他超出常人的心机。之前在他尚未得势时，他处处小心谨慎，阿谀顺从郭子兴，一旦得势，便毫不留情地除掉了郭子兴的儿子。现在面对张士诚这样的强敌，他懂得顺应民心，严格军纪，以王者之师、仁义之师的假象赢得民众的拥护，大战取胜后，即露出了狰狞的面目。在平江城被围得水泄不通的时候，上海一带的民众曾举行暴动来策应张士诚，被朱元璋残酷镇压。朱元璋对平江民众的死守和上海民众的暴动非常愤恨，为了发泄心中的怒气，明朝建立后，他特别给这一带制定了非常沉重的赋税。如果在这之前我们还不能看出朱元璋性格为人究竟如何的话，那么接下来发生的事就会让我们看到他为人极其阴狠的一面。

4. 江底冤魂小明王

朱元璋灭除东吴张士诚后，据有了湖北、湖南、河南东南部、江西、安徽、江苏和浙江地区，完全占据了当时我国人口最稠密、物产最富饶的地方，实力大增。这时李善长、刘基等人更是极力劝谏朱元璋改立年号，建国称帝。但是，朱元璋不仅没有答应属下的请求，而且在1366年的农历十二月派大将廖永忠到滁州，迎接小明王韩林儿到金陵（今南京）。然而就在朱元璋传令所有大臣第二天到浦口码头迎接大宋皇帝韩林儿的当天晚上，传来了韩林儿的死讯。

韩林儿是红巾军起事时的主要领袖韩山童的儿子，韩山童称自己是被元朝灭亡的大宋皇帝的后裔。刘福通从民间找到他时，他只是一个替人放羊的牧童。刘福通寻访到他后，拥立他做了皇帝，国号仍用大宋，改元为龙凤。朱元璋从起事起不仅一直打着红巾军的旗号，尊奉韩林儿为皇帝，而且在韩林儿被围时亲自率军救援，将其救回安置在滁州。朱元璋不仅接受韩林儿的封号，而且平时行事也打着皇帝韩林儿的旗号，这次迎接皇帝到金陵，也是因为韩林儿见朱元璋已经完全占据了长将中下游地区，金陵已非常稳固，下旨要将都城迁到金陵的缘故。

小明王韩林儿死了，明史等许多正史大多只是记载了他的死讯，而其死因却毫无记载。如《明史·太祖本纪》中只有一句话，七个字："十二月，韩林儿卒。"接下来便是"以明年为吴元年，建庙社宫室，祭告山川"。小明王韩林儿死了，朱元璋的头上再也没有皇帝可尊奉了，于是再也不需要打大宋的旗号，用龙凤年号了，朱元璋自然可以顺理成章地祭告天地山川，改元建国了。

小明王韩林儿究竟是怎么死的呢？原来是朱元璋派廖永忠去迎接其到金陵，却让廖永忠雇水贼趁月黑风高之时，在瓜州（今江苏六合东南）江面上，把小明王及其随从的乘船凿穿，将小明王及其随从全淹死在长江之中了。随着小明王的死，红巾军所立的宋国也不复存在了，朱元璋建国改元、登基称帝的道路便没有丝毫障碍了。

小明王在滁州时，朱元璋表现出对其极为尊重的样子，每到正月初一，中书省都要设置御座，敬拜小明王。当时刘基就极为生气地说："一个放牧牲畜的小子，敬奉他做什么！"小明王下旨要迁都金陵，诸位大臣将领都极力反对，朱元璋却不但立即派遣廖永忠前去迎接，而且安排刘基在金陵为小明王修建宫室，还亲自带领臣属举行了隆重的奠基典礼。但是，这一切都只不过是表现出了他善于伪装的性格和奸诈阴毒的心机。中国两千年来的皇权专制史，不间断地上演着这样血腥奸诈的权谋，更让人生发感喟的是，像朱元璋这样善于伪装的奸诈阴狠之徒，往往却能蒙哄世人，窃取天下。真不知这是我们的国运本该如此，还是其国情本来如此。

灭除了陈友谅、张士诚两个实力最强的军事集团，此时朱元璋已完全具备了横扫天下的实力，于是朱元璋仔细制定了作战方略，任用了各部统帅，同时展开了南征北伐、夺取天下、统一中国的征战。

此时的元朝统治虽然已形成了分崩离析、军阀割据的局面，但仍是当时最强大的敌人，朱元璋不仅调遣精兵强将，任用徐达、常遇春为正副大将统率三军，而且大力开展宣传舆论攻势，发表征讨檄文告谕全国。朱元璋昭告天下的征讨檄文不仅提出了激励人心的响亮口号："驱逐胡虏，恢复中华，立纲陈纪，救济斯民"，而且提出了安抚天下各族人心的统战政策，"如蒙古、色目，虽非华夏族类，然同生天地之间，有能知礼义，愿为臣民者，与中夏之民抚养无异"。

朱元璋旗帜鲜明的口号响亮地呼喊出了深埋在华夏民族心中近百年的心愿，摆出了以拯救天下民众为己任的正义之师的姿态，并以建立团结各族群众的统一战线来安抚人心。这样的宣传攻势为朱元璋南征北伐夺取全国胜利起到了不可估量的作用。

公元 1367 年 11 月 2 日，朱元璋任命汤和为征南将军，吴祯为副将军率军进攻浙东的方国珍；13 日，徐达、常遇春率北伐军挺进中原；同日，朱元璋又命大将廖永忠率军攻福建、取广西。不到两个月，北伐军已夺取山东，南征军平定方国珍，进取福建，北伐南征都是势如破竹，一片捷报。

南北两线的胜利不仅让朱元璋及其文武臣僚极其欢欣鼓舞，更让朱元璋意识到建立全国统一政权、自己登基称帝的时机已经成熟了。

1368 年 1 月 23 日（农历正月初四），朱元璋服皇帝衮冕在金陵南郊告祀天地，然后到太庙追尊祖先四代，最后接受丞相李善长为首的百官拜贺舞蹈、山呼万岁而正式登基称帝。正式登上皇帝位的朱元璋定国号为大明，建元洪武，定都金陵，并改名为南京。

国号大明不仅象征着正统和光明，而且符合元末弥勒教明王出世的教义，它昭示天下民众一个奉天承运的新皇朝已经诞生，当今的新皇帝即是奉天命而降临人间的救世主明王，天下臣民百姓都应该做拥戴新朝皇帝的顺民。

大明开国皇帝朱元璋即位后即册立结发妻子马氏为皇后，立世子朱标为太子，封自己另外九个儿子和一个侄儿为王。同时，朱元璋还按战功分别封李善长等六十九人为公、侯、伯不等的爵位。

新皇朝建立以后，统一全国的北伐南征战事取得节节胜利：1368 年 2 月，南征军活捉陈友定，平定了福建；3 月，廖永忠大军逼降了何真，广东平，7 月，广西平；徐达率领的北伐军一路顺利推进，9 月 10 日，明军攻占通州，元顺帝半夜打开大都（今北京）健德门，由居庸关逃至和林；14 日，明军进入大都，朱元璋将大都改名为北平，元朝灭亡。1371 年（洪武四年），明军由秦陇攻入四川，夏国国主明升投降，四川平；1381 年（洪武十四年），傅友德率明军攻入云南，云南平。明军多年来对元朝的残余力量一直穷追不舍，1387年（洪武二十年），冯胜、傅友德、蓝玉大军进攻辽东元朝残将纳哈出，纳哈出势穷而降，至此全国重归一统。

三、集权专制严刑猛法稳固家天下

1. 强化皇权革旧政

对于刘邦、朱元璋，历史以来有平民皇帝之说。然而，刘邦起事之前还当过亭长，虽然只是一个没有所谓品级的小官，但还可以在村里吆三喝四，可朱元璋不仅出身赤贫，父母双亡，兄弟饿死，而且自己从小为人放牧，沦为四处乞讨的流浪和尚。所以，朱元璋真正可以说是中国历史以来唯一一个出身社会底层的平民皇帝。一个出身如此低微，而且其祖上找不出一点所谓根基的人，突然之间以自己微若尘芥的生命为赌注，冒着造反杀头的危险大赌了一把，竟然赢得了天下，这使他心中大喜过望自不待言。但是，正如一个穷困潦倒之徒，突然暴发为全国首富一样，惊喜之余难免有惴惴之感，更有生怕此富贵被人一朝夺走的不安。朱元璋得了天下，当了皇帝，自然是普天之下最大的暴发户了，所以他的心里无时无刻不在担忧这"普天之下莫非王土"的无以伦比的富贵一朝化为云烟，像他抢夺天下一样被别人抢走。因此，正如他自己所说的，他自从当上皇帝后，每时每刻都是"忧危积心"。这样一种忧惧担心让当了皇帝的朱元璋除了时时防备有人颠覆自己屁股下的皇位外，更让他时时谋划着要将这家天下的富贵产业传给自己的子孙后代，千秋万代、代代相传。

凭靠武力夺取天下，将整个天下抢占为自己的一家产业，并将其传给自己的二世、三世以至万世，并不是朱元璋这个大明开国皇帝独有的想法，中国的每朝每代所有的专制君主无不是做着这样的同一个美梦。秦始皇统一中国建立大秦王朝，创立了皇帝这个名号，并自称始皇，想的就是要将他赢家的天下无穷无尽地传至千世万世，然而仅仅传至二世，就被陈胜、吴广的农民大起义的狂涛淹没了。蒙古人从蒙古高原呼啸而下，用铁蹄征服了中原，建立了横跨亚欧大陆的大元王朝，但不到一百年的时间，便让朱元璋这样一个出身微贱的小和尚取而代之了。中国历代王朝更迭代替的历史明晃晃地摆在朱元璋的面前，这迫使他于在位的三十一年里一直用尽心力，以无所不用其极的手段来稳固他的皇权，进而保障他创立的朱家天下千秋万代永远流传。

当然，维护自己的皇权并保障其千秋万代永远延续，是历代统治者的第一要务，然而纵观中国历史，朱元璋对此所用的手段不能说是绝后，但起码可以说是空前的，其手段的残暴、心机的阴狠是远超过中国历史以来历代君王的。在三十一年的皇位上，朱元璋在维护他朱家天下上屡出新政，除了推出强化皇权废除宰相、控制兵权改革军事等前所未有的新政外，还大力推行特务政治，滥杀功臣名将，施行严刑猛法，大兴文字狱和篡改儒家经典。

宰相制是中国历代封建王朝的施政方式，虽然因宰相具有"一人之下，万人之上"的特殊权位，而往往成为架空皇权、觊觎皇权的台阶，但也往往成为皇帝虽必须依靠却须时时防备的对象。所以，宰相这个王朝的"第二把手"动辄被心生猜忌的皇帝所清除，这也形成了王朝的第二把手是最危险的职业，这个具有中国特色的现象。但是王朝的各个施政职能部门要有一个中枢部门管理约束，就少不了宰相制，所以历朝历代都实行宰相制。但是，这样的施政安排在朱元璋手中却出现了例外，朱元璋在位不几年便废除了宰相制。

明朝初建时的政治制度基本上都是模仿元朝的，中央设立三大机关：中书省、都督府和御史台。中书省是全国的政治中枢，设有左右丞相、平章政事、左右丞、参知政事等官，下辖吏、户、礼、兵、刑、工六部。御史台是国家的监察机关，监察各个行政部门及大小官员的施政行为及作风纪律，虽没有行政和军事权力，却是遵循皇帝意志监督整肃朝政及各级官员的重要机关。都督府是朝廷的军事机关，主管军队的征发调动、将官的任命及战略计划等。在三大机关中，中书省的权力最大。中书省的最高长官就是左右丞相，明朝尚左，所以左丞相就是中书省的最高长官。丞相就是中国古代一直称谓的"宰相",所谓"宰"就是主宰、主管的意思,"相"就是辅佐的意思。丞相的基本职责是辅佐皇帝主管全国政务,地位在一人之下、万人之上。皇帝发往全国各地的政令,由丞相转发执行;各地有事情报告朝廷,由丞相初步处理后转奏皇帝。所以,历史以来常常出现丞相利用他承上启下的中枢职权蒙蔽或架空皇帝,进而威胁皇帝的地位甚至取而代之,这成为嗜权如命的朱元璋极大的心病。

明朝的首任宰相是左丞相李善长。李善长比朱元璋大十四岁,他很早就投奔朱元璋,一直忠心协助朱元璋处理军政要务。朱元璋每次领军出征,留守应天的李善长不仅确保了后方的安定,而且保障了前方粮草兵员和武器辎重的供给,因此朱元璋常常将其比作汉高祖刘邦手下的萧何。公元1364年,朱元璋设中书省,就任命李善长做了左丞相,徐达做了右丞相。李善长不仅是中书省的最高长官,而且因为作为武将的徐达长期在外领军打仗,所以李善长成了中书省唯一的最高长官,对此,猜疑心极重的朱元璋自然会倍加提防。

朱元璋提防李善长的第一个措施便是任命同样功高望重的刘基做御史台的长官御史中丞,让御史台加强对中书省特别是对当朝宰相的监督。这自然让刘基和李善长之间常常发生矛盾,引起了内侍大臣们纷纷状告刘基。刘基为人刚直,便借老妻病故而请求回家养老,这让朱元璋觉察到靠御史台监督宰相很难奏效。

朱元璋制约宰相的另一个措施便是采取多相制。李善长是出身淮西的功臣,朱元璋便任命许多不是淮西出身的官员做左右丞、参知政事等官,让他们与丞相之间相互猜疑、相互监督,致使李善长在中书省不能一手遮天。但是,这些人见自己的权位已经距宰相之位近在咫尺,便相互内斗,致使朱元璋又对其痛下杀手。

朱元璋见自己的多种手法都没有达到制约宰相权力的预期目的,于是就授意臣下直接向他报告政务,不要经过中书省。不得隔越中书省奏事,即不越级上报,是历朝施政的老规矩,皇上不按规矩办事,自然遭到许多严守旧法的儒士反对。但是,靠造反起家的朱元璋才不管这么多的老规矩,他越过丞相，许多事情直接与各部尚书打交道，一个人忙不过来，就让年轻的皇太子朱标帮着处理政务。他下令"百官奏事，皆启皇太子知之"，这样，百官有事都先奏报太子，久而久之，丞相和中书省就只剩下一个空架子了。到后来，朱元璋又让李善长致仕（退休）回家，任命了汪广洋、胡惟庸两个右丞相。中书省有了两个右丞相，徐达的右丞相一职自然就被免掉了。再到后来，朱元璋杀掉了汪广洋和胡惟庸两个右相，直接下旨宣布废除没有"一把手"的中书省。同时，朱元璋还将六部尚书的品级由三品提升为二品，直接对皇帝负责。他还下旨改组了御史台与都督府。御史台改称监察院，只保留监察御史，后来又称为都察院。都督府被分成前、后、中、左、右五军都督府，分别统管各地的卫所。

在逐步废除宰相制的政治改革的同时，靠武力造反夺得天下的朱元璋深知"枪杆子里面出政权"这个具有中国特色的真理，怎样将军队始终牢牢抓在自己手中，防止武将拥兵自重而威胁皇权，成了朱元璋首要解决的大课题。于是朱元璋绞尽脑汁，精心策划，对朝廷首脑军事机关和全国军事力量进行了前所未有的军事改革。对此，《纲鉴易知录》有下面的记载：

> 定卫所官军及将帅将兵之法：自京师及郡县皆立卫所，大率以五千六百人为一卫，一千一百二十人为一所，一百一十二人为百户所。每百户所设总旗二名，小旗十名，官领钤束，通以指挥使等官领之。有事征伐则召总兵官佩将印领之，既旋则上所佩将印于朝，官军各回本卫，大将军身还第。权皆出于朝廷，不敢有专擅，自是征伐率以为常。

> 制定了朝廷卫所官军以及将帅领兵的制度：从京师到郡县都设立卫所，大致以五千六百人为一卫，一千一百二十人为一所，一百一十二人为百户所。每一个百户所设立总旗两名，小旗十名，由官员统领管束，通常以指挥使等官统领。有战事征伐就诏令总兵官佩戴将军印统帅卫所，凯旋之后，就把所佩的将军印上交朝廷，官兵各自返回本卫，大将军本人返回自己的府宅。用兵的权力全都出自朝廷，将领们不敢有专擅之权。从此以后，征伐用兵之事都以此为定律。

朱元璋的军事改革首先将统领全国军事的首脑机关都督府一分为五，设立左、右、中、前、后五军都督府，分统各都司、卫、所，使各都督府无法统领其他各府的军事力量，避免了都督府权力过大、皇帝无法控制的局面。其次使得朝中将领平时无法直接统领军队，只有战时才由皇帝选任将帅充当总兵官和副总兵官，带领从各卫所调集的军队前往作战；战事结束，军队回归卫所，主帅将帅印交还朝廷后回家。这样，使得平时和战时的军事组织完全分开，形成了"将不专军，军不私将"的局面，即军事将领和军队之间没有部属关系，防止了军事将领拥兵自重情况的产生，将军队始终牢牢掌控在皇帝本人的手中。这样做的结果，自然使得将帅与部队平时训练脱节，战时兵不熟悉将，将不认得兵，部队的战力和将帅的战术相互配合自然会难以协调。但是，深怕枪杆子不在自己手中的朱元璋却不以此为重，枪杆子永远忠于皇帝的问题解决了，但明朝的军队自此一直战力不强，致使近三百年的大明王朝国力微弱，在与辽国等外敌的对抗中一直处于劣势。

为了强化皇权，朱元璋在位期间在政治、军事、经济、司法各个方面进行了一系列的改革，为了将他千辛万苦打下来的江山永远保持在他的子孙手中，他将他极思尽虑构建起的自认为能确保皇帝至尊权威的制度与法律作为国家的根本大法写入了《祖训》，告诫子孙永远不得更改。但是任何人都管不了自己身后的事，如被朱元璋废除的宰相制以后又以"内阁首辅"的形式重新出现了。

2. 猛法维持家天下

朱元璋十分重视运用刑法来巩固统治，维护皇权。明朝建立的前一年，即公元 1367 年 11 月，他就任命李善长为律令总裁官，参知政事杨宪、御史中丞刘基、翰林学士陶安等二十人为议律官，开始制定完整的大明律令。1374 年 3 月，共三十卷六百零六条的《大明律》颁布天下，并在其后的二十多年间一直修改增定。朱元璋极端重视法律的制定在历史上很是有名，而他在运用残酷的刑罚，即施行重典猛法上来巩固其统治更是前无古人，尤其是在运用重典惩治贪官污吏上更可能是后无来者。

朱元璋出身下层，青少年时目睹元末时期不知廉耻为何物的贪官污吏横行天下的情景，这让他十分痛恨贪官污吏。他曾愤愤然地对大臣们说："朕昔在民间，时见州县官吏多不恤民，往往贪财好色，饮酒废事，凡民疾苦视之漠然，心实怒之。故今严法禁，但遇官吏贪污蠹害吾民者，罪之不恕。"但是，朱元璋用法越严，贪官污吏反而越多。他恼怒地说："我欲除贪赃官吏，奈何朝杀而暮犯！今后犯赃的，不分轻重都杀了！"于是从洪武四年（公元1371年）开始，多次发起大规模甄别全国官吏的运动，以接连不断的运动方式清洗贪官污吏。

朱元璋惩治贪官污吏的手法是律外用刑，即以自己当时的意志想法任意加重刑罚，施行酷刑。这些酷刑有凌迟（俗称活剐）、剥皮、枭首（砍下头挂在杆子上示众）、族诛（一人犯罪，全族人处死）、阉割等。为了给自己的重典猛法政策辩护，也为了警戒民众和贪官污吏，他从洪武十八年（公元1385年）开始，连续三年汇编典型案例，并加上自己的训诰，亲自写成了《御制大诰》《御制大诰续编》《御制大诰三编》《大诰武臣》颁行天下，并作为全国各级学校的教材，在全国掀起了一场背诵《大诰》的普法运动。同时，朱元璋还大力发动清除贪官污吏的群众运动，不仅下旨鼓励民众告发各级贪官污吏，而且给民众捆绑贪官污吏送交官府的权力。

为了震慑贪官污吏，朝廷明文规定："凡守令贪酷者，许百姓赴京陈诉，赃一贯以下，杖刑七十，每五贯加一等，至四十贯斩。六十贯以上者，枭首示众，然后剥皮楦草。"为此，朱元璋下令在全国各级官衙设置一个剥人皮场，一个挑人头的高木杆，在各级官员的办公桌旁悬挂一张填充草木的人皮囊。这个人皮囊往往就是上任官员因贪赃枉法而被剥下的人皮。

朱元璋用严刑酷法打击贪官污吏，治理天下，也收到了一些效果，但也往往滥杀无辜，制造了数不清的冤假错案，一个案子往往致使千百万人头落地，大量的财产没收充公。

洪武九年（公元1376年），发生了一桩大案——空印案。此案的发生其实算不上所谓的贪腐问题，完全是因为各地官员怕耽误时间，贪图方便而有所违纪的问题，但由于朱元璋暴戾的性格，酿成了明朝一桩致使地方长官几乎被杀一空的历史大案。按规定，每年省、府、州、县各级地方政府都得派计吏到朝廷，向户部报告地方财政的收支账目，而且账目需要层层上报，从下到上，一直到户部审核，数目完全相符，准许报销，才算手续完备结案。无论是钱币还是谷物，数目若是有丝毫对不上，便被驳回重新造册。各地离京师少则千里百里，多则六七千里，重造账册不要紧，但要命的是重造的账册上必须加盖自己衙门的印章。为了盖这个印，路上来回就得折腾一两个月甚至好几个月。为了省掉遇到户部驳回时往来盖印折腾的麻烦，上京的计吏按惯例都带着事先盖有空白官印的空白文册。这在当时本是官场办事的惯例，是谁都知道的公开秘密，而且户部衙门也是默认的合情合理、省时省事的办事方法。但是，朱元璋发现了这事后却大发雷霆，认为这样做的背后一定有鬼，即刻下令凡发现有这种行为的地方掌印的长官一律处死，佐官一律官杖一百充军边地。其实，各地来京的计吏所带的空印文册盖的是骑缝印，无法用作别的用途，但皇帝这样大发雷霆，朝堂之上谁也不敢分辩。各地从省州县层层追究杀人，有个秀才冒死给朝廷上书把事情解释清楚，朱元璋也不为所动，不仅各地地方长吏被杀一空，这个上书的秀才也被罚做苦工。

这个案子不是朱元璋不知其中内情，凡是有脑子的人稍一思索便知其情理，然而朱元璋就是要借此杀人立威，就是要借千百万各地官员的人头来告诉天下所有臣属：凡事必须按他皇帝定下的规矩办理，丝毫不得有所差池和变通。

如果说空印案是以朱元璋无中生有凭空制造冤案见长的话，那么下面要说的郭桓案则是以朱元璋杀戮人数多、牵扯人员广而载入史册。

洪武十八年（公元1385年），有人告发北平二司官吏与户部侍郎郭桓贪赃舞弊。经审理追查，这一案的赃款折合大米达二千四百万石，这几乎相当于当时全国一年的税收收入。这自然引起极端憎恶贪赃行为的朱元璋的震怒，于是朱元璋下令，将户部左右侍郎以下所有官员全部处死，追回赃粮七百万石。结果案子又层层追查，按涉案人员的供词又牵连到各省官吏，被杀头的各级官吏达到上万人。追赃又牵连到全国各地许多的地主和商人，结果全国被杀头抄家的人多得无以计算，致使整个国家"中人之家多破产"。最后这种层层牵连追赃搞得全国人心浮动，情势动荡不安，朱元璋觉得有可能动摇他的统治，于是又追查审理此案的官员，将原审官员杀了头来稳定人心。

朱元璋这种运动式的清查官员的大屠杀一波连着一波。如洪武十三年（公元1380年）的"胡党连坐"案，洪武十九年（公元1386年）的"逮官吏积年为民害者"案，洪武二十三年（公元1390年）的"罪妄言者"案，都是朱元璋有计划，有步骤地对官员的大清理、大屠杀。

除了这种有计划的运动式的大屠杀外，平时有人检举告发官员，即使找不到任何证据，朱元璋也会对被告发的官员严惩不贷。洪武三十年（公元1397年）会试考试，翰林院学士刘三吾、吉王府纪善白信蹈为主考官。结果中第的五十一人全都是长江以南的考生，定闽县陈𫐄、吉安县尹昌隆、会稽县刘谔为前三名。结果榜发后，北方诸生议论纷纷，认为刘三吾是湖广茶陵（今属湖南）人，取士有私，偏向同乡。朱元璋闻报，即命翰林院侍读张信等人复阅落第试卷，但张信等人从落第试卷中选中的试卷又很不理想。结果有人又上报说，这是因为刘三吾勾结张信等人故意挑选不好的试卷进呈皇上。朱元璋一听便不分青红皂白兴狱问罪：刘三吾因年老被谪戍边地，张信、白信蹈被杀头，就连被刘三吾取为第一名的陈𫐄最终也被杀了头。

3.荒谬绝伦文字狱

文字狱是中国皇权专制体制下的产物，千百年来专制皇权依靠它钳制民众言论，禁锢民众思想，以推行文字狱这种文化恐怖来维持自己的极权统治。文字狱在中国历史上历来有之，但在朱元璋在位的洪武年间发展到了"千古所未有"的地步，不仅以其惩处得残忍血腥，更以其荒谬绝伦达到了让人匪夷所思的境地。

朱元璋出身贫苦，自小放牧当和尚，后来造反起家当了皇帝，这本来是一个很好的励志故事，但这样的经历却让他产生了特殊的心理阴影，身为九五之尊的他深怕有人影射他的出身，非常忌惮"和尚""光头""盗贼"之类和他的经历有牵连的词汇。

中国的历代皇朝都忌讳前朝的国号用字，如清朝就忌讳"明"字，甚至忌讳"日""月"二字并列，朱元璋建立的明朝就不用"元"字，所以他的

"洪武元年"就写成了"洪武原年"。但是，因朱元璋特殊的心理阴影产生的忌讳，并由此发生的文字狱真是让人不可思议，更因为朱元璋自身读书不多、文化素养低下，对文字的理解全凭自己的联想、猜疑胡乱上纲，所以许多的文字狱惨案就这样产生了。

浙江府学教授林元亮替海门卫官作《谢增俸表》，因其文中有"作则垂宪"，便被杀了头；北平府学训导赵伯宁为都司作《祝万寿表》，因文中有"垂子孙而作则"一句被杀头；福州府学训导林伯璟为按察使撰写《贺冬至表》，文中有"仪则天下"句，便被杀头。

这些人为什么被杀了头呢？只是因为朱元璋自己的口音把所有的"则"字都读成了"贼"字，便认为这些人是骂他造过反做过盗贼，所以他恼怒地说："则音近贼，骂我做过贼，用心险恶，一律处死！"

常州府学训导蒋镇为本府作《正旦贺表》，文中没有出现一个"则"字，但却出现了一句"睿性生知"，朱元璋看了，把"生"读成了"僧"，于是大怒说："生者僧也，骂我当过和尚，立即处斩！"

杭州府学教授徐一夔作《贺表》，文中有"光天之下，天生圣人，为世作则"，朱元璋"览之大怒曰：'生者，僧也，以我尝为僧也，光则薙发也，则字音近贼'，遂斩之"。

除了这些触及自己心中阴影的忌讳用字之外，更多的是朱元璋望文生义，或对自己不理解的词语胡乱猜疑而造成文字狱。

怀庆府学训导吕睿为本府作《谢赐马表》，因文中有"遥瞻帝扉"一句被杀。朱元璋说："'帝扉'就是'帝非'，他诽谤朕不是，乱言惑众，不斩留他无益。"

亳州训导林云为本州作《谢乐宫赐宴笺》，因文中有"式君父以班爵禄"而被杀。朱元璋认为"式君父"就是"失君父"，这是诅咒皇朝灭亡的大逆不道的行为，罪该万死。尉氏县教谕许元为本府作《万寿贺表》，文中有"体乾法坤，藻饰太平"之语。朱元璋说："'法坤'就是'发髡'，骂我没有头发；'藻饰太平'就是'早失太平'诅咒我朝不宁，速斩不留！"

德安府训导吴宪为本府作《贺立太孙表》，文中有"天下有道，望拜青门"之语，朱元璋说："有道就是'有盗'，青门就是和尚庙，文人变着法儿揭我的短，讽刺我。"于是下令处以极刑。

有些话语连朱元璋自己也说不出有什么不对的地方，但自己看着不舒服，依然要杀了作者才放心。陈州州学训导为本州作《贺万寿表》，文中有"寿域千秋"一句，朱元璋思来想去，分析不出花样来，但总觉得这句话很恶毒，结果下令杀了此人。

一旦犯了忌讳，触及了朱元璋的心病，不管是什么人，即使是朱元璋最敬重的人，都难逃一死。朱元璋崇信佛教，对印度来华的高僧释来复最为敬重。释来复经常应邀到宫中给朱元璋讲经论佛，他准备回国时给朱元璋写了一首谢恩诗，感谢朱元璋对自己的礼遇款待。诗中有"殊域及自惭，无德颂陶唐"句，意思是说我这个人生在异国，却没有生在堂堂中华大明国度，所以自己心中感到非常惭愧，因此我深感我这个德行不够的人没有资格来歌颂您这样伟大的大明皇帝。这本来是释来复极力拍马阿谀朱元璋的话语，可没想到朱元璋看了这首诗后非常生气地说："殊，明明是骂我为歹朱；无德，明明说我是没有品德。"于是释来复由座上宾变成阶下囚，被朱元璋下令斩首于市。

明朝许多诗人也因为其诗句被朱元璋看出了问题而被杀。

金事陈养浩诗作有"城南有嫠妇，夜夜哭征夫"句，本来是咏叹民间寡妇思念征战而死的丈夫的悲苦之事，可朱元璋却说："这家伙反对我以勇武夺取天下，扔到水里淹死他"，结果陈养浩因诗丧命。

被称为"吴中四杰"之一的元末明初大诗人高启，写了一首《题宫女图》诗，诗中有"小犬隔花空吠影，夜深宫禁有谁来？"朱元璋看了，认为这是在讽刺他，便怀恨在心，最终找了个借口将高启腰斩了，还在他编撰的《大诰三编·作诗诽谤第十一》中，作为典型案例公布天下。

官员们不仅是做事、写文章犯了朱元璋的忌讳要杀头，他们的一言一行让朱元璋曲解联想都会惹来杀身之祸。

苏州知府魏观在原张士诚的宫殿遗址上修建知府衙门，犯了朱元璋的大忌，锦衣卫将此事报告给了朱元璋。朱元璋亲自到苏州查看，见新房子的

《上梁文》有"龙蟠虎踞"四个字，勃然大怒，下令将魏观即刻腰斩。兖州知府卢熊是个认真尽职的官员。他发现州官大印上将"兖"字误刻为"衮"字，于是给朝中上奏，请求更正。朱元璋看了奏本，很不高兴地说："秀才无理，便道我滚哩。"朱元璋认为"衮"就是"滚"字，一个小知州要让皇上滚，卢熊只能是掉脑袋了。

就这样，许多官员因为写诗文或说话引起朱元璋猜疑便被杀头，吓得官员们不知怎样写东西，不知怎样说话办事了。然而朝堂要办公还得行文，上下要通气还得贺表奏章，无奈之下，只得礼部出面，请求皇帝降旨定下规矩，使臣民行文说话有所遵循，以免得祸。于是朱元璋规定臣民行文说话要出自经典，要有根有据，不许杜撰。并让翰林院学士刘三吾撰写了庆贺谢恩表的标准格式颁布天下，命令臣民向朝廷祝贺谢恩时，用固定的颂扬词，照固定的格式，只要填上自己的官衔姓名就可以了。

然而战战兢兢的官员们还是因说话犯忌惹祸上身。有一个姓张的翰林院编修说错了话被贬到山西蒲州，照规矩要给皇帝写谢恩表。朱元璋一看此人的表中有"天下有道""万寿无疆"的字句，便十分生气地说："这老家伙还骂我是强盗呢！"于是派人将他抓来准备当面审讯后杀头。

朱元璋大声喝道："把你交司法处死，还有何话可说？"

张编修回答说："只有一句话，说了再死也不迟。"

朱元璋问："是何话？"

张编修说："陛下不是说过，表文不许杜撰，要出自经典，有根有据的吗？'天下有道'这是孔子说过的话；'万寿无疆'出自《诗经》。这怎能定我诽谤罪呢？"

朱元璋一时无话可说，想了一会儿，长脸拉得更长地说："这家伙嘴还挺硬，放了吧。"

左右侍臣私下里说："这么多年，总算看见皇上放了一个。"

朱元璋推行文字狱，并不是只针对各级官员，普通老百姓同样逃不脱他的血腥屠杀。

有一次，朱元璋微服出访，那时候没有照相技术，自然没有全国上下家家户户挂领袖像的习惯，所以老百姓不认得他，有一个老婆婆便称他"老头儿"，结果朱元璋下令，将那一带的居民都抄了家。

还有一次，朱元璋发现街道的墙上贴了一张画，画的是一个大脚女人怀中抱着一个大西瓜。因为朱元璋常称自己为"淮西布衣"，又因为朱元璋的皇后马秀英是个出了名的马大脚，所以朱元璋一看此画，便认为这是侮辱自己和马皇后，于是下令追查此画的作者。然而各级官员和锦衣卫费尽了心力，弄得鸡飞狗上墙还是追查不出此画的作者，于是朱元璋下令将整条街的人杀了个一干二净。

朱元璋疯狂地推行文字狱，集中地表现出了他残忍多疑的性格和自卑扭曲的心理。自己从一个赤贫之人造反起家成为据有整个天下的极端暴发户，心中总是挥之不去自己当和尚、造反当盗贼的心理阴影，心中总是认为别人瞧不起他，总是指指点点议论他的过去，只能以大肆杀戮来钳制臣民之口，抚慰自己的心理阴影。

朱元璋大肆施行文字狱，将中国文字狱横行的历史推向了一个前所未有的境地，更为清代康熙、雍正、乾隆时期文字狱扼制得中华民族思想几乎窒息的时代引领了先河。在中国历史上，这样一波又一波的文字狱横行的独特现象，严重遏制了民众的言论自由、禁锢了民众的思想自由，从而严重地束缚了中华民族的创造力、发展力，致使中华民族政治、经济、文化、社会各个方面的发展陷于停顿甚至倒退，造成了近代中国国力衰弱，中华民族任人宰割、任人欺凌的黑暗悲惨历史。

同时，我们还可以看到，朱元璋施行文字狱的主要对象是当时的知识分子，而且朱元璋找出的为其治罪的线索多是这些知识分子为皇帝歌功颂德的贺表奏章。这让我们不仅看到了当时因依附皇权而不能左右自己命运的知识分子的可怜处境，还让我们看到了这些只知摇尾乞怜、歌功颂德的所谓知识分子的奴颜媚骨及可怜可恨之处！

4. 删改经典树皇权

儒家学说被称为孔孟之道，历史以来孔孟并列，孔子被称为圣人，孟子被称为亚圣，意即孟子是仅次于孔子的圣人。中国历朝历代都把儒学奉为经典，科举考试均以孔孟学说为圭臬。但是，在历代皇帝都把孔孟学说奉为经典，亲自带领群臣祭祀孔孟牌位的中国历史长河中，朱元璋却是一个例外，他不仅看到孟子的作品后勃然大怒，下令将孟子的牌位从孔庙中撤出砸毁，而且组织人马将孟子的著作删改重印，并将未经删改的历朝历代刊印的孟子著作收回烧毁。孟子哪里惹恼了朱元璋呢？朱元璋为何要烧毁、删改孟子的著作呢？下面我们从朱元璋删改的孟子作品的部分内容来看看朱元璋憎恨孟子并删改其作品的原因。

齐宣王问曰："汤放桀，武王伐纣，有诸？"

孟子对曰："于传有之。"

曰："臣弑其君，可乎？"

曰："贼仁者谓之'贼'，贼义者谓之'残'，残贼之人谓之'一夫'。闻诛一夫纣矣，未闻弑君也。"

孟子的这段被朱元璋删掉的话大意如下。

齐宣王问孟子说："商汤把夏桀流放了，周武王讨伐商纣，有这事吗？"

孟子回答说："史书上记载着这些事。"

齐宣王又问道："臣子杀害自己的君王，能行吗？"

孟子回答说："残害仁的人叫作'贼'，残害义的人叫作'残'，残和贼这两种人统一叫作'独夫'。我只听说过诛杀了独夫民贼商纣，没有听说过杀害了君王。"

对于荒淫无道、残害民众的夏桀、商纣这样的昏君，孟子把他们称为独夫民贼，孟子认为人们起来造反，杀掉他们，只是除掉了残害人民的独夫民贼，是正义的行动，不是以下犯上的不当行为。这样几乎是公开号召人们起来推翻无道统治者的话语，自然让朱元璋心惊胆战，恼怒万分了。

孟子曰："规矩，方圆之至也；圣人，人伦之至也。欲为君，尽君道；欲为臣，尽臣道。二者皆法尧舜而已矣。不以舜之所以事尧事君，不敬其君者也；不以尧之所以治民治民，贼其民者也。孔子曰：'道二，仁与不仁而已矣。'暴其民甚，则身弑国亡；不甚，则身危国削。名之曰'幽''厉'，虽孝子慈孙，百世不能改也。《诗》云：'殷鉴不远，在夏后之世。'此之谓也。"

孟子曰:"三代之得天下也以仁,其失天下也以不仁。国之所以废兴存亡者亦然。天子不仁,不保四海;诸侯不仁,不保社稷;卿大夫不仁,不保宗庙;士庶人不仁,不保四体。今恶死亡而乐不仁,是犹恶醉而强酒。"

这两段话的意思是:

孟子说圆规和角尺是方圆的标准,圣人是为人的标准。做君王,就要尽君王之道;做臣子,就要尽臣子之道。这两者都只要以尧舜为榜样就行了。不按舜服侍尧那样服侍君主,是不敬他的君主;不按尧管理百姓那样管理百姓,是残害他的百姓。孔子说:"最根本的原则只有两条,仁德与不仁德罢了。"糟蹋百姓的君王,自身被杀,国家也会灭亡;即使糟蹋百姓不算过分,也会危及自身,国势也会削弱。糟蹋百姓的君王,死后也要背上幽"厉"的恶名,即使他有孝敬父母的子孙,过了百代还是改不了这个恶名。《诗经》上说:"殷商的历史并不远,就是夏桀那个朝代。"说的就是这个道理。

孟子说三代得到天下是因为仁德,他们失天下是因为不仁德。国家衰败和兴盛、存在和灭亡的原因也是这样。天子不仁,便不能保全天下;诸侯不仁,就不能保全国家;卿大夫不仁,也不能保全宗庙;士人百姓不仁,连自家性命也不能保全。现在有些人害怕死亡却喜欢不仁,这好比害怕酒醉却硬要喝酒一样。

孟子在这里严厉警告那些不施仁政的暴君:残害百姓、施行暴政,不仅危及自身,使国家灭亡,还会背上昏君、暴君的恶名,千秋万代遭人唾骂。这样激烈的言辞、严厉的谴责,怎能不让一味推行苛政猛法的朱元璋寝食不安、难以忍受呢?

孟子告齐宣王曰:"君之视臣如手足,则臣视君如腹心;君之视臣如犬马,则臣视君如国人;君之视臣如土芥,则臣视君如寇仇。"

孟子告诉齐宣王说:"君王把臣子看作手足,那臣子就会把君王看作腹心;君王把臣子看作犬马,那臣子就会把君王看作一般的平民;君王把臣子看作泥土小草,那臣子就会把君王看作强盗仇敌。"

孟子认为那些把臣子百姓不当人看、随意作践残害臣民百姓的暴君，人民大众就应该把他看作强盗仇敌，像对付强盗仇敌一样反抗他、驱逐他。这样对肆意残害臣民的暴君痛快淋漓地痛骂，怎能不让视臣民如土芥的朱元璋暴跳如雷呢？

孟子曰："无罪而杀士，则大夫可以去；无罪而戮民，则士可以徙。"

孟子说："没有罪却把士人杀掉，那么大夫就可以离开这个君王；没有罪却把百姓杀死，那么士人就可以搬离这个国家。"

孟子在这里公开号召：对于无故杀戮臣民百姓的君王，人们就不要再做他的臣民百姓，就应该远离他到其他的国度去。这样公开号召臣民百姓抛弃其暴君的话语，自然让朱元璋难以忍受，必欲除之而后快了。

孟子曰："民为贵，社稷次之，君为轻。是故得乎丘民而为天子，得乎天子为诸侯，得乎诸侯为大夫。诸侯危社稷，则变置。牺牲既成，粢盛既絜，祭祀以时，然而旱干水溢，则变置社稷。"

孟子说："百姓最重要，国家是第二位的，君主最不重要。所以得到广大民众的拥护就能做天子，得到天子的欢心就能当诸侯，得到诸侯的欢心便能当大夫。诸侯危害国家，那就改立。祭祀用的牛羊肥壮，祭品干净，并且按时祭祀了，却还是遭受旱灾、水灾的话，那就改立土谷之神。"

孟子这种民重君轻以人为本、以民为本的思想，即使在今天都是难能可贵的。他能在宣扬君权神授的专制皇权的封建社会公开喊出这样充满人性光辉的民主口号，犹如一盏在中国两千多年皇权专制暗夜里永不熄灭的明灯。然而，这样的民主思想，正是朱元璋这样虽然出身于平民，但黄袍加身后却最不愿听到、最为忌惮的。特别是孟子在这里以祭祀做比方提出的观点：人们祭祀的牛羊肥壮，祭品干净，而且按时祭祀，这样的情况下还有旱灾、水灾糟害民众，那这样的土地神和五谷神就应该换掉。既然不能给民众带来风调雨顺的社稷之神都可以改立换掉，那么民众拥立他而他却用暴政猛法残害百姓就更应该推翻换掉了。孟子这样的话语、这样的观点，怎能不让嗜权如命，而且一心想将自己的家天下传之千秋万代的朱元璋闻之如芒刺在背而极端仇视呢？朱元璋对宋濂说的一段话，便直接表明了他的这种心理："《孟子》

一书太繁，其言不妥。他说'君有大过则谏，反复之而不听则易位'。这老儿要是活到今天，非严办不可。我朱家皇位，岂能易与他人？"所以，为了他的朱家皇位不易与他人，朱元璋自然要下手删改《孟子》一书了。

据记载，朱元璋让人删改的孟子著作中有八十五条，只留下了其中的一百七十余条编成了《孟子节文》。《孟子》这部儒学经典在明代成了人们无法窥其全貌的作品。

我们今天来看，孟子作品中被朱元璋删改的这些内容都是孟子思想的精华，充满着人道主义的精神和民主思想的光辉。但是，对于朱元璋这样的专制独裁暴君来说，这样的思想自然被视为洪水猛兽，认为这些话语直接威胁到了他的皇权稳固。为了推行愚民政策，禁锢民众思想，维护他的皇权制度，他自然冒天下之大不韪，以烧书、删改的手段来掩盖孟子的话语。但是，正如从秦始皇开始的许多独裁专制者以烧书、禁书来掩盖真理都难以达到其目的一样，朱元璋烧毁、删改孟子著作虽得逞于一时，但在许多有识之士的保存下，未经朱元璋删改的《孟子》原著流传了下来，至今仍然闪耀其真理的光辉。

5. 特务政治锦衣卫

朱元璋称吴王时便设立了拱卫司，称帝的第二年，将拱卫司改成亲军都尉府，到1382年改为锦衣卫。锦衣卫是一个专门的特务机关，设有专门的法庭和监狱，其职责是"专主察听在京大小衙门官吏不公不法及风闻之事，无不奏闻"。

锦衣卫的特工人员称为检校，专职"伺察搏击"，监听监视大小衙门及臣民的一举一动，臣民言行稍有异常，即遭告发缉拿。锦衣卫直接听命于朱元璋，当时著名的特务头子有高见贤、夏煜、杨宪、凌说等人。

朱元璋对自己豢养的这些耳目爪牙十分得意，常对人说："有了这些人，好比人家养了恶犬，别人都害怕。"有了锦衣卫，朱元璋对朝廷内外各种情况都了如指掌，大小官员的一切都在朱元璋的掌控之中。

有一天，被召来与刘三吾一起删改《孟子》、编写《孟子节文》的钱宰忙了整整一天，回家后文人的酸气大发，随口吟了一首小诗：

四鼓咚咚起着衣，

午门朝见尚嫌迟。

何时得遂田园乐，

睡到人间饭熟时。

第二天早朝，朱元璋一见钱宰便道："昨晚的诗作得不错，不过，'午门朝见尚嫌迟'一句的'嫌'改为'忧'字如何？"

钱宰闻言，吓得汗流浃背，赶快俯伏在地，叩头谢罪说："皇帝圣明，明察秋毫，小人我该死！"

朱元璋听了微微一笑说："朕不怪你，改了就好。"说完，朱元璋转过头来问宋濂说："宋先生，昨天喝酒了没有？"

宋濂回答说："喝了。"

朱元璋又问："请了哪些客，吃了什么菜？"

宋濂赶忙回答说："请了御史、将军八人。吃的是海鱼、山菜。十二道菜，一碗珍珠汤。"

朱元璋听了笑道："全对，宋爱卿没有骗我。"

国子祭酒宋讷一次上早朝，朱元璋见面就说："宋先生，昨天生气消了没有？"

宋讷闻言只得将昨晚小妾撒泼，惹得自己生气的事请照直向皇帝汇报了。没想到朱元璋竟然拿出别人画的昨晚自己生气的画像，宋讷一看心惊肉跳，赶快伏地请罪不已。

臣子们即使在自己家中的一举一动都被皇帝的耳目监视着，朝廷内外没一个人敢在皇帝面前说一句虚言了。

锦衣卫不仅对臣民的言行进行监视，各个衙门大小机关的工作作风和工作纪律都在锦衣卫的监视之下。

这天，礼部衙门的一个皂隶值班时打了一个盹儿，结果自己的头巾便被锦衣卫检校给解下拿走了。有一天夜里，兵部衙门疏忽了一下，没有派人守夜，结果高高挂在兵部衙门门楣上的门匾被检校给抬走了。这样的懈怠和疏忽自然免不了受朱元璋的处罚。

当然，我们前面说的这些只不过是说明锦衣卫特务遍布天下，朱元璋凭借锦衣卫掌控臣民的情况。而朱元璋通过锦衣卫执掌的侦缉、司法大权，接连不断地制造血腥恐怖的"诏狱"大案，才是锦衣卫这个特务机关昭彰恶名流传至今的原因。

像武则天任用酷吏运用各种刑罚制造大案、冤案一样，朱元璋锦衣卫的刑罚十分野蛮残酷。除了凌迟、枭示、种族（族诛，一人犯罪，按家族杀戮）等让人毛骨悚然的刑罚外，还有许多新发明的诸如刷洗、秤竿、抽肠、剥皮、刵、劓、阉割、挑膝盖、锡蛇游等让人心惊肉跳的酷刑。人们一旦陷入锦衣卫诏狱大案，面对这些非人的刑罚，不但即刻承认诬陷给自己的罪名，而且在锦衣卫酷吏引诱之下不断地反咬他人。所以，凡锦衣卫所办诏狱大案，涉案人员往往从朝中大员牵扯到地方各级官吏，动辄上万人人头落地。我们从以后要讲的朱元璋大肆杀戮功臣的章节中便可看到。

锦衣卫的这种血腥恐怖，让朝廷内外人人提心吊胆，日日战战兢兢。官员上朝，天不亮就穿戴整齐，然后与妻子儿女诀别，叮嘱后事，直到下朝回家，全家才相互庆幸。然而这种庆幸还只能是相互以目视之，小心谨慎地微微示意，唯恐皇帝的耳目看到，第二天就回不了家了。

朱元璋任用锦衣卫特务不仅只是监管各级官员，官员家属及一般平民都在其监管之列。有一次，锦衣卫检校吴印向朱元璋汇报自己监视军官家属情况时说："有一摩尼女僧引诱华高、胡大海妻敬奉西僧，行'金天教'法。"朱元璋闻言即刻下令将华高、胡大海两家夫人连同女僧一起丢进水中淹死。

像武则天时期许多的酷吏都没有好下场一样，朱元璋锦衣卫的许多特务头子也往往落得个作茧自缚的下场。

锦衣卫头子高见贤曾向朱元章建议说："在京犯赃经断官吏不无怨望，岂容辇毂之下居之？及在外犯赃官吏，合发江北和州、无为两地住坐。彼处荒田甚多，每人拨二十亩地耕种，亦且得人纳粮当差。"

朱元璋一听非常高兴，立即下令执行。结果后来高见贤也被人举报发配到和州种田。许多被发配到和州种田的人见到高见贤也被发配到此，个个指着他的鼻子骂道："此路是你开，今亦到此来，真是天报应！"不久高见贤便被朱元璋下令杀死了。许多的锦衣卫特务头子，如夏煜、丁光眼也先后被朱元璋所杀。

锦衣卫滥用职权、枉杀无辜的行径一度激起公愤，使得朱元璋曾下令焚毁锦衣卫的刑具，将一切案件交由朝廷刑部处理，内外刑狱公事不再由锦衣卫负责。但是，时间不长，锦衣卫又成了皇帝的耳目，而且机关膨胀，人员日益增多，一直施行其特务政治的恐怖统治。皇位传到了朱元璋子孙的手里，这种特务政治更加厉害，不仅锦衣卫横行无忌，而且增加了以宦官为头子的臭名昭著的特务机关——东厂和西厂，使这种恐怖血腥的特务政治统治达到了空前的地步，并且一直延续到明朝灭亡。

6. 多面皇帝朱元璋

朱元璋从一介平民凭武力南征北战夺取了天下，登上了九五之尊，于是深感自命不凡，他有两首诗，直接抒发了他的这种心态：

菊花诗

百花发时我不发，

我若发时都吓杀！

要与西风战一场，

遍身穿就黄金甲。

不惹庵示僧

杀尽江南百万兵，

腰间宝剑血犹腥。

山僧不识英雄汉，

只凭哓哓问姓名。

朱元璋这种志得意满、目空一切的心态在其登基称帝后达到了极致。中国古代在唐朝以前皇帝和大臣都是坐着在朝堂上奏对议事，到了宋代，则是皇帝坐着，大臣们站着奏对议事，可到了朱元璋的明朝，皇帝高高坐在御座之上，大臣们便只能跪请奏对了。而且朝堂上的朱元璋独断朝纲、喜怒无常，动辄杀人立威。据说朱元璋上朝时如果双手高扶玉带而出，则表明今天他的心情不错，大臣们便可长舒一口气；如果他的玉带低垂，这天必定杀人，大臣们便个个提心吊胆、战战兢兢，担心自己成为刀下之鬼。更表现出朱元璋极其蔑视臣下的是他动不动便廷杖大臣。所谓廷杖，便是在朝堂之上脱下臣子的衣裤打板子，这不仅让人受皮肉之苦，更让臣子们受到人格的羞辱。朱元璋的侄子朱文正、功臣永嘉侯朱亮祖父子、工部尚书薛祥及刑部曹茹太素都被廷杖活活打死。

朱元璋从起事到当了皇帝，执法都相当严苛，任何人，无论是功臣亲信还是皇亲国戚，谁只要违反了他发出的号令、制定的法律，便坚决地惩处，丝毫不予宽恕。

在浙江作战之时，因为军中缺粮，朱元璋严令禁酒。当时，大将胡大海正领兵围攻绍兴，胡大海的儿子胡三舍却和一帮人违反了禁酒令，朱元璋闻报即下令将其处死。都事王恺劝他说："胡大海统领兵马在外，正在攻打绍兴，可以本官之故饶其子不死，以免引出麻烦。"

朱元璋听了越发恼怒，他说："宁可胡大还反了，也不可坏我号令！"说完亲自挥刀将胡三舍等人砍死了。

朱元璋的老部将赵仲中是其淮西老乡，当陈友谅围攻安庆时，赵仲中却弃城逃命。朱元璋下令处死赵仲中，大将常遇春劝阻说："仲中系渡江旧人，姑用赦之。"

朱元璋坚决地说："不以军法，无以戒后！"赐给赵仲中弓弦一条，令其自缢身亡。

朱元璋对贪赃枉法、违反律令的官员非常憎恨，惩罚毫不手软的同时，对正直清廉、勤恳尽力的官员又能大力褒扬，做到有功必奖。

福建按察使陶垕仲惩治赃吏，清除宿弊，兴学劝农，抚恤军民。朱元璋增发他优厚的俸禄，但是他俭薄为官，将结余下来的钱财用来接济穷苦百姓。当时的布政使薛大方贪婪暴虐，陶垕仲挺身对其弹劾，却被薛大方反咬一口，诬陷罪名将陶垕仲逮捕到京。结果朱元璋亲自审理此案，查明真相后处死了薛大方，并诏令表彰陶垕仲。闽人迎接陶垕仲回福建时说："陶使再来天有眼，薛公不去地无皮。"

朱元璋对那些为官勤廉、善始善终的循吏清官，不仅赏赐礼遇，提拔重用，而且在其寿终之后，常常亲写祭文，以示表彰。下面的《祭营田使马世熊文》便是其中一篇：

> 呜呼！长者之归也，尽天之道乎？所以天之道，祸乱不作于善，灾害不萌于良，使得善始善终，天之道也。尔世熊昔役公门，未尝轻或于人。及帅义旅，度量宏深，士卒感恩。时当高年，前月尔孙来奏，云老疾少侵。足月归奏，乃知卜音。呜呼伤哉！呜呼快哉！且伤，伤善人去世，君子谁同？快，快子善始善终，而尽天理也。朕务甚失，遣使问疾，时已过矣。特遣人祭于灵所。世熊有知，尚划。

朱元璋表彰官员还有一种非常奇葩的方式，即让考核好的官员坐着吃饭，让考核一般或不好的官员站着或看别人吃饭。朝廷每三年要求地方各级官员进京述职，朱元璋都要大开宴席，招待进京述职的官员。但是，朱元璋却规定凡是官员考核优秀的，就坐在大厅席位上吃香的、喝辣的；考核一般的，就只能站在大厅中自己端着碗吃；但这还不是最差待遇，最惨的是那些考核差的官员，他们只能站在大厅门口，眼巴巴地看着大厅里的人在那里大吃大喝，直到别人吃饱喝足了，宴席散尽了，他们才能有口饭吃。

朱元璋在官吏队伍管理上既执法严苛，又赏罚分明，所以洪武年间官场风气的良好在中国历史上非常少见。

朱元璋对官员非常严厉，但却能体恤民情，注重农业生产。明朝建立之初，他与刘基等人讨论施政时说："朕起淮右，以有天下，战阵之际，横罹锋镝者多，常恻然于怀。夫丧乱之民思治安，犹饥渴之望饮食。若更驱以法令，譬以药疗疾，而加之以鸩，民何赖焉！"

他还说："天下初定，百姓财力俱困，譬如初飞之鸟，不可拔其羽；新植之木，不可摇其根。要在安养生息之。"所以，明朝建立之初，朱元璋采取了与民休息的政策，大力减轻民众的徭役，推行"民屯"的方式，大量迁徙民众到土地荒芜、人口锐减的地区垦荒种田，使农业生产迅速恢复，社会经济得以较快发展。

朱元璋出身贫苦，深知解决民众的温饱是使社会安定的首要问题，所以他下令，只要地方出现灾荒，官员可以事先不请示朝廷而开仓赈济百姓。他还多次鼓励各地官员购买耕牛，哪里的农民垦荒积极、种田尽力，就奖励耕牛送上门。

为了让人们不仅有粮吃，还要有衣穿，朱元璋硬性规定家中有五亩地的农户必须要种半亩地的棉花。他还要求各地将每年的棉花种植亩数和产量全部造册登记，收获时对着田亩查。谁家种得好就有免税奖励，谁家不按规定种植棉花，就等着充军劳改！

不出十年，这个硬规矩就有了效果，随着明朝耕地亩数和粮食产量快速的增长，棉花的产量更是大幅地增加。冬天穿棉衣，这个在以前只有土豪才有的奢侈事，成为明朝老百姓的寻常事。

朱元璋除了重视农业生产，还有一个让人想不到的措施，就是非常注重老人的赡养。他特地安排朝廷有关部门对各地养老做了以下的规定：

> 贫民八十以上者，月给米五斗，酒三斗，肉五斤；九十以上者，岁加帛一匹，絮一斤；有田产者罢给米。应天、凤阳富民年八十以上者，赐爵社士，九十以上乡士；天下富民八十以上里士，九十以上社士。皆与县官均礼，复其家。鳏寡孤独不能自存者，岁给米六石。

朱元璋这样的优厚老年人，不仅让贫穷家庭的老人能在物质生活上衣食无忧，而且给富裕家庭的老人授以爵位，得到县级官员待遇的精神享受。当然，对于应天这样自己根据地的老人以及凤阳自己家乡的老人更给予特殊的礼遇，也算是朱元璋尚念旧情的表现吧。虽然在当时能活到八九十岁的老人不是很多，朱元璋能想到对其这样面面俱到的照顾，应该算是有人性的做法。例如朱元璋杀戮官员异常凶狠，但在处置"南北榜案"时，副考官和复阅卷的官员都被杀头，但却念及主考官刘三吾年老而判谪戍，没有杀头。

但是，我们说朱元璋能体恤元末明初经过长期战乱的百姓的疾苦，主要还是他从自己的亲身经历中看到了"民可载舟亦可覆舟"的道理。他曾就此对大臣们说："民若不能安其身，君又岂能安其位？这好比驭马，衔勒得急，鞭子抽得狠，不让马喘息松弛，一旦忍受不了，马就要颠蹶。马既然颠蹶，人哪能不受伤害呢？"所以，朱元璋在明朝初期实行与民休息的政策，主要还是从他的朱家江山能代代传承考虑的。虽然这样，朱元璋的这种考虑能给经过了长期战乱的民众以喘息的机会，使得社会经济迅速发展，人口迅速增长，无论如何都比像秦始皇那样，长期的战乱刚停就驱使民众陷入新的战争与无尽的徭役之中要好得多啊！

对于文人、知识分子，多面的朱元璋也有其多面的手法。朱元璋虽然是戎马征战出身，但深知马上夺天下却不能马上治天下的道理。明朝刚刚建立，朱元璋就非常清楚地知道，他新建立的王朝不能靠帮他夺取天下的骑马挎枪的武夫来治理，需要大量的知识分子来帮他治理国家，于是在他即位称帝的当年就颁布了《求贤诏》，广招天下人才来治国理政。朱元璋招收人才不问出身，不问经历，只看能力。他说："人才不可一概而论。贤能之士，隐于老佛、卜筮、负贩者，顾在上者能拔用之。"他不仅任用南方他的老根据地的文人儒士来治理国家，更特别注重招徕在元朝任职有实际治国理政经验的人才。徐达北伐渡淮时，朱元璋特别责令他在北方遍访贤才送到南京来。

正是由于朱元璋实行比较开明的人才政策，一时之间，许多处在社会底层、身居茅屋草舍的布衣一下子登上了官府朝堂。这些人由举荐而破格当官，不仅由贫寒而突至富贵，而且能施展自己的才能，实现自己的抱负，自然对朱元璋极其感恩戴德，成为朱元璋忠实的统治工具。

但是，当时许多文人对于和尚出身的朱元璋很是瞧不起，拒绝与新建立的明王朝合作，受到举荐任命便拒不接受。贵溪文人夏伯启叔侄砍断了自己的手指，发誓不做明朝的官。朱元璋听说后非常恼怒，他说："朕知伯启心怀忿怒，将以为朕取天下非其道也。尔伯启言红寇乱时，意有他忿。今去指不为朕用，宜枭令籍没其家，以绝狂夫愚夫仿效之风。"结果夏伯启叔侄被押回原籍处死，家被抄没。朱元璋还作了《大诰三编·秀才剁指第十》颁发天下，以儆效尤。

明代大诗人高启为世人所推崇，朱元璋以户部侍郎的高位请他来南京做官，他坚决推辞，结果被朱元璋借故腰斩于南京，死时只有三十九岁。苏州人姚润、王谟也因不与朱元璋合作而被处死，全家被籍没。

朱元璋对知识分子的态度就是要其老老实实地为自己所用，你不做大明王朝的统治工具，不肯为皇权服务，就不让你活在这个世上。他曾毫不客气地说："率土之滨，莫非王臣。寰中士大夫不为君用，是自外其教者，诛其身而没其家，不为之过！"所以，洪武年间的知识分子不做皇权的御用文人，不做统治者的奴才和工具，是没有自己的存身之地的，在朱元璋的时代，想做陶渊明那样不与统治者合作的隐逸文人是不可能的。

为大明王朝选士任官最主要的渠道还是科举取士。科举取士，始于隋代，确立于唐朝，到了明朝，制度更加详备具体了。

洪武三年（公元1370年），朱元璋恢复了科举考试，他规定从这一年起，以后每逢子午卯寅的八月举行乡试，这样便是三年一试，五年两试，在省城举行。朱元璋亲自任命主考，取中的称作举人。然后三年一次会试，会试在这一年的二月由礼部主持举行，登第的叫作贡生。会试之后进行殿试，合格者称为进士。进士分一、二、三等甲发榜，一甲为进士及第，二甲为进士出身，三甲称同进士出身。一甲只有三名，分别称为状元、榜眼、探花。

朱元璋不仅对科举取士的方式做了严格的规定，对考试的内容和试卷的格式都做了严格的规定。

各级考试的内容专取四书五经命题，考生只能根据指定的几家注疏发挥行文。考试行文虽然在宋元时期已有了特定的"时文"格式，但朱元璋又和刘基等人仔细研究后规定了更为严格的"八股文"格式。"八股文"格式规定考试作文每篇必须有，而且只能有八个部分的内容，即破题、承题、起讲、入手、起股、中股、后股、束股。

这样的科举考试将考生严格束缚在一个十分狭小的框子里，使得读书人只能为所谓的圣贤立言，没有自己的思想，除了维护皇权统治的所谓正统的儒学观念外，没有其他的观点和思维，其思想行为也完全形成了与八股文一样的死板教条的固定格式，成为只能为统治者效力的奴才和工具。对此，朱元璋曾十分得意地说："天下英雄都落入我的圈套中了。"

有了这样的科举考试制度，自然就会有与之相应的学校教育。学校是科举的阶梯，学校和科举是为了培养与选拔官吏而设的，作为读书人出路口的科举考试的内容和方式如此，学校的学习自然也是如此。学习和考试的内容远离现实，而且禁止接触现实政治，不许有新的思想和看法，久而久之，便只能培养出思想僵化的书呆子，唯统治者之命是从的忠实奴才了。宋濂曾对实行这样的学校教育和科举考试培养出的人才有自己的看法，他十分忧虑地对朱元璋说："自贡举法行，学者知以摘经拟题为志，其所最切者惟四子一经之笺，是钻是窥，余则漫不加省。与之交谈，两目瞪然视，舌木强不能对。"

听了宋濂的话，朱元璋像没有听到一样，一句话也没有说。其实，作为最高统治者的朱元璋制定符合他心意的教育和考试的制度与方式，就是要培养这样愚、呆、傻的奴才为其所用。如果人学精了、学明了，学得会思考、会创新，有自己的思维和想法了，会判断是非和正误了，统治者的愚弄和欺骗就不再那么灵光了，这正是朱元璋最不能容忍的。为什么像李善长、刘基、宋濂这样有头脑、有智慧、有能力的知识分子在朱元璋打江山时能为其所用，在朱元璋坐江山时却被抛弃杀头，其答案就在这里啊！

朱元璋作为另类皇帝，还有一个特点，就是十分朴素节俭。

还在他自称吴王修建宫室时，朱元璋亲自审查建筑图样，他说："古人有言：'勿谋华室。'宫室建筑，实用坚固而已，装饰无益。"说罢，拿起笔来，将雕琢考究、装饰华丽的地方都勾掉了，命有司按他修改后的图样建造。这时有人讨好他说："云南有一种叫大理石的石头，非常好看，可以运来铺地。"朱元璋听了脸色一沉，说："脚踏实地，活得自在，劳民伤财，你想让我垮台啊！"

朱元璋常说："朕富有四海，并非吝啬，实为俭约，不身体力行，何以率天下？"所以朱元璋不贪恋钱财珍宝，只贪恋权位。他下令，皇家的车舆服用之物，该用金饰的一律用铜代替，宫中所用衣服装饰面料上的金粉他都叫人揉洗下来，铸成金块送入国库。

元顺帝弃大都北逃后，司天监将其宫中非常精巧的自动宫漏运来献给朱元璋。朱元璋说："不管政务，专干这个，叫作无益害有益。"命人拿去公用。

朱元璋称帝当年，蕲州进贡竹簟。朱元璋说："今蕲州进竹簟，天下风闻，必然争进奇巧之物，则劳民伤财即由此始矣。"于是下令四方，"非朝廷所需，不得妄献"。

有一天下雨，朱元璋看见他的两个内侍一个穿着一双新鞋，一个穿着新衣在雨中行走。他立即大发脾气，破口大骂说："畜生！好东西都让你们给糟践了。"于是下令，穿新鞋的光着脚走，穿新衣的光着膀子走。自此以后，朱元璋还下令，雨雪天气，官员们必须穿雨衣、雨靴上朝。为何定这样的规矩呢？因为朱元璋认为官服、官靴太贵，可不能糟蹋。

朱元璋要求别人俭朴，他自己首先身体力行。他很爱喝一种山西进贡的葡萄酒，可后来听说此酒很贵，立刻咬牙戒掉了。浙江进贡的金华香米，朱元璋很是爱吃，可当他听说这东西也很金贵时，即刻下令给他送点种子来，他自己在宫中种着吃。

朱元璋自己这样带头俭朴，朝廷内外大小官员便个个争相仿效，一时间，大家都以粗食布衣为时尚。当然官员们这样做，主要是为了迎合皇上，许多人里面穿着丝绸新衣，外面罩着破旧布衣，对人宣称自己吃的是粗茶淡饭，可在家中避开皇帝的耳目照样吃香喝辣。同时，为了迎合朱元璋出身贫苦、喜好节俭朴素的个性，官员们个个都以苦出身为荣，著书行文都极力述说自己从小如何艰难困苦，好像朝中官员们的家庭个个都是苦大仇深的贫下中农似的。

例如宋濂在他的《送东阳马生序》中说他家中如何贫穷，没有书读，自己从小读书都是借别人家的书抄写下来读。但是文中又写道，自己到很远的地方去求学，冻饿晕倒在深山穷谷之中时，却有家中的"滕人持汤沃灌"而救醒了他。所谓"滕人"即奴仆、丫鬟，试想一下，一个家中有奴仆、丫鬟的人家能贫穷到没有几本书读的地步吗？

四、造冤案诛功臣血风腥雨洪武朝

1. 大开杀戒诛胡党

朱元璋作为中国历史上真正的贫民出身的皇帝，其行为另类的特色非常之多，然而其最大的特色、在中国皇权历史上留下的最大的名声，便是他的诛杀功臣。中国两千多年的皇权统治史，开国君主诛杀功臣虽然多有发生，但无论是手段的毒辣，还是屠杀的人数众多，朱元璋都可以说是登峰造极的第一人，因为，洪武朝后期的朱元璋有预谋有计划的、一波接一波的诛杀功臣运动从来就没有停息过，大明王朝建立后对其功臣的大屠杀真正是达到了前无古人。

大明王朝的功臣是和朱元璋同生共死打天下、夺江山的武将文臣，明朝建立后朱元璋前后共分封了这样的功臣六十九个，他们除了被授以官职、掌握朝廷大权外，一个个还被按战功大小封为公、侯、伯爵位。这些功臣中的绝大多数还是朱元璋的同乡，而且几乎都是朱元璋渡江之前的老臣宿将。不但如此，这些功臣中的许多人还是朱元璋的儿女亲家，朱元璋或是让自己的儿子娶功臣的姐妹女儿做了王妃，或是将自己的女儿嫁给功臣的子弟做妻子，使得许多的功臣都成为皇亲国戚。

按理说，这些既是朱元璋同生共死的兄弟、老乡，又是具有姻亲关系的儿女亲家的功臣，应该是朱元璋最为信任、最为依赖的人，然而，年少时的艰难困苦和革命造反浴血奋斗的经历养成了朱元璋敏感多疑而又刚愎自负的性格，使得他很难容忍别人的过错和冒犯。特别是自己从一介贫民自我奋斗成为君临天下的皇帝，更让他尝到了手中掌握天下人生杀予夺大权的滋味，从而使他不仅嗜权如命，更是时时担心别人谋取他的权力。这不仅使得他时时处处猜疑担心这些地位和权力接近他的功臣谋取他的地位，更使他年老后时时忧虑这些人在他死后夺取他的朱家江山，于是开始了有计划地大规模屠杀功臣的运动。

洪武初期，除了惩处贪腐案外，尚没有大规模屠杀功臣的运动，只有为数不多的功臣被处死，而且这几个功臣都或多或少有自己的问题。

曹国公李文忠是朱元璋的外甥，喜欢读书，好招揽儒士。朱元璋重用宦官，可李文忠听信其门客的建议劝朱元璋裁减宦官。朱元璋闻言大怒，将李文忠的所有门客都抓起来杀掉了，结果李文忠惊悸而死。忠勤伯汪广洋在政争中被朱元璋逼迫自杀而死。德庆侯廖永忠是执行朱元璋密令在长江沉舟淹死小明王韩林儿的人，这虽然为朱元璋立了大功，可他活着终是朱元璋的一块心病，按理他应该功成身退低调为人以求保命，可他却被人告发穿有龙凤纹的违制服，结果被朱元璋杀了头。淮安侯华云龙镇守北平，违反礼制住进了元朝宰相脱脱的府邸，而且僭用元宫中的物品，被朱元璋处死。永嘉侯朱亮祖镇守广东，为人暴横贪赃，还将刚正不阿的番禺知县道同诬告整死。朱元璋知道了真相，将朱亮祖父子召回南京活活打死。临川侯胡美的长女是朱元璋的贵妃，朱元璋称帝后制定了严格的宫禁，可胡美却与自己的儿子、女婿违禁入宫被人告发，结果儿子、女婿被处死，胡美被迫自尽。

洪武十三年（公元 1380 年）后，已当了十多年皇帝的朱元璋便开始了大规模屠杀功臣的运动，胡惟庸案，即所谓的胡党案便是一波大规模屠杀功臣的运动。

胡惟庸是凤阳定远人，朱元璋的同乡，也是最早跟着朱元璋造反起事的不多的几个文臣之一。胡惟庸、汪广洋被起用为丞相，已经是朱元璋对丞相这个位置有所忌惮，准备逐步削弱并最终废除丞相制的时候。这时他曾就任用胡惟庸为相征求过刘基的意见，刘基说："如果用驾车来比喻的话，我担心他驾不住车辕子。"意思是说胡惟庸能力有限，不能胜任。可朱元璋为逼丞相李善长退休下台，最终还是任命了胡惟庸为相。

胡惟庸独居相位四年，善于弄权，深怕大权旁落的朱元璋极不放心，又将其提升为左丞相，并提拔汪广洋为右丞相来牵制胡惟庸，并下令各部越过中书省直接向自己奏事，来削弱丞相的权力。

种种迹象都表明朱元璋将要对中书省宰相制有所行动了，而此时却又发生了两件足以让朱元璋找到借口的事情。一是胡惟庸的儿子在大街上骑马横冲直撞，结果跌落下马，被恰巧路过的马车轧死了，而胡惟庸听说后不由分说便将马车夫擅自杀掉了。二是发生了所谓的占城贡使事件。占城（今越南南部）贡使到南京进贡，把大象和马匹赶到了皇宫大门口。朱元璋闻报大怒，即刻下令将胡惟庸、汪广洋两位丞相抓了起来，两位丞相自然不愿承担罪名，说是接待贡使是礼部的责任，朱元璋又将礼部的官员全部关了起来。

朝中的两位丞相一下子被关进了监狱，墙倒众人推，便有人状告他们擅权植党，祸乱朝廷，致使许多人被牵连其中，更有锦衣卫的严刑酷法，逼迫入狱的各位官员按照锦衣卫引诱乱咬他人，结果不断地株连蔓引，更多的官员、功臣被牵连进来，一个胡惟庸结党谋反的惊天大案就这样产生了。

所谓的胡惟庸结党谋反案前后延续十余年，朝廷内外牵连其中被杀头者超过三万人。已经退休的丞相韩国公李善长最后也被牵连其中，于是李善长和他的妻子、儿女、弟侄、仆人七十余口全部被送入阴曹地府。只有李善长的儿子驸马李祺是朱元璋的女婿，前几年就病死了，免受了刑戮，看在父女的情分上，朱元璋将李祺的妻子自己的女儿临安公主免去一死，安置到了江浦，她的两个孩子也就得以活命。

身为皇太子老师的宋濂也因为自己的孙子宋慎被牵连进胡党要杀头，在马皇后以死相劝下，才被免除死罪流放四川，但最终还是莫名其妙地死在了流放的路上。

在胡党案中被处死的功臣还有吉安侯陆仲亭、延安侯唐胜宗、平凉侯费聚、南雄侯赵庸、荥阳侯郑遇春、宜春侯黄彬、河南侯陆聚。还有多位已经故去的功臣被削去爵位，抄没其家。为了让天下人了解这些所谓胡党的罪行，肃清其流毒，朱元璋还将刑讯他们所得的口供和判案记录编成《昭示奸党录》颁行天下。

如果说朱元璋制造的胡党大案主要是为了清除胡惟庸、李善长、宋濂这些开国文臣的话，那么，接下来发生的蓝玉大案则将主要的目标定在了开国武将的头上了。

2. 血雨腥风蓝玉案

蓝玉，定远人，其长相面如红枣，身材高大，很是威风。他是开平王常遇春的小舅子，一直在常遇春的麾下领兵作战。他英勇善战，智勇双全，屡立战功，因此深受朱元璋的喜爱，官至都督佥事。常遇春在北伐灭元的征战途中病死后，蓝玉成为大明王朝三两个主要将帅之一。

公元 1377 年，蓝玉与西平侯沐英统兵征讨西番。蓝玉身先士卒，擒获西番酋长瘿脖子，斩杀俘虏西番兵几千人，并获得良马二万多匹、牛羊十万多头。凯旋回朝时，朱元璋亲率文武百官郊迎入城，设宴庆功，封蓝玉为永昌侯。

公元 1381 年，朱元璋又任命蓝玉为征南副将军，与颍川侯傅友德兵分两路讨伐云南。第二年，明军平定云南，以蓝玉功最大，朱元璋下旨增其俸禄，并将其女儿册封为蜀王王妃。

公元 1387 年，朱元璋拜蓝玉为大将军，领军讨伐北方的元军残余势力。第二年的 4 月，蓝玉在捕鱼儿海（今贝加尔湖）地区重创元军在北方的势力，抓获元顺帝次子地保奴和后妃公主一百三十余人，活捉元廷将官三十余人，俘虏士卒七万余人。这一战役使元军在北方的势力一蹶不振，基本上解除了明朝北部的威胁，这一功绩使蓝玉成为明朝建立前后继常遇春、徐达、李文忠之后最杰出的将领。捕鱼儿海大捷传到南京，朱元璋高兴地说："朕有蓝玉，好比汉之有卫青，唐之有李靖。"

但是，蓝玉让自己的功绩冲昏了头脑，竟然"获元顺帝妃后，私幸陪寝"，朱元璋闻报大怒道："蓝玉无礼如此，岂大将军所为哉！"朱元璋发怒之事传出后，元顺帝妃后惶惧不已，只得上吊自杀了。

蓝玉率军回朝后，朱元璋责骂蓝玉说："以后一定修改德行！本拟封你为梁国公，今改封为凉国公，镌其过于铁卷，戒之！"

这以后，蓝玉又多次率军平定各地的叛乱，建立了功劳。但是，蓝玉作为一个性格粗犷的武将，建功立业后便居功自傲，不知收敛，甚至在皇帝面前傲慢无礼。有一次，蓝玉带兵过喜峰关，守吏因夜间不开关的规定不开关门，蓝玉大怒，即刻挥军毁关而入。他还自以为功大而恣意强夺民田，被人诉讼到御史台，御史传唤不至，只得到蓝玉府中问案，结果被蓝玉痛打一顿，赶出了府。这些作为早已被锦衣卫详细报告给了朱元璋，朱元璋一直隐忍未发。

更为要命的一件事是，公元 1391 年四川建昌卫发生元军降将月鲁帖木儿叛乱，朱元璋令蓝玉率军平叛。临行前，朱元璋准备给蓝玉面授机宜，发话让蓝玉手下几员将领退出，朱元璋连说了三遍，这几个将领竟无一人动身。最后蓝玉举手一挥，这几个将领即刻躬身而退。这样军中将领只认掌帅主将，不认皇帝的做法，或许在蓝玉这个粗鲁的武将看来是向皇帝朱元璋显示他的威风，但却恰恰击中了朱元璋心中最敏感的那根神经：君王指挥不了枪，自己这个君王的处境就大为不妙了，蓝玉当然成为朱元璋心中必欲拔掉的那根眼中钉了。

公元 1392 年 9 月，蓝玉还在四川平叛，朱元璋便用胡党这个最方便的借口将蓝玉的亲家靖宁侯叶升杀了。皇帝已经动了杀机，一场清除蓝玉及其同党的血腥大剧拉开了大幕，可蓝玉这个愚鲁的武将还懵懂无知。公元 1393 年 2 月，他带着自己又立了大功而回朝受赏的美梦率军回朝了。

公元 1393 年 3 月 20 日，早朝即将结束，一切平稳而又正常。突然，锦衣卫指挥使蒋环出班参奏蓝玉谋反，朱元璋闻言即刻喝令将反臣蓝玉拿下，早有准备的宫廷卫士一拥而上将尚未反应过来的蓝玉捆绑了起来。

蓝玉被捉，审讯立即进行，蓝玉面对锦衣卫捏造污蔑的罪名据理力争，毫不认软。主审官吏部尚书詹徽喝令他招出同党，谁知怒目而视的蓝玉大声呼道："詹徽就是我的同党！"话音刚落，詹徽就被武士从主审官席上拉了下去，其他审判官见此情形，个个被吓得目瞪口呆，没有人再敢审理此案了。

蓝玉被抓的第三天，朱元璋就下令将蓝玉碟死于街市，并灭其三族。

蓝玉被杀，这才是大规模地清除蓝玉同党运动的开始。之后，朝中功臣、文武要员，特别是蓝玉手下的偏裨诸将接连不断地被抓入锦衣卫大狱，严刑拷打之下，终于有人招供说蓝玉与其同党预谋，打算在皇帝出城田猎时杀死他，起事谋反。接着便是同清除胡党案的手法一样，朝廷内外的各种官员一个个地被抓进大狱，受刑不过后，一个个地招出自己熟悉的人是蓝玉同党。这样牵连不断，历时数年，被牵连到蓝玉大案而杀头的蓝玉亲属、各级官员、朝廷功臣及大商人、大地主，特别是军中将领超过两万人。

最终被牵连到蓝玉案中而杀头的主要官员有吏部尚书詹徽、户部侍郎傅友文、颖国公傅友德、宋国公冯胜、开国公常升、景川侯曹震、鹤庆侯张翼、舳舻侯朱寿、东莞伯何荣、普定侯陈桓、宣宁侯曹泰、会宁侯张温、怀远侯曹兴、西凉侯濮玙、东平侯韩勋、全宁侯孙恪、沈阳侯察罕、徽先伯桑敬、都督英辂、汤泉、萧用等人。

这样，朱元璋通过清除胡党、蓝党两场大规模清洗运动，致使"元功宿将，相继尽矣"。

3. 暗害徐达、刘伯温

我们前面就说过，明朝的开国功臣大都是跟着朱元璋一起造反、同生共死的老部下，许多人是他的老乡甚至是他的近亲和儿女亲家，但是朱元璋都痛下杀手，将他们斩草除根了。那么，朱元璋为什么这样做呢？他这样残酷血腥的屠杀目的何在呢？从下面的这件事中我们便可找到答案。

宋濂任皇太子朱标的老师长达十几年，年老退休后还被牵扯到胡惟庸案中，一家大小连同家中的奴仆几十口人均被从家乡抓到京城将要处死。皇太子朱标生性忠厚，长期受大儒宋濂的儒家教育，看到自己年迈的老师要遭受刑戮，便在父皇面前替宋濂求情，朱元璋严厉斥责他说："到你当了皇帝，你再赦免他吧。"于是朱标小声劝谏说："陛下杀人过滥，恐伤和气。"朱元璋什么话也没有说。

第二天，朱元璋找了一根长满刺的木棍放在地下，让太子朱标拿起来，太子朱标面有难色。朱元璋说："你怕刺不敢拿，我把这些刺都去掉了，再将这根去掉刺的棍子交给你，你岂不是就好拿了。现在我除掉的都是有可能夺取我们朱家天下的坏人，只有除掉了这些坏人，内部整肃了，你才能当这个家。"没想到太子朱标却回答说："上有尧舜之君，下才有尧舜之民。"朱元璋一听气坏了，拿起手边的凳子就朝朱标砸去，朱标只好抱头逃跑了。

朱元璋拿除掉棍子上的刺来比喻他清除功臣的屠杀运动，清楚明白地说出了他屠杀功臣的目的。朱元璋心里明白，这些功臣能帮助他夺取元朝江山，也就有能力夺取他朱家江山。眼见太子仁义懦弱，朱元璋自然担心自己身边或是满腹心机的文臣，或是如狼似虎的武将在他身后觊觎朱家的天下，于是便大开杀戒，将这些功臣良将尽行除去，以使他朱家江山代代传递下去。

经过清除胡党、蓝党运动，朝中的文武功臣已是所剩无几，但朱元璋仍不放心，在清除蓝党运动已近尾声之时，又逼迫颍国公傅友德自杀，赐宋国公冯胜自尽，并将他们灭族。至此，朱元璋在位的洪武年间，尚没有死亡和被诛杀的功臣只剩下了两个：长兴侯耿炳文与武定侯郭英。他们只是二流的将领，而且又极端老实地谨厚自守，所以朱元璋便放过了他们。

朱元璋的清除功臣运动有个很大的特点，就是不仅制造冤案将功臣明正典刑，而且事后还要向全国颁发《逆臣录》，将这些被诛杀者的所谓滔天罪行公布天下，让全国民众声讨批判，以肃清流毒。但是，有两个功勋极高的功臣，虽然被朱元璋想方设法除掉了，却不但没有公布他们的罪行，反而在其死后得到了极高的尊荣。这两个功臣便是徐达和刘基。

徐达，字天德，是自小与朱元璋一起放牛的少年伙伴，更是最早跟着朱元璋投奔红巾军的亲密战友，也是帮助朱元璋打下大明江山最主要的明军主帅。朱元璋扫平陈友谅，活捉张士诚，荡平元朝大都的主要战役几乎全是由徐达任主帅统领大军战而胜之的。所以，朱元璋称帝后大封功臣，在所封的六位公爵中，文臣李善长被封为韩国公，名列第一；武将徐达被封为魏国公，名列第二。

徐达不仅智勇双全，战功卓绝，而且为人仁厚正直，对朱元璋一直忠心耿耿，因此朱元璋也非常倚重自己这位知根知底的老臣，并且与其结为亲家，让自己的四子朱棣娶了徐达的长女做王妃。但是为人阴狠、目空一切、不把任何人当回事的朱元璋依然多次做出伤害徐达的事情。

徐达的岳父谢再兴曾投奔过张士诚，结果朱元璋不顾徐达的妻子谢氏的苦苦哀求仍然杀了谢再兴。

徐达的妻子谢氏性格比较强悍，忠厚为人的徐达一直比较惧内。因为处死谢再兴时朱元璋传话不让谢氏去刑场哭奠他的父亲，但谢氏依然带着酒食到刑场为其父亲送行。为此，朱元璋很是气恼谢氏，就故意送给徐达两个美女做侍妾来刺激谢氏。不久，果然发生谢氏逼得一个侍妾投井自杀的事情，这给朱元璋除掉谢氏找到了机会。

有一天，朱元璋召徐达到宫中与他下棋，一盘棋下完，接到内侍耳语的朱元璋站起来高兴地对徐达说："牝鸡司晨，家之不祥。现在爱卿家的悍妇已被除掉了，爱卿家中可以免除赤族之祸了。我要向爱卿你祝贺呦！"就这样，朱元璋不顾徐达与自己结发妻子的情感而杀掉了谢氏。

朱元璋不仅对徐达这样，对同样立下赫赫战功的大将常遇春也这样做过。常遇春也娶了一个比较泼悍的妻子，家中的一切均由夫人做主。于是朱元璋便故意赏给常遇春两个貌美的宫女，可惧内的常遇春被自己的夫人看得紧紧的，从来不敢碰这两个美女。一天早晨，其中一个宫女端来水盆，请常遇春洗脸。常遇春一看美女的一双白嫩的纤纤细手，不由得眼前一亮，失口说道："呀！好一双白手哟！"结果当天散朝回家，夫人让人给他端来了一个红盒子，他打开盒子一看，却是两只血迹斑斑的纤手！

两个宫女是皇上的赏赐恩典，随意伤害自然是犯了大逆不道的罪过，常遇春吓得心惊肉跳，一夜都睡不着觉。这样的事情自然瞒不过朱元璋的耳目，第二天早朝后，朱元璋便留下几位勋臣议事，结果朱元璋让人给几位勋臣案桌上的盘中分别放着一个包裹，包裹上贴着一张写着"悍妇之肉"的字条。原来，常遇春的妻子已被朱元璋派人杀害肢解了。

在处理徐达、常遇春妻子的事情上，两个妻子确实有她们的罪过，但是无论怎么说这都是朱元璋搅和的结果。我们且不说朱元璋把人命当儿戏，玩弄赏赐宫女的把戏，致使这些宫女或死或残的罪过，他灭绝人性地派人入室夺取功臣妻子性命，肢解尸体的恶行，更叫人毛骨悚然。那么，他这样大施淫威的目的又何在呢？我们从他将常遇春妻子的"悍妇之肉"送给几位功臣，而不仅仅是常遇春一人便可以看出，他这是杀鸡儆猴，他这是以此警告在座的功臣，你们若稍有不轨，我也便可如此地要了你们的小命！

朱元璋让人毛骨悚然的恶行，震慑得徐达心惊肉跳，从此以后他在朱元璋面前更加唯唯诺诺，更加小心翼翼、低调做人。但是即使这样，朱元璋仍然对他不放心，还多次地试探徐达是否有野心。

有一次，朱元璋十分关切地对徐达说："爱卿宅第局促，居住十分不便，我做吴王时住的那座宅院在闲着，就赐给你住吧。"

敢用皇帝的东西，其野心定然不小。徐达闻言大惊，急忙跪伏在地说："陛下，吴王宅那是龙潜之地，微臣何敢僭越？万万不可！"

有一天，朱元璋在内廷招待几位勋臣，他频频劝酒，气氛出奇地热烈。酒过三巡，朱元璋借故离席，命宦官代为劝酒。结果酒量不大的徐达喝得酩酩大醉。夜半时分，徐达一觉醒来发现自己竟然睡在皇帝寝宫，吓得一骨碌爬起来，双膝跪地向空空的御榻连连告罪："微臣贪杯，不知怎的，竟然睡在了这里——真是罪该万死，罪该万死啊！"徐达告完罪，急忙跑到院子里，在寒冷的暗夜中直直地站立在宫门口，直到天明。

徐达这样处处小心谨慎，可最终还是逃不脱朱元璋残害功臣的魔手。长期的提心吊胆、过度紧张，严重损害了徐达的身体，他饮食锐减，头昏目眩，精神一天不如一天。"六腑不和，则郁为痈"，洪武十七年（公元1384年）春天，徐达脊背上患了一个碗口大的巨疮，不几天便红肿溃烂、脓血淋漓，多方诊治都不见效果。朱元璋知道后专门派了御医来给徐达诊治，直到第二年的正月，病情才稍有好转。

听说徐达病情有所好转，朱元璋便把为徐达看病的御医悄悄召来问道："像魏国公这种病需要忌口吗？"

皇帝询问，御医自然不敢怠慢，赶快回答说："恶痈毒疮，最需忌口。不然，好了也会反复。"

朱元璋又问道："魏国公的病，最忌讳的是什么呢？"

"启禀陛下，最应忌食蒸鹅。"御医不敢隐瞒，据实答道。

"朕知道了。"朱元璋叮嘱道，"你可要用心照料，尽力医治哟。"

皇帝的关切让御医十分感动，第二天就把此事告诉了徐达，这自然让徐达更是感动。

过了几天，一队宫中太监一路传呼来到徐府，传下皇帝圣旨，皇上赐宫中美食让徐达享用。当徐府上下感激涕零地跪迎圣旨，接过食盒时才发现是一只热气萦绕的大肥蒸鹅！

让徐达怎么也想不到的是，自己是如此地小心伺候皇上，但自己这位从小患难与共的伙伴，这位做了自己亲家的皇上还是不放过他。但是，为了不使自己全家受到牵连而遭受灭族之祸，徐达只得当着宫中宦官的面大口大口地吃起蒸鹅来。

宦官们眼看着徐达将大半个肥鹅吃下了肚，这才道别回宫交差。等到宦官们离开之后，徐达转过身来，急急地叮嘱被吓得面如土色的御医赶快逃命。仁厚的徐达知道自己已经难免一死，但他十分了解朱元璋的为人，他不愿意无辜的御医为他送命。

第二天一大早，朱元璋便接到报告：年仅五十四岁的魏国公徐达病死了。

接到报告的朱元璋等报告的内侍一离开立即兴奋地拊掌自语道："好啊！徐达死了，徐达终于死了！"忽然，他才一下子想起殿中墙角还有一个正在熬药的宫女，这不由得让他为自己的失口猛吃了一惊。他悄悄疾步上前查看，只见那个宫女靠着墙角睡得正香，裙子的边沿都已被烧着了。放下心来的朱元璋上去踢了宫女一脚，宫女才醒了过来，看见皇帝站在自己面前，吓得赶快叩头求饶。

其实，刚才朱元璋脱口而出的话宫女都听了个清清楚楚，她知道听见了皇上心里的话，自己难逃一死，于是急中生智，将裙子移近炉火佯睡，这才捡回了自己一条性命。

当然，所谓的正史是不会有朱元璋如此恶行的记载的，下面是《纲鉴易知录》对徐达之死的记载：

> 达自北征还，即上将印。自去冬疾作，至是卒，年五十四。上痛悼不已，亲为文祭之，追封中山王，谥"武宁。"

只是极其简单地交代了徐达自从北征回来，就交了上将军印。从去年冬天得病，到这时去世，终年五十四岁。

徐达死后，朱元璋不仅扎上白巾亲自到徐府哭祭，而且追封徐达为中山王，谥号武宁，赠徐府祖上三世皆为王爵。这以后还下令在功臣庙中为徐达塑像，并亲自为徐达写了一篇哀切动人的追封诰辞：

> 朕惟帝王之有天下，必有名世之臣，秉忠贞，奋武威，以辅成一代王业。今开国辅运推诚宣力武臣、特进光禄大夫、左柱国、太傅、魏国公、参军国事徐达，以智勇之贤，负柱石之任。曩因元季之乱，挺身归朕，朕实资尔智略，寄尔腹心，以统百万之师。攻无不取，战无不克，栉风沐雨，躬历苦辛。朕正位大宝，论功行赏，是以爵尔上公，赐以重禄。仍总戎于北方，纤尘不惊，边境宁谧，信乎为我朝之元勋也！方期

天赐遐龄，以享非常之报，孰知将星一陨，尔身逝矣。慨念今昔，朕岂能忘？虽然死生人道之常，而追封之典可不举乎？特追封中山王，谥武宁。其上三世皆封爵，妣皆封诰命夫人。

同李善长、胡惟庸、蓝玉等功臣被明正典刑、屠戮全族相比，徐达虽然死得不明不白，但却让朱元璋有了一次表演自己痛悼功臣的机会，而且也让徐达以自己一死换取全家不被灭族的愿望得以实现。

同徐达一样，明朝开国功臣中在后世名声极大的刘基也死于朱元璋的暗害。

刘基，字伯温，浙江青田人。元末进士，曾任元朝江西高安县丞，江浙儒学副提举，不久弃官隐居。刘基自幼非常聪明，凡天文、地理、兵法、经史、易学、数术，诸子百家无所不通。刘基虽然隐居在家，可面对元末天下大乱的形势，也免不了有施展自己才能的抱负，他此时所作的《忧怀》一诗便流露出这种情怀：

群盗纵横半九州，干戈满目几时休？
官曹各有营生计，将帅何曾为国谋！
猛虎豺狼安荐食，农夫田父苦诛求。
抑强扶弱须天讨，可怪无人借箸筹。

这样的志向抱负在他的《郁离子》中说得更为明白："稽考先王之典，商度救时之政，明法度，肄礼乐，以待王者之兴。"

后世流传的许多野史文章将刘基推崇成了同诸葛亮一样的非凡人物，说他在投靠朱元璋之前就发现南京有"天子气"，因而投奔了朱元璋。其实在刘基隐居家中观察当时天下形势时，他发现朱元璋与大多只是喜欢烧杀抢掠的农民军领袖不同，朱元璋的部队不仅不一味地破坏，而且有较好的军纪，朱元璋本人还能够礼贤下士，有成就帝王之业的愿望和气度。这对刘基这样想干一番大事的知识分子来说，自然具有强烈的吸引力。

刘基做了朱元璋的随军谋臣后，虽然并不是后世流传的全靠他料事如神、运筹帷幄才使朱元璋打下了江山，但也为朱元璋创下大明王朝出谋划策立下了很大的功劳。明朝建立后，刘基被朱元璋授以御史中丞兼太史令，并被封为诚意伯。

洪武四年（公元 1371 年）深知"飞鸟尽，良弓藏"及功成身退之理的刘基便辞官回家，对此，朱元璋也没有挽留，即刻批准其回家。聪明过人的刘基与朱元璋多年相处，使得他深知朱元璋为人的多疑和阴狠，所以归家隐居的刘基"唯饮酒弈棋，口不言功"，一切低调行事，不仅从不言官场中的事，也不见官场中的任何人。有一次，当地的县令换上便服，隐瞒了自己的身份来见刘基。会晤中途，县令不小心露出了自己的身份，刘基马上脸色大变，口称刘基小民告罪而躲了起来。

但是刘基的善断多谋让朱元璋非常忌惮。尽管刘基功成身退，回家后小心翼翼，低调为人，但朱元璋还是对其不放心，一定要想方设法除掉这个高人才能了结自己的这块心病。但是，刘基的辞官隐居和谨慎应对使得朱元璋很难找到杀害刘基的借口，这使得朱元璋只得使用暗害的手法。

心中有了主意，自然就有机会。终于，朱元璋听说刘基生病了，便派遣丞相胡惟庸带着宫中御医前去给刘基看病。结果刘基吃了御医开的药之后，肚子里就长了一个肿瘤，这个肿瘤越长越大，最终使得刘基病入膏肓，不治而亡。

对于刘基之死，朱元璋自然要嫁祸他人，《纲鉴易知录》便有下面的记载：

> 初，上欲相胡惟庸，基谓不可，既而上竟相之，基大戚曰："其如苍生何！"因忧愤成疾。后疾愈增，惟庸乃遣医视疾，饮基药二剂，有物积腹中如卷石，疾遂笃。至是，上遣使送还家，仅一月而卒。

刘基死后，朝廷内外便传出是胡惟庸与刘基平素有隙，心生嫉恨而害死了刘基。但是，此时的刘基已经辞官回家多年，以前他作为御史中丞负责监督朝廷各部门及大小官员，与胡惟庸这样的朝廷重臣发生的矛盾早已成为过往，而且此时的刘基已经无力更是无心与身为丞相的胡惟庸抗衡，对胡惟庸已没有丝毫的威胁。所以，说是胡惟庸害死刘基是没有令人信服的行为目的作为根据的。不久，在追查胡党的运动中，御史中丞涂节也被牵连下狱，为了以立功的行为来保全自己的性命，狱中的涂节便检举说是胡惟庸下药害死了刘基，并说当时任左御史大夫的汪广洋是知情人。涂节乱咬的这件事触犯了朱元璋敏感的神经，结果朱元璋先是立即将汪广洋逼迫自杀，后又很快地将胡惟庸、涂节等人杀了头。朱元璋以快速处决当事人、知情人的手段，掩盖了刘基之死的真相，但是这恰恰说明害死刘基的真凶不是别人，正是朱元璋本人。

徐达、刘基这样的功臣一是功勋卓著，二是能力超群，这使得一心要保住自家皇权不受威胁的朱元璋必欲除之才放心。但是，徐达仁厚忠诚、小心翼翼，刘基功成身退、低调为人，这使得朱元璋一时很难找到把柄将他们除掉，而且将这样的功臣明正典刑地除掉，影响太大，所以朱元璋只能暗下毒手将其害死。

同被暗害而死的徐达一样，刘基也以自己一人之死，避免了全家被灭族的祸患。不仅如此，由于明朝的开国功臣几乎全被打成了逆党，而且个个被列入《逆党录》颁行天下批倒批臭，肃清流毒，使其永世不得翻身，以至于后世找不到可以作为朱元璋亲密战友的功臣来树为典型、歌功颂德了。所以，朱元璋的儿子朱棣登基后，刘基便被树成明朝第一开国功臣的光辉形象，朝廷公开称颂他为"渡江策士无双，开国文臣第一"，民间也开始大量流传刘伯温辅佐朱元璋的神机妙算的故事，这使得刘伯温的大名越传越神，成为后世人们心中与辅佐刘邦的张良、辅佐刘备的诸葛亮并列的半人半神的历史人物了。

五、天意难违忧心老帝撒手去

1. 痛失糟糠贤皇后

朱元璋在登位称帝之时就封他的结发妻子马秀英为皇后。马皇后是一位很贤德的皇后，朱元璋对结发患难之妻的宠幸也始终没有改变，而且很敬重马皇后，这在历代帝王中是很少见的。《纲鉴易知录》就记载了朱元璋初封马皇后时的肺腑之言：

> 上初渡江时，后尝谓上曰："今豪杰并争，虽未知天命所归，以妾观之，惟以不杀人为本，人心所归即天命所在。"上深然之，至是册立为皇后。上因谓侍臣曰："昔光武劳冯异曰：'仓猝芜蒌亭豆粥，滹沱河麦饭，厚意久不报。'朕念皇后起布衣，常仓猝自忍饥饿，怀糗饵食朕，比之豆粥、麦饭，其困尤甚。昔长孙皇后当隐太子构隙之际，内能尽孝，谨承诸妃，消释嫌疑。朕素为郭氏所疑，径情不恤，将士或以服用为献，后辄先献郭氏，慰悦其意；及欲危朕，后乃为宽解，卒免于患，尤难于长孙皇后也。朕或因服御诘怒小过，辄劝朕曰：'王忘昔日之贫贱邪？'朕为惕然。家之良妻，犹国之良相，岂忍忘之！"罢朝，因以语后。后曰："妾闻夫妇相保易，君臣相保难。妾安敢比长孙皇后，但愿陛下以尧、舜为法耳。"

皇上当初渡江时，皇后曾对他说："现在豪杰纷纷起兵相争，虽然不知道天命归于谁，但据妾的观察，只有以不乱杀人为根本，人心就会归于谁。人心归于谁，天命也就会所在于谁。"皇上认为皇后说得很对，到自己登基称帝时就立她做了皇后。皇上还对他的侍臣们说："从前汉光武帝慰劳冯异说：'在芜蒌亭仓促危险之时，你送来了豆粥，在滹沱河你送来了麦饭，这样的深情厚意我一直没有报答。'我想到我的皇后出身平民，经常在仓促战乱之时自己忍着饥饿，怀里揣着干粮和稻饼给我吃，这比冯异的豆粥、麦饭，其困苦的程度更大。从前长孙皇后在隐太子挑起是非的时候，在内能尽孝道，谨慎地侍奉顺从各位妃嫔，消除了猜忌疑虑。回想我一直受到郭子兴的猜忌，完全不体谅我对他的情意。这时候将士们有人把俘获的服装和器物送给我，皇后总是先把这些东西献给郭氏，使他的心情高兴。等到郭子兴和他的儿子们想害死我时，皇后就帮助宽释排解，最终使我能免于受害，这比长孙皇后更难以做到啊！我有时为了服装车马上的一些小事发怒，皇后总是劝我说：'大王忘记从前的贫贱了吗？'我便因此而警觉了起来。家里的好妻子，就像国家的好宰相，我怎能忍心忘记她呢？"皇上退朝后，还把这番话说给皇后听，皇后说："妾听说夫妇相互保护还容易，君臣相互保护就很难，妾怎敢和长孙皇后相比，只希望陛下能以尧、舜为榜样罢了。"

马皇后不仅在困难时期与朱元璋患难与共，在朱元璋做了大明王朝的皇帝后依然劝说朱元璋仁义待人，尽力做好贤内助的角色。

李希颜做诸位王子的老师时，一个小王子不听话，被李希颜用戒尺打伤了额角。小王子找朱元璋诉苦，朱元璋一面用手抚摸着小王子的头，一面气呼呼地说："李老儿太不知好歹了，连皇子也敢打，待我治他的罪！"一旁的马皇后一边安慰皇子，一边劝说朱元璋："历来圣人管束弟子都用戒尺，李王傅用圣人的规矩管教孩子，怎么能够生气呢？"朱元璋听了马皇后的话，就没有惩罚李希颜，这以后李希颜更加用心教导孩子们了。

在为太子的老师宋濂求情这件事上也充分表现了马皇后为人的仁厚，《纲鉴易知录》载道：

> 宋濂、孙慎坐党逆被刑，籍其家，械濂至京，上欲并诛之，皇后谏曰："民间请一先生尚有始终，不忘待师之礼。宋濂亲教太子、诸王，岂宜若是恝。况濂致仕在家，当不知情。"上意解，濂得发茂州安置。行至夔州，以疾卒。

宋濂因为他的孙子宋慎被牵连进胡惟庸逆党案中，全家被抄，并被戴上枷锁押送到京城，朱元璋想处死他们全家。马皇后劝谏说："民间老百姓请老师也会有始有终，以礼相待，宋濂亲自教导太子和诸位王子，我们岂能这样无情无义？何况宋濂早已退休回家，应当是不知道胡惟庸逆党的事情。"朱元璋想杀宋濂的心意稍稍有所改变，宋濂得以发配茂州，结果走到夔州就得病死了。

实际上，马皇后的极力劝谏并没有改变朱元璋杀掉宋濂之心，马皇后只得以绝食相抗，才最终使得朱元璋改变了主意。

马皇后原来不识字，做了皇后之后，她让宫中的女官每天教她读书识字，不仅通过读书知道了历史上许多女杰的故事，还能协助朱元璋做一些文字工作。

朱元璋上朝时处理公务，退朝回宫依然记挂谋划政事，忽然想起什么事该处理、怎么处理，就用小纸片记下来，以免忘记。写完之后，总是马皇后替他精心归类整理，等到朱元璋查问时，立刻拣出来，省了朱元璋许多精力。

马皇后不仅是朱元璋相夫教子的贤内助，而且深明大义，拒绝朱元璋提拔自己的亲属，防止外戚专权。她说："国家官爵，当用贤能。妾家亲属，未必有可用之才。且闻前世外戚家，多骄淫不守法度，每致覆败。陛下加恩亲族，厚其赐予，使得保守足矣。若非才而官之，恃宠致败，非妾所愿也。"

公元1382年，称帝十五年的朱元璋已经五十五岁了，马皇后也已五十一岁，做了后位十五年的马皇后得了重病。当时黄河决口，病中的马皇后得知消息，带头吃粗粮素菜，为灾民请愿，朱元璋也下旨免除受灾地区的税粮，为皇后祈福。但是到了这年的8月，马皇后为了不拖累给自己看病的御医，竟不再服药而溘然逝去。《纲鉴易知录》对马皇后的逝世有下面的记载：

> 后性恭俭，服浣濯之衣，每诫诸王妃、公主曰："尔等生长富贵，当为天地惜物。"接妃嫔有恩，被宠生子者待之加厚。太子、诸王虽爱之甚笃，勉令务学，有以器皿衣服相尚者，必切责之。上尝前殿决事，或震怒，还宫必问今日处何事？怒何人？因言："陛下有众子，正好积德，不可纵怒杀人，致死者冤枉。活人性命，乃子孙之福，国祚亦长久。"上每从之。至是病，不肯服药，上强之，终不肯，曰："死生有命，虽扁鹊何益？使服药而不疗，陛下宁不以妾故而杀此诸医乎？"遂崩，年五十一。上痛悼，终身不复立后。

皇后性格恭顺节俭，穿的是多次洗涤的衣服，她常常告诫诸位王妃、公主说："你们生长在富贵的家中，应当替天地爱惜财物。"对待诸位嫔妃都有恩德，对受到朱元璋宠爱而生了孩子的妃嫔更加优待。她对太子、诸王虽然爱得很深，但仍督促勉励他们努力学习。太子、诸王中如有人夸耀自己的衣服器物，她就会严厉地斥责他们。朱元璋在前殿处理政务，常常怒气冲冲地退朝，回到后宫后，马皇后一定要问今日处理什么事，因谁而发怒。接着便劝说朱元璋："陛下拥有众多的子孙，正好为他们积德，万不可放纵自己的怒气而随意杀人，使人冤枉受屈。放人一条活命，是子孙的福分，国运也可长久。"朱元璋也常常听取她的劝告。到了此时，皇后病重了，却不肯吃药，朱元璋一再地强迫她吃药，她最终还是不肯吃。她对朱元璋说："人的生死由天命主宰，即使遇到扁鹊这样的医生，又有什么用呢？假使我吃了药而病不见好转，陛下难道不因我的缘故而杀了这些医生吗？"就这样，马皇后最终去世了，终年五十一岁。朱元璋悲痛地悼念马皇后，终身没有再立皇后。

马皇后病重之时不肯吃药，担心自己死后朱元璋惩罚医生，一方面表现出了马皇后的为人良善，另一方面却表现出了朱元璋为人的残忍凶暴。马皇后与朱元璋几十年的夫妻，深知其夫的为人，为了不使朱元璋迁怒于医生宁愿自己不吃药而面对死亡，也不给朱元璋滥杀无辜的借口，既让人为马皇后的仁慈良善感叹不已，又让人深深体会出她心底对自己皇帝丈夫的忌怕和无奈！所以，我们也可以体会出马皇后种种所谓的"贤德"有其人性仁厚良善的一面，但更多的是她在其皇帝丈夫朱元璋的淫威之下，不得不恭顺忍让的辛酸！

朱元璋作为皇帝自然有众多的妃嫔，而且他也是一个好色之徒，当他攻下武昌，逼迫陈友谅的儿子陈理投降时，就强纳过陈友谅只有十八岁的妃子阇氏。但是他能对自己的患难妻子马皇后始终不忘，在其死后不再另立皇后，这在中国历史上的皇帝中也可算是很少有的。马皇后死后，朱元璋亲自写了《大行皇后谥册文》表达他的悼念之情。其原文如下：

皇帝制曰：皇后马氏。亘古帝王之兴，淑德之配，能共致忧勤于政治者，盖鲜克开泰寰宇，福被苍生。惟后与朕，起自寒微，忧勤相济。越自扰攘之际，以迄于今，三十有一年，家范宫闱，母仪天下，相我治道，成我后人。淑德之至，无以加矣。朕意数年之后，吾儿为帝，当与后归老寿宫，抚诸孙于膝下，以享天下养。何期一疾弗疗，遽然崩逝，使朕哀号，不胜痛悼。虽然，有生必有死，天道之常。后虽崩逝，而后之德不泯者存。谨遵古谥法，册谥皇后曰"孝慈"。於戏！公议所在，朕不敢私。惟灵其鉴之。

2. 白发人送黑发人

朱元璋称帝之初即立他的嫡长子朱标为太子，并向天下颁布了《立世子标为皇太子册文》：

> 国家建储，礼从长嫡，天下之本在焉。朕起自田野，与群雄角逐，勘定祸乱，就功于多难之际。今基业已成，命尔标为皇太子。於戏！尔生王宫，为首嗣，天意所属，兹正位东宫。其敬天惟谨，且抚军监国，尔之职也。六师兆民，宜以仁信恩威，怀服其心，用永固于邦家。尚慎戒之！

册文说，国家设立储君应按嫡长制的规制行事，这是天下的根本之所在。我起兵于田野草莽之中，与天下英雄逐鹿中原，平定了天下的大乱，在多灾多难之中建立了功业。今天大明基业已经建成，册命你朱标为皇太子。哎呀！你生在吴王宫中，是我的嫡长子，这时天意所属于你，正位于东宫太子。你应当谨慎地敬奉天意，抚军监国是你的本分职责所在。对于天下的军民，你应当以你的仁厚信义、恩威并重来怀服人心，以使我们的家国天下永远巩固。千万要谨慎地不断诫勉自己啊！

做了大明王朝洪武皇帝的朱元璋，时刻不忘自己的朱家江山是自己九死一生抢夺而来的，他知道自己虽然被臣民山呼万岁，但是自己的生命却是有限的，因此他即位称帝几十年来一心一意做的首要大事便是培养自己的接班人，为自己的接班人扫清道路，除掉威胁，以使自己开创的朱家基业一代一代传承下去，千秋万代永不变姓。为此，在立了朱标为太子后，他改变了历朝历代设立东宫官属的惯例，以台省官员兼东宫赞辅，并为太子配置了阵容强大的赞辅机构。对此，《纲鉴易知录》有如下的记载：

> 礼部尚书陶凯请选人专任东宫官属，上曰："朕以廷臣有德望者兼东宫官，非无谓也。常虑廷臣与东宫官属有不相能，遂成嫌隙，江充之事，可为明鉴！朕今立法，令台省等官兼东宫官赞辅之，父子一体，君臣一心。"

礼部尚书陶凯请求选择人员专门担任东宫的官属，皇上说："朕让朝廷大臣中有美德名望的人兼任东宫的官员，不是没有道理。朕常担心朝廷大臣与东宫官属有不和的情况，最终造成猜疑和不和，像汉武帝时江充的事情可以作为明鉴！朕今天确立新的制度，命令御史台中书省的官员兼任东宫的官员来辅助太子，使父子一体，君臣一心。"

于是，朱元璋费尽心机为太子选任了非常强大的太子老师和辅助的官员。任命李善长为太子少师兼詹事，冯胜兼副詹事，杨宪兼府丞，徐达兼太子少傅，常遇春兼太子少保，邓愈、汤和兼太子谕德，章溢兼太子赞善大夫，刘基兼太子率更令。

朱元璋与历史上许多帝王如唐玄宗立了太子却时时防备太子不同，他认为人伦之中父子关系最重、最亲，这从《纲鉴易知录》记载的他处理青州日照人江伯儿杀子案中就可看得出来：

> 青州日照民江伯儿以母病，割胁肉食之，不愈，祷于岱岳，誓词云："母病愈则杀子以祀。"既而母病愈，竟杀其三岁子祭之。有司以闻，上怒曰："父子天伦至重，今贼杀其子，绝灭伦理！亟捕治之，勿使伤坏风化。"遂逮伯儿，杖一百，谪戍海南。

青州日照的百姓江伯儿因为母亲生病，割下自己胁部的肉给母亲吃，结果他的母亲没有痊愈，他又到泰山庙中祈祷，发誓说："母亲病好了我就杀了儿子来祭祀。"后来他母亲的病果然好了，他竟然杀了自己才三岁的儿子来祭祀泰山神庙。有关部门向朱元璋报告了这件事，朱元璋闻报大怒说："父子关系是天伦中最重的亲属关系，现在这个贼人竟然杀了他的儿子，真是灭绝了天伦！赶快把他抓起来依法严惩，不要让他的这种恶行带坏了社会风气。"于是把江伯儿抓了起来，打了一百大板，流放到了海南。

江伯儿的这种做法看起来很是极端，但在中国历史上却屡见不鲜。例如皇帝病了，有人上书要求将自己作为"人牲"祭祀上天，来求取上天护佑皇帝；更如郭巨埋儿这种野蛮的行经竟然被收入"二十四孝"之一，受到大力倡导。这虽然是历史以来或是愚顽不化之人或是争名逐利之徒图谋一举暴红而采取的极端恶行，但却是历朝历代统治者为维护自身统治愚弄民众极力倡导所致。历朝历代的统治者往往以某种看起来堂而皇之的名义或口号做大旗，或是忠君爱国，或是克己孝亲，或是大公无私，或是死守贞节，他们以此蛊惑愚弄民众争相以极端的方式表现自己，从而使得这种愚昧凶残的恶行自古至今层出不穷。但是，朱元璋却以他尚存的"父子天伦至重"这种朴素的情感认识，愤怒斥责江伯儿的这种做法，作为已是最高统治者的他让人深感可贵。

朱元璋把父子关系看作天理人伦当中最亲最重的关系，这与他的出身不无关系。朱元璋出生于贫苦农民家庭，中国农村几千年来修房置地、立业传家、父传子承的思想深深地融化在他的血液之中，给子孙留下百世其昌的基业不能不说是朱元璋舍生忘死争夺天下的原始动力。现在自己已经君临天下，整个中国都是自己朱家的私产，如何放心地将这样诺大的基业传给自己的后代，传给确确实实能保证守住朱家江山的人，成为老年朱元璋最大的心结。因此，如何将太子朱标培养成自己放心的接班人，朱元璋可以说是用心极其良苦、竭尽全力了。

对于太子的学习，朱元璋不仅选择最好的老师，还特令选择国子监生陪侍太子读书，还专门修建了供太子读书的大本堂，命令将古今图籍放在堂中延请儒臣教授太子。为了让太子了解民情、了解社会，朱元璋还特地让太子到农村锻炼、考察，让太子到灾区赈济灾民，以了解民间疾苦。朱元璋还让太子回故乡祭祖，以使他追远怀祖，明白自己承担的继往开来发扬光大朱氏门庭的职责。马皇后死后，朱元璋又让太子处理一般的政务，命令各部大臣有事先向太子奏报，一般事务直接由太子处理决定，重大事务才报自己定夺。这样不仅使自己能省点精力，更重要的是趁自己还在世时，树立太子的威望，锻炼下一代太子的能力。

但是，让用尽心机的朱元璋无奈的是，太子朱标生性忠厚，由于长期受儒家传统教育，成了一个典型的儒生型人物。父子俩由于出身、经历及所受教育和文化素养不同，思想和作风完全不同。

朱元璋年少时在贫困中挣扎，年轻时在血与火的战斗中拼命，因而性格刚烈阴狠，当皇帝后以严刑猛法治国，用刑法、监狱和特务组织统治臣民，用杀戮恐怖震慑臣民，使天下臣民因恐惧而俯首听命。而太子在和平环境和锦衣玉食中长大，学的是儒家之理、圣人之言，从小接受的是施行仁政、仁者爱人的观念。一个狠毒冷酷，一个宽容仁慈，自然格格不入。相传朱元璋要杀太子老师宋濂全家，太子老大不忍，哭着跪在父皇面前求情，朱元璋大怒说："等你做了皇帝再赦免他吧！"太子闻言惶恐不安，跑出来想投水自尽，幸而左右救护才免得一死。

眼看自己选定的接班人这样的仁慈懦弱，朱元璋不免忧心忡忡，担心自己拼死创下的大明江山在太子手中落入他人之手，于是绞尽脑汁，制造了一轮又一轮的冤狱大案，将自己的谋臣武将收拾了个一干二净，准备将一根被自己刮干净的、不再带刺的接力棒传给自己的太子。然而人算不如天算，就在朱元璋六十五岁时，太子朱标却遽然得病而亡。

这真可以说是天降横祸，将年老的朱元璋击得悲痛欲绝。朱元璋白发人送黑发人已不是第一次了，这之前他的儿子潭王朱梓自焚而死，鲁王朱檀服长生丹毒发身亡，这都让铁石心肠的朱元璋没有多大伤心。但是，这次死的是他的太子，是他亲自选定、精心培养的大明王朝的钦定接班人，太子的死关系到自己朱家天下的接班传承，这让嗜权如命、一心想使自家江山代代传承的朱元璋的精神支柱瞬间崩塌，一夜之间头发、胡子全白，身体自然垮了下去，连精神都失去了常态。

但是朱元璋毕竟是朱元璋，太子朱标去世时间不长，把国之储君设立的帝业传承视为头等大事的他，又将孙子朱允炆定为他的接班人。

3. 忧心老帝葬钟山

朱允炆是朱标的长子。朱元璋有众多的儿子，他的长子太子朱标死了，他完全可以立自己其他的儿子为太子，为何他却隔代指定接班人，选立自己的孙子为皇太孙呢？其实，在此问题上朱元璋不是没有犹豫过，对此《纲鉴易知录》有下面的记载：

太孙生而额颅稍偏，性聪颖，善读书，然仁柔少断。帝每令赋诗，多不喜。一日令之属对，大不称旨；复以命燕王，语乃佳。帝尝有意易储，翰林学士刘三吾曰："若然，置秦、晋二王何地？"帝乃止。

太孙出生时，额部和颅部稍有偏斜，性情聪颖，善于读书，但是仁爱柔弱而缺乏决断。太祖每次让他赋诗，大都不合心意。有一天，太祖又让朱允炆练习对对联，所对很不合乎太祖的心意；太祖又让燕王朱棣来对，结果对得很好。因此太祖时常有心改换储君，翰林学士刘三吾说："如果是这样，你把秦王朱樉和晋王朱棡摆在什么位置？"太祖这才打消了改换储君的念头。

确实是这样，朱元璋要从自己的儿子中选立皇储，按理就应该以长幼顺序来选，这样就应该先考虑老二秦王朱樉，再考虑老三晋王朱棡，接下来才能轮得到老四燕王朱棣，可朱元璋最中意的却是性格为人很像自己的老四朱棣。但是如果选立朱棣，老二朱樉、老三朱棡会怎么想呢？他们会不会心怀不满而惹起事端呢？他们兄弟在自己死后相争皇位，自己的朱家天下就会有人乘虚而入而改朝换代了。这当然是一心想保住天下不落入他人之手的朱元璋最不愿意看到的，于是他只得以太子死了太子的儿子来接替的顺序，立朱允炆为皇太孙了。

皇太子朱标死后五个月，公元1392年9月13日，朱元璋无可奈何地又将十六岁的朱允炆选定为自己的接班人，册立为皇太孙，并像册立太子朱标一样颁发了《册立皇太孙诏》：

> 诏曰：曩古列圣相继驭宇者，首立储君。朕自甲辰即王位，戊申即帝位，于今二十九年矣。操将练兵，平天下乱，偃天下兵，奠万民于田里，用心多矣。近来苍颜皓首，诸司为重嫡孙允炆，以九月十三日册为皇太孙，嗣奉上下神祇，以安民庶。诏告臣民，想宜知悉。

朱元璋虽然立了朱允炆为皇太孙，但是心里更是惴惴不安、忧心忡忡，因为朱允炆的性格很像他的父亲，他不但长在深宫，未见世面，更要命的是年纪又轻。这让把江山传递看得比命还重的朱元璋更是担心自己一旦归天，朝中诸将大臣不听小孙子的调遣，威胁自己创下的朱家江山，于是执着于一念的朱元璋又开始了为他的孙子清除棘刺的行动。这时大明王朝的功臣宿将只剩下三五个人了，但丧心病狂、只为他朱家江山打算的朱元璋还是举起了屠刀，向这些功臣宿将下了手。

公元1394年，颖国公傅友德被诛杀，定远侯王弼也被杀。

公元1395年，宋国公冯胜被杀头。

颍国公傅友德是当时朝中仅剩的最能征善战的宿将了。明朝建立初期的洪武四年（公元 1371 年），明军进攻西蜀的夏国，朱元璋命令汤和率水军由瞿塘逆江而上进攻重庆，命令傅友德率步骑兵由秦入陇进攻成都。临行之时，朱元璋密谕傅友德说：

> 蜀人闻吾西伐，必悉其精锐东守瞿塘，北阻金牛，以拒我师。彼谓地险，吾兵难至；若出其意外，直捣阶、文，门户既骟，腹心自溃。兵贵神速，但患卿等不勇耳！

朱元璋密嘱傅友德说蜀人听说我军西伐，一定会动用所有精锐力量在东面防守瞿塘峡，在北面的金牛山地区进行阻击，以抗拒我军。他们认为秦陇入蜀的道路地势险要，我们的部队难以到达。但是，如果我们出其不意，直接进攻阶州（今甘肃武都）、文州（今甘肃文县），他们的门户如果被摧毁，心腹地区就自会溃散。用兵贵在神速，朕只担心你们不勇猛前进罢了！

朱元璋密令傅友德从秦入甘进攻阶州，从文州阴平小道突袭四川，结果傅友德率军攻占阶州，在进军文州外围要塞火烧关时遭遇一场恶战，傅友德帐下骁将汪兴祖战死，傅友德督军用火攻迅速攻下火烧关，从阴平小道进入四川，当年秋七月即攻占成都，与汤和军平定蜀地，灭了夏国。

洪武十四（公元 1381 年）年九月，朱元璋又命傅友德为征南将军，永昌侯蓝玉、西平侯沐英为副将军，率大军征伐云南，当年年底即平定了云贵之地。

傅友德在明朝初期平定西南地区建立了首功，而且为人低调，对朱元璋一直忠心耿耿，从不居功自傲，但是朱元璋为了除掉对他年轻的皇太孙的任何可能的威胁，依然杀掉了傅友德等尚存的几个功臣。至于为何要诛杀傅友德等人？他们有什么罪过？明史上没有一点记载。朱元璋早期诛杀功臣，还要指使人告发，罗织罪名，制造冤案，但在此时，在他行将离开这个世界时，更是最后的疯狂，对为他卖命建功的功臣不要任何借口说杀就杀，毫无一丝怜悯顾惜之情。这不仅使我们深为替最高统治者卖命之人叹息，更为最高统治者的自私凶残感到震惊！

朱元璋半生拼死相争，在四十一岁时才创建大明王朝登基称帝，所以他深感自己的江山来之不易。做皇帝之后他夙兴夜寐，事必躬亲，深怕有所闪失，影响自己江山的稳固。凡是朝中的大事小事，他都要亲自过问，除了通宵达旦地阅读奏章、批示公文外，他还要微服私访，亲自考察。他之所以这样干，是因为他从心底里不相信任何人，时时担心大权旁落，自己被人架空，于是他毅然废除了宰相制。太子朱标在世时，自己还可以依赖太子处理朝中一般事务，现在自己年近七十，而皇太孙年轻，他不放心让其辅助自己处理事务，因此朱元璋只得拖着经受了痛失贤妻、老年丧子的残躯更加费尽心力地操劳朝中的大小事务。朱元璋再能干、身体再强壮，这样的过度劳累也只能是加速他的死亡，洪武三十一年（公元 1398 年）润五月十一日，七十一岁的朱元璋终因心力衰竭而去世。去世当日，自知命之将终的他写下了遗诏：

> 诏曰：朕受皇天之命，膺大任于世，定祸乱而偃兵，绥生民于四野，谨抚驭以应天，今三十一年矣。忧危积心，日勤不怠，专志有益于生民。奈何起自寒微，无古人之博智，好善恶恶，不及多矣。年以七十有一，筋力衰微，朝夕畏惧，虑恐不终。今得万物自然之理，其奚哀念之有？皇太孙允炆仁明孝友，天下归心，宜登大位，以勤民政。中外文武臣僚同心辅佐，以福吾民。凡丧葬之仪，一如汉文无异。布告天下，使明知朕意。孝陵山川，已因其故，无有所改。洪武三十一年润五月十一日。

朱元璋的遗嘱首先不忘回顾他在元末大乱之时起兵平定群雄、推翻元朝、建立大明王朝的功勋，接下来就如同中国历朝历代开国统治者一样，称自己救民于水火，时刻为天下民众忧劳不息。接下来虽然也故作谦虚了一番，笼统地说自己有许多的不足，但究竟错在何处也不知所云。七十一岁的朱元璋自感已经年老体衰，担心自己将不久于人世，虽然很是达观地说生老病死是自然之理，自己并不感到悲哀，但依然放心不下的还是他的帝位传承的问题，一再叮嘱自己的文武大臣忠心辅佐皇太孙朱允炆。其后对自己丧葬事宜的安排，也可以说是显示了这位平民皇帝一贯节俭朴素的作风。

朱元璋推翻了元朝黑暗的统治，结束了多年的分裂混战给民众带来的无尽苦难，使得明朝初年社会得以安定，人民得以休养生息，经济得以发展，人口得以增长繁衍，确实有他不可否认的功绩。但是，他从维护自己一家天下的一己私念出发，推行恶法暴政，施行特务政治和文字狱，制造一波又一波的清党运动，疯狂地诛杀功臣、滥杀无辜，给此后中国几百年来的历史开了一个极其恶劣的先河。几百年来，正是在朱元璋所引领的这样的恶法暴政笼罩之下，特务横行，告密屠杀成风；文字狱成灾，冤狱遍地，民众三缄其口，敢怒而不敢言。这样的恶法政治严重地禁锢了民众的思想，严重地束缚了人民的思想自由，严重地扼制了民族的创新精神，致使中华民族近代的发展缓慢甚至倒退，致使有几千年引领世界潮流辉煌历史的中华文明几百年来游离于世界政治、经济、思想、文化、科技各个方面迅猛发展的主流之外，造成了近代中华民族令人不忍提说的黑暗史、衰弱史、挨打史。朱元璋这种因极端自私的封建家天下而产生的罪恶政治，从中华民族文明发展史来看，我们无论怎样斥责和否定都不为过。

对于朱元璋，在这里我还有两点要说。其一，任何人，即使再强势的历史巨人，也不能要求其后的历史按他的意志来发展，即使他一再要求这不能变，那不能改，他以后的历史是不会按照他生前的要求和规定来发展的。

朱元璋晚年，用了整整六年的时间将他在大明王朝推行的体制法律编写成了一本《祖训》，并亲自撰写序文：

> 朕观自古国家，建立法制，皆在始受命之君。盖其创业之初，备尝艰苦，阅人既多，历事已熟，比之生长深宫之主，未谙事故，及僻处山林之士，自矜已长者，甚相远矣。朕与群雄并驱，虑患防微，近二十载，乃能统一海宇，人之情伪亦颇知之，故以所见所行开导后人，著《祖训》一篇，立为家法。首尾六年，凡七誊稿，至今方定，岂非难哉！盖俗儒多是古非今，奸吏常舞文弄法，凡我子孙，钦承朕命，毋作聪明，乱我已成之法。

朱元璋说他观察历朝历代的法律体制都是像他这样的开国君主建立起来的。因为像他这样的开国君主都是通过自己多年的奋斗，经验阅历丰富，料事阅人英明正确，比起那些从小在深宫中长大的继位君主，比起那些自认为自己学问很高的山林隐士强得多了。自己与群雄并争，灭除元朝，奋斗了近二十年才统一天下，建立了大明王朝，因此人情练达、世事洞明，于是花费了整整六年的时间，前后誊写修改了七次，编成了这部《祖训》作为传给后世的家法。从今往后，只要是我朱元璋的子孙都要谨守我制定的成法，一定不要受是古非今的儒生和舞文弄法的奸吏的引诱，自作聪明地改变我的已成之法。

朱元璋为他的子孙专门撰写了《祖训》，严厉告诫他的子孙严格按照他的祖训家法办事，任何人不得改变。然而就在他刚刚死去，他的儿子燕王朱棣就发兵南下攻进南京，赶走了朱元璋苦心扶持的新皇帝朱允炆，并将都城从南京迁到了北京。南京是朱元璋亲自选定的"有天子气"的虎踞龙盘的京城，迁立京城改变了朱元璋的定制尚在其次，而殚精竭虑、精心培养接班人被朱元璋视为他的第一要务而不惜大肆杀戮才得以确立的，就是这样朱元璋用他的后半生拼尽其心力得以确立的帝位承继体例，就活生生被他的儿子用金戈铁马击得粉碎。这在接下来要讲的明成祖朱棣时详细再说。

其二，凡事不可做绝，即使自己贵为天子，掌握着天下生灵生死存亡的至高无上的权力，也不可视他人的生命为无物而滥杀无辜，自我作孽。因为人在做，天在看，天道人心，人心就是天道，自我作孽，终要偿还，即使不现报在自身，也要罪殃子孙，由其后裔偿还。

朱元璋后宫妃嫔成群，自然儿女众多，其皇子皇孙个个也是妻妾成群，后代繁衍更是以几何级数迅速增长，到了大明末期，朱元璋的直系后裔已经达到十四万人之多。这些皇家后裔不是在朝中作威作福，便是在地方封王做官，养尊处优。但是，到了明朝分崩离析之时，李自成、张献忠的农民军和入关的清军同时并起，这三股力量当然也相互攻杀，但他们共同的敌人便是大明王朝，他们共同杀戮的对象便是朱元璋的子孙后裔。在这三股力量的共同绞杀之下，朱元璋的皇室后裔有的上吊自缢，有的跳海自尽，有的自焚而亡，更多的则是被杀戮而死，更有洛阳福王朱常洵被李自成农民军洗涮干净和野鹿肉炖在一起，成了农民军享用的"福禄宴"。最终，朱元璋的十四万后裔几乎被杀得一干二净。这在我们以后将要讲到的崇祯皇帝朱由检时再详细讲述。

朱元璋要将他创立的大明朱家江山传至千秋万代的愿望不仅没有实现，而且以其十四万后裔被杀戮殆尽偿还了他阴狠凶残、滥杀无辜的滔天罪孽。这正所谓苍天饶过谁！

明成祖朱棣

朱棣（公元 1360—1424 年），明朝的第三位皇帝，公元 1402 年至 1424 年在位。他是明太祖朱元璋的第四子，原封为燕王。他在位时的年号为"永乐"，所以人称其为"永乐皇帝"；他死后的谥号是"文皇帝"，故史书称他为"文皇"；他的庙号是"太宗"，所以在《明实录》中他的实录就被称作《太宗实录》；后来嘉靖帝将他的庙号改为"成祖"，因而后人便称他为"明成祖"。

一、王叔与皇侄的明争暗斗

1. 年少封王战功卓著

对于明成祖，《明史本纪第五·成祖一》开篇有下面的记载：

> 成祖启天弘道高明肇运圣武神功纯仁至孝文皇帝讳棣，太祖第四子也。母孝慈高皇后。洪武三年，封燕王。十三年，之藩北平。王貌奇伟，美髭髯。智勇有大略，能推诚任人。二十三年，同晋王讨乃儿不花，晋王怯不敢进，王倍道趋迤都山，获其全部而还，太祖大喜。是后屡率师诸将出征，并令王节制沿边士马，王威名大振。

成祖启天弘道高明肇运圣武神功纯仁至孝文皇帝朱棣是明太祖朱元璋的第四子。他的母亲是孝慈高皇后马氏。洪武三年（公元 1370 年）他被封为燕王，十三年（公元 1380 年）正式赴北平任藩王。燕王的相貌雄奇伟岸，有一把漂亮的胡须。他智勇双全，具有远大的谋略，能以诚待人。洪武二十三年（公元 1390 年），他同晋王一起率师讨伐乃儿不花，晋王胆怯不敢进军，燕王倍道而行急赴迤都山，大获全胜而回，明太祖朱元璋非常高兴。这以后燕王多次率领诸位将领出征，朝廷还下令让燕王节制北方沿边各路军马，于是燕王威名大震。

我们常说历史是胜利者书写的，就是因为我们今天读到的胜利者书写的史书常有一些不实之词。明史在这里记载的明成祖朱棣的出身就是假冒之词，因为他并不是马皇后所生。他的亲生母亲是从高丽选贡来的碽妃，朱棣很小的时候他的亲生母亲碽妃就被朱元璋处死了。朱元璋为何要处死碽妃呢？据一些野史所载，一种说法是碽妃出轨偷情被朱元璋发现，还有一种说法是她一心想让自己的儿子朱棣成为皇储而干预朝政。碽妃死后，朱棣和他的同母弟弟朱橚便被马皇后抚养长大。长大成人后的朱棣一直称自己是马皇后的亲生嫡子，这一是他耻于提自己的亲生母亲；二是为了给自己披上太祖皇帝嫡子的外衣，增加自己发动"靖难之役"夺取帝位的正当性。朱棣在靖难誓词中就称自己"太祖高皇帝、孝慈高皇后嫡子，国家至亲"，所以明史便说他是"母孝慈高皇后"。

朱棣生于元至正二十年（公元 1360 年）四月十七日，《明实录》虽然把他出生时的情景描写为"光气五色满室，照映宫闱经日不散"，给朱棣的出生笼罩上了一种极其神秘的天生的帝王之气，但实际上他的出生不仅很是平常，而且他出生时的应天府（南京）正处于极度紧张的危机之中。当时，陈友谅大军攻陷了太平，镇守太平的朱元璋帐下最骁勇的黑脸将军花云和朱元璋的养子朱文逊及三千士兵全部战死，朱元璋刚刚建立的应天府后方根据地处于极其危险的境地。所以，朱棣的出生并没给朱元璋带来多少惊喜，他甚至顾不上多看一眼自己刚刚出生的儿子，更顾不得给儿子取个名字便率部与进攻应天的陈友谅展开了激战。

到了元至正二十七年（公元 1367 年），朱元璋已基本平定了南方，全国虽未完全统一，但大局已定，朱元璋正积极准备第二年就登基称帝，于是他在这年的年底才正式给自己已有的七个儿子取名，并祭告太庙说：

> 维子之生，父命以名。典礼所重，古今皆然。仰承先德，自举兵渡江以来，生子七人。今长子命名标，次曰樉、曰棡、曰棣、曰橚、曰桢、曰榑，从孙一人曰炜。敢告知之。

从此之后，朱棣和他的几个弟兄才有了正式的名字。

朱元璋给自己的后代取名很有讲究，他是按照"五行相转"的法则来命名的。按照这个法则，朱棣这个辈分属木德，所以名字都有带木字旁的字。朱棣的儿子朱高炽，属火德；孙子朱瞻基，属土德；曾孙朱祁镇，属金德；玄孙朱见深，属水德。以后则五行相转，周而复始地循环，意在传至万世而不绝。

创建大明王朝登基称帝后的朱元璋一心思虑的便是如何才能将他亲手创建的大明江山传至千秋万代而永不变色，他总结元朝灭亡和历朝历代的历史经验教训后，认为封藩制才是保障他朱家江山万世相传的制胜法宝。洪武三年（公元 1370 年）四月初，他正式在朝堂上发表了自己封藩的主张：

> 昔者元失其驭，群雄并起，四方鼎沸，民遭涂炭。朕躬率师徒以靖大难，皇天眷祐，海宇宁谧。然天下之大，必建藩屏，上卫国家，下安生民。今诸子既长，宜各有爵封，分镇诸国。朕非私其亲，乃遵古先哲之制，为久安长治之计。

> 先王封建，所以庇民，周行之而久远，秦废之而速亡。汉晋以来，莫不皆然。其间治乱不齐，特顾施为何如尔。要之，为长久之计，莫过于此。

朱元璋说元朝失去了对地方的控制和驾驭能力，才使得群雄并起，天下纷纷起事造反，人民生灵涂炭。我亲自率师靖除大难，在皇天的眷祐下才平定了天下，建立了大明王朝。但是天下是如此的广大，只有建立分封制，让藩王屏卫朝廷，才能上卫国家，下安百姓。现在我的儿子们已经个个长大成人，就应该分封他们王爵，让他们分别镇守藩国。我并不是出于疼爱自己儿子的私心，乃是遵循古先王的体制，为国家长治久安打算啊！

朱元璋又说先王推行分封制，是用来护祐百姓的，周代实行了分封制，周朝就延续了长久的时间，而秦朝废除了分封制就加速了它的灭亡。汉晋以来的历史没有不是这样的。从历朝历代治乱不齐的历史来看，都是因为施行的体制不同罢了。总之一句话，从国家的长治久安来考虑，没有比实行分封藩王制度更重要的了。

对于封建极权体制来说，皇帝的话就是英明的圣旨，于是满朝的臣仆便异口同声地说陛下分封诸王来护卫国家宗庙，是为了天下万世安定的至公之议啊！

分封诸侯王，实行分封制，是我国历史上从奴隶社会向封建社会演变时期的体制。周王朝实行分封制，分封诸侯王，从其后期春秋战国几百年的战乱史来看，不仅造成了诸侯割据、国家分裂的局面，而且造成了诸侯国之间几百年攻伐兼并战乱不断，使国家和人民陷入无尽的灾难之中。秦朝建立之后，吸取几百年战乱不断、国家分裂的历史教训，才废除了分封制，建立了郡县制。刘邦建立汉朝之后，虽然废掉了异姓王，却大肆分封刘氏宗室子弟为王，结果时间不长便引起了诸侯国造反的"八王之乱"，在汉武帝大力实行推恩令逐步削藩的政策下，国家才逐渐安定下来。朱元璋从维护他朱家天下的一己私心出发，从他总是疑虑朝中文臣武将觊觎他朱家皇权的偏见考虑，表面看起来他也是总结历史的经验教训，但却恰恰得出了极其错误的结论，认为施行藩王分封制才是能使国家长治久安的体制。于是，洪武三年（公元1370年）四月初七，朱元璋正式颁发诏书，分封诸王：

> 朕荷天地百神之灵，祖宗之福，起自布衣，艰难创业。惟时将帅用命，遂致十有六年，混一四海。功成既定，以应正统。考诸古昔帝王，既有天下，子居嫡长者，必正位储贰。若其众子，则皆分茅胙土，封以王爵，盖明长幼之分，固内外之势者。朕今有子十人，前岁已立长子为皇太子。爰以今岁四月初七日，封第二子为秦王、第三子为晋王、第四子为燕王、第五子为吴王、第六子为楚王、第七子为齐王、第八子为潭王、第九子为赵王、第十子为鲁王、侄孙为靖江王，皆授以册宝，设置相府官属。凡诸礼典，已有定制。於戏！众建藩辅，所以广磐石之安；大封土疆，所以眷亲支之厚。古今通谊，朕何敢私？尚赖中外臣邻，相

与维持，弼成政化。故兹昭示，咸使闻之。

朱元璋的封王诏书说：我凭着天地诸神之灵的护佑和祖宗的福荫，从一介布衣起事，艰难创业。靠着诸位将士的拼死效力，经过十六年的拼搏终于统一了四海。大功告成、国家安定之后，就应该正名定位。考察古代的帝王，他们据有天下之后，嫡长子必立为皇储。其他的众位皇子就要给他们分封土地，赐以王爵。这样既是明确长幼之序，又能稳固朝廷内外之势。我现在已有十个儿子，前年已经立长子为皇太子。于是在今年四月初七日，封第二子为秦王、第三子为晋王、第四子为燕王、第五子为吴王、第六子为楚王、第七子为齐王、第八子为潭王、第九子为赵王、第十子为鲁王、侄孙为靖江王，皆为其授以册宝，设置辅佐的官属。分封诸王的各种典礼皆按定制办理。哎呀！建立藩府是为了国家如磐石般的安定，分封疆土是因眷爱亲支的深情，古今一理，我怎敢出自于自己的偏爱私心？还要依赖中外臣邻的辅佐相助，实现国家的长治久安。特此昭告天下，使人人皆知。

分封典礼上给每个藩王都发放了分封金册，给朱棣分封燕王的册文如下：

> 昔君天下者，必建屏翰。然居位受福，国于一方，并简在帝心。第四子棣，今命尔为燕王，永镇北平，岂易事哉？朕起农民，与群雄并驱，艰苦百端，志在奉天地，享神祇。张皇师旅，伐罪吊民，时刻弗怠，以成大业。今尔有国，当恪敬守礼，祀其宗社山川，谨兵卫，临下民，必尽其道。体朕训言，尚其慎之。

分封燕王朱棣的册文说：从古以来君临天下的帝王一定要立藩建屏。但藩王建国一方，享受福禄，均出自帝王的安排。第四子朱棣，今天封你为燕王，永远镇守北平，这可不是一件容易的事啊！我起自农民，与群雄争斗，历尽了千辛万苦，一心一意地敬奉天地神灵。我统率千军万马除暴安民，时时刻刻不敢松懈，才成就了大业。今天你有了自己的王国，应当恪敬守礼，谨祀宗庙山川，注重军事，抚恤百姓，一定要尽职尽责。一定要体察我的告诫，戒骄戒躁，谨慎而行。

朱棣初封燕王时刚刚十岁，到了洪武十三年（公元1380年），年满二十岁的他便带着五千多人的护卫侍从奔赴北平,正式就任镇守北平的藩王职位。

朱棣就藩北平的最初几年,朱元璋并没有让他直接参加扫除元军残部侵扰的军事行动,当时北平的军务仍由攻克北平的开国功臣徐达主持。洪武九年(公元 1376 年),朱棣娶了徐达的女儿为王妃,徐氏知书达理,成为朱棣非常得力的贤内助。徐达多年驻军北平,在岳父的精心指点下,朱棣自然深得徐达军事才能的精髓。徐达回南京后被毒死,接替徐达主持北边军务的大将冯胜,也是一位身经百战很有韬略的开国名将。洪武二十年(公元 1387 年),蒙古丞相纳哈出拥众十万占据了辽河流域,冯胜奉诏率领颖国公傅友德、永昌侯蓝玉挥师二十万兵马前往征讨,大获全胜。回京后冯胜被宣布有罪,被朱元璋赐毒酒而死。接替冯胜的是大将蓝玉,洪武二十一年(公元 1388 年),蓝玉率军十五万人再次出征蒙古,大胜而归。但是,时间不长蓝玉又被朱元璋以忤逆罪杀了头。

在优秀的开国将领几乎被朱元璋屠杀殆尽之后,北边的军事重任自然落在了作为朱元璋儿子的北方几个藩王的肩上了。

洪武二十三年(公元 1390 年),前元朝的丞相咬住、太尉乃儿不花拥众边地,大有南下的动向,朱元璋下令让燕王朱棣和晋王朱棡率北平与山西军马征伐。晋王朱棡胆怯进军缓慢,朱棣却冒着大雪倍道而行。他说:"天大雪,虏不虞我至,宜乘雪速进。"结果朱棣大军出其不意奔袭迤都山后,乃儿不花只得率众投降,明军兵不血刃凯旋。就这样,朱棣在他第一次领军出征中,以自身的勇气和超人的胆识锋芒初露,一鸣惊人地展示了自己的军事才能。

朱元璋分封藩王是因为他坚信自己的儿子比将帅更可靠,朱姓比外姓更可靠,燕王初出茅庐旗开得胜,更让他认为分封诸王是使国家社稷长治久安的法宝。但是,并不是所有人都看不出分封制的历史弊病,当时就有两个人上书朱元璋,直接指出分封诸王将给国家带来的灾难,这两个人一个是解缙,一个是叶伯巨。

解缙"数上封事,所言分封势重,万一不幸,必有厉长、吴濞之虞",结果受到了贬黜。

叶伯巨上书更为直率，他说："今裂土分封，使诸王各有土地，盖惩宋、元孤立，宗室不竞之弊。而秦、晋、燕、齐、梁、楚、吴、蜀诸国，无不连邑数十，城郭宫室亚于天子之都，优之以甲兵卫士之盛。臣恐数世之后，尾大不掉，然后则其地而夺其权，则必生觖望，甚者缘间而起，防之无及矣。议者曰，诸王皆天子骨肉，分地虽广，立法虽佟，岂有抗衡之理？臣窃以为不然。何不观于汉、晋之事乎？孝景，高帝之孙也，七国诸王，皆景帝之同祖父兄弟子孙也，一削其地，则遽构兵西向。晋之诸王，皆武帝亲子孙也，易世之后，迭相攻伐，遂成刘、石之患。由此言之，分封逾制，祸患立生，援古证今，昭昭然矣。"

叶伯巨说，现在建立藩国，分封诸王，使诸位藩王各有自己的国土，大概是因为吸取宋朝和元朝没有分封藩王，使得朝廷孤单，宗室子弟不尽力扶持的弊病。但是，现在分封的秦、晋、燕、齐、梁、楚、吴、蜀等藩国，无不是城邑连接数十个，城墙宫殿仅仅亚于天子的都城，而且还给予其拥有众多甲兵卫士的优待。我担心几代之后将出现尾大不掉的危险局面，这样使得朝廷不得不削减他们的土地和权力，因而使他们产生怨恨甚至乘机而起，朝廷防范也来不及啊！或许有人会说，诸位藩王都是天子的亲生骨肉，虽然给他们分封的土地广大，待遇非常优厚，难道他们还会有对抗朝廷的道理？我认为这种说法非常不当。我们何不从汉代和晋代的历史事实中总结出经验教训呢？汉景帝是汉高祖的孙子，汉朝的七国藩王都是汉景帝同祖父的兄弟子孙，可朝廷一削减他们的土地，他们便即刻统兵造反，联合起来向西进攻朝廷。晋代的诸位藩王都是晋武帝的亲子孙，可是几代之后，便接连不断地相互攻伐，造成了刘、石祸患。从这些历史教训来看，分封诸王违背了应有的体制，使国家即刻陷于祸患。援古证今，这样的历史教训再清楚明白不过了啊！

历史的教训清楚明白地摆在那里，叶伯巨的真知灼见是确确实实地为大明王朝的长治久安着想，但这却与朱元璋总结历史的经验教训得出的观点根本对立，水火不容。所以，朱元璋读完叶伯巨的奏书即刻勃然大怒，连声大呼："小子间我骨肉，速逮来，吾手射之！"结果叶伯巨被抓到京城，投入监狱，遭受百般摧残，最后死在狱中。

朱元璋以布衣之身夺得了天下，便以为"溥天之下，莫非王土；率土之滨，莫非王臣"，以他家天下的私念，认为只有他的朱姓子弟才是唯一的维护大明王朝永不变色的可靠力量，从而逆历史潮流而动，恢复分封制，分裂国土，大封诸王。但是，让朱元璋万万没有料到的是，他刚刚咽气，他亲自指定的大明皇帝的接班人建文帝的皇位还没有坐稳，他的儿子燕王朱棣便发动"靖难之役"挑战朝廷了。这让朱元璋刚刚建立的大明王朝陷入了多年的战乱之中，应验了叶伯巨此前所说的"分封逾制，祸患立生"的预言。对此，我们下节再讲。

2. 建文即位谋削藩

对于燕王朱棣发动"靖难之役"之前的情况，《明史·本纪第五·成祖》有下面简略的记载：

> 三十一年润五月，太祖崩，皇太孙即位，遗诏诸王临国中，毋得至京师。王自北平入奔丧，闻诏乃止。时诸王以尊属拥重兵，多不法。帝纳齐泰、黄子澄谋，欲因事以次削除之。悼燕王强，未发，乃先废周王橚，欲以牵引燕。於是告讦四起，湘、代、齐、岷皆以罪废。

洪武三十一年（公元 1398 年）润五月，明太祖朱元璋去世，皇太孙朱允炆即位。朱元璋留下遗诏，让诸王留在自己的藩国，不得到京城奔丧。燕王朱棣得到朱元璋的死讯，急急带人从北平赶往南京奔丧，接到了朝廷派人送来的遗诏才停下来返回北平。当时，藩王们因其地位高贵、拥有重兵，大多横行不法。建文帝接受了齐泰、黄子澄的谋划，想寻找事端逐步削除各地的藩王。他担心燕王的势力最强，就没有先动他，于是先废除了周王朱橚，想以此牵涉燕王。于是全国各地到处都有人告发检举诸王的不法之事，湘王、代王、齐王、岷王都因罪被废除。

朱元璋是大明王朝的开国皇帝，他从一个云游四方讨饭的小和尚，凭自己超人的胆识和雄才浴血奋战十六年，才夺得了天下，这样凭自身实力打出来的威势，让朝中诸王和群臣不得不服，再加上他登基称帝后大肆屠杀功臣，不断清除异己所表现出来的阴狠的性格和毒辣的手段，让人们闻之胆寒。所以，他翻手为云、覆手为雨发动一波又一波的清洗运动屠戮功臣，制造冤案；他倒退历史，分封藩王，可以说是完全随心所欲，秃子打伞无法无天，也没有人敢与之对抗。他有二十六个儿子，个个被封为藩王。虽然这些藩王儿子对其父亲越过他们隔代指定接班人均有不满，但慑于其父的威势，没有一个人敢于表现出丝毫的怨恨。

但是，被朱元璋扶上皇位登基称帝的建文帝朱允炆，却完全与其祖父朱元璋所处的情势不同。

首先，朱允炆没有其祖父朱元璋叱咤风云、在奋斗实践中自然树立起的令人拜服的威势。建文帝朱允炆生在帝王之家，长在温柔乡中，虽然有其祖父百般地叮嘱和教导，但是才刚刚二十岁出头就继位当了皇帝的他，既没有治国理政的经验，更没有征战创业的功绩，所以像朱元璋那样令人从心底拜服的威势自然无从谈起。群臣只是因他是前皇帝指定的接班人而遵从礼法尊他为皇帝，而在他那些拥兵自重、雄踞一方的藩王叔叔眼中，他只是一个妨碍了自己登上皇位的晚辈小儿。

其次，朱允炆从小按其祖父的安排受到极其严格的教育，但正是这传统仁道的儒学教育培养出了朱允炆文弱仁爱的性格。《明史·本纪第四·恭闵帝》载道："帝生颖慧好学，性至孝。侍懿文太子疾，昼夜不暂离。更二年，太子薨，居丧毁瘠。太祖抚之曰：'而诚纯孝，顾不念我乎？'……初，太祖命太子省决章奏，太子性仁厚，於刑狱多所减省。至是以命太孙，太孙亦复左以宽大。尝请于太祖，遍考礼经，参之历朝刑法，改定《洪武律》畸重者七十三条，天下莫不颂德焉。"

建文帝生来聪明好学，极其孝顺。懿文太子生病时，他在病床前侍候，昼夜不肯离开一步。过了两年懿文太子死了，他长期跪拜守灵居丧，以致损伤了腰脊。明太祖朱元璋手抚其背说："你确实是个纯孝的孩子，但你这样不顾惜自己的身体，为何不为我这个还在世的爷爷着想呢？"……当初，太祖让懿文太子阅读处理奏章，太子性格仁厚，对于各地刑狱多有减免。到了让皇太孙处理奏章时，皇太孙也以宽大为怀处理各地刑狱。他曾经请求太祖恩准，考察各种经典，参照历朝历代的刑法，改定了《洪武律》中七十三条量刑畸重的刑律，天下人没有不称颂他的大德的。

这些记载让我们不难看出朱允炆仁厚良善的性格，这种性格刚好同朱元璋阴狠毒辣的性格形成鲜明对比。他的这种性格作为一个人是极其美好的，而他作为一个在其野心勃勃的诸位藩王叔父环伺之下的年轻皇帝，却很可能被认为软弱可欺。更何况中国几千年来的政治争斗从来遵从的都是丛林法则，强者为王、成王败寇的历史反复上演让中国人养成了枭雄崇拜心理。谁的拳头硬，谁就是英雄；谁凭武力抢得了天下，人们就向他顶礼膜拜。朱元璋凶狠好斗，铁腕毒辣，让人们不敢仰视；朱允炆文弱良善，这使得本来就有心据皇位于己有的诸王产生了取代之心，特别是诸王中实力最强、野心最大的燕王朱棣。

"横看成岭侧成峰，远近高低各不同。"庐山为什么"横看成岭侧成峰"呢？是人们站的位置"远近高低各不同"。不仅如此，人们的眼光不同、地位不同所造成的看问题的角度不同，也会对同一个问题得出不同的看法和结论。朱元璋个人有极强的威势，又是给诸王打下了天下的父皇，对其儿子们有极强的威望和震慑力，自然能慑制住诸王。所以，他认为分封藩王，使他的儿子们个个势力强大，是护卫他的道道屏障，是确保他朱家天下传至万世的制度保障。但是，在年轻弱小的朱允炆眼中，他那些正处在壮年时期又个个拥兵自重的藩王叔父，个个都像即将扑向他的猛虎，这样的压力像大山一样时时刻刻重压着他，让他喘不过气来。

这样的压力在他被立为皇太孙成为储君时就萦绕在了他的心头。有一天，皇太孙朱允炆在东角门遇到他的老师东宫伴读太常寺卿黄子澄时，便悄悄问道："诸王是我的尊属，各拥重兵，所作所为又多不法，你看祖父百年之后，我该如何处置？"没想到，对于朱允炆忧心忡忡的探问，黄子澄即刻乐观地回答说："此事不难处置。诸王府的护卫军士仅足以自守，而朝廷军卫犬牙交错、星罗棋布于天下各地。倘若诸王图谋不轨，挑起事端，只需临之以六师，谁能阻挡？汉朝七国并非不强，但最终还是未能逃脱灭亡的命运，这是以大制小、以强制弱的道理。"饱读诗书、满肚子儒学经典的黄子澄看起来极其乐观，似乎对解决这样的问题早已成竹在胸，然而只凭一点书本知识、毫无政治斗争经验的他哪里知道强权争斗的险恶诡谲。人们常说的"书生误国"在其后的叔侄争斗中很快就得到了应验。

强势的诸王对朱允炆的这种威胁，特别是实力最强而又野心勃勃的燕王朱棣给朱允炆心中形成的压力，朝廷内外许多明眼人早已看出了端倪，甚至连此时已是重病缠身、即将离世的朱元璋也感到不安。他担心在他离开人世、皇太孙朱允炆尚未继位、朝中出现权力空白之时诸王有人趁机作乱，于是特地留下了"诸王临国中，无得至京。王国所在文武吏士听朝廷节制，惟护卫官军听王"的遗诏。

朱元璋的遗诏保证了朱允文顺利继位。朱元璋死后带着众多护卫急急赶来的朱棣等诸王被挡在了京城之外，皇太孙朱允炆得以以老皇帝亲自指定的接班人的身份登基称帝。朱元璋认为只要他的皇太孙顺利即位，朱允炆将大明皇帝的权柄一握，诸王就会听命朝廷，一切的问题都会化为乌有了，然而让朱元璋想不到的是他亲手让实力坐大的诸王，根本不把他扶在皇位上的新皇帝放在眼里。

建文元年（公元1399年）二月，到京城朝见新皇帝的朱棣竟然由皇道径直上殿，而且自恃叔父之尊，朝堂之上见到建文皇帝也不下拜。按照朱元璋制定的《祖训》，皇道只有皇帝本人才能使用，叔侄在朝堂之上应行君臣之礼，回宫后再叙叔侄之论。朱棣这种公然冒犯皇帝的行为自然不被当朝文武百官所容忍，监察御史曾凤韶便上书弹劾燕王朱棣犯了"大不敬"之罪，没想到建文帝却以"至亲勿问"为词，原谅了朱棣。

朱允炆虽然仁弱而无政治斗争经验，但处在他那个位置却让他深感威胁自己皇位的就是那些拥兵自重、骄横不法的藩王叔父，所以他一即位就积极地与主张大力削藩的齐泰、黄子澄谋划削藩。但是，正是他仁弱不忍、遇事毫无决断的性格，错过了利用朱棣朝觐"大不敬"的行为废除其燕王的大好机会，给自己和国家埋下了祸患。

建文帝的优柔寡断和诸王的骄横不法，让朝中许多的有识之士也坐不住了，纷纷密奏皇帝，提出了许多削藩的建议。吏部官员高巍上书说：

> 高皇帝分封诸王，比之古制，既皆过当。诸王又率多骄逸不法，违

犯朝制。不削，朝廷纲纪不立；削之，则伤亲亲之恩。贾谊曰："欲天下治安，莫如众建诸侯而少其力"今盍师其意，勿行晁错削夺之谋，而效主父偃推恩之策。在北诸王，子弟分封于南；在南，子弟分封于北。如此则藩王之权，不削而自削也。臣又愿益隆亲亲之礼，岁时伏腊使人馈问。贤者下诏褒赏之。骄逸不法者，初犯容之，再犯赦之，三犯不改，则告太庙废处之。岂有不顺服哉！

高巍说，太祖皇帝分封诸王，同古代的体制比较来说已经是过时不当了。现在诸王又大多骄逸不法，违反朝廷制度。不削除藩王，朝廷纲纪不立；削除他们，又伤害了亲亲之恩。汉臣贾谊说："要想天下长治久安，不如广泛地分封诸侯而削减他们的实力。"现在为什么不效法他的主张呢？不要实行晁错削夺藩王的主张，而要效法主父偃推恩之策。北方的藩王，将他的子弟分封到南方；南方的藩王，却将他的子弟分封到北方。如此则藩王的权力不削减他，却已经自行削减了。我又希望提高宗室的亲亲之礼，逢年过节朝廷遣人去慰问他们。对其中的贤德者下诏大力表彰。对其中的骄逸不法者，初犯可包容他，再犯可赦免他，多次犯法不改，则告于太庙而废除了他。这样做了，难道还有不顺服的藩王吗？

高巍提出实行汉代主父偃那样的推恩分封，逐步削减藩王权力的方式，而户部侍郎卓敬更提出了处置最危险的藩王朱棣的方式，他在其密奏中说：

燕王智虑绝伦，雄才大略，酷类高帝。北平形胜地，士马精强，金、元所由兴。今宜徙封南昌，万一有变，亦易控制。夫将萌而未动者，机也；量时而可为者，势也。势非至刚莫能断，机非至明莫能察。

卓敬在密奏中说，燕王的智慧思虑超人，具有雄才大略，很像太祖皇帝。北平是形胜之地，人强马壮，是金朝、元朝兴起的地方。现在应该将燕王迁封到南昌去，万一发生变乱，也容易控制。事变将生而未生之时是时机；考虑到时机而行动是乘势。乘势而为不是至刚之人而不能决断，时机不是至明之人而不能觉察。

高巍提出了逐步削减诸王的方略，卓敬更提出了擒贼先擒王，首先处置最危险的对手燕王朱棣的建议。然而优柔寡断的建文帝和书生意气的齐泰、黄子澄一是迫于重压，感到必须及早削藩；二是忌惮燕王的实力，怕惹恼了燕王朱棣，激起变乱，所以制定出了先削除罪行昭彰、实力较弱的藩王，然后在燕王势单力孤又牵连出他的罪行时再行处置的策略。对此，《纲鉴易知录》有下面的记载：

> 户部侍郎卓敬密奏裁抑宗藩，疏入不报。于是燕、周、齐、湘、代、岷诸王颇相煽动，有流言闻于朝，帝患之，谋于齐泰。泰与黄子澄首建削夺议，乃以事属泰、子澄。泰谓子澄曰："燕握重兵，且素有大志，当先削之。"子澄曰："不然。燕预备久，卒难图，宜先取周，剪燕手足，燕即可图也。"乃命曹国公李景隆调兵卒至河南围之，执周王及其世子、妃嫔送京师，削爵为庶人，迁之云南。

户部侍郎卓敬秘密上奏请求裁减抑制宗室藩王，奏书呈上去却没有答复。此时燕王、周王、齐王、湘王、代王和岷王频繁来往相互煽动，流言蜚语纷纷传到朝廷。建文帝为此深感忧虑，与齐泰商议如何处置。齐泰和黄子澄首先提出过削夺藩王的建议，建文帝就把此事交给齐泰、黄子澄办理。齐泰对黄子澄说："燕王手握重兵，而且一向心怀大志，应当首先削夺他的权力。"黄子澄却说："此话不当，燕王做准备已经很久了，一下子很难除掉他。应当先处置周王，剪除燕王的手足，这样以后燕王就可以除掉了。"于是朝廷命令曹国公李景隆调兵到河南包围了周王府，逮捕了周王以及他的世子、妃嫔送到京城。将周王削去了爵位，贬为平民，迁徙到了云南。

周王朱橚是朱元璋的第五子，燕王朱棣的同母弟。史称其好学，能词赋，但他一直恃才妄为，不安本分，据载其父朱元璋在世时，他就因违背《祖训》，受到朱元璋的惩处。建文帝即位后，他自恃有实力强大的同母兄燕王朱棣撑腰，"志满意骄，并时露异谋"。朱橚的次子汝南王朱有爋是个不仁不孝之子，他一心想袭封周王的爵位，所以将他的亲生父亲视为阻拦他得到周王爵位的政治对手，因此"建文帝即位，（周）王次子有爋告王谋逆"。

中国历代统治者最喜欢倡导所谓的"大义灭亲"，不管这所谓的灭亲者为人如何卑劣、动机如何龌龊，只要符合统治者维护其统治的政治斗争需要，这个灭亲者就被冠以"大义"，树为榜样，获得名利。朱有爋出于他龌龊的野心，丧心病狂地告发他的父亲，虽然极其的卑劣无耻，但却恰恰符合朝廷削藩的需要，子告父谋逆不法，朝廷正好有光明正大的理由处置周王。于是，建文帝即刻密诏曹国公李景隆声称带兵巡边，路过开封时突然包围了周王府，抓住了周王朱橚，押到京城，将他贬为庶人。

周王被废除给全国发出了朝廷有意废除诸王的明确信号，再加上朱元璋分封在全国大大小小的皇二代、皇三代这些藩王个个横行不法，他们在各地不是侵夺民财，就是抢占民女，甚至欺凌地方官员，有的还招降纳叛，聚集力量，图谋不轨，所以这以后便有人纷纷告发诸王的不法罪行。于是，朝廷顺势而为，接连废除了湘王朱柏、齐王朱榑、代王朱桂和岷王朱楩。

朱柏是朱元璋的第十二子，洪武十一年（公元1378年）被封为湘王，就藩荆州。建文元年（公元1399年），有人告发他伪造宝钞，擅杀平民，且企图谋反。建文帝下诏遣使带兵讯问，朱柏闻讯十分害怕地说："我听说前代的大臣被下吏拘执，多自行引决而死。我身为高皇帝之子，南面为王，岂能受辱仆隶之手，求生而活呢？"于是他"无以自明，遂阖宫自焚"而死。

朱榑是朱元璋的第七子，洪武三年（公元1370年）被封为齐王，就藩于青州。朱榑曾多次率师巡塞作战，立有战功，因而常以武略自夸，而且性情凶暴，多行不法。建文初年，有人告他谋反，于是建文帝诏他到京，削除了他的王爵，废为庶人。

朱桂是朱元璋的第十三子，洪武十一年（公元1378年）被封为豫王，洪武二十五年（公元1392年）改封为代王，就藩于大同。朱桂也立有战功，但性情暴虐无常，横行不法而被人告发，建文帝下诏将其废为庶人。

朱楩是朱元璋的第十八子，他之前封国岷州，洪武二十八年（公元1395年）改封云南。建文元年（公元1399年），驻军云南的西平侯沐晟上书建文帝，揭发岷王许多的不法行为，建文帝立即将其废为庶人，徙往漳州。

就这样，不到一年的时间，建文帝就接连除掉了五个藩王，朝廷的削藩计划看起来取得了初步胜利。

3. 叔侄斗法显心机

我们常说"性格决定命运"，这话确实很有道理。诸位藩王虽然貌似凶狠，面对的却是已经正式登基称帝的建文皇帝，所以建文帝以国家的名义处理地方藩王自然是以大治小且名正言顺的。但是，在朝廷不到一年的时间就废除了五位藩王，削藩行动旗开得胜之时，仁弱的建文帝却动了恻隐之心。

在周王朱橚被废之后，深感危险已迫近自身的燕王朱棣思虑再三，还是给朝廷写了一封信，既给自己的同母弟弟求情，也表达了自己服从朝廷的态度。信中说：

> 若周王橚所为，形迹暧昧，幸念至亲，曲垂宽贷，以全骨肉之恩。如其迹著，祖训具在，臣何敢他议？臣之愚议，惟望陛下体祖宗之心，廓日月之明，施天地之德。

朱棣在信中说，若周王的所作所为，罪行的证据还不太清楚，我希望陛下念及骨肉至亲，能曲意地给予宽大处理，以维护骨肉之间的恩德。如果他的罪行昭著，祖训在那里，我哪敢有其他的看法？从我愚浅的见识来说，我只是希望陛下能体察祖宗的心意，广布日月那样的光明，施以天高地广的恩德。

燕王为周王求情的书信送到朝廷之后，史书记载建文帝是"观之戚然"，他不仅被信中的言辞深深打动，还将书信交给齐泰、黄子澄看，并对二人说："朕在位未久，却连废数王，何以掩天下公议？削藩之事莫若且止。"黄子澄眼见建文帝这样以感情用事的妇人之仁，便急急地向他陈述利害说：

> 为大事者，不顾小信，况太祖常属意燕王，欲传天下，陛下几失大位矣。非二三臣僚力争，则固已为所有，陛下安得有今日哉。今事几如此，又其病久未愈，正天与之时。先人者制人，不宜因循也。

黄子澄劝建文帝说，做大事的人不讲求小的信用，况且之前太祖皇帝常常关注燕王，想将天下传给他，陛下差一点就失去大位了。如果不是有几个臣僚据理力争，天下早已为燕王所有了，这样陛下怎能有今天呢？现在削藩的事已经做得差不多了，而且燕王又久病不愈，这正是老天给予的绝好机会。先发则制人，做事千万不能因循守旧。

黄子澄以之前朱元璋有意立燕王为太子的事情来激将建文帝，想让皇帝下决心立即废除燕王，想不到建文帝却说："燕王勇智绝人，且善用兵，虽病猝难图，宜更审之。"

建文帝说，燕王的勇猛智慧超过常人，而且善于用兵，现在他虽然有病也很难一下子除掉，应该再仔细地斟酌考虑。

从以上我们所列举的建文帝的话来看，建文帝作为一个面临危机重压下的皇帝，却有着两种极其危险的性格：一是愚仁，二是怯弱。

建文帝虽是朱元璋亲自选定的接班人，其性格却完全不同于他的祖父。朱元璋作为一个开国枭雄，阴狠凶残；建文帝作为一个受儒学传统教育熏陶的继位皇帝，文弱仁厚。一个崇尚武力杀伐，一个主张偃武倡文，这从他们各自选定的年号就明显地看得出来：一个要洪武，一个却要建文。仁厚是人之为人的优秀品德，但是作为一个陷于政治争斗中的政治人物，被对手几句哀求的谎言蒙骗得动了恻隐之心，就只能说是愚仁了。在中国几千年崇尚与人奋斗的你争我夺的政治斗争中，你对你的政治对手的一丝一毫的怜悯仁慈，便是使自己走向灭亡的愚蠢行为，不然毛泽东怎会有"宜将剩勇追穷寇，不可沽名学霸王"的名句呢？

更让人感到建文帝能不配位的是他的怯弱。他明明清楚朝廷削藩的最终目的就是要除掉对朝廷最大的威胁燕王朱棣，但他削藩伊始便是柿子捡软的捏，不敢擒贼先擒王而首先废除燕王。这样做的结果不仅是打草惊蛇，引起燕王的警觉，从而对朝廷有所提防准备，而且更易激起燕王死里求生而挑起战乱，先发制人。特别让人感到惋惜的是，就在朝廷一年之中连除五王，燕王的潜在势力被削除殆尽，燕王自己又称病之时，建文皇帝竟然还害怕燕王"勇智绝人，且善用兵"，担心朝廷对燕王"虽病猝难图"。自己还没有与对手交锋，就已为对手的强大所震慑，自己已经把自己定位在弱小败亡的位置上，这样毫无自信、胆小怯弱的主帅怎能率领自己的部属取得胜利呢？

建文皇帝在这场削藩斗争中是如此的愚仁和怯弱，那他的政治对手燕王朱棣又是如何作为的呢？

首先，朱棣早就有了谋取皇位的野心，而且他的这种心愿的产生或许还是朱元璋对太子朱标的态度的变化与选立皇太孙时的犹豫所引起的。

朱元璋在他称帝之初就按惯例立了长子朱标为太子，但是太子仁弱的性格却处处不合自己的心意，史载他曾暗中对马皇后吐露心意说："诸子中，燕王仁孝有文武才略，能抚国安民，吾所属意。"虽然马皇后立刻提醒朱元璋说："幸毋泄言，恐祸之也。"但宫廷之中耳目众多，此话是否泄露出去，传到了朱棣的耳中也很难说。若一旦传到朱棣的耳中，自当激发他取代太子的欲望。

另外，太子朱标死后，朱元璋在选立朱棣或朱允炆谁为接班人时，曾犹豫徘徊了一段时间。据说有一次，朱元璋与诸儿孙在宫中观看跑马游戏，朱元璋随机一动出了个上联："风吹马尾千条线"，令朱允炆和朱棣对出下联，想考考他们的能力。朱允炆对的是："雨打羊毛一片毡"；朱棣对的是："日照龙鳞万点金"。朱允炆的对联虽也算工稳，但其气势却远不如朱棣的宏大磅礴，所以朱元璋一直感到燕王朱棣气概不凡，有心立其为太子。对此，《明太祖实录》有下面的记载：

> 戊寅，上御东角门召廷臣谕之曰："朕老矣，太子不幸，遂至于此，命也。古云：国有长君，社稷之福。朕第四子贤明仁厚，英武似朕，朕欲立为太子，何如？"翰林学士刘三吾进曰："陛下言是，但置秦、晋二王于何地也？"上不及对，因大哭而罢。

戊寅日，朱元璋到东角门召见朝廷大臣说："我已经老了，太子不幸于是到了这个地步，实在是命啊！古人说过：国家有年长的君主，是社稷的福分。我的第四个儿子贤明仁厚，英武气概很是像我，我想立他为太子，你们看怎么样？"翰林学士刘三吾进言道："陛下说得很有道理，但您将秦王、晋王两位皇子放在什么地方呢？"朱元璋无法回答，只好大哭而罢。

朱元璋真的在皇储的选择上有如此的做法，怎不引起燕王朱棣心有所动呢？

但是，上面所列的这些史料基本上都来自朱棣当上皇帝后，明永乐朝期间修改过的《明太祖实录》等史籍，所以后世许多人认为这些都是朱棣为了掩饰他夺取侄儿帝位的不义，表明自己即位正当性而杜撰出来的宣传之词。然而，如果没有朱元璋在选立皇储上的暧昧态度，其后事态的变化也会触发朱棣争夺帝位的野心，因为事态的发展超乎了人们的想象。这是因为到了朱元璋晚年，出现了燕王朱棣一王独大的局面。

朱元璋一生有二十六个儿子，朱棣只是他的第四子，所以从嫡长制来说，皇储的地位自然和他没有缘分。但是，继朱元璋的长子、皇太子朱标在洪武二十五年（公元1392年）死后，朱棣的二哥秦王朱樉又在洪武二十八年（公元1395年）死去，没想到过了三年，朱棣的三哥晋王朱棡也病死了，这样一来，排行老四的燕王朱棣在众兄弟中就成了老大。不仅如此，因为朱棣作为坐镇北平战功卓著的藩王，自然成为在北方边境抗击元朝遗留势力的主帅，因而成为实力最强的藩王。此时的朱元璋已是一个年逾古稀、行将归天的老头，只能以诸王不要进京奔丧的遗诏来保证他的皇太孙能够顺利即位，而将实力强盛的燕王一王独大的危局留给了年轻的建文帝。自己已是众多皇子中的老大，又是实力最强的藩王，按理父皇朱元璋死后，自己就最有资格承继皇位，而且自己面对的只是一个怯弱的年轻皇帝，这样的情势怎能不让朱棣心有所动、野心萌生呢？

其次，野心勃勃的朱棣心中明白，自己再怎样"智勇超人"，要实现自己的帝王梦，最重要的还是要有高人辅佐，于是他很早就开始了网罗人才、暗蓄实力的准备工作。他不仅"以勾逃军为名"，"简壮士为护卫"，而且"异人术士多就之"。朱棣招在燕王府中最重要的谋士便是为其发动"靖难之役"出谋划策的僧人道衍。对道衍等人，《纲鉴易知录》有下面的介绍：

> 初，道衍尝游嵩山佛寺，遇鄞人袁珙，珙相之曰："宁馨胖和尚乃尔邪！目三角，影白，形如病虎，性必嗜杀，他日刘秉忠之流也。"道衍大笑，因此自负。至是，荐珙相术于王。王使召之至，令使者与饮于酒肆，王服卫士服，偕卫士九人入肆沽。珙趋拜燕王前曰："殿下何自轻如此！"燕王佯不省曰："吾辈皆护卫校士也。"珙不对。乃召入详叩之，珙稽首曰："殿下异日太平天子也。"燕王恐人疑，乃佯以罪遣之，

既而密召入邸。

当初，道衍曾云游嵩山佛寺，遇到鄞县（今宁波市）人袁珙。袁珙给他相面说："这位和尚乃是如此啊！长着一双三角眼，而且只能看到眼白，身形像一只有病的老虎，本性必定嗜好杀戮，将来会是刘秉忠一类的人。"道衍听了大笑，因此就非常自负。到这时，他就向燕王推荐袁珙的相术。燕王让他召来袁珙，让使者和袁珙在酒店喝酒，他自己身穿卫士的服装，带着九名卫士进入酒店买酒。袁珙快步跑上前去在燕王面前下拜说："殿下为何这样轻率！"燕王假装不明白地说："我们只是护卫军的校士。"袁珙不回答。于是又召他来王府详细询问，袁珙叩头说："殿下就是将来的太平天子。"燕王怕别人猜疑，就假装找了个罪名将袁珙遣送到外地去了，不久又秘密地召他进入了王府。

道衍和尚俗名姚广孝，他十四岁时出家为僧，师从博通杂家的道士席应真，学习阴阳术数之学并研习兵法。之后他云游天下，喜好交友，了解他的人都认为他不是平庸之辈，"胸有才，虽自匿，欲有所用之"。袁珙相面说他"刘秉忠之流也"，就是说他将来会成为像辅佐元世祖成就帝业的怪僧刘秉忠一样的人物。

洪武十五年（公元 1382 年），马皇后病逝，朱棣到南京奔丧期间结识了道衍和尚。传说，道衍初见朱棣便乘间对朱棣说："大王骨相非常，英武冠世。如今国家初定，东宫太子生性仁柔，希望大王好自为之，多加珍重。如果你能让我随你赴燕，我一定奉上一顶白帽子给大王戴。"大王的"王"字上面加一"白"字，正是皇帝的"皇"字，朱棣一听便心领神会而深感相见恨晚，从此大小事情都向道衍请教相商。就这样，这位道衍和尚成为朱棣夺取皇位、开辟帝业的得力谋臣和元勋。

有了道衍等人的出谋划策、运筹帷幄，朱棣又抓紧了军事操练和打造兵器的准备工作。燕王府是原来元朝的宫殿，广大深邃，宽阔的后院成了理想的操练场所，朱棣又在宫中挖筑了很大的地下室用来打造兵器，储藏军事物资。为了防止朝廷耳目窥视到宫中虚实，朱棣又在王府四周修建了又高又厚的围墙，墙头插满了扎手的瓦片。为了防止外人听到宫中的声音，朱棣还在宫中养了大群的鸭鹅，用鸭鹅的叫声来掩盖军事操练和打造兵器的声音。

但是，因为朝廷十分注意燕王的举动，安排在北平燕王府四周的耳目众多，特别是燕王妃的哥哥魏国公徐辉祖，是徐达的长子，他秉承其父徐达的家教，十分忠于朝廷，忠于建文帝，他利用自己进出燕王府的方便，将自己看到的朱棣不轨行为的情况随时向建文帝报告。

在这种情势下，朝廷自然加紧了对燕王的防范行动，不甘受死的燕王朱棣也用各种方式应对朝廷。就这样，在大战来临之前，燕王朱棣和建文帝朱允炆展开了一场紧锣密鼓的斗智斗法。

当时朝廷为了削藩，在各个藩王驻地都安插着许多的耳目监视着他们的举动，收集其不法罪行的证据。当时，燕、齐等地不断传来燕王、齐王有谋逆反叛举动的报告，建文帝听从齐泰、黄子澄的意见，采取了预防措施。对此，《纲鉴易知录》有较详的记载：

> 燕、齐有告变者，帝问黄子澄曰："孰当先？"子澄曰："燕王久称病，日事练兵，且多置异人术士左右，此其机事已露，不可不急图之。"复召齐泰问曰："今欲图燕，燕王素善用兵，北卒又劲，奈何？"泰对曰："今北边有寇警，以防边为名，遣将戍开平，悉调燕藩护卫兵出塞，去其羽翼，乃可图也。"从之。乃以工部侍郎张昺为北平左布政使，谢贵为都指挥使，俾察燕王动静。徐辉祖，燕王妃同产兄也，时以燕事密告之帝，大见信用，诏加太子太傅，与李景隆同掌六军，协谋图燕。

有人报告燕、齐将变乱反叛，建文帝问黄子澄说："应当先解决谁？"黄子澄说："燕王长久称病，每天都在忙着练兵，而且在身边召集了许多的异人术士，这让他反叛的事情已经暴露，不能不尽快地解决他。"建文帝又召来齐泰问道："现在要攻取燕王，而燕王一向善于用兵，北方的士卒又很强劲，怎么办呢？"齐泰回答说："现在北方边境有外敌入侵的警报，朝廷以防守边境为名，派遣将领戍守开平，同时将燕王的护卫兵全部调出关外，除去他的羽翼，就可以攻取了。"建文帝听从了他的意见，任命工部侍郎张昺为北平左布政使，谢贵为都指挥使，让他们观察燕王的动静。徐辉祖是燕王妃的同母哥哥，经常把燕王的情况秘密报告给建文帝，深受建文帝的信任和重用，诏令给他加官太子太傅，与李景隆共同执掌六军，协力谋划攻取燕王。

建文帝听从了齐泰、黄子澄的建议，派重兵到了北边，但仍是让张昺、谢贵观察监视燕王的动向，不当机立断采取行动，可见建文帝做事的优柔寡断。当时天下人对燕王的举动已是议论纷纷，精通术数的四川岳池教谕程济上书朝廷说："北方兵起，期在明年。"结果建文帝下诏将他抓至京城，要杀他的头。程济说："陛下幸囚臣，至期无兵，杀臣未晚也。"于是建文帝把他关进了监狱。

在朝廷大兵压境的情况下，燕王朱棣为稳住局势、延缓时机，依然按照惯例派遣使者到朝廷汇报工作。《纲鉴易知录》有下面的记载：

> 建文元年春正月，燕王遣长史葛诚入奏事。帝密问诚燕邸事，诚具以实告。遣诚还燕，使为内应。至则燕王察其色异，心疑之。

建文元年（公元1399年）正月，燕王派遣长史葛诚入朝奏事。建文帝秘密询问葛诚燕王府中的情况，葛诚把实情报告给了皇帝。于是建文帝安排葛诚回到北平，让他做朝廷的内应。葛诚回到北平后，燕王观察他的脸色不正常，心中便有了怀疑，但是心机很深的他却装作若无其事的样子，暗中提防着葛诚。

朝廷拉拢自己的人做耳目，朱棣也多方拉拢朝廷官员做内奸。

刘伯温的儿子刘璟深受建文帝信任，被派往北平巡视。燕王便想笼络他为己所用，除热情招待外，还亲自陪刘璟下棋娱乐。一次下棋时，燕王便有意对刘璟说："爱卿不能稍微让着我一点吗？"刘璟听出了这一语双关的意思，于是正色回答说："可让的地方就让，不可让的地方不敢让。"听了刘璟这不软不硬的回绝，朱棣只得默无一言。

在刘璟那里碰了钉子，朱棣并没有气馁，他又想方设法收买朝廷派往北平的掌管刑名和监察大权的按察使陈瑛，给陈瑛送去了大笔的银子。陈瑛收下了银子，这让朱棣非常高兴。没想到时间不长，陈瑛就被北平按察司佥事汤宗告发，被朝廷以收受贿赂、心怀异谋的罪名贬谪到了广西。但是，这次又不知建文帝是出于何种考虑，依然没有追究燕王朱棣。

政治斗争往往都是这样，暗中相互的情报战、心理战和攻防战一直不停，但明面上却又握手言欢，表现出温情脉脉、情深意长的样子。

建文元年（公元1399年）二月，谁都没想到，燕王朱棣竟然亲自赴京朝见建文皇帝。为了消除朝廷对自己的疑虑，给自己武力夺取帝位以充分准备的时间，朱棣提出自己赴京朝见，这让他的部属们个个十分惊恐，但他却力排众议，以超人的胆识亲自进京。对此，《纲鉴易知录》记载如下：

> 燕王入觐，行皇道入，登陛不拜。监察御史曾凤韶劾王不敬，帝曰："至亲勿问。"户部侍郎卓敬密奏曰："燕王智虑绝人，酷类先帝。夫北平者，强干之地，金、元所由兴也，宜徙封南昌，以绝祸本。"帝览奏，袖之，翼日语敬曰："燕王骨肉至亲，何得及此？"敬曰："隋文、杨广，非父子邪！"帝默然，良久曰："卿休矣。"三月，燕王还国。

燕王进入京城朝见建文帝，从皇帝的专用道路上进宫，登上朝堂台阶见了皇帝也不跪拜。监察御史曾凤韶弹劾燕王不恭敬，建文帝说："至亲的亲人就不要过问了。"户部侍郎卓敬秘密上奏说："燕王的智慧超过常人，非常像先皇帝。而北平又是强干之地，金朝、元朝都由此兴起，所以应该把燕王迁封到南昌，以杜绝祸根。"建文帝看过奏折，把它放到了袖子里。第二天他对卓敬说："燕王是我最亲近的骨肉亲人，怎能对他做到这个地步？"卓敬回答说："隋文帝和杨广不是父子吗！"建文帝听了沉默不语，过了很久才说："你不要再说了。"到了三月，燕王返回到了他的封国。

燕王朱棣敢于进京朝见，一是表现出了他超人的胆识，更是表现出了他确确实实地智慧超人而料事如神。他只身进入朝堂，而且态度强横傲慢，是因为他料定了性格仁弱、做事优柔的建文帝不会将他怎样。所以说燕王朱棣最终能成就他的大业，成为中国历史上很有作为的一代帝王，与他自身的大智大勇是分不开的。燕王进京朝见，对一心想除掉以燕王为首的藩王的建文帝来说，真可以说是天赐良机。不仅在御林军戒备森严的朝堂上捉拿一个燕王朱棣犹如探囊取物，而且朱棣由皇道入宫、见皇帝不拜的大不敬罪名就在眼前，不需朝廷费尽心机再去收集其谋反证据，所以说此时除掉燕王，真可以说是既名正言顺，又手到擒来。然而朱允炆愚蠢的仁善、可悲的柔弱，这样的性格又一次误了他，使他放掉了这次千载难逢的兵不血刃除掉大患的机会，让我们这些阅读史书的人为中国历史再一次上演鸿门宴而生发感叹。

二、逞野心"靖难之役"夺帝位

1. 后发制人定北平

为了继续麻痹朝廷，在朱元璋逝世一周年之际，燕王朱棣又派他的三个儿子朱高炽、朱高煦、朱高燧进京吊唁。这次又有许多大臣劝说建文帝将燕王这三个儿子扣留下来，特别是齐泰，他主张扣留这三个人，作为挟制燕王使之不敢轻举妄动的一种手段，因此朝廷迟迟没有放朱高炽三人回北平。

三个儿子迟迟未归，朱棣心中十分担忧，于是他上书建文帝说自己生病了，希望朝廷让其三个儿子回来探视他的疾病。建文帝以此征求齐泰、黄子澄的意见，没想到黄子澄却不同意齐泰扣留这三人来挟制燕王的主张。他认为扣留这三人就会激起燕王生变，使他发难有名，不如放他们回去，以示朝廷不疑，这样方可麻痹对方，从而乘其不备先发制人削除燕王。大臣们的说法不一，优柔的建文帝思虑再三，权衡利弊，最终还是放三兄弟回了北平。在以后"靖难之役"的战争中，三兄弟成为朱棣重要的帮手，世子朱高炽死守北平，稳固后方，为朱棣源源不断地输送人员军需，特别是朱高煦骁勇善战，多次解救陷入绝境中的燕王朱棣，这让后来的建文帝是懊悔不已。

三个儿子的平安归来自是让朱棣满心欢喜，然而时间不长，他的两个属官于谅、周铎暗中招募兵卒被人告发，建文帝下令将他们抓到了南京。朱棣闻讯非常紧张，现在北平虽是自己的藩国，但城里城外都是朝廷钳制自己的兵马，仓促起兵肯定凶多吉少。思来想去，无可奈何的燕王只得以佯装疯癫来迷惑朝廷。

连日来，燕王朱棣都在北平的大街上逛奔乱跑，他一会儿夺取行人的酒食，语无伦次地大喊大叫；一会儿又躺在地上半天不醒甚至整天昏睡。一时之间，燕王得了疯病的消息在北平的大街小巷传开了。北平布政使张昺和都指挥使谢贵想看看燕王是否真的疯了，便来到王府看望燕王。这时正值农历六月的盛夏时期，但燕王却围着火炉烤火，他一边烤火，一边还念念有词地说："真冷啊！真冷啊！"而且离开座位后，他连路都走不成了，只能在别人的扶持下，慢慢挪动脚步。

张昺和谢贵看到燕王到了如此的地步，便认为燕王真的得了疯病，不是在装疯。于是他们将这一情况赶快报告给了朝廷。但是燕王的装疯并未瞒过燕王府的长史葛诚的眼睛，他秘密地对张昺和谢贵说："燕王根本没有病，二位千万不要轻信。"他还预言燕王很快就要举兵谋反，建议张昺和谢贵火速报告朝廷。建文帝刚刚接到燕王疯癫的报告，又接到了燕王是在装疯，并即将起兵谋反的报告，他不敢怠慢，立即将燕王派来京城奏事的护卫百户邓庸抓起来突击审讯。邓庸经不起严刑拷打，只得供出燕王意欲举兵谋反的事实。此时建文帝才醒悟到燕王真的要犯上作乱了，他装疯是在迷惑自己，于是他发出密诏，命令张昺、谢贵立即抓捕燕王及燕王府官员，同时还密令燕王府的长史葛诚及指挥卢振做内应，密令深受燕王信任的北平都指挥张信负责抓捕燕王。

当时，北平城内城外朝廷的人马占着绝对的优势，按理燕王朱棣也会像之前的五位藩王一样，难逃被削除的命运。但是事情的发展却出现了意外的转变，《纲鉴易知录》有下面的记载：

> 信受命，忧甚，不敢言。母疑问之，信以告，母惊曰："不可。吾故闻燕王当有天下。王者不死，非汝所能擒也。"信乃往燕邸请见，召入，拜于床下。王佯为风疾不能言，信曰："殿下无尔也，有事当以告臣。"王曰："疾非妄也。"信曰："殿下不以情语臣，上擒王矣，当就执；如有意，勿违臣。"王见其诚，下拜曰："生我一家者，子也！"乃召僧道衍至谋事。适暴风雨，檐瓦堕，王心恶之，色不怿。道衍以为祥，王谩骂："和尚妄，乌得祥？"道衍曰："殿下不闻乎？飞龙在天，从以风雨，瓦坠，天易黄屋耳。"王喜，遂令护卫指挥张玉、朱能等帅壮士

八百人入卫。

张信接到了命令，心中非常担忧，不敢说这件事。他的母亲看他神色不对就问他，张信把接到皇帝的诏令要抓捕燕王的事情告诉了母亲。他的母亲吃惊地说："不行，我以前就听说过燕王当会拥有天下。要当皇帝的人是不会死的，不是你能擒拿得住的。"于是张信就到燕王府请求面见燕王。他被召进燕王府后拜倒在燕王的坐榻下，燕王假装中了风不能说话。张信说："殿下不要这样，有什么事应当告诉臣下。"燕王说："我的病不是假的。"张信说："殿下不把实情告诉我，皇上就要擒拿殿下了，你定会被捉拿。你有什么想法千万不要隐瞒我。"燕王看出了他的诚意，下床拜谢说："让我一家活命的人就是你啊！"于是燕王召来道衍和尚谋划大事，适逢暴风骤雨，房檐上的瓦片被吹落了下来。燕王心里觉得兆头不吉利，脸色阴沉，非常不快。道衍却认为这是很吉利的兆头，燕王便责骂他说："你这个和尚乱说，这哪是什么好兆头？"道衍说："殿下没听说过吗？飞龙上天，定有风雨相随，瓦片坠落下来，是上天要给殿下换黄屋住了。"燕王听了心中很是高兴，随即命令护卫指挥张玉、朱能等率八百壮士进入王府护卫。

北平都指挥张信的母亲早就听说燕王将会君临天下，这说明燕王朱棣很早就利用各种方式进行舆论宣传，为自己谋求帝位而蛊惑人心了，所以张信的临阵退缩，给燕王通风报信改变了历史，使得历史的发展转向了有利于燕王朱棣的方向。接下来，《纲鉴易知录》有如下的记载：

> 谢贵、张昺督诸卫士，皆甲，围府第，索所逮诸官属，飞矢入府内。燕王与张玉、朱能等谋曰："彼军士满城市，吾兵甚寡，奈何？"朱能曰："先擒杀贵、昺，余无能为矣。"王曰："是当以计取之。今奸臣遣使来逮官属，以所坐名收之。即令来使召贵、昺，付所逮者。贵、昺必来，来则擒之，一壮士力耳。"明日，王称疾愈，御东殿，官僚入贺。王先伏壮士左右及端礼门内，遣人召贵、昺，不来，复遣官属内官以所就逮名往，乃至。王曳杖坐，赐宴行酒，出瓜数器，曰："适有进新瓜者，与卿等尝之。"王自进片瓜，忽怒，且詈曰："今编户齐民，兄弟宗族尚相恤；身为天子亲属，旦夕莫必其命，县官待我如此，天下何事不

可为乎！"掷瓜于地。护卫军皆怒，前擒贵、旲，捽卢振、葛诚等下
殿。王投杖起曰："我何病，迫于若奸臣耳！"遂曳贵、旲等，皆斩之。
贵、旲诸从人在外者尚未知，见贵、旲移时不出，各稍稍散去。围王城
将士闻贵、旲已被执，亦溃散。

谢贵、张旲督促手下军马全都穿上盔甲，包围了燕王府，要求将诏令
所要逮捕的燕王府官员全部交出来，他们将所要逮捕的官员名单用飞箭射进
了府内。燕王与张玉、朱能商议说："他们的军队布满城市，我们的士兵很
少，怎么办？"朱能说："只要先擒杀了谢贵、张旲，其余的人就做不成什
么事了。"燕王说："对此我们只能用计来智取。我们先按照他们所说的罪名
将这些人收押起来，再让人召来谢贵、张旲，说要把所逮捕的人交给他们，
这样，谢贵、张旲就一定会来。他们来了就擒拿住他们，这只需一个壮士的
力量就够了。"第二天，燕王称自己的病已经痊愈，到了东殿，王府的官员
们都前来祝贺。燕王事先埋伏了壮士在东殿两旁和端礼门内，然后派人去召
谢贵、张旲，二人不来，又派王府的内官带着所要逮捕的官属名单去，二
人才来了。燕王拄着拐杖坐着，赐二人酒宴，并端出几盘瓜。燕王说："正
好有人送来新摘下的瓜，与你们一起品尝。"燕王吃了一片瓜，忽然大声骂
道："现在编在户籍中的普通老百姓，兄弟宗族之间尚且相互体恤照顾，我
身为天子的亲属，性命却旦夕不保，朝廷如此待我，天下还有什么事不能做
呢！"燕王说完把瓜狠狠地摔在地上，护卫军士一齐气愤地上前擒拿住了谢
贵、张旲，又将卢振、葛诚等人捉下殿来。燕王扔下拐杖站起来说："我有
什么病？全都是受奸臣逼迫而已！"于是拉出谢贵、张旲等人，把他们全都
杀掉了。

谢贵、张旲手下的人马在外一点都不知道消息，见谢贵、张旲很长时
间都不出来，各自逐渐散去。到后来，围城的将士们听说谢贵、张旲已被擒
拿，也都溃散而去。

北平都指挥使彭二得知燕王杀了谢贵、张旲反叛朝廷的事情后，连忙
披甲上马，在街上大声喊道："燕王反，从我杀贼者赏！"很快聚集起了千
余人向端礼门发起了攻击。燕王派手下勇将庞来兴、丁胜迎战，结果彭二被

杀，这支人马也随之溃散了。这时张昺所部官军将士还控制着北平九门，张玉等带兵乘夜向守军发起了进攻，到了黎明时分，八门都已被攻占，只有西直门守军还在顽强固守。燕王见强攻难以奏效，便让守军降将唐云在门下喊话说：“如今朝廷已让燕王自治一方，你们赶快离开，否则，不离开而固守的人将被格杀勿论！”守门将士听了，也都无心再战而纷纷离去。于是北平九门全被攻占，全城很快安定了下来。

谢贵、张昺认为凭着皇帝的诏令，凭着自己的人多势众，燕王便只能乖乖地交出他们所要抓捕的王府官员，他们贸然进入王府，断送了自己的性命不说，还树倒猢狲散，使燕王朱棣在北平城内的劣势转为优势。杀了谢贵、张昺，燕王朱棣便公开竖起了对抗朝廷的大旗，发动了被其称为“靖难之役”的战乱。对此，《纲鉴易知录》接着载道：

> 明日，燕王誓师以诛齐泰、黄子澄为名，去建文年号，仍称洪武三十二年，署官属。以张玉、朱能、丘福为都指挥金事，拜卒金忠为燕纪善。王下令谕将士曰：“予太祖高皇帝之子，今为奸臣谋害。《祖训》云：‘朝无正臣，内有奸逆，必举兵诛讨以清君侧之恶。’用率尔将士诛之。罪人既得，法周公以辅成王。尔等其体予心。”

第二天，燕王以讨伐诛杀齐泰、黄子澄为名，召开誓师动员大会，他不再用建文年号，仍称当年为洪武三十二年，并设置了官属。任命张玉、朱能、丘福为都指挥金事，任命士兵金忠为燕王府纪善。燕王下令告谕全体将士说：“我是太祖高皇帝的儿子，现在却被奸臣谋害。《祖训》说：‘朝廷里如果没有正直的大臣，而有奸邪的逆党，一定要发兵诛杀讨伐以清除皇帝身边的恶人。’所以我今天就率领你们这些将士诛杀讨伐这些奸邪的恶人。除掉了这些奸臣后，我将效法周公来辅佐成王。你们一定要体谅我的心意。”

表面上朱棣虽然以清君侧，诛杀齐泰、黄子澄的名义发兵起事，但是他不再用建文帝的年号，便是公开地不再承认建文帝为皇帝。而且他还撇开朝廷，自己设立官署，任用官员，所以，以当时人们的正统观念来看，他无疑是犯了应让全国共讨、全民共诛的忤逆造反、篡夺皇位之罪。为了蛊惑人心，使自己能站在道义的制高点上，不背上忤逆篡夺的罪名，朱棣在其誓师动员大会上，发表了一番慷慨激昂的讲话：

> 我太祖高皇帝、孝慈高皇后嫡子，国家至亲。受封以来，惟知循分守法。今幼主嗣位，信任奸宄，横起大祸，屠戮我家。我父皇母后，创业艰难，封建诸子，藩屏天下，传续无穷。一日残灭，皇天后土，实所共鉴。《祖训》云："朝无正臣，内有奸恶，必训兵讨之，以清君侧之恶。"今祸迫于躬，实欲求生，不得已者。义与奸恶不共戴天，必奉行天讨，以安社稷。天地神明，昭鉴予心。

朱棣说，我是太祖高皇帝和孝慈高皇后的嫡子，是国家的至亲。受封燕王以来，我只知道循规蹈矩，遵守国法。现在幼主即位，信任奸佞之人，制造大祸，杀害我的家人。我的父皇母后，艰难创业，分封各个子孙用来护卫天下，以使我朱家江山传续无穷。但是诸多藩王一下子受到除灭，皇天在上，后土为证，这是人们清清楚楚地看到的事情。我太祖高皇帝的《祖训》说道："朝廷里没有正直的大臣，却有奸佞作乱的小人，（诸王）一定要统兵讨伐，来清除君王身边的恶人。"现在祸患已经降临到我的头上，我实在是只想能够活命，不得已而为之。正义和奸恶不共戴天，一定要奉行天命讨伐，以使国家和百姓得到安宁。天地神明在上，望能体谅我的一片诚心。

朱棣打着清君侧的旗号兴兵作乱，并说自己的行为是遵循朱元璋的《祖训》，但是，他讲话中引用的《祖训》内容却是由他任意删减而为其所用的。而真正《祖训》的原文中有关内容却是这样写的：

> 如朝无正臣，内有奸恶，则亲王训兵待命，天子密诏诸王，统领镇兵讨平之。既平之后，收兵于营，王朝天子而还。

从原文看，朱棣所引用的《祖训》话语和原文不同至少有三点：一是《祖训》说在内有奸恶的情况下，诸王只能是整顿兵马等待命令，而不是统兵讨伐；二是诸王只有在接到皇帝密诏，命令他们统兵讨伐时，他们才能出兵，而不是诸王认为内有奸恶即能带兵讨伐；三是这样的战事结束之后，诸王的部队即刻要收兵回营，诸王朝见皇帝后也要即刻返还自己的封地，而朱棣的讲话却全然没有这样的内容。

从以上分析对比来看，朱棣对所谓《祖训》话语的引用，完全是由自己的需要任意删减，随意拼接来迷惑人心的。当然，这种做法也并不是朱棣的独创，古往今来，但凡引用最高指示来证明自己行为正当的人，无一不是这样做的。

燕王的军队控制了北平之后，北平的朝廷官员便纷纷投降了燕王，燕王任命他们各司其职，北平的人心很快地稳定了下来。北平周边曾经跟随燕王征讨过境外元朝残军的官军将领也带兵来投，燕王实力大增，于是他不失时机地率军四面出击，攻下居庸关，在怀来大败官军，并迅速攻占了通州、蓟州、遵化、密云等北京周边州府，具有了挑战朝廷的北平地区根据地。

2. 尽展雄才破南京

朱棣在北平打着清君侧的大旗，发动了"靖难之役"，而远在南京的建文皇帝朱允炆还自以为自己对控制北平的局势已做了稳妥的安排，不日谢贵、张昺就可将燕王及其王府官属捉拿到南京，所以正与方孝孺等人忙着按照《周官》复古改制，接到燕王在北平举兵造反并在怀来大破官军的报告后，才急忙商议应对之策。经过君臣商议，朝廷采取了两项应对之策：一是建文帝下诏将燕王朱棣从宗室属籍中除名；二是决定即刻昭告天下，兴师伐燕。建文帝在讨伐燕王的诏书中说："朕以棣于亲最近，未忍穷治其事。今乃称兵构乱，图危宗社，获罪天地祖宗，义不容赦。是用简发大兵，往致厥罪。"

朝廷要挥师北上，讨伐造反作乱的燕王朱棣，但此时的朝中经过朱元璋多年的屠杀功臣，能领兵打仗的将领几乎已被杀光，只剩下两三个二三流的将领，无奈之下，建文帝只得任命长兴侯耿炳文为平燕大将军，率师北伐。

建文元年（公元1399年）八月，耿炳文率三十万大军北上平叛，主力抵达真定（今河北正定），先头部队进驻雄县、莫州（今河北任丘北）。

朱棣听说官军北伐，亲自率军南下抵抗，十五日渡过白沟河。他对诸将说："今日中秋，彼不备，饮酒为乐，此可破也。"结果燕军夜袭雄县成功，接着在城外伏击了莫州援军，然后直捣莫州。第二天，燕王得知耿炳文军分驻滹沱河两岸，于是他让已投降的官军回去向耿炳文报信说，燕王已击败官军先头部队，马上要进攻真定，以此来调动耿炳文部渡河。几天之后，已经到达真定城外二十里的燕军发现官军正在渡河，便立即发起迅猛地进攻，猝不及防的官军阵脚大乱，大败而逃。这一仗燕军斩首官军三万人，驸马李坚、都督宁忠和顾诚被俘，耿炳文只得率领残军退回城中固守。朱棣率军攻打了几天，见一时难以取胜，便率军回到北平休整。

耿炳文吃了败仗，消息传到京城，建文帝非常震惊，黄子澄便力荐曹国公李景隆替代耿炳文率师进攻北平。对此，《纲鉴易知录》有下面的记载：

> 帝闻，怒曰："老将也而摧锋，奈何！"黄子澄曰："胜败常事，毋足虑。聚天下之兵，得五十万，四面攻北平，众寡不敌，必成擒矣。"曰："孰堪将者？"子澄曰："李景隆可。向用景隆，今破矣。"遂遣景隆代炳文。临行，赐景隆通天犀带，亲饯之江浒。复赐斧钺，俾专征伐，不用命者僇之。召炳文回。

建文帝接到耿炳文的败报，生气地说："老将也折了锐气，怎么办啊！"黄子澄说："胜败乃兵家常事，不值得忧虑。集结全国兵力，可以有五十万人马，四面攻打北平城，敌寡我众，一定能活捉燕王。"建文帝说："谁能够胜任统帅呢？"黄子澄说："李景隆可以，一开始就用李景隆，现在已经攻破北平城了。"于是便决定以李景隆代替耿炳文。李景隆临行时，建文帝赐给他通天犀带，亲自到江边为他送行。又赐给他斧钺，使他有专权进行征伐，不听从命令的人可以杀掉。同时下诏让耿炳文回到京城。

李景隆的小名叫作九江，是朱元璋的外甥李文忠的长子。他身材修长，眉目清秀，是个英俊潇洒的美男子，深受朱元璋的宠爱，洪武十九年（公元1386年）袭爵曹国公。但是，他自幼生活在环境优裕的家庭，是个善于纸上谈兵的纨绔子弟，所以燕王朱棣听说他统兵而来，立刻哈哈大笑地安排了作战方案。《纲鉴易知录》有如下的记载：

> 景隆乘传至德州，收集耿炳文败亡将卒，并调各路军马五十万，进营于河间。燕王闻之，呼景隆小字曰："李九江，膏粱竖子耳，寡谋而骄，色厉而馁，未尝习兵见阵，辄予以五十万众，是自坑之也。然吾在此，彼不敢至，今往援永平，彼知我出，必来攻城，回师击之，坚城在前，大军在后，必成擒矣。"诸将曰："北平兵少，奈何？"王曰："城中之众，

以战则不足，以守则有余。兵出在外，奇变随用，吾出非专为永平，直欲诱九江来就擒耳。吴高怯不能战，闻我来，必走，是我一举解永平围，且破九江也。"遂行，而诫世子居守，曰："景隆来，坚守毋战也。"

李景隆乘驿车到达德州，收集耿炳文军败逃的将士，并调集各路军马五十万人，进兵在河间扎营。燕王听说后，叫着李景隆的小名说："李九江只是个会享乐而没有本事的小子，他没有谋略却又骄横，表面上很厉害实际上又很胆小，不曾学过军事更没有见过实际阵战。将五十万大军交给这样的人，这是自己坑杀自己啊！不过我如果在北平，他是不敢来的，现在我去支援永平，他知道我不在北平，就一定会来攻城。到时我回过头来攻击他，坚固的北平城在前，我的大军在后，便一定会捉住他了。"众将说："北平的兵少，怎么办？"燕王说："我离开后，北平的军队用来进攻是不足的，但是用来守城却是有余的。大军在外，具体行动要根据情况变化来决定，我带兵离开北平，不是专为援救永平，主要是想引诱李九江来活捉他罢了。吴高胆怯不敢出来作战，听说我来他一定逃走，这样我就能一举而解永平之围，又能打败李九江。"于是燕王便带着部队出发了，临走时他告诫守城的世子朱高炽说："李景隆来了，你只要坚守城池而不要出城作战。"

正如朱棣说的那样，当时围攻永平城的官军将领江阴侯吴高和都督杨文见燕王亲率大军到来，吓得赶忙带兵退守到了山海关。燕王兵不血刃解了永平之围后，又不失时机地直趋大宁。大宁是辽东和宣府（河北宣化）之间的地区，明朝在这里设置大宁都司，封宁王朱权镇守。到了大宁城下，朱棣假意说是要和兄弟朱权叙旧，只身入城，赚得宁王朱权信任后，宁王送燕王出城，两兄弟刚一出城，城外埋伏的燕兵一拥而上挟持住了宁王。就这样，燕王智取了大宁不说，还降服了人数众多的大宁军马，特别是得到了大宁军中骁勇能战的朵颜三卫骑兵，这成为之后燕王军中攻城略地最勇猛的部队。

李景隆得知燕王亲自带兵援救永平，进取大宁的消息后，果然包围了北平城。北平城虽然城池高大坚固，但官军人多势众，城池几度岌岌可危。燕王世子朱高炽督促城中军民揭瓦拆屋，用瓦片和木石击打攀城而上的官军，连燕王妃徐妃也率领宫中宦官和宫女上城搬运物资，死守城池。有一次，官军骁将瞿能率领部下差一点就要攻下丽正门，没想到李景隆担心瞿能夺得破城首功，急急鸣金收兵，使守城的燕军获得了喘息的时间。当天晚上，燕军在城墙上泼水结冰，结果第二天城墙冰滑难攀，使得北平城坚守成功。

燕王智取大宁后即刻掉头南下，连破李景隆北平周边的七座大营，直抵北平城下，城内守军看见燕王的援军到来，备受鼓舞，也开城出击，李景隆两面受敌，只得连夜大败而逃，退守德州。

李景隆战败之后，黄子澄不但派人给李景隆传话，让李景隆不要给朝廷传送失败的报告，还蒙骗建文帝说李景隆多次交战取胜，但现在天气寒冷，南方来的战士无法忍受，所以暂回到了德州，等明年春天便会向北进军。所以，建文帝不但没有责怪李景隆，反而给他加官太子太师，让他明年春天再大举北伐。

建文二年（公元 1400 年）五月，李景隆率领六十万官军再次北伐，与南下迎敌的燕王大军展开了一场规模空前的大战。对这场大战，《纲鉴易知录》记载如下：

> 景隆及郭英、吴杰等合军六十万，号百万，次于白沟河，列阵以待。景隆前锋都督平安伏精兵万骑邀击。燕王曰："平安竖子，从吾出塞，识吾用兵，以故敢为先锋。今日吾先破之。"安骁勇善战，锋初交，安奋矛率众而前，都督瞿能父子亦奋跃，所向披靡，杀伤燕兵甚众，燕兵遂却。燕有内官狗儿者，亦敢勇，率千户华聚力战河北岸，百户谷允入阵，得级七，燕王亲率兵夹击，杀数千人，都指挥何清被执，至夜深始各收军还。燕王从三骑殿后，迷失道，下马伏地视河流，辨东西，始知营，自上流仓猝渡河而北。

> 燕王既收军还营，夜秣马待战，使张玉将中军，朱能将左军，陈亨将右军为先锋，丘福将骑兵继之，马步十余万。

> 黎明，燕军毕渡，瞿能率其子捣房宽阵，平安翼之，宽阵披靡，擒斩数百人。张玉等见宽败，有惧色，燕王曰："胜负常事耳。彼兵虽众，不过日中，保为诸君破之。"即挥精锐数千突入左掖，高煦率张玉等军齐进。燕王先以七骑驰击之，南军飞矢如注，射王马，凡三被创，三易

之，马却阻于堤，几为瞿能所及。燕王急走登堤，佯挥鞭若招后继者，景隆疑有伏，不敢上堤，而燕王复率众驰于阵，斩其骑数人。平安斩陈亨于阵，高煦见事急，帅精骑数千前于王合。日薄午，瞿能复引众跃而前，大呼灭燕，斩其骑百余人。越隽侯俞通渊、陆凉卫指挥滕聚复引众赴之。会旋风起，折大将旗，南军相视而动，燕王乃以劲骑绕出其后，突入驰击，与高煦骑兵合杀瞿能父子于阵，平安与朱能战亦败。于是列阵大崩，奔走之声如雷。通渊与聚等皆死，燕兵追至其营，乘风纵火，燔其营垒。郭英等溃而西，李景隆溃而南，委弃器械辎重山积，斩首及溺死者十余万。景隆单骑走德州。壬戌，燕王进攻德州。

李景隆与郭英、吴杰等人会合兵马六十万人，号称百万人，驻扎在白沟河，摆开阵势准备决战。李景隆的前锋都督平安埋伏一万精锐骑兵展开攻击。燕王说："平安这个小子，曾随我出塞作战，了解我的用兵，所以敢做先锋。今天我先打败他。"但是平安骁勇善战，双方刚一交战，平安奋力挥矛率众而来，都督瞿能父子也奋勇跃马掩杀，所向披靡，杀死了许多燕兵，于是燕军边战边退。燕军中有个宦官叫狗儿的奋勇作战，率千户华聚在白沟河北岸奋勇作战。百户谷允冲入阵中，砍下了七颗首级。燕王亲自领兵夹击，杀死了数千敌兵，都指挥何清被俘，战至深夜，双方才收兵回营。燕王领着三个骑兵殿后作战，迷失了道路，下马伏在地上审视河流的方向辨别东西，才知道了军营的方位，从白沟河上游仓促渡河向北而回。

燕王收军回营后，安排当晚喂饱战马准备战斗，他命令张玉统领中军，朱能统领左军，陈亨统领右军为先锋，丘福统领骑兵在后，全军计有步骑兵十万余人。

第二天天刚亮，燕军刚刚渡过河，瞿能便率领他的儿子进攻房宽的阵地，同时，平安也率部从两侧掩杀过来，房宽的部队被冲得望风披靡，被俘被杀了数百人。张玉等人看到房宽战败，个个脸上有了惧色，燕王说："胜败是常事，他们的兵力虽然多，但不过中午，我们一定会攻破他们。"说完他即刻指挥数千精锐冲进南军左侧阵地，朱高煦也率领张玉等部随后一齐进攻。燕王先率七个骑兵飞驰敌阵，南军的箭矢就像注水一样射过来，燕王的坐骑多次被射中受伤，他多次换马向后撤退，但被河堤拦住几乎被瞿能追上刺死。燕王急中生智，急急地跑上河堤挥动皮鞭，好像是在招来堤后的援兵展开进攻的样子。李景隆见状，怀疑堤后有伏兵，不敢再冲上河堤，于是燕王又率领兵马冲进敌阵，斩杀对方骑兵好几个人。混战中，平安在阵中杀死了燕军的先锋陈亨，紧急时刻，幸而朱高煦率领数千骑兵冲进阵中救援燕王。接近中午，瞿能又大声呼喊着消灭燕军的口号，跃马冲来，斩杀了燕军一百多名骑兵。越隽侯俞通渊、陆凉卫指挥滕聚又带领军队冲了过来。突然，一阵旋风猛起，吹折了大将的旗帜，南军将士相互对视阵形发生了动摇。燕王乘势派出强劲的骑兵绕到南军的阵后冲进敌阵，与朱高煦的骑兵会合，在乱军之中杀死了瞿能父子。平安也被朱能打败，于是南军阵列崩溃，奔逃的声音像打雷一样，俞通渊和滕聚等人全都战死。燕军追到南军的军营，乘风放火，焚毁了南军的营垒。郭英等人溃败向西逃跑，李景隆溃败向南逃跑，丢弃的兵器粮饷堆积得像山一样高，被斩首和淹死的有十万余人，李景隆一个人骑马逃到了德州。壬戌（二十七）日，燕王又乘胜攻下了德州。

燕王攻占了德州后，又马不停蹄一路追杀李景隆到了济南城下，李景隆十余万军马又被打得大败，只剩李景隆单骑逃走，于是燕军包围了济南城。建文帝闻报，召李景隆回京，提拔山东参政铁铉为山东布政司使，任命左都督盛庸为大将军，右都督陈晖为副将军防守济南。

白沟河大战的胜利使得燕军士气大振，一路攻城略地到了济南，一旦济南城破，便可势如破竹直捣南京，然而在济南城下，燕王却遇到了铁铉的强力抵抗，寸步难行。《纲鉴易知录》有下面的记载：

> 燕王围济南久不下，乃堰城外诸溪涧水灌城，城中人大惧，铉曰："无恐，计且破之。"乃议令军中诈降，迎燕王入，约壮士悬铁板伏城上，王且入则下铁板，拔桥。计定，乃撤守具出居民，伏地请曰："奸臣不忠，使大王冒霜露，为社稷忧。然东海之民，不习兵革，见大军压境，不识大王安天下、子元元之意，或谓聚而歼之。请大王退师十里，单骑入城，臣等具壶浆而迎。"燕王大喜，亟下令退军。王乘骏骑徐行，

张盖率劲骑数人渡桥直至城下。城门开，守陴者皆登城伏堞间，燕王比入门，门中人呼千岁，铁板巫下，伤燕王马首。王惊，易马而驰。济南人挽桥，桥则坚，燕王竟从桥逸去，复合兵围济南。铉令守陴者骂，燕王大怒，乃以炮击城，垂破，铉书高皇帝神牌悬城上，燕兵不敢击。铉每出不意，募壮士突击燕兵，破之。燕王愤甚，计无所出，僧道衍进曰："师老矣，请暂还北平，以图后举。"于是撤围还北平，铉及盛庸等兵乘胜追之，遂复德州，兵势大振。上即军中擢铉为兵部尚书，赞理大将军军事，封盛庸为历城侯。

燕王围攻济南长久不能攻下，就在城外各条溪涧上修筑堤坝堵水灌城，城里的人非常害怕，铁铉说："不要害怕，我们用计来解决问题。"于是商议让军中的人假装投降来迎接燕王入城。命令壮士们事先在城楼上悬挂一块铁板，燕王将要进城时就放下铁板，抽掉护城河的桥板。计策商定好了，就撤掉了守城的器具，放出了城中的居民伏在地上向燕王请求说："朝中奸臣作恶，使得大王冒着霜露为国家忧劳。我们东海的百姓，没有经过兵马战乱，看到大军临近，不了解大王安定天下、爱抚百姓的心意，只听有人说要把城中的人集合起来全部杀掉。现在我们知道了大王的良苦用心，就请大王退军十里，大王单骑进城，我们将准备好食物酒水来欢迎大王。"听了众人之言燕王非常高兴，马上下令退军。于是燕王乘着骏马，打着伞盖，带着几个精明强悍的骑兵护卫经过护城河桥来到城下。城门打开了，城头上守卫的人都埋伏在城垛之后，燕王骑马刚进入城门，门中有人大喊千岁，铁板很快砸了下来，砸伤了燕王的马头。燕王大吃一惊，急忙换了护卫的马向城外逃命。济南城守军急忙拉桥板，没想到桥板非常坚固，拉不动，使得燕王最终从桥上逃走了。气急败坏的燕王下令猛攻济南城，铁铉命令城上守军高声大骂，燕王大怒，下令用炮轰城，眼看城墙要被轰破了，铁铉便让人书写了高皇帝的神位牌悬挂在城头上，燕军不敢再用炮轰了。燕军围攻济南三个月，双方僵持不下，铁铉还经常招募壮士出其不意地袭击燕军营寨，多次大败燕军。燕王非常气愤，却又无可奈何，道衍和尚劝他说："部队已经非常疲劳了，请暂时撤军返回北平来谋划今后的行动。"于是燕王只好撤军回北平，铁铉和盛庸又乘机率军追击，收复了德州，全军的士气大为振奋。建文帝闻报，下令提拔铁铉为兵部尚书，兼职处理大将军的军事事务，封盛庸为历城侯。

到了年底，燕王又挥兵南下，与铁铉、盛庸部展开激战，结果损兵折将，又被打得大败而还。《纲鉴易知录》记载如下：

> 燕王率兵至汶上，掠济宁，盛庸、铁铉蹑其后，营于东昌。乙卯，燕兵向东昌，庸与铉等背城而阵，具烈火器、毒弩以待。燕军至即鼓噪而前薄，尽为火器所伤。会平安兵至，与庸军合，于是庸挥兵大战。燕王以精骑冲左掖，入中坚，庸军围燕王数重，朱能率蕃骑冲入，奋力死战，翼燕王出。张玉不知燕王已出，突入阵救之，没于阵，庸军乘胜擒斩万余人。燕兵大败，遂北奔，庸趣兵追之，复击杀者无算。

> 是役也，燕王数危甚，诸将奉帝诏，莫敢加刃。至是奔北，燕王独以一骑殿后，追者数百人不敢迫。适高煦领指挥华聚等至，击退庸兵而去。燕王闻张玉败没，乃痛哭曰："胜负常事，不足虑，艰难之际，失此良辅，殊可悲恨！"师还，与诸将语，每及东昌事，曰："自失张玉，吾自今寝食不安。"遂涕下不已。

燕王率兵到达汶上，攻掠济宁，盛庸、铁铉跟踪在他们后面，在东昌扎营。乙卯（二十五）日，燕军向东昌进发，盛庸与铁铉率军背靠城池摆开阵势，准备了烈火器和毒弩等待燕军。燕军一到东昌城下就鼓噪着冲杀过来，结果全都被烈火器烧伤。正好平安也率军赶来，与盛庸军会合一处，于是盛庸指挥全军展开大战。燕王带领精锐骑兵攻击盛庸军左翼，冲入了敌阵中心，被盛庸的军队包围了好几层。朱能率领胡人骑兵冲进来，奋力死战，保护燕王冲出了敌阵。张玉不知道燕王已经冲出，冲进敌阵救援，结果战死在阵中，盛庸的部队乘胜擒获斩杀燕军一万多人。燕兵大败，只得向北奔逃，盛庸催促士兵追杀，又击杀燕兵不计其数。

这次战役，燕王多次陷入险境，只是因为官军各个将领都尊奉建文帝的诏令，不敢用兵器击杀燕王，使得燕王能够保全性命。到燕军向北逃跑时，燕王又独自一人骑马殿后，致使追赶的几百名南军不敢逼近。此时正好又是朱高煦率领指挥华能等人赶到，才击退了盛庸的追兵而脱身。燕王听说张玉战死，失声痛哭地说："胜负是常有的事，不值得忧虑，但在这艰难的时刻，损失了我这样的优秀助手，实在是可悲可恨啊！"军队回到北平后，燕王和诸将谈话，每当提到东昌战役便说："自从失去张玉，我吃饭睡觉都不踏实啊！"于是流泪不止。

常言道："一将无能，累死三军。"如果是一个统率三军的皇帝无能呢？那就不是累死三军了，气都要把你气死。就在朝中出兵北伐燕军之际，建文皇帝朱允炆竟然下令全军上下不可杀死燕王朱棣。《三国演义》中写道，赵子龙大战长坂坡时，曹操传令三军不可杀死赵子龙，只能生擒。曹操不杀赵子龙是为了活捉赵子龙为自己所用，而建文帝不让将士们杀死朱棣，是因为朱棣是他的亲叔叔，他不想背上杀害至亲的恶名。两军相争，擒贼先擒王，是最快捷的取胜之道，而朱允炆不杀朱棣的诏令，分明是在其陷于绝境之时又放虎归山，使其卷土重来而陷国家和百姓于战乱之中，这种只要个人所谓名声不顾家国百姓和自己死活的做法，真是昏庸愚蠢至极！朱允炆的昏招不仅仅于此，每当官军作战失利，他就会罢免齐泰和黄子澄的官职，让他们或是暗中为他出谋划策，或是让其到外地招募军队，妄图以此来换取燕王朱棣退兵。而一旦官军取得胜利，他就即刻恢复二人的官职。这样做的结果不仅让人感到他为人的出尔反尔、反复无常，更是让全国上下感到朱棣讨伐齐泰、黄子澄而清君侧口号的正当，从而使自己陷于不义之地而失去人心。所以，虽然此时双方的战事互有胜负，但最终的结果早已由朱允炆的性格所确定了。

建文三年（公元1401年）春天，燕王又挥师南下与盛庸军展开激战，整整一年的时间，双方在河北、山东大战不休。到了年底，辽东的官军又围攻永平，燕王只得遣将救援，就这样，战事进入了胶着相持状态。

此时，燕王已起兵三年。三年来，他身先士卒，亲冒矢石，虽然多次大败官军，但也屡受挫折、屡陷险境，而且自己攻克的城池，大多很快被官军收复，此时仅据有北平、保定、永平三府。面对这不容乐观的形势，道衍和尚又为燕王谋划说："朝廷的重兵都布置在河北，京师必定空虚。殿下帅精锐，不要攻占城邑，直趋京师，可一举破城。"同时，朝中许多投奔燕王的宦官也提供了南京防守空虚的情况。燕王终于下决心说："多年用兵，何时得了，应当一往无前，临江决一死战！"

建文四年（公元 1402 年）初，燕王再次誓师南征。他率领精锐部队在藁城、衡水击溃了拦截的官军，绕道飞驰南下。二月十三日，从馆陶渡过卫河，接连攻克东阿、东平、汶上、兖州、沛县，三月初即到徐州城外。燕王诱使徐州守军出城作战，给以重创，使其不敢再出城拦截。四月三日，燕王率师过宿州，十日到蒙城，屯兵涡河岸边。但是，朱棣的老对头平安率领四万马步军紧随而至，在淝河（北肥水）和小河（濉水）两岸展开激战。平安骁勇善战，在连续多日的激战中斩杀了燕王的两员大将王真和陈文。同时，魏国公徐辉祖也带兵赶到，与燕军战于齐眉山（在安徽灵璧），挡住了燕军去路。

此时燕军连失两员大将，后路被截断，粮饷接济不上，再加上北方的将士对淮北初夏的暑热也不适应，许多将领纷纷请求撤军到小河北休整。朱棣非常生气地说："随你们的便好了！"大将朱能见此情形便鼓励诸将说："汉高祖十战九败，终有天下。我们起兵以来连连得胜，现在遭到一点小挫折就要回去，怎能成就大业呢？"于是诸将没人再敢提撤兵之事了。

此时是朱棣孤注一掷千里奔袭南京征程中最艰难的时刻：前有重兵拦截，后无援军接济，军中损兵折将，将士怨声载道。然而性格坚韧的朱棣力排众议，继续挺进，这样在最黑暗时刻的坚持，终于迎来了黎明的曙光。一是建文帝又出昏招，他担心南京城兵力空虚，将徐辉祖召回了南京。徐辉祖是明朝开国功臣徐达的儿子，又是燕王妃的哥哥，他秉承其父的教诲，忠君爱国，一心拥戴建文帝朱允炆，坚决抵抗燕王朱棣起兵作乱。他奉皇帝之命率部回京自然削弱了拦截朱棣官军的力量。二是在五月二十八日的一场混战中，官军将燕军进攻放炮的信号，误以为是事前商定好的移营淮河就粮的信号，因而阵脚大乱，被燕军乘机掩杀过来，活捉了官军骁将平安。平安是滁州人，很小就被朱元璋收为养子，骁勇善战，曾跟随燕王朱棣多次出塞作战，因而十分了解燕王的用兵之道。燕王起兵以来，平安多次与燕军对阵，斩杀燕军多员大将，成为燕军十分害怕的对手。这次竟然俘虏了平安，燕军士气大振，将士们兴奋地高呼："我们从此得平安了！"

平安被俘后，燕王并没有杀害他。《纲鉴易知录》有这样的记载："平安被俘见燕王，王曰：'淝河之战，公马不蹶，何以遇我？'安大言曰：'刺殿下如拉朽耳！'王太息曰：'高皇帝好养壮士。'释之，遣还北平。自是南军益衰矣。"

平安被俘后见到燕王，燕王问道："淝河作战时你追赶我，如果你的马没有绊倒，你会对我怎样？"没想到平安大声说："我刺死殿下你，只不过如同拉断一根朽木一样！"燕王叹息说："高皇帝就是喜欢收养壮士啊。"说完释放了平安，将他遣送到了北平。从此以后，南军更加衰弱了。

没有了平安这个劲敌挡道，燕王朱棣的奔袭部队从六月初开始，攻下了泗州，击溃了盛庸的部队渡过淮河，插过淮安与凤阳，直接攻下了扬州，驻军到了长江北岸。

眼看要和自己抢皇位的皇叔朱棣已打到了长江对岸，建文帝慌了手脚，他一面派大臣分道征兵勤王，一面打发庆城郡主到江北燕王营中求和，妄图以割地分治为诱饵来拖延时间。眼看南京就在对岸，皇帝的宝座伸手可得的燕王自然不会再谈什么割地求和了。

七月一日，江防都督金事陈瑄率水师投降了燕王；三日，燕军击败了盛庸的水军，从瓜洲渡过长江；六日，进驻镇江，然后水陆并进直逼南京。

临近败亡的建文帝竟然又出昏招，让李景隆防守金川门（南京北门）。李景隆在白沟河打了败仗之后，建文帝将他召回南京。黄子澄痛心自己举荐错了人，祸害了国家，极力要求将李景隆处死，建文帝不听。燕军逼近南京，方孝孺建议处死李景隆，以激励将士们死守南京，等待外援的到来，建文帝不但不听，竟然还让李景隆带兵防守金川门，把自己的身家性命交给了这位纨绔子弟。七月十三日，李景隆和谷王朱橞打开了金川门，投降了朱棣，燕军浩浩荡荡地拥入了京师。

燕王在公元1402年1月15日誓师，率劲旅南征，一路上穿插迂回，夺关斩将，千里奔袭，直趋南京，虽然历尽艰险，但仅仅用了半年的时间便攻破了南京。

3. 建文生死成谜案

对于燕军攻破南京城后，建文帝朱允炆的生死，史书大多记载语焉不详，闪烁其词，有的甚至前后矛盾，不能自圆其说。如《明史·本纪第四·恭闵帝》记载：

> 谷王橞及李景隆叛，纳燕兵，都城陷。宫中火起，帝不知所终。燕王遣中使出帝后尸于火中，越八日壬申葬之。

谷王朱橞和李景隆叛变，放燕军进城，京城于是陷落。皇宫中燃起了大火，建文帝不知所终。燕王让宦官从火中找出了皇帝和皇后的尸体，过了八天，在壬申日安葬了。这里先是记载"帝不知所终"，后又说"出帝后尸于火中"，显然给人以前后不一的感觉。参照其他史书记载更是莫衷一是，让人不得其解。如《纲鉴易知录》则载：

> 上诘问宫人、内侍以建文帝所在，皆指认后尸应焉。乃出尸于煨烬中哭之，曰："小子无知，乃至此乎！"召翰林侍读王景问葬礼当何如？景对曰："当葬以天子之礼。"从之。

永乐皇帝问宫女和内侍们，建文帝在什么地方？大家都指着皇后的尸体来应答。于是从火烬中找出了尸体哭着说："你这小子咋这样不知事理，竟到了这个地步！"永乐皇帝召来翰林侍读王景问应当如何安葬，王景回答说应以天子之礼安葬。永乐帝听从了他的意见。

前面说大家都指着皇后的尸体应答，后面的永乐皇帝哭的却是建文帝的尸体，这样的记载更让人无所适从了。

史书的记载各不相同，前后不一，使得建文帝的生死成了历史谜案。这个迷案说起来很是复杂，但是粗分起来不外乎两种说法：一是南京城破，建文帝死在了宫中；二是建文帝当时并没有死，而是趁乱逃出了。

按照《明史》这样所谓的正史记载，燕军刚刚进城，宫中就燃起了大火，而且这把火是建文帝放的。这样的说法应该是符合情理的，因为燕王攻进南京是为了抢皇位，他要在皇宫之中做他的皇帝，自然不会将宫殿烧个精光的。而建文帝当时自然是鱼死网破的心理，不留皇宫给自己的政治对手享用，或自焚而死以死抗争都是很符合他当时心理的选择。而且史书还明确地记载燕王在灰烬之中找到了建文帝和皇后的尸体，过了八天还按照天子之礼将他们安葬了。

建文帝在燕军进城时便自焚而死这样的结局是谁最希望的呢？当然是燕王朱棣，因为建文帝死了他便能顺理成章地取而代之做他的皇帝。而建文帝如果还活着，被他活捉了，这就麻烦大了，因为他之前打着清君侧旗号起兵时就多次说过，自己这样做无意于皇位，而是要在为朝廷除掉建文帝身边的奸臣后，自己效法周公来辅佐皇帝的，所以建文帝只要还活着，燕王朱棣要取而代之坐上皇位就颇有一些为难了，所以攻进南京城的朱棣不管建文帝想死不想死，都得让他死。正因为如此，有的史料还有谷王朱橞和李景隆打开金川门放燕军入城之时，朱棣即刻就派轻骑进宫杀了建文帝和皇后并放火的记载。

朱棣当了皇帝后曾多次修改史料，所以我们今天看到的所谓正史中多是燕军进城建文帝便自焚而死的记载。

但是，从灰烬中找出的皇帝和皇后是面目全非的尸体，很难让人认出是不是真正的皇帝，虽然朱棣马上认定是皇帝而痛哭，但因为此时最想得到皇帝已死结局的人便是他，反而让人觉得他在演戏。这样，建文帝当时并没有死，而是出逃在外的传言自然就产生了。

对于建文帝如何出逃、逃往何方的记载和传言有很多种，最离奇又很详备的当属《纲鉴易知录》中的记载：

帝会群臣恸哭，或劝帝且幸浙，或曰不若幸湖、湘。方孝孺请坚守京城以待外援，万一不利，车驾幸蜀，收集士马，以为后举。齐泰奔广德州，黄子澄奔苏州，帝太息曰："事出汝辈，而今皆弃我去乎！"长吁不已。

癸亥，燕王整兵而进，屯金川门，时谷王橞与李景隆守金川门，燕兵至，遂开门降。魏国公徐辉祖率师迎战，败绩。

时朝廷文武惧迎降燕，帝闻金川门失守，欲自杀。翰林院编修程济曰："不如出亡。"少监王钺跪进曰："昔高帝升遐时，有遗箧，曰：'临大难当发。'谨收藏奉先殿之左。"群臣齐言急出之，俄而舁一红箧至，四周俱固以铁，二锁亦灌铁，帝见而大恸。急命举火焚大内，皇后马氏赴火死。程济碎箧得度牒三张，一名应文，一名应能，一名应贤，袈裟、帽鞋、剃刀俱备，白金十锭。朱书箧内："应文从鬼门出，余从水关御沟而行，薄暮会于神乐观西房。"帝曰："数也！"程济即为帝祝发，吴王教授杨应能愿祝发随亡，监察御史叶希贤毅然曰："臣名贤，应贤无疑。"亦祝发。各易衣披牒，在殿凡五六十人俱矢随亡。帝曰："多人不能无生得失，宜各从便。"九人从帝至鬼门，而一舟舣岸，为神乐观道士王昇，见帝叩头称万岁，曰："臣固知陛下之来也。畴昔，高皇帝见梦，令臣至此耳。"乃乘舟至太平门，昇导至观，已薄暮矣。俄而杨应能、叶希贤等十三人同至，共二十二人。帝曰："今后但以师弟称，不必拘主臣礼也。"约定，左右不离者三人，给运衣食者六人，余皆遥为应援。黎明，取道溧阳去。

建文帝会见群臣时悲痛哭泣，有人劝皇帝暂且前往浙江，有人说不如去湖北、湖南。方孝孺请求坚守京城以待外援，他说万一守城不利，皇帝可以去四川，在那里重整兵马再做以后的打算。这时齐泰逃到了广德州，黄子澄逃到了苏州，建文帝叹息说："事情出自你们这伙人，现在却都抛弃我而离开了啊！"说完长长叹息不已。

癸亥日（农历十一日），燕王整顿军马前进，屯驻在金川门，当时谷王朱橞和李景隆防守金川门，燕军抵达后，就开门投降了。魏国公徐辉祖领军迎战，结果失败了。

当时朝中许多文武大臣都前去迎接投降了燕王，建文帝听说金川门失守，想自杀。翰林院编修程济说："不如出走逃亡。"少监王钺跪下来告诉建文帝说："过去高皇帝升天的时候，留下一个箱子说：'大难临头时就打开它。'我把它小心地收藏在奉先殿左侧。"群臣一齐说赶紧拿出来，不一会儿抬出一个红箱子，箱子四周都用铁加固，两把锁也灌了铁汁，建文帝见到后放声大哭。急忙命令放火焚烧皇宫，皇后马氏投火而死。程济砸碎箱子得到三张发给僧人的度牒，一个僧人名为应文，一个名为应能，一个名为应贤，袈裟、帽鞋、剃刀全都准备好了，还有十锭白银。箱内用朱红色的字写着："应文从鬼门出走，其余的人从水关御沟出行，傍晚在神乐观的西房会合。"建文帝说："这真是天数啊！"程济当即为建文帝剃发，吴王教授杨应能愿意剃发随建文帝逃亡，监察御史叶希贤毅然说："我的名字里有'贤'字，我就是应贤无疑。"也剃了头发。人们各自换了衣服，带上度牒，在殿上的五六十人都发誓要跟随建文帝逃亡。建文帝说："人多不能不产生差错，应当各从其便。"有九个人随着建文帝来到鬼门，已有一只船靠在岸边，划船的是神乐观的道士王昇。他见到建文帝便叩头称万岁，还说："臣已经知道陛下会到来，昨晚高皇帝托梦给我，让我到这里来。"于是他们乘船到了太平门，由王昇带领着到了神乐观，这时已是傍晚时分了。不久，杨应能、叶希贤等十三人一起来到，共二十二个人。建文帝说："今后只以师父弟子相称，不必拘泥君臣的礼节。"他们约定，不能离开建文帝身边的为三个人，负责供给运送衣食的是六个人，其余的人离开建文帝身边做接应。黎明时分，他们离开溧阳而去。

这样的记载已经很是离奇，令人惊叹了，没想到其后还有对建文帝时隐时现地在全国各地游历的记载：

初帝附舟至京口，过六合，陆行至襄阳，至是往滇。

癸未，太宗文皇帝永乐元年，春正月，建文帝至云南永嘉寺。

（永乐四年）夏四月，建文帝至西平侯沐晟家。五月，结茅白龙山。

（永乐六年）夏六月，建文帝白龙庵灾。程济出山募葺。

（永乐七年）夏五月，建文帝还滇。先是上命太监郑和航海通西南诸国，和数往来云、贵间踪迹建文帝，帝东行至善庆里，是月复还滇。

庚寅，（永乐）八年，春三月，建文帝复至白龙庵。工部尚书严震使安南，密访建文帝，忽与帝遇于云南道中，相对而泣。帝曰："何以处我？"对曰："上从便，臣自有处。"夜缢于驿亭中。帝复结庵于白龙山，寻复舍白龙庵他去。

（永乐九年）夏四月，建文帝至鹤庆山。先是，有司毁白龙庵。是月，建文帝至浪穹鹤庆山，其地颇佳，因募建一庵，名大喜。

壬辰，十年，春三月，建文帝纳弟子应慧。

当初建文帝乘船到了京口，经过六合，走陆路到达襄阳，到这时便前往云南。

癸未年，太宗文皇帝永乐元年，春正月，建文帝到达云南永嘉寺。

（永乐四年）夏四月，建文帝到了西平侯沐晟家。五月，在白龙山修建草房。

（永乐六年）夏六月，建文帝所住的白龙庵发生火灾。程济出山募集资金重新修建。

（永乐七年）夏五月，建文帝回到云南。在此之前，太宗皇帝命令太监郑和航海到西南各国，郑和多次往返于云南、贵州之间寻访建文帝的踪迹。建文帝东行到善庆里，这个月又返回云南。

庚寅年，永乐八年，春三月，建文帝又到了白龙庵。工部尚书严震出使安南，秘密寻访建文帝，忽然与建文帝在云南路上相遇，他们一见面便相对哭泣。建文帝说："你怎样处置我？"严震回答说："皇上请便，臣自有安排。"当夜严震就在驿站亭中自缢身亡了。建文帝又在白龙山搭建草房，不久便放弃白龙庵到别处去了。

（永乐九年）夏四月，建文帝至鹤庆山。在此之前，官府捣毁了白龙庵。这个月，建文帝到达浪穹县鹤庆山，这个地方环境很好，于是募资修建了一座佛庵，取名大喜。

壬辰年，永乐十年，春季三月，建文帝收弟子应慧。

这以后还不厌其烦地记载了建文帝到过衡山、四川、广东、湖北等地。这样的记载在朱棣死后也一直没有间断，直到朱棣的儿子仁宗皇帝死后的仁宗洪熙元年（公元 1425 年）还有这样的记载：

> 建文帝自闽、粤还山，止程济从。闻仁宗崩，帝曰："吾心放下矣。今后往来亦少如意也。"

建文帝从福建、广东返回鹤庆山，只有程济随从。听到仁宗皇帝驾崩的消息，建文帝说："我的心终于放下了，今后往来也会稍微如意一些了。"

能够这样如影随形地记载一个东躲西藏亡命天下的君王行踪，已经是让人很为惊奇了，但后面的记载就更是让人大为惊奇，因为它竟然记载着建文帝回到了大明皇宫：

> 庚申，五年，春三月，建文帝同寓僧诣思恩知州岑瑛，自称建文帝，僧及建文帝被执赴京师。

> 建文帝好文章，能为诗歌，至是出亡盖三十九年矣。会有同寓僧者，窃帝诗，自谓建文帝，诣思恩知州岑瑛，大言曰："吾建文皇帝也。"瑛大骇，闻之藩司，因系僧，并及建文帝，飞章以闻。诏械入京师。程济从。

> 九月，僧及建文帝至京师。命御史廷鞫之，僧称年九十余，且死，思葬祖父陵旁耳。御史言建文君生洪武十年，距正统五年当六十四岁，何得九十岁？廉其状，僧实杨应祥，钧州白沙里人。奏上，僧论死，下锦衣狱。建文帝白其实，御史密以闻。阍吴亮老矣，逮事建文帝，乃令探之。建文帝见亮则曰"汝非吴亮邪？"亮曰："非也。"建文帝曰："吾昔御便殿，汝尚食，食子鹅弃片肉于地，汝手执壶据地狗餂之，乃云非是邪？"亮伏地哭。建文帝左趾有黑子，摩视之，持其踵复哭，不能仰视，退而自经。于是迎建文帝于西内。程济闻之，叹曰："今日方终臣职矣！"往云南焚庵，散其徒。建文帝既入宫，宫中人皆呼为老佛，以寿终葬西山，不封不树。

庚申年，正统五年，春三月，与建文帝同住的僧人拜见思恩知州岑瑛，自称是建文帝，僧人和建文帝被捉拿押送到京师。

建文帝喜好文章，能写作诗歌，到这时已经出逃三十九年了。遇上了一个和他同住的僧人，偷窃了建文帝的诗稿，便自称是建文帝而拜见思恩知州岑瑛，他大言不惭地说："我是建文皇帝。"岑瑛大为惊骇，立即上报藩司，于是囚禁了僧人和建文帝，差人快马上奏朝廷。朝廷下诏把疑犯用刑具押送到京城，程济也随从前往北京。

九月，僧人与建文帝被押送到了北京。朝廷命令御史在朝堂上审讯他们。那个僧人说自己已经九十多岁了，快要死了，只是想在死后葬在祖父的陵墓旁边而已。御史说建文皇帝生于洪武十年，到正统五年应当是六十四岁，怎么会有九十岁呢？最终考察到了他的真实情况，这个僧人真实的名字叫作杨应祥，是钧州白沙里人。御史将案情上奏给了明英宗，僧人被定成了死罪，关进了锦衣卫监狱。建文帝这时只得说出实情，御史秘密奏报给了皇帝。宦官吴亮已经是个年迈的老人了，曾侍奉过建文帝，就令他前去探视。建文帝一见吴亮就说："你不是吴亮吗？"吴亮回答说："不是。"建文帝说："我有一次来到便殿，你正在吃饭，吃小鹅肉时掉了一片肉在地上，你手上拿着壶趴在地上像狗一样舔着吃了，怎么说不是呢？"吴亮趴在地上哭了起来。建文帝的左脚趾上有黑痣，吴亮上前抚摸着来看，然后抱着建文帝的脚又哭了起来，一直不能抬起头来看看建文帝。吴亮回去后就上吊自杀了。于是将建文帝接进了西内殿。程济得知情况后，叹息着说："今日我才完成臣子的职责了！"于是他来到云南，烧毁了庵房，让跟随建文帝的僧人徒众都四散回家了。建文帝住进宫中后，宫里的人都称他为"老佛"，后来寿终去世葬在了西山，坟墓没有累土也没有植树。

从以上所引的建文帝在南京城破之后是生是死的史料来看，建文帝未死而出逃当更符合情理。这主要是因为建文帝当时虽然活不见人，但死却不见完全能判断是他本人的尸体。灰烬中的尸体如果是建文帝所为，则是为了掩护他的出逃，以免朱棣对他搜索穷追，如果他真要自杀而亡，可以有许多的死法，没有必要选择自焚这种极其惨烈的方式，而要让人们认为宫中的尸体是自己，唯一的方法便是让人们无法辨认才能达到目的。当然，灰烬中的尸体如果是朱棣所为，这便更符合情理，找两个宫中之人将其烧掉冒充建文帝和皇后，给人以皇帝已死的假象，以便自己顺理成章登基称帝，这自然是朱棣很容易又很愿意做的事情了，所以烧焦的尸体一出现，朱棣第一个便认定是建文帝而干号了两声。他首先断定这个面目全非的尸体就是建文皇帝，谁还敢说个不是呢？所以建文帝死于城破之后宫中的大火之中，便成为正史中明确的记载了。

其次，不仅是以上我们引用的《纲鉴易知录》中有其后朱棣多方派人寻找建文帝的记载，而且其他史书中也有大量的关于朱棣派遣官员和宦官，以各种名目为掩护来寻找建文帝的记载，规模最大的就是派遣郑和七次下西洋到海外寻找建文帝的下落。建文帝是死是活，他朱棣心中最为清楚，建文帝在世上存在一天，便是他朱棣的心中隐患，所以一直到朱棣猝死在榆木川之前，搜寻建文帝的行动就从来没有停止过。所以，明成祖朱棣二十多年对建文帝多方地追踪搜寻，更有力地证明了建文帝在南京城破之时并没有死去，而是逃往他方了。

但是，我们说建文帝在南京城破之时逃出了宫中，却并不能说明像《纲鉴易知录》等史书中记载的建文帝在外出逃的经历合情合理，令人信服。我认为这样的一些记载有着许多荒诞离奇、经不起推敲的地方。

首先，朱元璋在四年前自己临死之时就对朱允炆出逃的安排是极其荒诞而不可信服的。为什么这样说呢？因为朱元璋是人不是神，他作为一个凡间之人，怎能对自己死后多年的事情有如此精准的预料和如此精细的安排？即便退一万步讲，他如果真是个神仙，能够预料身后之事，那他就应该不让孙子朱允炆接自己的皇位，而让儿子朱棣接班，从而让自己创建的大明王朝避免一场历经四年的战乱才对。

那么，其后世的许多史书却又为什么有这样荒唐的记载呢？这当然是我们中国人畏顺强权，畏顺枭雄的个人崇拜心理作祟。几千年来，历朝历代的开国皇帝凭着他们的能力和机遇，夺得了天下，登上最高统治者的宝座后，哪一个不被捧为半人半神的真命天子而受人膜拜？哪一个不被人杜撰些神怪灵异的事迹而塑造成让人不敢仰视的救世主？朱元璋被人们杜撰出这样一些超乎凡人的神奇能力，正是我们几千年来传统的伟人崇拜心理的反映。

其次，建文帝朱允炆逃出南京城后飘忽不定、周游全国的记载，也有许多让人难以置信之处。建文帝逃出南京后的短时间内，南方各地尚是他的地盘，所以他根本就不需要假装和尚身份，甚至就以其皇帝身份青天白日周游各地也行。但是，时间不长，朱棣登基称帝于南京之后，全国各地包括南方的地方官员们便纷纷宣告拥戴永乐皇帝朱棣了。此时的朱允炆已经成为当朝皇帝追查捕拿的对象，他怎么还能一时在这里修庵堂，一时云游各地，甚至到侯爷府做客，甚至在官道驿站和朝廷大员对话？他这样堂而皇之、明目张胆地在全国巡游，还需要永乐皇帝二十多年上穷碧落、下至黄泉地追寻他吗？

最后，建文帝被押至北京，身份暴露后，朱棣的重孙、当时的明英宗竟然将他迎入西内殿养老，宫中人恭敬地称他"老佛"，使他在皇宫之中养尊处优，颐养天年，最后还为他养老送终。朱允炆能有这样的人生结局当然是善良的人们所向往的了，作为爷爷辈的朱允炆和他孙子辈的明英宗相逢一笑泯恩仇，皇室至亲之间温情脉脉，其乐融融，自然让喜欢皆大欢喜结局的中国人最为满意了。但是，明英宗能放过这个与他的太爷爷你死我活争斗过的死对头吗？皇权笼罩下残酷的政治斗争能够这样温情脉脉吗？不要多说古往今来血腥残忍的宫廷争斗史了，单单看一下明英宗的父亲明宣宗是如何对待他的亲叔叔朱高煦的，就可以看到皇室宗亲之间争斗的冷酷血腥了。明宣宗宣德元年（公元1426年）八月，汉王朱高煦谋反；九月，朱高煦投降归顺后被押送到京城处死。《纲鉴易知录》对此有下面的记载：

> 汉庶人高煦伏诛。庶人锁絷大内逍遥城，一日上往，熟视久之，庶人出不意，伸一足句上仆地。上大怒，亟命力士舁铜缸覆之。缸重三百斤，庶人有力，顶负缸起。乃积炭缸上如山，然炭，逾时，火炽铜镕，庶人死。诸子皆死。

被废为庶人的汉王服罪被诛。庶人被用枷锁拘禁在宫内的逍遥城。有一天，宣宗前往观看了很长的时间。庶人出其不意伸出一只脚把宣宗勾倒在地。宣宗大怒，急急地命令力士们抬来铜缸把朱高煦扣起来。铜缸重三百斤，庶人很有力气，把铜缸顶了起来。于是在缸上堆了像山一样多的木炭，把炭点燃，过了一个时辰，炽热的炭火把铜缸融化，庶人朱高煦死去了。他的儿子们也都被处死。

朱高煦在朱棣夺取皇位的"靖难之役"中建立了大功，但是在宫廷争斗中却被他的侄儿这样残酷地处死，皇室宗亲争斗就是这样的冷酷无情，哪来得相逢一笑泯恩仇的温情？所以，朱允炆如果真是暴露了身份，被押到北京，他的下场肯定不会好到哪里去。

那么，南京城破之后建文帝生死谜案的真相究竟是怎样的呢？几百年来无数的史学家都在不断地探讨这个问题，许多人穷尽一生地研究也未得出令人信服的答案。近年来，建文帝最终的归宿究竟在哪里的探讨研究成了一个热门的话题。从网上的有关帖子来看，有说建文帝最终归宿在青海的，有说建文帝最终流落到了湖南苗族居住的地区，他的儿子朱文奎还娶了一个苗家姑娘，现在那里还有他的后裔。从许多这样的帖子来看，我觉得有一个帖子说得有点符合情理。

这个帖子说，近年有史学家在福建宁德县钟洋村余姓人家祠堂发现了一副对联，书写这副对联的落款者是修建祠堂的余姓人家老祖宗的内弟，名字叫作周斌。周斌是建文帝朱允炆的老师，建文帝登基后他便告老还乡了。据史家介绍，这座祠堂的房梁上还供奉着一包东西，余家祖辈相传这包东西任何人不得打开。前几年有研究人员打开了这包东西，发现里边只是几幅已腐烂不堪的图画，经专业人员细心拼接，只拼接出了三幅图画，另外还有两幅图画已是无法拼接了。拼接出的这三幅图，一幅是马皇后的画像，一幅是周斌的画像。马皇后的画像有留在故宫的画相为证，周斌的画像有余姓祠堂中悬挂的画像为证。而第三幅画像画的是一位近三十岁的男人，这幅画像和当时的人物画像有很大的不同，当时的人物画像中的人都是正襟危坐，而这幅画像中的男人却左腿翘起，往后微仰。研究人员说，史书记载朱允炆左脚有残疾，所以他坐下的时候往往翘着左腿，以免让人看出他两条腿长短不一。所以从这个特点以及三幅画像的人物关系来推断，这幅画像应该是朱允炆的画像。另外，这个村子还有一座气派很不一般却没有标明墓主身份的古墓，而余姓人家的后人却年年到这里来祭祀。

从以上情况来分析推断，发帖者认为：第一，建文帝朱允炆逃出南京后就逃到了福建宁德钟洋村他的老师周斌家中躲避追踪，并最终死在了此地，村子里的古墓就是他的坟墓；第二，建文帝逃到这里不仅是因为他的老师周斌忠诚可靠，而且钟洋村面临大海，万一朝廷追查到此，也可随时乘船逃到海外躲避；第三，余姓人家的老祖宗也可能是跟随建文帝逃到此地的大臣，并最终落户此地。

之所以我在这里详细介绍这个帖子，是因为我认为这个帖子有两点比较符合情理：一是逃难之人一定要投奔他认为的忠诚可靠之人，而为人正直忠诚、多年朝夕相处的老师周斌正是理想的人选；二是逃难之地一定要是边远隐蔽且有退路之地，而福建宁德钟洋村正是这样一个理想之地。

但是，这个帖子的说法还是需要一定的史料证据特别是有力的实物证据来支撑的。许多的历史谜案永远都不会真相大白的，但它引起人们的关注，引起人们的探讨研究便是它的存在价值。

4. 丧心病狂屠遗臣

建文四年（公元 1402 年）六月十三日，燕王朱棣率军顺利进入南京城，六月十七日，在群臣的劝进簇拥下正式登基称帝。改年号为"永乐"，以明年为永乐元年，改建文四年为洪武三十五年。朱棣将当年的建文四年仍称为洪武三十五年，便将大明王朝第二代皇帝朱允炆完全抹去，表明他自己才是以儿子身份即位的大明王朝第二代皇帝。

朱棣登基后即刻传檄天下，朝中及地方官员们一是看到能力非凡的朱棣已经控制了局势，天下大局已定；二是大明是朱家的天下，朱棣是朱元璋现存的长子，继位也可说是无可非议，便纷纷宣布归顺新的皇帝。

但是，虽然多数官员都选择了归顺朱棣，却还有许多的官员坚守不事二主的气节，拒不归顺新皇。他们有的亡命出逃，史载"燕兵之入，一夕朝臣缒城去者四十余人"。有的虽然没有逃跑，但却闭门不出，拒不归顺称臣。有的甚至以死抵抗，例如对建文帝忠心耿耿的徐辉祖，率军与燕军巷战失败后被囚，仍然拒不投降。还有人单枪匹马行刺燕王，如御史连楹，他假装投降后借机刺杀朱棣，被朱棣护卫杀死后，竟然"植立不仆"。还有许多的人纷纷为建文帝殉难：御史魏冕和大理寺丞邹瑾在严厉谴责劝他们投降的人后即自杀身亡；秦府长史邹朴竟然绝食而死；都给事中龚泰投城而亡；宋代大儒程颐的后裔程立本自缢而死；翰林纂修周是修留遗书给谢缙等人托以后事后，穿戴整齐到应天学府自缢而死。

朱棣心底明白，不管自己用任何冠冕堂皇的理由取代朱允炆，按照传统体制都难逃"篡夺"的恶名，所以他虽然给自己找了许多的理由和借口，攻下了南京，顺利当上了皇帝，但心底的不安始终难以去除。这些拒不合作官员的行为，彰显了自己行为的不当，给燕王朱棣以极大的震撼和刺激，从而恼羞成怒展开了一场名为惩治奸恶的大规模杀害忠于建文帝遗臣的行动。据文献记载，在这场惩治奸恶的大屠杀中，前后被公开榜示列出的奸恶有一百二十四人，而为了斩草除根，朱棣对这些人都是进行了残暴野蛮的宗族灭绝。朱棣登基称帝后，像他的父亲朱元璋一样，给中国历史又留下了一场惨绝人寰的大屠杀运动。下面我们叙述一下几位影响较大的建文遗臣被杀的情况。

铁铉，字鼎石，河南邓州（今南阳市）人。在靖难之役中屡败燕军，致使燕王不敢取道山东南下。燕军攻破南京后，铁铉仍在淮南一带率部抵抗，不肯降服。朱棣一直对铁铉耿耿于怀，用计将铁铉擒获后押解到南京，自己亲自审问。《纲鉴易知录》记载如下：

> 铉被执至京陛见，背立廷中，正言不屈。令一顾不可得，割其耳鼻竟不肯顾。爇其肉纳铉口中，令啖之，问曰："甘否？"铉厉声曰："忠臣孝子肉有何不甘？"遂寸磔之，至死犹喃喃骂不绝。上乃令舁大镬至，纳油数斛熬之，投铉尸，顷刻成煤炭，导其尸使朝上，转展向外，终不可得。上大怒，令内侍用铁棒十余夹持之，使北面，笑曰："尔今亦朝我邪？"语未毕，油沸蓦溅起丈余，诸内侍手糜烂，弃棒走，尸仍反背如故。上大惊，命葬之。铉年三十七。

铁铉被俘押到京师来见太宗皇帝，他背朝着皇帝立在殿庭中，义正词严而不屈服。太宗命他回头一次他都不肯，直到割去他的耳朵、鼻子仍不肯回头。太宗命人烧了他的肉塞到他的口中，让他吃掉，问他说："甘甜吗？"铁铉厉声回答："忠臣孝子的肉有什么不甘甜的？"于是让人一寸一寸地割他的肉，他至死仍然喃喃不休骂声不绝。太宗又让人抬来一口大锅，放进了几斗油熬热，把铁铉的尸体扔了进去，尸体顷刻之间成了煤炭。太宗让人把尸体翻动朝上，再转动向外，却最终不能做到。皇上十分生气，下令内侍们用十几根铁棒夹持着使铁铉的尸体面朝北后，他笑着说道："你现在也向我朝拜了吧！"话未说完，油沸腾起来，溅起一丈多高，内侍们的手都烫烂了，全都扔下铁棒跑开了，尸体又翻转过来背朝上，和刚才一样。太宗皇帝大惊失色，下令埋葬了他。铁铉死时年仅三十七岁。

铁铉死后，他八十多岁的父母被遣送到海南。两个只有十二岁和七岁的儿子都被发往鞍辔局做苦工，不久被杀死。他的妻女们都被发往教坊司，充作女乐。

黄子澄被朱棣列为首恶第一人，南京城破之后，他从苏州到嘉兴去找退休回家的杨任，图谋联络各地拥戴建文帝的力量举事反燕，结果被人告发逮捕。因为黄子澄是为朝廷出谋划策对抗燕王朱棣的主要谋臣，所以朱棣对其亲自审问，黄子澄当庭"抗辩不屈"，誓不低头，结果被朱棣用酷刑磔死。他的宗族之人，不分男女老少全部斩首，亲戚全被发配边疆。只有一个儿子改名换姓逃到了湖北咸宁，才幸免一死。

齐泰是另一首恶，被列为悬赏捉拿的主要奸臣。他平时总骑一匹白马，这时全国通缉捉拿的风声日紧，他怕被人认出，于是将马用墨汁染黑。因为急急赶路，马跑得浑身出汗，墨迹脱落，结果被人认出，捉拿到了京城。他同黄子澄一样，宁死不屈，被诛灭全族，只有一个六岁的儿子被免死，配给功臣家为奴。

《纲鉴易知录》对杀害右副都御史练子宁的情形记载如下：

> 子宁被缚至阙，语不逊，上大怒，命断其舌，曰："吾欲效周公辅成王耳。"子宁手探舌血，大书地上"成王安在"四字，上益怒，命磔之。宗族弃市者一百五十一人。

练子宁被捆绑到宫门前，言语不敬。太宗皇帝非常生气，命人割断了他的舌头说："我只是想效法周公辅助成王而已。"练子宁用手蘸了自己舌头上的血，在地上写了"成王安在"四个大字。太宗皇帝更加愤怒，下令将练子宁碎尸万段，他的宗族在集市上被处斩的有一百五十一人。

礼部尚书陈迪拒不归顺朱棣，朱棣将他招来责问。陈迪对朱棣嗤之以鼻，骂不绝口。结果他和自己的儿子六个人同日就刑斩首。临刑时，他的儿子凤山大声呼叫说："父亲连累我们了！"陈迪则厉声呵斥儿子闭嘴。朱棣命人割下凤山等人的鼻舌让陈迪吃，陈迪大骂不止。父子六人均被凌迟处死后，人们在陈迪的衣带中发现遗诗一首：

三受天皇顾命新，山河带砺此丝纶。

千秋公论明于日，照彻区区不二心。

陈迪的宗亲被处死的有一百八十余人，他的妻子自缢而死，幼子陈珠出生才五个月，被乳母藏在水沟中才得以幸免。

朱棣这样丧心病狂的大屠杀并没有吓到朝中有骨气的人，《纲鉴易知录》中就有左佥都御史景清刺杀朱棣未遂被戮的记载：

> 初，燕师入，清知帝出亡也，犹思兴复，诡自归附，上厚遇之，仍其官。清自是恒伏利剑于衣衽中，委蛇侍朝，人疑焉。八月望日早朝，清绯衣入。先是灵台奏"文曲犯帝座急，色赤"。及是见清独衣绯，疑之。朝毕出御门，清奋跃而前，将犯驾，上急命左右收之，得所佩剑。清知志不得遂，乃起植立嫚骂，抉其齿，且抉且骂，含血直喷御袍。乃命剥其皮，草楱之，械系长安门，碎磔其骨肉。是夕精英迭见。后驾过长安门，索忽断，所械皮趋前数步，为犯驾状。上大惊，乃命烧之。已而上昼寝，梦清仗剑追绕御座，觉曰："清犹为厉邪！"命赤其族，籍其乡，转相板染，谓之"瓜蔓抄"村里为墟。

当初，燕军进入南京，景清知道建文帝出走了，仍想恢复建文帝的皇位，就诡称归附太宗皇帝。太宗对他很优厚，仍然保留他原来的官职。景清从此经常在衣襟中藏着利剑，平静地上朝侍奉永乐皇帝，有人却怀疑他。八月十五日早朝，景清穿着大红衣服进入宫殿。之前灵台官上奏说："文曲星急迫地侵犯帝座星，文曲星的颜色是红色的。"此时的朝中只有景清一人穿着大红衣服，就怀疑他了。早朝结束后出了御门，景清奋力跳上前来，将要刺杀太宗皇帝，太宗急命左右护卫捉拿，搜出了他藏在身上的利剑。景清知道自己的目的不能实现了，就站起身谩骂，护卫们扳断他的牙齿，一边扳，他一边骂，含着的血直喷到太宗皇帝的袍子上。太宗下令剥下他的皮，用草塞在里面，戴上刑具绑在长安门，剁碎了他的骨肉。这天晚上他的灵魂反复出现。后来太宗的车驾经过长安门，捆绑景清皮囊的绳子忽然断了，皮囊向前走了几步，好像要攻击车驾一样。太宗大惊，下令烧了皮囊。不久，永乐皇帝白天睡觉，梦见景清拿着剑绕着御座追赶自己，他惊醒之后说："景清还在当厉鬼啊！"于是，永乐皇帝下令杀光了景清所有的族人，抄没了他的家乡，又辗转牵连出了许多人，时称"瓜蔓抄"，整个村庄都变成了废墟。

当时，朱棣屠杀建文帝的遗臣，最为血腥疯狂的当属屠杀方孝孺家人亲朋一案。《纲鉴易知录》记载如下：

> 上之发北平也，僧道衍送之郊，跪而密启曰："南有方孝孺者，素有学成，武成之日，必不降附，请勿杀之，杀之则天下读书种子绝矣。"上首肯之。及建文帝逊去，即召用孝孺，不屈，系之狱。上欲草即位诏，皆举孝孺，乃召出狱。孝孺斩衰入见，悲恸彻殿陛。上谕之曰："我法周公辅成王耳。"孝孺曰："成王安在？"上曰："伊自焚死。"孝孺曰："何不立成王之子？"上曰："国赖长君。"孝孺曰："何不立成王之弟？"上降榻劳曰："此朕家事耳，先生勿过劳苦。"左右授笔札，上曰："诏天下非先生不可。"孝孺大批数字，掷笔于地，且哭且骂曰："死即死耳，诏不可草。"上大声曰："汝独不顾九族乎！"孝孺曰："便十族奈我何！"声愈厉，上大怒，令以刀抉其口，两旁至两耳，复锢之狱。大收其朋友、门生尽杀之，然后出孝孺磔之聚宝门外。孝孺慷慨就戮，时年四十六，坐死者八百七十三人。

太宗从北平出发时，道衍和尚送他到郊外，跪下来秘密上奏说："南方有一个叫方孝孺的人，学问和德行名闻天下，我们这次用兵成功之时，他一定不会投降。我请求一定不要杀他，杀了他天下的读书种子就断绝了。"太宗点头答应了。

等到建文帝逊位离去之后，太宗便召用方孝孺，方孝孺不肯归顺，于是就把他囚禁在狱中。太宗登基称帝之时，想起草即位诏书，大家都推荐方孝孺，于是便召他出狱，请他起草即位诏书。方孝孺穿着最重的孝服进入宫中，悲恸的哭声响彻整个殿庭。太宗劝慰他说："我只是效法周公辅助成王罢了。"方孝孺立即问道："成王在哪里？"太宗回答说："他自焚死了。"方孝孺说："为什么不立成王的儿子做皇帝？"太宗说："国家要靠年长的君主来治理。"方孝孺即刻问道："为什么不立成王的弟弟做皇帝？"太宗走下坐榻劝慰他说："这是我的家事而已，先生就不要过于操心劳累了。"左右的人拿来纸笔给方孝孺。太宗说道:"昭告天下的即位诏书非得先生写才行。"方孝孺写了几个大字,把笔扔在地上,边哭边骂说:"死就死罢了,这个诏书不能写。"太宗大声说:"你就不顾你的九族了吗!"方孝孺回答说:"就是十族又能把我怎么样!"声音更加严厉了。太宗大怒,让人割他的嘴,从两旁一直割到了耳朵,又将他下入大狱。下令在全国各地大肆抓捕方孝孺的亲朋和学生,将他们全部杀死,然后在聚宝门外将方孝孺碎尸万段。方孝孺慷慨就死,时年四十六岁。连坐而死的方孝孺的亲朋和学生共有八百七十三人。

方孝孺之死就是中国历史上绝无仅有的、让人闻之色变的株连十族的惨案。这个惨案让朱棣穷凶极恶的残暴性格暴露无遗的同时,也反映出中国历代统治者为了掩盖自己的恶行,不惜以大肆杀伐来震慑人心,维护其罪恶统治的凶残,这样的罪恶行为自然受到人们一致的痛骂和谴责。

但是对于方孝孺的做法,却有着不同的声音。在人们普遍赞叹方孝孺坚守中国知识分子传统的节操,舍生取义,慷慨就死的同时,也有人认为方孝孺为一个仁弱无能的建文帝殉葬,白白地搭上自己的性命不说,还连累自己的亲朋和学生,是中国封建传统中的"一女不嫁二夫,一臣不事二主"思想糟粕误了他,是一种典型的"愚忠"行为。

从我们现代人的认识来看,这种指责方孝孺"愚忠"的说法确有它的道理。但是,我感到我们以今人的观点看法来苛求古人,不仅是有失偏颇的,且给人一种装腔作势之感。以我们今人的眼光来看,所谓的皇帝,所谓的君,只不过是抢得了天下的统治者,国则是我们的祖辈繁衍生息并生我养我的这片土地。但是,受中国传统文化熏陶的古代知识分子历来就有着忠君爱国的家国情怀,在他们的心中忠君就是忠于国家,君就是国的象征,所以他们忠于君,就是忠于国,忠君爱国是一体的。我们站在今人的立场,以自己今天的认识,来指责受其时代局限的古人忠于他心中正当合法的君王是所谓"愚忠",是不是有点装腔作势、盛气凌人呢?

另外,人之所以为人,是因为人不只是按适者的生存法则活在世上的动物,一个真正的人还有自己的信仰、为人的准则、做事的底线及作人的自尊，所以，那些在生死存亡关头顺风而倒、毫无底线的人常为人所不齿，被人斥为无耻，斥为小人，斥为禽兽不如。方孝孺从当时他心中坚守的伦理道德认定建文帝正当合法，朱棣忤逆作乱，从而坚守正义，不事二君，正是他心中有为人的准则、做事有底线的表现，是维护一个知识分子起码自尊的表现。而且，他没有像景清那样一味地硬拼去刺杀朱棣，而只是坚守自己的底线，闭门不出，不肯归顺不为朱棣做事而已。但是，他的这种不为其所用的态度却为朱棣所不容，在朱棣这样的统治者看来，谁瞧不起我，谁不为我所用，谁就不能在这个世上生存。所以，方孝孺被杀，他的亲朋和学生八百多人无辜而死，是朱棣凶残疯狂的恶行所致，我们不能苛求受害者来弱化对凶犯罪恶的讨伐谴责。

三、好大喜功营建永乐盛世

1. 再次削藩强皇权

朱棣是打着清君侧、反对建文帝削藩政策的旗号，来武力推翻建文帝、自己取而代之当上皇帝的，所以他即位之初不得不为被建文帝削夺了爵位的周王、岷王、代王、齐王及湘王等恢复了分封，而且给各路藩王增加了更加优厚的政治和经济待遇。同时还一反建文朝诸王不得擅自来京的规定，准许诸王随时来京朝见，因此"永乐朝，亲王入觐者不绝，盖文皇矫建文疏忌宗室，倍加恩礼"。这使得各路藩王把"靖难之役"的胜利看成了自己的胜利。这些皇二代、皇三代自以为天下是我朱家的天下，不从建文朝诸王为所欲为惨遭削夺爵位的覆辙汲取教训，反而得意忘形，"轻者骄纵放荡，为害地方；重者则暗养勇士，阴谋夺位"。他们认为以藩王的身份夺取了皇位的朱棣将给他们建立一个藩王的盛世。

但是，以一个藩王的身份夺嫡成功而坐上龙椅的朱棣，他的心中比谁都明白藩王的势力坐大对中央政权意味着什么，所以此时靠打着反对削藩旗号坐上皇位的朱棣比谁都能体会到削藩的重要性和紧迫性。不久，靠反对削藩起家的永乐皇帝便向他的诸位藩王兄弟挥动了削藩大棒。

代王朱桂性格暴躁，建文帝时就被废为庶人。朱棣即位后恢复了他的爵位，让他回到原封地大同仍做他的代王，但他依然骄纵不法，人们纷纷告发。朱棣特地赐书警告他说："闻弟纵戮取材，国人甚苦，告者数矣，且王独不记建文帝时耶？"朱棣让他汲取建文帝时的教训，可朱桂依然不思悔改，横行不法，致使控告其罪行的文书纷纷传到朝廷。朱棣严令他回京接受当廷训斥，并"革其三护卫及官属"，只配给校尉三十人随从。

齐王朱榑在建文帝时也被废为庶人，与周王朱橚囚禁在一处，朱棣也恢复了他的旧封。恢复了王位的朱榑更加不可一世，"阴畜刺客，招异人术士为咒诅，辄用护兵守青州城，并城筑苑墙断往来，守吏不得登成夜巡"。李拱、曾名深两位地方官向朱棣上书反映齐王的种种不法行为。齐王听说后，将二人抓起来企图杀人灭口。朱棣闻报后诏书齐王索要被拘的李拱等人，并严厉斥责其悔改自新。第二年齐王来京，廷臣当面弹劾他的种种罪行，齐王竟勃然大怒地呵斥道："奸臣喋喋，又欲效建文时也？会尽斩此辈！"

不识时务的朱榑竟然无视坐在朝堂上的明成祖朱棣的存在，狂妄地要斩杀弹劾他的大臣，终于激起朱棣对他采取断然措施，下令将他拘留到京城，削夺了他的官属护卫并将他的护卫指挥柴直等人斩杀。到了这一年的八月，又下旨将齐王朱榑及其子孙均废为庶人。

谷王朱橞有金川门迎降之功，朱棣对其的礼遇赏赐均超过了诸王，不仅将他改封到长沙，还增岁禄二千石。皇帝优厚的待遇使得朱橞更加目空一切，忠诚伯茹常有一次路过长沙，未去拜谒他，他便弹劾茹常无礼，再加上酷吏陈瑛又弹劾茹常违反祖制，使得茹常服毒自杀。从此以后，朱橞更是有恃无恐，横行不法，史书载其"益骄恣，夺民田，侵公税，杀无罪人"。到后来发展到招纳亡命之徒，制造战舰、弓弩、器械，还大造佛寺，度僧千人为他念咒语祈福，还到处散布自己是明太祖的第十八子，当主神器的谶语。他还每日与都指挥张成、宦官吴智等人密谋"伺隙为变"，致书给蜀王朱椿欲结为援，为他还散布建文帝住在他的王府的谣言来蛊惑人心。

对他的这些不法行为，他的属将张兴均密报给了朝廷，蜀王朱椿也上书说他有不轨之心。于是，朱棣下诏让谷王朱橞入朝，并请周王、楚王、蜀王来京共议如何处置朱橞，这几个藩王便异口同声地说："橞违祖训，谋不轨，踪迹甚著，大逆不道，诛无赦。"永乐十五年（公元 1417 年）正月，朱棣正式宣布废除谷王朱橞及其二子为庶人，并斩杀了谷王府官员多人。

在一连串的削藩行动中，岷王朱楩因作恶不悛被朱棣"削其护卫，罢官属"；兰州的肃王朱楧也因捶杀卫卒及接受哈密进马而被废除。

周王朱橚是朱棣的同母弟，得到的赏赐最多，因此最不安分。他在其封地侵扰官民，违反礼法，擅自遍发号令于封地之外的州县，俨然是一个独立于朝廷之外的国王。朱棣接到报告，于永乐三年（公元 1405 年）七月专门赐书告诫：

> 夫朝廷与王府事体不同，长史司专理王府事，岂得遍行号令于封外与朝廷等。一家有一家之尊，一国有一国之尊，天下有天下之尊，卑不逾尊，古之制也。今贤弟居国，如诸子擅行号令于国内，其亦可乎？若奸人造此离间即具实状闻，当究治之如实。贤弟所命则速遣人收还，仍严戒长史行事存大体，毋贻人讯议。

朱棣赐给周王朱橚的诏书中说：朝廷和王府事体不同，王府长史只能办理王府的事，怎能在自己封地之外朝廷的各州县遍行号令？一家有一家的尊长，一国有一国的尊长，天下有天下的尊长，地位卑下的不能超越地位尊上的，这是自古以来的体制。现在你做你封地的藩王，而你的儿子们在你的国内遍行号令，这难道是可以的吗？如果是奸人做了这样离间我们兄弟的事情，也一定要按实际情况查办。若是弟弟你发了这样的号令，就立即派人收回，还要严戒王府长史要按体制办事，不要给人留下议论的把柄。

从诏书的话语来看，朱棣还是念其是自己的同母弟，只是规劝朱橚按规矩体例办事。但是，永乐十八年（公元 1420 年）十月有人上告周王欲谋反不轨，结果朱棣遣心腹密查后得出的结论是"察之有验"。于是朱棣召周王朱橚进京，当廷严厉斥责，把人们揭发他的奏报扔给他看，朱橚无可辩驳，"惟顿首谢死罪"。最终朱棣还是念其与自己是同母兄弟的关系，使得他在建文时期第一个遭削废而没有被处置，这使朱橚有了悔意，主动给朝廷献还了三护卫，而且从此以后沉迷于辞赋文学之中，得以善终。

宁王朱权的情况非常特殊，"靖难之役"时，朱棣曾许诺与他事成之后平分天下，共掌朝政，可南京城破之后朱棣登位，再没有提及兑现前言之事。聪明的宁王深知自己成了危险人物，不但从不敢提及往事，而且主动提出自己不再前往握有重兵的大宁封地，希望将自己的封地南迁，因此朱棣将他改封南昌。但是，此后却不断有人向朝廷告发他，一时说他搞"巫蛊之术"，一时说他"诽谤朝廷"，朝廷多次派人查访，却"密探无验"。宁王朱权明白这都是皇帝对自己的敲山震虎，以示警告，于是他"日韬晦，构精庐一区，鼓琴读书其间"而不问政事，这才使他在永乐朝得以保全。

朱棣自己是以藩王的身份夺取帝位的，所以他深知藩王体制对朝廷的威胁，除了对横行不法的藩王给以惩处警示诸王外，他还常常发文训谕诸王，告诫他们"谨言节饮"，提醒他们"诸弟侄亦惟常念皇考之法具在"。同时，他还采取了许多措施，以防藩王手握重兵，实力增强。一是将边塞地区的藩王改封到内地，以防他们掌握重兵，如将谷王由宣府改封长沙，将宁王由大宁改封南昌；他登基之后虽然声称恢复建文朝被废的诸王，但却将原封地由广宁迁到荆州的辽王，由甘州迁至兰州的肃王都没有回复原封地。二是以征调防边等名义大量削减藩王的护卫，削减的结果是，诸王的护卫从三护卫一般都减至一护卫，有的仅留二三百人或三五十人，"备使令"而已。三是将"靖难之役"有功的将领们派往各地统领当地军队，改变了洪武年间诸王统帅军队的格局，使朝廷直接控制各地的军事力量，改变了枝强干弱的危险局面。四是重申王府不得干预地方事务，不许诸王擅役军民吏士的禁令，严格限制了诸王的权力。

朱棣登基之后虽然处处打着恢复祖制的旗号，以证明建文帝违背了朱元璋制定的祖制，自己才是忠实承继祖制的大明第二代皇帝，但是他绝对不能允许别人效法他，以一个握有军事实力的藩王用武力夺取帝位，所以从他即位当初的礼遇优待藩王，很快地就恢复了建文帝削藩的政策。但是，这样做的结果还是抑制不了藩王们夺取皇位的野心，到他孙子时期依然发生了藩王接连作乱的事件，所以中央对藩王的限制越来越严格。朝廷规定藩王之间绝对不能相互来往，二王不得见面；藩王有事出行，必须事先向朝廷报告，连出城扫墓都得经过朝廷允许。藩王不得经商，不得做工务农，而且绝大多数的藩王也不得做官，这样做的结果，藩王变成了坐待朝廷供养的寄生虫。诸王无所事事，王府中妻妾成群，子孙后代按几何级数往上疯长，而且藩王的子孙又要被封王，到了明朝后期，朱元璋的后裔们有的史料说达到了十四万人之多，有的史料说近二十万人。这样做的结果给国家和人民造成了无法承受的负担，据公元1562年统计，国家供应京城的粮食是四百万石，而供应王府的禄米竟然达到了八百五十三万石，朝廷要拿出全国田赋收入的四分之一以上来供养皇族后裔。到了后来，朝廷无力承受这样沉重的负担，只得减发禄米，致使那些和皇室族属疏远的藩王穷极无聊甚至饥寒交迫，而那些和皇室亲近的藩王则侵暴官吏，敲诈百姓，激发社会矛盾，促使农民起义运动爆发。所以，朱元璋一意孤行推行分封制最终成了促使大明王朝灭亡的原因之一。

2. 酷吏特务稳统治

前面我们说了，朱棣虽然打着恢复祖制的旗号，但从维护中央集权的需要，仍然推行了建文帝时期削藩的政策，同样，为了维护皇权又便于管理，朱棣却又建立了内阁制。对于内阁在朝政中所起的作用，曾任过隆庆年间内阁首辅的高拱说过："圣祖罢丞相，散其权于六卿，而上自裁决。成祖始制内阁，以翰林官七人处之，备问代言，商榷政务，极其宠密。"从这里我们可以看得出来，朱元璋废除了丞相制，皇帝亲自统领六部，裁决政务，而朱棣的内阁制则是皇帝同内阁的翰林学士在小范围内对重大政务进行商讨决定。这实际上建立了一个对皇帝负责的群相智囊班子，只不过朝中的丞相由一两个变成了六七个，而且到后来的内阁首辅实质上也就成了当朝宰相。

朱元璋从防止相权对皇权的潜隐威胁出发废除了宰相制，这实际上是一种极端过敏、因噎废食的做法，国政完全由皇帝一人独断专行，劳神费力不说，往往有失偏颇，造成重大失误。朱棣在"靖难之役"中靠道衍和尚为首的智囊班子出谋划策，最终以弱胜强，让他看到了智囊班子的重要性，从而建立了内阁制。内阁不仅成为朝廷商榷政务的决策机构，而且成为朝政的主要执行机构，并且在明代一直沿用不废。

朱棣在削藩和建立内阁制上同朱元璋的政策体制有所不同，但在监视臣民、铲除异己来维护中央皇权统治上，不仅完全继承朱元璋的手法，而且更是有所发展。

经过屠戮血洗建文遗臣之后，没有人再敢公开反对朱棣夺嫡称帝了，但是像朱元璋一样，出于维护家天下独裁统治的需要，朱棣依然把防备对自己新朝的潜在威胁作为头等大事，他任用酷吏，操控锦衣卫和都察院，实行特务政治，以恐怖血腥的手段维护自己统治的稳定。

朱棣任用过的酷吏多种多样，最有名的当属陈瑛和纪纲。

陈瑛掌管都察院，专门负责监督臣民，审查纠劾百官臣僚。史载陈瑛"天性残忍，受帝宠任，益务深刻，专以搏击为能"。他善于察言观色，深谙朱棣任用他的目的，所以刚刚上任便接连不断地弹劾建文旧臣十余人，不仅对他们致以死罪，而且"给配其妻女，疏族、外亲莫不连染"。如大理寺少卿胡闰和其子遭戮，"株连数百家，号冤声彻天。两列御史皆掩泣，瑛亦色惨"。但是，他却对此振振有词地说："不以叛逆处此辈，则吾等为无名。"他认为将这些无辜之人以叛逆之罪处死，才能表现出自己的正义和忠诚。这不能不让我们想到在我们所经历的一波连一波的运动中，那些以揭发检举、分析诬陷他人来显示自己革命性之人的嘴脸。

永乐三年（公元1405年），刑部尚书雒佥上书对朱棣的用人之道提出批评说："朝廷用人宜新旧兼任。今所信任者，率藩邸旧臣，非至公之道。"朱棣很不高兴，但怕人们说他容不得谏言，便不准备对其治罪。可善于察言观色的陈瑛看到皇帝愠怒的脸色，便马上给雒佥罗织罪名，弹劾他"居官贪婪暴虐，擅作威福十数事"，又说雒佥的妻子"通索财物，且日乘轿于市中，强买货物，市人畏之，不啻豺狼"。最终将雒佥夫妇处死。

从永乐元年（公元1403年）陈瑛被提升为左都御史掌管都察院九年的时间，遭他弹劾获罪被杀的大臣有几十人，许多人被他威胁弹劾惶惧自杀而死。《明史·纪纲传》载："都御史陈瑛灭建文朝忠臣数十族，亲属被戮者数万人。"

当然，陈瑛只是朱棣的忠实鹰犬，他的这些恶行完全都是按照朱棣的意图办事罢了，所以《明史·陈瑛传》就说陈瑛"所论劾勋戚、大臣十余人，皆阴希帝指"。说陈瑛弹劾陷害皇亲、大臣都是受皇帝暗中指使的。但是，古往今来的历史都是这样，这些受皇帝指使的爪牙鹰犬的利用价值消耗殆尽之后，皇帝为了表明自己的英明伟大，都要将其抛出来作为替罪羊除掉的。陈瑛的下场也是这样，在朱棣看到陈瑛的使命已经完成，而且天下人对其积怨已深时，便毫不留情地将他"下狱死"，并得到了"天下快之"的结果。

纪纲是锦衣卫特务头子，山东临沂人。朱棣率燕军南下济南时，他拦住朱棣的坐骑，毛遂自荐"请自效"。朱棣与他交谈，觉得他十分精明，又善于骑射，遂将他留在了身边。纪纲为人"便辟诡黠，善钩人意向"，深得朱棣欢心，不久即被授予忠义卫千户，很快又提升为锦衣卫指挥使。成了锦衣卫头子的纪纲干起监视臣民、制造冤案的勾当真正是如鱼得水、驾轻就熟，他按照朱棣的旨意，"广布校尉，日摘臣民阴事"，接连不断地罗织罪名，严刑拷打，牵连蔓引，制造冤案，为朱棣打击异己，清除潜在威胁，制造恐怖政治奔走效命。在大量清除建文朝旧臣之后，纪纲又秉承朱棣的心意，接连铲除了解缙、周新、薛禄等人，朱棣对此深为满意，"亲之若肺腑"，又擢升他为都指挥佥事，并且仍兼掌锦衣卫。这样，纪纲更加权势熏天、有恃无恐了。

深得朱棣宠信的纪纲，很快便忘记了自己只是皇帝豢养的一条用来咬人的走狗，他醉心于淫乐，横行不法，竟然"诏选妃嫔，试可，令暂出待年，纲私纳其尤者"。明初大富豪沈万三虽被籍没，但"漏赀尚富"，他的儿子沈文度向纪纲贿赂了大量的珍宝奇玩，纪纲则让其到苏州一带选美女，二人"十五而中分之"。

最终，纪纲也没有逃脱当替罪羊的下场，永乐十四年（公元1416年），朱棣将纪纲"磔杀于市，以消天下人之怨"。

朱元璋因其自身内心深处的自卑心理作祟，夺取帝位后十分忌惮他人觊觎自己的朱家天下，创建了锦衣卫特务组织监视臣民。朱棣以武力篡夺帝位，更担心臣民的不服不忠，以致很难相信他人，于是又创建了以侍奉自己的宦官为人选的特务组织——东办事厂，简称东厂。

东厂创建于永乐十八年（公元 1420 年），机构设在东安门内。掌管东厂的特务头子称为"督主"，督主由皇帝身边的秉笔太监的第二号或第三号人物担任，手下设有私臣、掌家、掌班、司房等职。东厂是直接由宦官掌管的内廷机构，直接对皇帝负责，是地地道道的特务组织，他们以皇帝心腹的身份充当皇帝的耳目，监视臣民，防范诸王和大臣特别是内阁大臣的日常行为，是皇权延伸而出的政治怪物。

东厂不仅同锦衣卫一样充当皇帝的鹰犬，监视臣民，更对皇帝最亲近的太子亲王、公主驸马负责监督。史载"凡察藩王动静诸密事，皆命信"。凡是侦查藩王一举一动的秘密使命都让张信办理。张信就是曾被朱棣称为"恩张"的贴身心腹。胡濴曾奉命侦伺太子朱高炽。"文皇尝夜遣小中官潜入殷第，察之。""殷第"是驸马梅殷的府第。由此可见，上自太子亲王、公主驸马，下至臣民百姓都处在厂卫特务的监视之下。由于朱棣对宦官的依赖心理，东厂的权势更在锦衣卫之上，所以，锦衣卫有权监视侦查一切官员，而东厂则有权监视侦察锦衣卫的活动。因此，监视别人的锦衣卫特务，也随时处在东厂宦官特务的监视之下。在东厂的大堂上，挂着一块"朝廷心腹"的大匾，充分显示出了东厂的重要地位和受皇帝宠幸的程度。

特务政治是大明王朝的一大特色，从朱元璋创建锦衣卫，到朱棣设置东厂，再到明宪宗成化十三年（公元 1477 年），更是设置了权力和人数都超过东厂的西厂特务组织。专制独裁的明代皇权正是通过这种特务政治手段无孔不入地控制臣民百姓，从而达到稳固和强化其统治机器的目的。这对中国近代的历史产生了极大的影响。

3. 南讨北战频征伐

近四年的"靖难之役"给国家和人民造成了深重的创伤与灾难，所以朱棣即位之初曾有过与民休息、谨战慎伐的念头。永乐元年（公元 1403 年）十月，贵州总兵官、镇远侯顾成给朝廷提出了"安养中国，慎固边方"的建议，朱棣不仅嘉奖了顾成，还对左右侍臣说了下面这番话：

　　朕今休息天下，惟望时和年丰、百姓安乐；至于外夷，但思有以备之，必不欲自我扰之，以罢敝生民。成言"今日惟安养中国，慎固边方"，甚合朕意，以是特嘉奖之。

　　我现在要让天下百姓休养生息，只希望一年四季风调雨顺农业丰收，百姓安居乐业。至于国外的夷人，只想着能够防备他们，不想自找烦扰，使百姓受难疲敝。顾成建议说"现在应该让中国安定而得到休养，小心地巩固边防"，这很符合我的心意，因此特地嘉奖他。

　　但是，在朱棣在位的二十二年里，用兵征伐却接连不断，较大规模的有八十万大军讨伐安南和永乐皇帝五次出塞亲征漠北的战事。

　　安南古称交趾，从汉代到唐朝都是中国的属郡，五代以后独立成国。到了元代，安南国王陈氏受元朝皇帝封授，世为国王。明朝初年却发生了安南权臣杀害国王自立为帝的变乱，朱棣因此派大军讨伐，灭掉了安南。《纲鉴易知录》对此有下面的记载：

　　　　先是安南国王陈日煃为其臣黎季犛所弑，季犛窜易姓名，上表诈称陈氏绝嗣，求权署国事，上从之。逾年，故安南王孙陈天平走至京师愬实，上遣人责之，季犛卑辞表请还国，上遂命广西都督黄中等以兵送天平还。季犛伏兵杀天平，中等引兵还。事闻，上大怒曰："蕞尔小丑，罪恶滔天，犹敢潜伏奸谋，肆毒如此。朕推诚容纳，乃为所欺，此而不诛，兵则奚用！"乃命朱能、张辅等帅兵分道进讨。

　　　　冬十月，朱能有疾留龙州，张辅等入安南。

　　　　张辅等至安南，黎季犛遁，辅军追败之，生擒季犛及子澄，余众悉降。安南平，得府十五，州四十一，县二百八，户三百十二万。

　　之前安南国王陈日煃被他的大臣黎季犛杀害，黎季犛改名换姓，向朝廷上表谎称陈氏已经绝后，请求暂时代理国政，太宗皇帝答应了他的要求。过了一年，已故安南王的孙子陈天平逃到了京师诉说实情，太宗皇帝就派人谴责黎季犛。黎季犛用极其谦卑的言辞上表，请求让陈天平回国，太宗皇帝就命令广西都督黄中等人率兵护送陈天平返回。结果黎季犛埋伏了部队杀死了陈天平，黄中等人率兵逃了回来。事情上报到了朝廷，太宗皇帝非常生气地说："小小的丑类，罪恶滔天，竟敢暗藏奸谋，坏事做到如此的地步。我以诚意容纳他，却被他欺骗，这样的人不诛杀他，还要军队干什么！"于是就命令朱能、张辅等人率兵分路进军讨伐安南。

（永乐四年）冬十月，朱能患病留在了龙州，张辅等率军进入安南。

张辅等人率军攻进安南，黎季犛望风而逃，张辅的部队追击并打败了他，活捉了黎季犛和他的儿子黎澄，残余的部队全部投降了明军。安南平定，得到了十五个府、四十一个州、二百零八个县、三百一十二万户。

永乐五年（公元1407年），安南平定后，朱棣即诏告天下，改安南为交趾布政使司，这看起来极大地扩大了明朝的版图，但是，却使得明朝陷入了二十多年的战争泥淖之中。

永乐六年（公元1408年），张辅撤军一年后，安南陈氏的旧臣简定、邓悉等即起兵反明，屡败明军，朱棣只得又命张辅领兵二十万人出征。永乐七年（公元1409年），简定自称越上皇，立陈氏后裔陈季扩为大越皇帝。结果张辅大军一到，简定兵败被擒，押解至京师处死。永乐八年（公元1410年）十二月，陈季扩遣使请降，朱棣却不再封他为王，任命他为交趾布政使，但陈季扩拒不受命，继续与明军对抗。永乐九年（公元1411年），张辅、沐晟再次出兵，安南拼死抵抗，战争延续了三年，安南重新平定，张辅受命镇守交趾。

永乐十四年（公元1416年）冬季，张辅奉诏还京，次年正月，交趾清化府土官黎利再次起兵反明。此后，明朝连年对安南出兵镇压，直到朱棣病死，明军始终陷于安南军民的抗击之中难以自拔，安南战争一直大量消耗着明朝的人力和财力。公元1427年，朝廷终于承认灭亡安南的政策失败，决定撤兵，停止了二十二年在那里建立交趾布政司的行动。

朱棣即位时，蒙古部落已分裂成鞑靼部、瓦剌部和朵颜三卫。鞑靼部的活动区域在鄂嫩河、克鲁伦河和贝加尔湖以南的地区，势力最强大，是明朝的主要威胁。瓦剌部主要以科布多河、额尔齐斯河流域及其以南的准噶尔盆地为其势力范围。朵颜三卫的主要活动地区在今内蒙古东部及河北长城外的东北地区。

永乐初年，鞑靼的势力较强，当时的鞑靼可汗是鬼力赤。鬼力赤不是元顺帝的后裔，他通过篡权当了可汗，改国号为鞑靼。永乐四年（公元 1406 年），枢密知院阿鲁台杀掉了鬼力赤，迎立忽必烈的后裔本雅失里为汗。朱棣闻报后，为联络感情特地致书说："元氏宗桃，不绝如线。"承认本雅失里为元朝宗室的后裔。其后，又专门派遣都督指挥金塔卜、给事中郭骥带上财帛持书前往和林，表达通好之意。但事与愿违，郭骥等到达和林后却被蒙古汗廷杀死。朱棣闻讯勃然大怒，决意发兵讨伐。

永乐七年（公元 1409 年）七月，朱棣命淇国公丘福为大将军，武城侯王聪为左副将军，同安侯火真为右副将军，统帅大军十万人征讨鞑靼。八月，丘福率先锋部队千余骑至克鲁伦河，结果遭鞑靼小股部队诱敌深入围歼，丘福及手下五位将军皆战死，明军全军覆没。朱棣闻报，极为震怒，选将练兵，发誓亲征雪耻。

永乐八年（公元 1410 年）二月，朱棣统率五十万大军出德胜门，踏上了亲征之路。四月，大军经阔栾海（呼伦湖），西进，五月至斡难河，大败本雅失里的军队，本雅失里仅率七骑逃跑。回师途中又大败阿鲁台军，追击了一百余里。朱棣这次亲征获得全胜，七月，大军入居庸关，返回北京。

永乐十年（公元 1412 年），瓦剌部马哈木杀死了本雅失里，鞑靼部阿鲁台势力减弱。朱棣当然不希望这两股蒙古部落势力有一方坐大而吞并另一方，从而威胁大明北疆，于是扶持势力较弱的阿鲁台，并赐封阿鲁台为和宁王。这导致马哈木极为不满，便进兵胪朐河，声称袭击阿鲁台，向朝廷示威。于是，朱棣又准备亲征瓦剌。

永乐十二年（公元 1414 年）三月，朱棣率五十万大军亲征。四月，大军出塞。六月，至土剌河。马哈木率三万骑兵迎战，被明军战败，马哈木脱身逃走。这一战明军虽战胜了瓦剌，但自己也损失相当。八月，朱棣率军回到了北京。

朱棣这次亲征瓦剌之后，马哈木也只得向明廷遣使贡马谢罪，但受朱棣支持的鞑靼阿鲁台却不断乘势进攻瓦剌。瓦剌受明军重创，实力减弱，自然不敌鞑靼，第二年马哈木死，瓦剌实力进一步削弱，这让阿鲁台更加猖狂，到后来他不但不再向朝廷进贡，反而不断地在边境挑衅生事。这让朱棣十分恼怒，决定再次亲征鞑靼。

对于朱棣的这次亲征鞑靼，《纲鉴易知录》记载如下：

> 上议北征，大臣皆言："粮储未足，且频年出师无功，宜休养兵民。"上不悦，下户部尚书夏元吉、刑部尚书吴中狱。

> 壬寅，二十年，春三月，帝亲征阿鲁台。

> 阿鲁台寇兴和，杀守将王焕。上遂决意亲征，驾至鸡鸣山，阿鲁台闻之，夜遁。

> 秋七月，帝至西凉亭，下令班师。

朱棣这次准备亲征时，已经迁都到北京。大臣中很多人都反对出征，特别是户部尚书夏元吉、兵部尚书方宾和刑部尚书吴中，他们认为现在军粮储备不足，以往出征的效果都不大，应该让军队和民众休养生息。朱棣对这些意见根本听不进去，下令将夏元吉和吴中关进了监狱，兵部尚书方宾也吓得自杀了。

但是，朱棣的这次出征结果真是无功而返。阿鲁台一听朱棣的大军出动，便连夜逃到了大漠深处，朱棣的几十万大军连作战的对手也无法找到，只得在劳师动众之后回到了北京。

永乐二十一年（公元1423年）夏季，朝廷接到报告说阿鲁台又有可能南侵，不甘心对前次出师无功的朱棣说："今必以朕既得志，不复出，故敢萌妄念。朕当率兵先驻塞外以待之，虏不虞吾兵已出而轻肆妄动，我因其劳而击之，可以成功。"于是，这一年的七月二十四日，朱棣又率三十万大军踏上了漫无目标的北伐征途。这是朱棣的第四次亲征，对此《纲鉴易知录》记载如下：

> 初，上次沙城，阿失帖木儿率妻子来降，言阿鲁台闻天兵复出，疾走远遁，不复有南意。至是，也先土干来降，上喜，谓诸将曰："远人来归，宜有以旌异之。"乃封为忠勇王，赐姓名"金忠"，遂班师。

朱棣这次出征和上次一样，大军到达沙城之后仍然找不到对方的一兵一卒，后来据带领妻子儿女前来投降的鞑靼官员阿失帖木儿说，阿鲁台一听朱棣亲征又逃得远远的了。憋足了劲要同阿鲁台大战一番的朱棣再一次陷入进退两难的境地。幸而此时蒙古部落贵族也先土干跑来投降了，朱棣总算是又找到为这次出征无功而返却能庆功的借口了。于是，他大大地嘉奖了也先土干，并赐其姓名为"金忠"，与其并马进入北京城，受到欢呼胜利的京城官员百姓的盛大迎接。

朱棣接连两次亲征均无功而返，虽然他为了蒙蔽群众，班师回朝时大搞祝捷活动，给自己硬贴上大胜回朝的面子，但他自己内心的气愤恼怒却难以平静。所以，在他刚刚回京两个月便又接到阿鲁台侵扰边境的报告时，竟不顾自己有病之身，决定第五次亲征漠北。然而，朱棣这一次的率性而为，执意亲征，却使得他再也回不到北京城了。《纲鉴易知录》记载如下：

甲辰，二十二年，春正月，阿鲁台寇大同。大同守将奏阿鲁台侵塞。遂大阅，议北征。

夏四月，诏命皇太子监国，帝发京师。大学士杨荣、金幼孜从。五月，师次清水源，阿鲁台远遁。上谓荣、幼孜曰："朕夜梦神人告朕曰：'上帝好生。'如是者再，是何祥也？岂天属意兹寇乎？"荣、幼孜言："宜承天意，赦其不臣之罪，班师还京。"上曰：'此朕志也。

师次答兰纳木儿河，弥望荒尘野草。阿鲁台遁走已久，前锋陈懋、金忠引兵抵白邙山下，咸无所遇，以粮尽还。英国公张辅奏："愿假臣一月粮，率骑深入，罪人必得。"上曰："今出塞已久，人马俱劳。北地早寒，一旦有风雪之变，归途尚远，不可不虑。"乃诏旋师。

师次苍崖，上不豫。庚寅，次榆木川，上大渐，召张辅受遗命，传位皇太子。辛卯，上崩。

甲辰年，永乐二十二年，春正月，阿鲁台侵犯大同。大同守将奏报阿鲁台侵犯边塞，于是举行了盛大的阅兵仪式，商议北征。

这年的夏四月，下诏命太子监理国家，永乐皇帝从京师出发。大学士杨荣、金幼孜随从出征。五月，大军驻扎在清水源，阿鲁台又逃向了远方。永乐皇帝对杨荣和金幼孜说："我昨晚梦到神仙对我说：'天帝喜好放人活命。'这样一连两次，是什么祥兆呢？难道是上天对这个贼寇有心关照吗？"杨荣和金幼孜说："我们应该顺从天意，赦免阿鲁台不臣服的罪过，班师回京。"永乐皇帝说："这正是我的心愿啊。"

部队驻扎在答兰纳木儿河，这里满眼都是荒漠尘土和野草。阿鲁台已逃跑了很长时间，前锋陈懋、金忠率兵直抵白邙山下，都没有遇到敌人，因为粮草用尽而返回。英国公张辅上奏说："希望陛下给臣一个月的粮草，让我率领骑兵深入沙漠，罪魁阿鲁台一定能抓获。"永乐皇帝说："如今出塞时间已久，人马困乏。再加上北方天气寒冷得早，一旦风雪来临，归途还很遥远，不可不担心。"于是下诏班师。

军队驻扎在苍崖，永乐皇帝感到身体不适。庚寅日（七月十七日），军队驻扎在榆木川，永乐皇帝的病情非常严重了，召来张辅接受遗命，传位给皇太子。辛卯日（七月十八日），永乐皇帝去世。

朱棣即位称帝后，好大喜功，一心想成就千古伟业，他沉醉于自己当年塞北击溃元朝残军和"靖难之役"的胜利之中，自认为自己武功韬略无人可及，一而再、再而三地深入荒漠，御驾亲征。但是，大军到了荒漠草原之中，敌军赶着牛羊马匹远逃，当地无法征集粮草，几十万军队的粮草军需全靠几十万、上百万的百姓人背马驮运输接济，这样劳民伤财，无功而返，不但没能让他有所收敛，反使他因气愤而智昏，到了晚年更是频繁出征，最终断送了自己的性命。这样的劳师远征的害处不是没有人看到，但大臣们的劝谏对晚年的朱棣丝毫不起作用。晚年的历史伟人们因其对建功立业的痴迷和自我迷信的陶醉，往往举措失误，给国家和民众造成巨大的祸患，中国历史以来这样不断上演的悲剧，又一次应验在了朱棣的身上。

朱棣这种对蒙古部落劳师远征的举措不仅断送了自己的性命，还大大损伤了明朝的国力、民力。从此以后明朝对蒙古各部势力的坐大，再也没有力量组织讨伐了，一直处于被动挨打、消极防御的态势之中。这样的负效应，是对蒙古部落咄咄逼人出塞远征的朱棣根本想不到的。

4. 修大典和下西洋

中国历史上所谓的盛世都是以当时的帝王建立的文治武功为标志的。好大喜功、一心要建立永乐盛世而成为流芳百世明君的朱棣，不仅在位二十二年一直南讨北战，谋求居功至伟的武功，而且在文治方面也是热情空前，不遗余力地建立了永载史册的两大历史功绩：一是尊崇儒学，编纂《永乐大典》；二是郑和下西洋，扬大明国威。

朱棣在即位之初虽然对不肯与他合作的儒学之士给以了血腥的镇压，但自小深受儒学熏陶的他深知儒学在治国兴邦、收揽民心特别是笼络知识分子方面无可替代的特殊作用，所以即位之后的朱棣一改常态，在尊崇儒士文人上躬身力行，对儒家学说的倡导表现出前所未有的积极和热情。

永乐四年（公元 1406 年）三月初，朱棣亲自前往太学祭奠孔子。他对礼部的官员们说："孔子，帝王之师。帝王为生民之主，孔子立生民之道。三纲五常之理，治天下之太经、太法，皆孔子明之，以教万世。……今当躬诣太学，释奠先师，以称尊儒崇道之意。"朱棣不仅在语言上极力表达他对孔子和儒学的赞赏尊崇，而且身体力行表达他的尊崇之情。《纲鉴易知录》载道：

> 帝诣太学谒孔子。上视太学，礼部尚书郑赐言："宋制谒孔子，服靴袍，再拜。"上曰："见先师，礼不可简。"乃服皮弁，行四拜礼。

永乐皇帝到太学拜谒孔子。永乐皇帝视察太学，礼部尚书郑赐说："按照宋朝的礼制拜谒孔子，要穿着靴子和官服，下拜两次。"永乐皇帝说："拜见先师，礼仪不能简略。"于是他还戴上了皮帽，实行了四拜的礼仪。

当时，朱棣不仅以隆重的礼节拜谒孔子，礼成之后还亲自聆听太学祭酒和司业讲授五经等儒家经典。这使得在场的许多受儒学熏陶而对朱棣夺嫡行为有成见的旧臣感激涕零，从内心深处产生了效忠永乐帝的想法。

朱棣不仅尊崇孔子，倡导儒学，还对敢于非议儒家学说的人严厉打击。永乐二年（公元 1404 年）六月，一个叫朱友季的饶州鄱阳教书先生将他写的批评儒家学说的书籍专程献给朝廷，希望能得到皇帝的赞赏。朱棣一看非常生气，骂道："此儒者之贼也！"即刻下令将此人押回饶州，杖打一百大板，并将他的书全部烧毁。

朱棣的这些做法确实收到了笼络人心、改变人们对其忤逆残暴印象看法的作用。当时很有影响的儒臣杨士奇便赞颂朱棣说："文皇帝之心，孔子之心也。固欲天下皆纯质之俗，斯民皆诚笃之行，而况左右供奉之臣哉！"杨士奇将朱棣之心比作孔子之心，确实有阿谀之嫌，但从当时"公卿大夫彬彬多文学之士"来看，朱棣尊儒崇孔的做法确实消除了儒士们对他的成见，笼络了大批知识分子为其服务。

朱棣在文治上的努力不仅只是倡导儒学，尊崇孔子，最主要的是大量编撰各类书籍。在永乐年间修定编撰的书籍有：《永乐大典》《明太祖实录》《历代名臣奏议》《五经四书大全》《性理大全》《天下郡县志》《奉天靖难记》《大诰三编》《大明律》《礼仪定式》《表笺式》《六部执掌》《科举程式》《孟子节文》《孝顺事实》《为善阴骘》《劝善书》《五论书》等。

在永乐朝编纂的众多书籍当中，远超前代、功垂后世的便是内容宏大、无所不包的大型类书——《永乐大典》。

朱棣确实是个当了皇帝便有了当伟大皇帝计划的皇帝，当时，还有建文帝的许多旧臣明确反对朱棣夺位，许多地方动荡不安，而朱棣就能想到自己要在文治方面有所建树，要编纂一部集中国古往今来所有书籍的、空前浩大的类书汇编。永乐元年（公元 1403 年）七月，刚刚即位不久的朱棣就下诏编纂《永乐大典》，他在诏书中说：

> 天下古今事物，散在诸书，篇帙浩穰，不易检阅。朕欲悉采各书所载事物类聚之，而统之以韵，庶几考索之便，如探囊取物。再尝观《韵府》《回溪》二书，事虽有统，而采摘不广，纪载大略。尔等其如朕意，凡书契以来，经、史、子、集百家之书，至于天文、地志、阴阳、医卜、僧道、技艺之言，备辑为一书，毋厌浩繁。

天下古今的事物都散载在各种各样的书籍之中，这些书籍门类繁多，浩如烟海，不容易检索阅读。我想采集各种书籍所记载的事物全都分类聚集起来，全都按韵收集，这样就方便查索，犹如探囊取物一般了。再说我曾阅读过《韵府》《回溪》二书，它们记载的事物虽然有统一的体例，但内容却不广泛，只有一个大体的记载。你们一定要按我的心意办事，凡是有书籍以来，不管经、史、子、集等书籍，以至于天文、地志、阴阳、医卜、僧道、技艺之类的书，都把它们编为一部书，不要厌弃它的浩大繁杂。

负责主编此书的是翰林院侍读学士解缙，他召集朝中大儒一百多人多方收集，精心编纂，于永乐二年（公元 1404 年）十一月完成编纂后上呈皇帝御览。朱棣大为高兴，赐书名为《文献大成》，解缙等一百四十七人因编纂有功而受到赏赐。但是时间不长，朱棣翻检此书，却发现此书"尚多未备"，没有达到他所希望的将天下所有书籍都编纂其中的心愿。于是，朱棣又重新组织了编纂班子，诏命姚广孝（道衍和尚）、刘季篪和解缙总其事，抽调二千一百六十名宿学耆儒和中外官员做编修，召集了国子监和各府、州、县学中的生员做缮写工作。这样，前后有三千多人参与这项浩繁的工程，经过三年多的努力，全书的编纂于永乐五年（公元 1407 年）完成。朱棣认真翻检此书后，赐名《永乐大典》，并亲自作序。序中说道："朕嗣承鸿基，缅想缵述，尚惟有大一统之时，必有大一统著作，所以齐政事、同风俗、序百王之传，综历代之典。"对此书的政治及教化作用给予了极大的评价。

《永乐大典》辑录了上至先秦，下讫明初的各种书籍七八千种，共二万二千八百七十七卷。全书采用了按韵收字、用字系事的体例，将十三经、二十一史、诸子百家分类相属，凡天文、地理、人事、名物、戏剧、小说、技艺等逐项内容无不收录。这部宏大的类书汇编，对于我国古代文献典籍的保护和总结，有着不可估量的重要意义。

朱棣的永乐朝之所以被史家称为"永乐盛世"，还因为永乐年间的一项伟大的壮举，即朱棣在位期间的郑和六次下西洋。永乐朝下西洋的壮举是朱棣安排部署，由中国历史上伟大的航海家，也是世界航海史上伟大的航海家郑和统领实施的。这项壮举在当时的世界上，无论是远洋船队的船舶数量之多、吨位之大、人员之众、组织之严密、技术之先进、航程之长还是影响之巨，在世界木帆船航海史上都是空前独有的。

郑和本姓马，是元代色目人，其祖先追随成吉思汗来到中国，世居云南。洪武十五年（公元 1382 年），明军平定云南，年仅十二岁的郑和父母双亡，自己被明军俘虏，遭阉割后被拨送到燕王府当差。郑和成年后，长得仪表堂堂，器宇不凡。他身长九尺，腰大十围，声音洪亮，行如虎步，深得朱棣宠信。"靖难之役"中郑和随侍燕王，亲临征战，"多立奇功"。朱棣称帝后，特封他为"三宝太监"，并赐他姓郑，从此改名郑和。

永乐初年，倭寇侵扰江浙沿海，郑和奉命出使日本，通过他卓有成效的活动，使得日本国王接受了明朝的封号、金印和官服等，并答应出兵协助明军剿灭倭寇。

郑和身为朱棣的心腹太监，自小信奉伊斯兰教，当太监后又信奉佛教，再加上又有出使日本的外交经验，所以成为远洋航行出使他国的最佳人选。

永乐三年（公元1405年）六月，郑和与其副手王景弘统率二万七千八百七十人，驾驶各种型号的大船六十二艘、小船二百五十五艘，带着大明皇帝给各国的敕书、敕诰和王印，满载金银铜币和大批的货物，从福建五虎门扬帆，开始了大明出使船队第一次远洋航行。从此，郑和下西洋的远洋航行便一直没有停止，在永乐朝进行了六次，朱棣死后，郑和再次远航，结果返航时病死在船上。郑和死后，王景弘又带队进行了第八次远航，也是明代最后一次下西洋远航。

郑和七次远航西洋，前后近三十年，行程计以万里。航程南至爪哇岛，北至波斯湾和红海东岸的麦加，东至台湾，西达非洲东海岸。到达和经过占城、真腊（柬埔寨）、暹罗（泰国）、满剌加（马六甲）、彭亨（马来西亚）、苏门答腊、旧港、爪哇、阿鲁、南勃里（今属印度尼西亚）、锡兰（斯里兰卡）、溜山（马尔代夫）、榜葛剌（孟加拉）、南巫里（今属印度）、祖法尔（佐法儿）、阿丹（红海的亚丁，今属也门）、比剌、木骨都束（今属索马里）、麻林（今肯尼亚马林迪）等亚非近四十个国家和地区。

郑和下西洋在世界航海史上确实是空前的壮举，在其数十年后世界上才有了哥伦布、麦哲伦的远航，而且从其船队的规模、人数的众多来看，他们都与郑和的船队无法相比。这反映出在当时的历史上中国的航海能力和技术在全世界的领先地位，值得我们骄傲和自豪。

但是，如果我们客观冷静地看朱棣发动的这场耗费了巨大的民力和财力的下西洋行动，给当时的国家和人民产生了什么实际作用与利益，就会对这场如此浩大的行动究竟是为了什么而大感迷惑了。

首先，几万人的舰队远征给大明王朝开拓了疆土没有？答案是没有。郑和船队给沿途的国王与酋长们只是颁发了大明皇帝的敕书金印，奉上了大量的金帛礼物，返回时便带上这些王国的使者前来朝贡。这些使者自然对天朝上皇赞颂一番，赢得朱棣满心欢喜后大加赏赐，之后还得让郑和连人带礼送回国。而且，因为郑和的舰队武力强大，还帮出现动乱的国家平息了叛乱，使其国王的统治更加稳定。

其次，这样不厌其烦地远航获得什么经济利益了没有？答案仍然是没有。因为郑和的远航不是去做生意的，他所带的金银货物是送给国王和酋长们的见面礼，各国的使者也不是来做生意的，他们来中国只是来朝见大明皇帝的，虽然他们也给朱棣进贡一些香料、染料和麒麟（长颈鹿）、狮子等礼品，但朱棣赏赐给他们的金银礼品其价值是超过千倍百倍的。虽然香料和染料会让朱棣的后宫嫔妃们高兴一阵子，狮子和所谓的麒麟，朱棣将它们放在大街上展览，也让臣民百姓们大饱了一下眼福，但都算不上能获利的商业活动。

那么，朱棣这样让郑和一而再、再而三地下西洋究竟是图什么呢？我感到这还得从朱棣派郑和下西洋的目的说起。

朱棣派郑和下西洋最主要的目的还是寻找建文帝朱允炆的下落。朱棣虽然靠他的武力赶走了建文帝，而且靠他的能力稳定了他的统治，但是，建文帝毕竟是他的父亲老皇帝朱元璋亲手传位的皇帝，无论朱棣如何否定他，他的正统皇帝地位都是无法撼动的。所以，只要建文帝存活在世，就是他这个永乐皇帝的梦魇，就是对他的否定和威胁。朱棣派人在全国各地以各种名目到处搜寻，都无法找到建文帝的踪迹，所以他便相信了建文帝逃到海外的传闻，因此，派他最为信任的三宝太监郑和到海外搜寻建文帝并设法灭除，便成了去除自己心病的必要手段。然而，郑和穷尽天涯也没有找到建文帝的下落，这让朱棣的心病无法了结，所以朱棣便一而再、再而三地让郑和下西洋了。

郑和虽然没有找到建文帝，但却给永乐皇帝带来了意外的惊喜，这便是各国使节的朝贡。当然，堂堂的大明皇帝根本不会为使节带来的那点所谓的贡品而惊喜的，让永乐皇帝高兴喜欢的是那些偏远荒蛮之地来的各国使节对自己的天朝上国的惊叹和羡慕，是他们对大明皇帝的恭维和谀颂之词，是各国使节鱼贯而入、拜于朝堂之下、口称万岁而显示出的万国来朝的盛大场面。此时，高坐朝堂之上的永乐皇帝接受的不仅是自己臣民的山呼万岁、起舞拜贺，更是各国使节的山呼万岁、起舞拜贺。这无比尊贵的享受，让他陶醉，让他迷恋，让他忘乎所以，让他沉侵在处在世界中心、当上了世界领袖的梦境之中，让融化在其血液中的中国人好面子之心和自己的虚荣之心得到了极大的满足。所以，郑和一次次地下西洋，一次次地接来各国使节，作为皇帝的朱棣便可以一次次地享受万国来朝的尊荣。

对郑和下西洋这样伟大壮举背后让人可悲可叹的真相，并不只是我们作为今人冷静客观分析的结果，在朱棣让郑和接连不断地下西洋时，就有大臣尖锐地指出：连年来各国"贡使"络绎不绝，实际上是无限制地消耗中国的财力，并发出了严厉的质问："三宝下西洋，费钱粮数十万，军民死且万计，纵得奇宝而回，与国家何益？"

但是，对这样的忠告和质疑，朱棣却充耳不闻，还是让郑和一而再、再而三地下西洋。这让我们看到，作为最高统治者的朱棣，不管他口头上把为国为民的道理讲得再好、讲得再多，其实永远都是把维护自己的统治和满足自己的享乐放在第一位的。

5. 大兴营建役万民

大兴营建也是好大喜功的中国皇帝显示自己有所作为的一大手段，一心想有所作为、留下丰功伟绩的朱棣自然少不了大兴营建活动。永乐朝役使百姓的营建活动主要有：迁都北京，修建京城和皇宫；疏通大运河，恢复漕运；大修寺观和长陵。

早在朱棣在南京登基称帝之时，便有了迁都北京的心意。当时便有善于逢迎拍马的礼部尚书李至刚出班启奏："自古以来的帝王，对于自己的肇迹之地都要提升地位，所以我认为北平是皇上承运兴王之地，应该遵从太祖高皇帝的中都之制，立为京都。"善于揣摩皇帝心意的李至刚的话自然说到了朱棣的心坎上，所以朱棣即刻下令："其以北平为北京！"于是北平府改为了顺天府，北平改为北京，当地所有衙门都由北平字头换成了北京字头。

永乐五年（公元 1407 年），徐皇后去世，朱棣并没有把她安葬在南京，而是从永乐六年（公元 1408 年）开始便在北京昌平天寿山营建自己的陵墓，永乐十一年（公元 1413 年）完工后，将徐皇后安葬在了这里。这便是北京十三陵中的长陵。

永乐皇帝在北京给自己和皇后修陵墓，说明他已下决心迁都北京，但是直到永乐十四年（公元 1416 年），他才下旨让群臣商讨迁都事宜。《纲鉴易知录》有下面的记载：

> 上将建北京宫殿，命群臣会议，于是文武群臣议奏曰："北京，圣上龙兴之地，北枕居庸，西峙太行，东连山海，南俯中原。山川形胜足以控四夷制天下，诚帝王之都也。比年车驾巡守，四海会同，人心协和，漕运日广，商贾辐辏，财货充盈。良材巨木，已集京师，天下军民，乐于趋事。伏乞上顺天心，下从民望，早敕所司兴工营建，以为子孙万世帝王之业，天下幸甚。"

永乐皇帝将要修建北京宫殿，命令群臣集中讨论，于是文武群臣商议后上奏说："北京是皇上开创帝业的地方，它的北面靠着居庸关，西面对着太行山，东面连着山海关，向南俯视着中原大地。山川地形的优越足以控制四夷和统治天下，确实是帝王之都。陛下连年乘车巡视各地，四海都来朝觐，人心协调和睦，漕运日渐增多，商贾向京师聚集，钱财货物充足盛多。而且现在优良的材料和巨大的树木已经集中到了北京，天下的老百姓都乐于前来参与修建。我们拜伏在地下乞望陛下对上顺承天意，对下顺应民意，早日下令有关部门动工修建，以此作为子孙万代的帝王大业，这样天下就会无比的幸运。"

实际上群臣的讨论只是一种形式，走走过场而已，北京城和皇宫的兴建早在永乐五年（公元 1407 年）就已开始了。这一年，朱棣任命泰宁侯陈珪、工部尚书宋礼与副都御使刘观主持营建工作。大量的民夫到江西、湖广、浙江、山西和四川伐木运木，调集了上百万的工匠、士兵和民夫投入工程的营建。负责营建的主要工程师是木匠出身的蔡信和蒯祥。

永乐十八年（公元 1420 年），北京城和皇宫的营建基本完成，这一年的十月二十八日永乐皇帝朱棣正式下旨：明年的正月初一，大明首都正式迁往北京。

朱棣的迁都北京，不只是对北京城进行大规模的土木工程建设，为了使北京成为天朝上国的新首都，永乐皇帝还从农、工、商三大产业方面着手，增强北京的经济实力和繁华程度。

早在永乐初年，朝廷就将山西人多田少和没有田产的人家大量迁往北京，由政府发给耕牛、种子和农具，让他们耕田种地，大力发展北京地区的农业经济。

为了发展北京的手工业，朱棣还把南京的工匠两万七千多户迁徙到了北京。

同时，朱棣还下令选择浙江、江西、湖广、福建、四川、广东、广西、陕西、河南，特别是苏州、松江和徽州的大富户陆续迁到北京。这些富户迁入北京后，朝廷给予他们免除五年徭役的优惠，让其发展北京的经济。这些大富户、大商人迁入北京后，带来了大量的资金，自然促进了北京工商业经济的发展。

永乐皇帝朱棣的迁都北京耗费了大量的民力、财力，虽然大多数的朝臣都顺着皇帝的心意附和迁都，但反对的声音一直就没有停止过。永乐十九年（公元1421年）四月，新建的奉天、华盖和谨身三大殿突遭雷击焚毁，反对迁都的官员更是乘机议论纷纷，公开提出了"迁都北京非便"的意见，特别是主事萧仪意见最为尖刻，以致朱棣怒不可遏地将他处死了。

朱棣为何一定要坚持迁都北京呢？当然，从表面的理由来看，迁都北京有可以加强对元朝残余势力的威胁、稳定北部边疆等许多理由，但从朱棣内心深处来看，还有他无法道出的心病作祟。

朱棣在南京当皇帝，可心里总是不安。明太祖朱元璋，朱棣的父亲就安葬在南京紫金山，他生前亲自将他的长房长孙朱允炆指定为接班人，他要是九泉有知，怎能容忍自己这个做儿子的篡夺他亲自确立的合法皇帝的宝座呢？我感到朱棣还不是一个坏到一点良知都没有的人，因为他知道自己篡位夺嫡做得有所理亏。坏到毫无一点良知，坏到没有一点羞耻感，坏到曹禺先生所说的"连自己也不知道自己是坏人"的人，才是这个世界上最坏的人。多年来，许多人在各种各样的运动中往死里整人，而在运动过后，有极少的人觉得自己心虚理亏，觉得无脸见人甚至公开道歉，这些人不管怎样说都还是有点良知的人。但是，更多的人，他们在运动中无中生有，揭发检举，他们打砸抢抄往死里整人，至今还自以为正义在身，对今天的拨乱反正愤愤不平。这些人就是曹禺先生所说的"坏到连自己也不知道自己是坏人"的人，就是世界上最坏的人。

朱棣心底的那么点良知存在总是让他难以心安，所以他多次大作法事，名义上是"荐福于皇考皇妣"，实则是乞求皇考皇妣在天之灵对他的谅解。所以离开对他心有怨气的父亲安寝地南京远一点，到自己熟悉的发迹之地北京以求心安，应该说是朱棣迁都北京的一个重要的心理因素。

随着迁都北京的步伐加快，南粮北运也成为一个迫在眉睫的问题。北方粮食缺乏，南方粮米充盈，无论是往北京地区调粮，还是供应征伐漠北的军粮，都需要大批的南粮北运。洪武二十四年（公元1391年），黄河在原武决口，会通河淤塞，大运河漕运陷于停顿，南粮北运便只得靠陆运和海运两种方式进行。但是，陆运人背畜驮，效率低下，十分费事；海运风高浪急，常出事故。所以，济宁州同知潘叔正上书朝廷说："会通河道四百五十余里，其淤塞者三分之一，浚而通之，非惟山东之民免转输之劳，实国家无穷之利。"潘叔正的上书和正准备迁都北京的朱棣自然是一拍即合，于是朱棣下令工部尚书宋礼、刑部侍郎金纯和都督周长督理，调发"山东及徐州、应天、镇江民工三十万，蠲租一百一十万石有奇"，开始了疏浚会通河的工程。

工程从永乐九年（公元1411年）二月开工，到这一年的六月即告竣工，至此，"从徐州至临清凡九百里，过浅船约万艘，载约四百石，粮约四百万石，若涉虚然"。

在北京大兴营建京城和皇宫的同时，朱棣在南京也开始了一项大型的工程——修建大报恩寺。整个工程从永乐十年（公元1412年）动工，直到宣德六年（公元1431年）才全部竣工。历时十九年，耗银约二百五十万两，征调工役民夫十万余人，囚犯万余人施工。整个工程由寺和塔两部分组成。

寺院周长九华里有余，寺内大雄宝殿后的九级琉璃宝塔高三十二丈九尺四寸九分。大报恩寺建成后，成为南京的一大人文景观胜地，特别是外国贡使朝觐必安排他们瞻仰报恩寺，贡使们"见报恩寺，必顶礼赞叹而去，谓四大部洲所无也"。该寺在嘉靖年间曾毁于雷火，后又修复，太平天国时，被彻底焚毁。

朱棣为什么要修建如此浩大的寺院呢？从表面上来看自然是为了报答明太祖朱元璋和高皇后马秀英的养育之恩，但从朱棣的内心深处，人们知道他是在怀念报答他的生身之母高丽硕妃。据传朱棣的生母高丽硕妃因出轨被朱元璋处以"铁裙刑"而死，所谓铁裙刑就是将人脱光衣服，穿上铁片做的衣服，四周用火烤烙而死。母亲如此惨死，朱棣有口难言，只能以此寄托自己的哀思。

朱棣除修了大报恩寺外，还大兴土木修建了武当山宫观。武当山又名太和山、紫霄峰，是道教所尊奉的北方之神"真武帝君"的道场。朱棣在"靖难之役"中的两次大战中，均因大风突起，飞沙走石，吹乱了建文朝官军的阵脚才转败为胜的。事后经他军中的高人卜算，说是得到了真武帝君的庇佑，所以朱棣很是崇信真武帝君。

武当山宫观的修建，前后耗银百余万两，历时六年，于永乐十六年（公元1418年）年底竣工。武当山宫观竣工后，朱棣还亲制碑文以纪其事，同时还诏选道士二百人，并将其中的九人任命为六品的提点、秩正，"分主宫观，严祀事"。还赐田二百七十七顷，连同田上的耕户都赐给了宫观。

长陵是朱棣为自己和徐皇后修建的陵墓，在北京昌平天寿山今天的十三陵。整个陵寝的修建从永乐七年（公元1409年）开始，到永乐十一年（公元1413年）建成，历时四年。至今，长陵是明代十三陵中建筑最早、规模最大，保存较为完整的陵墓。

现存放在北京西郊大钟寺的永乐大钟，原存放在北京西郊的万寿寺，是永乐十八年（公元1420年），朱棣正式下诏迁都北京时铸造的。此钟高六点七五米，钟口直径三点三米，重达四点六万多公斤。钟上铸有佛经七部，汉文咒语一百多项。钟上共铸有汉文佛教铭文二十二万五千九百三十九字，梵文佛教铭文四千二百四十五字，总计二十三万零一百八十四字，是世界上铭文字数最多的大钟。

朱棣为何不惜人力、财力铸此大钟呢？清代乾隆皇帝认为，这是朱棣为了表达自己对建文帝旧臣过于惨毒诛杀的忏悔，超度亡灵以求谅解而铸造的。

四、家国不宁心力交瘁过劳死

1. 后院难宁火攻心

朱棣的后宫在徐皇后在世时一直都很平静，但在徐皇后去世后，却陷入了混乱之中，一直都不宁静。

徐皇后是明朝立国的第一功臣中山王徐达的长女，是由朱元璋册封为燕王妃的，朱棣即位后，徐妃即被册封为皇后。在他们婚后的三十年间，徐皇后一直是朱棣的贤内助，永乐五年（公元1407年），徐皇后便因病而去世。对此，《纲鉴易知录》有下面的记载：

> 后疾甚，上问有何言？对曰："天下虽定，然生民未大休息，惟陛下矜念之。妾不能报陛下恩，愿无骄畜外家。"后崩，上哭之恸。

> 后恭谨妇道，高后深爱重。高后崩，哀毁动左右，蔬食三年。正位中宫，愈益敬谨。命妇入见，后谕之曰："妻之事夫，岂止衣服馈食，必有德行之助。常情，朋友之言，有从有违，夫妇之言，婉顺易入。吾在宫中，朝夕侍皇上，未尝不以生民为言，每承顾问，多见听纳。今皇上所与共图治理者，公卿大臣数辈，诸命妇可不有以赞翼于内乎？百姓安则国家安，国家安则君臣同享富贵，泽被子孙矣。"崩年四十六。太子、汉王、赵王皆后出。

徐皇后病重，永乐皇帝问她有什么话？徐皇后说："天下虽然平定了，但百姓尚未得到充分的休养生息，请陛下怜悯顾念他们。我不能报答陛下的恩德了，只希望陛下不要娇惯放纵我的家族亲人。"说完徐皇后就病逝了，永乐皇帝哭得很伤心。

徐皇后谨守妇道，高皇后马氏很喜欢和看重她。高皇后马氏去世后，徐皇后的哀痛感动了左右的人，三年都只吃蔬菜素食。她做了皇后主持中宫之后，更加恭敬谨慎。大臣的夫人们进宫觐见，徐皇后告诫她们说："妻子侍奉丈夫，不仅仅只是吃饭穿衣的事情，一定要在德行上帮助丈夫。人之常情，朋友的话，有的可听有的可不听，夫妻的话，因为委婉顺耳就容易听取了。我在宫中，早晚侍奉皇上，都是交谈百姓们的事情，每次承蒙皇上垂问，大多都能听取采纳。现在与皇上共同治理国家的大臣公卿很多，诸位命妇夫人能不在家里辅助他们吗？百姓安宁则国家安定，国家安定则君臣能同享荣华富贵，恩泽也就能延续到子孙了。"徐皇后去世时，年仅四十六岁。太子朱高炽、汉王朱高煦、赵王朱高燧都是徐皇后所生。

据许多野史记载，徐皇后死后，朱棣看上了其妹徐妙锦。徐妙锦同她的姐姐性情相似，端静有见识。朱棣多次派人宣召，但徐妙锦同他的大哥徐辉祖一样，对朱棣夺嫡称帝非常反感，坚决不从。她说："妾无妇容，不足以充六宫备选。望奏明皇上，别选佳人。"宫中女官再三相劝，妙锦依然坚不从命，最后竟削发为尼。朱棣十分的懊恼，从此不再册立皇后。

徐皇后死后，朱棣比较宠幸一位王氏昭容，但时间不长王氏也病死了，这对朱棣的情感和精神打击很大。同时，朱棣还非常爱怜一位朝鲜来的妃子权氏。这位权氏天生丽质，又善于吹箫，朱棣亲征漠北也带着她。但是权氏却病死在亲征南归的途中，而且有人告发，说权氏是被人在茶水中投毒而死的，朱棣一听勃然大怒，不问青红皂白，杀死了随从的宫女、宦官数百人。

自己宠爱的女人接二连三地死去，这给朱棣的精神和身体很大的刺激，致使他多次发病的同时，脾气也越来越暴虐无常，以致出现了史载的"遂病风丧心，自后处事错谬，用刑惨酷"。

最能表现出朱棣晚年心理异常、暴虐滥杀的便是处置宫人吕氏、鱼氏与宦官私通的案件。吕氏和鱼氏与宦官私通的事情在宫中刚一传开，两个人就吓得即刻自杀身亡了。朱棣风闻此事便气得暴跳如雷，他感到自己身为天下至尊的帝王，自己的女人竟然与人私通，而且是与侍奉自己的宦官私通，这让他这个盛世天子蒙受了无法洗刷的羞辱。于是他从侍奉吕氏、鱼氏的婢女开始，牵连不断地严刑逼供，在后宫制造出了一个"欲行弑逆"的大案。被恼怒羞愤冲昏了头脑的朱棣大开杀戒，先后诛杀宫人二千八百多人，而且为了发泄自己的羞愤，每次处死宫人，丧心病狂的朱棣都要"亲临剐之"。

吕氏、鱼氏的案件发生之后，受到极大刺激的朱棣心理极度变态，疑心更重，喜怒无常，动不动就乱杀宫人。更让人无法理解的是，他竟然命画工将吕氏、鱼氏与宦官搂抱的形态画成图，悬挂于后宫来警告宫中之人。

朱棣这种心理变态的做法，一是与一连串的事件刺激有关，二是与自己的身体出现病变有关。朱棣后宫中的宫人许多都是来自朝鲜的贡女，所以朝鲜的《李朝实录》记录下了当时宫中许多真实的事情。据其记载，中年过后的朱棣患了阳痿，已没有生育的能力。所以，《李朝实录》记载朱棣处死宫人时，有性格刚烈的宫人临刑前大声骂道："自家阳衰，故私年少寺人，何咎之有！"

朱棣后宫嫔妃宫人众多，但在徐皇后死后，朱棣后宫再没有人生养儿女，朱棣三个成年的儿子都是之前徐皇后所生，以此便可证实《李朝实录》记载不虚。

2. 兄弟阋墙乱象生

一般来说，皇帝即位之时，如果有了子嗣，便要确立太子。但是，朱棣即位之初却迟迟没有立太子，而且，据传朱棣在"靖难之役"陷入危机时，幸而跟随他的二儿子朱高煦浴血奋战才转危为安，于是朱棣抚其背说："勉之，世子多病。"朱棣迟迟不立太子，已经让人们看到了他态度的不明朗和心中的犹豫，对朱高煦说的话语的流传，更让太子之位的确立增添了混乱不安的因素。按理说，朱棣的大儿子朱高炽早已被立为燕王世子，朱棣称帝后自然应被立为太子，但是朱棣内心却认为朱高煦"类己"，性格为人很像他，有意改立太子。因此，在立谁为太子的问题上朝臣们便分成了两派，一派拥立长子朱高炽，一派拥立次子朱高煦。

据载，有一段时间朱棣很想改立朱高煦，便把自己的想法透露给了隆平侯张信，没想到张信很是气愤地说："事干天常，岂易为耶？"这让朱棣大为生气，把张信的牙齿都砍伤了。朱棣的行为很是让朝臣们忌惮，但也有人借题发挥，委婉地劝说皇帝的。有一次，朱棣拿出了一幅《虎彪图》让大家观看，图中画的是一只大老虎和几只小老虎。解缙即刻借题发挥吟诗一首说：

> 虎为百兽尊，谁敢触其怒？
>
> 唯有父子情，一步一回顾。

解缙以百兽之长的老虎喻朱棣，劝他以父亲爱护儿子的情感出发考虑问题，以免损伤父子兄弟之间的情分。这让朱棣大为感动，有长立长，不显偏爱，才不伤父子感情和兄弟的情分，这样的劝谕自然让朱棣心有所动。于是他曾就此主动征求解缙的意见，谢缙则毫不隐晦地说："皇长子仁孝，天下归心。"朱棣闻言，依然低头不语。解缙即刻又追加了一句："好圣孙！"

解缙在这里大声夸赞"好圣孙"，是因为他知道朱棣平素最喜爱他的长孙朱瞻基，史书明确记载朱棣多次巡视天下，出征漠北，都带着他的长孙朱瞻基。《纲鉴易知录》便有下面的记载：

> 甲午，十二年，春二月，诏亲征瓦剌。三月，车驾发北京。皇太孙从，上谓侍臣曰："朕长孙聪明英睿，智勇过人，今肃清沙漠，使躬历行阵，见将士劳苦，征伐不易。"又谓胡广、杨荣、金幼孜曰："每日营中闲暇，尔等即以经史于长孙前讲说，文事武备，不可偏废。"

甲午年，永乐十二年，春二月，皇帝下诏亲征瓦剌。三月，皇帝的车驾从北京出发。皇太孙跟随出征。永乐皇帝对侍臣说："我的长孙聪明英武而又睿智，智勇过人。如今肃清沙漠的敌人，我是让他亲身经历行军打仗，让他看到将士的劳苦，体会征伐的不易。"他还对胡广、杨荣、金幼孜说："每天军中有空闲的时候，你们就拿经书史籍在长孙前讲解，文事和武备都不能偏废。"

朱瞻基是朱棣的长孙，却又是朱高炽的大儿子，朱棣喜爱自己的长孙，希望把他培养成文武兼备的接班人，那就必须立朱瞻基的父亲朱高炽为太子，朱瞻基才有望接班。所以，解缙大声夸赞"好圣孙"，实则是提醒朱棣立朱高炽为太子。

解缙的话提醒了朱棣，永乐二年（公元 1404 年）四月四日，朱棣正式册立朱高炽为皇太子。同时封次子朱高煦为汉王，封第三子朱高燧为赵王。

谢缙的提醒对朱棣下决心立朱高炽为太子产生了作用，但却给谢缙自己埋下了杀身之祸。时间不长，朱高煦多次进谗言使得解缙下入大狱。时间很长了，朱棣才又记起他，问解缙的死活，结果又被东厂特务头子纪纲埋在雪地里活活冻死了。不仅解缙落得如此下场，许多为朱高炽出力和朱高炽身边的大臣都因此遭了殃。

朱高炽虽然被立为太子，但性格与朱棣极为相似、同时又自以为功勋卓著的朱高煦却极度不满，他除了和朝中酷吏勾结起来陷害为太子效力的大臣外，还暗中积极活动，准备像他的父亲一样，随时展开夺嫡行动。《纲鉴易知录》有下面的记载：

> 先是，封高煦为汉王，国云南，怏怏不肯去，曰："我何罪，斥我万里！"及改青州，又不肯去，曰："何为置我瘠土！"留居京师，请得天策卫为护卫，曰："唐太宗为天策上将军，吾得之岂偶然？"又益请两护卫，曰："我英武岂不类秦王！"遂僭用天子车服。上在北京颇闻之，及还南京，以问杨士奇，对曰："汉王始封云南不肯行，复改青州又不行，今知朝廷将徙都北京，惟欲留守南京。此其心，路人知之。惟陛下蚤善处置，用全父子之恩。"上默然。后数日，上复得高煦造兵器，阴养死士，招纳亡命等事，大怒，召至诘之，絷之西华门内，将诛之。皇太子涕泣力救，乃徙封乐安，促即日行。上顾谓皇太子曰："乐安去京甚近，如其作祸，可朝发而夕擒之。"

在此之前，封朱高煦为汉王，他怏怏不乐不肯前往，说："我有什么罪，把我贬斥到万里之外！"等到改封在青州，又不肯前往，说："为何把我安置在贫穷的地方！"他一直留下住在京师，请求要天策卫作为自己的护卫。他说："唐太宗是天策上将军，我要天策卫难道是偶然的吗？"又请求增加两护卫，还说："我英明神武难道不像秦王李世民！"而且超越级别使用天子的车驾服饰。永乐皇帝在北京时对此就颇有听闻，等到返回南京，就向杨士奇询问此事。杨士奇回答说："汉王开始封到云南不肯去，重新改封到青州又不去，如今知道朝廷将要迁都北京，他只想留守南京。他的这个用心，路上行人都知道。希望陛下早日妥善处理，以保全父子的情义。"皇帝听了沉默不语。过了几天，永乐皇帝又知道了朱高煦打造兵器，暗中蓄养敢死之人，招收逃亡犯人的事情。永乐皇帝非常愤怒，将朱高煦召来追问，把他拘押在西华门内，将要诛杀他。皇太子哭泣着极力求情相救，这才赦免了他，将他改封到乐安，并督促他当天起程。永乐皇帝还转过头来对皇太子说："乐安离京师很近，如果他作乱，可以早上发兵到晚上就捉住他。"

朱高煦受到其父朱棣的处置，但内心毫无悔意，只是受朱棣的威势所压，暂时有所收敛。朱棣死后，太子朱高炽即位，称为仁宗皇帝。仁宗皇帝极其肥胖，可能患有心脏病，在位不到一年，在朝堂上和大臣有所争辩，便发病身亡。仁宗死后，朱棣看好的皇太孙、已被立为太子的朱瞻基即位，称为宣宗皇帝。朱高煦见年轻的朱瞻基继位，觉得机会来了，便效法其父朱棣，又打起清君侧的旗号，借清除宣德皇帝身边的夏元吉等奸臣为借口，起兵叛乱。但是，历史往往重演，结局却不一定完全相同。宣德皇帝朱瞻基确实文韬武略俱备，亲自统兵到乐安平叛，活捉了他的叔叔朱高煦，将其押到北京，扣在铜缸里火烤而死。

朱棣的三儿子赵王朱高燧之前就和朱高煦勾结起来，陷害太子和拥立太子的大臣。永乐二十一年（公元1423年），还发生了常山中护卫指挥孟贤与羽林卫指挥彭旭勾结起来，图谋毒死永乐皇帝、拥立朱高燧为帝的叛乱事件。事件败露后，经太子朱高炽极力为其辩白，说朱高燧没有参与此事，只是孟贤等人所为，才被朱棣赦免。朱高煦谋反，赵王朱高燧又和朱高煦有所勾连，此时大臣们纷纷上书请求处置朱高燧。宣德皇帝将大臣们的奏书打成包，派人送给朱高燧观看，眼看自己的哥哥朱高煦惨死而惴惴不安的朱高燧看过奏书后，即刻上书朝廷请罪，并自愿献出自己的全部护卫，受到了朱瞻基的赦免，从此便安定了下来。

3. 功罪一身留遗恨

我们前面就说过，朱棣确实是一个一心要有所作为的皇帝。他即位开始，就以唐太宗、宋太祖为榜样，一心要做一个太平盛世的圣明君主。所以他即位之初便恭谨勤劳，致力建立一个与民休养生息的小康盛世。《明太宗实录》记载永乐元年（公元 1403 年）九月的一天，朱棣同侍臣们议论时政时说道：

> 朕即位未久，常恐民有所失。每宫中秉烛夜至，批阅州郡图籍，静
> 思熟记，何郡近罹饥荒，当加优恤，何郡地迫边鄙，当置守备，旦则出
> 与群臣计议行之。近河南数处蝗旱，朕用不宁，故遣使省亲视，不绝于
> 道。如得斯民小康，朕之愿也。

朱棣说，我即位时间不长，时常担心老百姓有所欠缺的地方。每到夜晚我在宫中秉烛处理公务，按照各州郡的图册，静静地想，仔细地记，哪个郡近期遭遇了饥荒，应当赈济救灾；哪个郡地邻边境，应当加强守备，早上则出宫与大臣们商议实行。近日河南多处出现蝗灾、旱灾，我的心中深感不宁，因此一个接一个地派遣使臣前往查看。如果能让我的百姓过上小康的日子，这就是我的最大心愿了。

这并不完全是朱棣欺世盗名的假话，靠发动战乱夺得天下的朱棣，在靖难之役结束后就顺应人心思定的民愿，采取了与民休息的政策，他对大臣们明确指出："数年用兵，军民皆困，今与之休息。"有人见朱棣在靖难之役中表现出超人的武略，便向他进献战阵图，想借此受到重用。没想到朱棣非常生气地斥责他道："夫驱人以冒白刃，鲜有不伤残毁折，其得不死亦幸也。朕每亲当矢石，见死于锋镝之下者，未尝不痛心。今天下无事，惟当休养斯民，修礼乐，兴教化，岂当复言用兵？此辈狂妄，必谓朕有好武之意，故上此图，以冀进用。好武岂盛德事？其斥去之！"

朱棣说，那些让人面临刀枪火海的战争，很少有不让人死亡伤残的，能够活着回来就是很幸运的事了。我每当冒着刀箭流石的危险冲锋，亲眼看到那些死于刀箭之下的人，没有不感到痛心的。现在天下没有战事，就应当让百姓休养生息，修礼乐，兴教化，建立太平盛世，怎能又说用兵之事？这样的狂妄之徒，他一定认为我是个好用武力之人，因此献上此图，希望得到提拔重用。好用武力难道是值得崇尚的德行吗？将这个家伙给我赶出去！

朱棣不仅是这样说的，更是这样做的。永乐初年，朝廷便大力招抚流离失所的民众，给他们耕牛、种子和农具，垦荒复田，恢复农业生产。遇到荒年灾害不仅按制度要求各地开仓放粮，赈济灾民，而且在遇到特大灾害时，朱棣还派朝中大臣、亲王赈灾。

永乐初年，苏州、松山等地发生特大水灾，朱棣马上派遣姚广孝代表朝廷前往赈灾。《明太宗实录》载，临行前朱棣叮嘱姚广孝说："人君一衣一食，皆民所供。民穷无衣食，岂可不恤？君，父也；民，子也。为子当孝，为父当慈，各务尽其道。尔卿往，体朕此心，不可为国惜费，盖散财得民，仁者之政。"

朱棣说，君王穿的每一件衣服，吃的每一口饭，都是老百姓所供给的。现在老百姓贫穷得没有衣食了，朝廷怎能不抚恤救济他们？君王犹如父亲，民众犹如子女。做子女的应当有孝心，做父亲的应当有慈心，应该各尽其道。爱卿你这次前往，一定要体查我的这番心意，不要为国家吝惜费用。散尽钱财，得到民心，这是仁君的治国之道。

朱棣深知兴修水利是发展农业的关键，于是他敕令各地"每岁春初及农隙之时，敕郡县浚河渠，修筑圩岸陂地，捕蝗蝻，遇有饥荒，即加赈济"。苏、松一带的大水灾过后，永乐皇帝即命户部尚书夏元吉前往勘察治理，提出了开浚吴淞江下游，上接太湖，渡地设闸，以时蓄泄的治理方案。朝廷征用十万民工完成主体工程后，又疏通了白茆塘、刘家河、大黄浦等支流河道，使这一带洪水畅泄无阻，于是"苏、松农田大利"。

但是，朱棣太想有所作为、有所建树了，他除在文治上有所建树外，在武功上连年征伐安南，五次亲征漠北，更是大兴土木，希图留下辉煌的业绩，结果不仅自己劳顿一生不说，更是劳民伤财，使得民生疲敝，终于在其晚年爆发了山东青州唐赛儿起义，给他一心创建的永乐盛世蒙上了一层阴影。

唐赛儿是山东蒲台县农民林三的妻子。丈夫死后，她先是削发为尼，后自言神仙附体而被人称为"佛母"。这以后她游走于益都、诸城、安州、莒州、即墨、寿光等州县传授法术，组织起了数万人。永乐十八年（公元

1420 年）二月，她率众起事，占领了益都的卸石棚寨，打死了前来镇压的明朝青州卫指挥高凤。朱棣闻报，即刻派遣安远侯柳升、都指挥刘忠率领京军前来镇压，围攻卸石棚寨。唐赛儿率众于夜间突围而出，射杀了刘忠，趁机攻占了莒县和即墨，并带兵围攻安丘。朱棣急命在山东沿海防备倭寇的卫青率领骑兵部队和鳌山卫指挥王贵夹击唐赛儿起义军，结果起义军大败，两千多人被杀。

唐赛儿起义军被镇压失败之后，唐赛儿却逃得无影无踪，不知去向。有人说她"削发为尼，或处女道士中"，朱棣便下令将北京、山东一带的尼姑、道姑全部抓捕，却查不出唐赛儿的踪影。晚年的朱棣性格暴戾，疑神疑鬼，又下令将全国的出家妇女抓来审讯，前后牵连几万人，弄得天下人心惶惶、鸡犬不宁，结果还是找不到唐赛儿。

作为封建帝王的朱棣当然不会知道也不想知道唐赛儿的起义是自己连年征战、大兴土木、劳民伤财的结果。心底仅存的一点良知，使他对自己夺嫡的行为怀有耻感，而一心想多有建树、创下丰功伟绩来洗刷耻感的他不仅过于劳顿，损伤了自己的身体，而且劳民伤财，使国计民生疲敝。再加上后宫家庭不宁，忧劳交织，心力交瘁，终于让他猝死在了征途之中。

明崇祯皇帝朱由检

明崇祯皇帝朱由检生于明万历三十八年（公元 1610 年），天启七年（公元 1627 年）其兄明熹宗病死后被立为帝，改年号为崇祯。崇祯十七年（公元 1644 年），北京城破，朱由检自缢而死。清多尔衮进京后，为其上庙号为"怀"，谥号为"端"，合称"怀宗端皇帝"。后清顺治皇帝又将其谥号改为"庄烈愍皇帝"，所以人们又称其为"庄烈帝"或"愍帝"，但历史以来，人们均俗称其为"崇祯皇帝"。

一、锋芒初露的少年天子

1. 惊恐不安接帝位

对于崇祯皇帝朱由检的出生，《明史·庄烈帝一》记载如下：

> 庄烈愍皇帝，讳由检，光宗第五子也，万历三十八年十二月生。母贤妃刘氏，早薨。天启二年，封信王。

庄烈愍皇帝的名字叫作朱由检，是明光宗皇帝的第五个儿子，生于明万历三十八年十二月。她的母亲是贤妃刘氏，很早就逝世了。他在天启二年（公元 1622 年）被封为信王。

朱由检出生时，他的父亲朱常洛还是万历朝的太子，他的母亲刘氏只是太子府中一位普通的妃子，虽然她给太子生下了儿子，但仍得不到太子朱常洛的宠爱，相反因其生子遭到朱常洛宠爱的人称"西李"的康妃的嫉妒，常常鼓动朱常洛寻隙斥责刘氏。忠厚贤惠的刘氏将悲愤冤屈深埋心底，积怨成疾，抛下了不到五岁的儿子朱由检郁闷而死，时年只有二十三岁。

刘氏死后，作为皇五子的朱由检和他的哥哥皇长子朱由校都被西李康妃抚养，皇长子与皇五子等级的巨大差别自然让康妃的态度大为不同，这让失去了母爱的朱由检从小就感受到了人世的冷暖情薄。无人搭理、无人关爱的小朱由检仿佛成了偌大的皇宫中一个多余的人，孤独忧伤的他养成了酷爱读书、静坐独思的习惯。更让小朱由检没想到的是，就在他年仅十岁时，他的父亲朱常洛、刚刚即位才一个月的光宗皇帝便与世长辞了。这样，他在这个世上的唯一亲人便是同父异母的哥哥熹宗皇帝了。

西李康妃在光宗皇帝驾崩时将皇太子朱由校藏了起来，之后还赖在乾清宫不走，想求得一个"皇太后"的封号，却被大臣们硬是赶出了乾清宫，这便是被称为明代三大案之一的"移宫案"。"移宫案"发生后，彻底失势的西李康妃被剥夺了对皇五弟朱由检的监护权，朱由检被转交给了光宗皇帝另一个曾宠爱的东李庄妃抚养监护。庄妃为人宽厚仁慈，与世无争，加上自己没有子女，独处后宫，抚养监护朱由检使她母爱的天性有了倾注的对象，这让年幼的朱由检感受到了新的母爱。

朱由检虽说是光宗皇帝朱常洛的第五子，但他前面的几个哥哥除了长子朱由校外都夭折了，所以现在他成了在位的熹宗皇帝唯一的胞弟，于是在天启二年（公元1622年），刚刚十二岁的他便被封为信王。天启六年（公元1626年），又由明熹宗的张皇后主持选中了大兴县生员周奎的女儿为信王妃并成婚。十六岁的夫君是个品貌才学兼优的亲王，十五岁的新娘是个受过淑女规范教育的小家碧玉，婚后的少年夫妻平静恩爱的生活，让从小忧伤孤独的朱由检度过了他人生当中短暂而又美好的时光。

但是，崇祯皇帝朱由检人生当中这段最美好的时光很快就被打断了。天启七年（公元1627年）八月，刚刚二十岁出头的熹宗皇帝却身患重病，命在旦夕。这之前，熹宗皇帝的嫔妃们曾给他生过三男二女，但全都夭折了，此时的熹宗皇帝正值盛年，所以谁也没有担心过他会没有儿子继位。现在与行将离世的当今皇帝血缘最近的、最应继承皇位的自然当属其胞弟朱由检了。所以，继承皇位，登基称帝，这以前无法想象的事情突然降临在朱由检的身上。对此，《纲鉴易知录》有下面简略的记载：

> 上不豫。时魏忠贤张甚，中外危惧。上召皇弟信王入，谕以当为尧、舜之君，再以善事中宫为托，及委用忠贤语。信王出，上崩。忠贤自出迎王入，王危甚，袖食物以入，不敢食大官庖也。是时群臣无得见王者，王秉烛独坐。或曰忠贤欲自篡，而崔呈秀以时未可，止之。
>
> 王即位于中极殿，受百官朝，毋贺，朝时忽天鸣。

熹宗皇帝病重了，当时魏忠贤非常张狂，宫内宫外都十分害怕他。熹宗皇帝召信王朱由检入宫，对他说让他当尧、舜那样的君主，又嘱咐他以后要善待张皇后，还要求他以后要重用魏忠贤。信王出宫之后，熹宗皇帝便驾崩了。魏忠贤亲自出宫迎接信王入宫，信王很害怕，在袖子里装了食物入宫，不敢吃官厨送来的东西。这时朝中的大臣们没有人能够见到信王，信王一个人点着蜡烛孤零零地坐在宫中。有人说魏忠贤想要篡位，但他的亲信崔呈秀认为时机还不到，劝阻了他。

第二天信王在中极殿登上皇帝位，接受百官朝拜，但没有祝贺，朝拜时天空忽然传来了极大的声音。

熹宗皇帝即将离世之时召信王朱由检来到病榻前，嘱咐他做尧、舜那样的皇帝，便是当面指定了朱由检做他的继任者，这让朱由检真是又喜又惊。喜的是，平时自己想也不敢想的大好事竟这样突然地落在了自己身上；惊的是，在朝中魏忠贤一手遮天，自己稍有不慎或魏忠贤另有企图，自己的性命便极端堪忧。

朱由检的哥哥熹宗皇帝是个"性好走马，又好小戏，好盖房屋，自操斧锯凿削，巧匠不能及。又好油漆匠"的昏庸皇帝，他沉溺于自己的兴趣和享乐之中，不问朝政，只顾淫乐，大小事务只吩咐魏忠贤"尔们用心行去，我知道了"。这样，一手遮天的魏忠贤把持了朝政，他以司礼大太监的身份掌握着东厂，在朝廷内外网罗了"五虎""五彪""十狗""十孩儿""四十孙"等党羽做爪牙，形成了朝廷和地方官吏纷纷投其门下的局面。当时的全国各地到处都是他的画像和生祠，人们早晚都要顶礼膜拜，口称"九千岁"。朝中的东林党人和正直的大臣虽然接连不断地弹劾他，但在熹宗皇帝的庇护下，魏忠贤接连不断地制造冤案，以残酷的手段迫害镇压，朝廷内外笼罩在血腥的恐怖之中。熹宗重病之时，魏忠贤就制造了一起文字狱冤案，镇压正直的朝臣。《纲鉴易知录》有下面的记载：

> 削翰林陈仁锡、文震孟、郑鄤籍。拟孙文豸罪，坐斩。文豸，仁锡戚也，尝作策论嘲时，魏忠贤知之，因诬文豸造妖言，谤朝政，置重辟。所指妖言者，则韩愈《原道篇》、钦天监《步天歌》也。先是仁锡在讲筵因王恭厂火灾，又见正人屠戮，忠贤竭土木不休，讲时不避忌讳。忠贤怒，遂命许显纯拟文豸狱，词连仁锡等，因削职，追夺诰命。

削去了翰林陈仁锡、文震孟、郑鄤的官籍，定孙文豸的罪，并处以死刑。孙文豸是陈仁锡的亲戚，曾经写了一篇策论嘲讽时局，魏忠贤知道了此事，便诬陷孙文豸发布不良言论，诽谤朝政，处以死刑。他所指的不良言论，是韩愈的《原道篇》、钦天监的《步天歌》。在此之前，陈仁锡在课堂上讲到了王恭厂的火灾，又因为他看到了正人君子遭受屠杀，魏忠贤不停地大兴土木，因此讲课时没有避开忌讳。魏忠贤非常生气，于是下令让许显纯给孙文豸制造冤案，讼词牵涉了陈仁锡等人，因此将这些人削夺了官职，追回了诰命。

当然，像孙文豸这样的冤案，只不过是魏忠贤倒台之前制造的最后一起冤案，比起他之前制造的"六君子之狱""七君子之狱"等数不清的血腥惨案简直不值一提。现在，朝中遍布他的党羽，宫中更是他魏忠贤的天下，只要他动起篡位的念头，熹宗皇帝临死之时指定的皇位继承人朱由检便是他必须除掉的障碍。所以，魏忠贤亲自来接朱由检进宫，对于朱由检来说不啻是羊入虎口，是福是祸只能是听天由命了。

朱由检的妻子周王妃是个很有心计的人，临行前悄悄给朱由检的衣袖里塞了一包点心，叮嘱他千万不要吃宫里的东西。朱由检的父亲明光宗朱常洛据说就是吃了红丸药被毒死的，这被称为明朝三大案中的"红丸案"，所以担心夫君性命不保的周王妃才有了这样细心的安排。入宫的朱由检被安排在乾清宫门边的一间闲置屋子，等待入宫，小太监们送来了御膳房的晚饭，他一点也不敢吃，悄悄拿出周王妃塞给他的点心吃了一些。夜深人静，朱由检秉烛独坐，战战兢兢，睡意全无，门外有宫中带剑太监巡视，任何人无法面见他。提心吊胆的朱由检实在感到害怕，于是唤来门外巡视的太监，提出愿用一百两纹银换他的这把剑留作纪念，这位太监一是因为亲王的要求不好推辞，二是自己也可得到不菲的银钱，便把宝剑呈送给了朱由检。就这样，这把用一百两银子换来的宝剑陪伴着朱由检度过了这个漫长不安的夜晚。

朱由检在宫中度过了这个惊惧不安的长夜，周王妃在信王府中也整整祈祷念佛了一个晚上。第二天，惊人的喜报传来，信王已在宫中登基称帝，自己也被接入坤宁宫封为母仪天下的皇后，在后宫见面的夫妻二人这才相拥而泣，喜泪长流。

在魏忠贤一手遮天、完全控制了朝廷内外的情况下，朱由检为何能够顺利继位呢？据说当晚魏忠贤有心篡位，他的死党崔呈秀提出此时动手恐朝中人心不服，信王朱由检只是个十几岁的青年，等控制住了他，时机成熟再动手不迟。

确实，此时的朱由检虽然顺利即位了，但他只是一个十七岁的年轻人，自己没有执政的经验和各方面的准备不说，朝中更没有培植起来的支持自己的势力和智囊班子。在这样的情势下，他很有可能步他哥哥的后尘，成为魏忠贤集团控制和操纵下的傀儡与玩偶。然而，谁又能想得到就是这样一个初出茅庐的少年天子，仅仅用了两三个月的时间，便清除了魏忠贤集团以及魏忠贤在宫中的帮凶客氏。对此我们下节再讲。

2. 一鸣惊人扫奸雄

明朝从东厂、西厂建立，实施特务政治开始，宦官专权干政就成为朝政昏乱的痼疾，从明宪宗时的汪直用事，到明武宗时的刘瑾专权，再到明熹宗时的魏忠贤乱政历来如此，而魏忠贤的宦官乱政之祸可以说是达到了空前绝后的地步。

魏忠贤本是北直隶肃宁县（今河北肃宁）的一个地痞无赖，他嗜赌如命，结果负债累累，东躲西藏、无路可走之下，只好举刀自阉，入宫当了宦官，侍奉皇太孙朱由校。魏忠贤不仅善于引导朱由校玩乐，深得其喜欢，而且勾搭上了朱由校的乳母客氏，和客氏结成了"对食"关系，成为明代历史上最为邪恶的结合。

客氏是北直隶定兴县（今河北定兴）人，能读书认字，而且身材苗条，颇有几分姿色，性格淫放。她生下了儿子侯国兴后，入宫当了朱由校的乳母。两年之后，她的丈夫侯二去世，她就在宫中一直待了下来。熹宗皇帝朱由校对自幼抚养他长大的客氏有很深的"恋母情结"。他成婚之后，在大臣们强烈要求下，曾将祸乱内宫的客氏逐出宫门，但年轻的皇帝朱由校"思念流涕，至日旰不御食"，于是只得将其召回宫中，被熹宗封为"奉圣夫人"，并封其儿侯国兴、其弟客光先为锦衣千户。于是客氏更与魏忠贤狼狈为奸，在宫中陷妃害后，堕妃之胎，断熹宗之后，肆意横行。

但是，崇祯皇帝朱由检的继位便预示着魏忠贤、客氏这个祸乱宫廷的罪恶集团的即将覆灭。朱由检在天启七年（公元1627年）八月二十五日即位称帝，改明年元旦开始为"崇祯"元年。八月二十七日，他即位刚刚三天，就下旨要求当时位列朝班的大太监魏忠贤、王体乾脱去朝臣的服装，换上太监的装束，并不准他们再上朝议事，回宫中尽其职责。这突如其来的宣告，让朝中正直的大臣们心中暗暗叫好，却让魏忠贤之流叫苦不迭。

魏忠贤心中自然明白这是年轻皇帝给自己的一个下马威，于是他旧技重演，晚上给交泰寝殿的朱由检送来了四位美人。四美人刚入寝殿，朱由检便闻到一股扑鼻的异香，细心的朱由检问这是怎么回事，四位美人皆笑而不言，朱由检命近侍搜身，发现每人身上皆佩一粒香丸，于是便问她们此为何物，从何而来。回答说此为"迷魂香"，捻碎闻之能使人意乱情迷，不能自拔，是入宫前客氏所发。

魏忠贤和客氏以为他们的手法定能奏效，想不到第二天便接到圣旨，逐奉圣夫人客氏出宫。客氏出宫前来到宫中停放的熹宗灵柩前，拿出一个黄色的小包，将小包内存放的熹宗朱由校的胎发、换下来的乳牙以及历次剪下来的指甲火化后，哭哭啼啼地出宫回家了。客氏出宫后，崇祯皇帝命人搜查她在宫中的住宅，结果找出了八名已经怀孕的年轻女人。原来客氏也想学秦代的吕不韦给君王进献孕妇，来达到改换帝王后裔的目的，没想到熹宗皇帝死得突然，其目的便没有得逞。崇祯皇帝闻报后勃然大怒，立即下令将客氏抓回宫中浣衣局乱棒打死，并将其子侯国兴斩首。

客氏母子被诛，让魏忠贤大为心惊，他便以退为进请辞回家，颇有心计的崇祯帝不仅没有同意他的请求，还好言安慰了一番，在稳住魏忠贤的同时，崇祯帝一步步地剪除了他众多的党羽。

客氏母子被诛，魏忠贤众多党羽的剪除，大大激发了朝臣们铲除魏忠贤的激情，弹劾其罪的奏本一篇接一篇地呈上了朝堂。最厉害的是当年十月二十六日嘉兴县贡生钱嘉征的奏本，弹劾魏忠贤的十大罪状：一是与帝并尊；二是蔑视皇后；三是操纵兵权；四是目无君上；五是克削封王；六是不尊圣贤；七是滥赐爵位；八是滥冒边功；九是劳民伤财；十是营私舞弊。

钱嘉征的奏疏将魏忠贤的罪行分条列出而且证据确凿，魏忠贤得知消息又恨又怕，急忙赶进宫中，扑倒在崇祯皇帝面前大呼冤屈。崇祯帝按住心头的怒火，命令内侍当庭宣读奏疏给跪在地上的魏忠贤听。奏疏上列出的魏忠贤罪行昭彰，事实清楚，字字句句无不让魏忠贤胆战心惊，只得叩头认罪，乞求免于一死。

颇有心计的崇祯帝两个多月来一直在清除魏忠贤集团外围党羽，对魏忠贤是隐忍不发，可一旦抓住了他的把柄便迅速出手，置其于死地。11月1日，皇帝便发出上谕说魏忠贤"专务逞私殖党，盗弄国柄，擅作威福"，"私通客氏，表里为奸"，"本当寸磔，念其先朝遗奴，夺去爵号，暂发仁智殿守灵"。

魏忠贤在朝中经营多年，成为全国上下顶礼膜拜的大救星般的崇拜对象，如今大势已去，可架子依然很大。在他离京赴凤阳守皇室祖陵的当天，不仅有众多的崇拜者送行，更有大批的仆从及门客死士共计八百多人跟随。浩大的队伍簇拥着装满钱财珠宝的四十辆马车，拉车和乘骑的良马就有一千多匹。

崇祯皇帝接到探报后大为震惊，立即下旨缉拿魏忠贤。对此，《纲鉴易知录》记载如下：

上谕兵部曰："逆恶魏忠贤擅窃国柄，诬陷忠良，罪当死，姑从轻降发凤阳，不思自惩，素蓄亡命之徒，环拥随护，势若叛然。令锦衣卫擒赴，治其罪。"忠贤宿阜城尤氏邸舍，其党密报上旨，知不免，夜自经。

法司追论魏忠贤等罪，上命磔忠贤尸于河间，斩崔呈秀于蓟州，又戮客氏尸，寻复诛显纯、尔耕，天下快之。

崇祯皇帝给兵部下旨说："叛逆恶人魏忠贤擅自篡权，诬告陷害忠良之士，其罪应当处死，姑且从轻发配凤阳。但是他不想着悔改自己的恶行，向来就招纳亡命之徒，现在前呼后拥随行护卫，像是反叛的样子。便命令锦衣卫前去捉拿，惩治他的罪恶。"此时魏忠贤住在阜城尤氏的家中，他的党羽秘密赶来报告了崇祯皇帝所下圣旨的内容。魏忠贤知道自己这次难免一死，夜里就上吊自杀了。

司法部门追究论处魏忠贤等人的罪行，崇祯皇帝下令在河间府将魏忠贤碎尸万段，将崔呈秀斩首于蓟州，又将客氏尸体的头斩下，接着又诛杀了许显纯、田尔耕，天下人拍手称快。

崇祯帝不仅严厉惩处了魏忠贤、客氏等首犯，而且亲自裁定了从中央到地方魏忠贤党徒的名单，颁发《钦定逆案》，将魏忠贤集团一网打尽，斩草除根。《钦定逆案》按罪行等次列出的魏忠贤党羽有："首逆同谋"六人，"结交近侍"十九人，"结交近侍次等"十一人，"逆孽军犯"三十五人，"谄附拥戴军犯"十五人，"结交近侍又次等"一百二十九人，"结交近侍减等"四十四人；另有魏忠贤亲属及内官党附者五十多人。

在惩治魏忠贤党羽的同时，崇祯帝还全面为受到魏忠贤迫害的朝臣士人平反昭雪，为受迫害而死的大臣追谥赠爵。在魏忠贤权势正盛之时，许多正直的大臣及士人秉承中国历史以来知识分子刚直不阿、疾恶如仇的精神，以自己的血肉之躯与之进行不屈不挠的斗争，虽受尽酷刑株连九族凄惨而死，但前仆后继视死如归，其中国脊梁浩气长存的精神令今人深感钦佩。如选入高中语文教材中的《五人墓碑记》记载的士人的拼死抗争，《左忠毅公逸事》记载的太子少保左光斗的大义凛然，均让人深感钦佩。

同时，对魏忠贤之流随意罗织罪名陷害正直之士，甚至连仅想保持自己为人的尊严、不肯阿谀附和的人也不放过，更让人深感愤慨。如崇祯帝下诏平反的贤臣耿如杞，仅仅是因没有对魏忠贤生祠中魏忠贤的塑像口称九千岁，行三跪三叩头大礼，只是"半揖而去"，便被严刑拷打，抄没其家，定为大辟之罪。只是因为准备斩首行刑的当天，明熹宗突然驾崩才没有执行。一个泼皮无赖的宦官掌权后，便要全国官员百姓顶礼膜拜，认贼作父，这样荒唐可恶的黑暗现象的存在，既让人愤恨，更让人无奈。

崇祯皇帝即位伊始便果断出手清除了魏忠贤、客氏集团，一方面充分表现出少年天子朱由检超人的魄力和手段，另一方面也反映出貌似强大的魏忠贤集团根基的虚弱。一时权势熏天的宦官、宫人说到底只不过是依附于皇权的奴仆，失去了昏庸皇帝的宠幸，他们便什么也不是了。

3. 崇尚西学兴科技

崇祯皇帝朱由检除了刚一即位便扫除魏忠贤集团，让人为之一振之外，其崇尚西学科技，促使当时中国科技有较大的发展和成果，也应算作他在位时期的一大亮点。

从明朝后期的万历年间开始，随着东方航路的开辟，欧洲的许多耶稣会士纷纷来到中国进行传教活动。他们的到来也带来了西方的科学技术与文化，这使当时的国人耳目一新，给中国科学技术的发展、近代科学精神的觉醒注入了积极的因素。

崇祯帝在位期间，传教士在中国的地位与影响有了很大的提高，除了这些传教士自身对自然科学的精通引起官员和士人的兴趣外，更重要的便是崇祯皇帝对天主教的兴趣和对西洋科技的重视。崇祯三年（公元1630年），朝廷征召西方传教士汤若望、罗雅谷进入历局，同礼部左侍郎、詹事府詹事徐光启修定历法。汤若望是日耳曼人，万历四十七年（公元1619年）来到中国，在广东、西安、北京等地传教。他被崇祯帝召入历局后与徐光启密切合作，到崇祯八年（公元1635年），终于编成《崇祯历》。《崇祯历》比之前的历法更加准确，与日月星辰的运行和节气的变化极为相符，此历法的编纂使西方先进的天文历法知识传到了中国。

今天我们所使用的农历历法，实际上就是流传了近四百年的《崇祯历》。它是崇祯帝接纳西洋科学、允许其在中国传播的结果，所以，《崇祯历》的诞生可以说是崇祯朝时期中华科技史上的一项重大成果。

汤若望等西洋传教士进入历局后，不仅编纂历法，而且系统地翻译了西方一些天文学著作，制造了一批观察天象的仪器。崇祯年间，汤若望和罗雅谷等人还在宫中用他们制造的天文仪器建造了一座天文台，用来观察天象，这在中国历史上是前所未有的。

崇祯帝重视西学科技的另一举动，则是西方火器的引进与应用。面对北方清兵的南侵和全国遍地的造反烽火，崇祯帝急需威力巨大的西方火器助自己一臂之力，于是他排除异议下令汤若望等传教士指导火器制造。为此，汤若望在崇祯十六年（公元1643年）刻印了他的火炮制造技术及实战技术的著作《火攻挈要》。同时朝廷还多次从澳门购买大炮并雇用葡萄牙炮匠助战。崇祯十四年（公元1641年），崇祯皇帝还下旨加封汤若望为尚宝司卿。

崇祯皇帝重视西方科技的运用，因此西方传教士们也乐意为其出谋划策。崇祯十五年（公元1642年）传教士毕方济给崇祯帝上书说："臣菁目时艰，思所以恢复封疆，而裨益国家者：一曰明历法，以昭大统；二曰办矿脉，以裕军需；三曰通西商，以官海利；四曰购西铳，以资战守。"对此上书，崇祯皇帝很是重视，立即批准户部关于地方自行开采矿山的计划，并通知户部"汤若望著赴苏督军前，传习采法，并火器水利等项，所司知之"。

中国历来的最高统治者往往盲目自大，自以为是天朝上国，四方皆是蛮夷之族，对西方的科技文化更是嗤之以鼻，致使中国的科学技术发展极为缓慢。崇祯皇帝为实现其"中兴"志向，一改历代闭关保守的做法，重视西方科技的引进和应用，对崇祯时期中国科学技术的发展起了非常积极的作用，使当时中国的科学技术出现了前所未有的重大成果，最有代表性的便是徐光启的《农政全书》、宋应星的《天工开物》和徐宏祖的《徐霞客游记》。

徐光启（1562—1633年），字子先，号玄扈，松江府（今上海徐家汇）人。万历四十一年（公元1604年），徐光启考中进士，被选为翰林院庶吉士，全家迁居北京。魏忠贤专权时，徐光启因与阉党不合作，被罢官闲居。

崇祯皇帝即位后，即被任命为礼部左侍郎，不久又提升为礼部尚书。

徐光启是崇祯朝的重要官员，还是我国古代著名的科学家，他一生科学成果众多，最重要的便是编写了《农政全书》。该书用科学的方法，总结了中国传统的农业知识和生产经验，并吸收西方的科学技术，成为一部"总括农家诸书"的集中国古代农学大成的巨著。全书六十卷，五十万余字，分为农本、田制、农事、水利、农器、树艺、蚕桑、种植、牧养、制造、荒政十一部分。

宋应星（1587—1661 年），字长庚，江西奉新人。万历四十三年（公元1615 年），宋应星在乡试考中举人，崇祯七年（公元 1634 年）出任江西分宜县学教谕，后历任福建汀州推官、安徽亳州知府。

宋应星一生著作丰富，有《卮言十种》《画音归正》《杂色文》《原耗》《天工开物》多部，其中前四部已失传。

《天工开物》全书分为上、中、下三卷，又细分为十八卷，并附有绘制精良的一百二十三幅插图，与文字说明互相补充。

《天工开物》是中国古代百科全书式的科学巨著，内容涉及衣食住行、金属冶炼、锻造、采矿、造纸、兵器、火药、颜料、酵母剂制造及珠宝、玉料开采等、既总结了我国农业和手工业生产技术各方面的成就，又反映了当时社会生产的发展水平。

《天工开物》于崇祯十年出版，出版后很快流传至海外，公元 1869 年被译成法文介绍到西方，译名为《中华帝国古今工业》。

徐宏祖（1586—1641 年），字振之，号霞客，南直隶常州府江阴县（今属江苏省）人。徐霞客是中国古代最著名的旅行家、地理学家和文学家。他从二十二岁开始，持续三十余年，经历千难万险，周游祖国大地山川，在科学考察方面做出了杰出的贡献。他每次出游，都用日记的形式记载下了沿途的所见所闻及内心的感受，内容丰富多彩。有山脉江河、地形地貌，有奇峰异洞、瀑布温泉，乃至各地的风土人情、民族关系、边疆防务、矿石物产等详尽的记录。这些日记经后人编辑刊行，成为举世闻名的《徐霞客游记》。

《徐霞客游记》是一部重要的科学巨著。在这部著作里，有对江河源流的勘察和辨讹，有对地形地貌的考察和研究，有对动植物生态品种的比较和鉴别，还有对矿产物产、水文气候的观察和记述。其中关于我国西南地区石灰岩地貌的考察和研究，比欧洲人的考察和研究早了两百年左右，尤其具有重要的科学价值。

《徐霞客游记》不只是一部重要的地理学文献，也是一部日记体散文集的文学作品。作品对祖国景物风光的描绘，如诗如画，拟人状物，挥洒自如，读来犹如欣赏一幅幅气势雄伟、景色瑰丽的山水画卷，令人无限神往。

崇祯朝时期，我国科学技术的发展能有如此丰富的成就，不能不说与崇祯帝接纳西学、重视科学技术的发展研究有关系。但是，崇祯朝时期却又是我国历史上内忧外患最为严重，以致发展到最后迫使三十四岁的崇祯帝不得不自缢而死的时期。这让人不能不产生遐想：假如崇祯朝没有那样严重的内忧外患，假如崇祯皇帝能像他的爷爷万历皇帝一样执政四十八年，中国当时的科学技术发展会是怎样的一种水平？崇祯帝即位之初怀有的"中兴"理想是不是有可能实现？这样，中华民族是不是就可以躲过人口以千万计数死亡的甲申大劫难？

然而，历史的发展容不得假设，崇祯王朝注定是中国历史上最为多难的朝代，胸有大志而且很是自负的崇祯皇帝偏偏就多灾多难，中华民族偏偏就逃不脱人类史上罕见的大劫难。对此，我们在其后的章节中自会讲到。

二、内忧外患下的飘摇国运

1. 满族兴起频南侵

明朝后期，东北地区的女真人逐渐强大起来，他们在努尔哈赤率领下逐渐统一，形成了一个新的民族共同体——满族，并逐步威胁到了明朝的统治。

努尔哈赤（公元 1559—1626 年），明末女真族的杰出领袖。努尔哈赤是明初建州左卫指挥猛哥帖木儿的后裔，他的祖父和父亲均世袭担任建州左卫指挥使。努尔哈赤幼年丧母，备受继母的虐待，十九岁离家自谋生计。他上山采松子、挖人参，拿到抚顺马市上交换出售，时间长了便学会了汉语。他喜读《三国演义》《水浒传》等书，又曾投到明辽东大将李成梁帐下效力。汉族文化的熏陶、艰苦的生活和戎马经历的磨炼，使他成为一个足智多谋、军事才干超群的杰出人物。

万历十一年（公元1583年），努尔哈赤的祖父和父亲战死，后来明廷授努尔哈赤为建州左卫都指挥使，此后便开始了他的内部统一战争。在这一时期，努尔哈赤采取了远交近攻的战略，与海西女真、蒙古、朝鲜极力搞好关系，对明朝更是恭顺有加，"遣使通好，岁以金币聘问"。因此，明廷将他看作"看边效力"的地方官，公元1589年升任他为都督佥事，后又升左都督，还封为龙虎将军。经过三十多年的征伐兼并，努尔哈赤征服了东北地区其他的弱小民族，完成了女真族各部的统一事业。在这期间，努尔哈赤进行了一系列的改革建设，增强了女真的综合实力。一是是创制了以蒙古文字母拼写女真语音而成的满族文字；二是创立了"出则为兵，入则为民，耕战二事，未尝偏废"的八旗制度；三是进行了"选人才，设议政，理诉讼"为内容的政治改革；四是积极开展以开采金银矿和纺织业为主的手工业。这些措施极大地提高了女真的实力，也极大地提高了努尔哈赤的威权。

万历四十四年（公元1616年），努尔哈赤在赫图阿拉称汗，国号"大金"，年号"天命"，史称后金。他还为自己的家族立了一个姓，叫作"爱新觉罗"，即"金族"的意思。从此，努尔哈赤脱离了与明朝的隶属关系，公开与明朝为敌，成为明朝最大的北方边患。

万历四十六年（公元1618年），努尔哈赤誓师伐明，攻取了抚顺、清河等地。第二年的三月，明廷召兵部右侍郎杨镐统兵进剿努尔哈赤。杨镐调兵八万人马，连同一万三千名朝鲜兵，一万名叶赫兵，共十万余人马，号称四十七万，在辽阳誓师，分兵四路，直捣努尔哈赤的老营赫图阿拉。

面对明军分兵合击的战术，努尔哈赤虽在人马数量上占劣势，但他采取"凭你几路来，我只一路去"，集中优势力量各个击破的战术，仅仅五天的时间便打败了各路明军。因此战主要是在名叫"萨尔浒"的地方进行，历史上便称此战为"萨尔浒之战"。

萨尔浒大胜之后，努尔哈赤乘胜扩大战果，五个月的时间，连下开原、铁岭，灭亡了叶赫。天启元年（公元1621年），努尔哈赤又大举进攻，攻取沈阳、辽阳，接连攻克七十余城，辽河以东地区全为后金所有。努尔哈赤迁都辽阳，后又迁都沈阳，改名盛京。

萨尔浒大战失败之后，明廷处死了杨镐，改任熊廷弼为辽东经略，但因辽东巡抚王化贞轻举妄动招致了广宁大败。明廷又处死了熊廷弼，改任大学士孙承宗经略辽东。孙承宗采纳监军袁崇焕的建议，修筑宁远城（辽宁兴城），构成以锦州、宁远为重点的锦宁防线。但是，时间不长，孙承宗遭魏忠贤排挤去职，由魏忠贤党羽高第出任辽东经略，辽东防务到了不可收拾的境地。

内心极端怯弱的高第竟然提出尽撤关外防守、退据山海关的主张，驱赶各城军民内迁。当时的内迁路上，军需辎重委弃如山，百姓扶老携幼，哭声震野，只有袁崇焕誓死不从命，号召军民坚守宁远城。努尔哈赤见明军慌乱后撤，便乘机大举进攻，没想到在宁远城下被袁崇焕军的大炮击伤，败退回盛京后愤恨而死。宁远大捷是明军与后金的战争中难得的一场大胜，此后，后金内部因努尔哈赤的死陷入了争位内斗之中，明军获得了难得的喘息时间，形成了一段相互对峙的局面。

努尔哈赤死后，他的实力最强的第八子皇太极夺得汗位，改元天聪。皇太极即汗位的第十年（公元1636年），宣布称帝，改元崇德，同时改国号为"大清"，改族名为"满族"。皇太极稳固了自己的统治后，绥服了蒙古，征服了朝鲜，不但解除了本国的后顾之忧，而且从黄河河套向东、沿长城直达辽河平原，对明朝京畿地区构成了半包围的战略态势。

从崇祯初年开始，皇太极连续对明朝锦宁防线展开大规模的进攻。但是，此时崇祯帝重新起用了袁崇焕，镇守宁远的袁崇焕严阵以待，使清军受阻于坚城大炮之下，不得不败退而回，这时的宁锦诸城成为清军铁骑难以逾越的屏障。

崇祯二年（公元 1629 年），受阻于锦宁防线的皇太极改变了战术，亲率劲旅绕道内蒙古，从喜峰口入关，攻陷遵化，兵临北京城下。皇太极这次突袭北京，不仅使明廷君臣乱了手脚，抢劫了大量的人口和财物，而且乘袁崇焕驰援京师之际，使用反间计，使崇祯皇帝捕杀了袁崇焕，去掉了清军南下攻明的强劲对手。

此后，清军分别在公元 1634 年、1636 年、1638 年三次奔袭明朝京畿地区，大肆地烧杀掠夺。其中，最后一次的破坏最为厉害。这一次清军席卷河北、山东二省，破城五十余座，杀死明朝总督两人及守备以上的官员一百余名，活捉亲王、郡王、奉国将军各一人，俘获人口二十万余人，抢夺金银财宝无法计算。

清军长途奔袭的战术让明军几乎完全丧失了斗志，以致清军带着大批劫掠的人口财物浩浩荡荡由冷口（今河北迁安县西北）出长城，整整走了四天，防守各个关隘的明军不敢出一兵一卒。因此，大摇大摆走出长城的清军在城边还立了一块木牌，上书"各官免送"，以示对明朝官兵的蔑视和羞辱。

在奔袭明朝京畿的同时，皇太极加紧了对锦宁防线的进攻。崇祯十四年（公元 1641 年），在西线镇压农民军立下战功的洪承畴被调到辽东，率八镇精锐十三万人马救援锦州。洪承畴是当时明军中最有才干的将领，主张步步为营、稳扎稳打的战略，寻机与清军作战。但是崇祯帝与兵部只知明军此时的兵力优势，不了解明军兵无斗志、战斗力极差的现状，妄图以此大决战扭转辽东战局，多次催促洪承畴进兵决战。明军在松山一带靠兵力优势多次取胜，清军前线指挥多尔衮紧急向沈阳皇太极求援，皇太极抱病出师，赶到松山，将大军布置在松山和杏山之间，切断了明军的粮道，对松山形成了包围态势。粮道被截，斗志本身就极差的明军军心恐慌，当天夜里，大同总兵王朴趁黑率部首先南逃，引起其他总兵争先奔逃，随后遭清军伏击，死者五万三千多人，仅王朴、吴三桂两位总兵逃到了宁远。洪承畴只得率不足万人的队伍退守松山城。

清军猛攻松山，明军多次突围都未成功。重兵围困的松山内无粮草，外无援兵，坚守到第二年的三月，松山副将夏承德哗变，与清军里应外合，致使松山城破，洪承畴被俘。

洪承畴被押到盛京，皇太极派汉族大学士范文程劝降。洪承畴大骂范文程，且坚决不降。但范文程注意到一个细节：屋顶的灰尘落在了洪承畴的衣服上，他轻轻地用手指弹掉了。于是范文程对皇太极说："洪承畴会投降的，他现在身为阶下囚，对衣服都还如此爱惜，何况是对自己的生命。"于是皇太极亲自面见洪承畴，当时天气很冷，他脱下自己的貂裘披在洪承畴的身上问道："先生，很冷吧？"大受感动的洪承畴不由得感叹道："真命世主啊！"于是叩头请降了。

松山大战失败后，明廷上下十分震惊，崇祯皇帝十分恼怒地处置了失利的将领，但独独留下了吴三桂，因为辽东战场上能领军打仗、防守山海关的军事将领就只剩下吴三桂了。

皇太极抱病出征，虽然取得了明清之间具有决定意义的松山大战的胜利，但军旅劳累加重了他的病情，崇祯十六年（公元 1643 年）八月九日晚，他突然死在了清宁宫。皇太极的死又引起了清廷激烈地皇位争夺，最终是皇太极年仅六岁的第九子福临即皇帝位，改元顺治。皇叔多尔衮和济尔哈朗辅政，而多尔衮握有实权。

2. 烽火遍地山河摇

大明王朝传到崇祯帝手里已经历了二百六十年，此时的王朝真正是天崩地解，风雨飘摇，气数已尽，无论崇祯帝胸有大志怎样奋力支撑，都是独木难支，无力回天了。因为此时更让崇祯帝难以应付的不只是清军的攻势，还有全国农民军造反的遍地烽火。造成这样深重罪孽的有他的哥哥天启皇帝的昏庸和魏忠贤的乱权，更深远的则是他的爷爷明神宗万历皇帝朱翊钧的荒淫无道。

在位近半个世纪的万历皇帝，不仅是个放纵酒色的昏君，更是个花起钱来即使搬动银山也毫不眨眼的狂徒。他给自己修坟墓，历时五年，耗银八百万余两，相当于明廷两年的财政收入。他给皇子们办一次婚礼，便挥霍白银九百三十四万两，而袍服等费用二百七十万余两尚在外。有一次宫廷采办珠宝就耗银二千四百万两，宫廷每年的脂粉费要用四十万两。万历二十年

（公元 1592 年），他不惜国家民力、财力发动抗日援朝战争，历时八年，耗银七百万余两。国家财政无法支付这样庞大的支出，他便下诏各地搜刮民财。有人批评他贪财，他还理直气壮地说："朕身为天子，富有四海，普天之下，莫非王土，天下的财富皆是朕的，贪财从何说起？"这样的掠夺搜刮，弄得全国"如鼎沸同煎，无一片安乐之地，贫富尽顷，农商交困。流离迁徙，卖子抛妻。哭泣道途，萧条巷陌"。

百姓没有活路，就连各级官员也无法应付朝廷的催粮催款、摊派民夫的旨令，纷纷上书辞职，有的甚至不等皇帝的批示，直接挂印而去，致使许多的衙门没有官员。到了万历三年（公元 1575 年），南北两京空署达半数，督抚重臣常年空缺，布按二司缺五六十人，知府缺四五十人。万历三十七年（公元 1609 年），朝廷的内阁大臣仅有叶向高一人，九卿（包括六部尚书、都察院都御史、大理寺卿、通政司使）在朝供职的只有都御史一人和侍郎二人。其他的或久缺未补，或自己闭门不出。

万历皇帝的荒淫无道，天启帝的昏庸，魏忠贤的专权，致使天下民不聊生，官不聊生，整个王朝纲纪崩坏，民怨沸腾，兵变暴动、农民起义如火山爆发的岩浆一般接连不断地喷发出来，形成了遍地烽火的燎原之势。

天启七年（公元 1627 年），陕西澄城县知县张斗耀，不顾当时饥荒遍地、"人相食"的惨状，仍然坐堂逼粮，饥民忍无可忍，拥进公堂乱刀杀死了张斗耀，燃起了农民起义的大火。

崇祯元年（公元 1628 年），府谷王嘉胤、宜川王左桂、安塞高迎祥先后举起义旗，饥民与哗变的士兵纷纷聚集在他们的旗下。

崇祯二年（公元 1629 年），清军入长城抢劫。明廷调陕西兵入卫，部队行军至金县（今甘肃榆中），因索饷未得而哗变，把总李自成带领部分哗变士兵投奔王左桂。李自成，原名李鸿基，陕西米脂人，幼时家道中落曾为人放羊。年轻时募为银川驿卒，犯法逃亡甘肃，在巡抚梅之焕部下当兵，因作战勇敢升为把总。

崇祯三年（公元 1630 年），陕西延安人张献忠在米脂率十八寨民众响应王嘉胤起事，自号"八大王"。张献忠，子秉吾，号敬轩，小贩家庭出身，幼年曾入私塾读书，后闯祸离家出走，曾投明军当兵。

此后，陕西各路农民军联合起来，推王自用为首领，会合高迎祥、张献忠等三十六营部众于山西，然后转战晋、豫、冀、鄂、陕、川等地。王自用战死后，众拥高迎祥为闯王，李自成为闯将，部众数十万人。

崇祯四年（公元1631年），明廷派延绥巡抚洪承畴总督三边军务；崇祯七年（1634年），又以延绥巡抚陈奇瑜总督五省军务。这年夏天，明军将李自成部包围在车厢峡，李自成假装投降后突围，崇祯帝罢免了陈奇瑜，令洪承畴加紧镇压农民军。处于劣势的农民军只得转战河南，进入安徽，攻下了凤阳，焚烧明皇祖陵，使得明廷大震。崇祯九年（公元1636年），高迎祥在陕西周至遭陕西巡抚孙传庭伏击被俘，送至明廷斩首，李自成继位闯王。至此，农民军形成了以李自成、张献忠为首的两大势力。

崇祯十年（公元1637年），张献忠在桐城推东河战役中失利，受巡抚熊文灿招抚，退守湖北房山、竹山一带蛰伏休整。第二年，张献忠在谷城再度起事，与罗汝才合兵一处，在湖北、河南、四川、陕西毗邻地带攻城拔寨，与官军周旋。崇祯十二年（公元1639年），张献忠突入四川，攻取了大部分州县。第二年又出川攻克襄阳，杀死了襄王朱翊铭和贵阳王朱常法，致使兵部尚书杨嗣昌害怕承担失藩罪而在军中自杀。《纲鉴易知录》对此有如下的记载：

> 献忠、罗汝才走宜城，侦襄阳无备，简二十骑持符伪为官兵，夜至城下，守者验符信启关。贼既入，即挥刀大呼杀门者，城中先伏贼百余，俱起应之，纵火，光烛天。贼大队疾驰至，城中大乱，门洞开，昧爽，贼尽入城。知府王承曾突围走，克俭、日广皆死之。贼焚襄王府，执襄王。献忠据坐王宫，坐王堂下，劝之以卮酒曰："吾欲断杨嗣昌头，而嗣昌远在蜀，今当借王头，使嗣昌以陷藩伏法。王其努力尽此一杯酒。"因缚王杀之，投尸火中。福清王常澄逃免，潜遣人索王尸，已烬，仅拾颅骨数寸以归。贼杀宫眷并贵阳王常法，尽掠宫女，发银十五万以赈饥民。襄阳守兵数千，军资器械山积，尽为贼有。左良玉同袁继咸发兵驰援，已不及。贼渡江破樊城，陷光州、新野。……嗣昌以连失二郡，

> 丧两亲藩，度不免，遂自尽。监军元吉部署行营，命猛如虎驻蕲、黄，
> 防张献忠东逞。

张献忠、罗汝才率部到了宜城，侦察得知襄阳没有防备，就挑选了二十名骑兵拿着兵符假扮成官军，夜里来到襄阳城下，守城士兵检验了兵符后开启了城门。这些人进入城门后立即挥刀大喊，杀死了守门的士兵，城中预先埋伏的同伙一百余人也起来响应他们，他们到处放火，火光照亮了天空。此时张献忠的大队人马飞快地赶到，城中大乱，城门洞开，拂晓时，张献忠部全都进入城中。知府王承曾突围逃走，张克俭、郦日广战死。张献忠的人马烧毁了襄王府，抓住了襄王。张献忠坐在王宫里，将襄王带到堂下坐着，端出一杯酒对襄王说："我想砍了杨嗣昌的头，可他远在四川，现在我要借你的人头，使得杨嗣昌因失陷藩府的罪过而被处死，请襄王你尽力喝干这杯酒吧。"于是张献忠命人捆住了襄王将他杀死，并把尸体投入了大火之中。福清王朱常澄逃出了王府而免于一死，暗中派人寻找襄王尸体，但尸体已化为灰烬，只找到数寸颅骨回来。张献忠部杀死了王府所有眷属和贵阳王朱常法，将宫女们全部掠走，并散发十五万两白银赈济灾民。襄阳有几千守军，堆积如山的军资器械全部被张献忠掠走。左良玉和袁继咸发兵驰援，已经来不及了。张献忠又渡江攻破了樊城，攻陷了光州、新野。兵部尚书杨嗣昌因为接连丢失了两郡，致使两位亲王丧命，心想难逃死罪，于是在军中自缢而死了。监军万元吉部署部队，命令猛如虎驻扎在蕲春、黄州，防止张献忠向东发展。

这以后张献忠、罗汝才又攻破了随州，将知州徐世淳全家杀死，并大肆屠杀城中兵民。此时罗汝才与张献忠有了矛盾，罗汝才带领他的部下向北投奔了李自成。

崇祯十四年（公元 1641 年），张献忠在信阳被左良玉打得大败，身负重伤的他换了服装才逃到山中躲避。无奈之下，他只得带着几百名亲随去投奔李自成。《纲鉴易知录》有下面的记载：

> 初，献忠与自成并起延西，以狡诈雄长。自陷襄阳，杨嗣昌死，自
> 以为威名远出自成右。及败来归，仅从数百骑。自成方强，欲屈之，献

忠不为下，自成怒，欲杀之。罗汝才知之，阴选五百骑资献忠，令他徒。献忠乃尽夜东驰，与回、革诸贼合，入霍山扼险拒守。

当初，张献忠与李自成一同在延西起兵，他比李自成更加狡猾奸诈。自从他攻陷襄阳，杨嗣昌上吊自杀，便以为自己的威名远远超过了李自成。直到他失败后来投奔李自成，只有几百名亲兵相随。这时李自成正强盛，想让他屈服于自己，张献忠却不甘居下，李自成很生气，想要杀掉他。罗汝才知道消息后，暗中挑选了五百名骑兵送给张献忠，让他逃往别处。于是张献忠连夜向东逃跑，后与"老回回"马守应、"革里眼"贺一龙等贼军会合，进入霍山据险扼守。

崇祯十五年（公元 1642 年）十月，张献忠重新出山攻打舒城，偷袭庐州，再次攻下六安，准备渡过长江进攻南京，结果在安庆被刘良佐击败，逃到了蕲水，接着攻陷黄州，于崇祯十六年（公元 1643 年）五月攻下了武昌。《纲鉴易知录》对武昌城被攻破后的情况有下面的记载：

> 贼执楚王，尽取宫中积金百余万，辇载数百车不尽，楚人以是咸憾王之愚也。贼沉王于西湖，屠僇士民数万，投尸于江，尚余数万人，纵之出城，以铁骑围而蹙之江中，浮尸蔽江而下，武昌鱼几不可食。其遗民数百，多刖断手足，凿毁目鼻，无一全形者。献忠遂据楚王府，僭称武昌曰京城，伪设六部五府，铸西王之宝，开科取士，授郡县官。

张献忠贼军捉住了楚王，把王宫中积蓄的黄金一百万余两全部掠走，装了几百车也没有装完，楚人都深感楚王的愚蠢。贼军将楚王沉入西湖，屠杀了数万士民百姓，将尸体全部投入江中。把剩下的几万民众全部赶出了武昌城，在铁骑的包围下将他们驱赶到江中，浮尸遮蔽了江面而下，导致武昌鱼几乎都不能再食用了。城中剩下的几百人多被砍断了手足，或凿毁了眼睛和鼻子，没有一个身体完整的人了。

张献忠占据了楚王宫，将武昌改称"京城"，设立了伪王朝的六部"五府"，铸造了大西王的印玺，并开设科举选取士人，任命郡县官吏。

李自成被推为闯王后，在川北、陕南接连失利，在潼关又遭到洪承畴部伏击，损失惨重，只得退据商洛山中蛰伏休整。

崇祯十三年（公元 1640 年），李自成利用河南大饥荒的时机，东出河南，提出"均田免粮"的口号召集饥民。无以为生的饥民应声而来，聚集起数十万人，李自成声势大振。对此，《纲鉴易知录》有下面的记载：

> 自成众散尽，其部下相继俱降。自成窜汉南，秦兵蹑之于北，左良玉阨武关以南，自成穷蹙不得他逸，食且尽，自经者数四，养子李双喜救之。自成因令军中杀尽所掠妇女，以五十骑冲围而南，遂逃入郧阳，息马深山中。时河南大饥，饥民所在为盗，自成乃自陨、均走伊、洛，饥民从者数万，势复大振。

李自成的部众逃散殆尽，大多相继投降明军。他逃窜到汉南，陕西官军从北紧追不舍，左良玉则在南面武关阻挡。李自成窘迫得无路可逃，粮食也吃尽了，他四次上吊自杀，都是他的养子李双喜救了他。无奈之下，李自成下令军中杀光所有掳来的妇女，率领五十骑向南突围，逃到了郧阳，在深山中养马休整。当时河南正闹大饥荒，饥民到处做强盗，李自成就从郧阳、均县赶到伊水、洛水地区，跟从他的饥民有数万人，他的声势再度大振。

崇祯十四年（公元 1641 年），李自成攻下了洛阳，杀死了崇祯皇帝的亲叔叔福王朱常洵，《纲鉴易知录》记载如下：

> 自成围河南府，福王募死士逆战，斩获颇多，贼引退。贼以大炮环攻城，城守严不动，及昏而退。总兵王绍禹兵有驰而呼于城上者，外亦呼而应之，绍禹兵即执副使王胤昌于城上，绍禹驰解之，诸军曰："贼已在城下，即总镇其如我何？"挥刀杀守陴者数人，守陴者皆惊坠堞。贼缘堞而上，叛兵迎之，贼遂入。

> 贼焚福王府，福王及世子俱绝城走，士民被杀数十万，执王胤昌已下各官，皆不死，唯一典史不屈见杀。

> 河南方大饥，通判白尚文坠城死，其尸为饥民所食，顷刻尽。自成发藩邸及巨室米数万石，金钱数十万，赈饥民。自成迹福王所在，执之。并执前兵部尚书吕维祺。维祺遇王于西关，谓王曰："名义甚重，毋自辱！"王见自成，惶怖顿首乞命，自成责数其失，遂遇害。贼置酒大会，以王为俎，杂鹿肉食之，号"福禄酒"。维祺骂贼，不屈死。世

子逸走，遇乱兵劫之，裸而奔于怀庆。

是时群盗辐辏，自成自称闯王，雄诸贼。事闻，上震怒，逮王绍禹，磔之，籍其家。

李自成包围了河南府，福王朱常洵招募敢死之士应战，杀伤俘获很多贼军，贼军暂时撤退。贼军又用大炮四面攻城，城内严防死守，贼军到了黄昏才退兵。总兵王绍禹的士兵在城头上边跑边呼喊，城外贼军也有人呼喊回应他们，这些士兵抓住了副使王胤昌，王绍禹闻报赶来解救，可士兵们说："贼军已在城下，即便你总镇大人又能把我们怎么样？"他们挥刀杀死了几个守城的士兵，守城的士兵都吓得跌下了城墙。贼军趁势攀缘城墙而上，叛兵接应他们，于是贼军攻进了洛阳城。

贼军焚烧了福王府，福王和世子用绳索缒下城墙逃跑，士人百姓被杀的有数十万人。贼军抓住了王胤昌麾下的官员，这些官员都因投降而没被杀死，只有一位典史因不屈服而被杀。

这时正值河南大饥荒，通判白尚文坠城而死后，饥民们抢吃他的尸体，顷刻间就吃光了。李自成散发福王府和富户粮食数万石，金钱数十万两来赈救饥民。李自成追踪到福王藏身的地方，抓住了他，同时抓住了前兵部尚书吕维祺。吕维祺在西关遇见了福王，对福王说："名节忠义非常重要，不要侮辱了自己！"可福王见到李自成后，就惊慌恐惧地磕头乞求饶命，李自成数落斥责了他的罪过后将他杀死。贼军摆酒举行宴会，将福王当作砧板，掺杂着鹿肉一起吃掉了，号称吃"福禄酒"。吕维祺大骂贼军，不屈而死。福王世子逃跑，遭遇乱兵抢劫，赤裸着身子逃奔到了怀庆。

这时各路贼军聚集到了一起，李自成自称闯王，雄霸于各路贼军。事情上报到了朝廷，崇祯帝非常愤怒，逮捕了王绍禹，将他凌迟处死，并抄没了他的家产。

李自成攻破洛阳后，接连两次围攻开封，并在其后的项城、襄城、朱仙镇、郏城、汝宁等战役中连胜明军主力，风卷整个河南，"所过无坚城，所遇无劲敌"，致使明军"诸将皆望风走"。

崇祯十五年（公元1642年）十二月，李自成攻下了襄阳，控制了河南大部及湖广北部，于是改襄阳为襄京，建立新政权，称新顺王。《纲鉴易知录》有下面的记载：

自成流劫秦、晋、楚、豫，攻剽半天下，然自乐狗盗，所至焚荡屠灭。既而连陷荆、襄、鄢、郢，席卷河南，有众百万，始傲然以为天下莫与争，思据有城邑，擅名号矣。群贼俱奉其号令，推自成为奉天倡义文武大元帅，号罗汝才曰代天抚民德威大将军。自成据襄阳，号曰襄京，其余所陷郡县俱改易名号。修襄王宫殿，设官分职。封崇王由樻为襄阳伯，邵陵王在城、保宁王绍坁、肃宁王术授俱降贼，改封伯。伪政府侍郎喻上猷荐列荆州绅士，贼下檄征之，江陵举人陈万策、李开先在所荐中，伪檄下，万策自经，开先触墙死。

当初，李自成流窜劫掠陕西、山西、湖北、河南等地，攻占剽掠半个天下，但他的志趣只是满足于鸡鸣狗盗，所到之处烧杀抢掠，屠杀人口。后来接连攻陷了荆州、襄阳、鄢陵、郢州等地，席卷河南，拥有百万部众，便自大地认为天下再没有人与他争衡了，于是开始考虑占据城邑，设立名号。各路贼军都遵从他的号令，推举李自成为"奉天倡义文武大元帅"，给予罗汝才"代天抚民德威大将军"的名号。李自成占据襄阳，改称襄京，其余所攻陷的郡县都被改了名号。他修缮了襄王宫殿，设立了官职并分派职务。封崇王朱由樻为襄阳伯，邵陵王朱在城、保宁王朱绍坁、肃宁王朱术授都投降了贼军，改封为伯爵。伪政府侍郎喻上猷推荐了荆州一带的绅士，贼军传下檄文征召他们，江陵举人陈万策、李开先在被荐之列。檄文传到，陈万策自缢而死，李开先撞墙而死。

确实，在此之前，李自成率众攻城略地，在官军的堵截之下，左冲右突，没有固定的根据地，但在据有襄阳等地以后，李自成设计杀死了罗汝才、"革里眼"和左金王等其他农民军首领，夺取了他们的部众，实力更加强大。许多士人，如牛金星、宋献策、杨永裕、顾君恩等人也前来投奔，李自成与他们多次谋划，制定出了推翻明朝的战略方针：北上夺取关中，建立基业，然后旁略三边（指陕西三边镇，即甘肃、延绥、宁夏），资其兵力，攻取山西，再向京师。同时，李自成还接受了牛金星不要滥杀的建议，以争取民心。

崇祯十四年（公元 1641 年）下半年，按照这样"进战退守，万全无失"的战略计划，李自成随即率军北伐，击败明廷兵部尚书孙传庭于南阳、汝州一带。十一月，攻破了潼关，杀死了孙传庭，明军主力几乎全军覆没，李自成进据西安。

崇祯十七年（公元 1644 年）正月初一，李自成改西安为西京，建国号为大顺，改元永昌，铸造货币，开科取士，形成了雄踞西北、威逼明廷的农民军政权。

三、刚愎自用的穷途末帝

1. 励精图治心胸远

明朝的历代皇帝，除了开国皇帝朱元璋和靠"靖难之役"夺得帝位的朱棣外，很少有对政务感兴趣的。朱元璋十多年的奋斗才创立了明朝，深感皇权的来之不易，所以夙兴夜寐，操劳国事；朱棣心底始终难以摆脱"篡夺"恶名的重压，所以用劳顿一生、有所作为来排除自己的耻感。崇祯皇帝朱由检则因自视甚高，很有抱负，一心要做力挽狂澜、拯救大明的"中兴之主"，所以勤于政务，励精图治。

崇祯帝即位之初虽然非常年轻，却已经是个很有抱负、志向极为高远之人。他平时对朝臣讲话，只说自己要效法尧、舜，很少把中国其他的著名皇帝放在眼里。有一次，一位臣子把他比作汉文帝，本来是在拍他的马屁，谁知却弄得这位自视甚高的少年天子很不高兴。他说汉文帝顶多算是个中上等的皇帝，言下之意便是把他比作汉文帝是贬低他了。还有一次，臣子们提到了唐太宗，没想到崇祯帝发话说："唐太宗扫荡群雄，我自愧没有他那样的才能，但要说他闺门无序，家法败坏，我还羞于与他相提并论呢。"此话无疑道出了崇祯帝心底的愿望，他羞于与虽然功业辉煌却德行有污点的帝王为伍，一心要做人们心中像尧、舜那样的完人君主。所以，崇祯皇帝不仅志向远大，勤于政务，而且不好女色，生活简朴，一心励精图治。

勤于政务的崇祯帝整天埋头于枯燥繁复的政务之中，热衷于批阅各类公文奏书，对那些头绪不清、疑点较多的案件更是充满兴趣。但是自小孤独寂寞的生活、受人冷落的境遇，养成了他多疑孤僻的性格，孤独中以书为伴的学习，让他博览群书的同时，又使他自傲自负，刚愎自用。所以，他越是操劳于政务，越是事无巨细都要亲自过问，便越成为朝臣难以忍受而很难推心置腹、坦诚相见的皇帝。

崇祯帝勤于政务，更是要求群臣尽职尽责，提高办事效率。即位之初，他便明确要求"元年二月所发奏章，具限十日内题覆。如仍稽违，部科互勘"。发生重大案件，他即敕令某人自某年某月某日，"历历查明，限旬日奏上"。而且，他还告谕各个衙门公文奏章不应冗长，必须简明扼要、条理明晰，行文一事一议，每封奏章不超过一千字，如词意未尽，另行章奏。

对各部门各地方送来的奏章他从不敷衍圈阅，仔细阅读后均要批阅自己的意见，对内阁上报的票拟，他大多要提出自己的修改意见，并发回让其重拟。按照定例，内阁提出的票拟，虽尚没有法律效力，但上报给皇帝后很少有驳回重拟的，但崇祯帝却常常一丝不苟，稍不如意即驳回重拟。于是，在驳回重拟成为常情的情况下，内阁大学士们在拟旨时，干脆不实拟，预先留下让皇帝提出意见而被驳回的余地，等着被崇祯帝驳回。

崇祯帝在政务上勤恳认真，在学习上也是孜孜不倦、一丝不苟。朱元璋在《祖训》中规定的"日讲"，即要求皇帝每天都要听取翰林学士们讲解儒学经典的学习活动，传承了一百多年后，明朝的皇帝大多都因为淫乐慵懒而很少坚持，有的皇帝则完全废除了这项制度。但是，崇祯皇帝从他即位起便坚持进行"日讲"学习，除了节假日、大典礼和逢三、六、九的常朝仪式外，每天坚持不懈。他在位十七年，正是中国历史上最为多灾多难的十七年，是作为一个皇帝每天都被外忧内患弄得寝食难安的十七年，但他却规规矩矩地参加了十七年的日讲，寒暑不辍。除日讲之外，他还坚持不懈地出席春秋两季、每月三次的"经筵"活动，这是仪式性更强、规模更大的学习活动。崇祯帝这样做的目的，就是要通过这样长年不懈的学习，增进自己的修养，砥砺自己的情操，提高自己的统治能力和水平，努力做一个尧帝、舜帝那样的皇帝。

但是，一个有远大志向人的成功，除了自身的勤勉努力之外，还要有天时、地利、人和等诸多的外在条件，自视甚高而又勤勉努力的崇祯帝却是心比天高命比纸薄，他的祖辈、父辈给他留下了一个烂得不能再烂的烂摊子。此时的大明王朝边患成灾，内忧难除，饥荒遍地不说，朝廷财政匮乏，朋党纷争。一个势单力孤的年轻皇帝，不仅想凭一己之力撑起这将倾的大厦，而且要将这病入膏肓的大明天下再度复兴，但这样的情势，怎能不让用尽心力而只能眼睁睁地看着他手中的朱家江山一天天烂下去的崇祯帝心如火焚？

崇祯十七年（公元 1644 年）春，面对流水落花春去也的大明江山不可收拾的形势，崇祯皇帝下发了一道罪己诏书，沉痛地检讨自己的罪过，抒发了自己无奈的哀叹：

朕嗣守鸿绪，十有七年，深念上帝陟降之威，祖宗托付之重，宵旦兢惕，罔敢怠荒。乃者灾害频仍，流氛日炽，赦之益骄，抚而辄叛，甚至有受其煽惑，顿忘敌忾者。朕为民父母，不得而卵翼之，民为朕赤子，不得而怀保之，坐令秦、豫丘墟，江、楚腥秽，罪非朕躬，谁任其责！所以使民罹锋镝，蹈水火，瑾量以墼，骸积成丘者，皆朕之过也。使民输出挽粟，居送行赍，加赋多无艺之征，预征有称贷之苦者，又朕之过也。使民室如悬磬，田卒污莱，望烟火而无门，号冷风而绝命者，又朕之过也。使民日月告凶，旱潦荐至，师旅所处，疫疠为殃，上干天地之和，下丛室家之怨者，又朕之过也。至于任大臣而不法，用小臣而不廉，言官首鼠而议不清，武将骄懦而功不奏，皆由朕抚驭失道，诚感未孚。中夜以思，局蹐无地。朕自今痛加创艾，深省凤愆，要在惜人才以培元气，守旧制以息烦嚚，行不忍之政以收人心，蠲额外之科以养民力。至于罪废诸臣，有公忠、正直、廉洁、干才尚堪用者，不拘文武，吏、兵二部确核推用。草泽豪杰之士，有恢复一郡一邑者，分官世袭，功等开疆。即陷没胁从之流，能舍逆反正，率众来归，许赦罪立功；能擒斩闯、献，仍予通侯之赏。於戏！忠君爱国，人有同心，雪耻除凶，谁无公愤？尚怀祖宗之厚泽，助成底定之大功，思克厥愆，历告朕意。

我继承并坚守大统基业，已经有十七年了。十七年来，我十分感念上天赋予我的威权，祖宗托付我的重任，白天黑夜都保持着警惧，不敢有丝毫的怠惰和荒疏。近年来灾害频仍，流寇的气焰一天比一天炽烈，赦免他们则更加骄横，招抚之后总是背叛频频，甚至有人受到他们的煽动迷惑，顿时忘记了对敌人的仇恨。我作为百姓的父母，却不能够养育、保护他们，百姓作为我的赤子，却得不到我的抚慰和保护，致使陕西、河南变成了废墟，江淮、楚地充满着血腥，罪过不在我的身上，谁又能承担这个责任！之所以让百姓遭受刀兵之苦，身处水深火热之中，饿死的人填满了沟壑，被杀的尸骨堆成了山丘，这些都是因为我的过错。让百姓常年输送军粮，居家筹措粮款，出外劳役还要自带干粮，增加的赋税多是没有标准的征收，预征赋税给百姓造成借贷之苦，这又是我的过错。让百姓们的家如同悬挂起来的空磬，田野荒芜，满眼烽火而求救无门，百姓们在寒风中哭号而死，这又是我的过错。让百姓们每月每天生活在凶情的恐惧煎熬之中，旱涝之灾频繁而至，战乱之中又疾疫成灾，对上干扰了天地的和气，对下又激起民众的怨恨，又是我的罪过。至于任用的大臣不守法，重用的小官不廉洁，谏言的官吏们首鼠两端而议论不公，武将骄傲怯懦而不能建功，都是由于我不能以道义安抚驾驭他们，致使我真诚的想法不能被人们信服。每当夜半想到这些，我恐惧羞惭得无地自容。我今后要更加谨慎戒惧，深刻地反省我以往的过失。我深深感到关键在于爱惜人才以培植元气，坚守旧制以平息烦扰喧嚣，实行宽容的政策以收拢民心，废除额外的赋税以休养民力。至于因罪罢免的各位大臣，凡有公正忠心、正直、廉洁、才干足以重用的人，不论文武，由吏部、兵部考核确实，推荐任用。草莽豪杰之士，有能收复一郡一县的，分派官职让他世袭，功劳等同开拓疆土。即使陷于贼军而被迫胁从的人，如能够放弃叛逆回归正道，率领部众归顺朝廷，也允许赦免罪过立功。能够擒获杀死李自成、张献忠的人，给予封侯的赏赐。呜呼！忠于君主，热爱国家，人人都有这样的心愿，洗雪耻辱，诛除元凶，谁没有如此的公愤？怀念祖宗的深厚恩泽，希望完成平定暴乱的功绩，内心希望能改正我以往的过失，所以将我心底的想法一一告诉大家。

崇祯皇帝面对外忧内患愈演愈烈的局面，发出了痛彻心扉的哀叹和深刻的检讨，在自己臣民面前能做出这样的检讨认错，这在中国皇权专制史上是很少有的，是难能可贵的。但是，他虽然笼统地将造成眼前无可收拾的局面的过错都归于自身，但对他因自身猜疑刚愎造成的重大失误却是只字未提，对此我们下节再讲。

2. 猜疑刚愎诛功臣

崇祯帝在他的罪己诏中将当时国运飘摇、民众涂炭的罪过都归于了自己身上，但是这种无法收拾的局面早在他即位之前就已形成，而在他应对这种局面中所出现的重大失误却没有提及。当然，对于自视甚高、刚愎自用的他来说，或许还没意识到自己有重大的过错，或许他的"罪己诏"也不过是在给自己扣上大帽子之下逃避真正的罪过。

无论是在外忧还是在内患的紧急情况下，急于求胜的崇祯皇帝总是以诛杀稍有失误的将领来立威督战，而他因猜疑刚愎、诛杀有功之臣的做法更是让人感到心痛。最典型的事件就是他诛杀抗清名将袁崇焕。

袁崇焕，子元素，广东东莞人。万历四十七年（公元 1619 年）中进士，出任过知县，不久即以边才破格任用为兵部职方司主事，后升为宁前兵备道。天启五年（公元 1625 年），辽宁经略高第要撤宁远（今辽宁兴城）和广宁前屯（今辽宁绥中县）两座卫城的防务，袁崇焕坚决反对这个决定，他说："我官为宁前道，即应与宁远、前屯共存亡。如撤宁、前之兵，我绝不入关，惟独卧孤城抵挡敌军。"结果，高第将山海关外各卫所的明军全部撤掉，只留下宁远、前屯两座孤城。第二年正月，努尔哈赤亲率十三万后金军大举攻城，不到两万守军的宁远军民在袁崇焕指挥下奋勇抵抗，他们用大炮、擂石轰击敌军，城外尸积如山，最后连努尔哈赤也受了重伤，撤军后因伤重而亡。《清史》在记载这一战役时说："帝自二十五岁起兵以来，征伐多处，战无不捷，攻无不克，惟宁远一城不下，不怿而归。"

宁远大捷是明清之间交战中少有的一次胜利，按理应给予袁崇焕嘉奖，但魏忠贤却指责他救援锦州不力，致使袁崇焕愤而辞职。崇祯刚刚即位，就有朝臣推荐袁崇焕，这很符合崇祯帝的心意，立即起用袁崇焕为兵部尚书，兼右副都御使，总督蓟、辽、登、莱、天津军务。

崇祯元年（公元 1628 年）七月，袁崇焕从老家东莞赶到北京，崇祯帝在平台召见了他。崇祯帝夸赞袁崇焕说："卿能万里赴召，忠勇可嘉。"接着问袁崇焕平辽的方略，袁崇焕受到皇帝的当面夸奖，心中自然高兴，便即刻答道："方略还待条奏，然臣请陛下相信，臣用五年，即可定辽。"崇祯帝一听，兴奋地许诺说："平辽后不失封侯之赏，子孙也少不得封荫。"

年轻气盛的袁崇焕在皇帝面前脱口而出"五年平辽"，这让一旁的内阁大学士钱龙锡很为担心，趁皇帝外出之时，他悄悄提醒袁崇焕提出自己的要求。崇祯帝进来后袁崇焕即提出要求户部尽力筹办军粮、工部监造好精良的武器、兵部保障好兵员的输送等要求，最后袁崇焕直爽地说道："以臣之力，制服全辽而有余，调解众口则不足。这番出官，即成万里，忌功妒能，岂是无人！只求皇上闲话勿信。"

耿直的袁崇焕当面向皇帝提出了自己的要求，不料此话传出后却让各部小肚鸡肠的朝中大员忌恨不已。袁崇焕请求皇帝不要轻信谗言，谁知此话真可以说是一语成谶，其后正是人们的谗言妄语，让崇祯帝杀心顿起，要了袁崇焕的性命。

这以后袁崇焕因修筑锦宁防线，假意与清军和谈以争取时间，便有人传言说他与敌沟通；袁崇焕杀了不服辖制的毛文龙，便有人说他擅杀大将。疑心很重的崇祯帝虽然没有对袁崇焕采取行动，但心中已对他有了顾忌。

崇祯二年（公元 1629 年）十月，皇太极率十万轻骑，避开袁崇焕的防线，绕道内蒙古，突破长城，进逼北京。手足无措的明廷火速召各路兵马前来救援。接到命令的袁崇焕带兵急速从山海关出发，日夜兼程赶到北京城下，并在广渠门外小胜清军，其他各路军马遇到清军一触即溃，北京城岌岌可危。袁崇焕军虽然取得小胜，但将士们千里奔袭，人困马乏，急需休息，所以袁崇焕面见皇帝请求部队入城休整，但已经对袁崇焕心有顾忌的崇祯帝不但拒绝了他的要求，还严厉督令袁崇焕尽快驱敌离开北京。

北京城墙高大坚固，易守难攻，皇太极见攻城一时难以奏效，便四处劫掠。十一月二十九日夜晚，从清军军营逃回来的一名被俘的太监给崇祯帝报告了一个惊人的消息，他说在他逃跑之前，亲耳听到清军的一个副将对人说，明军巡抚袁崇焕与清军有了密约，大事马上可成，北京城指日可下了。

早已对袁崇焕心生疑虑的崇祯帝听到情报之后，连夜做了秘密安排，第二天一早便下旨召城外援军将领袁崇焕、祖大寿、满桂、黑云龙等入城进宫，商议粮饷发放问题。袁崇焕从城外军中直奔平台，还没落座即遭到皇帝一番凌厉的指责。大感意外的他还没来得及张口辩白，就已被布置好的锦衣卫校尉捆了个结结实实，抓进了专门关押天子钦犯的诏狱。

袁崇焕突然被捕，惊呆了觐见皇帝的几个将领。宁远总兵祖大寿是袁崇焕一手提拔起来的亲信，看到袁崇焕被逮，吓得浑身哆嗦，落荒而逃。出城后即将袁督师被逮的事向全军传达了，全军一片哗然。于是祖大寿不再管防守北京卫护皇上的事了，带着部队逃到了山海关外的老根据地。

所谓"袁崇焕与清军有了密约"，只不过是皇太极略施小计。原来皇太极见北京城下只有袁崇焕兵力强盛，于是故意让人在军营中密谈，让那个被俘的太监听到后，安排看守人员故意喝醉酒放他逃走。

第二天，心情极度烦躁的崇祯帝又以防守潦草为由，将工部营缮司的多名官员当廷杖责。大臣们齐声求情，他却说："目下与敌人只隔了一道墙，宗庙社稷都靠这堵墙来遮护了。如果这堵墙一倒，宗庙社稷就全无依靠，难道就不该严厉处理这些人吗？"结果许多人被当场打死。

祖大寿带军离开，北京城防失去了劲旅，形势更加危急。崇祯帝更是急躁地严令满桂等人出城迎战。结果满桂等三十余员将领力战而死，总兵官黑云龙、麻登云被擒降清。朝廷内外人心惶惶，几乎到了崩溃的边缘，幸而皇太极此次奔袭只是想达到劫掠一番的目的，新年刚到便撤兵回关外去了。但是，这次用兵却让皇太极得到了一个极大的收获，这便是除掉了自己最强劲的对手袁崇焕。

崇祯三年（公元 1630 年）八月十七日，崇祯帝下令将袁崇焕凌迟处死于街市。袁崇焕的妻子和兄弟被流放到两千里外的荒远之地，其余十六岁以上的家人全部斩首，十五岁以下的沦为家奴。

袁崇焕被凌迟处死的当天，北京城街市人潮涌动，人们争相用臭鸡蛋、烂菜根击打被游街示众的袁崇焕。等到行刑之时，民众更是争相抢食被一小块一小块割下来的袁崇焕的肉。群情激愤、怒不可遏的民众一边高声骂着"汉奸""卖国贼"，一边啃食着袁崇焕鲜血淋漓的骨肉，表达着自己对里通外国的汉奸、卖国贼袁崇焕的强烈愤恨，表达着对皇上、对国家强烈的拥戴和热爱之情。一代爱国将领、民族英雄袁崇焕，就这样眼睁睁地看着自己被他竭尽全力保护的民众吃了个一干二净。几千年来，这样的悲剧在我们的国家一次次地上演，最高统治者颠倒黑白、指鹿为马，民众跟着群情激愤、热血沸腾。多少人民赤子、民族英雄就这样冤死在被所谓的爱国激情冲昏了头脑的民众的怒吼声中。但愿这样的悲剧永远成为过去，不再上演。

崇祯帝不仅自毁长城，杀死了袁崇焕，许多能征善战、独当一面的将领也死在头脑发昏的崇祯帝的屠刀下。《纲鉴易知录》记载了崇祯帝密令兵部尚书孙传庭处死骁将贺人龙的情节：

> 孙传庭檄召诸将于西安听令，人龙以兵来会。传庭大集诸将，缚人龙坐之旗下而数之曰："尔为大帅，遇寇先溃，致秦督委命贼手，一死不足塞责也！"因命斩之，诸将莫不动色。因以人龙兵分隶诸将，刻期进讨。人龙，米脂人，初以诸生效用，佐督抚讨贼，屡杀贼有功，总全陕兵。叛将剧贼多归之，人龙推诚以待，往往得其死力。朝廷尝疑人龙与贼通，密敕传庭杀之。贼闻人龙死，酌酒相庆曰："贺风子死，取关中如拾芥矣。"

孙传庭传檄召集各路将领到西安听令，贺人龙率兵前来会合。孙传庭召集诸将开会，将贺人龙捆绑在大旗之下，数落他的罪过说："你身为大帅，遇贼自己先溃败了，致使陕西总督命丧贼手，即使一死也不能抵消你的罪责！"于是下令将贺人龙斩首，诸将个个脸色大变。接着将贺人龙的兵马分别交给诸将统辖，限定日期进兵讨贼。贺人龙是米脂人，最初以诸生身份效命朝廷，辅佐陕西总督、巡抚讨伐贼军，多次杀贼有功，总管全陕的军队。叛贼首领与凶悍土匪多归顺于他，贺人龙对他们以诚相待，常常得到他们的拼死效力。朝廷怀疑贺人龙与贼军勾结，秘密命令孙传庭杀掉他。贼军听闻贺人龙已死，喝酒相互庆祝说："贺疯子死了，夺取关中就如同拾取草芥了。"

像贺人龙这样有勇有谋、能挟制李自成的明军将领本来就很少，崇祯帝仅仅凭一点风闻传言就乱杀大将，只能是亲痛仇快，不仅使自己损失了优秀的军事将领，更是严重挫伤了战场上拼死御敌的各位将领杀敌立功之心。

崇祯皇帝诛杀将领，自毁长城，固然与他刚愎、猜疑的性格有关，但根本原因还是在于独裁专制君主出于维护私家天下的自私与冷酷。为维护他朱家天下，像他的祖先朱元璋一样，他怀疑任何有能力、有才干的人，他防备任何有能力的人谋求他朱家的皇位，只相信他身边低眉顺眼的奴才。这样，以即位之初便扫除宦官阉党魏忠贤而一鸣惊人的崇祯皇帝朱由检，也不可避免地走上了中国历代皇帝重用宦官奴才的老路，他不仅宠信宦官，任用宦官在地方担任要职，而且因不信任各级将领，便派遣自己身边的宦官任监军，监视掣肘各级将领的行动。这样做的后果不仅严重影响了将领的积极性，而且因宦官的无知胡为妨害战事。仅崇祯四年（公元 1631 年）九月至十一月，任命宦官居要职的就有：太监张彝宪总理户、工二部钱粮；唐文征提督京营戎政；王坤、刘允忠等分赴宣府、大同、山西临视兵饷；王应朝、张国元、王之心、邵希诏等太监分别被派往关定、蓟镇东协、中协、西协监军；李茂奇监事陕西茶马；等等。从此，各地重镇都由太监监军，职权在督抚之上。更让人惊奇的是，崇祯皇帝派太监张彝宪总理户、工二部钱粮，将堂堂的两部尚书搁置一旁不说，还下令为张彝宪专门修建署衙，名曰户部总理。许多正直的大臣对此纷纷劝谏，但不是被斥责，就是被贬黜。崇祯十年（公元 1637 年）十月，工部侍郎刘宗周急切上书劝谏停止任用宦官，崇祯皇帝却根本不予理睬。《纲鉴易知录》有下面的记载：

> 宗周上言："人才之不竞，非无才之患，而无君子之患。今天下即乏才，亦何至尽出二三中官下，每当缓急之际，必依以大任。三协有遣，通津临德有遣，又重其体统，等于总督。中官总督，将置总督于何地？是以封疆尝试也。且小人与中官每相引重，而君子独岸然自异，故自古有用小人之君子，终无党比中官之君子。陛下诚欲进君子退小人，

而复用中官以参制之，此明示以左右袒也。"不报。

刘宗周上书说："人才的不足，忧患不在没有人才，而在于没有君子。目前天下即使缺少人才，又怎能会全出于两三个中官门下的地步？以至于每当朝廷有了紧急事务，必须依靠他们担当大任。蓟镇三协派遣宦官监视，通州、天津、临清、德州诸镇派遣宦官监军，又抬高宦官的权威体统，其地位相当于总督。中官成为总督，将把总督放在什么位置？这样做是让宦官尝试着担任封疆大吏。况且小人和宦官常常相互借重，而君子却独自高傲地远离他们，所以自古以来有任用小人的君子，却终究没有与中官结成同党的君子。陛下诚心地想推举君子斥退小人，但又任用中官参与挟制君子，这是明确表示要袒护中官啊！"上书呈报后，崇祯皇帝不予批答。

猜疑屠杀有能力的大将，只宠信任用身边的奴才，这样做的结果，让崇祯皇帝真正成了孤家寡人。北边是虎视眈眈的清军，西边是人强马壮的李自成，西南有凶残狡诈的张献忠，已成为孤家寡人的崇祯皇帝朱由检，面对摇摇欲坠的大明天下，真正是独木难撑了。

四、大明王朝的殉葬帝王

1. 煤山自缢殉帝国

崇祯十七年（公元 1644 年）正月，李自成在西安正式宣布建立大顺国。二月，即指挥大军东渡黄河，出兵山西，攻克太原。此后，李自成兵分两路向北京挺进：一路由故关（今河北井陉西南）、真定（今河北正定）、保定北上；一路由李自成亲率主力，经大同、宣府而下。一路上大顺军势如破竹，所向披靡。三月中旬，大顺主力部队便拿下北京门户居庸关，十七日抵达北京城下，开始了攻城总决战。李自成的神速进攻，让崇祯皇帝措手不及，没有了应对之策。《纲鉴易知录》有下面的记载：

> 上平旦视朝，忽得伪封，启之，其词甚悖，末云："三月望日至顺

天，会同馆暂缴。"一时相顾失色，朝罢，遂不复问。

崇祯皇帝早上临朝视事，忽然接到伪大顺国的书信，打开后，信中的言辞非常狂妄，结尾说道："限令三月十五日到顺天府，在会同馆暂时交出皇权。"崇祯皇帝读完信后脸色大变，君臣们面面相觑，相顾失色，只得散了朝会，不再提起这事。

崇祯皇帝的龙案上竟然摆放着李自成给他的书信，一是说明李自成已兵临城下，二是表明紫禁城内已有大顺军的内奸。李自成喝令他限期交出皇权，这下真正让崇祯帝吓得目瞪口呆，六神无主了。

李自成已兵临城下，此时不管是紧急调兵增援北京，还是动员城内军民防守御敌，最紧要的是筹集粮饷，然而朝廷此时已是囊空如洗，前些时候崇祯帝为了筹集军饷，将朝中许多名贵的铜器都炼铜铸钱了。无奈之下，崇祯帝只得放下皇帝的架子，请求皇亲国戚、朝中大臣和京城富豪捐钱筹饷。对此，《纲鉴易知录》记载如下：

> 帝按籍勋戚大珰，征其助饷。上遣太监徐高谕嘉定伯周奎为倡，奎谢无有，高拂然起曰："外戚如此，国事去矣，多金何益！"奎奏捐万金，上少之，勒其二万。太监王永祚、曹化淳助至三万五万。王之心最富，上面谕之，仅献万金。诸内官各大书于门曰："此房急卖"，复杂出雕镂玩好诸物陈于市以求售。后贼拷王之心，追十五万，他金银器玩称是；周奎抄见银五十二万，珍币复数十万。魏藻德首输百金。陈演既放未行，召入，诉清苦。百官共议捐助，勉谕至再。时谕上等三万金，皆无应，惟太康伯张国纪输二万，余不及也。又议前三门巨室各输粮给军，且赡妻孥使无内顾，诸巨室多不乐而止。

崇祯皇帝根据官册上记载的勋官国戚和大宦官的名单，征召他们捐助军饷。他派太监徐高告诉嘉定伯自己的岳父大人周奎做捐助的带头人，周奎推卸说自己没有钱，徐高生气地站起来说："皇亲国戚都这个样子，看来国家确实要完蛋了，再多的钱又有什么用处啊！"最后周奎上奏说他捐助一万两白银，崇祯皇帝认为他捐助的这个数目太少，勒令他捐两万两白银。太监王永祚、曹化淳分别捐了三万两和五万两白银。王之心最富有，崇祯帝当面劝说他，他却只捐出了一万两白银。于是各位内宫宦官都在自己大门上写上"此房急卖"的字样，又将雕镂古玩等器物陈列在街市上出售。可是后来贼军拷打追索王之心，追出金银十五万两，还拿出了价值和这差不多的金银器物；追索出周奎家现银五十二万两，珍玩钱币价值几十万两白银。魏藻德带头捐纳一百两白银。陈演被罢官但还没有走，崇祯帝将他召至内廷，他一再地诉说自己的清苦。崇祯帝将百官召集起来商议捐款，当面劝勉了好几次。当时皇帝让大家最多可以捐献三万两白银，可没有一个人响应，只有太康伯张国纪捐献了二万两白银，其他人都没有达到要求。又提议前三门的大户捐出粮食供给军需，并且答应负责赡养他们的妻子儿女，使他们没有后顾之忧，但因各个大户大都不乐意而终止了。

朝廷要人没有人，要钱没有钱，北京内外城墙有十五万四千余个垛口，可是能上城守御的羸弱士兵只有五六万人，再加上小太监几千人。军中没有粮供应伙食，只好每人发了一百个铜钱让自己在街上买吃的，可一百个铜钱能买几个大饼？士兵们饿得难以支撑，卧倒在地，将官们用鞭子抽打他们起来，可这个抽起来了，那个又倒下了，这样的情形实在是难以支撑下去了。

眼见城破在即，有人提出皇帝南迁，可崇祯帝坚决不答应；有人又提出让太子先南迁，崇祯帝还是不允。对此，《纲鉴易知录》有下面的记载：

> 命府部大臣各条战守事宜，上候于文华殿。都察院左都御史李邦华、少詹事项煜、右庶子李明睿各言南迁，及东宫监抚南京。上骤览之，怒甚曰："诸臣平日所言若何？今国家至此，无一忠臣义士为朝廷分忧，而谋乃如此。夫国君死社稷，乃古今之正，朕志已定，毋复多言！"

崇祯皇帝让大臣们分条陈述京城防守的意见，他自己在文华殿等着。都察院左都御史李邦华、少詹事项煜、右庶子李明睿等分别讲到向南迁都和派太子监抚南京的建议。崇祯皇帝快速地浏览了这些奏折，非常愤怒地说："各位大臣平日里说得怎么样呢？如今国家到了这个地步，没有一位忠臣义士为朝廷分忧，出的主意竟然是这样。国君为了社稷而死，乃是古今的正道，我的心志已经定了，不要再多说！"

当时的南京是明朝的副都，有着和北京一样的六部朝廷机构，南方广大的地区仍然在明廷手中。北京城难以守住了，逃到南京，据长江天险划江而治，不失为以退为进、卷土重来的明智选择，而崇祯帝却严词拒绝了。在这之前，周皇后也曾劝崇祯帝退守南京，崇祯帝仍然不听。而当有人提出"先奉太子抚军江南"时，竟有大臣大声喝道："奉太子往南，诸臣意欲何为？将欲为唐肃宗灵武故事乎？"意即先将太子送往南京是想效法当年唐肃宗在灵武私自称帝的旧事，这样的罪名，自然让任何人都不敢再提这样的主张了。

那么，崇祯皇帝为什么不选择弃城逃跑，退守南京的策略，而要选择在北京死撑到底的死路呢？我感到这就要从他即位之初便有效法尧、舜，一心要"中兴"大明王朝的志向和自视甚高的性格说起。正因为他有这样大有作为的抱负志向，认为自己是天降大任，能中兴大明的优秀帝王后裔，而现在却眼看着大明天下要断送在自己手里，这样的结局实在让他无法接受，让他感到愧对祖先、愧对江山社稷，让他感到只有以死殉国才是正道。这样的选择同中国历史上诸多苟且偷生的亡国之君相比，崇祯帝不失为有血性的男儿帝王，他像"不肯过江东"的项羽一样，觉得自己无颜见江东父老，宁死而不苟且，让人们心底不由得产生一丝钦佩之情。

但是，崇祯帝以死殉国的选择却不是一个有战略眼光的帝王应有的选择。因为此时的南方不仅尚有完整的一套朝廷班子，更有大片可以周旋御敌的土地。北京城破，大明王朝灭亡之后，南方接连出现了好几个明朝宗室藩王建立的小朝廷，不仅南方军民奋起抵抗清军，李自成和张献忠的余部也因为此时民族矛盾上升为第一位而同明军合作抗清，这样的"反清复明"战争坚持了几十年。试想，如果崇祯皇帝逃到南方，以他天子的身份号召抗清，历史会发生怎样的逆转变化，确实会有让人很难预料的结局。

崇祯十七年（公元 1644 年）三月十八日，在大顺军强烈的攻势下，太监曹化淳打开彰义门迎降李自成，北京外城遂破。十九日凌晨，皇城也被攻破，崇祯皇帝陷于绝境之中。《纲鉴易知录》详细记载了当时的情景：

> 申刻，彰义门启，盖曹化淳献城开门也。贼恣杀掠，前大学士蒋
> 德璟会馆被创。上亟召阁臣入曰："卿等知外城破乎？"曰："不知。"上

曰："事亟矣，今出何策？"皆曰："陛下之福，自当亡虑；如其不利，臣等巷战，誓不负国。"命退。

是夕上不能寝，内城陷，一阉奔告，上曰："大营兵安在？李国祯何往？"答曰："大营兵散矣，皇上宜急走。"其人即出，呼之不应。上即同王承恩幸南宫，登万岁山，望烽火烛天，徘徊逾时，回乾清宫，朱书谕内阁："命成国公朱纯臣提督内外诸军事，来辅东宫。"内臣持至阁。因命进酒，连沃数觥，叹曰："苦我民尔！"以太子、永王、定王分送外戚周、田二氏。语皇后曰："大事去矣！"各泣下，宫人环泣，上挥去，令各为计。皇后顿首曰："妾事陛下十有八年，卒不听一语，至有今日。"皇后拊太子、二王，恸甚，遣之出，后自经。上召公主至，年十五，叹曰："尔何生我家！"左袖掩面，右手挥刀断左臂，未殊死，手栗而止。命袁贵妃自经，系绝，久之苏，上拔剑刃其肩，又刃所御妃嫔数人。召王承恩对饮，少顷，易靴出中南门，手持三眼枪，杂内竖数十人，皆骑而持斧，出东华门，内监守城，疑有内变，施矢石相向。时朱纯臣守齐化门，因至其第，阍人辞焉，上太息而去。走安定门，门坚不可启，天且曙矣。帝御前殿，鸣钟集百官，无一至者。遂仍回南宫，登万岁山之寿皇亭自经。亭新成，所阅内操处也。太监王承恩对缢。上披发御蓝衣，跣左足，右朱履，衣前书曰："朕自登极十七年，逆贼直逼京师，虽朕薄德匪躬，上干天咎，然皆诸臣之误朕也。朕死无面目见祖宗于地下，去朕冠冕，以发覆面，任贼分裂朕尸，勿伤百姓一人。"又书一行："百官俱赴东宫行在。"犹谓阁臣已得朱谕也，不知内臣持朱谕至阁，阁臣已散，置几上而反，文武群臣无一人知者。

傍晚，彰义门打开了，原来是曹化淳献城打开的城门。贼军大肆杀掠，前大学士蒋德璟住在会馆里也被杀伤。崇祯帝急忙召集内阁大臣入内廷问道："你们知道外城被攻破了吗？"大家回答说："不知道。"崇祯帝又问道："事情非常紧急了，现在有什么良策？"大家异口同声地说："陛下的洪福，自然应该没有什么忧虑的。万一有所不幸，我们坚决与敌人展开巷战，誓死不负国恩！"崇祯皇帝听了，让他们退下去。

这天晚上，崇祯皇帝一直睡不着觉。内城也被攻破了，一位太监跑来报告，崇祯帝问他："大营兵在哪里？李国祯到哪里去了？"太监回答说："大营兵溃散了，皇上应该赶紧逃走。"说完那个太监赶快跑走了，呼唤他也不答应。崇祯皇帝急忙同王承恩到达南宫，登上万岁山，看见战火照亮了天空，徘徊了一个多时辰，回到了乾清宫，用朱砂笔书写了一份旨意谕示内阁："命令成国公朱纯臣提督内外诸军事，前来辅佐东宫太子。"让宦官送到内阁。然后令人送进酒来，连饮数杯叹道："苦了我的百姓了！"把太子、永王、定王分别送给外戚周氏和田氏。崇祯帝对皇后说："大势已去了！"说完都流下了眼泪。宫女们围在旁边哭泣，崇祯帝挥手让她们离去，并让大家各自做打算。皇后磕着头说："我侍奉陛下十八年，到最后也不听我的一句话，以致有了今天的下场。"说完，皇后抚摸着太子和二位皇子，十分悲痛地让他们出宫，然后自缢而死。崇祯皇帝把公主召来，当时她刚刚十五岁。崇祯帝大声叹道："你为什么要生在我家啊！"说完用左袖掩住脸，右手砍断了公主的左臂，公主没有被砍死，但因崇祯帝双手颤抖而停止了。崇祯帝又让袁贵妃自缢，但绳子断了，掉在地上的袁贵妃过了一会儿又苏醒过来，崇祯帝拔出剑来砍伤了她的左肩，又挥刀杀死了他临幸过的几名妃嫔。然后崇祯帝又和王承恩一起喝酒，过了一会儿，他换上靴子走出中南门，手里拿着一把三眼枪，和数十名太监骑着战马拿着战斧，冲出东华门。这时，太监们尚在守城，怀疑他们是内宫发生变乱，冲着他们放箭扔石头。当时朱纯臣防守齐化门，因此赶到了他的府上，可守门人拒绝开门，崇祯帝叹息着离开了。随后来到了安定门，可城门坚固不能打开。

天快要亮了，崇祯皇帝来到前殿，鸣钟召集百官，可没有一个人到来。于是他返回了南宫，登上了万寿山的寿皇亭自缢而死。寿皇亭刚刚建成，是检阅宫内操练的处所。太监王承恩也在崇祯帝对面自缢而死。崇祯皇帝披散着头发，穿着蓝袍，光着左脚，右脚穿着红鞋。衣服前襟写着："我登基称帝十七年，现在逆贼直逼京师，虽然是我的德行浅薄，没有亲理好国事，受到了上天的惩罚，然而都是大臣们误了我。我死之后，没有脸面在九泉之下见我的祖宗，请摘下我的冠冕，用头发遮住我的脸庞。任凭贼人割裂我的尸体，不要伤害一个百姓。"又写了一行字："百官都赶到太子那里去。"可能是他觉得阁臣们已经得到了他的朱谕，但是他却不知道太监拿着朱谕赶到内阁时，阁臣们已经逃散了，太监只好将朱谕放在桌案上就回来了，文武群臣没有一个人知道那个朱谕。

眼看着延续了二百七十多年的大明王朝断送在了自己的手里，穷途末路的崇祯皇帝近乎疯狂，但是我们稍稍留意一下，就会发现他此时的举止行动非常符合他的身份意识和个人的性格特征。虽然他之前很不理智地拒绝了让太子南迁的建议，但此时的他依然不甘心大明社稷就此断了香火，所以他首先安排太子和两个皇子到外戚家躲避，在希冀他后继有人的同时，更希冀大明王朝因太子、皇子尚在而死灰复燃。但是对他心爱的公主和妃嫔，却因为担心遭敌兵侮辱，有损于皇家和自己的尊严，便丧心病狂地向她们挥刀砍杀。虽然如此，对心爱的女儿和贵妃因难以下手掩面挥刀，无法将其毙命，对其他的妃嫔却个个结束了她们的性命。

虽然之前崇祯帝就有了为他的帝国殉难的决心，但死到临头的他依然困兽犹斗，不甘心就此了结自己的生命。他率领太监手持武器左冲右突，他孤身一人鸣钟报警，想召集文武大臣挽救他和他的大明江山，然而，大厦将倾，独木难撑，众叛亲离，孤掌难鸣，一切的努力都是白费气力，陷于绝境、心如死灰的崇祯帝才最终无奈地自缢煤山。

崇祯帝最后的疯狂让人叹息，而他手刃公主时所说的话又令人沉思。自古以来，打江山，坐江山，抢得天下，成为能执掌天下人生杀予夺权力的皇帝，似乎是中国皇权社会最高的人生目标，是多少人想也不敢想的美梦。登基称帝，建立自己的家天下，使自己的子孙后裔具有天下最尊贵的血统，使自己的"皇二代"、"皇三代"，代代子孙以此血统自豪天下，跋扈世人，该是何等的风光，何等的成功！朱元璋十四年的血腥奋战才夺得天下，而为了能让他的大明王朝代代相传、永远把持在他朱家后裔手中，他不惜大肆杀戮，为他的子孙清除任何有可能觊觎朱家皇权的人。然而，他的子孙后裔崇祯帝朱由检却发出了大声的哀叹："尔何生我家！"一个皇帝以生于皇家为哀事，以生于皇家为痛事，以生于皇家为最大的不幸，这让我们感到崇祯帝的痛彻心扉的同时，不由得有所思索：君王都为成为皇家悔恨莫及，作为凡夫俗子的我们为了一点空名末利劳神伤力，孜孜以求，甚至不择手段，涉险攫取，到底值不值得？到底有何意义？

有所作为，而且很想大有作为的崇祯帝生不逢时，无力回天，只得为他的大明帝国殉葬而死了，享年仅三十四岁。但是，他能以死殉国的血性和"任贼分裂朕尸，勿伤百姓一人"的遗言，让人难免唏嘘和钦佩，因此得到了后人较为公允的评价。《明史卷二十四·本纪第二十四·庄烈帝》篇末对其有下面的评价：

> 帝承神、熹之后，慨然有为。即位之初，沈机独断，刘除奸逆，天下想望平治。惜乎大势已倾，积习难挽。在廷则门户纠纷，疆场则将骄卒惰。兵荒四告，流寇蔓延。遂至溃烂而莫可救，可谓不幸也已。然在位十有七年，不迩声色，忧勤惕励，殚心治理。临朝浩叹，慨然思得非常之材，而用匪其人，益以偾事。乃复信任宦官，布列要地，举措失当，制置乖方。祚讫运移，身罹祸变，岂非气数使然哉。……亦可知帝之蒙难而不辱其身，为亡国之义烈矣。

崇祯皇帝在神宗、熹宗之后继承皇位，胸怀大志而有所作为。即位之初，扫除奸雄逆党，天下有望治平。只可惜天下大势已经倾败，恶习积重难以挽回。朝堂上党争纷乱，疆场上将骄卒惰。天下兵荒马乱，流寇遍地蔓延。致使大明王朝腐朽溃败而无法挽救，可以说是不幸到了极点。但是他在位十七年，不近游乐女色，忧国勤政，励精图治，殚精竭虑，治理国家。一心想求得治理国家的优秀人才，但所任用的却是不堪大任之人，使国事更加败坏。于是他又宠幸宦官，将他们安插在重要的位置，举措失当，行为乖张。国运趋向衰亡，自身遭遇祸变，难道不是天意使然，气数已尽的原因吗？……也可以知道崇祯帝虽然蒙难而死，却能不辱其身，算得上是能为国而死的节义壮烈之人了。

2. 夕阳陨落余晖尽

崇祯帝死后，《纲鉴易知录》对太子等人的下落及明亡清立的事情有下面的记载：

丁未（十九日）昧爽，天忽雨，俄微雪，须臾城破。贼先入东直门，杀守门御史王章，兵部侍郎张伯鲸走匿民舍。贼骑塞巷，大呼民间速献骡马，贼经象房桥，群像哀鸣，泪下如雨。贼千骑入正阳门，投矢令人持归闭门得免死，于是俱门书"顺民"。太子走诣周奎第，奎卧未起，叩门不得入，因走匿内官外舍。上之出南宫也，使人诣懿安皇后所，劝后自裁，仓猝不得达。两宫已自尽，宫人号泣出，宫中大乱。懿安皇后青衣蒙头，徒步走入成国公第。尚衣监何新入宫，见长公主断肩仆地，与宫人救之而苏，公主曰："父皇赐我死，我何敢偷生。"何新曰："贼已将入，恐公主遭其辱，且至国丈府中避之。"乃负之出。

……

内臣献太子，自成留之西宫，封为宋王，太子不为屈。辛亥，改殡先帝后，出梓宫二，以丹漆殡先帝，黝漆殡先后，加帝翼善冠，衮玉渗金靴，后袍带亦如此。

……

初，三桂率兵入援，闻京城已陷，顿兵山海，走大清乞师而后长驱以入。自成闻之大惊，胁三桂父襄作书招三桂，复遣唐通赍银四万两犒师，别以贼兵二万守关。三桂佯受其犒，而出不意尽杀守关贼，遂复书绝父。四月，自成率精锐六万众，挟太子、定王、永王及吴襄东行向永平。三桂击贼于关门，贼方合围，大清兵至，自成策马先走，贼众奔溃。三桂追贼至永平，又破之。自成奔还京师，三桂压城而营，自成合十八营拒战，官军击之，贼死者二万人。自成杀吴襄，尽戮其家三十八口，悬襄首于城上。三桂披发坠鞍，哭于地，三军感愤，拔刀砍地誓杀贼。

丙午，自成称帝，即位于英武殿。

丁亥，自成出彰义门西走，三桂轻骑追之，自卢沟至固安百里内，所弃财物、妇女塞路，贼众半散去。三桂追至保定，贼还兵而斗，尽失其辎重。追至真定复拒战，官军击之，杀贼万余人，自成中流矢，拔营走山西。三桂以兵逐之，及关而止，遂还军京师。

五月，我大清定鼎顺天。

丁未（三月十九）日黎明时分，天空忽然下起了雨，一会儿又转成了小雪，不久京城陷落。大顺军先进入东直门，杀死了守门御史王章，兵部侍郎张伯鲸逃走，藏在了百姓家中。大顺军的骑兵塞满了街道，他们大声呼喊百姓赶紧献出骡马，这些骑兵经过象房桥时，群象发出了哀号，泪水像下雨一样。大顺军千余骑进入正阳门，将箭矢投在地上，让老百姓拿回家中关门闭户就可以免死，于是家家户户都在门上写着"顺民"。太子逃到了周奎的府第，周奎睡在床上还没有起来，太子敲门没能进去，于是逃走，藏到了太监的外舍。崇祯皇帝从南宫出来时，曾让人赶到懿安皇后处，劝说皇后自裁，可慌乱间没能传达到。两宫皇后已经自尽，宫人们哭泣着出逃，宫中大乱。懿安皇后用青衣蒙着头，徒步逃到了成国公家。尚衣监何新进宫，发现被砍断左臂的长公主倒在地上，与宫人救醒了她。公主说："父皇赐我一死，我怎么敢偷生。"何新说："贼军马上就要进宫，恐怕公主遭到他们侮辱，暂且请到国丈府中躲避。"于是背着她跑了出来。

太监们献出了太子，李自成将他留在西宫，封为宋王，太子不肯受命。辛亥（三月二十三）日，重新殡葬皇帝和皇后，抬出两副梓木棺，用丹漆的梓木棺殡殓了崇祯皇帝，用黑漆的梓木棺殡殓了皇后。给皇帝穿戴上了翼善冠和衮玉渗金靴，皇后的袍带也像这个样子。

当初，吴三桂率领部队进关增援，听说京城已经陷落，便把部队驻扎在山海关，并派人向清廷请求援兵而后长驱而入。李自成听说了这个情况后大惊，便胁迫吴三桂的父亲吴襄写信招降吴三桂，又派遣唐通带上四万两白银犒赏吴三桂的部队，另外用两万兵马防守山海关。吴三桂表面上接受了李自成的犒赏，却出其不意地消灭了防守山海关的大顺军，并回信与自己的父亲决绝。四月，李自成率领精锐部队六万人，挟持着太子、定王、永王以及吴襄向东进军奔赴永平。吴三桂在山海关前与大顺军交战，大顺军人多势众，正要合围吴三桂军，清兵赶到了，结果李自成策马先逃，大顺军奔逃溃散。吴三桂一路追击，又在永平击败了大顺军。李自成逃回北京，吴三桂兵临城下，安营扎寨，李自成集合十八营军队迎战，结果受到清军和吴三桂的联合进攻，大顺军死了两万余人。李自成杀死了吴襄，把他们全家三十八口人全都杀死，并把吴襄的头悬挂在城墙上。吴三桂披散着头发坠下马鞍，在地上哭泣，他的部下都感到非常愤慨，拔刀砍地发誓杀敌。

丙午（四月二十九）日，李自成称帝，在英武殿即位。

丁亥（四月三十）日，李自成从彰义门向西逃走，吴三桂率领轻骑追赶他们。大顺军的马匹骡子都驮着重物，从卢沟桥到固安一百里内，抛弃的财物和妇女塞满了道路，大顺军大半都逃散了。吴三桂追到保定，大顺军回兵迎战，结果丢失了全部的辎重。追到真定，再次交战，杀死了大顺军一万多人，李自成身中流箭，拔营逃向山西。吴三桂一路追赶他们，直到潼关才停止追击，撤军回到了北京。

这一年（公元 1644 年）的五月，清人在顺天府定立了国都，建立了大清朝。

李自成从这一年的三月十八日攻破北京，到四月三十日退出北京，仅仅四十三天。四十三天的时间便从他人生最辉煌的顶端跌落下来，走向灭亡，这其中有许多的原因，而进入北京城后的作为，不能不说是很重要的原因之一。李自成初起事时，到处攻城略地，每攻下一个城池，便打开官仓，劫掠官吏，到资财匮乏时，又攻取下一个目标，没有建立稳固的根据地，带有强烈的流寇习气，因而此时的他多次失败甚至单枪匹马逃入山中躲避。举人出身的李岩投奔他后，为他提出了"均田免粮"的口号，并编了一首歌谣："吃他娘，喝他娘，吃着不尽有闯王，不当差，不纳粮。杀牛羊，备酒浆，开了城门迎闯王，闯王来时不纳粮。"这首歌谣的四处传播，使得李自成"均田免粮"的口号深入人心，赢得了广大民众特别是陕西、河南一带处于饥寒交迫中的广大饥民的热烈欢迎，使得李自成的势力迅速扩大，终于攻破北京，推翻了明朝。但是，任何一个政权都要用税赋纳粮来维持，免粮受群众拥护，可政权要靠钱粮养活，于是进入北京城的大顺军最主要的工作便是整日拷掠明廷皇亲国戚、各级官吏，追索"赃银"。之前崇祯皇帝要求这些皇亲国戚、朝臣宦官捐银筹资军饷，这些人一毛不拔，个个假装卖房子、卖家具，装穷哭穷，可此时被各种残酷刑法拷打得无法忍受，个个被逼得交出几十万甚至上百万两的白银。吴三桂的父亲吴襄被拷掠得拿出家中所有资产不说，吴三桂的小妾陈圆圆也被李自成手下大将刘宗敏据为己有。前面我们所录的《纲鉴易知录》中记载，李自成派唐通劝降吴三桂时，吴三桂是假装愿意投降，其实当时的吴三桂见明廷已亡，不但答应了投奔大顺，而且带兵前往北京准备归顺李自成。但是，路上的吴三桂听到自己的父亲被拷掠、心爱的小妾被夺去的消息后，才恼怒地返回山海关，勾结清军攻打李自成的。所以，李自成进入北京后流寇习气不改、目光短浅的行为，才最终惹得吴三桂"冲冠一怒为红颜"，改变了归顺李自成的主意，转而勾结清军，联合攻击大顺军，并最终使得清军渔翁得利，夺取了大明江山，建立了清朝。

在清军的一路追击下，李自成连连败退，公元1645年2月，潼关失守；4月，再败于武昌；6月初，又大败于江西九江，大将刘宗敏、军师宋献策被俘，丞相牛金星逃匿不知所终。6月5日，败退到湖北通山县九宫山的李自成率亲随到前面探路，结果和当地民团发生争斗，李自成被杀身亡。

李自成死后，流传着一种说法，说他并没有死，而是隐居湖南石门县的佛寺当了和尚，直到终老。近年来还有一种说法，说李自成逃到了甘肃，并在榆中县青城镇苇茨湾村安家落户，在村外龙头堡子山下尚有李自成的坟墓。村中的李氏族人自称是李自成的后人，并有家谱为证。其实这些传言均不可信，因为中国人一直习惯于对历史名人穿凿附会一些虚妄的传言。李自成如果真的没有死在九宫山，按他的性格是绝对不会就此罢休的，当时他才三十九岁，不可能就心灰意冷出家当和尚，或隐姓埋名流落他乡安心当一介平民百姓的。他在起事之后，曾多次失败，只剩自己单枪匹马时都能重整旗鼓，东山再起。此时的他虽然遭遇大败，但尚有众多的人马。李自成死在九宫山后，他的部众由他的夫人高桂英及部将率领，联合南明政权进行了多年的抗清斗争。所以在他手中还有这样一支可以借此抗争的部队时，他怎么能抛弃他们出家或逃亡他乡呢？

在李自成从西北进攻北京的时候，在湖北一带被明军追杀的张献忠又率部进入了四川，并很快几乎据有了四川全境。公元1644年12月26日，张献忠改称成都为西京，建立大西国，自称大西皇帝，年号大顺。但是，时间不长，张献忠的大西国在南明军和清军的先后进攻下，很快走向了灭亡。

公元 1646 年夏天，张献忠率领的十万大军与他的克星明将杨展所部在四川彭山江口爆发了一场激烈的江口大水战。这场大战"展急登岸促攻，枪铳弩矢，百道俱发，贼舟尽焚，士卒糜烂几尽，所掠金玉珠宝及银鞘数千百，悉沉水底"。江口大战使张献忠部受到重创，同时使得他多年来所抢掠的金银财物损失殆尽，全部沉于江底。自此以后，一直有人在彭山江口打捞沉银。2017 年，国家对四川彭山张献忠"江口沉银遗址"进行了大规模的考古打捞，发掘出的各类文物蔚为大观，超过万件，特别是海量的金银财宝，让人们大开眼界。

江口大战受到重创后，退回成都的张献忠眼看自己的大西国难以自保，便决意离开四川，退回他当年的发迹之地陕西。眼看自己败势已定，性命堪忧，本身就生性凶残的张献忠表现出了他最后的疯狂，对四川民众进行了大规模的屠杀。当时的四川大西军纵横屠戮民众，所到之处刀光剑影，哀鸿遍野，一片血腥。张献忠自诩是上天派来收人的，正杀人杀得痛快时，忽然乌云翻滚，雷声大作，张献忠以剑怒指上天说："尔放我下界杀人，今又以雷吓我耶？"说完命令手下朝天开炮。张献忠这次屠戮四川不分官民百姓，不分男女老少，甚至到了最后连自己的家人都不放过。在离开成都时，"尽杀其妻妾，一子尚幼，亦扑杀之"。

据《中国人口通史》估计，明末四川人口有六百万余人，到了清朝初年，只有六十万余人，剩余人口只有十分之一，创下有史以来四川人口的最低纪录。昔日的天府之国四川，成了四野荒芜、虎狼成群、城镇村庄一片废墟、骸骨遍地的人间地狱。面对全川千里无人烟的情况，清朝初年不得已强制全国各地人口稠密地区向四川迁移民众，这就是所谓的"湖广填四川"。

在失败面前陷入疯狂的张献忠最终自己也难逃一死。公元 1646 年 11 月 27 日清晨，离开成都、北逃陕西的张献忠大西军凤凰山老营突遭清军袭击，引导清军而来的正是张献忠的部下广元镇守刘进忠。梦中惊醒的张献忠"初不为备，闻兵至，犹以为他寇，身衣蟒半臂，腰插三矢，引牙将临河视之"，结果被刘进忠发现，赶紧指给清军说："此八大王也。"清军神箭手弯弓搭箭，一箭射去，正中张献忠额头，他坠下马来，艰难地爬到一堆木头下面躲藏，被赶来的清军揪出来，砍下了脑袋。

崇祯十七年（公元 1644 年）四月三十日，李自成仓皇逃出北京城。五月三日，清摄政王多尔衮率军进入北京。十月，爱新觉罗·福临迁入北京，即皇帝位，国号大清，定都北京，纪元为"顺治"，清朝正式取代明朝成为中国正统王朝。近三百年历史的大明王朝虽然被清廷灭亡了，但是不愿归顺清廷的南方明朝残余势力和农民军残部进行了长期的抗清复明斗争。

明朝从朱棣迁都北京后，一直实行两京制度，所以在当时的南京城仍然有一套完整的明廷机构。公元 1644 年 5 月 20 日，南京明廷大臣迅速拥立了从洛阳逃到南京的原福王的儿子、承袭了"福王"称号的崇祯皇帝的堂哥朱由崧登基称帝，以次年为弘光元年，建立了福王南明小朝廷。福王南明政权建立之初，史可法、马士英均为内阁大学士，但后来史可法督师扬州，朝廷大权落在马士英手中。史可法周围聚集着东林党人，马士英周围依附着原来阉党集团的残余势力，二人尖锐对立，完全延续着明末的党争之祸。福王朱由崧更是一个昏庸淫乐之徒，他的座右铭是："万事不如杯在手，一年几见日当头。"他整天身居宫中，以演杂剧、饮酒、淫乐度日。

弘光元年（公元 1645 年）二月，清军多铎部大举南侵，扬州城危在旦夕，但马士英不予出兵救援，史可法"血疏告急"，众多大臣极力要求救援淮扬，可马士英依然下了"有议守淮者斩"的死令。二月二十五日，扬州城破，民族英雄史可法抱着"城存与存，城亡与亡，我头可断，而志不可屈"的信念，被清军杀害。清军在扬州城进行了惨无人道的大屠杀，昔日繁华富庶的扬州城化为一片废墟。这一年的六月九日，清军攻破南京，随后在芜湖俘获了福王，押解至北京斩首，南明福王政权宣告灭亡。

南明福王政权灭亡后，南方的明朝残余势力又相继建立了浙江绍兴的鲁王政权（公元 1645—1653 年）、福建福州的唐王政权（公元 1645—1646 年）。公元 1646 年 12 月 24 日，桂王朱由榔又在广东肇庆即位，建立了永历南明小朝廷。但是，这三个小朝廷同福王弘光小朝廷一样，丝毫未改明末的腐败政治，大敌当前，依然是党争不断，自我削弱，结果是节节败退，最后桂王逃到了缅甸。公元 1661 年（清顺治十八年）秋，吴三桂率清军十万余人马攻入缅甸，将桂王抓回云南。第二年夏天，吴三桂在昆明将桂王斩首，大明王室的残余势力被消灭尽净。公元 1664 年，在川东、湘西坚持抗清的义军也被完全剿灭，中国大陆上的抗清斗争基本终止。

在清军扫除明廷残余势力和抗清义军的战争中，清军对坚持抵抗的军民进行了大肆屠杀。同时，多尔衮颁布了野蛮的"薙法令"，提出："尽令薙发，遵依者为我国之民，迟疑者同逆命之寇，必置重罪。"按"留头不留发，留发不留头"的口号，大肆杀戮不愿易服剃发的汉族民众。大清王朝在屠杀了以千万计数的民众基础上，替代了大明王朝，开始了它的黑暗统治。